신약 총론

Introduction to the New Testament by Jonggil Byun
published by The Word Press, Daegu, Korea

신약 총론

초판 발행 2019년 4월 29일
초판 2쇄 2020년 4월 16일

지은이 변종길
펴낸이 박재일
펴낸곳 말씀사
출판등록 110-92-16217
주 소 대구광역시 동구 송라로12길 15

디자인 김은정
인 쇄 성광인쇄

구입 문의 말씀사 Tel. 053)759-9779 Fax. 053)745-7997
판 매 처 전국 주요 서점 및 말씀사 쇼핑몰, 인터넷 서점

말씀사 쇼핑몰은 www.malssum.com입니다.
책 내용에 대한 문의는 저자의 다음 카페 **말씀나라**에 해 주시기 바랍니다.

파본은 바꾸어 드립니다. 책값은 뒷 표지에 있습니다.
ISBN 979-11-89814-01-4 03200

신약 총론

변 종 길

말씀사

머 리 말

이 책은 필자가 고려신학대학원에서 27년 동안 강의한 내용을 토대로 집필한 것이다. 특히 작년에 1년 동안 연구년을 허락받아 내용을 많이 보강하였다. 예상했던 것보다 보완할 자료들이 많아서 1년의 시간이 부족하게 느껴졌다. 그러나 더 이상 미룰 수 없어서 현 상태로 마무리하고 출판하게 되었다.

필자가 신약 총론을 처음 강의한 것은 1992년에 귀국하면서부터였다. 처음에는 '신약 정경론'이란 과목을 배정받아 강의하다가 곧 이어서 '신약 총론'이란 이름으로 강의하게 되었다. 매년 강의안을 보완해 오다가 2013년에 『신약 정경론』을 먼저 출판하게 되었다. 신약 각론을 중심으로 한 『신약 총론』은 엄두를 못 내고 있었는데, 이번 연구년 기간에 일단 마무리 짓게 되었다.

필자는 이 책에서 개혁주의 신학 입장에서 신약 성경을 이해하고 설명하려고 노력하였다. 곧, 성경은 인간의 문학 작품이 아니라 하나님의 말씀이라는 관점에서 성경을 논하였다. 이를 위해서는 흐레이다너스, 흐로쉐이드, 판 레이우원, 바우마, 판 브루헌 등의 책과 주석들이 필자에게 많은 가르침을 주었다. 가톨릭 주석가인 껄러르스의 주석들도 학적인 깊이와 논리 전개에 있어 뛰어난 점이 많아서 감사하게 이용하였다. 독일의 테오돌 찬은 고전 문헌에 대한 해박한 지식과 학적인 깊이로 인해 우리의 경탄을 자아내는데, 물론 그의 독창적인 견해로 인하여 가끔 우리를 당황스럽게 만들 때도 있지만, 많은 부분에서 유익하게 참고하였다. 그 외에도 많은 학자들의 견해를 참조하였지만 무비판적으로 받아들인 것은 아니고, 모든 것을 필자가 독자적으로 검토하고 그 중에서 합당하다고 생각되는 것들만 취하였다.

한국 교회의 상황에서 보면 그 동안 신약 총론 책은 많이 없었던 것 같다. 박윤선 박사는 신구약 성경 전체를 주석하였지만, 각 주석 서두에서 조금씩 언급한 것 외에는 따로 신약 총론 책을 집필하지는 않았다. 보수주의 진영에서는 이종윤 박사의 『신약 개론』과 조병수 박사의 『신약성경 총론』이 주목할 만한 작품이라 할 수 있다. 그 외에도 목회자들과 평신도들을 위한 간단한 책들은 더러 있지만, 이런 것들을 논외로 하면 한국 교회에서 신약 총론 책은 매우 희귀하다고 할 수 있다. 특히 철저한 개혁주의 신학 입장의 것은 더욱 그러하다.

늦었지만 이 책이 한국 교회에 유익이 되기를 바라고 진리를 찾는 모든 사람에게 좋은 길잡이가 되기를 바란다. 그 동안 필자의 강의를 듣고 기도해 준 모든 학생들과 졸업생들에게 감사하며, 또한 진리의 말씀이 올바르게 전파되도록 기도하면서 물심양면으로 헌신해 주신 말씀사 대표 박재일 장로님께도 깊은 감사를 드린다. 그리고 7년 동안 필자를 진리의 길로 인도해 주신 스승 판 브루헌 교수님께 깊은 감사와 존경을 드린다. 무엇보다도 시시때때로 힘을 주시고 지혜를 주시며 이 책이 나오도록 인도해 주신 하나님께 무한한 감사와 찬송을 드린다.

2019년 4월 변 종 길

목 차

머리말 4
약어 10

서론
1. 명칭 14 2. 신약 총론의 위치 16 3. 신약 총론의 과제 24
4. 현대 입문학의 문제점 30 5. 주요 참고 문헌 31

신약 각론
I. 신약 성경 개관
1. 신약 성경의 분류 36 2. 신약 각권의 기록자, 기록 시기 및 기록 장소 38
3. 주요 참고 문헌 46

II. 공관복음 문제
1. 명칭 48 2. 복음서 상호간의 유사성과 상이점 49
3. 18세기 이전의 견해 54
1) 파피아스의 증언 55 2) 타티안의 디아테사론 62 3) 터툴리안 63
4) 알렉산드리아의 클레멘트 64 5) 오리겐 65 6) 어거스틴 66
7) 제롬 67 8) 칼빈 68 9) 그로티우스 70
4. 18세기 이후의 견해 73
1) 원복음서 가설 76 2) 단편설 77
3) 구전설 79 4) 상호의존 가설 81
5. 두 자료설의 문제점 99
6. 우리의 태도 108
7. 참고 문헌 109

III. 양식 비평과 편집 비평
1. 양식 비평 112
1) 슈미트 113 2) 디벨리우스 115 3) 불트만 118
4) 양식 비평의 전제 125 5) 양식 비평의 문제점 127
2. 편집 비평 133
1) 콘첼만 135 2) 보른캄 137 3) 마륵센 138
4) 편집 비평의 예 139 5) 편집 비평의 문제점 140

IV. 신약 각권
A. 사복음서
1. 마태복음 144
1) 저자 144 2) 기록 언어 149 3) 기록 시기 152

4) 기록 목적 154 5) 마태복음의 특징 155 6) 내용 분해 158
7) 참고 문헌 159

2. 마가복음 162
1) 저자 162 2) 기록 연대 165 3) 기록 계기 166
4) 기록 장소 168 5) 마가복음의 특징 169 6) 내용 분해 172
7) 참고 문헌 173

3. 누가복음 175
1) 저자 175 2) 수신자 177 3) 기록 연대와 장소 178
4) 기록 목적과 주제 180 5) 누가복음의 특징 181 6) 누가복음의 구조 187
7) 내용 분해 189 8) 참고 문헌 190

4. 요한복음 192
1) 저자 192 2) 기록 시기와 장소 198
3) 기록 목적 200 4) 요한복음의 특징 205 5) 요한복음의 구조 208
6) 내용 분해 210 7) 참고 문헌 211

B. 사도행전

5. 사도행전 214
1) 명칭 214 2) 저자 216 3) 저작 시기와 장소 217
4) 사도행전의 주제 218 5) 내용 분해 220 6) 참고 문헌 221

C. 바울 서신

6. 로마서 224
1) 저자 224 2) 저작 장소 225 3) 저작 시기 227
4) 수신자 228 5) 기록 목적 230 6) 로마서의 주제 231
7) 내용 분해 238 8) 참고 문헌 240

7. 고린도전서 243
1) 고린도의 지리와 역사 243 2) 고린도 교회의 형편 246
3) 저자 247 4) 기록 연대와 장소 248 5) 중간 방문 253 6) 중간 편지 256
7) 기록 계기 259 8) 내용 분해 260 9) 참고 문헌 261

8. 고린도후서 262
1) 저자 262 2) 기록 시기와 장소 263 3) 기록 계기 265
4) 실행되지 않은 여행 계획 266 5) 고린도후서의 중심 사상 267
6) 내용 분해 271 7) 참고 문헌 273

9. 갈라디아서 274
1) 갈라디아의 역사 275 2) 갈라디아의 위치 277
3) 갈라디아의 교회들 282 4) 기록 시기와 장소 285 5) 기록 계기 286
6) 내용 분해 287 7) 참고 문헌 288

10. 에베소서 290
1) 기록 계기, 시기 및 장소 290 2) 에베소 교회의 설립과 형편 291
3) 수신자 292 4) 옥중 서신의 기록 순서 297 5) 기록 장소 298
6) 에베소서의 주제 299 7) 내용 분해 301 8) 참고 문헌 301

11. 빌립보서 303
1) 발신자와 수신자 303 2) 기록 계기 304 3) 기록 장소 305

4) 기록 시기 308 5) 빌립보의 지리와 역사 310 6) 바울의 빌립보 전도 312
7) 빌립보 교회의 구성원 313 8) 내용 분해 314 9) 참고 314
12. 골로새서 316
1) 골로새 교회의 형편 316 2) 골로새 교회에 들어온 이단 317
3) 주제 구절 322 4) 기록 시기와 장소 322 5) 내용 분해 323 6) 참고 문헌 324
13. 데살로니가전서 326
1) 데살로니가 326 2) 데살로니가 교회 326
3) 데살로니가전서의 특징 328 4) 기록 시기와 장소 330 5) 종말론 331
6) 내용 분해 333 7) 참고 문헌 334
14. 데살로니가후서 335
1) 발신자, 기록 시기와 장소 335 2) 기록 계기 335
3) 내용 분해 337 4) 참고 문헌 337
15. 디모데전서 339
1) 목회 서신 일반 339 2) 디모데 340
3) 기록 시기와 장소 341 4) 기록 목적 347 5) 목회 서신에 나타난 이단들 349
6) 내용 분해 352 7) 참고 문헌 353
16. 디모데후서 354
1) 기록 시기와 장소 354 2) 기록 계기와 서신의 성격 356
3) 내용 분해 357 4) 참고 문헌 357
17. 디도서 359
1) 바울의 그레데 방문 359 2) 기록 계기 360
3) 기록 시기와 장소 363 4) 바울의 제자 디도 365 5) 내용 분해 366
6) 참고 문헌 367
18. 빌레몬서 368
1) 기록 시기와 장소 368 2) 수신자와 기록 계기 368
3) 내용 분해 369 4) 참고 문헌 370
19. 히브리서 371
1) 저자 371 2) 수신자 378 3) 기록 시기 380
4) 기록 장소 382 5) 기록 계기 384 6) 주요 내용 386
7) 내용 분해 388 8) 참고 문헌 389

D. 공동 서신
20. 야고보서 393
1) 저자 393 2) 야고보의 생애 395 3) 수신자 398
4) 기록 장소와 시기 400 5) 야고보서의 주요 특징 402 6) 야고보서의 믿음과 행함 404
7) 내용 분해 407 7) 참고 문헌 408
21. 베드로전서 410
1) 저자 410 2) 수신자 411 3) 기록 장소 413
4) 기록 시기 416 5) 기록 계기 417 6) 옥에 있는 영들 418
7) 내용 분해 432 8) 참고 문헌 433
22. 베드로후서 434
1) 저자 435 2) 수신자 437 3) 기록 시기와 장소 438

4) 기록 계기 439 5) 내용 분해 440 6) 참고 문헌 440

23. 요한일서 442

1) 저자 442 2) 수신자 444 3) 기록 계기와 기록 목적 445
4) 기록 시기와 장소 445 5) 요한일서의 이단들 446 6) 사도 요한의 대응 452
7) 내용 분해 454 8) 참고 문헌 455

24. 요한이서 456

1) 저자 456 2) 수신자 459 3) 기록 시기와 장소 461
4) 기록 계기와 목적 462 5) 내용 분해 464 6) 참고 문헌 464

25. 요한삼서 466

1) 저자 466 2) 수신자 466 3) 기록 계기 467 4) 으뜸 되기를 좋아하는 디오드레베 467
5) 기록 시기와 장소 470 6) 내용 분해 471 7) 참고 문헌 471

26. 유다서 472

1) 저자 472 2) 수신자 474 3) 기록 시기와 장소 476
4) 기록 계기 478 5) 에녹서 인용 문제 479 6) 내용 분해 480
7) 참고 문헌 481

E. 계시록

27. 요한계시록 482

1) 저자 482 2) 기록 시기와 장소 484
3) 기록 목적과 주제 488 4) 황제 숭배와 기독교 핍박 489
5) 요한계시록의 해석 원리 493 6) 내용 분해 501 7) 참고 문헌 502

부 록

[1] 예수님 당시 팔레스타인의 종교적 상황 510
[2] 신약에 나타난 하나님의 나라 520
[3] 복음서 상호간의 차이점을 어떻게 이해할 것인가? 546
[4] 누가복음 개관 573
[5] 요한복음의 상황성 592
[6] 요한복음에 나타난 비유 606
[7] 성령이 너희에게 임하시면 619
[8] 신약 시대 갈라디아의 위치 637
[9] 데살로니가전후서의 구조와 중심 주제 657
[10] 히브리서 난해 구절 해설 670
[11] 행함으로 나타나는 믿음 687
[12] 베드로의 비전 708
[13] 요한 서신의 기록 계기와 배경 722
[14] 요한계시록의 중심 사상 745

참고 문헌 764

약 어

Adv. Haer.	*Adversus Haereses* (by Irenaeus of Lyon)
Adv. Marc.	*Adversus Mariconem* (by Tertullian)
BECNT	*Baker Exegetical Commentary on the New Testament*
BETL	*Bibliotheca Ephemeridum Theologicarum Lovaniensium*
CBQ	*Catholic Biblical Qaurtely*
CNT	*Commentaar op het Nieuwe Testament*
CNT-3	*Commentaar op het Nieuwe Testament. Derde Serie*
EKK	*Evangelisch-katholischer Kommentar zum Neuen Testament*
ESV	English Standard Version
Hist. Eccl.	*Historia Ecclesiastica* (by Eusebius of Caesarea)
H.R.E.	*Realenzyklopädie für protestantische Theologie und Kirche,* begründe von J. J. Herzog
KNT	*Kommentaar op het Niewe Testament*
ICC	*International Critical Commentary*
JBL	*Journal of Biblical Literature*
KEKNT	*Kritisch-exegetischer Kommentar über das Neue Testament*
KJV	King James Version
NA	Nestle-Aland, *Novum Testamentum Graece*
NAC	*The New American Commentary*
NASB	New American Standard Bible
NICNT	*New International Commentary on the New Testament*
NIGTC	*New International Greek Testament Commentary*
NKJV	New King James Version
NTC	*New Testament Commentary*
NTS	*New Testament Studies*
PNTC	*The Pillar New Testament Commentary*
SC	*Sources Chrétiennes*

TWNT	*Theologisches Wörterbuch zum Neuen Testament*
UBS	United Bible Societies, *The Greek New Testament*
WBC	*Word Biblical Commentary*
WTJ	*Westminster Theological Journal*
ZECNT	*Zondervan Exegetical Commentary on the New Testament*
ZNW	*Zeitschrift für die neutestamentliche Wissenschaft*

A.	Anmerkung, 주
Aufl.	Auflage, 판
cf.	confer, 참조(하라)
dl.	deel, 권
dln.	delen, 권(복수)
dr.	druk, 판
ed.	edition, 판; edited, editor(s), 편집(자)
ep.	*epistola,* 편지(서신)
hrsg.	Herausgeber, 편집(자)
idem	동일 저자
loc. cit.	*locus citatus,* 인용된 곳
n.	note, 주
red.	redacteur(s), 편집(자)
repr.	reprint, reprinted, 재판
rev. ed.	revised edition, 수정판
s. v.	sub voce, 표제어 아래(의 설명)
tom.	tomus, tome, 권
tr.	translated, translation, 번역
z. j.	zonder jaar, 연도 없음

서 론

1. 명칭

'신약 총론(新約總論)'은 우리나라에서는 '신약 개론(新約槪論)' 또는 '신약 서론(新約序論)' 등으로도 불리고 있다. 이 명칭들은 대개 신약 성경에 대해 간단히, 개략적으로 알아본다는 의미를 가지고 있으며 정확한 개념 규정은 되어 있지 않다. 그러나 서양에서는 대개 '신약 입문(新約入門)'으로 번역될 수 있는 용어들을 가지고 있다. 예를 들어 영어로는 대개 "Introduction to the New Testament," 독일어로는 "Einleitung/Einführung in das Neue Testament," 화란어로는 "Inleiding tot het Nieuwe Testament"라고 부른다.

영어의 "Introduction"은 원래 라틴어 "intro"(안으로)와 "ducere"(인도하다)에서 왔다. 따라서 "Introduction to the New Testament"는 원래 '신약 안으로 인도하는 것'이라는 의미를 가지고 있다. 독일어의 "Einleitung" 또는 "Einführung"도 마찬가지인데, 여기서 "ein"은 '안으로'라는 뜻이며 "Leitung" 또는 "Führung"은 '인도함'이란 뜻이다. 화란어 "Inleiding"도 독일어의 "Einleitung"과 같은 의미를 가지고 있다. 한편 라틴어로는 "Isagoge"라고 하는데, 이것은 헬라어 εἰς(안으로)와 ἀγωγή(인도함)에서 온 것으로 역시 '안으로 인도함'이란 의미를 가지고 있다.

한편, '개론'(총론, 서론, 입문)에 해당하는 말을 성경 연구에 제일 처음 사용한 사람은 안디옥 학파 수도승인 Adrianus이다. 그는 450년경에 Εἰσαγωγὴ εἰς τὰς θείας γραφάς(신적인 책들에 대한 입문)이란 책을 저술하였다. 종교개혁 시대에는 1536년에 Santes Paginus가 *Isagoge ad S. S. litteras*

를 저술하였고, 1597년에 A. Salmeron이 *Prolegomena in universam Scripturam*을 저술하였으며, 1627년에 A. Rivetus가 *Isagoge s. introductio generalis ad scripturam sacram Veteris et Novi Testamenti*를 저술하였다. 20세기에 들어와서는 G. Milligan이 1913년에 *The New Testament Documents, their origin and early history*를 출판하였고, C. Clemen이 1919년에 *Die Entstehung der Schriften des Neuen Testaments*를 출판하였으며, R. Knopf가 1919년에 *Einführung in das Neue Testament*를 출판하였다.[1)]

그러나 이러한 명칭들은 저자가 신약 성경을 어떻게 대하는가, 어떤 관점에서 보는가 하는 것을 분명히 드러내지 못하고 있다. 즉, 신약 성경이 정경(正經) 곧 우리의 신앙과 생활의 표준이 되는 하나님의 말씀이라는 것을 드러내지 못하고 있다. 이러한 명칭은 테오돌 찬(Th. Zahn)이 말한 바와 같이 "학적 탐구의 분명한 대상을 표현하지 못하고 그저 서술의 방향만을 제시할 따름이다."[2)] 율리허(A. Jülicher)에 의하면 "이로써 신약의 사전(事前) 이해를 위해 필요한 모든 것으로 이해될 수 있다."고 한다.[3)] 아브라함 카이퍼(A. Kuyper)도 다음과 같이 말한다. "그리하여 이 연구들은 신학 연구 전체에 영향을 끼치기 시작하며, 그래서 결국은 우리가 신학에서 무엇을 얻게 되며, 우리의 신학이 어디에 도달하게 될지는 거의 전적으로 그 종교적 안내자에 달리게 되었다."[4)]

따라서 개혁 신학에서는 성경이 우리의 신앙과 생활에 있어서 신적 권위를 가진 '표준' 곧 '정경'(正經, canon)임을 분명히 나타내기 위하여 '정경

1) Cf. S. Greijdanus, *Bizondere Canoniek van de boeken van het Nieuwe Testament,* I (Kampen: J. H. Kok, 1947), 6.

2) Th. Zahn, "Einleitung i. d. Neue Testament," in: *H.R.E.*³, V, 261.

3) A. Jülicher-E. Fascher, *Einleitung in das Neue Testament,* 7. Aufl. (Tübingen: J. C. B. Mohr, 1931), 1.

4) A. Kuyper, *Encyclopaedie der heilige Godgeleerdheid,* III (Amsterdam: J. A. Wormser, 1894), 23. Cf. Greijdanus, *Bizondere Canoniek,* I, 6.

학'(*Canonica*, Canoniek)이란 명칭을 전통적으로 사용해 왔다. 아브라함 카이퍼는 '성경학'(Bibliologie)을 '정경 분과'(Canonische vakken)와 '주석 분과'(Exegetische vakken)와 '역사 분과'(Pragmatische vakken)로 나누고, '정경 분과'를 다시 성경 전체의 정경적 성격을 연구하는 '일반 정경학'(*Canonica generalis*)과 성경의 각 권을 연구하는 '특수 정경학'(*Canonica specialis*)으로 나누었다.[5] '정경학'이란 명칭은 그 후의 개혁 신학자들에 의하여 계승되었으나,[6] 지금은 소수의 개혁 신학자들에 의해서만 사용되고 있다.

하지만 이런 '정경학'이란 명칭을 통해 우리는 성경이 인간의 문학 작품들과 같은 인간적인 책이 아니라, 성령으로 영감된 '하나님의 말씀'임을 고백하게 된다. 곧, 성경은 그 기원과 성격, 권위에 있어서 다른 인간적인 문서들이나 작품들과는 구별되는 특별한 책 곧 하나님이 성령의 감동으로, 인간의 봉사를 통해, 우리에게 주신 하나님의 말씀임을 고백하게 된다.

2. 신약 총론의 위치

그러면 신약 총론은 신학이란 학문에서 어디에 위치하는가? 이에 대해서는 학자들마다 견해가 다른데, 특히 신약 총론을 어떤 성격의 학문으로 보느냐에 따라 그 위치가 달라진다.

---

5) Kuyper, *Encyclopaedie,* III, 18-22.

6) Cf. F. W. Grosheide, *Algemeene Canoniek van het Nieuwe Testament,* Amsterdam: H. A. van Bottenburg, 1935; S. Greijdanus, *Bizondere Canoniek van de boeken van het Nieuwe Testament,* 2 dln,, Kampen: J. H. Kok, 1947-1949; S. Greijdanus, *Schriftgeloof en Canoniek,* Kampen: J. H. Kok, 1927; B. Holwerda, *Bijzondere Canoniek (Oudtestamentische voordrachten II),* Kampen: Van den Berg, 1972; B. Holwerda, *Canoniek O. T.: A. Pentateuch.* Dl. 1: *Geschiedenis der Pentateuchcritiek,* 1949; G. Ch. Aalders, *Oud-Testamentische Kanoniek,* Kampen: J. H. Kok, 1952 등.

1) 현대 신학자들의 분류

스위스 베른의 프리츠 바르트(Fritz Barth)는 '주석을 위한 보조학문들'(Hilfswissenschaften der Exegese) 가운데 하나로 '성경 입문'을 위치시키고 있다. 곧, 성경 주석을 위한 보조학문들에는 '성경 입문'(Einleitung in die Heilige Schrift)과 '성경 언어학'(Biblische Philologie)과 '성경 고고학'(Biblische Archäologie), '성경 해석학'(Biblische Hermeneutik)이 있다고 한다.[7] 따라서 그에 의하면, 신약 입문(총론)은 신약 주석을 위한 하나의 보조학문이 된다.

같은 베른 대학의 미카엘리스(W. Michaelis)는 1946년에 출판된 책에서 '신약 입문'은 신약 각권의 생성에 관계된 자료들(지식들)을 모은 것으로 이해한다. 곧, 각권 주석의 서론 부분에 나오는 그 책의 생성과 관계된 내용들(이것을 그는 "Spezielle Einleitung"이라 부른다)을 모아서 정리한 것(이것을 그는 "Allgemeine Einleitung"이라고 부른다)으로 이해한다.[8] 이것은 오늘날 행해지고 있는 것들을 현상적(現象的)으로 관찰한 것으로, 성경을 '우리에게 남아 있는 가장 오래된 고대 기독교 문헌들 모음집'(Älteste uns erhaltene Gruppe urchristlicher Schriften)으로 이해한 결과이다.[9] 즉, 성경을 이 세상의 많은 책들 중의 하나로 보고 있으며, 그런 것들과 구별되는 '하나님의 말씀'이라는 생각이 들어 있지 않다.

현대 독일 신약학의 일반적 흐름을 잘 대변하고 있는 큄멜(W. G. Kümmel)도 마찬가지로 신약 입문학을 '하나의 엄격한 역사적 학문'(eine streng

---

7) F. Barth, *Einleitung in das Neue Testament,* 4. und 5. Aufl. (Gütersloh: C. Bertelsmann, 1921), 11.

8) W. Michaelis, *Einleitung in das Neue Testament. Die Entstehung, Sammlung und Ueberlieferung der Schriften des Neuen Testaments* (Bern: BEG-Verlag, 1946), 2.

9) Michaelis, *Einleitung,* 1.

historische Diziplin)으로 보고 있다.[10] 그래서 신약 입문(총론)은 "신약 성경의 생성과 그 집성 과정과 그 본문의 전수에 대한 '역사적 문제들'(die geschichtlichen Fragen)을 다룬다."고 말한다. 이처럼 큄멜이 신약 입문학을 '역사적인 학문'으로 보는 이유는 그가 신약 성경을 하나의 '고대 문헌'으로 보기 때문이다. 물론 큄멜은 성경에 대해 '정경'(Kanon)이란 말을 사용하기는 하지만, 그것은 2-4세기의 교회가 복음 전파를 위해 그리고 예배 시에 낭독하기 위해 그러한 책들을 모았다는 의미이다.[11] 즉, 역사적으로 교회가 그렇게 결정했다는 의미이지, 큄멜이 그러한 책들을 스스로 '하나님의 말씀'으로 받아들인다는 의미는 아니다.

현대 비평학자들은 성경을 '고대 기독교 문헌'(urchristliche Literatur)으로 본다.[12] 곧, 성경을 고대의 인간적 작품들로 보며, 일반 고대 문학 작품들을 연구하는 방법을 성경 연구에 그대로 도입하고 있다. 예를 들어 호메로스(Homeros)의 『일리아드』와 『오디세이아』를 연구하듯이 성경을 연구한다. 여기에는 물론 '종교사학파'(religionsgeschichtliche Schule)의 연구 방법론이 전제되어 있다. 즉, 기독교를 하나의 고대 근동의 종교로 보고 접근하는 것이다. 곧, 고대 바빌론의 종교나 인도의 힌두교 경전을 연구하듯이 성경을 연구하는 것이다. 이런 이유로 '역사적 연구'라는 것이 강조되고 있다. 물론 Kümmel은 신약의 27권은 교회에 의하여 정경으로 인정된 특별한 성격을 가지고 있기 때문에 이 27권에 대한 특별한 연구를 인정하고 있기는 하나,[13] 전체적으로는

10) W. G. Kümmel, *Einleitung in das Neue Testament,* 21. Aufl. (Heidelberg: Quelle & Meyer, 1983), 5f.

11) Kümmel, *Einleitung,* 5.

12) Kümmel, *Einleitung,* 5. Cf. M. Dibelius, *Geschichte der urchristlichen Literatur,* I, II, 1926.

13) Kümmel, *Einleitung,* 6.

비평 학자들의 방법을 따르고 있다.

이런 맥락에서 폰 조덴(H. von Soden) 같은 학자는 그의 책 이름을 『기독교 문헌사』(*Christliche Literaturgeschichte,* 1905)라고 부르고 있다.[14] 이렇게 되면 신약과 속사도들 사이에 구분이 되지 않는다. 그리고 많은 현대 학자들은 신약에 대해 '정경'(Canon)이란 말을 회피하고 있다.[15] 그래서 현대 신학자들의 이런 책들에서는 '역사적 요소'가 부각되고, 신약 책들의 '신적 기원'과 '신적 권위'에 대해서는 거의 고려되지 않고 있다.

2) 개혁주의 신학자들의 견해

개혁주의 신학의 기초를 놓은 아브라함 카이퍼는 '신학 교과'(*disciplinae theologicae*)를 다음과 같이 크게 네 분과로 나누었다.

① **성경학 그룹**(Bibliologische Groep): 성경을 연구하는 분과이다. 구약학과 신약학이 있다.

② **교회학 그룹**(Ecclesiologische Groep): 그리스도의 몸인 교회의 설립과 역사와 현상을 연구하는 분과이다. '제도'(instituut)로서의 교회와 '유기체'(organisme)로서의 교회로 나누어서 연구한다. 교회법과 교회사 등이 여기에 속한다.

③ **교의학 그룹**(Dogmatologische Groep): 교회의 교의(教義, *dogma*)를 연구하는 분과이다. 신조학과 교의사, 교의학과 윤리학, 변증학 등이 이에 속

---

14) Cf. Greijdanus, *Bizondere Canoniek,* I, 6.

15) Cf. E. Reuss, *Die Geschichte der heiligen Schriften des Neuen Testaments* (초판: 1842; 6판: 1987); J. M. S. Baljon, *Geschiedenis van de Boeken des Nieuwen Verbonds* (1901); J. Jacquier, *Histoire des Livres du Nouveau Testament* (9판: 1915) 등.

한다.

④ **봉사학 그룹**(Diaconiologische Groep): 교회의 직분을 연구하는 분과이다. 여기에는 설교학, 교리문답학, 예배학, 전도학(선교학), 목회학 등이 있다.[16)]

여기서 〈성경학 그룹〉은 다시 **'정경 분과'**(Canonische vakken)와 **'주석 분과'**(Exegetische vakken)와 **'역사(사실) 분과'**(Pragmatische vakken)로 나누었다.

'정경 분과'는 '책으로서의 성경'(Τὰ Βιβλία als *Boek*)을 연구하는 분과이다. 여기에는 성경 전체의 정경적 성격을 연구하는 **'일반 정경학'**(*canonica generalis*)과 성경 각권을 연구하는 **'특수 정경학'**(*canonica specialis*)이 있다.

'주석 분과'는 '저술로서의 성경'(Τὰ Βιβλία als *Geschrift*)을 연구하는 분과이다. 여기에는 **'본문 비평'**(tekstcritiek), **'성경 언어학'**(*philologia sacra*), **'해석학'**(hermeneutiek), **'주석'**(exegese), **'번역'**(metaphrase) 등이 있다.

마지막으로 '역사 분과'는 '증거로서의 성경'(Τὰ Βιβλία als *Getuigenis*)을 연구하는 분과이다. 이것은 성경의 내용을 역사적인 맥락에서 연구하는 것인데, **'성경 고고학'**(*archeologia sacra*), **'성경 역사'**(*historia sacra*), **'계시 역사'**(*historia revelationis*) 등이 이에 속한다.

---

16) Kuyper, *Encyclopaedie,* III (Bijzondere Deel).

아브라함 카이퍼의 〈신학 교과〉 분류

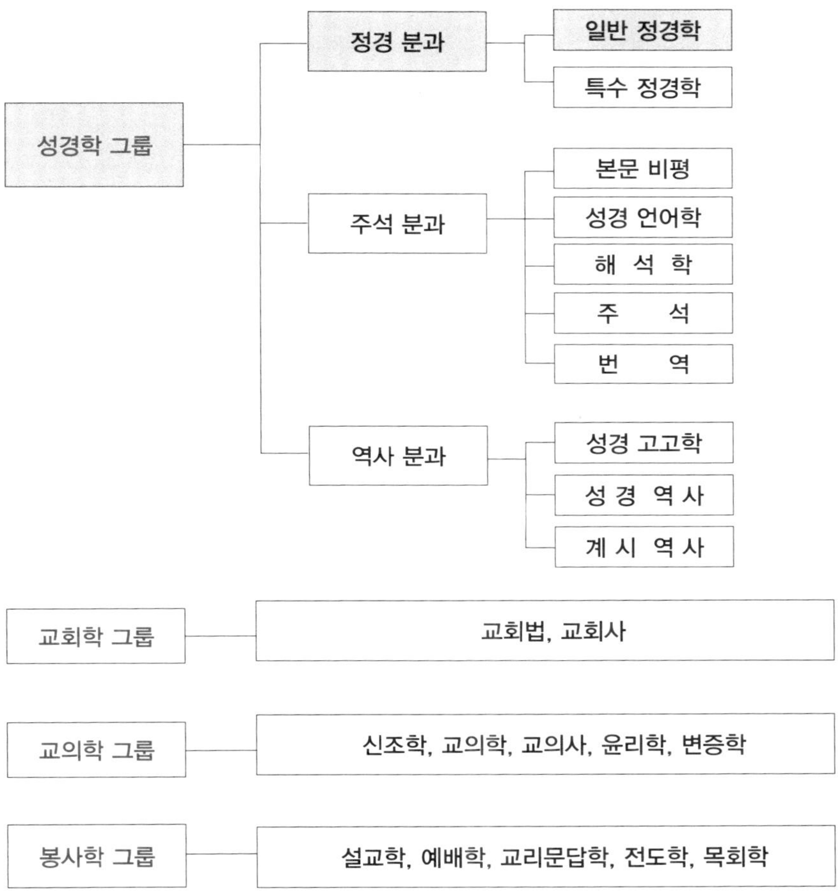

따라서 카이퍼의 분류에 의하면, 신약 총론에 해당하는 '정경학'은 〈성경학 그룹〉 안에서 성경의 정경적 성격과 성경 각권을 연구하는 '정경 분과'에 속함을 알 수 있다. 이렇게 함으로써 성경 연구는 일반 세속 문헌 연구와는 분명하게 구별되는, 하나님의 말씀인 '정경(正經)'에 대한 연구라는 것을 분명히 하고 있다.

이와 같은 맥락에서 S. 흐레이다너스는 '**신약 정경학**'(Canoniek van het Nieuwe Testament)을 다음과 같이 정의하고 있다. "신약 정경 곧 신적 권위를 가지고 있는, 우리의 신앙과 생활에 대한 규칙인 신약 자체를 - 그 전체와 각 부분을 따라 - 연구 대상으로 가지고 있는 신학 학문"이다.[17] 이러한 명칭에는 우리가 신약을 신적 권위를 가지고 있는, 우리의 신앙과 생활의 규칙임을 믿음으로 인정하고 받아들인다는 고백이 들어 있다.[18]

네덜란드 캄펀 브루더베흐에 있는 개혁신학대학에서 오랫동안 신약학을 가르쳤던 야콥 판 브루헌(Jakob van Bruggen) 교수는 위 카이퍼의 분류를 따르되, 약간의 조정을 거쳐 신약을 다음 세 분야로 나눈다.

1) **본문 보존 역사**(Geschiedenis van de tekstbewaring)
2) **해석학을 포함하여 계시 역사와 주석**(*Historia Revelationis* en Exegese, inkl. Hermeneutiek)
3) **정경학**(Canoniek)

첫 번째 것은 성경을 '보존하는 것'(bewaren)에 관계되며, 두 번째 것은 성경을 '주석하는 것'(uitleggen)에 관계되며, 세 번째 것은 성경을 '수호하는 것'(bewaken)에 관계된다고 한다.[19] 그는 신약은 성경의 한 부분으로서 구약과 함께 하나됨을 이룬다고 강조한다. 신약은 "창세기 1장부터 시작되는 하나님의 성경의 최종적이고 완성된 부분"이다. 그래서 신약을 연구하는 사람

---

17) Greijdanus, *Bizondere Canoniek,* I, 5.

18) 같은 곳.

19) J. van Bruggen, "Het Nieuwe Testament," in: *Oriëntatie in de theologie.* Studiegids samengesteld door de hoogleraren aan de Theologische Hogeschool van De Gereformeerde Kerken in Nederland te Kampen (Groningen: De Vuurbaak, z. j.), 63-87.

은 처음부터 그 권위에 복종해야만 올바르게 연구할 수 있다고 한다.[20] 이처럼 개혁주의 신학에서는 신약 성경을 '정경'으로 보고 접근하는 전통을 가지고 있음을 알 수 있다.

그러나 오늘날에는 이런 전통이 거의 사라져 가고 있다. 이러한 경향은 오늘날 영미의 복음주의 계통의 책들에서도 마찬가지다. 예를 들어 영국의 도널드 거쓰리(Donald Guthrie)는 그의 『신약 총론』이란 책에서 '정경'에 대한 아무런 설명 없이, 신약은 어떤 성경의 책인가에 대한 아무런 설명 없이 곧장 신약 각권에 대한 설명으로 들어간다.[21] 또한 미국 풀러신학교의 신약 교수였던 해리슨(E. F. Harrison)은 그의 『신약 총론』 책에서 신약 성경에 대한 아무런 설명 없이 바로 신약의 '배경'과 '언어', '본문 비평'을 다룬다. 그러고 나서 '정경'의 문제를 간단히 다룬다.[22] 그래서 『신약 총론』은 신약 연구와 관련된 여러 필요한 것들을 다루는 학문이 되고 말았다.

이러한 현상은 최근 미국에서 많이 사용되고 있는, D. A. 카슨과 D. J. 무가 공동으로 저술한 *An Introduction to the New Testament*[23]에서도 마찬가지이다. 그들은 이 책의 제일 마지막 장(章)에서 '신약 정경'(The New Testament Canon)에 대해 다룬다.[24] 그러나 성경의 권위에 대한 신학적 문제는 거의 다루지 않고 그냥 역사적으로 간단히 다루고 만다.

---

20) Van Bruggen, "Het Nieuwe Testament," 63-65.

21) D. Guthrie, *New Testament Introduction,* 4th ed., Downers Grove: InterVarsity Press, 1990.

22) E. F. Harrison, *Introduction to the New Testament,* rev. ed., Grand Rapids: Eerdmans, 1977.

23) D. A. Carson & D. J. Moo, *An Introduction to the New Testament,* 2nd ed., Grand Rapids: Zondervan, 2005.

24) Carson & Moo, *Introduction,* 726-43.

3. 신약 총론의 과제

1) 현대 신학자들의 분류

스위스의 신학자 프리츠 바르트는 '신약 입문'의 과제를 다음과 같이 나누고 있다.[25]

① 신약 각권의 생성 역사(가능한 한 연대기적 순서대로): 여기서는 신약 각권의 저자, 저작 계기, 저작 목적, 저작 장소, 개요 등의 문제 등을 다룬다. '각론'에 해당된다.
② 신약 정경의 역사: '정경론'에 해당된다.
③ 신약 본문의 역사: '사본론'에 해당된다.

여기서 우리는 바르트가 '신약 입문'이라는 학문을 '역사'(Geschichte)로 이해하고 있음을 볼 수 있다. 그는 '입문학'의 과제를 '순수히 역사적'(rein historisch)인 것으로 보고 있다. 그는 또한 '성경의 인간적 특성들'(die menschlichen Zügen der Heiligen Schrift)을 강조하며,[26] 비평적 방법을 옹호하고 있다.

독일의 신학자 큄멜은 신약 입문학을 '역사적 학문'으로 보는 그의 입장을 따라 다음과 같은 순서로 신약을 연구한다.[27]

1) 각 성경책들의 생성(Entstehung der einzelnen Schriften)

---

25) Barth, *Einleitung,* 14f.
26) Barth, *Einleitung,* 7f.
27) Kümmel, *Einleitung,* 5f.

2) **그 집성 과정**(Entstehung der Sammlung)

3) **집성된 본문의 전수**(Erhaltung des Textes der Sammlung).

여기서 첫 번째 것은 '각론'에 해당되고, 두 번째 것은 '정경론', 세 번째 것은 '사본론'에 해당된다. 이러한 연구는 신약 성경을 하나의 고대 문헌으로 보고서 현상적으로, 역사적으로 접근하는 것이다.

이러한 현대 신학의 입장은 오늘날 네덜란드의 소위 개혁 신학에서도 마찬가지다. 캄펀 아우더스트라트(Oudestraat)에 있었던 신학교에서 신약학 교수를 지냈던 바를링크(H. Baarlink)는 큄멜과 마찬가지로 신약 연구를 역사적인 것으로 취급한다.[28] 곧, 신약 연구는 '신약의 생성과 문학적 성격과 관계된 모든 문제들'을 다룬다고 본다. "왜냐하면 책은 역사를 가지고 있기 때문이다." 이러한 입장은 신약 성경을 하나의 고대 문헌으로 보는 현대 신학자들의 성경관에 뿌리를 두고 있다.

> 물론 우리는 성경이 '역사(歷史)'를 가지고 있다는 것을 부인하지 않는다. 계시는 역사 속에서 주어졌으며, 따라서 성경은 역사성을 가지고 있다. 이것은 성경의 중요한 특징이다. 그러나 우리는 성경이 또한 눈에 보이지 않는 요소를 가지고 있다는 것을 인정한다. 이것은 '신적 요소'(divine factor)인데, 이것은 '역사'보다 더 중요하며 핵심적인 것이다.[29] 그러나 현대 신학자들은 그것을 거의 고려하지 않고 있다.

---

28) H. Baarlink (red.), *Inleiding tot het Nieuwe Testament* (Kampen: J. H. Kok, 1989), "Woord vooraf".

29) Cf. A. Kuyper, *Dictaten Dogmatiek* (Kampen: J. H. Kok, z. j.), II, 84-87.

또다른 네덜란드의 신학자인 클레인(A. F. J. Klijn)은 1961년에 출판된 그의 『신약 입문』(*Inleiding tot het Nieuwe Testament*)이란 책 제목을 1965년부터는 아예 『신약 생성사』(*De wordingsgeschiedenis van het Nieuwe Testament*)로 바꾸어 버렸다.[30] 그리고 이 책에서 그는 다음 세 가지 주제를 다룬다.[31]

1) 신약 문헌들의 생성에 대한 역사적 개관: 여기서는 신약 각권의 생성에 대해 다룬다.
2) 여러 문헌들을 한 권의 책 곧 신약으로 모은 것에 대한 역사적 개관: 정경론에 해당한다. 그런데 정경 형성 역사 곧 정경사에 초점을 둔다.
3) 신약을 사본과 편집판으로 전수한 것에 대한 역사적 개관: '사본론'에 해당한다. 이 세 분야 모두 다 '역사적'으로 연구하는 것을 그 특징으로 하고 있음을 알 수 있다.

2) 한국 신학자들의 분류

이종윤 박사는 '신약 개론'을 '총론'과 '각론'으로 나눈다. '총론'에서는 신약의 기원과 정경성, 언어와 문학적 특성, 사본의 자료와 번역, 해석상의 문제 등을 다루고, '각론'에서는 27권 각권의 기록 연대, 목적, 특징, 그리고 기록자와 그 시대적 배경과 수신자 및 내용 분해를 다룬다고 한다.[32]

권성수 박사도 마찬가지로 '신약 개론'을 '총론'과 '각론'으로 나누며, 총론에서는 정경론, 사본론, 배경론, 고등 비평을 다루고, 각론에서는 신약 각권을

---

30) A. F. J. Klijn, *De wordingsgeschiedenis van het Nieuwe Testament,* 8e dr., Nijkerk: Callenbach, 1987.

31) Klijn, *Wordingsgeschiedenis,* 9.

32) 이종윤, 『신약 개론』 (서울: 개혁주의 신행협회, 2006), 21.

다룬다고 한다.[33] 이처럼 '총론(總論)'과 '각론(各論)'을 합쳐서 '개론(槪論)'으로 부르는 것은 한국어의 의미상 적절해 보인다고 생각할 수 있다. 이 경우에 '개론'이란 '개론적인 지식'이라는 의미로 이해되고 있다.[34] 이종윤 박사는 '개론'을 "Introduction"으로, '총론'을 "General Introduction"으로, '각론'을 "Special Introduction"으로 이해한다. 이렇게 하면 명칭 문제가 깔끔하게 정리된 것처럼 보인다.

이러한 것은 '입문'(Introduction)을 '개괄적인 지식'으로 이해한 것인데, 한국적인 상황에서의 이해라고 생각된다. 그러나 서양에서 '입문'(Introduction, Einleitung, Einführung 등)이라고 할 때에는 '개괄적인 지식'이라는 의미보다는 성경을 이해하는 '기본적인 원리, 태도' 및 '연구 방법' 등과 밀접히 관련되어 있다. 그래서 성경을 어떤 책으로 보는가? 어떻게 이해하고 연구해야 하는가? 하는 기본적인 질문에서 벗어날 수 없다. 따라서 '개론'이라는 명칭에는 '개괄적으로 훑어본다'는 의미는 들어 있지만, 성경을 "어떤 책으로 대하는가?" 하는 방향성은 들어 있지 않다.

한국의 신약학자 13명(대부분은 진보적인 성향임)이 합력하여 펴낸 『신약성서 개론』이란 책은 그 집필 원칙으로 '초교파주의', '학문성', '논의의 첨단성', '한국적 상황에 대한 인식'을 내세웠지만,[35] 제일 중요한 문제인 '신약'은 어떤 성격의 책인가에 대해서는 말하지 않고, 그냥 신약 연구와 관련된 여러 가지 주제들을 논한다. 즉, 현대의 여러 비평적 연구 방법을 소개하고 그러한 방법들을 받아들이고 있다. 그래서 신약 성경은 하나님의 말씀인 정경(正經)이라는 사실에서보다도 인간의 문학 작품들과 같은 차원에서 논의되고 있다.

33) A. B. 듀 토잇, 『신약 정경론』, 권성수 옮김 (서울: 엠마오, 1988), "역자 서문", 3.

34) 권성수, "역자 서문", 3.

35) 김경희 외 12인 공저, 『신약성서 개론』 (서울: 대한기독교서회, 2002), "머리말" 중.

3) 흐레이다너스의 분류

네덜란드 캄펀에서 1917년부터 1948년까지 신약을 가르쳤던 흐레이다너스(S. Greijdanus, 1871-1948)의 입장에 대해서는 따로 살펴보는 것이 좋겠다고 생각된다. 왜냐하면 그의 신학은 전통적인 개혁주의 신학 입장을 처음부터 끝까지 견지하고 있기 때문이다. 그는 헬라어와 라틴어 등 고전어는 말할 것도 없고, 독어 불어 영어 등 현대어에도 능하며, 무엇보다도 성경 원어에 대해 뛰어난 언어 감각과 주석 능력을 가지고 있다. 그리고 교부들과 개혁주의 교의학에도 정통하다.[36] 그는 아브라함 카이퍼의 신학 분류를 토대로 하여 '정경학'을 다음과 같이 네 부분으로 나눈다.[37]

① 서론적 부분(inleidend deel): 여기서는 '정경학'의 명칭, 과제, 자료들, 역사를 논한다.
② 일반적 부분(algemeen deel): 신약 정경의 개념, 발전, 완성 및 종결 등을 다룬다. 이것은 카이퍼에 의하면 '일반 정경학'이라 불린다.
③ 개별적 부분(bizonder deel): 신약 각권의 인간 저자, 수신자, 환경, 계기, 목적, 시간, 장소 등을 다룬다. 카이퍼에 의하면 '특수 정경학'이라 불린다.
④ 본문 역사(tekstgeschiedenis): 사본, 인용, 번역, 편집에 나타난 본문의 역사를 다룬다. 오늘날의 '사본학'에 해당한다.

---

36) S. Greijdanus의 생애와 신학에 대해서는 C. Veenhof, "Prof. Dr S. Greijdanus. Dienaar van het Woord van God," in: S. Greijdanus, *Heilige geschiedenis volgens vier evangelieverhalen* (Goes: Oosterbaan & Le Cointre, 1951), 5-51을 보라. 또한 G. Harinck, *Leven en werk van prof. dr. Seakle Greijdanus* (Barneveld: De Vuurbaak, 1998)을 보라.

37) Greijdanus, *Bizondere Canoniek,* I, 13.

4) 우리의 분류

이상의 여러 입장들을 살펴볼 때 우리는 전통적인 개혁주의 신학의 입장을 따라, 특히 흐레이다너스의 분류를 토대로 '신약 총론'을 다음과 같이 네 부분으로 나누고자 한다.

① 서론(序論): 여기서는 신약 총론의 명칭, 신약학 안에서의 위치, 신약 총론의 과제와 분류를 다룬다.
② 정경론(正經論): 정경의 개념, 정경성의 기준, 신약 정경의 형성 및 완성, 교회에 의한 수납 역사 등을 다룬다. '일반 정경학'에 해당한다.
③ 각론(各論): 신약 성경의 각권의 인간 저자, 수신자, 기록 연대, 기록 계기, 주요 내용 등을 다룬다. '특수 정경학'에 해당한다.
④ 사본론(寫本論): 신약 성경이 어떻게 오늘날 우리에게까지 전수되어 왔는가를 다룬다. 뿐만 아니라 그 사본들의 독법들(readings) 중에서 원본의 독법을 찾는 원리와 그 이론의 역사 등을 다룬다. 오늘날 서구에서는 보통 '본문 비평'(Textual Criticism)이라고 많이 부르고 있으나 '비평'이란 단어가 들어 있어서 좋은 명칭이 아니다. 흐레이다너스는 '본문 역사'(Tekstgeschiedenis)로 불렀으며, 판 브루헌 교수는 '본문 보존 역사'(Geschiedenis van de tekstbewaring)라고 불렀다. 그러나 이 명칭은 널리 통용되는 명칭은 아니다. 그리고 성경 본문은 보존되어 온 것만 아니라 부패되어 온 것도 많다. 따라서 우리는 한국에서 일반적으로 통용되는 '사본학' 또는 '사본론'이란 명칭을 사용하고자 한다. '본문'에 대한 연구는 결국 '사본들' 연구를 통해 이루어질 수밖에 없으므로 '사본학'이란 명칭은 타당해 보인다. 이 명칭은 '본문 비평'이란 명칭보다 훨씬 좋은 명칭이다.

5) 이 책의 구성

필자는 이러한 분류를 따라 〈서론〉, 〈정경학〉, 〈신약 각론〉, 〈사본학〉의 순서로 전개하는 것을 목표로 하고 있다. 〈정경학〉은 이미 따로 단권으로 출판하였다.[38] 그리고 〈사본학〉은 강의안은 준비되어 있으나 언제 책으로 출판할 수 있을지 알 수 없다.[39] 대신에 필자가 사본학에 대해 쓴 논문이 두 편 있으니 참고 바란다.[40] 그리하여 본서는 〈신약 각론〉을 중심으로 편성되었다. 본문에서 다루지 못하는 내용들도 많이 있으므로 이를 보완하기 위해 〈부록〉에 그 동안 필자가 쓴 논문들과 글들 중 신약 총론과 관련 있는 것 여러 편을 수록하였다.

4. 현대 입문학의 문제점

450년경에 수도승 아드리아누스(Adrianus)가 성경 입문에 대한 책을 저술한 이후로 오늘날에는 많은 입문서들이 출판되어 있다. 종교개혁 이후에, 특히 18세기 이후에 '성경 신학'이 '교의 신학'에서 독립하여 나온 이후로[41] 성경 입문학은 급속도로 발전하였다. 성경을 더 이상 신적인 말씀으로 보지 아니하고 인간의 책들과 같은 인간 저작물로 보면서 그 기원과 인간 저자, 수신자, 진정성 여부, 정경성 여부 등에 대해 많은 논의가 진행되어 왔다.

---

38) 변종길, 『신약 정경론』, 서울: 생명의 양식, 2013, 2015(2쇄).

39) 이 강의안은 고려신학대학원 구내 복사실에서 구할 수 있다.

40) 변종길, "성경 사본학의 현재와 미래", 『개혁신학과 교회』 제6호 (고신대학교 신학대학원, 1996), 67-94; "UBS 4판과 NA 27판에 나타난 현대 사본학의 동향", 『개혁신학과 교회』 제4호 (고신대학교 신학대학원, 1994), 53-66. 이 논문들은 필자의 카페 말씀나라(http://cafe.daum.net/mrbible)에서도 볼 수 있다.

41) Cf. J. Ph. Gabler, *De iusto discrimine theologiae biblicae et dogmaticae regundisque recte utrisiusque finibus,* 1789.

이러한 비평학의 발달로 말미암아 '입문학'(Einleitungswissenschaft)은 신학 전체를 지배하게 되었다. 단지 성경 이해를 도와주는 보조적 역할을 해야 할 입문학(入門學)이 이제는 성경 이해 전체를 지배하게 되었다. 아브라함 카이퍼의 표현을 빌리자면, '인도'(inleiden)하는 것이 아니라 '지도'(leiden)하는 것이 되고 말았다.[42] "당신을 위해 단지 문을 열어 주고 길을 가르쳐 주어야 할 인도자가 ... 집의 주인이 된다."[43] 판 브루헌 교수의 표현을 빌리자면, "그리하여 신약 입문(入門, 신약 안으로 인도하는 것)은 그 연구 방식에 의해 사실상 신약 출문(出門, 신약 밖으로 나가게 하는 것)이 된다."[44] 말하자면, 예수님 당시의 서기관들처럼 천국 문을 사람들 앞에서 닫고 자기도 들어가지 않고 들어가려 하는 자도 들어가지 못하게 막는 것과 같다고 할 수 있다(마 23:13).

5. 참고 문헌

A. B. 듀 토잇, 『신약 정경론』, 권성수 옮김, 서울: 엠마오, 1988.

E. F. 해리슨, 『신약 개론』, 정성구 역, 서울: 세종문화사, 1975.

이종윤, 『신약 개론』, 서울: 개혁주의 신행협회, 2006.

김경희 외 12인 공저, 『신약성서 개론』, 서울: 대한기독교서회, 2002.

D. Guthrie, *New Testament Introduction,* 4th rev. ed., Downers Grove: InterVarsity Press, 1990.

E. F. Harrison, *Introduction to the New Testament,* rev. ed., Grand Rapids:

---

42) Kuyper, *Encyclopaedie,* III, 23.

43) Kuyper, *Encyclopaedie,* III, 24.

44) *Oriëntatie,* 71.

Eerdmans, 1977.

D. A. Carson & D. J. Moo, *An Introduction to the New Testament,* 2nd ed., Grand Rapids: Zondervan, 2005.

F. Barth, *Einleitung in das Neue Testament,* 4. und 5. Aufl., Gütersloh: C. Bertelsmann, 1921 (초판: 1908).

W. Michaelis, *Einleitung in das Neue Testament. Die Entstehung, Sammlung und Ueberlieferung der Schriften des Neuen Testaments,* Bern: BEG-Verlag, 1946.

P. Feine-J. Behm, *Einleitung in das Neue Testament,* 8. Aufl., Leipzig: Quelle & Meyer, 1936.

W. G. Kümmel, *Einleitung in das Neue Testament,* 21. Aufl., Heidelberg: Quelle & Meyer, 1983.

A. F. J. Klijn, *De wordingsgeschiedenis van het Nieuwe Testament,* 8e dr., Nijkerk: G. F. Callenbach, 1987.

A. F. J. Klijn(red.), *Inleiding tot de studie van het Nieuwe Testament,* Kampen: J. H. Kok, 1982.

H. Baarlink (red.), *Inleiding tot het Nieuwe Testament,* Kampen: J. H. Kok, 1989.

S. Greijdanus, *Bizondere Canoniek van de boeken van het Nieuwe Testament,* 2 dln., Kampen: J. H. Kok, 1947-1949.

신약 각론

I. 신약 성경 개관

여기서는 신약 각권에 대한 논의에 들어가기에 앞서 신약 성경에 대해 우선 간단하게 살펴보기로 하겠다.

1. 신약 성경의 분류

신약 성경 27권은 다음과 같이 **역사서**(5권), **서신서**(21권), **계시록**(1권)으로 분류할 수 있다. 역사서는 다시 **사복음서**와 **사도행전**으로 나뉘며, 서신서는 **바울 서신**과 **히브리서**와 **공동서신**으로 나뉜다. 히브리서는 바울 서신에 포함시킬 수도 있다.

1) 역사서 (5개)

역사서는 사복음서와 사도행전으로 구성된다.[1] 사도행전을 역사서로 본다면 그 전편인 누가복음을 역사서로 보지 아니할 이유가 없다. 그렇다면 우리는 사복음서 전체를 '역사서'로 볼 수 있다. 물론 이것은 보통의 역사가 아니라 하나님의 아들의 역사를 기록한 것이다. 따라서 이것은 세상 역사와는 다른 독특한 역사이다. 이 책들은 예수 그리스도의 복음을 기록한 것이므로 다르게는 '복음서'라 부를 수 있다. 누가복음이 복음서라면 그 후편인 사도행전

---

1) W. G. Kümmel은 이 다섯 권을 '이야기책들'(die Erzählungsbücher)이라고 부른다(*Einleitung,* Inhaltsverzeichnis).

도 복음서라 부를 수 있다. 하지만 기독교회는 이 5권을 대개 '복음서와 사도행전'으로 부르고 있다.

① 사복음서

i) **공관복음**: 마태복음과 마가복음과 누가복음을 보통 '공관복음'(共觀福音, Synoptic Gospels)이라 부른다. '공관복음'이란 명칭은 18세기 이후에 사용되었다.

ii) **요한복음**: 오늘날 신학자들 중에는 '제4 복음서'(the Fourth Gospel)라고 부르는 사람들도 많다. 물론 순서상 네 번째 나오는 복음서라는 의미에서 그렇게 부른다면 괜찮겠지만, 오늘날 현대 신학자들이 이렇게 많이 부르는 데에는 요한복음의 저자가 사도 요한이라는 것을 믿지 않는 것도 한 이유라고 생각된다.

② **사도행전**: 누가복음의 후편으로서 예수 그리스도의 승천 이후의 복음 전파에 대해 기록한 책이다.

2) 서신서 (21개)

서신서[2)]는 사도 바울이 쓴 것이 압도적으로 많으며(13개; 히브리서를 포함하면 14개), 그 외에 베드로와 사도 요한, 주의 형제 야고보와 유다가 쓴 것이 있다. 베드로전후서와 야고보서, 요한 1, 2, 3서, 유다서에 대해서는 수신자가 공통이라는 의미에서 '공동 서신'이라 부른다.

---

2) 박형용 교수는 '서신서'를 '교리에 강조를 둔 책'이라고 부르는데 정확한 명칭은 못 된다. Cf. 박형용, 『신약 개관』 (서울: 아가페 출판사, 1987), 26-28.

① **바울 서신** (13개): 로마서, 고린도전 · 후서, 갈라디아서, 에베소서, 빌립보서, 골로새서, 데살로니가전 · 후서, 디모데전 · 후서, 디도서, 빌레몬서.

이 중에서 에베소서, 빌립보서, 골로새서, 빌레몬서 4개를 보통 '옥중 서신'이라 부른다. 그리고 디모데전후서와 디도서 3개를 '목회 서신'으로 분류한다. 물론 디모데후서도 옥중에서 기록하였지만 이것은 대개 '목회 서신'으로 분류한다. '히브리서'를 바울 서신에 포함시킬 수도 있다. 그러면 바울 서신은 14개가 된다.

② **히브리서**: 바울 서신에 포함시킬 수도 있다. 히브리서의 저자에 대해서는 예로부터 다양한 견해가 있으나 알 수 없다.

③ **공동 서신** (7개): 야고보서, 베드로전 · 후서, 요한 1 · 2 · 3서, 유다서.

3) 계시록 (1개): 요한계시록

계시록은 묵시록(Apocalypse)이라고도 부르지만 일반적인 묵시록과는 다르다. 성경은 요한계시록을 '예언의 말씀'이라고 말한다(계 1:3; 22:10).

2. 신약 각권의 기록자, 기록 시기 및 기록 장소

여기서는 우선 신약 각권에 대해 각각 그 기록자와 기록 시기 및 기록 장소를 일목요연하게 찾아볼 수 있도록 간단히 정리하였다. 자세한 논의는 각권을 다룰 때에 나온다. 여기 나와 있는 기록 시기와 기록 장소는 개혁주의 신학자 흐레이다너스의 견해[3]를 많이 참조하였으나, 필요한 경우에는 필자가 조금씩 수정하였다.

1) 마태복음

① 기록자: 사도 마태 (세리 레위)

② 기록 시기: 60년대 초반.[4] 62/63년경(주의 동생 야고보의 순교 직후)

③ 기록 장소: 팔레스타인 지방

2) 마가복음

① 기록자: 요한 마가(베드로의 제자)

② 기록 시기: 63/64년경

③ 기록 장소: 로마

3) 누가복음

① 기록자: 의원 누가

② 기록 시기: 63/64년경 또는 75-80년경

---

3) S. Greijdanus, *Bizondere Canoniek van de boeken van het Nieuwe Testament*, I (1947), II (1949).

4) Greijdanus, *Bizondere Canoniek*, I, 83에서는 대략 60년대 초반에서 70년 사이로 보았으나, p.82에서는 좀 더 구체적으로 야고보가 순교한 때로부터 몇 년 어간에 마태가 팔레스타인을 떠났을 것으로 보고 그때 마태가 그의 이름으로 불리는 복음서를 기록했다고 한다. 그런데 주의 동생 야고보의 순교 연대는 Festus가 갑자기 죽고 나서 Albinus가 부임하기 전 곧 Annas가 대제사장으로 있을 때인 62년이다(Josephus, *Jew. Ant.* XX,200).

③ 기록 장소: 로마 또는 그리스 반도 내

4) 요한복음

① 기록자: 사도 요한

② 기록 시기: 90년대(1세기 말[5])

③ 기록 장소: 에베소

5) 사도행전

① 기록자: 의원 누가

② 기록 시기: 약 63/64년경 또는 75-80년경

③ 기록 장소: 로마 또는 그리스 반도 내

6) 로마서

① 기록자: 사도 바울

② 기록 시기: 57년 말 또는 58년 초(3차 선교여행 말기)[6]

③ 기록 장소: 고린도

---

5) Cf. F. W. Grosheide, *Het heilig evangelie volgens Johannes (KNT)* (Amsterdam: H. A. van Bottenburg, 1950), 41.

6) Greijdanus의 55년경은 좀 빠르다고 생각된다. Greijdanus는 바울이 3차 선교여행을 마치고 예루살렘으로 온 시기를 56-57년경으로 본다(*Bizondere Canoniek,* I, 82). 학적으로 가능한 시기이기는 하나 일반적으로 받아들이는 58년(오순절 무렵)보다 1-2년 정도 빠르다.

7) 고린도전서

① 기록자: 사도 바울

② 기록 시기: 56년경[7)]

③ 기록 장소: 에베소

8) 고린도후서

① 기록자: 사도 바울

② 기록 시기: 57년경(56년말 또는 57년초)[8)]

③ 기록 장소: 마게도냐(빌립보)

9) 갈라디아서

① 기록자: 사도 바울

② 기록 시기: 3차 선교여행 중(53/54-57년)[9)]

③ 기록 장소: 에베소 (또는 그 주변)

10) 에베소서

① 기록자: 사도 바울

---

7) Greijdanus의 54년경(부활절 전후)은 좀 빠르다고 생각된다. Grosheide는 57년경으로, Keulers는 55년 봄으로 본다.

8) Greijdanus의 55년경은 좀 빠르다고 생각된다.

9) Greijdanus의 52/53년경은 좀 빠르다고 생각된다.

② 기록 시기: 약 61-63년(첫 번째 투옥 중)

③ 기록 장소: 로마 (옥중)

11) 빌립보서

① 기록자: 사도 바울

② 기록 시기: 약 61-63년(첫 번째 투옥 중)

③ 기록 장소: 로마 (옥중)

12) 골로새서

① 기록자: 사도 바울

② 기록 시기: 약 61-63년(첫 번째 투옥 중)

③ 기록 장소: 로마 (옥중)

13) 데살로니가전서

① 기록자: 사도 바울

② 기록 시기: 50년경(제일 먼저 기록)

③ 기록 장소: 고린도

14) 데살로니가후서

① 기록자: 사도 바울

② 기록 시기: 51년경(살전 이후)

③ 기록 장소: 고린도

15) 디모데전서

① 기록자: 사도 바울

② 기록 시기: 로마 1차 투옥(약 61-63) 석방~2차 투옥(66-67) 사이. 65년경

③ 기록 장소: 그리스 내

16) 디모데후서

① 기록자: 사도 바울

② 기록 시기: 두 번째 투옥 말기. 66년경

③ 기록 장소: 로마 (옥중)

17) 디도서

① 기록자: 사도 바울

② 기록 시기: 1차 투옥(약 61-63)에서 석방~2차 투옥(약 66-67) 사이. 65년경

③ 기록 장소: 그리스 내

18) 빌레몬서

① 기록자: 사도 바울

② 기록 시기: 첫 번째 투옥 중(약 61-63)

③ 기록 장소: 로마 (옥중)

19) 히브리서

① 기록자: 알 수 없다.

② 기록 시기: 알 수 없다.

③ 기록 장소: 알 수 없다.

20) 야고보서

① 기록자: 주의 형제 야고보

② 기록 시기: 알 수 없다(야고보가 순교한 62년 이전).

③ 기록 장소: 예루살렘

21) 베드로전서

① 기록자: 사도 베드로(시몬)

② 기록 시기: 베드로의 순교 전(63년 하반기 또는 64년 상반기)

③ 기록 장소: 로마

22) 베드로후서

① 기록자: 사도 베드로(시몬)

② 기록 시기: 베드로전서 직후(64년 상반기 또는 여름)

③ 기록 장소: 로마

23) 요한일서

① 기록자: 사도 요한

② 기록 시기: 요한의 말년(90년대)

③ 기록 장소: 소아시아(에베소)

24) 요한이서

① 기록자: 사도 요한

② 기록 시기: 요한의 말년(90년대)

③ 기록 장소: 소아시아(에베소)

25) 요한삼서

① 기록자: 사도 요한

② 기록 시기: 요한의 말년(90년대)

③ 기록 장소: 소아시아(에베소)

26) 유다서

① 기록자: 주의 형제 유다

② 기록 시기: 베드로후서 이후

③ 기록 장소: 알 수 없다.

27) 요한계시록

① 기록자: 사도 요한

② 기록 시기: Domitianus 통치(81-96) 말기. 95/96년경

③ 기록 장소: 밧모 섬

3. 참고 문헌

여기에는 신학생이 신약 각론을 공부하는 데 있어서 중요하게 참고할 만한 책들과 앞으로 신약을 연구함에 있어서 도움될 만한 책들 몇 권을 소개하고자 한다. 다음에 각 권을 논의할 때 좀 더 소개될 것이다.

이종윤, 『신약 개론』, 서울: 개혁주의신행협회, 2006 (초판: 1988).

E. F. 해리슨, 『신약 개론』, 정성구 역, 서울: 세종문화사, 1978.

조병수, 『신약성경 총론』, 수원: 합동신학대학원대학교 출판부, 2006.

김경희 외 12인, 『신약성서 개론』, 서울: 대한기독교서회, 2002.

오병세, 『신약 개설』(교사양성총서 1), 대한예수교장로회 총회교육위원회, 부산: 고신출판사, 1990.

이상근, 『신약성서 개론』, 서울: 한국장로교출판사, 1999.

신성종, 『신약 총론』, 서울: 기독교문서선교회, 1985.

정훈택, 『신약 개론』, 서울: 대한예수교장로회총회, 2006.

D. Guthrie, *New Testament Introduction,* 4th rev. ed., Downers Grove: InterVarsity Press, 1990.

R. Brown, *An Introduction to the New Testament,* New York etc.: Doubleday, 1997.

D. A. Carson & D. J. Moo, *An Introduction to the New Testament,* 2nd ed., Grand Rapids: Zondervan, 2005.

Th. Zahn, *Einleitung in das Neue Testament,* 3. Aufl., Leipzig: A. Deichert, 1906/1907 (Nachdruck: Wuppertal und Zürich: R. Brockhaus, 1994).

P. Feine-J. Behm, *Einleitung in das Neue Testament,* 8. Aufl., Leipzig: Quelle & Meyer, 1936.

W. G. Kümmel, *Einleitung in das Neue Testament,* 21. Aufl., Heidelberg: Quelle & Meyer, 1983.

A. F. J. Klijn(red.), *Inleiding tot de studie van het Nieuwe Testament,* Kampen: J. H. Kok, 1982.

S. Greijdanus, *Bizondere Canoniek van de boeken van het Nieuwe Testament,* 2 dln., Kampen: J. H. Kok (I: 1947; II: 1949).

II. 공관복음 문제

1. 명칭

'공관복음'(共觀福音, Synoptic Gospels)[1]이란 명칭은 일반적으로 그리스바흐(J. J. Griesbach)가 제일 먼저 사용한 것으로 알려져 있다.[2] 그가 1776년에 『복음서들의 공관』(*Synopsis Evangeliorum*)이란 책을 출판하였는데,[3] 그렇지만 '공관복음'이란 용어를 직접 사용한 것은 아니었다. 그는 복음서를 편집할 때 마태, 마가, 누가 복음을 요한복음과 분리하여 앞 세 복음서를 비교해서 보기 좋도록 하였다. 이로써 학자들은 마태, 마가, 누가 복음 상호간의 차이점에 더욱 주목하게 되었고, 이에 대한 비평적 연구가 촉진되었다.

그러나 '공관'(Synopsis)란 단어가 사용된 것은 이보다 훨씬 전이었다. 그리스바흐보다 근 200년이나 앞서 게오르기우스 시겔리우스(Georgius Sigelius)는 『예수 그리스도의 역사에 대한 공관』이란 책을 저술하였다.[4] 그러나 '공관복음', '공관복음 문제' 등의 명칭이 일반적으로 사용된 것은 그리스바흐의

---

1) 영어의 "Synoptic"이란 단어는 헬라어 σύνοψις에서 왔는데 그 뜻은 '함께 봄(共觀)'이다.

2) Cf. Carson & Moo, *Introduction*, 77; 해리슨, 『신약 개론』, 149; 이종윤, 『신약 개론』, 179 등.

3) J. J. Griesbach, *Synopsis Matthaei Marci et Lucae una cum iis Joannis pericopis quae omnino cum caeterorum Evangelistarum narrationibus conferendae sunt*, Halle, 1776 (성경 본문은 이미 1774년에 그의 헬라어 신약 성경 초판의 일부로 출판되었다).

4) Georgius Sigelius, *Synopsis historiae Jesu Christi quemadmodum Mattheus, Marcus, Lucas, descripsere in forma tabulae praeposita*. Cf. G. Milligan, *The New Testament Documents* (1913), 132 (Greijdanus, *Bizondere Canoniek*, I, 156에서 재인용).

Synopsis Evangeliorum 출판 이후이다.

그 후에도 이런 류의 책들이 많이 출판되었다. 예를 들어 1880년에 러쉬브루크(W. Rushbrooke)는 『공관. 공관복음서들의 공통 자료에 대한 설명』을 출판하였으며,[5] 1892년에 후크(A. Huck)는 『첫 세 복음서들에 대한 공관』을 출판하였다.[6] 오늘날에는 독일 뮌스터의 신약 본문 연구소가 편집한 *Concordance*[7]가 많이 사용되고 있다.

따라서 '공관복음'은 오늘날 마태, 마가, 누가 복음을 가리키는 용어가 되었으며, 이로써 요한복음과는 구별되며 상호간에 공통점을 많이 가진 복음서들이라는 의미로 이해되고 있다. 이런 용어와 함께 세 복음서 상호간의 관계에 대한 비평적 연구가 활발하게 전개되었으며, 그로 말미암아 세 복음서의 진정성(眞正性)에 대한 권위는 많이 실추되고 말았다. 그러나 '공관복음'이란 용어가 사용된 것은 2천년 기독교 역사상 최근 200여년밖에 되지 않는다. 그 이전의 1,800년 동안은 그저 '사복음서' 또는 '복음서들'이라는 용어로 불리었으며, 앞 세 개의 복음서만 따로 떼어서 부르지는 않았다.

2. 복음서 상호간의 유사성과 상이점

공관복음과 요한복음 사이에 구조나 재료 등에 있어서 많은 상이점이 있지만, 마태와 마가와 누가 복음 상호간에는 커다란 유사성이 있다. 재료와 표현에 있어서의 유사성뿐만 아니라 때로는 문자적으로 일치하는 것들도 있다고

---

5) W. Rushbrooke, *Synopticon. An Exposition of the common Matter of the Synoptic Gospels,* 1880.

6) A. Huck, *Synopse der drei ersten Evangelien,* 1892.

7) *Concordance to the Novum Testament Graece,* ed. by Institute for New Testament Textual Research and the Computer Center of Münster University, 3rd ed, Berlin/New York: W. de Gruyter, 1987.

한다.[8] 이런 유사성들(similarities)은 어디서 온 것일까? 만일 각 복음서 기자가 각각 독립적으로 자신의 복음서를 기록했다면 이런 일치하는 부분들은 어떻게 설명할 것인가? 그런데 공관복음서 상호간에는 유사성만 있는 것이 아니라 상이점들(differences)도 있다. 이런 상이점들은 왜 생겨난 것일까? 만일 어떤 복음서 기자가 다른 복음서의 자료를 사용했다고 가정한다면 이런 상이한 부분들은 어떻게 설명할 것인가? 이런 유사성과 상이점에 대한 의문은 누구나 가질 수 있는 문제이다. 이처럼 세 복음서 상호간의 재료와 순서와 표현에 있어서의 일치점과 차이점에 대한 문제를 사람들은 '공관복음 문제'라고 부른다.[9]

하지만 오늘날 학자들은 세 복음서 사이의 일치점보다는 차이점에 더욱 관심을 가지고 그 차이점을 설명하려고 애쓴다. 세 복음서 사이의 조화(harmony)를 말하는 것은 마치 구시대의 유물처럼 여기고 세 복음서의 상이함을 기정사실로 여기면서 이에 대한 비평적 이론을 나름대로 추구하고 있는 실정이다. 이런 현상에 대해 네덜란드 캄펀의 판 브루헌(J. van Bruggen) 교수는 다음과 같이 말하였다.

> "19세기 중반 이후로 '조화'(harmonization)라는 단어는 매우 부정적인 뉘앙스를 가지게 되었다. 이 단어는 계몽주의 이전의 시대에 통용되었던 바의 복음서들에 대한 접근을 가리키는 데 종종 사용되었다. 현대 성경 학문이 역사-문헌 비평에서 올바른 성경 연구법을 발견했다고 주장한 이후로, 이에 어긋나는 모든 것들은 쉽사리 '낡은 조화주의'로 낙인찍히게 되었다. 복음서들이 서로 조화될 수 없고 그 부분에 있어서 서로 충돌한다는 생각은 일종의 도그마로 작용하고 있다. 이 도그마는 증거를 제시할 필요도 없으며 만일 어느 누가 이

---

8) Cf. Guthrie, *New Testament Introduction,* 136.

9) Cf. Greijdanus, *Bizondere Canoniek,* I, 157.

도그마를 반대한다면 이미 영원히 사라진 조화주의의 형태를 띠는 '낡은 비학문성'이라고 하는 비난을 퍼붓는다."[10]

따라서 오늘날 복음서에 대한 이러한 현대 신학의 접근이 과연 옳은 것인지에 대해 근본적인 의문을 가지고 조심스럽게 접근하는 것이 요구된다고 하겠다.

세 복음서 사이에 문자적으로 일치하는 구절들도 있다고 하는 주장에 대해 좀 더 살펴보자. 먼저 흐레이다너스의 책에 나오는 세 구절들은 '중풍병자에 대한 예수님의 말씀'(마 9:6; 막 2:10; 눅 5:24)과 '예수님의 권세에 대한 질문'(마 21:23; 막 11:28; 눅 20:2)과 '목숨을 잃고 구원하는 것에 관한 말씀'(마 16:25; 막 8:35; 눅 9:24)이다.[11]

가버나움의 중풍병자에 대한 예수님의 말씀 -- "인자가 땅에서 죄를 사하는 권세가 있는 줄을 너희로 알게 하려 함이라" -- 을 원어로 살펴보면, 마 9:6은 "ἵνα δὲ εἰδῆτε ὅτι ἐξουσίαν ἔχει ὁ υἱὸς τοῦ ἀνθρώπου ἐπὶ τῆς γῆς ἀφιέναι ἁμαρτίας"이고, 막 2:10은 "ἵνα δὲ εἰδῆτε ὅτι ἐξουσίαν ἔχει ὁ υἱὸς τοῦ ἀνθρώπου ἀφιέναι ἁμαρτίας ἐπὶ τῆς γῆς"이다. 자세히 살펴보면 "땅에서 죄를 사하는 ..." 부분에서 단어들의 순서가 다른 것을 알 수 있다. 눅 5:24에는 "ἵνα δὲ εἰδῆτε ὅτι ὁ υἱὸς τοῦ ἀνθρώπου ἐξουσίαν ἔχει ἐπὶ τῆς γῆς ἀφιέναι ἁμαρτίας"라고 되어 있어서 또 다시 순서가 다른 것을 알 수 있다. 세 복음서 다 단어들의 순서가 다르다. 만일 이들이 서로 참조했다면 왜 이런 차

---

10) J. van Bruggen, *Christus op aarde. Zijn levensbeschrijving door leerlingen en tijdgenoten* (Kampen: J. H. Kok, 1987), 61. 영역본은 *Christ on Earth. The Gospel Narratives as History,* tr. by N. Forest-Flier (Grand Rapids: Baker Books, 1998), 74. 한글역은 야콥 판 브럭헌, 『지상의 그리스도. 역사로서의 복음서 이야기』, 박호석 역 (서울: 익투스, 2011), 103f.

11) Greijdanus, *Bizondere Canoniek,* I, 159.

이들이 생기는 것일까? 이 차이들은 어디서 오는 것일까?

두 번째로, 예수님의 권세에 대한 질문 -- "무슨 권세로 이 일을 행하느냐? 누가 네게 이 권세를 주었느냐?" -- 을 원어로 살펴보면, 마 21:23은 "Ἐν ποίᾳ ἐξουσίᾳ ταῦτα ποιεῖς καὶ τίς σοι ἔδωκεν τὴν ἐξουσίαν ταύτην"으로 되어 있고, 막 11:28은 "Ἐν ποίᾳ ἐξουσίᾳ ταῦτα ποιεῖς ἢ τίς σοι ἔδωκεν τὴν ἐξουσίαν ταύτην ἵνα ταῦτα ποιῇς"로 되어 있으며, 눅 20:2에는 "Εἰπὸν ἡμῖν ἐν ποίᾳ ἐξουσίᾳ ταῦτα ποιεῖς, ἢ τίς ἐστιν ὁ δούς σοι τὴν ἐξουσίαν ταύτην"으로 되어 있다. 따라서 "ἐν ποίᾳ ἐξουσίᾳ ταῦτα ποιεῖς" 부분만 같고 나머지는 다 다름을 알 수 있다.

세 번째로, 목숨을 잃고 구원하는 것에 관한 말씀 -- "누구든지 자기 목숨을 구원하려 하면 잃을 것이요 누구든지 나를 인하여 자기 목숨을 잃으면 얻으리라." -- 을 원어로 살펴보면, 마 16:25은 "ὃς γὰρ ἐὰν θέλῃ τὴν ψυχὴν αὐτοῦ σῶσαι ἀπολέσει αὐτήν· ὃς δ' ἂν ἀπολέσῃ τὴν ψυχὴν αὐτοῦ ἕνεκεν ἐμοῦ εὑρήσει αὐτήν."으로 되어 있고, 막 8:35은 "ὃς γὰρ ἐὰν θέλῃ τὴν ψυχὴν αὐτοῦ σῶσαι ἀπολέσει αὐτήν· ὃς δ' ἂν ἀπολέσει τὴν ψυχὴν αὐτοῦ ἕνεκεν ἐμοῦ καὶ τοῦ εὐαγγελίου σώσει αὐτήν."으로 되어 있고, 눅 9:24은 "ὃς γὰρ ἂν θέλῃ τὴν ψυχὴν αὐτοῦ σῶσαι ἀπολέσει αὐτήν· ὃς δ' ἂν ἀπολέσῃ τὴν ψυχὴν αὐτοῦ ἕνεκεν ἐμοῦ οὗτος σώσει αὐτήν."으로 되어 있다. 그래서 마태와 마가의 뒷 부분이 많이 다름을 알 수 있다. 즉, 마가복음에는 "나와 복음을 인하여"로 되어 있으며(마태에서는 '나를 인하여') 동사도 '구원하리라'로 되어 있다(마태에서는 '발견하리라'). 마태와 누가도 뒷 부분의 동사가 서로 다르며('구원하리라'), 또한 마태/마가와 누가는 앞부분의 편사(ἐάν, ἄν)가 서로 다름을 알 수 있다.

결론적으로 위에서 예를 든 세 구절들을 자세히 살펴보면, 이 중 어느 하나도 문자적으로 다 일치하는 것은 없음을 알 수 있다. 사용하는 단어(들)가 다르거나 순서가 다르거나, 또는 어떤 단어들이 더 첨가되어 있거나 동사의 법이 다르거나 하여, 정확하게 일치하는 것은 하나도 없음을 발견하게 된다.

그 외에 다음 두 문장은 직접적으로 일치하는 부분이 많으므로 좀 더 살펴보기로 하자.[12)]

먼저, '미혹을 받지 않도록 주의하라'는 말씀(마 24:4; 막 13:5; 눅 21:8)을 보면, 마 24:4에서는 "ἀποκριθεὶς ὁ Ἰησοῦς εἶπεν αὐτοῖς, Βλέπετε μή τις ὑμᾶς πλανήσῃ·"라고 하였으며, 막 13:5에서는 "ὁ δὲ Ἰησοῦς ἤρξατο λέγειν αὐτοῖς, Βλέπετε μή τις ὑμᾶς πλανήσῃ·"라고 하였고, 눅 21:8에서는 "ὁ δὲ εἶπεν, Βλέπετε μή τις ὑμᾶς πλανηθῆτε·"라고 하였다. 여기서 "누가 너희를 미혹하지 않도록 주의하라"(βλέπετε μὴ τις ὑμᾶς πλανήσῃ)는 문장은 마태와 마가가 문자적으로 정확하게 일치한다. 그러나 누가는 다르다. 그러나 여기서 일치하는 문장이 너무 간단하기 때문에(5 단어) 셋 중에서 둘이 일치하는 것은 자연스럽다고 볼 수 있을 것이다. 따라서 이 사실에 너무 큰 의미를 부여하는 것은 잘못이라고 생각된다. 위 구절들 이하에 나오는 문장은 내용은 일치(유사)하지만 단어들이 정확하게 일치하는 것은 아니다.

다음에 '아리마대 요셉이 빌라도에게 나아와 예수의 시체를 청구'한 사건(마 27:58; 막 15:43; 눅 23:52)에 대해 살펴보면, 마 27:58에는 "οὗτος προσελθὼν τῷ Πιλάτῳ ᾐτήσατο τὸ σῶμα τοῦ Ἰησοῦ. τότε ὁ Πιλᾶτος ἐκέλευσεν ἀποδοθῆναι."라고 되어 있으며, 막 15:43은 "... τολμήσας εἰσῆλθον πρὸς τὸν Πιλᾶτον καὶ ᾐτήσατο τὸ σῶμα τοῦ Ἰησοῦ."라고 되어 있고, 눅 23:52은 "οὗτος προσελθὼν τῷ Πιλάτῳ ᾐτήσατο τὸ σῶμα τοῦ Ἰησοῦ." 라고 되어 있다. 여기서 마 27:58과 막 15:43은 "예수의 시체를 청구하였다"(ᾐτήσατο τὸ σῶμα τοῦ Ἰησοῦ)는 부분은 정확하게 일치한다. 그러나 이 문장 앞뒤로는 일치하지 않는다. 마 27:58상과 눅 23:52은 이 부분(οὗτος προσελθὼν

12) Cf. Guthrie, *New Testament Introduction*, 136.

τῷ Πιλάτῳ ᾐτήσατο τὸ σῶμα τοῦ Ἰησοῦ)에서는 문장이 정확하게 일치한다. 그러나 이 문장은 단순하고 단어 수가 9개밖에 안 된다. 따라서 이 일치 사실에 큰 의미를 부여하기는 어려울 것이다. 예를 들어 "그는 학교에 갔다"라는 사실을 표현하려고 할 때에는 문장의 단순성 때문에 자연스럽게 동일한 표현이 많이 나타날 것이라고 기대할 수 있다. 마태와 누가의 앞뒤 구절이 서로 다르다는 사실이 이러한 견해를 지지해 준다.

3. 18세기 이전의 견해

공관복음 문제가 본격적으로 논의된 것은 지금부터 약 200여년 전인 18세기 말부터이다. 그 전에도 물론 첫 세 복음서 사이에 유사점과 차이점이 있다는 것은 인식되었다. 그렇지만 아직 '공관복음' 또는 '공관복음 문제'라는 말이 생겨나지 않았으며, 다만 그런 사실들이 존재한다는 것은 인식하고 있었고 또한 나름대로 해결하려는 노력들이 있었다.

그러나 오늘날 대부분의 신약 총론 책들은 18세기 이전 시기에 대해서는 침묵하거나 간단히 다루고서 곧바로 18세기 이후의 견해들을 다룬다. 예를 들면, 도널드 거쓰리는 고대 교회에 타티안(Tatian)의 『디아테사론』(*Diatessaron*)이 있었다는 사실만 간단히 언급한 후에 바로 18세기 이후의 견해들로 넘어간다.[13] 이것은 오늘날 미국의 대표적 신약 총론 교재인 카슨과 무의 『신약 총론』도 공관복음 연구 역사에 대해 35면을 할애하면서도 18세기 이전의 견해에 대해서는 고작 1면 정도만 할애하고 있다.[14] 오늘날의 이러한

---

13) Guthrie, *New Testament Introduction,* 138.

14) Carson & Moo, *Introduction,* 78-112. 마크 포웰(Mark A. Powell) 박사 같은 이는 그의 『복음서 개론』 (*Fortress Introduction to the Gospels*)에서 18세기 이전의 견해에 대해서는 한 줄도 언급하지 않고 바로 '자료 비평'과 '영식 비평'으로 넘어 간다. Cf. 마크 포웰, 『복음서 개론』, 허주 옮김 (경기도 고양시: 크리스찬 출판사, 2003), 22-32.

현상은 신학생들로 하여금 사복음서 또는 공관복음서 문제에 대해 전통적인 견해가 무엇인지를 알지 못하게 만들며, 현대의 비평적 견해가 거의 다인 것처럼 착각하게 만든다. 과거 1800년 가량의 교회 역사를 무시하고 최근 200여년의 견해가 전부인 양 생각하게 만든다. 이러한 것은 현대의 비평적 견해들에 대한 올바른 판단을 어렵게 만들며, 한쪽으로 치우친 견해에 함몰되는 위험성을 가져온다.

따라서 우리는 18세기 이후의 현대적 견해를 살피기 이전에 기독교회는 과거 1800년 동안 사복음서 또는 공관복음에 대해 어떻게 생각해 왔는지 먼저 간략하게 살펴보고자 한다.

1) 파피아스의 증언

주후 130년경에 히에라폴리스(Hierapolis)의 감독으로 있었던 파피아스(Papias)는, 그가 '그 장로'[15]에게 물어서 들었던 것을 사람들에게 전해 주었는데, 이것을 가이사랴의 유세비우스(Eusebius of Caesarea)가 그의 『교회사』란 책에 기록해 주고 있다. 그 중에는 마가복음과 마태복음의 기원에 관한 것도 있다. 파피아스의 증언에 의하면, 마가복음과 마태복음 각각 다른 상황에서 다른 계기에 다른 저자에 의해 기록되었다.

---

15) 여기서 '그 장로'(ὁ πρεσβύτερος)가 누구인가 하는 것에 대해 많이 논란되고 있다. 그러나 흐레이다너스(Greijdanus)에 의하면, 에베소에 '요한'이라고 하는 '두 장로'가 있었다는 주장(cf. Eusebius, *Hist. Eccl.* VII,25)은 디오니시우스(Dionysius of Alexandria)의 말을 잘못한 해석한 것이라고 본다. 디오니시우스가 말한 것은, "에베소에 각각 요한이라고 하는 두 무덤이 있다고 사람들이 말한다."는 것이다. 즉, 이 말은 에베소에 '요한 한 사람'이 있었는데 그의 '무덤'에 대해서는 다른 전승들이 존재한다는 것이라고 한다(cf. P. Feine, *Einleiting in das Neue Testament,* 3. Aufl., 90f.). 1세기 말에 '두 요한', 즉 '사도 요한'과 사도 요한 아닌 '장로 요한'이 있었다고 하는 주장의 큰 문제점은, 그 당시에 큰 영향력을 끼친 두 요한에 대해 1세기 전승은 전혀 모른다는 사실이라고 한다. Cf. S. Greijdanus, *De Openbaring des Heeren aan Johannes* (Amsterdam: H. A. van Bottenburg, 1925), xiii-xiv.

① 마가복음

먼저 파피아스는 마가복음의 생성에 대해 다음과 같이 말한다. 베드로의 '대변자'(ἑρμηνευτής)이었던 마가가 베드로에게서 들었던 것을 '정확하게'(ἀκριβῶς) 기록하였다. 그러나 '주님에 의해 말해지거나 행해진 것들'(τὰ ὑπὸ τοῦ κυρίου ἢ λεχθέντα ἢ πραχθέντα)을 일어난 순서대로 기록한 것은 아니다. 파피아스의 이 증언은 중요하기 때문에 그 전체를 여기에 직접 번역해서 제시하고 헬라어 원문은 각주에 실었다.

> "[15]그리고 이것을 그 장로가 말하였다. 마가는 베드로의 대변인이 되어서 그가 기억했던 모든 것을 정확하게 기록하였다. 그러나 주님에 의해 말해지거나 행해진 것들을 순서대로 기록한 것은 아니다. 왜냐하면 그는 주님으로부터 듣지도 않았고 주님을 따라다니지도 않았기 때문이다. 그는 나중에, 내가 말한 대로, 베드로를 따라다녔다. 그런데 이 베드로는 필요를 따라 가르쳤으며, 주님의 행적들을 체계적으로 작성하지는 않았다. 따라서 마가가 기억한 대로 어떤 것들을 기록하였을 때 그는 잘못한 것이 없다. 그는 오직 하나의 목적을 가지고 있었는데, 곧 그가 들었던 것들 중에서 아무것도 빠뜨리거나 거짓말하지 않는 것이었다. [16]그 장로는 마가에 대해 파피아스에게 이것들을 이야기하였다. ..."[16)]

16) Eusebius, *Hist. Eccl.* III,39,15-16: "[15]καὶ τοῦθ' ὁ πρεσβύτερος ἔλεγεν· Μάρκος μὲν ἑρμηνευτὴς Πέτρου γενόμενος, ὅσα ἐμνημόνευσεν, ἀκριβῶς ἔγραψεν, οὐ μέντοι τάξει τὰ ὑπὸ τοῦ κυρίου ἢ λεχθέντα ἢ πραχθέντα. οὔτε γὰρ ἤκουσεν τοῦ κυρίου οὔτε παρηκολούθησεν αὐτῷ, ὕστερον δὲ, ὡς ἔφην, Πέτρῳ· ὃς πρὸς τὰς χρείας ἐποιεῖτο τὰ διδασκαλίας, ἀλλ' οὐχ ὥσπερ σύνταξιν τῶν κυριακῶν ποιουμένους λογίων, ὥστε οὐδὲν ἥμαρτεν Μάρκος οὕτως ἔνια γράψας ὡς ἀπεμνημόνευσεν. ἑνὸς γὰρ ἐποιήσατο πρόνοιαν, τοῦ μηδὲν ὧν ἤκουσεν παραλιπεῖν ἢ ψεύσασθαί τι ἐν αὐτοῖς. [16]ταῦτα μὲν οὖν ἱστόρηται τῷ Παπίᾳ περὶ τοῦ Μάρκου· ..."

여기서 ἑρμηνευτής[17]를 어떻게 번역할 것인가 하는 것이 문제이다. 대개 '통역'으로 많이 번역한다. 즉, 베드로가 로마에서 설교할 때 마가가 통역하였다고 본다.[18] 그러나 베드로는 스스로 헬라어를 말할 수 있었기 때문에 이런 이해는 맞지 않다.[19] 그래서 어떤 학자들은 베드로의 설교를 마가가 글로 옮겼다, 중개하였다는 의미로 본다.[20] 어쨌든 위 인용된 문장에 보면 파피아스가 마가에 대해 "베드로를 따라다녔다"(παρακολούθησεν ... Πέτρῳ)고 말하며, 또 다른 곳(Eusebius, *Hist. Eccl.* II,15,1)에서 마가를 가리켜 '베드로의 추종자'(ἀκόλουθον ὄντα Πέτρου)라고 말하기 때문에, 마가는 베드로를 따라다닌 '추종자(追從者)', '제자(弟子)'였다는 의미로 ἑρμηνευτής를 사용했다고 볼 수 있다.[21]

이 마가가 베드로의 설교를 듣고 기록하였는데, 들어서 '기억한 모든 것'(ὅσα ἐμνημόνευσεν)을 '정확하게'(ἀκριβῶς) 기록했다고 한다. 그러나

---

17) D. Guthrie는 그의 책(*New Testament Introduction,* 83)에서 ἑρμηνευτής를 ἑρμηνεύτες로 철자와 악센트를 잘못 표기하고 있다.

18) 이종윤, 『신약 개론』, 259; 박윤선, 『성경주석 공관복음』(서울: 영음사, 1981), 32; Guthrie, *New Testament Introduction,* 83 등.

19) Greijdanus, *Bizondere Canoniek,* I, 100. Cf. S. Greijdanus, *Het gebruik van het Grieksch door den Heere en Zijne Apostelen in Palestina,* 1932; idem, *Het Grieksch de authentieke tekst voor de exegese van het Nieuwe Testament,* 1940. Feine-Behm도 "베드로는 갈릴리 사람으로서 집에서부터 두 언어를 사용하였으며, 헬라어 사용 지역에서 그의 가르침을 전하기 위해 통역은 필요 없었다."고 한다. Cf. P. Feine-J. Behm, *Einleitung in das Neue Testament,* 8. Aufl. (Leipzig: Quelle & Meyer, 1936), 59.

20) Th. Zahn, *Einleitung in das Neue Testament,* 3. Aufl. (Leipzig, 1906/1907; Nachdruck 1994 Wuppertal/Zürich: Brockhaus), II, 214: "... in und mit der Abfassung seines Buchs wurde Mr ein Dolmetscher des Pt (A 15). Er vermittelte denen, welche den Pt nicht von Jesus erzählen gehört hatten, diese Erzählungen." 또한 J. A. C. van Leeuwen, *Het heilig evangelie naar de beschrijving van Markus (KNT)* (Amsterdam: H. A. van Bottenburg, 1928), 9도 "베드로의 설교를 글로 옮겼다"는 의미로 이해한다.

21) Thodor Zahn은, 고대 교회 문헌에서 παρακολουθηκώς τινι, ἀκολουθήσας τινί, ἀκόλουθός τινος, ἀκόλουθος γενόμενός τινι 등의 표현은 일정 기간 스승의 가르침을 받고 그와 함께 생활한 '제자'를 가리키며, 때때로 μαθητής, ἀκουσθής, γνώριμος καὶ φοιτητὴς γεγονώς 등으로 대체되고 있다고 밝힌다(*Einleitung*³, II, 224 A 15).

'순서대로'(τάξει) 기록하지는 않았다고 한다. 왜냐하면 그는 직접 예수님을 따라다니지 않고 베드로를 따라다녔기 때문이다. 그리고 그가 기록한 것은 '주님에 의해 말해지거나 행해진 것들'(τὰ ὑπὸ τοῦ κυρίου ἢ λεχθέντα ἢ πραχθέντα)이었다. 단지 주님의 '말씀들'만 기록한 것이 아니라 그의 '말씀들'과 '행위들'을 기록하였다. 즉, 예수님의 '행적(언행)'을 기록한 것이다. 이것은 마가복음의 내용에 잘 부합한다. 마가복음은 예수님의 어록만 수록한 것이 아니라 예수님이 말씀하시고 행하신 것들 전체를 기록한 복음서이다.

② 마태복음

파피아스는 이어서 마태복음에 대해 짧게 말한다. 마태는 예수의 '행적들'(τὰ λόγια)을 '히브리 방언으로'(Ἑβραΐδι διαλέκτῳ) 기록하였다. 그리고 그것을 '각자 능력 있는 대로'(ὡς ἦν δυνατὸς ἕκαστος) 번역하였다. 아래에 그 원문을 직접 번역하여 싣는다(헬라어 원문은 각주에 있다).

> "... 그리고 마태에 대하여는 이렇게 말해졌다. 한편, 마태는 히브리 방언으로 그 언행들을 작성하였다. 그리고 이것을 각자 능력 있는 대로 번역하였다."[22]

여기서 우리는 마태복음은 '마태'가 '히브리 방언으로' 예수의 '행적'(Ta Logia)을 기록하였으며, 그것을 사람들이 '각자 능력대로 번역하였다'는 것을 알 수 있다. 마태복음은 우선 '마태'가 기록하였다. 파피아스에게 있어서 사도 마태가 첫째 복음서의 저자였음은 당연한 것이었으며 당시에 아무런 이의가

---

22) Eusebius, *Hist. Eccl.* III,39,16: "··· περὶ δὲ Ματθαίου ταῦτ' εἴρηται. Ματθαῖος μὲν οὖν Ἑβραΐδι διαλέκτῳ τὰ λόγια συνετάξατο, ἡρμήνευσεν δ' αὐτὰ ὡς ἦν δυνατὸς ἕκαστος."

없었기 때문에 더 이상 설명할 필요를 못 느꼈을 것이다.[23] 그리고 원래 '히브리 방언으로'(Ἑβραΐδι διαλέκτῳ) 기록하였음을 알 수 있다. '히브리 방언'은 정확하게는 '히브리 사람들의 방언'인데, 이것은 히브리어를 뜻할 수도 있지만 아람어를 뜻할 수도 있다. 당시에 팔레스타인 지역에서 실제로 사용된 언어는 아람어임을 생각할 때 아람어일 가능성이 더 높다.[24] 사도 마태가 팔레스타인과 수리아 지역에서 복음을 전했기 때문에 그때 그가 사용한 언어인 '아람어'로 복음서를 기록한 것은 자연스러운 일이라 하겠다.

그리고 마태가 기록한 것은 예수님의 '행적'(τὰ λόγια)이다. 여기서 '타 로기아'가 무엇을 가리키는가에 대해서는 논란이 많다. 이것이 예수님의 '행위들'을 제외한 '말씀들'만을 가리킨다고 하는 견해가 오늘날 지배하고 있지만, 문맥을 통해 볼 때 바로 앞에서 말한 바 '주님에 의해 말해지거나 행해진 것들'(τὰ ὑπὸ τοῦ κυρίου ἢ λεχθέντα ἢ πραχθέντα)을 가리키는 것이 분명해 보인다.[25] 그래서 판 브루헌 교수는 '이야기들'(de verhalen) 곧 '예수께서 가르치시고 행하신 일들'(wat Jezus leerde en deed)이라고 번역하였다.

그런데도 불구하고 비평학자들은 슐라이에르마허(F. Schleiermacher)[26] 이후로 여기의 '로기아'를 말씀들(語錄)로 보고 예수의 '어록집(語錄集)'(Logia)이 존재했다고 주장한다. 이것은 후에 학자들에 의해 "Q"(=

---

23) Van Bruggen, *Christus op aarde*, 48 (*Christ on Earth*, 57; 『지상의 그리스도』, 80).

24) 한편 흐레이다너스(Greijdanus)는, 주후 1세기 당시에 히브리어가 일상생활에서 사라진 것이 아니며 또한 히브리어로 기록되고 있었다는 G. Dalman과 H. J. Cladder의 연구에 기초하여 마태가 실제로 히브리어로 기록했을 수도 있다고 보면서도 확실한 결정은 내릴 수 없다고 한다(*Bizondere Canoniek*, I, 63). 그러나 복음서에 보존된 예수님의 원래 말씀들이 아람어임을 볼 때(마 27:46; 막 5:41; 7:11; 7:34; 14:36 등), 예수님이 사용하신 언어가 아람어이었다는 것은 거의 확실하다고 생각된다.

25) Cf. Guthrie, *New Testament Introduction*, 45; J. Munck, "Die Tradition über das Matthäusevangelium bei Papias," *Neotestamentica et Patristica* (1962), 240-60.

26) F. Schleiermacher, "Über die Zeugnisse des Papias von unseren beiden ersten Evangelien," *Theologische Studien und Kritiken* (Hamburg, 1832), 735-68. Cf. 이종윤, 『신약 개론』, 211 각주 60.

Quelle, 원천)로 불리었다.[27] 여기서 소위 '두 자료설'(Two document theory)이 생겨나게 되었다. 즉, 마가복음(또는 원마가복음)과 Q에 의해 마태복음과 누가복음이 생겨났다고 보는 것이다. 이것이 나중에 영국의 스트리터(B. H. Streeter; 1874-1937)에 의해 '네 자료설'(Four document theory)로 발전하게 되었다(즉 Mk, Q, M, L). 그러나 이러한 것은, 뒤에서 살펴보겠지만, 1) 순수히 인간의 이성(理性)의 사유에 근거한 '마가우선가설'(Markan priority hypothesis)에 기초해 있으며, 2) Eusebius의 '로기아'를 잘못 해석한 데 기초해 있다.

비평학자들은 유세비우스의 위 본문(*Hist. Eccl.* III,39,16)에 나오는 τὰ λόγια를 '어록집'이라고 잘못 해석하고 있다. 그 이유는 다음과 같다.

1) 문맥에서 볼 때 여기에 사용된 τὰ λόγια가 '말씀'만을 가리키는 것이 아니라, '주님에 의해 말해지거나 행해진 것들'(τὰ ὑπὸ τοῦ κυρίου ἢ λεχθέντα ἢ πραχθέντα) 곧 예수의 '언행들'(말씀 + 행위)을 가리킨다. 왜냐하면 파피아스는 몇 줄 후에 이것을 '주님의 행적'(τῶν κυριακῶν λογίων)으로 되받기 때문이다. 따라서 그 몇 줄 후에 마태에 대해 τὰ λόγια라고 말했을 때 그것은 앞에서 말한 '주님에 의해 말해지거나 행해진 것들'(τὰ ὑπὸ τοῦ κυρίου ἢ λεχθέντα ἢ πραχθέντα)을 가리키는 것이 분명하다.[28]

---

27) 예를 들면 나요섭 박사는 그의 책 『예수 그리스도는 신앙고백이다』(대구: 나의주, 2011)에서 이것을 '예수첫글 Q'라고 부르며(p.18), "기원 후 41년경 열두 제자들이 남긴 것으로 추정되는 예수첫글 Q"라고 본다(p.23). 그런데 "Q"라는 용어가 언제부터 사용되었는지는 불확실하다. Stephen Neill에 의하면, 이미 1892년 이전에 Johannes Weiss가 이 용어를 사용했으며 그는 이것을 그의 아버지 Bernhard Weiss에게서 배웠다고 한다. Cf. St. Neill, *The Interpretation of the New Testament 1861-1961* (Oxford/New York: Oxford University Press, 1983), 119 n.2.

28) Cf. Greijdanus, *Bizondere Canoniek,* I, 64 . 그리고 U. H. J. Körtner는 그의 *Papias von Hierapolis. Ein Beitrag zur Geschichte des frühen Christentums* (Göttingen: Vandenhoeck und Ruprecht, 1983), 155-59에서 τὰ λόγια를 예수의 '말씀들'로 축소하는 것은 불가능함을 밝히고 있다. 그는 τὰ λόγια κυριακά는 ἀπομνημονεύματα란 표현과 같다

2) 위 본문의 바로 앞에서 그 장로는 '마가복음'이 어떻게 해서 생겨나게 되었는가를 말하고 있다. 그러고 나서 지금 '마태'에 대해 말하고 있다. 따라서 그는 여기서 '마태복음'의 생성에 대해 말하고 있는 것이지 무슨 '어록집'의 존재나 마태복음의 '구성 요소' 또는 '자료들'의 기원에 대해 말하고 있는 것이 아니다.[29)]

3) 역사적으로 이런 문서가 하나도 발견된 것이 없다. 이런 문서의 존재에 대해 고대 교회의 역사적 증거가 하나도 없다.[30)]

4) 예수의 '말씀들'은 그의 '행위들'과 매우 밀접하게 관련되어 있어서 '말씀들'만 따로 떼어내는 것은 불가능하다.[31)] 예를 들면, 예수 시험 사건과 가버나움의 백부장 사건과 같은 이야기들(narratives)도 학자들은 '어록집'에 포함시키고 있다.[32)] 그래서 말씀과 행위 사이에 정확한 경계(boundaries)도 없고 분명한 순서(order)도 없다. 레옹-뒤퓌르(Léon-Dufour)에 의하면, 1918년에 이미 모팻(Moffat)은 '어록집'에 대해 자신의 것 외에 16개의 다른 재구성들을

고 한다. 여기서 ἀπομνημονεύματα는 '목격자 또는 증인이 어떤 유명한 인물의 등장에 대해 기억하고 있는 것의 기록들'을 뜻한다. Cf. J. van Bruggen, *Wie maakte de bijbel?* 42 n.12 (한글역: 『누가 성경을 만들었는가?』, 김병국 역 (서울: 총신대학교출판부, 1997), 59 n.12). W. G. Kümmel도 여기서 Papias는 이로써 정경 마태복음(das kanonische Mt)을 의미하는 것이 분명하다고 말한다(*Einleitung*, 29). 그러면서 여기의 '타 로기아'는 '보고들/소식들'(Berichte)을 의미한다고 한다.

29) Cf. Zahn, *Einleitung*³, II, 262.

30) Zahn, *Einleitung*³, II, 261. 그리고 J. B. Lightfoot는 다음과 같이 말한다. "Indeed this theory is encumbered with the most serious difficulties. In the first place, there is no notice or trace elsewhere of any such 'collection of discourses'. In the next place, all other early writers from Pantaenus and Irenaeus onwards, who allude to the subject, speak of St. Matthew as writing a Gospel, not a mere collection of sayings in Hebrew." (*Essays on the work entitled Supernatural Religion,* 2nd ed., 1889, p.172) (Greijdanus, *Bizondere Canoniek,* I, 64에서 재인용).

31) Zahn, *Einleitung*³, II, 262; Greijdanus, *Bizondere Canoniek,* I, 64 (g).

32) 학자들이 일반적으로 생각하는 Q 자료(Material usually alloted to Q) 목록은 R. E. Brown, *An Introduction to the New Testament* (New York etc.: Doubleday, 1997), 118-19에서 찾을 수 있다.

열거할 수 있었다고 한다.[33)]

결론적으로 우리는 이렇게 말할 수 있다. "이 점에서 슐라이어마허는 마태에 대한 파피아스의 말을 오해한 것이다."[34)] 레옹-뒤푸르는 유세비우스의 이 작품의 수리아 역에 '로기아'가 '복음서들'(gospels)로 번역되어 있음을 지적하면서, 파피아스는 사도 마태에 의해 기록된 아람어 복음서(Aramaic Gospel)의 존재에 대해 언급하고 있다고 본다.[35)]

2) 타티안의 디아테사론

주후 170년경에 수리아의 타티안(Tatian)은 네 복음서를 하나로 종합하여 한 권의 책 곧 『디아테사론』(Diatessaron)을 만들었다. 타티안이 시도한 방법은 '가능한 한' 사복음서에 있는 것들을 다 모아 편집함으로써 사복음서의 조화를 꾀한 것이다. 이것은 매우 인기 있어서 곧 아람어, 페르시아어, 아라비아어, 라틴어 등으로 번역되었다.[36)] 그 편집의 방법은 요한복음을 토대로 하여 다른 세 복음서의 내용들을 종합하여 가능한 한 다 포함시키는 것이었다. 수리아 지역의 교회에서는 한동안 사복음서 대신에 『디아테사론』이 사용되기도 했다.[37)]

그러나 『디아테사론』은 약간의 영지주의적 경향을 띠고 있었다. 타티안은 예수님의 족보 부분을 삭제했으며, 또한 예수님께서 육신을 따라 다윗의 씨

---

33) A. Robert-A. Feuillet, *Introduction to the New Testament* (New York etc.: Desclee Company, 1965), 280.

34) 이종윤, 『신약 개론』, 212.

35) Robert-Feuillet, *Introduction,* 183f.

36) A. F. Klijn, "De Canon van het Nieuwe Testament," in: *Bijbels Handboek* (Kampen: J. H. Kok, 1987), 171.

37) S. Greijdanus, "De Apokryphen van het Nieuwe Testament," in: *Bijbelsch Handboek,* II (Kampen: J. H. Kok, 1935), 288.

에서 나셨다는 것을 말하는 것들도 다 삭제하였다.[38] 또 금욕주의적 맥락에서 타티안은 세례 요한이 먹은 음식인 '메뚜기와 석청(야생 꿀)'을 '우유와 꿀'로 바꾸었다.[39]

그러나 타티안이 『디아테사론』을 편집했다는 사실에서 우리는 사복음서 사이의 유사성과 상이점들이 인식되었으며 이에 대한 해결을 요청하고 있었다는 사실을 알 수 있다. 한동안 수리아 교회는 『디아테사론』의 문제점을 알지 못하고 사복음서 대신에 사용하였으나, 나중에 그 문제점을 알게 되었을 때에는 이것을 제거하고 다시 각각의 사복음서를 사용하게 되었다.[40]

3) 터툴리안

3세기 초에 북아프리카에서 활동했던 터툴리안(Tertullian, 160년경-220년경)은 그의 『말시온 논박』(*Adversus Marcionem*)에서 복음서들에 대해 다음과 같이 말하였다.

> "우리는 첫째로, 복음서가 사도들을 저자로 가지고 있다는 것을 분명히 한다. ... 또한 사도적인 사람들도 있는데, 이들은 홀로 나타나는 것이 아니라 사도들과 함께 그리고 사도들 후에 나타난다. ... 끝으로, 사도들 가운데서는 요한과 마태가 우리에게 믿음을 심고, 사도적인 사람들 가운데서는 마가와 누가가 그것을 새롭게 한다."[41]

---

38) Greijdanus, "De Apokryphen van het Nieuwe Testament," 288.

39) F. F. Bruce, *The Canon of Scripture* (Downers Grove: InterVarsity Press, 1988), 127.

40) Greijdanus, "De Apokryphen van het Nieuwe Testament," 288.

41) Tertullian, *Adv. Marc.* IV,2: "Constituimus inprimis euangelium instrumentum apostolos auctores habere ... si et apostolicos ... non tamen solos, sed cum apostolis et post apostolos ... denique nobis fidem ex apostolis Johannes et Mattheus insinuant, ex

위 진술에서 우리는 다음 사실들을 알 수 있다. 첫째, 사도들(마태와 요한)과 사도적인 사람들(마가와 누가)이 사복음서의 저자들이다. 사도들과 함께 그리고 그들 후에 활동한 마가와 누가를 '사도적인 사람들'(*apostolici*)이라고 부르고 있다. 둘째, 사도들은 무슨 '어록집'을 기록한 것이 아니라 '복음서'를 기록했다. 어록집의 존재에 대해서는 전혀 말하지 않는다.

4) 알렉산드리아의 클레멘트

북아프리카의 알렉산드리아에서 활동했던 클레멘트(Clement of Alexandria)는 주후 200년경에 복음서들의 순서에 대해 다음과 같이 증언하고 있다. "예부터 내려오는 장로들의 전승에 의하면, 족보들을 가지고 있는 것들이 (다른) 복음서들보다 먼저 씌어졌다고 말한다."[42] 이것은 마태복음과 누가복음이 마가복음과 요한복음보다 먼저 기록되었다는 말이다.

그렇다면 우리는 이런 질문을 할 수 있다. 누가복음도 마가복음보다 먼저 기록되었다는 말인가? 마태복음이 제일 먼저 기록되고 요한복음이 제일 나중에 기록되었다는 사실에 대해서는 의문의 여지가 없었지만, 마가복음과 누가복음의 순서에 대해서는 모호한 점이 있다. 클레멘트의 위 진술은 누가복음이 마가복음보다 먼저 기록되었다는 의미를 포함하고 있는 것일까?

이에 대해 테오돌 찬(Th. Zahn)은 그렇지 않다고 본다. 클레멘트는 마태는 마가보다 먼저, 누가는 요한보다 먼저 씌어졌다는 의미로 말한 것일 것이다. 왜냐하면, 그 당시 복음서들의 통상적인 순서는 마태, 마가, 누가, 요한의 순이었으며, 이러한 순서는 클레멘트와 그가 말하고 있는 장로에게도 알려졌을

---

apostolicis Marcus et Lucas instaurant."

42) Eusebius, *Hist. Eccl.* VI,14,5: "προγεγράφθαι ἔλεγεν τῶν εὐαγγελίων τὰ περιέχοντα τὰς γενεαλογίας."

것이기 때문이다.[43] 찬의 이런 견해에 대해 흐레이다너스는 다음과 같이 말한다. "이 문제는 그냥 놔두자. 그러나 이 말들에서 분명한 것은, 알렉산드리아의 클레멘트가 마태복음이 마가복음보다 먼저 기록되었다고 판단했다는 사실이다."[44] 그리고 다른 곳에서(*Analecta,* II, pp.19-20) 클레멘트는 첫째 복음서에 대해 마태 외의 다른 저자를 알지 못했다는 사실이 분명하다고 한다.[45]

필자의 견해도 흐레이다너스의 견해와 동일하다. 마가와 누가의 기록 순서에 대해서는 약간의 불확실성이 있다. 클레멘트의 말처럼 누가복음이 먼저 기록되었을 가능성도 배제할 수는 없지만 당시에 일반적으로 받아들여진 견해는 마태, 마가, 누가, 요한의 순이었다. 따라서 클레멘트의 위 진술을 테오돌 찬처럼 이해하는 것도 불가능한 것은 아니다. 그러나 이 문장만 가지고서는 확실히 말할 수 없기 때문에 이 문제는 그냥 놔두는 것이 좋겠다. 어쨌든 클레멘트와 당시 교회의 견해에 의하면, 마태복음이 제일 먼저 기록되었다고 보았다는 사실은 분명하다.

5) 오리겐

3세기 전반에 활동했던 오리겐(Origen, 약 185-154년경)이 사복음서에 대해 다음과 같이 말한 것이 유세비우스의 『교회사』에 기록되어 있다.

> "네 복음서에 대하여 전승에 의해 알게 된 바는 다음과 같은데 -- 이 네 개

---

43) Th. Zahn, *Einleitung*³, II, 186 A.9: "Für unmöglich wird man daher nicht erklären dürfen, daß jene Presbyter nur sagen wollten, Mt habe früher als Mr, und Lc früher als Jo geschrieben."

44) Greijdanus, *Bizondere Canoniek,* I, 67.

45) Greijdanus, *Bizondere Canoniek,* I, 67.

만이 하늘 아래 있는 하나님의 교회에서 반박되지 않고 있다. -- 즉 전에는 세리였다가 나중에 예수 그리스도의 사도가 된 마태에 의한 것이 제일 먼저 기록되었는데, 이것은 유대교로부터 (예수를) 믿은 자들에게 준 것으로서 히브리인들의 글자로 기록되었다. 둘째는 마가에 의한 것인데, 베드로가 그에게 가르쳐 준 대로 쓴 것이다. ... 셋째는 누가에 의한 것인데, 바울에 의해 칭찬받은 복음으로서 이방인들로부터 회심한 자들에게 기록한 것이다. 이 모든 것의 마지막은 요한에 의한 것이다."[46)]

윗글에서 우리는 다음과 같은 사실을 알 수 있다. 첫째, 네 복음서만이 신적 권위를 가진 정경(正經)이다. 둘째, 그 중 마태복음이 제일 먼저 기록되었다. 셋째, 예수님의 제자인 사도 마태가 복음서를 기록했다. 무슨 '어록집' 같은 것을 기록한 것이 아니다. 넷째, 마태복음은 유대인들을 위해 기록되었다. 다섯째, 마태복음은 히브리인들의 글자로 기록되었다. 여섯째, 마가복음은 마가가 베드로의 설교를 기록한 것이다. 일곱째, 누가복음은 누가가 이방인 신자들을 위해 기록한 것이다. 여덟째, 요한복음은 요한이 기록했다.

6) 어거스틴

5세기 전반에 활동했던 어거스틴(Augustine, 354-430)은 『복음서 저자들의 조화』(*De consensu Evangelistarum*)라는 책을 썼는데, 거기서 그는 사복음

46) Eusebius, *Hist. Eccl.* VI,25,4-6: "ὡς ἐν παραδόσει μαθὼν περὶ τῶν τεσσάρων εὐαγγελίων, ἃ καὶ μόνα ἀναντίρρητά ἐστιν ἐν τῇ ὑπὸ τὸν οὐρανὸν ἐκκλησίᾳ τοῦ θεοῦ, ὅτι πρῶτον μὲν γέγραπται τὸ κατὰ τόν ποτε τελώνην, ὕστερον δὲ ἀπόστολον Ἰησοῦ Χριστοῦ Ματθαῖον, ἐκδεδωκότα αὐτὸ τοῖς ἀπὸ Ἰουδαϊσμοῦ πιστεύσασιν, γράμμασιν Ἑβραϊκοῖς συντεταγμένον· δεύτερον δὲ τὸ κατὰ Μάρκον, ὡς Πέτρος ὑφηγήσατο αὐτῷ, ... καὶ τρίτον τὸ κατὰ Λουκᾶν, τὸ ὑπὸ Παύλου ἐπαινούμενον εὐαγγέλιον τοῖς ἀπὸ τῶν ἐθνῶν πεποιηκότα· ἐπὶ πᾶσιν τὸ κατὰ Ἰωάννην."

서의 생성에 대해 다음과 같이 말하였다. 각 복음서 저자는 물론 자기 앞에 기록된 다른 사람의 작품을 몰랐던 것은 아니지만 각자 영감받은 대로 기록하였다.[47] 마태는 왕적 족보를 따른 주님의 성육신과 매우 많은 주님의 행위들과 말씀들을 기록하였다.[48] 그리고 마가복음에 대해서는 "마가는 마태를 따랐는데 그의 추종자와 축소자인 것처럼 보인다."[49]

여기서 우리는 다음 두 가지를 알 수 있다. 첫째, 사복음서 저자는 자기 앞에 기록된 다른 복음서를 모른 것은 아니지만 각자 영감을 받아 독자적으로 기록하였다. 둘째, 마가는 마태복음을 따랐으며, 그래서 그것을 축소한 것처럼 보인다.

7) 제롬

어거스틴과 동시대에 살았던 제롬(Eusebius Sophronius Hieronymus, 347경-420)은 마가복음에 대해 어거스틴과 같은 견해를 가졌다고 알려져 있지만[50] 확실하지는 않다.[51] 제롬은 사복음서에 대해 다음과 같이 말하였다.

> "무엇보다 첫째는, 레위라고도 불리는 세리인 마태이다. 그는 유대에서 히브리 언어로 복음서를 출판하였다. 그 목적은 주로 유대인 중에서 예수를 믿고

---

47) Cf. Greijdanus, *Bizondere Canoniek,* I, 164f.

48) Cf. Greijdanus, *Bizondere Canoniek,* I, 165.

49) "Marcus eum subsecutus tamquam pedissequus et breviator eius videtur." 이 원문은 Zahn, *Einleitung*[3], II, 200 (A. 3)에 나온다.

50) 예를 들면 Greijdanus, *Bizondere Canoniek,* I, 165.

51) 필자는 제롬(Hieronymus)에게서 그런 말을 찾을 수가 없었다. 제롬이 이런 견해를 가졌다는 것은 칼빈이 쓴 마태, 마가, 누가 복음 주석의 "Argumentum"에 나오는데, 이에 대해 Zahn은 칼빈이 제롬에 대해 잘못된 정보를 제공하고 있다고 말한다. Cf. Zahn, *Einleitung*[3], II, 200 A. 4.

율법의 그림자를 조금도 지키지 않는 자들(복음의 진리가 그것을 계승했기 때문에)을 위해서였다. 마가는 두 번째인데 사도 베드로의 통역이었으며 알렉산드리아 교회의 초대 감독이었다. 그는 스스로 주와 구주를 보지 않았지만 그의 스승의 설교를 듣고서 기록하였으며, 사건들의 순서를 따라서가 아니라 그것들의 정확성을 따라 기록하였다. 셋째는 누가인데, 안디옥 출신의 수리아 사람 의사였다. 그는 그의 복음으로 인하여 칭찬받았으며, 그 자신이 또한 사도 바울의 제자였다. 누가는 그의 책을 아가야와 뵈오티아 지역에서 기록하였으며, 그의 서문에서 스스로 인정하듯이 어떤 주제들에 대해 좀 더 깊이 탐구하였으며, 본 것들보다는 들은 것들을 묘사하고 있다. 제일 마지막은 예수께서 매우 사랑하신 사도이며 전도자인 요한이다. 주님의 품에 기대어 앉아서 가장 순수한 교리의 샘물을 마셨다. ..."[52]

8) 칼빈

제네바의 칼빈(1509-1564)은 『복음서들의 조화에 대한 주석』을 저술하였다.[53] 칼빈이 마태, 마가, 누가 복음을 이렇게 같이 다룬 이유는 독자들이 세 복음서를 쉽게 볼 수 있도록 하기 위해 즉 그 유사성과 차이점을 한눈에 파악할 수 있도록 하기 위함이었다.[54] 칼빈은 이 주석의 서두에 있는 "Argumentum"(Theme)에서, 마가복음은 마태복음의 축소된 형태라고 하는

---

52) St. Jerome, *Commentary on Matthew*, tr. Th. Scheck (Washington, D. C.: The Catholic University of America Press, 2008), 53 ("Preface. 2.").

53) 정확하게는 『마태, 마가, 누가에 의해 저술된 조화에 대한 주석』이다. Cf. Ioannis Calvini, *In harmoniam ex Matthaeo, Marco et Luca compositam Commentarii*, ed. Tholuck, Berolini: Guilelmum Thome, 1938.

54) J. Calvin, *A Harmony of the Gospels Matthew, Mark and Luke*, I, tr. A. W. Morrison (Grand Rapids: Eerdmans, 1972), xiii-xiv ("The Theme of the Gospel of Jesus Christ").

제롬의 견해는 근거 없는 것으로 배척하였다.[55] 그 이유로 다음 두 가지를 제시하였다. 첫째, 마가는 마태의 순서를 일관성 있게 따르지는 않는다. 둘째, 마가는 그 시작에서부터 다르게 접근하고 있다. 그는 다른 저자가 생략한 자료들을 이야기하기도 하고, 때로는 동일한 사건을 더 자세히 말하기도 한다. 따라서 칼빈은, 마가가 그의 책을 저술할 때 마태의 책을 결코 보지 않았다고 생각한다. 그래서 그것의 축소판을 만들려고 하는 것은 마가의 의도와는 거리가 먼 것이었다고 한다.[56]

그래서 칼빈은 세 복음서 사이의 관계에 대해 다음과 같이 말한다. 세 복음서 사이에 나타나는 다양성(diversity)은 의도적으로 그렇게 했다고 보면 안 된다. 각 복음서 기자는 그들이 확실하고 의심의 여지가 없는 것으로 알고 있는 것들을 정직하게 기록하고자 하였으며, 각자 자기가 가장 좋다고 생각하는 방법을 따라 배열하였다. 그러나 이것도 우연히 된 것이 아니라 '하나님의 섭리'(Divine Providence) 하에 그렇게 되었다. 따라서 성령은 이러한 다양한 기록 방식 하에서도 성령께서는 '놀랄만한 조화'(an astonishing harmony)를 주셨다.[57]

따라서 전통적인 견해에 의하면, 사복음서는 각각 독립적으로 기록되었으며 그 순서는 마태 -〉 마가 -〉 누가 -〉 요한 순이었다(Origen, Augustine, Jerome, Ammonius 등). 현대에 와서는 슐라터(Schlatter), 찬(Zahn), 버틀러(Butler), 흐레이다너스(Greijdanus) 등이 이를 지지한다. 알렉산드리아의 클레멘트(Clement of Alexandria)는 누가복음과 마가복음의 순서에 대해 모호하게 말

55) 앞의 각주 51을 보라.

56) Calvin, *A Harmony*, xiii.

57) J. Calvin, *Commentary on a Harmony of the Evangelists, Matthew, Mark, and Luke*, tr. W. Pringle, Vol. I (Grand Rapids: Eerdmans, 1949), xxxix, "The Argument on the Gospel of Jesus Christ."

한다. 그러나 마태복음이 제일 먼저 기록되었다고 보는 점에서는 변함이 없다.

9) 그로티우스

국제법학자로 잘 알려진 알미니안 신학자 휴고 그로티우스(Hugo Grotius, 1583-1645)[58]는 신약 성경에 대한 간단한 주석[59]을 저술하였는데, 그는 여기서 마태복음과 마가복음의 관계에 대해 주목할 만한 견해를 내어 놓았다. 테오돌 찬에 의하면, 마가와 마태의 관계에 대해 제시된 모든 견해들 가운데서 그로티우스의 것만이 전승에 부합한다고 한다.[60]

그의 견해는 다음과 같다. 마가는 마태의 히브리어판 복음서를 사용하였다. 그리고 이 히브리어 마태복음을 헬라어로 번역한 사람이, 그가 누구이든 간에, 마가의 헬라어 책을 사용하였다. 왜냐하면 마가가 (히브리어본) 마태로부터 취한 것들을 이 번역자는 거의 대부분 자기 자신의 말들로 적고 있기 때문이다. 단, 마가가 히브리어 또는 갈대아어 방식의 말로 표현한 것을 마태가 헬라어의 기준을 따라 부드럽게 만든 것을 제외하고는 그러하다.[61]

테오돌 찬(Th. Zahn)도 같은 견해를 가지고 있다. 마태복음의 문체가 마가복음의 문체보다 더 유려하다. 그것은 마가 앞에 아람어 마태복음이 놓여 있

---

58) 네덜란드어(벨기에어) 명은 Hugo de Groot(휘고 드 흐로트)이다. Grotius는 라틴어 명이다. "드 흐로트"(de Groot)는 영어로는 "더 그레이트"(the Great)가 된다.

59) Hugo the Great, *Annotationes in Nov. Test.,* ed. Gron. 1826.

60) Zahn, *Einleitung*[3], II, 325.

61) Hugo the Great, *Annotationes,* I, 11f.: "Sicut autem Marcus usus est Matthaei Hebraico, ni fallor, codice: ita Marci libro Graeco usus mihi videtur quisquis fuit Matthaei Graecus interpres. Nam quae Marcus ex Matthaeo desumserat, idem hic iisdem propre verbis posuit, nisi quod quaedem a Marco Hebraico aut Chaldaico loquendi genere expressa proprius ad Graeci sermonis normam emollivit."(이 본문은 Greijdanus, *Bizondere Canoniek,* I, 165에서 취하였다. 그리고 그곳에 있는 Greijdanus의 번역을 참조하였다.)

었기 때문이다. 또한 히브리어 마태복음을 헬라어로 번역한 사람이 그 사이에 생겨난 마가복음과 누가복음을 분명히 참조하였을 것이다.[62]

이와 비슷한 맥락에서 최갑종 교수는 마태가 원래 아람어로 복음서를 기록했다가 나중에 마태 자신이 다시 헬라어로 복음서를 썼을 가능성이 있다고 추정한다. 그 이유는 헬라어 마태복음에서 전혀 번역의 문체를 찾아보기 어렵기 때문이라고 한다. 따라서 마태가 다시 헬라어로 복음서를 쓸 때 마가복음을 참조했을 가능성이 있다고 한다.[63]

마태복음과 마가복음의 생성 과정에 대해서는 고대 교회의 몇몇 전승을 제외하고는 성경에 증거가 없기 때문에 우리는 확실히 말할 수 없다. 그러나 위의 그로티우스의 견해에 대해서는 다음과 같이 몇 가지를 지적할 수 있다.

첫째, 이 주장이 성립하려면 히브리어 마태복음이 헬라어로 번역되기 전에 마가복음이 존재했었다는 것이 전제되어야만 한다. 그러나 파피아스의 증언에 의하면 마태가 히브리 방언으로 마태복음을 기록하였을 때 "각자 능력 있는 대로 번역하였다."고 한다(Eusebius, *Hist. Eccl.* III,39,16). 이 사실은 그 당시에 예수의 행적을 기록한 복음서를 많이 기다리고 있었으며, 마태가 복음서를 기록해서 내어 놓자 사람들이 신속히 번역하였음을 시사해 주고 있다. 그 당시 흩어져 있던 디아스포라의 유대인들을 생각하면 더욱 그러하다.[64]

둘째, 고대 교회의 전승에 의하면 마가복음은 베드로의 설교에 기인한다

---

62) Th. Zahn, *Grundriss der Einleitung in das Neue Testament* (Leipzig: A. Deichert, 1928), 94: "Daß der Ausdruck des Mt durchweg der flüssigere ist, erklärt sich ... daraus daß es der aramäische Mt war, der dem Mr vorlag, während der griechische Übersetzer des Mt bei seiner Arbeit gewiß auch die inzwischen entstandenen griechischen Evv des Mr und Lc berücksichtigt haben wird."

63) 최갑종, 『1세기 문맥에서 본 주기도문 연구. 기원, 본문 그리고 해석』, 2판 (서울: 성광문화사, 1992), 74f. 주 68.

64) Van Bruggen, *Christus op aarde,* 48f. (*Christ on Earth,* 57)

(Eusebius, *Hist. Eccl.* III,39,15). 따라서 마가가 히브리어본 마태복음을 이용했다고 보는 것[65]은 추측에 불과하며 역사적 증거에 맞지 않다. 마가복음이 좀 투박한 헬라어로 기록된 것은 그 앞에 히브리어(아람어) 마태복음이 있었기 때문이 아니라 베드로의 설교에서 왔기 때문이다.

셋째, 몇몇 학자들이 위의 그로티우스와 같은 생각을 하는 중요한 이유는 헬라어 마태복음의 문체가 유려하다는 것인데, 이러한 견해는 당시 사람들의 언어 능력을 과소평가하는 데서 온 것이다.[66] 게다가 히브리어 마태복음을 번역한 사람은 평범한 일반인이 아니라 언어와 문장에 소질 있는 유능한 사람이었을 것을 생각하면 헬라어 마태복음의 유려한 문체는 문제되지 않는다.[67] 뿐만 아니라 초대 교회가 예루살렘 또는 다른 곳에서 복음을 전할 때에 히브리어와 아람어를 알지 못하는 사람들을 위해 헬라어로 전하였을 것이다. 이를 통해 초대 교회에서는 일찍부터 예수님의 말씀과 행적에 대한 헬라어 번역이 통용되었을 것이며, 나중에 마태복음 번역자가 이것을 사용하였을 것이라고 생각할 수 있다.[68] 따라서 헬라어 마태복음의 유려한 문체가 마가복음에서 왔다고 생각할 필요는 없는 것이다.

---

65) Theodor Zahn은, 마가가 62-63년경의 동방 여행 때 팔레스타인에서 막 기록된 (히브리어본) 마태복음을 알게 되었으며, 그것을 가지고 로마로 돌아가서(63년 가을 또는 64년 상반기) 그의 복음서(마가복음)를 완성할 때 사용했을 것으로 본다 (*Einleitung*[3], II, 325).

66) Cf. Van Bruggen, *Christus op aarde,* 48; idem, *Matteüs,* 11. 그 당시 유대인들의 일반적인 헬라어 능력에 대해서는 J. N. Sevenster, *Do You Know Greek? How much Greek could the first Jewish Christians have known?* (Leiden: E. J. Brill, 1968)을 참조하라.

67) Van Bruggen, *Christus op aarde,* 48 (*Christ on Earth,* 57); Van Bruggen, *Matteüs,* 11; Greijdanus, *Bizondere Canoniek,* I, 71-78.

68) Greijdanus, *Bizondere Canoniek,* I, 73.

4. 18세기 이후의 견해

18세기에 들어서서 인간의 생각은 커다란 변화를 맞이하게 되었다. 하나님과 종교에 대해 여태까지 지배해 왔던 것과는 전혀 다른 사상이 들어오게 되었다. 그것은 인간의 이성(理性, reason)을 인식(認識)의 원천과 규범으로 여기는 사상이다.[69] 그래서 사람들은 18세기를 '이성의 시대'라 부른다.[70] 이처럼 사상계 전반에 걸쳐 일어난 새로운 사상을 우리는 '계몽주의'(啓蒙主義, Enlightenment)[71]라 부른다. 이런 사조는 하나님의 계시와 성경에 대한 견해에도 변화를 가져오게 되었는데, 이를 통해 공관복음 문제에 대해서도 다른 눈으로 보게 되었다.[72]

이처럼 '이성(理性)'에 초점을 두는 사상을 '합리주의'(合理主義, rationalism)[73]라고 부른다. 그런데 '이성'은 다름 아닌 '인간'의 이성이다. 따라서 '합리주의'는 하나님보다는 사람에게 초점을 두는 '인본주의'(人本主義, humanism)라고 할 수 있다. 성경에 대해서도 성경을 하나님의 말씀으로 권위 있게 받아들이기보다 인간의 이성으로 연구하고 판단한 것을 더 우선시하는 입장을 취하게 된다.

---

69) Greijdanus, *Bizondere Canoniek*, I, 166f.

70) L. Praamsma, *De kerken van alle tijden* (Franeker: T. Wever, 1980), III, 9. Praamsma는 18세기의 특징을 다음 다섯 가지로 정리하였다(위 책, 9-13): 1) 이성(rede), 2) 도덕(deugd), 3) 자연(natuur), 4) 관용(verdraagzaamheid), 5) 진보(vooruitgang).

71) 독일어로는 "Aufklärung"(밝게 함, 개임)이라고 부른다. 이런 것들은 중세의 암흑에서 벗어난다는 의미를 가지고 있다. 그래서 한국어로는 '계몽주의(啓蒙主義)'라고 하는데, '꿈에서 깨어난다'는 의미를 가지고 있다. 중세 시대가 물론 미신적이고 무지한 측면은 있지만, 다른 한편으로는 하나님과 성경의 권위를 받아들이고 그것을 당연시했다는 점에서는 '계몽주의'보다 나은 점이 있다고 볼 수도 있다.

72) Cf. Greijdanus, *Bizondere Canoniek*, I, 166f.

73) "Rationalism"이란 영어 단어는 계산(calculation), 이성(reason)을 뜻하는 라틴어 "ratio"에서 왔다.

합리주의는 '역사적 요소들'(historical factors)을 중시한다. 성경을 '역사적 문헌'(a historical document)으로 보고 연구한다.[74] 이것은 종교개혁에서부터 진행되어 나온 것이라고 할 수 있다. 왜냐하면 종교개혁자들이 '성경'을 강조하고 성경 본문에 대해 '하나의 의미' 곧 문자적(literal) 또는 역사적(historical) 의미를 강조하였는데, 이로 말미암아 성경에 대한 역사적 연구가 촉진된 것이다. 그러나 종교개혁자들은 성경의 권위를 인정하고 연구한 반면에 18세기의 합리주의자들은 인간의 '이성'을 성경보다 더 중요하게 여겼다는 점에서 중요한 차이가 있다. 뿐만 아니라 이들의 역사관은 하나님의 초자연적인 간섭을 배제하는 역사관이다. 즉, 이적과 초자연적 사건은 아예 불가능하다고 전제한다. 이러한 역사관은 영국의 이신론(理神論, deism)의 영향을 받은 것으로서,[75] 이 세상에 대한 하나님의 간섭과 섭리를 '사전에'(*a priori*) 배제하고 있다. 그래서 이들의 세계관은 '닫힌 세계관'(closed world view, geschloßene Weltanschauung)이라고 할 수 있다. 곧, 이 세상에서 일어나는 모든 사건은 이 세상 바깥의 원인에 의해서가 아니라 이 세상 안의 원인에 의해 일어난다고 보는 세계관이다. 이런 세계관에 의하면 세상 역사는 처음부터 '하나님 없는 역사'가 되고 만다. 이적과 초자연적인 것들은 미리 불가능하다고 전제하고서 다른 합리적인 설명을 찾고 있는 것이다.

예전에는 공관복음도 신적인 성경으로 보았으며 성령에 의해 영감된 것으

---

74) W. Baird, *History of New Testament Research* (Minneapolis: Fortress Press, 1992), 3.

75) 영국의 이신론자들이 취한 견해는 "우주는 자연법에 의해 규정되며 이 우주 질서의 의미와 진리는 합리적 경험주의에 의해 획득될 수 있다"(that the universe was ordered by natural law, and that the meaning and truth of this cosmic order could be appropriated by rational empiricism)는 것이었다(Baird, *History of New Testament Research,* 57). 또한 Gerhard Maier는 계몽주의 신학의 형성에 영향을 미친 요소로서 Descartes 또는 Spinoza뿐만 아니라 John Locke (1632-1704), John Toland (1670-1722), Matthew Tindal (1657-1733), Thomas Chubb (1679-1747)으로 대변되는 영국의 이신론(Deismus)을 들고 있다. Cf. G. Maier, *Biblische Hermeneutik,* 8. Aufl. (Witten: Brockhaus, 2013), 219; 한글역은 게르하르트 마이어, 『성경 해석학』 (서울: 영음사, 2014), 298f.

로 보았다. 따라서 '제2 저자'(*auctores secundarii*)가 누구냐 하는 것은 종속적인 문제로 보았다. 어쨌든 하나님이 '제1 저자'(*auctor primarius*)이고 공관복음서도 영감된 하나님의 말씀으로 확실히 서 있었던 것이다. 그러나 18세기 말 이후로 이것은 완전히 달라졌다. 공관복음 문제에 대한 논의는 이제 복음서에 기록된 것들이 사실인지, 실제로 일어난 역사로 받아들여야 하는지 등에 대한 것이 주로 다루어졌다. 그래서 오늘날 공관복음에 대한 연구는 성경 영감에 대한 신앙 포기와 함께 일어나고 있다.[76)]

이러한 현상은 단지 비평적인 신학 활동에 의해서만 일어난 것이 아니라 18세기에 들어와서 교육받은 사람들의 정서를 지배한 '근대 자연과학적 및 역사적 계몽 정신'(der Geist modernen naturwissenschaftlicher und geschichtlicher Aufklärung)의 영향이었다.[77)] 이러한 과학 정신의 영향으로 인하여 당시 사람들은 주로 복음서의 '이적'과 '초자연적 사건'에 대해 의문을 가지고 다른 설명을 요하게 된 것이다. 이런 과학적 사고에 큰 영향을 끼친 사람은 아이작 뉴턴(Isaac Newton, 1643-1727)인데, 하지만 그는 하나님과 성경을 철저히 믿은 사람이었다. 그는 질서 있는 우주는 전능하신 하나님의 섭리로 믿었으며, 하나님께서 중력 법칙을 만드시고 우주 질서를 계속 유지하신다고 믿었다.[78)] 그러나 뉴턴 사후에 이성(理性)이 신격화되는 계몽주의가 시작되었다.[79)]

---

76) Greijdanus, *Bizondere Canoniek,* I, 167f.

77) Greijdanus, *Bizondere Canoniek,* I, 168. 따옴표 안의 표현은 원래 J. Weiss의 것이다.

78) Baird, *History of New Testament Research,* 4.

79) A. van den Beukel, *De dingen hebben hun geheim. Gedachten over natuurkunde, mens en God,* 5e dr. (Baarn: Ten Have, 1990), 89.

1) 원복음서 가설

미카엘리스(J. D. Michaelis, 1717-1791)는 그의 『신약 입문』[80]에서, 공관복음서들 사이의 일치점들은 '다른 외경 복음서들'을 공동으로 사용한 데서 왔다고 보았다.[81] 그는 초판(1750년)에서는 복음서들은 마태, 마가, 누가, 요한의 순으로 기록되었다고 보았으며, 마가가 마태를 사용했다고 보았다. 그러나 후에 이 견해를 버렸으며, 제4판에서는 첫 세 복음서들은 다른 어떤 복음서도 주된 자료로 사용하지 않았으며, 그들 상호간의 일치점들은 공동의 자료들 사용에서 기인한다고 보았다.[82]

레싱(G. E. Lessing, 1729-1781)은 1776년과 1778년에 출판된 그의 책들[83]에서, 우리의 복음서들은 아람어로 된 '나사렛 복음'의 서로 다른 번역들이거나 축약본들이라는 가설(假設)을 제시하였다.[84] 그에 의하면, 그리스도의 죽음 직후에 예수의 제자들은 그리스도의 삶과 가르침에 대한 이야기들의 기록된 문서 모음을 가지고 있었는데, 이것은 사도들과 및 그리스도와 밀접하게 살았던 모든 사람들에 의해 구전(口傳)으로 전수된 이야기들에서 생겨났다고 한다. 이 기록된 원시 복음의 존재에 대한 증거는 제롬이 언급한 바 있는 '나사렛 복음'에서 찾아볼 수 있다고 한다. 이것은 원래의 갈대아-수리아 복음의 후대 필사본으로 본다. 그리고 우리의 마태복음은 예수의 죽음 약 30년 후에 기록되었다고 보며, 이것은 이 '원복음서(原福音書)'에 기초한 마태

---

80) J. D. Michaelis, *Einleitung in die göttlichen Schriften des Neuen Bundes,* 1750(초판), 1788(4판).

81) Kümmel, *Einleitung,* 19.

82) Baird, *History of New Testament Research,* 133.

83) G. E. Lessing, *These aus der Kirchengeschichte,* 1776; *Neue Hypothese über die Evangelisten als bloß menschliche Geschcihtsschreiber betrachtet,* 1778.

84) Kümmel, *Einleitung,* 19.

의 헬라어 번역본으로 본다.[85)]

아이히호른(J. G. Eichhorn, 1752-1827)은 1794년에 출판된 책[86)]에서, 각 복음서 저자는 그 원복음(das Urevangelium)을 각각 다른 형태로 활용했다고 하였다. 그러나 1804년에 나온 그의 『신약 입문』[87)]에서 그는 이 가설을 새롭게 구성하였다. 즉, 그는 아람어로 된 '원복음서'가 있었다고 보고 이 원복음서에서 9개의 복음서가 나왔다고 보았다. 우리의 사복음서도 이 원복음과 다른 자료들을 사용하였다고 보았다.[88)] 이 상실된 원복음은 사도가 아니라 알려지지 않은 어떤 (사도들의) 제자가 쓴 것이라고 한다.[89)] 이 원복음은 원래 아람어로 씌어졌는데 후에 헬라어로 번역되었으며, 짧은 번역은 마태가 사용하고 자유로운 번역은 마가가 사용하였다고 보았다.[90)]

아이히호른의 가설은 너무 복잡하고 방대해서 인정받기에는 시간이 걸렸다. 그러나 그것은 우리의 정경 복음서들은 그 앞에 놓인 문헌적 과정의 종결이라는 인식을 심어 주었으며, 마태와 마가는 공통의 자료를 사용했다는 통찰을 제공했다고 한다.[91)]

2) 단편설

파울루스(H. E. G. Paulus, 1761-1851)는 마태복음과 누가복음은 예수의

---

85) Baird, *History of New Testament Research,* 168f.

86) J. G. Eichhorn, *Über die ersten drei Evangelien,* 1794.

87) J. G. Eichhorn, *Einleitung in das Neue Testament,* I, 1804.

88) Kümmel, *Einleitung,* 19f.

89) Baird, *History of New Testament Research,* 151.

90) Baird, *History of New Testament Research,* 151.

91) Kümmel, *Einleitung,* 20.

사역들에 대한 단편(斷片)적 메모들(*memorabilia*)에서 왔다고 주장하였다.[92] 그는 그리스바흐 가설을 따라 마태복음이 공관복음 중 최초의 가장 믿을 만한 것이라고 믿었으며, 마가복음은 마태복음과 누가복음에 기초한 축소본이라고 보았다. 그는 합리주의자로서 복음서의 기사들은 반드시 정확한 역사를 나타내지는 않는다고 보았다.[93]

슐라이에르마허(F. D. E. Schleiermacher, 1768-1834)는 파울루스의 생각을 이어받아서,[94] 사도들 또는 그들을 듣고 따른 자들과 같은 최초의 화자(話者)들은 예수의 단편적인 말씀들과 행위들을 메모해 두었다고 생각하였다. 팔레스타인 밖의 지역에서는 이 '단편적 메모들'(Diegesen)에 대한 수요가 강하였다. 그래서 메모자들(Aufzeichner)은 곧 그것들을 모으는 수집자들(Sammler)이 되었다. 이 수집물에서 현재의 복음서들이 생겨났다고 보았다.[95] 도널드 거쓰리에 의하면, 이 가설의 최대 약점은 그런 초기 기록물들에 대해 어떤 증거도 없다는 것과 공관복음서들에 있는 주목할 만한 유사점들을 설명하지 못한다는 것이다.[96]

슐라이에르마허는 또한 파피아스에 대한 연구[97]에서, 마태복음에는 사도 마태에게로 거슬러 올라가는 예수의 어록집이 수록되어 있다는 가정을 제시하였다. 이로 말미암아 자료 가설이 새롭게 논의의 장으로 들어오게 되었다고 한다.[98]

---

92) Cf. Kümmel, *Einleitung*, 20.

93) Baird, *History of New Testament Research*, 202.

94) F. Schleiermacher, *Über die Schriften des Lukas. Ein kritischer Versuch*, 1817.

95) Kümmel, *Einleitung*, 20.

96) Guthrie, *New Testament Introduction*, 139.

97) F. Schleiermacher, "Über die Zeugnisse des Papias von unsern beiden ersten Evangelien," 1832.

98) Kümmel, *Einleitung*, 20.

3) 구전설

아이히호른이 레싱의 원복음서 사상에서 문헌적 가설을 유도해 내었다면, 헤르더(J. G. Herder, 1744-1803)는 레싱에게서 '구전 원복음'(ein mündliches Urevangelium) 가설을 만들어 내었다.[99] 이 구전 원복음(口傳 原福音)은 예수의 구전 설교에서 왔는데 각각 단편들로 존재했다고 보았다.[100] 이런 구전 원복음이 최초로 기록된 것이 마가복음이라고 보았으며, 마태복음은 원복음을 유대인들의 메시아 개념에 맞게 확장한 것으로 보았다.[101]

이 가설을 정착시킨 사람은 기절러(J. C. L. Gieseler, 1792-1854)였다.[102] 그에 의하면 예루살렘의 사도들은 설교의 목적을 위해 균일한 구전 원복음을 만들었다고 본다.[103] 이 구전 복음은 원래 아람어로 보존되었으나 이방 선교의 필요 때문에 헬라어 번역에 대한 수요가 점증하였다. 이 아람어 원본과 헬라어 번역이 후에 세 복음서 기자들에게 주요 자료가 되었다고 한다.[104]

19세기 중후반에 영국의 웨스트코트(B. F. Westcott, 1825-1901)는 구전설을 체계화하였다.[105] 그의 이론의 핵심을 도널드 거쓰리는 다섯 가지로 요약

99) J. G. Herder, *Vom Erlöser der Menschen. Nach unseren drei ersten Evangelien,* 1796/97. Cf. W. G. Kümmel, *Das Neue Testament* (Freiburg/München: K. Alber, 1958), 94; idem, *Einleitung,* 20.

100) Kümmel, *Das Neue Testament,* 94; idem, *Einleitung,* 20.

101) Kümmel, *Das Neue Testament,* 94. Herder는 처음에는(1780년) 마태가 최초의 복음서이며 마가는 마태복음을 자기 앞에 두고서 베드로에게 듣고 안 자료를 추가하였다고 보았다. 그러나 후에(1797년) 그는 견해를 바꾸어서 마가복음이 정경 중 최초의 복음서라고 보았다. Cf. Baird, *History of New Testament Research,* 181.

102) J. C. L. Gieseler, *Historisch-kritischer Versuch über die Entstehung und die frühesten Schicksale der schriftlichen Evangelien,* 1818.

103) Kümmel, *Einleitung,* 21.

104) Guthrie, *New Testament Introduction,* 140. 좀 더 자세한 내용은 Baird, *History of New Testament Research,* 296-98을 보라.

105) B. F. Westcott, *An Introduction to the Study of the Gospels,* 1860(초판). 1888(7판).

하고 있는데,[106] 이것을 다시 요약하면 다음과 같다.

1) 유대인들은 가르침을 기록하지 않고 구전으로 전수해 왔다. 따라서 초대 교회도 이 전통을 따라 구전으로 가르쳤을 것이다.
2) 사도들은 대부분 저술가가 아니라 설교자들이었기 때문에 기록 작업을 하지 않았을 것이다.
3) 복음서들은 교회의 필요에 의해 생겨났기 때문에 가장 많이 설교되는 이야기들에 관심이 집중되었을 것이다. 그래서 예수님의 수난과 부활에 가장 많은 공간이 할애되었을 것이다.
4) 속사도들의 증언은 구전설을 지지한다. 예를 들어, 파피아스는 구전 증언에 더 많은 가치를 부여했다. 그는 또한, 마가는 베드로가 말한 것을 들은 대로 기록했다고 한다.
5) 마가복음은 그 '생생한 단순성'(vivid simplicity) 때문에 '복음 전승의 가장 직접적인 재현'(the most direct representation of the Evangelic tradition)이었다. 이것은 다른 복음서들이 의지한 공통의 원천이 되었다. 마태복음과 누가복음은 그 단순한 이야기를 수정 편집한 형태였다. 마태복음은 전승의 히브리적 형태를 보존하고 있고, 누가복음은 헬라적 형태를 보존하고 있다.

구전설(口傳說)은 왜 세 복음서가 동일한 자료들과 말들을 가지고 있지 않은지, 왜 한 복음서에서는 다른 복음서에 비해 자세한지에 대해 설명해 주는 장점이 있다. 그러나 아주 작은 부분에서까지의 일치에 대해서는 충분히 설명해 주지 못한다고 한다.[107] 뿐만 아니라 누가는 그의 앞에 있던 사람들이 문서

---

106) Guthrie, *New Testament Introduction,* 140-41.

107) Cf. Greijdanus, *Bizondere Canoniek,* I, 181f.

로 기록하려고 했다고 분명히 말한다.[108]

복음서가 기록되기 전에 일정 기간 구전(口傳)의 시기가 있었다는 것은 분명하다. 그러나 복음서가 순전히 그런 구전 전승들에 의해 생겨났다고는 보기 어렵다. 고대 교회의 전승에 의하면, 마태복음과 요한복음은 예수님의 제자이며 목격자였던 사도들이 직접 기록하였으며, 마가복음은 마가가 베드로의 설교를 들은 것을 기록하였다. 누가복음은 누가 자신이 밝히고 있는 대로 자기 앞에 있던 여러 자료들을 참조하여 기록하였다.

4) 상호의존 가설

여태까지 논한 세 개의 이론들은 공관복음서들은 상호간의 직접적인 문헌적 관련이 없이 발생했다는 것을 전제하고 있다. 그러나 세 복음서 사이의 밀접한 관련성은 상호간에 문헌적인 의존이 있었다는 견해를 옹호하게 만들었다고 한다.[109] 여러 견해들 중 다음 세 가지가 중요하게 다루어지고 있다.

① 그리스바흐 가설

이것은 마태복음과 누가복음에서 마가복음이 나왔다고 보는 견해인데, 보통 '그리스바흐 가설'(Griesbach hypothesis)이라고 불린다. 그리스바흐(J. J. Griesbach, 1745-1812)[110]는 1789년에 *Commentatio qua Marci evangelium*

108) Kümmel, *Einleitung*, 21.

109) Kümmel, *Einleitung*, 21.

110) J. J. Griesbach는 체계적으로 정경을 비평한 J. S. Semler와 사본들을 그룹으로 나눈 J. A. Bengel의 제자였다. 그는 1774-75년에 최초로 Textus Receptus와는 다른 본문을 가진 헬라어 신약 성경을 출판하였다. 또한 1776년에 *Synopsis Evangeliorum* (공관복음 대조표)를 만들었다. 여기서 그는 마태, 마가, 누가의 병행 본문을 요한의 본문들과 함께 실었다. 그 결과 복음서 상호간의 조화에 대한 믿음이 약화되고 세 복

totum e Matthaei et Lucae Commentariis decerptum esse monstratur (마가복음은 전적으로 마태와 누가의 책에서 추출되었다는 것을 보여 주는 예비적 연구)를 출판하였다.[111] 책 제목이 말해 주듯이, 그리스바흐는 여기서 마가는 마태복음과 누가복음을 축약했다고 보았다.[112] 그리스바흐에 의하면, 마태는 헬라어로 그의 복음서를 기록하였으며 다른 자료들의 사용 없이 자기 스스로의 경험에 의해 기록하였다. 누가는 당시 통용되던 구전들을 탐구하고 또한 마태복음을 사용하여 그의 복음서를 기록하였다. 마가는 이 두 복음서를 발췌 축약하고 약간만 추가하였다고 본다.[113]

그의 주장의 특징은 마태복음뿐만 아니라 누가복음도 마가복음보다 먼저 기록되었다고 보는 것이다. 마가복음이 베드로의 설교에 기인한다는 전승은 파피아스의 창작이라고 무시해 버린다.[114] 그러면서 마가는 마태복음과 누가복음을 사용하였다고 보는 것이다.

이 가설에 대한 증거로 블리크(F. Bleek, 1793-1859)는 마가복음 1:32을 제시하였다.[115] 곧, 막 1:32은 마 8:16과 눅 4:40의 종합이라고 보았다.

막 1:32(저물어 해질 때에) 〈--	마 8:16(저물매) +	눅 4:40(해질 적에)
Ὀψίας δὲ γενομένης	Ὀψίας δὲ γενομένης	Δύνοντος δὲ τοῦ ἡλίου
ὅτε ἔδυ ὁ ἥλιος		

음서간의 유사성과 상이성을 찾는 비평적 연구가 촉진되었다.

111) Cf. Kümmel, *Einleitung,* 21.

112) Cf. Greijdanus, *Bizondere Canoniek,* I, 174.

113) Cf. Greijdanus, *Bizondere Canoniek,* I, 175.

114) Cf. Greijdanus, *Bizondere Canoniek,* I, 175.

115) F. Bleek, *Einleitung in das Neue Testament,* 1862 (p.244). Cf. Kümmel, *Einleitung,* 22.

> 그러나 원어로 보면 "해질 때에"에 해당하는 표현이 서로 다르다. 마가복음에는 "ὅτε ἔδυ ὁ ἥλιος"(종속절)로, 누가복음에는 "Δύνοντος δὲ τοῦ ἡλίου"(분사구)로 되어 있다. 만일 마가가 마태와 누가에서 온 것이라면, 왜 거기에 있는 표현을 그대로 취하지 않고 다르게 고쳤겠는가? 물론 앞에 분사구가 나왔기 때문에 중복을 피하기 위해 종속절로 마가가 고쳤다고 생각할 수 있다. 그러면 마가는 누가를 그대로 따른 것이 아니라 참조했다는 것이 되는데, 이것도 의문이다. 뿐만 아니라 이 주장은 마가가 이중적 표현을 좋아한다는 사실을 간과하고 있다(막 1:35; 14:12; 16:2).[116] 마가가 "해가 졌을 때에"를 덧붙인 것은 불필요한 것이 아니라 안식일은 해가 짐과 동시에 끝나기 때문에 필요한 것이었다.[117] 무엇보다도 이런 하나의 예를 가지고 마가가 마태와 누가를 사용하여 종합했다고 보는 것은 무리이다.

그 후로 슈트라우스(D. F. Strauss)와 튀빙겐 학파와 데 베테(De Wette) 등이 그리스바흐 가설을 따랐다. 물론 데 베테와 블리크는 누가가 마태에 의존하는지에 대해서는 이의를 제기하였다.[118] 그 후로 이 이론은 대체로 무시되었는데 그 이유는 마가의 특징들을 설명하는 데 실패하였기 때문이라고 한다.[119] 근래에는 미국의 파머(W. R. Farmer)가 마태와 누가에서 마가가 나왔다고 하는 '두 복음서 가설'(Two Gospel hypothesis)을 주장하는데, 이것은 그리스바흐 가설의 수정된 형태라 할 수 있다.[120]

---

116) Greijdanus, *Bizondere Canoniek,* I, 175.

117) Greijdanus, *Bizondere Canoniek,* I, 175.

118) Kümmel, *Einleitung,* 22.

119) Guthrie, *New Testament Introduction,* 145f.

120) Cf. Guthrie, *New Testament Introduction,* 146 n.2. Farmer의 '두 복음서 가설'에 대해서는 W. R. Farmer, "The Two-Gospel Hypothesis. The Statement of the Hypothesis," in: *The Interrelations of the Gospels,* ed. D. L. Dungan (Leuven: University Press, 1990), 125-56을 보라.

② 마가우선설

그러나 오늘날 많이 통용되고 있는 이론은 마태나 누가보다 마가가 제일 먼저 기록되었다고 보는 '마가우선설'(Markan priority hypothesis)이다. 이 견해는 1850년에만 해도 거의 알려지지 않았으며 19세기 말에서야 비로소 여러 견해들 중의 하나로 인정되었다.[121)]

마가우선설의 중요한 초석을 놓은 사람은 라흐만(C. Lachmann, 1793-1851)[122)]이다. 그는 1835년에 공관복음서에 있어서 사건들의 순서에 대한 논문[123)]을 발표하였다. 그는 마태, 마가, 누가의 사건들의 '순서'를 연구했는데, 이를 통해 마가가 이들 중에서 원래의 자료를 잘 반영하고 있다고 보았다. 오늘날 많은 학자들이 그의 이 연구를 마가우선설에 대한 결정적 증거로 여기고 있기 때문에 자세히 살펴보는 것이 필요하다.

먼저 라흐만이 공관복음의 사건들의 '순서'에 대해 관찰한 내용은 다음과 같다. ① 마태와 누가가 마가에서 발견되는 자료를 사용할 때에는 두 복음서의 사건의 순서가 일치한다. ② 마태와 누가가 마가에서 발견되지 않는 자료를 사용할 때에는 두 복음서의 사건의 순서가 일치하지 않는다.[124)] 이런 관찰에 기초해서 라흐만은 다음과 같은 결론을 내렸다. ① 세 복음서 모두 다 더 오래된 기록 자료 또는 구전 자료를 사용하고 있다. ② 마가가 그 자료의 순서를

---

121) Neill, *Interpretation,* 108.

122) 그는 언어학자로서 독일 고서를 연구하고 편찬하였다. 그는 1842-50년에 4세기의 대문자 사본들과 라틴어 역본들과 교부 인용들만 사용해서 새로운 헬라어 신약을 편집하여 출판하였다. 그는 공인본문(Textus Receptus)을 완전히 포기하였다. Cf. B. M. Metzger, *The Text of the New Testament. Its Transmission, Corruption, and Restoration,* 3rd ed. (New York/Oxford: Oxford University Press, 1992), 124-26.

123) C. Lachmann, "De ordine narrationum in evangeliis synopticis," *Theologische Studien und Kritiken* 8 (1835), 570ff. N. H. Palmer에 의한 영어 번역은 *NTS* 13 (1966-67), 368-78에 실려 있다.

124) Neill, *Interpretation,* 108f.

더 정확하게 따르고 있다. ③ 마가복음이 더 정확한 전승을 제공해 주고 있다. 즉, 마가가 더 신뢰할 만하다.[125)]

스티븐 닐은 라흐만의 이 결론에 대해 '사실들에 대한 정확한 과학적 관찰에 근거한 추론'(a deduction based on correct scientific observation of the facts)이라고 극찬하고 있다.[126)] 그러나 라흐만의 관찰이 정말로 그러하냐에 대해서는 비판적 검토가 필요하다. 필자가 공관복음서들에 나타난 사건들의 순서에 대해 독자적으로 조금 조사해 본 바에 의하면, 라흐만의 관찰 자체가 많은 경우에 맞지 않고 잘못되었다(다음의 비교표 참조). 즉, 마태와 누가가 마가에 나타나는 자료를 사용했을 경우에도 마태와 누가의 순서가 일치하지 않는 경우가 많으며, 또 사용하지 않았을 경우에도 마태와 누가의 순서가 일치하는 경우가 많다. 이런 것들은 라흐만의 관찰 자체가 잘못되었으며 사실에 맞지 않다는 것을 의미한다. 그렇다면 잘못된 관찰에 근거해서 추론한 결론은 아예 의미가 없는 것이다. 따라서 라흐만의 결론에 대해 우리는 '사실들에 대한 부정확한 관찰에 근거한 잘못된 추론'이라고 평가할 수 있다.

(다음 페이지의 비교표에서 pro L.은 Lachmann의 이론을 지지한다는 뜻이고, contra L.은 Lachmann의 이론을 지지하지 않는다는 뜻이다. 이 비교표에서 볼 수 있는 것처럼 Lachmann의 이론을 지지하지 않는 것이 너무 많다.)

---

125) Neill, *Interpretation,* 109.

126) Neill, *Interpretation,* 109.

마태, 마가, 누가 복음의 순서 비교

(마가를 기준으로)

※ L. = Lachmann의 이론

마가복음	마태복음	누가복음	내 용	순 서	평 가
없 음	1:1-17	3:23-38	예수 그리스도의 족보	출발점	-
없 음	1:18-25	2:1-7	예수 그리스도의 탄생	불일치	pro L.
1:1-8	3:1-12	3:1-9	세례 요한의 전파	일 치	pro L.
1:9-11	3:13-17	3:21-22	예수의 세례 받음	일 치	pro L.
1:12-13	4:1-11	4:1-13	예수의 시험 받음	일 치	pro L.
1:14-15	4:12-17	4:14-15	갈릴리 사역의 시작	일 치	pro L.
1:16-20	4:18-22	5:1-11	네 어부를 부르심	일 치	pro L.
1:21-28	없 음	4:31-37	더러운 귀신 들린 자	(없음)	비교 불능
없 음	5:1-7:29	6:20-49	산상보훈	일 치	contra L.
1:29-34	8:14-17	4:38-41	많은 사람을 고치심	일 치	pro L.
1:35-39	없 음	4:42-44	순회 전도	(없음)	비교 불능
1:40-45	8:1-4	5:12-16	나병환자를 깨끗케 하심	불일치	contra L.
없 음	8:5-13	7:1-10	백부장의 종을 고치심	일 치	contra L.
2:1-12	9:1-8	5:17-26	중풍병자를 고치심	일 치	pro L.
2:13-17	9:9-13	5:27-32	마태를 부르심	일 치	pro L.
2:18-22	9:14-17	5:33-39	금식에 대한 질문	일 치	pro L.
2:23-28	12:1-8	6:1-5	안식일에 이삭을 뽑음	일 치	pro L.
3:1-6	12:9-14	6:6-11	한 편 손 마른 사람	일 치	pro L.
3:13-19	10:1-4	6:12-16	열두 제자를 부르심	불일치	contra L.
3:20-30	12:22-32	11:14-23	예수와 바알세불	일 치	pro L.
4:1-34	13:1-35	8:4-18	예수의 비유	불일치	contra L.
4:35-41	8:23-27	8:22-25	풍랑의 잔잔케 하심	불일치	contra L.
5:1-20	8:28-34	8:26-39	거라사의 귀신 들린 자	일 치	pro L.
5:21-43	9:18-26	8:40-56	야이로의 딸과 혈루증 ...	일 치	pro L.
6:1-6	13:53-58	4:16-30	나사렛에서 배척받으심	불일치	contra L.
6:7-13	10:5-15	9:1-6	열두 제자를 보내심	불일치	contra L.
6:14-29	14:1-2	9:7-9	세례 요한의 죽음	일 치	pro L.
6:30-44	14:13-21	9:10-17	오병이어 이적	일 치	pro L.
...	...	...	...	...	...

뿐만 아니라 최근에 라흐만의 이론은 마가우선설을 지지하는 것이 아닌데, 바이쎄(C. H. Weisse)와 그의 추종자들에 의해 마가우선설을 지지하는 것이라고 잘못 주장되어 왔다는 반박이 제기되고 있기도 하다.[127] 물론 라흐만은 마태와 누가가 마가를 자료로 사용했다고 주장하지는 않았지만, 마가가 그 이전의 구전 자료를 가장 정확하게 반영하고 있고 따라서 가장 가치 있는 복음서라고 주장한 점에서[128] 마가우선설의 기초를 놓았다고 할 수 있다.

마가우선설과 관련하여 라흐만의 주장은 중요한 기초가 되기 때문에 우리는 그의 주장에 대해 좀 더 생각해 보고자 한다.

1) 마가복음에 '자료'가 있다고 해서 마태와 누가의 순서가 '항상' 일치하는 것은 아니다. 사건의 순서가 일치하지 않는 것도 많이 있다. 마가복음에 자료가 없다고 해서 마태와 누가의 순서가 '항상' 불일치하는 것도 아니다. 일치하는 것도 많다. 앞의 〈순서 비교〉에서 "contra L."은 라흐만의 주장이 맞지 않다는 것을 나타내는데 굉장히 많다. 따라서 라흐만의 이론은 정확하지 않은 관찰에 기초해 있음을 알 수 있다. 그렇다면 그의 결론은 모래 위에 쌓은 성이 되고 만다.

2) 마태와 누가의 순서가 일치하는 부분에 대해서는 다른 이유를 가지고 설명하는 것이 가능하다.

① 사건의 선후가 분명한 경우가 있다. 즉, 그 선후 순서가 뒤바뀔 수 없는 경우들이 있다. 예를 들어, 예수님의 탄생 -〉 세례 요한에 의해 세례 받음 -〉 예수님의 사역 시작 -〉 수난 -〉 부활과 같은 순서는 뒤바뀔 수가 없

127) H. H. Stoldt, *History and Criticism of the Marcan Hypothesis* (1977), 148-51 (cf. Guthrie, *New Testament Introduction,* 147 n.1).

128) Neill, *Interpretation,* 109.

다. 따라서 이런 사건의 순서의 일치(위의 〈순서 비교〉에서 pro L.)는 마가의 자료에 나타나기 때문에 그러한 것이 아니라 당연히 그럴 수밖에 없는 것이다.

② 한 세트의 사건들인 경우가 있다. 예를 들어, 바다를 잔잔케 하신 사건과 가다라 (거라사)에서 군대 귀신을 쫓아내신 사건은 한 세트의 연결된 사건이기 때문에 세 복음서에 다 동일한 순서로 나타난다. 따라서 이런 순서의 일치는 마가복음에 자료가 나타나기 때문이 아니다.

③ 일련의 연속된 사건들인 경우가 있다. 예수님의 수난과 부활(과 승천) 사건은 사도들의 기억에 생생한 중요한 사건들이었다. 따라서 이런 사건들의 경우는 하루 하루 사건의 선후가 뚜렷하다.

3) 라흐만은 사실상 '마가 우선'을 전제로 하고 그의 이론을 전개하고 있다. 왜냐하면 마가를 기준으로 삼고 비교하고 있기 때문이다.[129] 만약 마태를 기준으로 하고 마가와 누가를 마태와 비교한다면 또 다른 결과가 나올 수도 있을 것이다.[130]

4) '병행 관계'(parallelism)에서 '선후관계'(인과관계, causality)를 추론해 내는 것은 논리적 오류(logical fallacy)이다. 이것은 영국의 가톨릭 학자인 버틀러

---

129) 실제로 Lachmann은 마태가 '로기아'를 사용했다는 Schleiermacher의 주장을 받아들이고서 그의 이론을 전개하고 있다. Cf. Baird, *History of New Testament Research,* 320. 그렇다면 마태가 마가복음의 형태(원마가나 그런 류의 것)를 가지고 거기에 소위 '로기아'를 덧붙였다는 주장이 되는데, 이것은 마가(또는 원마가) 우선을 전제하는 것이나 다름없다. 따라서 Lachmann의 결론은 실은 '결론'이 아니라 그의 '전제'를 체계화한 것에 불과하다.

130) 마가에 대한 마태와 누가의 불일치는, Butler가 지적한 것처럼, 다른 가정(예를 들어 마태 -> 마가 -> 누가 순서)에 의해서도 설명이 가능하다. Cf. Baird, *History of New Testament Research,* 321 n.79. 또한 C. M. Tuckett, "Arguments from Order: Definition and Evaluation," in: *Synoptic Studies. The Ampleforth Conferences of 1982 and 1983, Journal for the Study of the New Testament, Supplement Series 7* (Sheffield: *JSOT,* 1984), 197-219.

(B. C. Butler)가 잘 지적하였는데,[131] 라흐만이 밝힌 것도 결국 '병행 관계'뿐이다. 마태, 마가, 누가 사이에 존재하는 병행 관계를 가지고 선후관계를 말한 것은 논리적 오류이며, '선후관계' 또는 '인과관계'는 다른 연구들을 통해 밝혀야 하는 것이다. 이에 대해서는 다음 몇 가지 사항을 가지고 좀 더 설명하고자 한다.

① 현대 통계학 또는 표본조사 방법론에 의하면, 병행 관계에서 인과관계를 추론하면 안 된다는 것을 강조한다. 인과관계는 다른 경로를 통해 그 과정을 밝혀야 한다. 예를 들어, 통화량(M)과 물가(P) 사이의 관계에 대해 연구할 때, 통화량이 늘고 물가가 올랐다고 해서 꼭 통화량 증가 때문에 물가가 올랐다고 결론지어서는 안 된다. 관찰된 사실은 통화량 증가와 물가 상승이지만 이 둘 사이에 인과관계에 있는지에 대해서는 이것만 가지고서는 말할 수 없다. 왜냐하면 다른 요인에 의해 물가가 올랐을 수도 있기 때문이다. 예를 들어, 통화량이 늘더라도 그것이 생산자에게로 가서 생산 활동을 원활하게 했다면 도리어 물가를 안정시킬 수도 있다. 그리고 물가가 오른 주된 요인은 원유 가격 상승에 의한 것일 수도 있다. 또는 환율 상승에 따른 전반적인 수입 물가 상승 때문일 수도 있다. 따라서 우리는 '통화량 증가'와 '물가 상승'이라는 관찰된 두 병렬 사항만을 가지고 쉽사리 '선후관계'나 '인과관계'를 추론해서는 안 된다.[132] 그런 것은 '논

---

131) B. C. Butler, *The Originality of St. Matthew,* Cambridge: Cambridge University Press, 1951.

132) '상관관계와 인과관계'에 대해 독일의 경제학자들이 쓴 책에 다음과 같은 흥미로운 글이 있어서 여기에 인용한다. "지금 여러분은 들판에서 토끼가 뛰고 있는 모습을 보고 있다. 몇 초 후 개 한 마리가 나타났는데 이 개가 토끼가 지나간 방향으로 뛰어가고 있다. 두 사건이 동시에 일어난 경우(토끼와 개의 만남) 반드시 인과관계(개가 토끼를 쫓는다)가 성립하는 것은 아니다. 토끼와 개가 함께 나타나는 것과 같은 단순한 만남을 상관관계라고 한다. 상관관계와 인과관계를 혼동하기 쉬운 예가 '슈퍼볼 지수(Super-Bowl-Indicator)'다. 미국 프로미식축구 아메리칸 풋볼 콘퍼런스(American Football Conference)가 우승을 한 해에는 주식 시장이 전반적으로 호황이고, 내셔널 풋볼 콘퍼런스(National Football Conference)가 우승하면 주가가 하

리적 오류'로서 사회과학에서는 엄히 경계하고 있는데, 신학계에서는 자주 범해지고 있다.

② 옛날 시골에 난 찻길(신작로)은 포장이 되지 않고 자갈이 깔려 있었다. 그런데 그 찻길에서 '따뜻한 돌' 하나가 발견되었다고 하자. 그때 산 위에는 해가 떠 있었다. 그러면 이 돌이 따뜻한 것은 해가 떴기 때문인가? 아니면 조금 전에 트럭이 지나갔기 때문인가? 아니면 학교에 가던 어떤 학생이 주머니에 넣어서 가지고 온 따뜻한 돌을 흘렸기 때문인가? 우리는 동시에 관찰된 따뜻한 '돌'과 산 위의 '해'를 가지고 쉽사리 인과관계를 추론하면 안 된다. 그 돌이 따뜻한 것은 다른 원인에 의한 것일 수도 있기 때문이다. 인과관계는 그 과정을 자세히 살펴보고 나서 조심스럽게 결론 내려야 하는 것이다.

5) 마가우선설 주장은 역사적 증거에 반(反)한다. ① 고대의 전승은 한결같이 마태복음이 제일 먼저 기록되었다고 한다(Clement, Origen, Augustine 등); ② 2세기 초의 파피아스(Papias)에 의하면, 마가는 베드로의 설교를 듣고 기록하였는데 순서대로 기록하지는 않았다고 한다.

마가우선설에 있어서 중요한 기여를 한 학자는 빌케(C. G. Wilke, 1786-1854)와 바이쎄(C. H. Weisse, 1801-1866)이다. 이 둘은 1838년에 각각 독립적으로, 마가복음이 마태복음과 누가복음의 공통 자료가 된다는 것을 발표하였다.[133] 이 중에서 바이쎄는 그의 『복음서의 역사』[134]라는 책에서 두 가지 중

락한다는 통설이 있다. 그런데 아메리칸 풋볼 콘퍼런스의 우승과 증시 호황은 시간적 거리가 있는 사건이다. 따라서 이 경우에는 인과관계가 성립되지 않는다." Cf. 하노 벡, 우르반 바허, 마르코 헤르만, 『인플레이션』, 강경옥 옮김 (경기도 파주시: 다산북스, 2017), 160.

133) Kümmel, *Einleitung*, 22.

134) C. H. Weiße, *Die evangelische Geschichte kritisch und philosophisch bearbeitet*, 2 Bände, Leipzig, 1838.

요한 사실을 지적하였다. 첫째, 마가복음의 여러 사건 기록이 마태나 누가의 기록보다 '더 상세하다'(fuller)는 것이다.[135)]

마가복음에 '더 상세한 것'이 많다는 주장에 대해서는 꼭 그렇지는 않다고 말할 수 있다. 마태복음, 누가복음에서도 '더 자세한 것'이 많다. 예를 들어, 요한의 세례에 대한 기록은 마태와 누가가 더 자세하다. 예수님의 세례 받으심에 대한 기록과 마귀에게 시험 받으신 기록 등도 마찬가지다. 마가의 기록 중 더 충실한 것이 발견되는 것은 그것이 베드로의 설교에 기인하기 때문으로 봐야 할 것이다. 왜냐하면 마가는 베드로의 설교를 듣고 기록하였는데, 베드로는 예수님의 제자로서 현장을 직접 목격하고 체험하였기 때문이다.

오늘날 비평학자들이 마가복음을 우선시하는 주된 이유는 마가복음이 짧기 때문이다. '짧은 것'에서 '긴 것'이 왔다고 설명하는 것이 '긴 것'에서 '짧은 것'이 왔다고 설명하는 것보다 논리적으로 좀 더 쉽기 때문이라고 한다.[136)] 그래서 그들은 짧다는 이유로 마가우선설을 선호한다. 그러나 이러한 주장의 기초를 제공해 주는 한 근거로서 바이쎄는 '긴(상세한) 본문'을 들고 있으니 비평이론 자체 내에서도 서로 맞지 아니함을 알 수 있다.

바이쎄가 지적한 두 번째 사항은 마가복음에는 '생생한'(vivid) 기록들이 많다는 것이다. 대표적인 예로 마가복음 6:39의 '푸른 잔디'를 제시한다.[137)] 오병이어 이적 때에 무리들이 그룹을 지어 앉았는데, 마태와 누가에는 그냥 '잔디' 위에 앉았다고 되어 있지만 마가에는 '푸른 잔디 위에'(ἐπὶ τῷ χλωρῷ

135) Neill, *Interpretation,* 109.

136) Neill, *Interpretation,* 116: "Given Mk, it is easy to see why Matt. was written; given Matt., it is hard to see why Mk was needed."

137) Cf. Neill, *Interpretation,* 109.

χόρτῳ) 앉았다고 되어 있다. 팔레스타인 지역에서는 1년 중 짧은 기간 동안만 푸른 잔디가 있기 때문에 마가의 이 기록은 더욱 의미가 있다고 한다.[138] 그래서 바이쎄의 결론은 마가는 마태나 누가보다 더 오래된 자료들을 더 단순하고 더 자세하게 재생한 것이라고 보는 것이다.[139]

막 6:39의 '푸른 잔디'가 과연 마가의 우선성을 나타내는 것일까? 필자는 아니라고 본다. 그 이유는 다음과 같다. 1) 마태나 누가가 그때 잔디의 색깔이 푸르렀다는 것을 알고 있었다고 할지라도 그것을 꼭 말할 필요가 있었겠는가? 그것은 기록자의 자유에 속하는 것이지 그것을 가지고서 우선을 말할 수는 없는 것이다. 예를 들어, 예수님이 무슨 색 옷을 입고 다녔는지 꼭 말해야만 하겠는가? 또는 그것을 기록하지 않았다고 해서 기록자가 몰랐다고 결론지을 수 있겠는가? 2) 마가복음에서 '푸른 잔디'라는 표현이 나타나는 것은 마가의 우선성에 기인하는 것이 아니라 베드로의 설교에게로 거슬러 올라가는 것이라고 설명할 수 있다. 베드로가 설교할 때 오병이어 이적 당시의 모습을 생생하게 이야기하였을 것이고 그것이 마가에 의해 기록되었다고 볼 수 있다. 3) 우리는 마태나 누가에게서도 이와 같은 생생한 기록들을 찾을 수 있다. 예를 들어, 마태복음에는 예수님의 세례 받으신 사건이 마가복음보다 자세하고 길게 기록되어 있다. 예수님의 시험 받으신 사건도 그러하다. 마귀의 말과 예수님이 하신 말씀까지 다 기록되어 있다. 그리고 베드로가 물 위를 걸은 사건에 대해 마가에는 생략되어 있지만 마태에는 기록되어 있다. 물론 이것은 다른 이유로 설명할 수 있지만, 어쨌든 기록되어 있는 내용으로 보면 마태복음이 더 자세하고 생생하다.

138) Neill, *Interpretation,* 109 n.2.

139) Cf. Neill, *Interpretation,* 110.

바이쎄의 또 다른 중요한 주장은 마태와 누가는 마가 외에 다른 '공통의 자료'를 사용했다는 것이다. 이 공통의 자료는 기록된 예수의 어록집(語錄集)인데, 마태와 누가가 이 자료를 사용했다는 것이다.[140] 이 자료는 후에 "Q"라고 불리게 되었는데, 아마도 독일어 "Quelle"(샘, 원천)의 약자로 생각된다. 그러나 언제부터, 누구에 의해, 왜 이 약자가 사용되었는지는 확실하지 않다.[141] 예수의 '어록집'(Logia) 주장은 슐라이에르마허가 먼저 주장한 것인데, 바이쎄가 이어받았다. 이로써 마가복음(또는 그 이전의 기록된 형태)과 예수의 어록집에서 현재의 세 복음서가 나왔다고 하는 '두 자료설'(Two-Source theory)이 생겨나게 되었다. 이 가설은 후에 리츨(A. Ritschl)과 홀츠만(H. J. Holtzmann)과 바이쓰(B. Weiss) 등에 의해 발전되었다.

마가우선설에 대해 영국의 가톨릭 학자 버틀러(B. C. Butler)는 '논리적 오류'(logical fallacy)라고 비판했다. 그들은 마태와 누가가 마가와 관련되어 있다는 것은 밝혔으나 어떤 관계인지는 밝히지 못했다. 즉, 병렬(parallel, 竝列) 관계는 밝혔으나 선후관계(先後關係)나 인과관계(因果關係)는 밝히지 못했다. 그들은 마가가 먼저 있고 마태와 누가가 그것을 이용했다고 성급하게 주장했으나, 논리적으로는 마가가 마태를 이용하고 누가가 다시 마가를 이용했을 수도 있다.[142]

이런 버틀러의 지적에 대한 스티븐 닐은 "버틀러의 논거는 충분히 설득력 있지는 않다"고 한다. 그 이유로 두 가지를 드는데, 첫째로 버틀러는 마태가 가장 오래된 복음서라는 '가능성'(possibility)은 제시했으나 '개연성'(probability)은 보여 주지 못했다고 한다. 즉, 논리적 가능성은 제시했지만

140) Cf. Neill, *Interpretation,* 110.

141) Guthrie, *New Testament Introduction,* 147 (및 거기의 각주 3).

142) Cf. Neill, *Interpretation,* 116.

근거 뒷받침이 부족하다는 뜻이다. 둘째로, 마가는 마태의 절반 정도에 불과한데, 마가 앞에 마태가 있었다면 왜 그렇게 많이 생략했는지 설명하기 힘들다고 한다.[143)]

그러나 이러한 닐의 평가는 합당하지 않으며 본질을 벗어난 것이다. 우선, 버틀러가 마가우선설의 논리적 오류를 지적한 것만으로도 큰 성과이다. 병렬관계에서 선후관계를 추론해 낸 것은 논리적 오류라는 사실을 지적한 것은 중요하다. 그러나 스티븐 닐은 그 성과를 무시하고 축소한다. 우리의 일차적 관심은 어느 복음서가 우선이냐가 아니라 '마가우선설'이 내세우는 주장이 논리적으로 잘못이라는 것이다. 그러므로 버틀러의 주장에 대한 재평가가 요구된다고 하겠다. 둘째로, 스티븐 닐은 마태와 마가가 서로 의존하고 있다고 가정하고 있는데(상호의존가설 전제), 만약에 각각 독자적으로 기록하였다면 분량은 문제가 되지 않는다. 그리고 닐은 짧은 것에서 긴 것이 왔다고 보는 것이 긴 것에서 짧은 것이 왔다고 보는 것이 설명하기가 더 쉽다고 하는데, 이런 주장은 타당한 객관적 증거가 없으며 순전히 주관적 편의성을 따른 비학문적 태도이다. 어떻게 자기에게 쉽게 느껴지는 것을 진리(眞理)라고 볼 수 있다는 생각을 할 수 있단 말인가? 셋째로, 역사적 증거가 마태와 마가는 각각 독자적인 기록임을 나타낸다. 마태복음은 마태가 팔레스타인에서 히브리 방언으로 기록하였으며, 마가복음은 마가가 로마에서 베드로의 설교를 듣고 기록하였다고 한다. 이런 역사적 증거를 송두리째 무시하는 것은 올바른 학적 태도가 아니다.

이종윤 박사의 『신약 개론』에 보면 최근에 마가 우선을 반대하고 마태 우선을 지지하는 많은 학자들이 제시하는 중요한 근거 네 가지를 소개하고 있다.[144)] 지면 관계상 여기에 자세히 소개하지 못하지만 관심 있는 독자들은 직

143) Neill, *Interpretation,* 116.

144) 이종윤, 『신약 개론』, 207-209.

접 읽어 보기를 권한다. 그 핵심만 소개하면 다음과 같다. 1) 마태복음에 마가복음보다 더 원시적인 사상들이 있다고 보는 견해는 마태복음 우선론을 주장하는 이유가 된다. 2) 마태복음에 나타난 유대주의적 경향을 보아 마가가 먼저 쓰여진 것이라고 보기가 어렵다. 3) 마가는 마태와 누가의 내용을 종합하려는 경향을 보여 주고 있다. 4) 마가에서 누가와 마태의 이문융합(異文融合, conflation)된 것들이 많이 발견되는 것은 마가우선론을 주장할 수 없게 된다. 그래서 이 박사는 다음과 같이 결론 내리고 있다. "결론을 종합해 보면, 편집사적 이해를 기초로 한 마가우선론이 거부되고 교부들의 외적 증거와 본문분석을 통한 내적 증거를 근거로 마태복음이 먼저 기록된 것을 주장할 수 있게 되었다."[145] 또한 조병수 박사도 마가복음 우선설의 문제점을 지적하고 있다.[146] 그 중 한 부분을 인용하면 다음과 같다. "마가복음 우선설의 가장 중대한 문제는 마가복음이 마태복음과 누가복음에 비하여 더 원시적이지 않다는 것이다. 마가복음은 다른 두 복음서보다 훨씬 더 잘 정돈된 순서를 제시한다."[147]

③ 두 자료설

크리스티안 바이쎄에 의해 제안된 두 자료설은 하인리히 홀츠만과 베른하르트 바이쓰 등에 의해 발전되었다. 홀츠만(H. J. Holtzmann, 1832-1910)은 1863년에 『공관복음서. 그 기원과 역사적 성격』이란 책을 출판하였다.[148] 그는 마가복음 이전에 '원문서'(原文書, Grundschrift)가 있었다고 가정한다. 이

145) 이종윤, 『신약 개론』, 209f.

146) 조병수, 『신약성경 총론』, 50-52.

147) 조병수, 『신약성경 총론』, 50f.

148) H. J. Holtzmann, *Die synoptische Evangelien, ihr Ursprung und geschichtlicher Charakter,* 1863.

원문서를 세 복음서 기자가 다 사용했지만 마가가 더 충실하게, 그리고 순서에 맞게 보존했다고 본다. 마가는 단지 시작 부분과 여기저기에서 축약하고 또 여기저기서 생략했을 뿐 가능한 한 원래의 자료를 잘 반영하고 있다고 본다. 사람들은 이것을 '원마가'(Urmarcus)라고 부를 수 있을 것이다.[149] 이것을 그는 "A"(알파)라고 불렀다.[150] 홀츠만은 이 '원마가' 외에 마태와 누가가 사용한 두 번째 자료로서 파피아스가 언급한 '로기아'(Logia)를 말한다. 이 자료는 예수의 짧은 강화(講話)들을 많이 포함하고 있다고 본다.[151] 이것은 나중에 "Q"로 불리게 되었으나 홀츠만 시대에는 아직 그런 용어가 없었다.[152] 마태와 누가가 이 두 자료 외에 사용한 자료들은 구전(口傳)에서 가져왔거나 또는 다른 문서들을 가지고 새롭게 작업한 것으로 보았다.[153]

베른하르트 바이쓰(B. Weiss, 1827-1918)는 공관복음 문제에 대해 많이 연구하고 많은 책들을 썼다. '로기아'에 대한 그의 견해는 홀츠만의 것과 조금 다르며 '원마가'를 거부했다. 하지만 그는 마태에 의해 원래 아람어로 기록되었으나 곧 헬라어로 번역된 '로기아'[154]와 '베드로에 의한 구전 자료'를 마가, 마태, 누가가 사용했다고 보았다.[155] 두 자료설은 그 후에 바이츠재허(C. Weizsächer)와 로이쓰(E. Reuss), 율리허(A. Jülicher), 벨하우젠(J. Wellhausen), 베르레(P. Wernle), 호킨스(J. Hawkins), 샌디(W. Sanday) 등

---

149) Zahn, *Einleitung*³, II, 195. Cf. Neill, *Interpretation,* 110f.

150) Cf. 이종윤, 『신약 개론』, 193f.

151) Greijdanus, *Bizondere Canoniek,* I, 191f.

152) Neill, *Interpretation,* 111 n.1.

153) Greijdanus, *Bizondere Canoniek,* I, 191f. Cf. Zahn, *Interpretation,* II, 195f.

154) 아마도 B. Weiss는 이 '로기아' 자료를 "Q"라고 (최초로) 부른 것으로 보인다. Cf. Neill, *Interpretation,* 119 n.2.

155) 그의 견해에 대해서는 Greijdanus, *Bizondere Canoniek,* I, 192f.와 Zahn, *Einleitung*³, II, 196f.를 보라.

에 의해 계승되었다.[156] 두 자료 가설의 원조는 바이쎄(H. C. Weisse)와 빌케(C. G. Wilke)이지만, 그것을 크게 발전시키고 퍼뜨린 사람은 홀츠만(H. J. Holtzmann)과 바이쓰(B. Weiss)라고 한다.[157]

20세기가 시작될 때쯤 해서 예수의 말씀들과 교훈들을 모은 자료집인 "Q"가 실제로 존재했다고 보는 견해가 널리 퍼졌다고 한다.[158] 그것은 처음에 아람어로 씌어졌지만 곧 헬라어로 번역되었으며, 여러 다양한 번역본들이 있었다고 보았다.[159] 그러나 이것은 순전히 가설(假說)에 불과하며 고대 교회의 어느 누구도 말한 적이 없다. 어떤 역사적 증거도 없으며 순전히 가설적으로 세운 이론에 불과하다.[160] 그래서 "Q"에 대해서는 학자들마다 견해가 다르며 각자 주관적 기준에 따라 다르게 생각한다.[161]

④ 네 자료설

영국의 스트리터(B. H. Streeter, 1874-1937)는 1924년에 출판된 책[162]에서 '네 자료설'(Four-document theory)을 주장하였다. 그는 마가와 Q라는 두 자료에서 더 나아가야 한다고 생각하였으며, 복음서들에서 다른 기록된 문서들의 흔적을 발견할 수 있다고 주장하였다.[163] 누가복음은 먼저 어떤 저자가 'Q 자료'와 '누가에 독특한 자료'(예를 들면, 선한 사마리아인 비유와 탕자 비

156) 이들의 견해에 대한 간단한 소개에 대해서는 Greijdanus, *Bizondere Canoniek,* I, 193-97을 보라.

157) Greijdanus, *Bizondere Canoniek,* I, 173.

158) Neill, *Interpretation,* 120.

159) Neill, *Interpretation,* 120.

160) Greijdanus, *Bizondere Canoniek,* I, 198.

161) Greijdanus, *Bizondere Canoniek,* I, 198.

162) B. H. Streeter, *The Four Gospels: A Study of Origins,* 1924.

163) Neill, *Interpretation,* 123.

유 등)를 한 문서로 종합하였는데, 스트리터는 이것을 '원누가'(proto-Luke)로 부르기를 원했다. 그 후에 동일한 저자나 또는 다른 저자가 이것을 '마가에서 취한 자료'와 함께 묶었다고 보았다. 스트리터는 이 '원누가'를 만든 사람은 다름 아닌 바울의 동반자 누가이며, 그가 그 몇 년 후에 이 초기 작품에 '유아 이야기들'(Infant stories)을 앞에 붙이고 '마가에서 추출한 자료들'을 약간의 수정 및 첨가와 함께 덧붙였다고 보았다.[164)]

Lk = Q + L + Mk

* L = 누가복음에만 나타나는 자료들

* Q + L = Proto-Luke(원누가)

마태복음에 대해서는 마태가 '마가'를 토대로 하고 거기에 'Q에서 취한 다섯 강화 자료'와 '마태 자신의 자료'(M)을 엮었다고 보았다. 그래서 마태복음은 Q와 M이 덧보태진 '마가의 확장된 형태'로 보았다.[165)]

Mt = Mk + Q + M

* Q = 다섯 강화 자료

* M = 마태복음에만 나타나는 특수한 자료

이로써 Mk, Q, L, M의 네 자료에서 공관복음이 나왔다고 하는 '네 자료설'이 확립되었다. 이것은 '두 자료설'에서 이론적으로 나아갈 때까지 나아간 것이다. 스티븐 닐에 의하면, 스트리터의 '네 자료설'은 폭넓게 환영받았다고 한

164) Neill, *Interpretation,* 123f.

165) Neill, *Interpretation,* 125.

다.[166] 도널드 거쓰리에 의하면, 최소한 영국 학자들 사이에서는 복음서의 기원에 대한 가장 좋은 가설이라고 한다.[167] 그러나 대개는 '네 자료설'을 '두 자료설'의 한 진전된 형태로 보며 '두 자료설'에 포함시켜서 이해하는 경우가 많다.[168]

5. 두 자료설의 문제점

비록 많은 학자들이 두 자료설을 따르고 있고[169] 또 오늘날 많은 신학교에서 당연한 것처럼 가르치고 있지만, 두 자료설에 대한 비판도 적지 않다.[170] 대표적으로는 테오돌 찬(Th. Zahn)[171]이 있으며, 또한 하도른(W. Hadorn),[172] 볼렌베르크(G. Wohlenberg),[173] 하인리치(G. Heinrici)[174] 등이 있다.[175] 하인리치는 다음과 같이 말한다. "공관복음서들은 그들의 전승물(傳承物)을 두 자료들에서 취한 것이 아니라, 그들은 목격자들에 의해 전파되고

---

166) Neill, *Interpretation,* 125.

167) Guthrie, *New Testament Introduction,* 148.

168) 예를 들어, Kümmel은 이 '두 자료설' 외에 다양한 '다수 자료설들'(Multiple Source Theories)이 있다고 하면서, 이 중의 하나로 Streeter의 이름을 다른 이름들과 함께 각주에서 언급하고 있다. 그러면서 이 이론들은 더 이상 지지를 얻지 못했다고 한다. Cf. Kümmel, *Einleitung,* 23f.

169) 김경희 외, 『신약성서 개론』, 83-84; Carson & Moo, *Introduction,* 93-95; Brown, *Introduction,* 122; Kümmel, *Einleitung,* 49 등.

170) Greijdanus, *Bizondere Canoniek,* I, 197.

171) Zahn, *Einleitung*³, II, 193-98.

172) W. Hadorn, *Die Entstehung des Marcusevangeliums,* 1898.

173) G. Wohlenberg, *Das Evangelium des Marcus,* 1910.

174) G. Heinrici, *Der Litterarische Charakter der neutestamentlichen Schriften,* 1908.

175) Cf. Greijdanus, *Bizondere Canoniek,* I, 197.

순회 교사들에 의해 선포된 복음을 각자 자신의 방식으로 기록하였다."[176] 이종윤 박사도 다음과 같이 평가한다. "이와 같이 두 자료설(마가 + Q)이나 네 자료설(마가 + Q + M + L)은 모두 마태와 누가가 마가에 의존하고 있다는 것과 아직까지도 확인되지 못한 소위 Q 가설 위에 세워진 이론이기 때문에 대답할 수 없는 많은 문제를 안고 있어 계속 논쟁을 일으키고 있다."[177]

그러면 '두 자료설'의 문제점을 여기에 간단히 지적하고자 한다. 여기에는 물론 '마가우선설'과 'Q 자료설'에 대한 비판이 중요한 자리를 차지하게 된다.

1) 예수의 어록집이라고 하는 '로기아'(Logia) 또는 'Q 자료'라고 하는 것은 순전히 가설(假說, hypothesis)에 불과하며 어떠한 역사적 증거도 없다. 그런 자료를 제시한 사람은 아무도 없다. "Q"라고 하는 것은 현대 신학자들이 자기의 머릿속에서 만들어 낸 주관적 산물에 불과하다. 따라서 각자 사람에 따라 무엇이 "Q"인가에 대해 다르게 생각하며, 각자의 취향과 판단 기준에 따라 다르게 된다.[178]

조병수 교수도 마찬가지로 지적한다. "예수 어록(Q) 가설에서 가장 큰 문제는 그 존재를 입증할 만한 설득력 있는 사본이 없다는 것이다. 이 가설에서 사본의 결여 문제는 곧바로 교부들의 증거 결여와 연관된다. 고대 자료에는 Q에 대한 언급이 없다."[179] 그래서 이종윤 박사는 다음과 같이 말한다. "이와 같이 확인되지 못한 Q 자료설을 마가우선론자들이 주장하게 된 이유는 마가가 갖고 있지 않은 부분들이 마태와 누가에 있는데, 그것을 설명하기 위한 인

176) Greijdanus, *Bizondere Canoniek,* I, 197에서 재인용(필자 번역).

177) 이종윤, 『신약 개론』, 195.

178) Greijdanus, *Bizondere Canoniek,* I, 198.

179) 조병수, 『신약성경 총론』, 52.

위적 가설로밖에 볼 수가 없다."[180)]

2) 소위 Q 자료의 외적 증거로 제시하고 있는 파피아스의 '로기아'(Eusebius, *Hist. Eccl.* III,39,15-16)는 '어록집'을 뜻하지 않는다. 문맥에서 볼 때, 그것은 예수의 말씀들과 행위들을 포함한 '언행들/행적들'을 뜻함이 분명하다. 왜냐하면 파피아스는 마가에 대해 말할 때, 그는 '주님에 의해 말해지거나 행해진 것들'(τὰ ὑπὸ τοῦ κυρίου ἢ λεχθέντα ἢ πραχθέντα)을 정확하게 기록했다고 말한 후에 그것을 '주의 로기아'(τῶν κυριακῶν ... λογίων)로 되받아서 말하며, 그 후에 마태는 '로기아'(τὰ λόγια)를 히브리 방언으로 기록했다고 말하기 때문이다. 따라서 문맥상 '로기아'는 앞에서 말한 바 주님에 의해 '말해지거나 행해진 것들'을 가리킴이 분명하다.[181)] 유세비우스의 작품에 대한 수리아어 번역은 여기의 '로기아'(logia)를 '복음'(gospels)으로 번역하고 있다고 한다.[182)] 따라서 레옹-뒤푸르(Léon-Dufour)에 의하면, 파피아스는 여기서 사도 마태가 기록한 '아람어 복음서'(an Aramaic Gospel)의 존재에 대해 말하고 있다고 본다.[183)] 그러나 우리는 본문에 있는 대로 '주님에 의해 말해진 것들이나 행해진 것들' 곧 예수님의 '언행', '행적'을 가리킨다고 보는 것이 옳을 것이다. 그런데도 불구하고 여기에서 '말씀들'만 따로 떼어서 예

180) 이종윤, 『신약 개론』, 203.

181) Cf. S. Greijdanus, *De toestand der eerste christelijke gemeente in zijn betekenis voor de synoptische kwestie* (Kampen: J. H. Kok, 1973), 22: "Maar behalve dat generlei bericht omtrent zulk een afzonderlijke verzameling enkel van woorden van de Heere, zonder vermelding van Zijn daden, tot ons gekomen is, zo vindt deze opvatting van λόγια ook geen steun in het verband van Papias' woorden, omdat hij, over Markus sprekende, noemt τὰ ὑπὸ τοῦ κυρίου ἢ λεχθέντα ἢ πραχθέντα, hetgeen door de Heere gezegd is, òf gedaan, en dan later deze twee samenvat in de term λόγια, Eus., *Hist. Eccl.*, III,39,15."

182) Robert-Feuillet, *Introduction,* 183.

183) In: Robert-Feuillet, *Introduction,* 184.

수의 '어록집'이 존재했다고 보는 것은 본문에 대한 주입식 해석이라고 생각된다.

3) 마태, 마가, 누가 사이의 병행관계에서 우선관계를 추론하는 것은 '논리적 오류'(logical fallacy)이다. 이 사실에 대해서는 영국의 가톨릭 학자 버틀러(B. C. Butler)가 이미 지적하였다.[184] 왜냐하면 그 역(逆)의 논리도 가능하기 때문이다. A와 B 사이에 병행관계가 발견된다면, A에서 B가 왔다(A -> B)고 생각할 수도 있지만, 반대로 B에서 A가 왔다(B -> A)고 생각할 수도 있는 것이다. 또는 각각 다른 제3의 원인에 의해 영향 받았을 수도 있고(C -> A; D -> B), 아니면 그 둘은 각각 독립적일 수도 있는 것이다.

4) 마가복음에 마태복음과 누가복음의 '이문 융합'(異文融合, conflation)으로 볼 수 있는 것들이 많다. 이것은 우리가 실제로 그렇다고 본다는 의미가 아니라 마가우선설 주장자들이 사용하는 방법을 사용하면 논리적으로 마가복음이 이문 융합되었다고 볼 수도 있다는 의미이다. 예를 들어 다음과 같은 것들이 있는데, 이런 것을 50개 이상 찾을 수 있다고 한다.[185]

마태복음		누가복음		마가복음
8:16(저물매 ...)	+	4:40(해가 졌다)	---->	1:32(저물어 해가 질 때)
9:3(이 사람이 참람하도다)	+	5:21(... 말하는 자 ... 오직 하나님 이외에 누가 능히 죄를 사하겠느냐)	--->	2:7(이 사람 ... 말하는가 ... 참람하도다 ... 오직 하나님 한 분 이외에는 누가 능히 죄를 사하겠느냐)

---

184) *The Originality of St. Matthew,* 1951.

185) 이종윤, 『신약 개론』, 208-209.

13:2(... 말씀을) + 8:14(이들은 ... 들었던 자) --> 4:8(이들은 말씀을 듣되)

14:14(... 나오사 큰 무리를 보시고 그들을 불쌍히 여기사) + 9:11(하나님 나라의 일을 말씀하시며 ...) --> 6:34(... 나오사 큰 무리를 보시고 ... 그들을 불쌍히 여기사 ... 여러 가지로 가르치시더라)

그래서 이종윤 박사는 "이와 같은 내적 증거들을 통해 우리는 마가우선론을 더 이상 주장할 수 없게 되었다."고 한다.[186]

5) 비평학자들 사이에도 의견이 일치하지 않고 있다. 그리스바흐와 그의 추종자들은 마태와 누가에서 마가가 왔다고 하는 마태우선설 즉 '그리스바흐 가설'을 주장하였으며, 이것은 근래에 미국의 파머(W. Farmer)에 의해 '두 복음서 가설'로 다시금 새롭게 주장되고 있다.[187] 그리고 이스라엘의 '브와마르'(M.-É. Boismard)는 마태와 마가와 누가 앞에 각각 '원마태'(proto-Mt), '원마가'(proto-Mk), '원누가'(proto-Lk)가 있었다고 하는 '다단계 가설'(Multi-stage hypothesis)을 주장한다.[188] 린지(Robert Lisle Lindsey)는 같은 맥락에서 복음서의 형성 과정을 4단계로 나누어 설명하였다. 그래서 그는, 마가는 누가를 따랐고 마태는 마가의 본문을 자료로 삼았다고 하는 '누가우선설'을 주장하게 되었다(누가 -> 마가 -> 마태).[189] 이처럼 오늘날에는 여러 다양한 이론들이 나와서 주장되고 있으며 어느 하나도 확실한 것은 없다.

---

186) 이종윤, 『신약 개론』, 209.

187) Cf. 이종윤, 『신약 개론』, 206-210.

188) Cf. 이종윤, 『신약 개론』, 213-14.

189) Cf. 이종윤, 『신약 개론』, 214-15.

1984년에 예루살렘에서 '공관복음 문제에 대한 심포지움'(Symposium de Interrelatione Evangeliorum)이 개최되었는데, 여기에서는 마가우선설에 대해 강한 반론이 제기되었다.[190] 여기서는 각 주장들이 팀(team)을 이루어 다음의 이론들을 제시하였다. 1) 두 자료 가설(Two Source hypothesis)은 벨기에의 Frans Neyrinck가 인도하는 팀에 의해; 2) 두 복음서 가설(Two Gospel hypothesis)은 W. R. Farmer가 인도하는 팀에 의해; 3) 다단계 가설(Multiple Stage hypothesis)은 M.-É. Boismard가 인도하는 팀에 의해 각각 발표되고 옹호되었다.[191]

6) 그들은 모두 다 '상호의존 가설'에 의존하고 있으며, 각 복음서 저자가 독자적으로 기록했을 가능성을 무시하고 있다. 고대 교회의 전승에 의하면, 마태복음과 마가복음과 누가복음은 각각 독자적으로 기록되었다. 마태복음은 팔레스타인 지역에서 사도 마태에 의해 히브리인의 언어로 기록되었으며, 마가복음은 베드로의 추종자인 마가가 베드로의 설교를 기록하였으며, 누가는 서문(눅 1:1-4)에서 스스로 밝히고 있는 바와 같이 여러 자료들을 자세히 살펴서 차례대로 기록하였다. 이런 역사적 증거들을 무시하고 자기 자신의 사변적 이론을 만들어 내는 것은 올바른 태도가 아니다.

앞에서 살펴본 바와 같이 어거스틴과 칼빈도 복음서 기자는 각각 독립적으로 기록하였다고 보았으며,[192] 흐레이다너스도 이런 입장을 취한다.[193] 한국의 조병수 교수도 이와 같은 입장에서 다음과 같이 말한다. "그러므로 마태복

---

190) 한국에서는 이종윤 박사(당시 아세아연합신학대학 교수)가 대표로 참석하였는데, 그의 책 『신약 개론』, 242-44에 이에 대한 비교적 자세한 보고가 실려 있다.

191) 여기서 발표된 논문들은 D. L. Dungan (ed.), *The Interrelations of the Gospels (BETL 95)* (Leuven: University Press and Peeters, 1990)에 실려 있다. 또한 이 책에 대한 J. K. Elliot의 서평(*Novum Testamentum* 33/4 (Oct. 1991), 381f.)을 참조하라.

192) 본서 II. 공관복음 문제, 3. 18세기 이전의 견해, 6)과 8).

193) Greijdanus, *Bizondere Canoniek,* I, 198f.

음과 누가복음은 마가복음을 기초로 하지도 않았으며 (왜냐하면 이 두 복음서를 면밀히 조사할 때 엄청난 차이가 나기 때문이다), 가설적인 예수 어록집을 사용하지도 않았다(왜냐하면 현재의 복음서들에 버금가는 소위 예수 어록집이란 것은 존재하지 않았기 때문이다). 세 복음서는 각각 독립적으로 기록되었다고 생각하는 것이 가장 바르다."[194]

물론 각 복음서가 각기 독자적으로 기록되었다고 할 때, 자기 앞서 기록된 다른 복음서를 몰랐다고 생각할 필요는 없다. 혹 알고 있었고 또 그것을 사용했다고 할지라도 자기의 목적과 계획과 스타일에 따라 독자적으로 기록할 수 있는 것이다. 이 경우에 각 복음서 사이에 존재하는 매우 가까운 일치, 경우에 따라서는 문자적 일치를 어떻게 설명하느냐 하는 문제가 남는다. 그러나 정말로 문자적으로 정확하게 일치하는 경우는 매우 드물다. 몇몇 경우에만 문자적으로 완전히 일치하는데, 이 경우에는 그 문장이 매우 짧다(단어가 몇 개 안 됨).[195] 따라서 이런 경우의 일치는 특별한 것이 아니며 자연스러운 결과라고 할 수 있다. 그런데도 불구하고 마치 복음서 저자들이 상호의존적이라고 결론 내리는 것은 성급한 것이다.

우리는 복음서 상호간의 유사점들에 대해 다음과 같은 사실들을 생각해 볼 수 있다. 1) 마태와 요한은 주님의 직접 제자요 목격자였다. 마가와 누가도 사도들과 밀접한 관계에 있었다. 따라서 그들은 모두 다 주님의 말씀과 행위들을 정확하게 기록할 수 있는 처지에 있었다. 따라서 그들의 기록 상호간에 많은 유사성과 일치가 있을 수밖에 없다. 2) 사복음서 저자가 모두 동일한 하나님의 아들의 역사를 기록하기 때문에 그 내용은 많은 부분에서 일치하거나 유사할 수밖에 없다. 3) 뿐만 아니라 사도들은 주님에 의해 이루어진 일들을 오순

194) 조병수, 『신약성경 총론』, 53.

195) 본서 II. 공관복음 문제, 2. 복음서 상호간의 유사성과 상이점 부분을 보라.

절 이후에 계속 전파하였기 때문에 그들의 기억은 계속 선명하고 분명하게 유지되어 왔을 것이다. 4) 예수님의 말씀은 놀라운 화법에 의해 듣는 자에게 강한 인상을 주고 기억에 오래 남게 하는 효과가 있었기 때문에 사도들이 그 말씀들을 생생하게 기억하였을 것이다. 5) 무엇보다도 예수님께서 약속하신 보혜사 성령의 '생각나게 하시고 모든 진리 가운데로 인도하시는' 역사가 그들에게 있었을 것이다(요 14:26; 16:13). 이런 여러 요소들을 생각해 볼 때 복음서 상호간에 유사점들이, 그리고 때때로 문자적 일치가 발견된다고 해서 이상하게 생각할 필요가 없다. 오히려 동일한 하나님의 아들의 말씀과 행위들을 기록하는데, 그 정도의 유사성과 일치가 있는 것은 오히려 지극히 당연하다고 해야 하지 않겠는가?

예를 들어, 몇몇 기자들이 케네디 대통령의 자서전을 집필할 때 비록 다른 관점과 다른 방식으로 접근한다 할지라도 케네디 대통령이라는 인물의 단일성과 그 한 인물의 삶과 죽음이라는 생애의 단일성 때문에 많은 부분에서 유사성과 일치점이 있게 되는 것은 자연스러운 일이라고 할 수 있다. 그러면서도 각각의 관점과 스타일과 취향에 따라 각각 다른 구성과 문장과 스타일이 될 것이다. 이런 것을 생각해 보면 공관복음서 사이의 유사성과 차이점은 당연하고 자연스러운 것이라 할 수 있다.

7) 마가우선설은 '인간의 편의성' 때문에 선호되는 주관적 견해일 뿐 '객관적 타당성'을 결여하고 있다. 이에 대해서는 스티븐 닐도 결국 인정하였다. "만일 마가가 그 앞에 이 자료(마태복음)를 가지고 있었다면, 왜 그가 그것을 그렇게도 많이 생략했는지 이해하기 어렵다. 만일 마태가 마가를 그 앞에 가지고 있었다면, 그가 그것을 기초로 하여 그가 가지고 있던 방대한 양의 새 자료를 추가했다고 보는 게 더 쉽다."[196] 쉽게 말하자면, 짧은 것에서 긴 것이 왔다고

---

196) Neill, *Interpretation,* 116: "It is hard to see why, if he had all this material before him,

설명하는 것이 긴 것에서 짧은 것이 왔다고 설명하는 것보다 우리 인간이 이해하기 더 쉽다는 것이다. 스티븐 닐의 위 주장은 마태와 마가가 상대방의 것을 생략하거나 추가했다고 보는 '상호의존 가설'을 전제하고 있을 뿐만 아니라, 그 논리의 근거가 우리가 설명하기에 어느 것이 '더 쉬운가' 하는 지극히 주관적 기준에 달려 있음을 알 수 있다.

이 점에 대해서는 독일의 클라우스 하커(Klaus Haacker)도 명료하게 지적하였다. "두 자료설은 그 단순성으로 인하여 인기가 있다. 그렇지만 그것은 역사적 논거가 아니라 우리의 편의성에 맞춘 것이다. 복음서들의 기원에 있어서 역사적 진행이 얼마나 단순했어야 하는지에 대해 아무도 사전에 말할 수 없다. 왜냐하면 우리는 그 경과를 더 잘 알고 있는 비교할 만한 문학적인 과정을 하나도 알지 못하기 때문이다."[197] 두 자료설은 '역사적 논거'(historisches Argument)가 아니라 '우리의 편의성'(unsere Bequemlichkeit)에 맞춘 것임을 분명히 말하고 있는 것이다. 이런 것은 진리를 탐구하는 올바른 자세가 아니다.

마가우선설에 대해 프랑스의 가톨릭 신학자 레옹-뒤푸르(X. Léon-Dufour)는 "마가의 절대 우선이 지나간 구시대의 비평에 있어서 하나의 *a priori* 입장으로 여겨질 날이 오는 것도 가능하다."고 말한다.[198]

---

he omitted so much of it. It is easy to see how Matthew, if he had Mark before him, could have taken Mark as the framework into which to introduce the vast mass of fresh material which he had at his disposal."

197) K. Haacker, *Neutestamentliche Wissenschaft*, 2. Aufl. (Wuppertal: R. Brockhaus, 1985), 47: "Die Zwei-Quellen-Theorie besticht durch ihre Einfachheit. Das ist jedoch kein historisches Argument, sondern ein Entgegenkommen an unsere Bequemlichkeit. Niemand kann a priori sagen, wie einfach die historischen Vorg nge bei der Entstehung der Evangelien gewesen sein m ssen; denn wir kennen keine vergleichbaren literarischen Prozesse, über deren Ablauf wir besser unterrichtet wären."

198) Robert-Feuillet, *Introduction*, 277: "It is possible that the day will come when the absolute priority of Mk will be regarded as an *a priori* position in an obsolete stage of criticism." 여기서 '*a priori* 입장'이란 합당한 근거도 없이 사전(事前)에 어떤 결론을 가지고서 취한 입장이란 뜻이다.

6. 우리의 태도

우리는 어느 한 복음서가 다른 복음서에 의존했다고 볼 필요가 없다. 각 복음서는 성령의 감동 하에 각각 독립적으로 기록되었다고 볼 수 있다. 물론 경우에 따라 자기 앞에 기록된 다른 복음서를 알고 참조했을 수도 있지만, 각자 독자적인 목적과 계획을 가지고 독자적인 방식으로 기록하였다. 이에 따라 사복음서 사이에 다양성과 차이점이 생긴 것이다. 그렇지만 그럼에도 불구하고 사복음서는 내용상 일치와 조화를 이루고 있다. 이것은 하나님께서 '제일 저자'(*Auctor primarius*)가 되셔서 각 '인간 저자'를 성령으로 감동하시고 인도하셨기 때문이다.

우리는 현대 비평학자들의 논리적 사변보다는 신실한 고대 저술가들의 증언을 더 신뢰하여야 한다. 물론 우리가 이들의 기록을 무조건 다 받아들이는 것은 아니지만, 신실한 고대 교부들과 저술가들의 증거들은 뚜렷한 반대 이유가 없으면 가능한 한 받아들이는 것이 옳다. 특히 그 증거들이 많고 서로 일치할 때에는 더욱 그러하다. 이런 점에서 볼 때, 마가우선설과 Q 자료설은 현대 비평학자들의 '가설(假說)'에 불과하며 역사적 증거가 없다. 뿐만 아니라 현대 신학자들 사이에서도 의견이 나눠지고 서로 충돌하고 있다. 하지만 고대 교회의 전승은 한결같이 마태가 제일 먼저 기록되었다고 증거하고 있다.

그러나 우리는 복음서들의 기록 순서가 그렇게 중요한 문제라고 생각하지는 않는다. 왜냐하면 그것이 그렇게 중요한 문제였더라면 하나님께서 그 답을 우리에게 계시해 주셨겠기 때문이다. 성경은 우리의 신앙과 생활에 필요한 모든 것을 충분히 계시해 주셨다(성경의 충족성). 그런데 복음서들의 순서에 대해서는 성경에 기록이 없다. 따라서 마태복음이 먼저 씌어졌든 마가복음이 먼저 씌어졌든 그것이 우리의 신앙의 본질적인 문제라고 생각하지는 않는다. 이런 점에서 별다른 생각 없이 '마가우선설'을 주장하는 사람들에 대해 너무 비판적으로 될 필요는 없다. 그러나 '마가우선설'은 현대 신학자들에 있어서 '자료설'의 바탕이 되기 때문에 우리는 주의해야 한다. 그래서 어떤 사람이 '마가우선설'과 더불어 '자료설'을 주장할 때에는 그것을 배격해야만 한다. 왜냐하면 그것은 성령의 감동으로 기록된 하나님의 말씀을 근본에서부터 파괴하는 것이기 때문이다.[199)]

7. 참고 문헌

이종윤, 『신약 개론』, 서울: 개혁주의신행협회, 2006.

조병수, 『신약성경 총론』, 수원: 합동신학대학원출판부, 2006.

김경희 외, 『신약성서 개론. 한국인을 위한 최신 연구』, 서울: 대한기독교서회, 2002.

야콥 판 브럭헌, 『지상의 그리스도. 역사로서의 복음서 이야기』, 박호석 역, 서울:

199) 도널드 거쓰리는 Q 자료에 대해 많은 의문을 제기하고 대체로 부정적으로 기술하면서도 Q 자료의 존재 가능성을 인정하고 있다. Q 자료는 아마도 '상당히 고정된 성격의 구전 형태'(an oral form of a sufficiently fixed character)로 존재했을 것으로 본다. '고대 교회의 교리 교육'(early catechetical instruction)이 예수의 가르침을 많이 포함하고 있었을 것이며, 이것은 고정된 유형을 따라 행해졌을 것으로 본다(*Introduction*, 179). 그러나 거쓰리의 이러한 가정은 추측에 불과하며 또 그랬을 것 같지도 않다. 고대 교회의 세례 교육은 세례 시의 주체가 되는 성부, 성자, 성령이 누구이신가, 그리고 각각 무슨 일을 하셨는가를 중심으로 진행되었을 것이며, 이와 더불어 기독교의 핵심 진리에 대한 것들 중심으로 행해졌을 것이다(예를 들면 나중에 '사도신경'으로 발전된 내용들). 이런 것들은 'Q 자료'와는 다른 것이다. 한편, 미국의 대표적 복음주의 신학자들인 Carson과 Moo도 조심스럽게 여러 문제점들을 기술하다가 결국은 '두 자료 가설'(two-source hypothesis)을 선호하는 쪽으로 결론 내리고 있다. 그러면서 "Q와 같은 자료는 비마가 자료에서 마태와 누가 사이의 일치에 대한 가장 좋은 설명이다"(A source like Q remains the best explanation for the agreements between Matthew and Luke in non-Markan material)고 말한다(*Introduction*, 101). 그러나 이런 주장은 학적인 주장이 아니다. 우리가 학적으로 말하자면, Q 자료설은 공관복음서 상호간의 일치에 대한 '하나의 가설'(a hypothesis)에 불과하다(cf. 두 복음서 가설, 다단계 가설, 기타 여러 이론들 참조). 그리고 그 가설은 역사적 근거가 없으며 문제성 있는 논리에 기초한 '잘못된 가설'이다.

익투스, 2011.

D. L. Guthrie, *New Testament Introduction,* 4th ed. (Downers Grove: InterVarsity, 1990), 136-208.

D. A. Carson and D. J. Moo, *An Introduction to the New Testament,* 2nd ed., Grand Rapids: Zondervan, 2005.

St. Neill, *The Interpretation of the New Testament 1861-1961,* Oxford/New York: Oxford University Press, 1966.

E. F. Harrison, *Introduction to the New Testament,* Grand Rapids: Eerdmans, 1964.

A. Robert and A. Feuillet, *Introduction to the New Testament,* tr. from the French by P. W. Skehan and others, New York etc.: Desclee Company, 1965.

D. L. Dungan(ed.), *The Interrelations of the Gospels.* A Symposium led by M.- É. Boismard - W. R. Farmer - F. Neirynck, Jerusalem 1984, Leuven: University Press, 1990.

W. A. Beardslee, *Literary Criticism of the New Testament,* Philadelphia: Fortress Press, 1970.

J. van Bruggen, *Christ on Earth. The Gospel Narratives as History,* tr. by N. Forest-Flier, Grand Rapids: Baker Books, 1998.

Th. Zahn, *Einleitung in das Neue Testament,* 3. Aufl., Leipzig: A. Deichert, 1906/1907 (Nachdruck: 1994, R. Brockhaus).

F. Barth, *Einleitung in das Neue Testament,* 4. und 5. Aufl., Gütersloh: C. Betelsmann, 1921.

W. G. Kümmel, *Einleitung in das Neue Testament,* 21. Aufl., Heidelberg:

Quelle & Meyer, 1983.

K. Haacker, *Neutestamentliche Wissenschaft,* 2. Aufl., Wuppertal: R. Brockhaus, 1985.

M.-É. Boismard und A. Lamouille, *Aus der Werkstatt der Evangelisten. Einführung in die Literarkritik,* München: Kösel, 1980.

S. Greijdanus, *Bizondere Canoniek,* I, Kampen: J. H. Kok, 1947.

H. Baarlink, "Het synoptisch vraagstuk", in: *Bijbels Handboek,* III (Kampen: J. H. Kok, 1987), 235-57.

J. van Bruggen, *Christus op aarde. Zijn levensbeschrijving door leerlingen en tijdgenoten,* Kampen: J. H. Kok, 1987.

III. 양식 비평과 편집 비평

1890년경에 마가우선설은 보편적으로 받아들여지게 되었다.[1] 그 후 30년 동안은 복음서 배후에 있는 기록 문서들을 추적하고 확정하려는 노력이 학자들의 주된 과업이 되었다.[2] 기록된 문서 이전에 '구전'(口傳, oral tradition) 시기가 있었다는 것에는 다 동의하고 있었지만 이 시기는 접근할 수가 없었다.

그렇지만 최초의 기록된 문서 이전의 이 시기야말로 복음서 전승 형성에 결정적으로 중요한 것이 아닌가 하는 생각이 학자들 사이에 일어나게 되었다. 구약 학자들은 이미 히브리 책들의 기원에 대한 문서설을 넘어서서 그 배후에 있는 '구전'에 대한 연구를 시작하고 있었다. 그래서 신약 연구에도 동일한 방법을 적용하려는 시도가 생겨나게 되었다. 그리하여 1차 세계대전 이후에 '양식 비평'(樣式批評, Form Criticism)이 신약 연구에 도입되었으며, 나아가서 2차 세계대전 후에는 '편집 비평'(編輯批評, Redaction Criticism)이 생겨나게 되었다.

1. 양식 비평

양식 비평은 1890년경에 학계에서 보편적으로 받아들여진 마가우선설과 연결된다. 마가우선설이 확보된 이상 마가 이전의 자료가 어떻게 전달되었는지에 대해 관심이 집중되었다. 양식비평학자들은 '구전'(oral tradition) 시기

1) Neill, *Interpretation,* 236.

2) Neill, *Interpretation,* 236.

와 '기록된 문서'(written documents) 사이의 기간을 중요시하고 이 기간에 여러 단계의 발전이 있었을 것이라고 추측한다. 즉, 예수의 말씀과 행하신 일들에 대한 전승이 원래 '단편들'(fragments)로 존재했었는데, 그 단편들이 여러 단계를 거쳐 구전(口傳)으로 전승되어 오다가 나중에 복음서에 정착했다고 본다. 그리하여 각 단편(斷片)이 어떠한 과정을 거쳐 복음서에 정착하게 되었겠는가를 살핀다. 따라서 양식사 비평에 의하면 복음서는 이러한 전승 과정을 내다보는 '창'(Fenster)이 되고 만다.

여기서는 이런 '양식 비평' 연구에 중요한 초석을 놓은 학자 세 사람의 견해를 간단히 소개하고, 그 견해들의 문제점을 살펴보고자 한다.

1) 슈미트

카를 슈미트(Karl L. Schmidt, 1891-1956)는 1919년에 28세의 나이로 베를린 대학 강사가 되었다. 그리고 같은 해에 『예수 역사의 틀』이란 책을 출판하였다.[3] 이 책은 그 부제(副題)가 보여 주듯이 '옛 예수 전승에 대한 문학 비평적 연구'인데, 슈미트는 복음서 기자들이 예수의 생애에 대해 설정한 '틀'(Rahmen, framework)에 주된 초점을 두었다.[4]

그는 복음서 이전에 '구전으로 전승된 단편들'(mündlich überlieferte Einzelberichte)이 있었는데, 복음서 기자들이 역사적 맥락을 알지 못한 상태에서 이것들을 묶었다고 보았다.[5] 다만 수난사(受難史)는 시간적 연결 가운데 전승되었다고 본다.[6] 가장 오래된 전승의 형태는 '페리코프'(Perikopen,

---

3) K. L. Schmidt, *Der Rahmen der Geschichte Jesu. Literarkritische Untersuchungen zur antiken Jesus berlieferung,* 1919.

4) Neill, *Interpretation,* 276.

5) Kümmel, *Das Neue Testament,* 419.

6) Kümmel, *Das Neue Testament,* 419.

episcopes)인데, 이것은 각각의 사건들과 각각의 말씀들의 전승이다.[7] 이것은 예수가 주인공이며 대부분 그 자체로 완성된 것이며 간결하고 생생하고 분명하다.[8] 이것들은 대부분 시간이나 장소에 대한 분명한 정보를 가지고 있지 않다.[9]

마가는 이 자료들을 여러 개의 '틀'(Rahmen) 곧 '연결 본문'(bridge passages)을 통해 묶었다. '페리코프'는 원래 종종 앞뒤로 연결이 잘 안 되었는데 이 '틀'을 통해 시간과 장소가 연결되는 것처럼 보이게 만들었다.[10] 이 '연결 본문들'은 복음서 기자 자신이 제공한 것이며 '모호하고 희미하다'(vague and dim). 그 연결 본문이 제공하는 시간과 장소는 많은 경우에 본문의 사건들과 관련이 없다.[11]

이러한 단편 전승의 보존과 전달의 주체는 공동체 곧 예배 공동체이다.[12] 그 공동체가 처한 '삶의 정황'(Sitz im Leben)이 단편의 전승에 중요한 영향을 끼쳤다고 한다. 따라서 예수 전승의 유지와 형성은 역사적 관심이 아니라 신앙에 의한 관심에 기인한다고 한다.[13] 이 말은 곧 고대 기독교 교회 공동체가 그들의 실제적 필요(신앙적, 선교적 필요)에 따라 구전 전승을 변경시켰다는 의미이다. 이로써 복음서 내용의 역사적 진실성은 훼손되고 만다. 그리고 양식 비평가들이 말하는 '삶의 정황'은 예수께서 활동하던 당시의 삶의 정황이 아니라 부활 이후 시기(post-Easter period)의 고대 교회 공동체가 처한 삶의 정황

---

7) Kümmel, *Das Neue Testament,* 420.

8) Neill, *Interpretation,* 237.

9) Neill, *Interpretation,* 237.

10) Kümmel, *Das Neue Testament,* 420.

11) Neill, *Interpretation,* 238.

12) Neill, *Interpretation,* 239.

13) Kümmel, *Das Neue Testament,* 419.

이다.[14)] 이러한 가정은 두 시기 사이의 연속성을 부정하며 필연적으로 '역사의 예수'(Jesus of history)보다도 '신앙의 그리스도'(Christ of faith)에 더 초점을 두게 만든다.[15)]

2) 디벨리우스

마르틴 디벨리우스(Martin Dibelius, 1883-1947)는 1919년에 『복음서의 양식사』[16)]라는 책을 출판하여, '양식사(樣式史) 연구 방법'(formgeschichtliche Methode)을 발전시켰다. 이것은 '문학 양식들의 역사를 연구하는 것'(the scientific study of the history of literary forms)을 의미한다.[17)]

디벨리우스는 먼저 '고전적 형태의 문학'과 '작은 문학'(Kleinliteratur) 즉 '대중적 수요를 위한 문학'(literature for popular consumption)을 구별한다. 복음서 기자들은 당시 수사학자들과 같이 고전적인 집필 방식을 따르지 아니하였다는 것이다.[18)] 그 다음에 그는, 복음서 기자들은 '저자'(Schriftsteller)라기보다는 주로 '수집자'(Sammler), '전달자'(Tradenten), '편집자'(Redaktoren)로 볼 수 있다고 한다.[19)] 복음서들은 이미 존재하던 자료들을 모은 '집성물'(集成物,

---

14) Guthrie, *New Testament Introduction,* 212f.

15) Guthrie, *New Testament Introduction,* 213.

16) M. Dibelius, *Formgeschichte des Evangeliums,* Tübingen, 1919.

17) Neill, *Interpretation,* 240. 영어로는 보통 "Form Criticism"(양식 비평)이라고 하는데 정확하지 못한 명칭이다. "Form-historical Criticism"(양식사 비평)이라고 하는 것이 좀 더 정확하다. '양식사'(樣式史, Formgeschichte)란 말은 Eduard Norden이 1913년에 출판한 *Agnostos Theos* 의 부제(subtitle) 중에 나오는 Formengeschichte 란 용어를 Dibelius가 받아서 1919년에 자기 책에서 사용하였다고 한다. Cf. 이종윤, 『신약 개론』, 227 (부정확한 부분을 필자가 바로잡았음).

18) Neill, *Interpretation,* 241.

19) Kümmel, *Das Neue Testament,* 423.

Sammelgut)인데, 복음서 기자들은 아주 적은 정도로만 '저자'라 할 수 있다.[20)]

복음서 기자들은 그 전에 존재하던 '작은 단편들'(kleine Einheiten)을 하나로 묶었다고 한다. 이 단편들은 그들 앞에 이미 완성된 형태로 존재하고 있었다. 이것들은 그 이전에 형성되고 성장해 오다가 마침내 복음서에 정착하게 되었다.[21)] 복음서 기자들의 활동은 그들에게 전해 내려 온 자료들을 전달해 주고 분류하고 작업하고 신학적으로 해석하는 것이었다.[22)] 이러한 전승 형성에 중요한 역할을 한 동기는 복음을 널리 전파해야 한다는 '선교'(Mission)였으며 그 수단은 '설교'(Predigt)였다.[23)]

모든 이야기 자료들 중에서 '수난사'(Leidengeschichte)는 복음 전파에 '지속적인 의미'(tragende Bedeutung)를 얻게 되었다.[24)] 그 외의 행위들은 단지 '부수적인 의미'(begleitende Bedeutung)를 가질 뿐이다.[25)]

디벨리우스는 단편들을 다음 다섯 '쟝르'(Gattungen)로 나누었다.[26)]

1) 파라디그마(Paradigmen): 간단한 일화(逸話, 에피소드)인데, 그 이야기의 정점에 예수의 말씀이 있으며 진리가 단호하게 전달된다. 이것은 설교 중에 부수적으로, 예화로 사용되는 것이다.[27)] 중풍병자를 고친 사건과 안식일 밀 이삭 사건이 대표적이다.

---

20) Neill, *Interpretation,* 241.

21) Kümmel, *Das Neue Testament,* 423.

22) Neill, *Interpretation,* 241.

23) Kümmel, *Das Neue Testament,* 424.

24) Kümmel, *Das Neue Testament,* 424.

25) Kümmel, *Das Neue Testament,* 425.

26) Kümmel, *Das Neue Testament,* 425-26; Neill, *Interpretation,* 245.

27) Kümmel, *Das Neue Testament,* 425.

2) 노벨레(Novelle): 이것은 비교적 상세한 내용이 주어져 있는 긴 이야기인데, 결정적인 말씀이 없다. 이 이야기는 그 자체로 독립적으로 말해진 듯하다. 가다라의 귀신 들린 자 이야기가 대표적 예이다.[28] '노벨레'는 대부분 이적 행하는 자로서의 예수를 제시하고 있다. 그것은 신적인 이적 행하는 자의 신적인 능력이 가시적으로 나타나는 '신현 역사'(神顯歷史, Epiphaniegeschichte)이다.[29]

3) 전설(Legende): 이것은 거룩한 사람에 대한 특별한 사건을 말하는 이야기이다.[30] 이것은 꼭 비역사적이라는 의미는 아니다. 중요한 것은 그 이야기가 말하고 있는 주인공의 도덕적, 영적 탁월성이다.[31] 열두 살 때 예수의 이야기(눅 2:41-45)가 그 대표적 예이다.

4) 권면(Paranäsen): 이것은 예수께서 제자들에게 하신 말씀들의 대부분을 차지하고 있는데, 신자가 적대적인 세상에서 어떻게 새로운 삶을 살아야 할 것인가가 제시되고 있다.[32]

5) 신화(Mythen): 이것은 초자연적인 것이 인간 세상의 시간과 장소를 벗어나서 직접 뚫고 들어오는 것을 담고 있는 이야기이다.[33] 예수님의 세례 받은 사건, 시험 받은 사건, 변화산 사건 같은 것이 이에 속한다.[34]

디벨리우스는 복음의 양식 전승에 있어서 '초대 기독교의 운명'(das

---

28) Neill, *Interpretation,* 245.

29) Kümmel, *Das Neue Testament,* 426.

30) Guthrie, *New Testament Introduction,* 214.

31) Neill, *Interpretation,* 245.

32) Neill, *Interpretation,* 245.

33) Neill, *Interpretation,* 245.

34) Guthrie, *New Testament Introduction,* 214.

Schicksal des Urchristentums)이 중요한 역할을 한다고 보았다.[35] 처음에는 전승이 '실제적 필요'에 의해, '선교'와 '설교'에 의해 결정되었다.[36]

그러나 디벨리우스가 복음서를 '대중 문학'(Kleinliteratur)으로 본 것은 지나친 것이다. 복음서가 비록 고전적 문학과는 다른 것이라 할지라도 민간 사이에 돌아다니는 대중적 문학과는 다른 것이다.[37] 그리고 복음서 기자를 저자(author)가 아니라 편집자(compiler)로 본 것도 지나친 것이다. 각 복음서 기자는 각자 나름대로 '특별한 저자'(an author of genius)라는 사실은 부인하기 어렵다.[38]

3) 불트만

루돌프 불트만(R. Bultmann, 1884-1976)은 디벨리우스와 비슷한 시기에 비슷한 연구를 내놓았는데, 불트만의 연구가 디벨리우스의 것보다 더욱 근본적이고 영향력이 컸다. 복음서 연구에 있어서 불트만의 영향은 지대하여서 조금 자세히 살펴볼 필요가 있다.[39]

> 불트만은 독일 마르부르크(Marburg) 대학에서 신약학 교수로 복직하였으며, 마르틴 하이데거(Martin Heidegger, 1889-1976)와 친구로 오랜 교분을 가졌다. 하이데거의 철학은 전기와 후기로 나눌 수 있는데, 전기에는 '존재'를 탐

35) Kümmel, *Das Neue Testament,* 427.

36) Kümmel, *Das Neue Testament,* 427.

37) Neill, *Interpretation,* 241.

38) Neill, *Interpretation,* 242.

39) Guthrie, *New Testament Introduction,* 214f.

구하고(*Sein und Zeit,* 1927), 후기에는 '언어'에 관심을 가졌다(*Unterwegs zur Sprache,* 1959). 그래서 그는 "언어는 존재의 집이다."라고 말하였다. 그는 '진정한 언어'(authentic language)는 희랍 신화와 희랍 시인들의 시에서 찾을 수 있다고 생각하였다.[40)]

불트만의 사상을 요약하면, 1) 그는 하이데거의 전기 철학의 영향을 받아서 '실존'의 의미를 찾으려고 애썼다. 2) 역사적 예수를 부인한다. 3) 그래서 사건의 '의미'를 찾는다. 4) 이적을 '신화(神話)'로 보고 '비신화화(非神話化)' 작업을 했다.

불트만은 1921년에 『공관복음 전승사』(*Die Geschichte der synoptischen Tradition*)라는 책을 출판하였다.[41)] 이 책은 '전승되어 온 단편들의 역사를 묘사'(ein Bild von der Geschichte der Einzelstücke der Tradition zu geben)하는 데 목적을 두고 있다.[42)] 그의 견해는 다음 몇 가지로 요약할 수 있다.

① 불트만은 전승 자료를 먼저 '말씀 전승'(the tradition of sayings)과 '이야기 전승'(the tradition of narratives)으로 나누었다.[43)] '말씀 전승'은 다시 다음과 같이 분류하였다. i) 아포프떼그마타(*apophthegmata,* 이야기 가운데 나오는 말씀들)[44)]; ii) 로기아(*logia*); iii) 예언적 및 묵시적 말씀들; iv) 율법의 말씀들 곧 공동체 생활에 대한 규칙들; v) 예수께서 1인칭으

---

40) Cf. J. M. Robinson, "Hermeneutic since Barth," in: *The New Hermeneutic,* ed. by J. M. Robinson and J. B. Cobb (New York: Harper & Row, 1964), 43-49.

41) R. Bultmann, *Die Geschichte der synoptischen Tradition,* 1921.

42) Kümmel, *Das Neue Testament,* 428.

43) Robert-Feuillet, *Introduction to the New Testament,* 289.

44) 디벨리우스가 '파라디그마타'(*paradigmata*)라고 부른 것을 불트만은 '아포프떼그마타'(*apophthegmata*)로 불렀는데 그 내용은 거의 같다. Cf. Guthrie, *New Testament Introduction,* 217; Neill, *Interpretation,* 246.

로 말하는 말씀들(I-words); vi) 비유들.[45] '이야기 전승'은 다시 '이적 이야기'(miracle accounts)와 '전기적 전설'(biographical legends)로 나누었다.[46] 그리고 디벨리우스가 '노벨레'(Novelle)라고 한 것 대신에 불트만은 '이적 이야기'(miracle stories)란 용어를 선호했다.[47] 디벨리우스와 불트만은 이적(異蹟)을 부인했으며, 따라서 복음서의 이적 기사의 역사성을 부인하였다.[48]

② 전승들은 원래 각각 '단편들'(Einzelstücke)로 구성되어 있었다는 전제에서 출발한다. 불트만은 수난사(Leidensgeschichte)도 마찬가지로 단편으로 구성되어 있다고 본다.[49] 이것은 디벨리우스와 다른 점이다. 불트만은 디벨리우스와 달리 공관복음서 전체에 대해 각 단편의 역사적 출처(기원)를 탐구한다.[50]

③ 불트만은 '종교사학파'(religionsgeschichtliche Schule)의 영향을 많이 받았다. 이 점에 있어서 그는 디벨리우스를 훨씬 능가한다. 그래서 불트만은 팔레스타인 기독교와 헬라 기독교 사이의 차이를 받아들였다.[51]

> 종교사학파에 의하면, 기독교 공동체는 고대 근동(가나안, 앗수르, 페르시아 등)의 종교의 영향을 받아 형성된 종교로 본다. 기독교 공동체는 당시 '밀의

45) Robert-Feuillet, *Introduction to the New Testament,* 289f.; Neill, Interpretation, 246.

46) Robert-Feuillet, *Introduction to the New Testament,* 290.

47) Guthrie, *New Testament Introduction,* 217.

48) Guthrie, *New Testament Introduction,* 217.

49) Kümmel, *Das Neue Testament,* 428.

50) Kümmel, *Das Neue Testament,* 428.

51) Kümmel, *Das Neue Testament,* 428.

종교'(密儀宗教, mystery religions)[52]의 영향을 많이 받았다고 본다. 이러한 구도는 부세(W. Bousset)의 *Kyrios Christos*(1913)의 영향을 많이 받은 것이다. 그의 '주 기독론'(Kyrios Christology)은 유대의 메시아(인자, 심판주)가 어떻게 헬라 세계에서 '주'(Kyrios)로 변하는가를 설명한다.[53] '주'(Kyrios)는 밀의 종교와 영지주의의 '구속자'(Erlöser) 신앙에서 나타나는데, 그들의 구속자인 하나님의 아들이 이 세상에 와서 고난을 받고 부활한다. 그래서 하늘에 올라가서 모든 인간의 주가 된다.[54]

불트만에 의하면, 우주적 드라마 속에 나타나는 '구속자(救贖者)'는 지극히 높으신 자의 선재(先在)하는 아들인데, 빛의 세계에서 내려와서 참된 지식 곧 영지(靈知, *gnosis*)를 사람들에게 알려 준다. 그래서 그들의 영혼이 죽을 때에 다시 하늘나라로 데리고 간다. 이를 위해 하늘의 구속자는 먼저 자신이 악한 세상에 내려와서 인간의 모습을 취해야만 했다. 그리고 지상 존재의 곤궁과 고통에서 스스로 구속되어야만 했다. 이것은 '구속받은 구속자'(der erlöste Erlöser) 신화인데, 불트만은 이것이 바울 기독론의 배경이라고 보았다.[55]

팔레스타인의 초대 공동체는 전승 자료들을 모으기 시작했다. 각 단편들을 모으고 글로 적고 편집하고 배열하고 요약하였지만, 아직 하나의 통일된 예수의 생애를 기록하려는 생각은 없었다. 그것은 헬라 기독교 공동체에서 '그리스도 신화'(Christusmythos)의 틀을 빌려서 비로소 하나의 책으로 완성되게

---

52) 당시 '밀의 종교'의 특징은 비밀히 행해지는 세례, 성찬, 구속주 신앙 등에 있다. Cf. H. Ridderbos, *Paulus. Ontwerp van zijn theologie,* 5e dr. (Kampen: J. H. Kok, 1978), 16f.

53) Ridderbos, *Paulus,* 19.

54) 종교사학파의 접근 방법에 대해서는 Ridderbos, *Paulus,* 15-23을 보라.

55) Ridderbos, *Paulus,* 27f.

되었다.[56] 마가가 이 유형(Typus)을 창조하였다. 즉, 그리스도 신화는 마가의 책에 참으로 전기(傳記)가 아니라 신화에 기초한 단일성을 가져다주었다.[57] 마태와 누가는 각각 많은 이적 역사들과 이전, 이후 역사들을 통해 복음의 신화적 측면을 강화하였다.[58]

④ 예수 전승의 형성과 확산에 있어서 '공동체의 창조적 영향'(der schöpferische Einfluß der Gemeinde)이 큰 역할을 하였다.[59] 교회 공동체가 자료의 대부분을 창조하였다고 한다. 이 점에서 그는 디벨리우스보다 한층 더 나아갔다.[60]

복음서는 다양한 동기들(Motiven)에 의해, 그리고 헬라 기독교의 '그리스도 제의'(Christuskult)와 '그리스도 신화'(Christusmythos)에 의해 발전되어 왔다. 그것은 '독창적 기독교 창조물'(eine original christliche Schöpfung)이며, '커다란 교리사와 제의사'(eine Größe der Dogmen- und Kultusgeschichte)이다.[61]

⑤ 불트만은 '역사의 예수'(Jesus of history)와 '신앙의 그리스도'(Christ of faith)를 날카롭게 구분하였다. '부활절 사건'(Easter event)을 경험한 제자들은 이제 모든 것을 '믿음'의 관점에서 바라보게 되었다고 한다. 그래서 복음서 기록은 예수의 생애에 대한 역사적 자료들이 아니라 초대 기독교 신학의 자

---

56) Kümmel, *Das Neue Testament,* 431f.

57) Kümmel, *Das Neue Testament,* 433.

58) Kümmel, *Das Neue Testament,* 433.

59) Kümmel, *Das Neue Testament,* 428.

60) Guthrie, *New Testament Introduction,* 217.

61) Kümmel, *Das Neue Testament,* 433.

료들이 되었다고 한다.[62] 불트만과 그를 따르는 자들은 한결같이 부활절 이전의 역사에 대해 부정적 입장을 취하고 있다.[63] 이것은 불트만 이전의 역사적 예수에 대한 탐구의 결과에 대한 회의(scepticism)와 실망(disillusionment에서 비롯되었다. 그래서 그는 '신앙'을 역사적 연구로부터 해방하고자 하였다.[64]

⑥ 불트만은 신약 성경을 20세기 현대인에게 이해할 수 있게 만들기 위해 '비신화화'(非神話化, Entmythologisierung, demythologization)하고자 하였다.[65] 그에 의하면 신약 성경은 신화적 세계관으로 가득 차 있다. 이 세상은 3층 빌딩으로 되어 있는데, 가운데에 지구가 있고 위에는 천국이 있고 아래에는 지하세계가 있다. 천국은 하나님과 천상적 존재들, 천사들의 거처이고 지하세계는 고통의 장소인 지옥이다.[66] 이러한 신화적 세계관은 과학정신으로 무장된 20세기의 현대인들에게는 이해될 수 없으므로 전적으로 무의미하다.[67] 따라서 우리는 그 의미를 찾아야 하는데 불트만은 그것을 '케리그마'(Kerygma)라 불렀다. 이것은 '예수 그리스도 안에서 사람에게 주는 새 생명의 선포'를 의미한다.[68]

불트만은 그 답을 마르틴 하이데거(Martin Heidegger)의 '실존 철학'(existential philosophy)에서 찾았다. 우리는 우리 자신의 동의 없이 존재 가운데로 던져졌다. 우리는 할 수 있는 한 최선을 다해 살아야 한다. 우리 앞에는 두 가지 가능성이 있다. 단지 존재 속으로 가라앉는 것과 단호하고 반복된 '결

62) Guthrie, *New Testament Introduction*, 216.

63) Guthrie, *New Testament Introduction*, 216 n.2.

64) Guthrie, *New Testament Introduction*, 215.

65) Neill, *Interpretation*, 225.

66) Neill, *Interpretation*, 225.

67) Neill, *Interpretation*, 226.

68) Neill, *Interpretation*, 229.

단'(Entscheidung, decision)에 의해 '진정한 존재'(authentic existence)의 높이로 올라가는 것이다.[69] 여기에 불트만은 자신의 사상을 덧붙인다. 예수 그리스도 안에서 하나님은 도전과 약속으로 만나신다. 만일 사람이 하나님의 말씀을 듣고서 진정한 존재가 되기로 결단한다면, 그는 불안에서 해방되고 전혀 다른 차원의 존재로 올라갈 수 있다. 그러면 그에게 미래가 열린다.[70]

⑦ 불트만은 또한 '히스토리'(Historie)와 '게쉬히테'(Geschichte)를 구별하였다. '히스토리'는 단순히 일어난 일을 의미하고 '게쉬히테'는 의미 있는 역사적 사건을 의미한다. 일들은 항상 일어나지만 그 대부분은 별 의미 없다. 내게 도전하고 나로 하여금 실존의 순간을 찾도록 행동하게 하는 것만이 내게 역사이다.[71] 역사 속의 의미는 항상 현재에 있다. 그리고 그 현재가 신앙에 의해 종말론적인 현재가 될 때 역사 속의 의미는 실현된다.[72]

불트만은 예수 그리스도의 부활이 실제로 일어난 '역사'라고 믿지 않는다. 우리는 첫 제자들의 신앙 이전으로 거슬러 올라갈 수 없다고 한다. 그들은 예수께서 살아 계시다고 믿게 되었으며, 그래서 그들에게 그는 살아 계셨다. 그리고 우리에게도 그는 같은 방법으로 살아 계실 수 있다.[73]

이러한 불트만의 이론의 결과로 말미암아 진정한 자료로 남는 것은 거의 없게 되었다. 그는 예수님의 말씀 중 약 40개 정도만 참된 것으로 받아들였다. 그리고 예수님의 생애에 대해서는 그가 살고 죽었다는 '사실'(daß, thatness)

---

69) Neill, *Interpretation,* 229.

70) Neill, *Interpretation,* 232.

71) Neill, *Interpretation,* 232.

72) Neill, *Interpretation,* 233.

73) Neill, *Interpretation,* 233.

만 확실한 것으로 받아들였다.[74] 다른 모든 복음서 자료는 공동체의 창조이거나 변형이다. 이러한 결과는 신앙의 역사적 기반을 흔드는 것이 될 것이다.[75]

4) 양식 비평의 전제

스티븐 닐은 양식 비평가들이 거의 공리(公理, quasi-axioms)처럼 받아들이고 있는 전제(前提)들을 잘 검증해 보아야 한다고 하면서 그들의 중요한 전제 네 가지를 제시한다.[76]

① 초대 교회 그리스도인들과 처음에 전승을 기록에 옮긴 사람들은 '역사'(歷史, history)에 무관심했다고 한다. 물론 일어난 모든 일들을 세세하게 다 기록한 그런 역사는 아니지만, 복음서는 지어낸 이야기가 아니라 실제로 일어난 일들을 기록한 것이며 그런 의미에서 '역사'임이 분명하다[77].

② 양식 비평가들은 반복적으로 복음서들은 '전기'(傳記, biography)가 아니라고 주장한다. 이것도 '정의'(定義, definition)의 문제이다. 복음서는 실록(實錄)처럼 일어난 사건들과 말들을 세세하게 다 기록한 것이라는 의미에서의 '전기'는 아니지만, 실제로 살았던 어떤 사람(예수)의 살아 있는 생생한 인상을 간단히 기록하는 것이 목적이었다면 그것을 '전기'가 아닌 다른 것이라고 하기 어렵다. 플루타르크(Plutarch)의 영웅전을 생각해 보라. 그는 복음서 기자와 유사하게 영웅들의 이야기를 그의 목적을 따라 간단하게 기록해 준다.

---

74) Guthrie, *New Testament Introduction,* 220.

75) Guthrie, *New Testament Introduction,* 220f.

76) Neill, *Interpretation,* 257-62.

77) Neill, *Interpretation,* 259.

그렇지만 그는 전기 작가라고 말한다.[78)]

③ 양식 비평가들은 '각 전승 단편'(every single unit of the tradition)은 그 안에 전체 복음을 담을 수 있다고 믿고 있다. 물론 복음서 기록의 각 사건에서 우리가 진정한 예수를 만나는 것은 사실이지만, 예수를 바로 아는 것은 사복음서 전체의 축적된 증거들을 통해서이다.[79)]

④ 초대 기독교 공동체들은 '부활 전의 예수 역사'와 '승천 후의 예수 역사' 사이에 거의 구별을 하고 있지 않다고 말한다. 예수께서 육체로 지상에 계실 때에 말한 것들과 교사들과 선지자들을 통해 교회 안에서 성령으로 말한 것들 사이에 구별이 없다는 것이다. 그러나 이것은 신약 성경의 증거에 반(反)한다. 신약 성경에 그런 혼동은 없다.[80)]

도널드 거쓰리는 양식 비평가들이 만든 가정(假定) 여덟 가지를 지적하고 있다.[81)]

① 기록된 복음서 이전에 '구전'(口傳, oral tradition) 시기가 있었다.
② 이 기간 동안에 이야기들과 말씀들이 '분리된 자기충족적인 단편들'(separate self-contained units)로 회람되었다.
③ 복음서들은 '민속 문학'(folk literature)으로 여겨져야 한다.
④ 복음서 자료는 '문학 양식'(literary form)을 따라 분류될 수 있다.
⑤ 복음서들은 '공동체의 산물'(community productions)로 여겨져야 한다.
⑥ 이러한 양식들을 생산하고 보존한 주된 요인은 '삶의 정황'(Sitz im

78) Neill, *Interpretation,* 259-61.

79) Neill, *Interpretation,* 261f.

80) Neill, *Interpretation,* 262.

81) Guthrie, *New Testament Introduction,* 230.

Leben)으로 알려진 기독교 공동체의 실제적 관심에서 찾을 수 있다.

⑦ 전승들은 아무런 '연대기적 또는 지리적 가치'(chronological or geographical value)를 가지고 있지 않다.

⑧ 전승의 원래 형태는 '전승의 법칙들'(laws of tradition)을 연구함으로써 회복될 수 있다.

거쓰리에 의하면, 이러한 가정들 중에서 유효하다(valid)고 여겨질 수 있는 것은 거의 없다고 한다.[82)]

5) 양식 비평의 문제점

차정식 교수는 "양식 비평의 최대 장점은 문서화된 텍스트 이전의 구전 단계를 재구성함으로써 미시적인 분석과 해석을 가능케 했다는 데 있다."고 한다.[83)] 그러나 그 '재구성'이란 것이 과연 타당한 객관적 근거가 있는가 하는 것이 문제이다. 그것은 사실 양식 비평가가 현존하는 복음서의 본문들을 비교함으로써 자기의 주관적 신학적 입장을 따라 추측해 낸 것에 불과하다. 그러니 연구하는 각 사람에 따라 다른 결과가 나올 수밖에 없다. 그래서 흐레이다너스는 다음과 같이 말한다. "그것은 사실 양식사 비평가 각 개인의 주관적인 성향과 특별한 취향에 따라 결정되며 또 그렇게 될 수밖에 없다."[84)]

이종윤 박사는 그의 『신약 개론』에서 양식 비평의 오류 15 가지를 지적한다.[85)] 그리고 도널드 거쓰리는 그의 책에서 양식 비평에 대해 다음 네 가지로

---

82) Guthrie, *New Testament Introduction,* 230.

83) 김경희 외, 『신약성서 개론』, 87.

84) S. Greijdanus, *Schriftbeginselen ter Schriftverklaring* (Kampen: J. H. Kok, 1945), 221.

85) 이종윤, 『신약 개론』, 232-35.

비판하고 있다.[86] i) 목격자의 역할을 무시하고 있다. ii) 분리된 단편들을 가정하는 것은 문제가 많다. 복음서들은 많은 연속된 본문들을 가지고 있다. iii) 전승 자료들이 연대기적 또는 지리적 가치를 가지고 있지 않다고 보는 것은 잘못이다. iv) 전승의 법칙들을 고정해서 말하는 것은 잘못이다. 구전(口傳)이 항상 이런 법칙들을 따라야 한다고 가정할 수 없다. 예측할 수 없는 수많은 요소들이 있다. 더구나, 이 생각에는 성령의 지배하는 영향에 대한 고려가 전혀 없다.[87]

이상의 논의들을 토대로 양식 비평의 중요한 문제점 몇 가지를 필자는 다음과 같이 지적하고자 한다.

① 복음서 기자들은 '역사(歷史)'에 무관심하지 않았다. 양식 비평가들은 초기의 그리스도인들과 복음서 기자들이 역사에 무관심하였다고 전제한다. 그래서 그들은 역사적 사실성에 관계없이 그들의 삶의 정황에 맞추어서 그 전승 자료에 변경을 가했다고 본다. 즉 '역사적 진실성'이 없다고 본다.

그러나 기독교회의 신앙은 실제로 일어난 역사적 사실에 기초하고 있다. 역사적 사실성이 무너지면 신앙도 무너진다. 누가는 그의 복음서 서문에서 말하기를 "우리 중에 이루어진 사실에 대하여 처음부터 목격자와 말씀의 일꾼 된 자들이 전하여 준 그대로 내력을 저술하려고 붓을 든 사람이 많은지라. 그 모든 일을 근원부터 자세히 미루어 살핀 나도 ..."라고 말한다(눅 1:1-4). 누가는 가공의 소설을 창작해 낸 것이 아니라 '우리 중에 이루어진 사실'을 기록하였으며 "근원부터 자세히 미루어 살폈다"고 한다. 뿐만 아니라 사도 요한은 태

---

86) Guthrie, *New Testament Introduction,* 230-32.

87) Guthrie, *New Testament Introduction,* 232. 양식 비평에 대한 비판으로는 또한 Harrison, *Introduction,* 149-53을 보라.

초부터 있는 생명의 말씀(= 그리스도)에 관하여 "우리가 들은 바요 눈으로 본 바요 자세히 보고 우리의 손으로 만진 바라."고 말한다(요일 1:1). 이처럼 사도들은 '목격자' 됨을 강조하는데, 양식 비평가들이 이러한 목격자의 영향을 무시해 버린 것은 큰 잘못이다.[88] 그리고 베드로는 그들의 복음 전파가 "교묘히 만든 이야기를 따른 것이 아니요 우리는 그의 크신 위엄을 친히 본 자라." 고 한다(벧후 1:16). 여기서 '이야기'(μύθοι)는 신화(神話)를 가리킨다. 따라서 사도들이 전한 복음은 역사적 실체가 없는 신화가 아니라 역사에 뿌리를 둔 실제 사실임을 알 수 있다.

나아가서 히에라폴리스의 파피아스는 마가에 대해 말하기를, 그는 그가 기억한 모든 것을 순서대로는 아니지만 '정확하게'(ἀκριβῶς) 기록했다고 한다(Eusebius, *Hist. Eccl.* III,39,15). 그런데도 양식 비평가들은 '역사'(실제 일어난 사실)는 중요하지 않고 '케리그마'(선포된 내용)가 중요하다고 한다. 게르하르트 마이어는 2014년 3월 19일자로 보낸 그의 『성경 해석학』 한국어판 서문 편지에서 다음과 같이 말한다. "내가 전에 법학도로 있을 때 배운 바는, 먼저 사실 관계(Tatbestand)를 분명히 밝혀야 하며 그 후에야 매우 신중하게 판단을 내릴 수 있다는 것이었습니다. 신학에서 자유주의 신학자들은 그 반대로 가르쳤습니다. 즉, 사실은 중요하지 않고 오직 케리그마 곧 성경 저자가 선포하고 말하고자 했던 것만 중요하다는 것이었습니다."[89] 그러나 복음서 기자들이 '역사'에 무관심했다고 보는 양식 비평가들의 기본 전제는 틀린 것이다.

② 양식 비평가들은 공동체의 '삶의 정황'(Sitz im Leben)에 너무 큰 비중을 두고 있다. 그런데 그 '삶의 정황'이란 것이 예수님의 삶의 정황이 아니라 교회의 삶의 정황이라는 데 문제가 있다.[90] 즉, 초대 교회는 그 처한 당시의 상황

---

88) Guthrie, *New Testament Introduction,* 230.

89) 게르하르트 마이어, 『성경 해석학』 (서울: 영음사, 2014), 9 (필자 직역).

90) Neill, *Interpretation,* 247.

에 따라 전승의 내용에 영향을 미쳤다고 본다. 그렇다면 복음서의 내용은 예수님의 진정한 말씀과 행위를 담고 있는 것이 아니라 여러 지역에 흩어진 각 교회 공동체의 상황에 따라 내용이 수정 변경되었다는 것이 되고 만다. 양식 비평가들이 '신앙'과 '선교'를 강조하지만, 이것은 전승된 단편의 내용이 교회 공동체에 의해 변경되었다는 것을 말하기 위한 맥락에서 말해진 것이다. 그래서 그들은 '공동체 신학'(Gemeindetheologie)에 대해 말하기를 좋아한다. 즉, 그들은 복음서 기록을 예수의 삶에 대한 역사적 자료로 보지 않고 초기 기독교 신학의 자료로 본다.[91] 그래서 불트만은 '공동체'가 전승 자료의 대부분을 창조했다고 본다.[92]

그러나 예수 전승은 교회의 필요에 의해 교회에 의해 창조된 것이 아니라 본질적으로 예수에 대한 기억에 의해 존재한다.[93] 전승이 전달되는 환경인 '삶의 정황'은 자료 생성 또는 본문 내용의 장소가 아니다.[94]

③ 독립된 '단편들'의 존재를 가정하는 것도 문제이다. 복음서 자체가 많은 연결된 사건들을 증거하고 있다(cf. 막 1:21-39; 2:1-3:6).[95] 해리슨도 복음서가 모든 사건들을 관통하는 '공통의 개요'(common outline)를 가지고 있다고 말한다.[96] 만일 수난 기사가 연속된 형태로 존재했다면(오늘날 일반적으로 그렇게 받아들여지고 있다), 왜 다른 기사들은 그렇게 될 수 없었겠는가?[97]

---

91) Guthrie, *New Testament Introduction,* 216.

92) Guthrie, *New Testament Introduction,* 217.

93) Haacker, *Neutestamentliche Wissenschaft,* 57: "Die Jesusüberlieferung als solche und im ganzem ist nicht von der Kirche für ihre Bedürfnisse geschaffen, sondern besteht im wesentlichen aus Erinnerungen an Jesus."

94) Haacker, *Neutestamentliche Wissenschaft,* 57: "Der »Sitz im Leben«, in dem diese Überlieferung weitergegeben wurde, ist nicht der Orte der Entstehung des Stoffes oder Inhalts der Texte."

95) Guthrie, *New Testament Introduction,* 231.

96) Harrison, *Introduction,* 150.

97) Guthrie, *New Testament Introduction,* 231.

무엇보다도 고대의 기록들에 의하면, 복음서들은 마태, 마가, 누가, 요한이 각각 기록했다고 말한다. 그들은 '편집자'가 아니라 '저자'로서 각자의 목적을 따라 각자 자기의 방식대로 기록하였다.

④ 예수 그리스도의 사건과 복음서 기록 사이의 기간은 그렇게 많은 전승의 변화를 가져오기에 너무나 시간이 짧다. 맥긴리(McGinley)에 의하면,[98] 전설이나 민속 이야기가 형성되려면 적어도 그 이야기의 기본 자료가 될 수 있는 사건과 100년의 시간 거리는 가져야 전설적 이야기로 둔갑할 수 있다고 한다.[99] 그러나 예수 그리스도의 십자가 사건(주후 30년)과 최초의 복음서 기록(60년대 초) 사이의 기간은 30여년에 불과하다. 그토록 짧은 시간에 그렇게 많은 전승의 변화가 있었다고 말하는 것은 무리이다.[100]

더구나 이 기간 동안에 사도들이 생존해 있었다. 60년대 초에는 대부분의 사도들이 활동하고 있었으며, 사도 요한은 90년대 말까지 생존해 있었다. 따라서 잘못 전해진 이야기가 있었다면 언제든지 교정해 주었을 것이다. 따라서 잘못된 전승이 계속 그대로 이어진다는 것은 생각하기 어렵다.

뿐만 아니라 마태복음의 경우, 복음을 전파한 마태가 또한 그것을 기록했는데 어떻게 중간에 전승의 변화의 틈이 있었겠는가? 마가는 베드로에게서 직접 들은 것을 기록하였다. 누가가 복음서를 기록할 때에는 적어도 사도 요한이 살아 있었으며, 요한은 또한 직접 자신의 복음서를 기록하였다. 이처럼 복음을 전파한 사도들(마태와 요한)이 직접 복음서를 기록했는데, 어떻게 첫 복음 전파와 기록 사이에 그런 수정, 변경, 착색이 가능하겠는가? 이것은 사도들의 신실성을 의심하지 않고서는 불가능한 일이다.

---

98) McGinley, *Form Criticism of Synoptic Healing Narratives*, 23-24 (이종윤, 『신약 개론』, 233 n.105에서 재인용).

99) 이종윤, 『신약 개론』, 233.

100) 이종윤, 『신약 개론』, 233.

⑤ 전승에 있어서 차이가 나는 것 때문에 '비역사적'(unhistorical)이라고 여겨서는 안 된다. 왜냐하면 예수님은 자신의 가르침을 다른 기회에 다른 형태로 반복했을 수 있기 때문이다.[101] 그렇지 않고 한 번 말씀하신 가르침이라 할지라도 각 복음서 저자의 기록 목적과 스타일에 따라 조금씩 다르게 기록하거나 표현할 수 있다. 그렇지만 그 내용에 있어서는 성령의 인도와 섭리에 의해 완전한 조화를 이루고 있다고 보아야 한다.

⑥ 그리스도인들은 그들이 만들어낸 상상력의 산물을 위해 죽으려고 하지는 않았을 것이다.[102] 사도들은 사도 요한을 제외하고는 다 예수님과 그들이 전한 복음을 위해 기꺼이 순교하였다. 이것은 그들이 전한 복음이 사람이 지어낸 이야기나 신화가 아니라 실제로 일어난 사건이었음을 증거한다(벧후 1:16).

⑦ 양식 비평가들은 복음의 전승과 복음서 기록 과정에 역사하신 '성령의 역할'을 무시하고 있다.[103] 사실 이들은 성령의 역사에 대해서는 거의 무지(無知)한 거나 마찬가지다.[104] 그러나 예수님은 제자들에게 '다른 보혜사' 곧 '진리의 영'을 보내 주시겠다고 약속하셨으며(요 14:16-17), 그가 오시면 "그가 너희를 모든 진리 가운데로 인도하실 것"이라고 말씀하셨다(요 16:13). 약속대로 오순절 날에 성령이 오셨으며, 사도들을 진리 가운데로 인도하셔서 예수님의 말씀을 생각나게 하시고 복음을 올바르게 전하게 하셨다. 그런데 이들이 전파한 복음이 후세대에 계속 이어지도록 하기 위해 하나님은 그들로 하

---

101) Guthrie, *New Testament Introduction,* 233.

102) Guthrie, *New Testament Introduction,* 233.

103) Guthrie, *New Testament Introduction,* 232: "Moreover, the controlling influence of the Holy Spirit over the tradition finds no place in this conception."

104) 이와 관련하여 E. F. Harrison(*Jesus of Nazareth: Saviour and Lord,* 1966, p.163)은 불트만이 사실상 성령론을 가지고 있지 않은 것은 우연이 아니라고 지적한다(cf. Guthrie, *New Testament Introduction,* 232 n.3).

여금 성경을 기록하게 하셨다. 이 성경이 기록될 때에 하나님은 성령으로 감동하셔서 오류가 없이 올바르게 기록되도록 하셨다(딤후 3:16; 벧후 1:21; 요 21:24).

이상에서 우리는 양식 비평에 대해 살펴보았다. 전체적으로 양식 비평은 복음서 기록의 '역사적 진실성'을 부인하고 있다. 흐레이다너스도 그의 『성경해석학』 끝부분에서 양식 비평을 평가할 때 제일 먼저 지적한 것이 그들은 성경 역사서의 '역사적 신뢰성'(historische betrouwbaarheid)을 부인하고 있다는 것이었다.[105] 현재의 복음서 기록은 많은 단편적 전승들이 초대 교회 삶의 정황에 따라 변질되어 내려오다가 정착한 것이기 때문에 원래의 사실과는 다르다고 본다. 복음서는 원래 예수의 말씀과 사건을 기록한 것이 아니라 초대 교회의 관심에 따라 착색한 것으로 본다. 그렇게 되면 현재의 복음서는 원래의 예수의 말씀과 사건과는 다른 이질적인 것이 되고 만다. 이로써 복음의 진실성이 파괴되고 말며, 그렇게 되면 우리의 신앙도 흔들리게 된다. 신앙의 토대가 무너지는데 어떻게 신앙이 바로 설 수 있겠는가? 그래서 판 브루헌 박사는 "역사 없이 신앙은 없다"고 말했던 것이다.[106]

2. 편집 비평

양식 비평 연구에 한계를 느낀 학자들은 2차 세계대전 이후에 '편집 비평'(Redaction Criticism)이라는 새로운 방법을 추구하였다. 이것은 처음에 불트만의 제자들인 콘첼만(H. Conzelmann), 마륵센(W. Marxsen), 보른캄(G. Bornkamm) 등에 의해 시도되었기 때문에 자연히 양식 비평과 자료

105) Greijdanus, *Schriftbeginselen ter Schriftverklaring*, 217.

106) 1987년 한국 방문 특강 강의안(미출판)의 제목.

설의 전제 위에서 출발하였다. 그들은 마가우선설과 Q 자료설을 받아들이며 또한 단편들의 전승을 전제하고 있다. 하지만 편집 비평가들은 그 단편들이 어떤 과정을 통해 편집되었는가 하는 것보다도 기록된 성경을 '전체로서'(as wholes) 받아들이면서, 저자가 어떤 '의도'(intention)를 가지고 편집했는가를 살핀다. 따라서 이들은 복음서 기자를 단순한 편집자라기보다는 '신학자'(theologians)로 보며, 복음서를 '신학'(theology)으로 본다. 이들의 신학 형성에는 각 저자의 배후에 있는 교회 공동체의 '삶의 정황'(Sitz im Leben)이 많은 영향을 끼쳤다고 보면서 이 '삶의 정황'에서 각 복음서를 이해하려고 한다.[107)]

양식 비평이 각각의 '단편들'을 고립된 개별적인 것으로 연구하였다면, 편집 비평은 복음서를 '하나의 전체'(Gesamtkompositionen, as wholes)로 보고서 연구한다.[108)] 이것은 물론 그들이 복음서를 온전한 하나님의 말씀으로 받아들인다는 의미는 아니다. 그들은 여전히 복음서를 단편들의 조합으로 본다. 하지만 단지 그 단편들의 개별적인 전승 역사를 추구하는 데 노력을 기울이기보다도 그것들을 현재 편집되어 있는 본문 그대로 관찰하고 연구하려고 한다.[109)]

편집 비평은 마가우선설의 입장에서 마태와 누가는 마가를 이용했다고 본다. 그런데 그들이 마가를 어떤 '의도'(Intention)을 가지고 사용했는가, 그리고 "Q"를 어떤 관점을 가지고 사용(편집)했는가 하는 것을 연구한다.[110)]

---

107) Cf. Neill, *Interpretation,* 263-84; Guthrie, *New Testament Introduction,* 237-38.

108) Haacker, *Neutestamentliche Wissenschaft,* 64; Neill, *Interpretation,* 263-64; Guthrie, *New Testament Introduction,* 237.

109) Cf. W. S. Vorster, "'Formgeschichte' en 'Redaktionsgeschichte'", in: A. F. J. Klijn (red.), *Inleiding tot de studie van het Nieuwe Testament* (Kampen: J. H. Kok, 1982), 107.

110) Haacker, *Neutestamentliche Wissenschaft,* 64.

그래서 복음서 기자를 단순한 수집자가 아니라 '저자'(authors)와 '신학자'(theologians)로 본다.[111] 그래서 각 복음서 기자의 '신학'(theology)을 탐구한다.[112] 그래서 '마태신학', '마가신학', '누가신학'이란 말을 많이 사용하게 되었다.

이러한 '신학'의 형성에는 '삶의 정황'(Sitz im Leben)이 큰 영향을 끼쳤다고 보는 점에서는 양식 비평과 같다. 그러나 초점은 조금 다르다. 이와 관련하여 마르센(W. Marxen)은 '삶의 정황'을 세 가지로 나누었다.[113] 첫째는 예수 자신의 '삶의 정황'이다. 이것은 기록물과 실제 사건들 사이의 관계이다. 둘째는 초기 교회의 '삶의 정황'이다. 이것은 양식 비평가들이 말하는 '공동체 신학'과 관련된다. 셋째는 저자들의 '삶의 정황'인데 '복음서 기자들의 신학'(the theology of the evangelists)을 묘사하는 데 중요하다.[114] 양식 비평이 두 번째 '삶의 정황'에 초점을 두고 '공동체 신학'(Gemeindetheologie)을 강조하였다면, 편집 비평은 세 번째 '삶의 정황'에 초점을 두고 각 '복음서 기자들의 신학'을 찾아내려고 노력한다.

1) 콘첼만

한스 콘첼만(Hans Conzelmann, 1915-1989)은 1954년에 『시간의 중간』(*Die Mitte der Zeit*)이라는 책을 출판하였다.[115] 이 책에서 그는 누가복음 연구에 편집 비평 방법을 적용하였다. 그에 의하면 누가는 자기 자신의 '관

---

111) Neill, *Interpretation*, 263.

112) Guthrie, *New Testament Introduction*, 237; Haacker, *Neutestamentliche Wissenschaft*, 64.

113) Cf. Guthrie, *New Testament Introduction*, 237f.

114) Guthrie, *New Testament Introduction*, 237f.

115) 영역본은 1960년에 *The Theology of St. Luke* 라는 제목으로 출판되었다.

점'(point of view)을 가지고 예수의 전체 역사를 다시 썼다고 한다. 그래서 그의 책은 이 누가의 관점을 설명하는 데 바쳐졌다.[116]

콘첼만에 의하면, 초기 교회는 '재림 지연'(parousia delay)의 문제와 씨름하고 있었다고 한다. 초기 교회는 예수의 '승천'과 '재림' 사이의 기간은 매우 짧다고 생각하였다. 그런데 예수님은 오지 않았다. 그래서 초기 교회는 이런 실망의 관점에서 전체 신학을 새로 생각해야만 했다. 누가는 이 중요한 과업을 떠맡은 사람들 중의 한 사람이었다.[117]

콘첼만에 의하면, 누가의 설명은 이러하다. '마지막 때'(Endzeit)는 예수와 함께 오지 않았다. 대신에, 구원의 미래 시간이 예수의 삶 속에서 구속사(Heilsgeschichte)의 중간에 미리 묘사되었다. 복음은 하나님의 나라가 왔다는 것이 아니라 예수의 삶을 통해 오는 왕국에 대한 희망이 주어졌다는 것이다. 따라서 그 나라가 가깝다는 것은 2차적인 요소가 되었다.[118]

따라서 콘첼만에 의하면 누가의 설명은 원래 복음에 대한 '왜곡'(distortion)이며 거의 '배반'(betrayal)에 가깝다.[119] 이것은 누가 자신이 서문에서 말한 바 "그 모든 일을 근원부터 자세히 미루어 살핀 나도 ..."라는 것을 무시하는 것이며, 복음서의 사실성과 역사적 진실성을 부정하는 것이다. 그 외에도 콘첼만이 즐겨 쓴 '마지막 때'(Endzeit)가 정확하게 무엇을 의미하는지에 대한 개념의 모호성은 논의를 어렵게 한다.[120] 초기 교회에 실제로 세상이 속히 끝나고 더 이상 아무것도 일어나지 않을 것이라고 생각한 사람은 매우 적었을 것이다.[121] 유대인들과 예수님의 제자들 중에 그렇게 생각한 사람들이 처음

116) Neill, *Interpretation,* 264.

117) Neill, *Interpretation,* 265.

118) Neill, *Interpretation,* 265.

119) Neill, *Interpretation,* 265.

120) Neill, *Interpretation,* 265.

121) Neill, *Interpretation,* 265f.

에는 더러 있었지만 예수님은 그러한 생각을 바로잡아 주셨다(행 1:6-8). 예수님은 그가 다시 오시기 전에 복음이 온 세상에 전파되어야 한다는 것을 말씀하시고 복음 전파의 사명을 주셨다(눅 24:47; 행 1:8).

콘첼만은 시간(시대)을 세 단계로 나누어 생각하였다. 곧, 이스라엘의 시간(선지자들의 시기), 시간의 중간(지상에 계신 예수의 시기), 교회의 시간. 누가복음은 시간의 중간에 관계된다고 한다. 콘첼만에 의하면, 예수의 시기는 사탄의 활동에서 자유하다는 점에서 독특하다고 한다. 이 점에서 교회 시대와 구별된다고 한다.[122] 그는 자기의 주장을 뒷받침하기 위해 "마귀가 모든 시험을 다 한 후에 얼마 동안 떠나니라."(눅 4:13)는 말씀을 제시하면서, 마귀가 예수님의 수난 시기까지 떠났다고 본다. 그러나 이것은 헬라어 표현 '얼마 동안'(ἄχρι καιροῦ)을 잘못 이해한 것이며, 이것은 그야말로 '짧은 기간 동안'(for a short period)을 뜻하며 다른 무엇이 아니다.[123] 이런 것을 보면 비평 학자들이 종종 성경을 매우 피상적으로 이해하고 있다는 것을 알 수 있다.

2) 보른캄

귄터 보른캄(Günther Bornkamm, 1905-1990)은 1956년에 나사렛 예수(Jesus von Nazareth)라는 책을 출판하였는데,[124] 이 책에서 그는 편집 비평 방법을 마태복음 연구에 적용하였다. 이 책에서 그는 '경건한 해석'[125] 이전의 사실(순수한 원복음)로 돌아가고자 하였다. 그래서 현재 우리가 가지고 있는

122) Guthrie, *New Testament Introduction,* 239.

123) Neill, *Interpretation,* 265.

124) G. Bornkamm, *Jesus von Nazareth,* Stuttgart, 1956. 영역본 *Jesus of Nazareth*은 1960년에 출판되었다.

125) 여기서 '경건한 해석'은 초기 교회의 믿음으로 착색된 해석을 말한다. 따라서 이러한 해석은 원래 사실과는 거리가 있다고 본다.

복음서의 대부분을 제외하였다.[126] 전승에서 '믿음'이란 단어가 구원의 메시지를 가리키는 곳과 예수를 메시아로 가리키는 곳에서 또는 '믿음'이라는 단어가 아무런 부가적 내용 없이 이런 의미로 사용되었을 때에는 후대 교회와 그 선교적 용법과 관계된다고 확실히 말할 수 있다고 한다.[127] 즉, 후대 교회가 '믿음'으로 또는 '선교적 목적'으로 채색한 것으로 본다. 따라서 복음서의 대부분의 자료들은 원래의 순수한 복음이 아니라고 제외시켜 버린다.

그러나 그럼에도 불구하고 우리는 초기 교회와 그 해석을 넘어서서 '초기의 진정한, 그리고 위엄 있고 도전적인 나사렛 예수 자신의 모습'(the primary and authentic, the majestic and challenging figure of Jesus of Nazareth himself)으로 돌아갈 수 있다고 주장한다.[128]

3) 마륵센

빌리 마륵센(Willi Marxsen)은 1959년에 『전도자 마가』(*Der Evangelist Markus*)라는 책을 출판하였다.[129] 이 책에서 그는 처음으로 '편집사'(Redaktionsgeschichte)란 말을 사용하였다.[130] 그는 마가는 단순한 수집가가 아니라 자신의 신학적 관점을 가진 편집자로 보았다. 그는 물론 '저자'(Schriftsteller)라는 말을 사용하지만 따옴표를 붙여서 사용하며, 사실은 신

---

126) Neill, *Interpretation,* 278.

127) C. Bornkamm, *Jesus of Nazareth,* tr. by Irene and Fraser McLuckey with J. M. Robinson (Minneapolis: Fortress Press, 1995). 129; Neill, *Interpretation,* 278.

128) Neill, *Interpretation,* 278.

129) W. Marxsen, *Der Evangelist Markus. Studien zur Redaktionsgeschichte des Evangeliums,* 1956. 영역본은 1969년에 *Mark the Evangelist* 라는 제목으로 출판되었다.

130) Guthrie, *New Testament Introduction,* 238.

학적 입장을 가진 편집자이다.[131)]

마륵센은 마가복음 전체가 유대에 있는 교회에게, 갈릴리로 도망가서 재림(parousia)을 기다리라고 경고하기 위해 기록된 설교로 보았다.[132)] 거쓰리에 의하면, 마가복음이 유대인에게 주어졌다는 것도 이상하고 마가가 재림을 그렇게 임박한 것으로 보았다는 것도 받아들일 수 없지만,[133)] 마가복음 전체를 '한 편의 설교'(*one* sermon)[134)]로 보았다는 것은 양식 비평에 비해 진전된 것이라고 한다. 그러나 편집 비평에서 복음서를 '전체'로 본다는 것은 본문 그 자체를 그렇게 보는 것이 아니라 '편집된 본문'을 그렇게 본다는 의미이다.[135)] 그 본문은 '단편들'로 전승되어 오다가 마지막 순간에 편집자에 의해 '조합(편집)'된 것에 불과하다. 편집 비평은 그 편집자(복음서 기자)가 어떤 '의도', 어떤 '신학'을 가지고 편집했는가에 초점을 두는 것이다. 이 저자(편집자)의 '신학'에는 그 공동체가 처한 '삶의 정황'이 영향을 미쳤다고 본다.

4) 편집 비평의 예

미국의 로버트 건드리(Robert H. Gundry)는 마태복음을 편집 비평적 관점에서 해석한다. 곧, 마태는 혼합된 교회의 문제를 다룬다고 본다. 여러 민족으로부터 새로운 개종자들의 유입으로 말미암아 참 제자와 거짓 제자의 구별이

---

131) Vorster, "'Formgeschichte' en 'Redaktionsgeschichte'", 106f.

132) Guthrie, *New Testament Introduction,* 238.

133) Guthrie, *New Testament Introduction,* 238.

134) W. Marxsen, *Mark the Evangelist* (Nashville/New York: Abingdon Press, 1969), 204f.

135) Vorster, "'Formgeschichte' en 'Redaktionsgeschichte'", 107: "Hoewel de uiteindelijke tekst als 'geheel' in de RG aan de orde komt betreft dit toch niet de tekst als zodanig maar de redigeerde tekst."

중요하게 되었는데, 이것은 핍박을 통해 드러난다고 한다.[136] 예를 들어 마태복음 7:6의 "거룩한 것을 개에게 주지 말며 너희 진주를 돼지 앞에 던지지 말라. 그들이 그것을 발로 밟고 돌이켜 너희를 찢어 상하게 할까 염려하라."는 말씀에 대해, 이것은 사람들이 너무 쉽게 교회에 들어오는 것에 대한 경고로 주어진 말씀으로 본다. 여기서 '개들'이란 하나님의 백성들 가운데서 박해 시에 의로운 자들을 핍박하는 자들을 가리킨다. 마태가 혼합된 교회의 상황에서 거짓 제자들이 교회에 들어오는 것을 경계하기 위해 이런 말씀을 작성했다고 본다.[137] 이렇게 되면 이 구절은 예수님 자신의 말씀이 아니라 마태가 60년대에[138] 수리아 교회[139]의 상황에서 교회의 순수성을 보존하기 위해 기록한 말씀이 되고 만다. 건드리가 고려하는 '삶의 정황'은 예수님 당시 유대의 상황이 아니라 후대의 수리아 교회의 상황이다.

5) 편집 비평의 문제점

① 편집 비평은 양식 비평의 뿌리에서 나왔기 때문에 양식 비평의 문제점을 그대로 가지고 있다.[140] 콘첼만과 보른캄과 마륵센은 다 불트만의 제자로서 양식 비평의 토대 위에서 편집 비평 방법을 개척하였다. 따라서 편집 비평은 양식 비평이 전제하고 있는 자료설(마가우선설과 Q 자료설)의 문제점을 그

---

136) R. H. Gundry, *Matthew. A Commentary on His Handbook for a Mixed Church under Persecution,* 2nd ed. (Grand Rapids: Eerdmans, 1994), 5.

137) Gundry, *Matthew,* 122f.

138) Gundry는 마태복음의 기록 연대를, 누가복음에 마태복의 영향이 있다는 것을 근거로 하여, 누가-행전(63년경)보다 조금 이른 시기로 본다(*Matthew,* 608).

139) Gundry는 마태복음의 기록 장소를 수리아 안디옥으로 본다(*Matthew,* 609).

140) Guthrie, *New Testament Introduction,* 241.

대로 가지고 있다.[141] 최근의 연구들은 마가우선설의 타당성에 의문을 제기하고 있기 때문에, 이와 함께 편집 비평의 결과에 대해서도 의문이 제기될 수밖에 없다.[142]

② 편집 비평은 복음서 기자를 '신학자'(theologians)로 본다. 양식 비평이 수많은 고립된 단편들의 전승을 강조하기 때문에 저자에 대해서는 익명성으로 남아 있었지만, 편집 비평에서는 복음서 저자의 활동을 강조한다. 그런데 편집 비평에서는 그 저자가 '신학자'가 되고 만다.[143] 이종윤 박사는 다음과 같이 설명한다. "양식사 비평에서도 편집자라는 말을 쓰고 있지만 그것이 주어진 자료들을 기계적으로 모아다 붙인 정도의 역할을 의미했다면, 편집사학파에서는 저자의 역할이 그보다 훨씬 깊은 차원에서 이해된다. 즉 복음서 저자들은 자기대로의 신학적 관심과 목적을 가지고 자료를 선택 정리했을 뿐만 아니라 창의적인 작업까지 했다고 보는 것이다."[144]

그러나 복음서 기자를 과연 '신학자'라고 부를 수 있는가? 복음서 기자에게도 물론 다른 일반적인 책이나 서신의 경우와 마찬가지로 '기록 의도'와 '기록 목적'이 있다고 할 수 있지만, 그렇다고 그것을 '신학'이라고 부를 수는 없는 것이다. 그렇다면 아들이 아버지에게 생활비를 보내 달라고 보내는 편지나 젊은이들 사이의 연애편지도 '신학'이라고 불러야 할 것이다. 왜냐하면 이런 편지들도 '의도'를 가지고 있기 때문이다.

그러나 오늘날 어떤 문학 비평가들은 저자의 의도는 알 수 없거나 본문과 상관없다고 주장하면서, 각 복음서 기자가 신학적 전망을 가지고 있다고 보는

141) 이종윤, 『신약 개론』, 238.

142) Guthrie, *New Testament Introduction*, 241.

143) Guthrie, *New Testament Introduction*, 241f.

144) 이종윤, 『신약 개론』, 237f.

것은 소위 '의도의 오류'(intentional fallacy)라고 부른다.[145] 포스트모던 비평학은 우리가 저자의 의도나 목적을 알 수 있으며 그러한 지식은 본문 해석에 결정적으로 중요하다는 가정을 의문시한다.[146] 물론 저자의 의도를 완전히 부정하는 것은 옳지 않지만 편집 비평이 저자의 '의도'를 지나치게 강조하여 그 복음서 전체를 지배하는 '신학'으로 본 것은 지나친 것이다.

③ 편집 비평은 사소한 차이를 과대평가하는 위험을 가지고 있다. 편집 비평에서는 각 복음서에 나타나는 '특징'이나 '특색'을 '신학'이라 부른다. 그러나 이것은 지나친 것이다. 첫째로, 우리는 문학적 현상들을 저자의 사상으로 돌려서는 안 된다. 둘째로, 우리의 '신학' 개념을 저자의 사상에 적용할 수 있는지는 지극히 의문스럽다.[147] 복음서 사이에 '차이'가 있는 것은 대개 단순한 표현상의 차이이거나 관점의 차이, 강조점의 차이인 경우가 많다. 그래서 각 복음서에 '특징' 또는 '특색'이 있다는 것은 인정하지만 그것을 '신학'이라고 부르는 것은 지나친 것이다.

④ 편집 비평은 양식 비평에서와 마찬가지로 '삶의 정황'을 지나치게 강조한다. 양식 비평에서는 '교회 공동체'의 삶의 정황을 강조하는 반면 편집 비평에서는 '복음서 저자'의 삶의 정황을 강조하는 차이점은 있지만 둘 다 '예수님 자신'의 삶의 정황은 아니다. 그래서 편집 비평에서는 복음서의 말씀을 해석할 때 많은 경우에 1세기 말 또는 2세기의 교회 공동체의 삶의 정황에서 해석한다. 그러면 복음서의 말씀은 예수님 당시의 원래의 말씀이 아니라 후대 교회의 상황에 의해 수정, 각색, 변경된 말씀이 되고 만다.

⑤ 편집 비평에 의하면 하나님 말씀의 통일성이 약화 내지는 파괴되고 만

---

145) G. P. C. Streete, "Redaction Criticism," in: S. L. McKenzie and S. R. Haynes (eds.), *To Each its Own Meaning* (Louiville: Westminster John Knox Press, 1999), 116.

146) Streete, "Redaction Criticism," 117.

147) Haacker, *Neutestamentliche Wissenschaft,* 67.

다. 이들은 각 복음서에 따라 '마태신학', '마가신학', '누가신학' 등으로 구분함으로써 각 복음서의 독특성과 차별성이 강조되는 반면, 성경의 단일성, 통일성이 훼손되고 만다. 마태신학과 누가신학이 다르다면 우리는 누구의 신학을 따라야 한단 말인가?

⑥ 편집 비평은 양식 비평과 마찬가지로 '역사'를 약화시킨다. '역사(歷史)'는 중요하지 않다고 하면서 '신학(神學)'을 강조함으로써 복음서 기록의 역사적 진실성, 사실성을 훼손시킨다. 이것은 독일 신학 전반에 나타나는 현상이라고 할 수 있는데 독일 관념 철학의 영향이기도 하다.[148]

---

148) Neill, *Interpretation*, 279-82.

IV. 신약 각권

A. 사복음서

1. 마태복음

1) 저자

① 전통적 견해: 사도 마태(세리 레위)

마태복음의 저자는 예수의 열두 제자 중 하나였던 사도 마태이다. 헬라어 '맛타이오스'(Μαθθαῖος)는 히브리어 '맛타트야'(מַתִּתְיָה) 또는 헬라어 '맛다디아'(Μαθαθια)에서 왔는데(스 10:43; 느 8:4 등), 그 뜻은 '여호와의 선물'(the gift of Jehovah)이다.[1] 그는 레위라고도 불리는 세리(稅吏)였다(마 9:9; 막 2:14). 그는 갈릴리 호수 북쪽 항구 도시인 가버나움의 세관에 앉아서 세금을 거두던 사람이었다. 그는 세리장 삭개오처럼 거부(巨富)는 아니었으며, 아마도 다른 세리 밑에 고용되어서 일하는 말단 세리였을 것이다.[2] 그러던 어느 날 나사렛에서 오신 예수님의 부르심을 받고 그의 제자가 되었다(마 9:9-13; 막 2:14-17; 눅 5:27-32).

---

1) Gesenius, *Lexicon*, s.v.

2) 예수님 당시의 세리(稅吏, τελώνης)에 대해서는 Fritz Herrenbrück, "Wer waren die 〉Zöllner〈?", *ZNW* 72 (1981), 178-94; J. R. Donahue, "Tax Collectors and Sinners. An Attempt at Identification," *CBQ* 33 (1971), 39-61을 보라.

예수님의 부활, 승천 후에 마태는 (팔레스타인의) 히브리인들 가운데서 복음을 전하였다. 그러다가 그는 복음 전파를 위해 다른 지역으로 떠나가게 되었는데, 그때 그가 떠나고 나서 생기게 될 공백을 메우기 위해 복음서를 기록했다고 한다(Eusebius, *Hist. Eccl.* III,24,6).

학자들 중에는 '사도 마태'와 '세리 레위'가 다른 사람이라고 주장하는 사람들도 있다. 그 중에서 판 브루헌 교수는 그 이유로 다음 네 가지를 들고 있다.[3)]

1) 막 2:14에서 '알패오의 아들 레위'가 세관에 앉아 있다고 했는데, 막 3:16-19의 열두 제자 명단에는 이 이름이 나오지 않는다(그냥 '마태'로 나옴). 그러면 막 3:18의 '마태'에서 어느 누가 막 2:14의 '레위'를 생각하겠는가?

2) 뿐만 아니라 막 3:18에 보면 열두 제자의 명단 중에서 '알패오의 아들 야고보'에 대해 말한다. 이를 보면 이 야고보는 세관에 앉아 있던 레위(알패오의 아들 레위)의 형제인 것으로 생각된다. 마가가 이 관계를 말하기 때문에, 만일 마가가 알패오의 둘째 아들도 열두 제자에 속한다는 것을 말하지 않은 것은 이상하다.[4)]

3) 누가복음에 보면 '레위라고 하는 세리'라고 되어 있고(5:27), 조금 후의 사도들 명단에는 '마태'와 '알패오의 아들 야고보'에 대해 말한다(6:15). 그런데 '레위'와는 아무런 관련이 주어져 있지 않다.

4) 마태복음은 사도 마태를 '세리'라고 부르지만(10:3), 부름 받은 마태에 대해서는 단지 '세관에 앉았다'고만 말한다(9:9). 이런 미세한 차이는 두 사람이 다르다는 것을 시사한다.

그리하여 판 브루헌 교수의 결론은, 세리 레위는 알패오의 아들 야고보 사도의 형제이며 사도 마태와는 구별된다고 한다. 레위의 다른 이름은 마태이며, 세관에

---

3) Van Bruggen, *Christus op aarde,* 157f. (*Christ on Earth,* 181f.; 『지상의 그리스도』, 247f.)

4) 이 문장은 좀 모호한데, 아마도 그 뜻은 만일 세리 레위가 사도였다면 마가가 여기서 '알패오의 아들 야고보와 레위'로 표기하지 않은 것이 이상하다는 것이다.

앉아 있던 이 레위/마태는 사도 마태와 다르다고 한다.[5)]

그러나 필자의 견해는 다르다. 위 견해는 막 2:14의 알패오와 막 3:18의 알패오를 동일인물로 보는 데서 오는 것인데, 이것은 추측에 불가하다. 알패오란 이름은 많으며 동명이인(同名異人)일 수 있다. 우리는 전통적인 견해와 마찬가지로 레위와 마태는 동일인물이라고 본다. 그 이유는 다음과 같다.

1) 마 10:3에 보면, 예수님의 열두 제자 중 하나인 마태에 대해 '세리 마태'라고 기록하고 있다. 그런데 '세리 마태'와 '세관에 앉아 있는 마태/레위'가 다르다고 보는 것은 납득하기 어렵다. 눅 5:27에 보면, 레위라 하는 '세리'가 '세관에 앉은 것'을 보시고 "나를 따르라"고 하셨다. 그렇다면 세관에 앉았던 '세리 레위'가 곧 예수님의 제자로 부름받은 '사도 마태'임을 알 수 있다. "나를 따르라"고 하신 것은 제자(사도)로 부르신 것으로 보아야 한다. '사도 마태'와 '부름받은 마태/레위'를 구별하는 것은 지나친 것이다.

2) 막 2:14에 보면, 알패오의 아들 레위가 세관에 앉아 있는 것을 보시고 "나를 따르라"고 하셨다. 곧, 이 세리 레위를 예수님의 '제자(사도)'로 부르신 것을 알 수 있다. 따라서 '세리 레위'(알패오의 아들 레위)는 곧 '사도 마태'(마 9:9; 10:3)이다.

3) 알패오의 아들 레위(막 2:14)와 알패오의 아들 야고보(막 3:18)가 '형제'라고 보는 것은 추측에 불과하다. 알패오는 동명이인일 수 있다.

② 현대 신학자들의 견해

현대 신학자들은 대부분 '마가우선설'과 '자료설'을 취하기 때문에 마태복음의 저자 문제에 대해 전통적 견해와 다른 입장을 취한다. 이들은 마태복음이 다른 복음서(주로 마가복음 또는 원마가)와 문서들(예를 들어 Q, M)을 사용하여 편집한 것이라고 보기 때문에, 사도 마태에 의한 단일 저작으로 보는

---

5) Van Bruggen, *Christus op aarde*, 158.

것을 거부한다.

(1) 마태가 마태복음의 주요 자료인 Logia 자료(또는 다른 자료들)를 저작하였는데, 이로 인하여 현재 전체 마태복음의 저자로 불리게 되었다는 견해(Harrington, Meinertz, Schelke, Sparks, Wikenhauser, Gundry, Abel, Vaganay 등).[6)]

(2) 마태가 속해 있던 교회(마태가 복음 전파 활동을 했던 지역)가 예배 의식을 통해 형성한 산물로 보는 견해(Kilpatrick[7)]). 그렇게 되면 저자는 기존의 저작물들을 예배 시 사용을 위해 하나의 전체로 묶은 편집자이다.[8)]

(3) 마태의 제자들(a school of Matthew)에 의해 교사들과 교회 지도자들을 위해 형성된 것으로 보는 견해(Stendahl[9)]). 이 이론에 의하면, 저자는 교회 안에서의 가르침과 행정을 위한 매뉴얼로 이 책을 만들었다.[10)]

(4) 지방의 학교 교장(a provinvial schoolmaster)이 저작했다는 견해(Goulder[11)]).

③ 역사적 증거

그러나 고대의 교부들과 역사가들은 한결같이 사도 마태가 마태복음을 기록했다고 증거하고 있다. 앞에서 이미 살펴본 바와 같이,[12)] 2세초에 활동했던

---

6) Cf. Kümmel, *Einleitung,* 91 n.69. 또한 Michaelis, *Einleitung,* 31-34; Baarlink, *Inleiding,* 94f.

7) G. D. Kilpatrick, *The Origins of the Gospel according to St. Matthew,* 1946.

8) Guthrie, *New Testament Introduction,* 34f.

9) K. Stendahl, *The School of St. Matthew and its Use of the Old Testament* (Ramey, NJ: Sigler Press, 1990), 30-35.

10) Guthrie, *New Testament Introduction,* 35.

11) M. D. Goulder, *Midrash and Lection in Matthew,* Eugene: Wipf & Stock, 2004 (prev. publ. by SPCK, 1974). Cf. Guthrie, *New Testament Introduction,* 36.

12) 이 책의 II. 공관복음 문제 3. 1) ②를 보라.

파피아스(Papias of Hierapolis)는 마태복음에 대해 다음과 같이 말하고 있다.

> "... 한편 마태는 히브리 방언으로 그 행적들을 작성하였다. 그리고 이것을 각자 능력 있는 대로 번역하였다."[13)]

여기서 마태가 저술한 '행적들'(τὰ λόγια)은 문맥상 '주님에 의해 말해지거나 행해진 것들'을 가리킨다는 것은 이미 말하였다. 따라서 마태가 저술한 것은 무슨 '어록집'(L)이나 'Q 자료'가 아니라 마태복음서이다. 그리고 이 전승은 2세기 전반의 것으로 직접 사도들에게로까지 거슬러 올라가는 것이다.[14)]

이러한 사실은 2세기 중후반의 이레네우스도 증거하고 있다. 그는 그의 『이단 논박』(*Adv. Haer.* III,1,1)에서 다음과 같이 말한다.

> "그리하여 마태는, 베드로와 바울이 로마에서 복음을 전하고 교회를 세우고 있을 때에, 히브리인들 가운데 그들 자신의 방언으로 복음서를 기록하였다."[15)]

따라서 첫째 복음서의 저자는 마태이며, 또한 그가 저술한 것은 무슨 '어록집'이나 '교훈집'이 아니라 '복음서'임을 알 수 있다. 이 사실은 또한 터툴리안(*Adv. Marc.* IV,2)과 알렉산드리아의 클레멘트(in *Hist. Eccl.* VI,14,5)와 오리겐(in *Hist. Eccl.* VI,25,4-6)과 유세비우스 자신(*Hist. Eccl.* III,24,6)과 어거스틴(*De consensu evangelistarum* I,ii,4) 등에 의해 한결같이 증거되고 있다. 그

---

13) Eusebius, *Hist. Eccl.* III,39,16: "... Ματθαῖος μὲν οὖν Ἑβραΐδι διαλέκτῳ τὰ λόγια συνετάξατο, ἡρμήνευσεν δ' αὐτὰ ὡς ἦν δυνατὸς ἕκαστος."

14) Cf. Van Bruggen, *Christus op aarde,* 47f. (*Christ on Earth,* 56f.)

15) Irenaeus, *Adv. Haer.* III,1,1: "Οὕτως Ματθαῖος ἐν τοῖς Ἑβραίοις τῇ ἰδίᾳ αὐτῶν διαλέκτῳ καὶ γραφὴν ἐξήνεγκεν εὐαγγελίου, τοῦ Πέτρου καὶ τοῦ Παύλου ἐν Ῥώμῃ εὐαγγελιζομένων καὶ θεμελιούντων τὴν ἐκκλησίαν."

리고 고대의 모든 사본들의 표제가 마태를 저작자로 표기하고 있는 데서도 마태 저작은 의심 없이 받아들여지고 있었음을 알 수 있다.[16]

결론적으로 예수의 열두 제자 중의 하나인 사도 마태가 마태복음을 저작하였다는 전승(傳承)은 고대 교회에 있어서 한결같이 일치하며 오래된 것이다. 이 전승이 2세기 중반(130년경)까지 거슬러 올라간다는 사실은 중요하다. 이 시기는 만약에 잘못된 전승이 있었다면 바로 잡을 수 있는 증인들이 아직도 많이 살아 있을 때였다.[17] 그럼에도 불구하고 이러한 전승이 아무런 이의 없이 고대 교회에서 받아들여졌으며 계속 전승되어 갔다는 것은 이 전승이 '사실'(facts)에 기초한 것이었음을 반증해 주고 있다. 오늘날의 현대 신학자들이 자기들의 사변적 추론에서 이 전승을 쉽게 부인하지만, 사건의 현장에 가깝게 살았던 고대 교회의 성도들은 그러하지 않았음을 우리는 알 수 있다.

2) 기록 언어

파피아스의 증언에 의하면, 마태는 '히브리 방언으로'(Ἑβραΐδι διαλέκτῳ) 복음서를 저술하였다고 한다(Eusebius, *Hist. Eccl.* III,39,16). 여기서 '히브리 방언'이라 함은 당시 히브리인(유대인)들이 쓰던 언어를 말하는데 히브리어

16) Gundry, *Matthew,* 609; Van Bruggen, *Matteüs,* 11.

17) Van Bruggen, *Christus op aarde,* 48 (*Christ on Earth,* 57). 여기서 저자는 다음과 논증한다. "마태가 첫 복음서의 저자라는 사실에 대해 파피아스는 당연히 여기고 있다. 그가 이것을 분명히 말하는 것은 아니지만 그것을 전제하고 있다. 그는 이 점에 대해 또한 아무런 이의도 기대할 필요가 없었다. 이 사실은 이미 파피아스 이전에 마태가 이 복음서를 기록했다고 확신하고 있었다는 것을 의미한다. 이것은 이 전승이, 이 전승의 일치성과 고대성에 관한 한, 1세기 후반에까지 거슬러 올라간다는 것을 의미한다. 이 시기는 잘못된 전승을 자기 자신의 지식으로 반박할 수 있는 많은 사람들이 아직 살고 있던 때였다. 이 시기는 또한 그것을 스스로 알 수 있는 사람들이 살고 있던 때였다. 왜냐하면 그들은 마태와 다른 사도들을 알았기 때문이다."

일 수도 있고 아람어일 수도 있다. 당시의 일상 언어는 아람어였기 때문에 아람어일 가능성이 커 보인다. 어쨌든 그 차이는 크지 않으며 유대인들이 쓰던 아람어도 히브리어(히브리인들의 언어)로 불렸다.[18)]

2세기 후반의 판타이누스(Pantaenus)는 인도에 가서 인도의 그리스도인들에게서 바돌로매가 남겨둔 히브리어본 마태복음을 한 권 발견했다고 한다(Eusebius, *Hist. Eccl.* V,10,2-3).[19)] 그리고 제롬(Hieronymus)은, 팜필루스(Pamphilus)가 설립한 가이사랴의 도서관에 이 히브리어본이 한 권 보관되어 있다고 한다. 자기 자신은 수리아의 베리아(Veria)에서 이 책을 사용하고 있는 나사렛 종파들에게서 그 책을 필사할 수 있었다고 말한다(*De vir. illust.* 3).[20)] 따라서 마태가 처음에 '히브리어'(아람어)로 복음서를 기록한 것이 분명해 보인다. 이것은 또한 그가 히브리인들에게 복음을 전하다가 떠날 때에 그들을 위해 복음서를 기록해 주었다(*Hist. Eccl.* III,24,6)는 사실을 생각할 때 더욱 그럴 듯하다. 한국 사람이 한국에서 한국 사람들을 위해 책을 저술한다면 한국어로 저술하는 것이 당연한 것과 마찬가지이다.

그런데 그것을 사람들이 "각자 능력대로 번역하였다"고 한다. 이것은 그만큼 복음서에 대한 수요가 많았다는 것을 시사한다. 특히 디아스포라에 있는 유대인 2세들을 위해 헬라어 번역본이 필요했을 것이다. 뿐만 아니라 수많은 이방인들을 위해서도 헬라어 번역본이 필요했을 것이다. 이 사실은 또한 마태복음 이전에는 그러한 복음서가 아직 없었다는 것을 암시하기도 한다.[21)]

---

18) Gundry는 파피아스가 말한 '히브리 방언'을 '예수의 메시아 됨을 제시하는 히브리 방식'(a Hebrew way of presenting Jesus' messiahship)을 의미한다고 본다(*Matthew,* 619f.). 그러나 파피아스의 이 표현을 그렇게 해석할 수 있는지는 매우 의문스럽다(cf. Guthrie, *New Testament Introduction,* 46; Van Bruggen, *Christus op aarde,* 49).

19) Cf. Greijdanus, *Bizondere Canoniek,* I, 66.

20) Cf. Greijdanus, *Bizondere Canoniek,* I, 69.

21) Van Bruggen, *Christus op aarde,* 48.

오늘날에는 히브리어 마태복음은 사라지고 헬라어 마태복음만 남아 있다. 왜 히브리어 마태복음이 사라졌을까? 이것은 당시의 유대 기독교 종파들(케린투스 추종자들, 에비온파 사람들, 나사렛파 사람들 등)이 '히브리 복음서'를 사용했다는 사실과 관련이 있을 것이다.[22] 이 '히브리 복음서'는 마태가 쓴 '히브리어 마태복음'과는 다른 것이지만 많은 사람들에 의해 동일시되었으며, 이것이 원래의 '히브리어 마태복음'을 축출하였을 것이다.[23] 그래서 오늘날에는 오직 헬라어본 마태복음만 보존되어 있다. 이것은 거의 원래의 히브리어본만큼이나 오래되었다.[24]

> 그렇다면 성경의 영감과 관련하여 문제가 생길 수 있지 않을까? 이에 대해 우리는 그렇게 걱정할 필요가 없다고 본다. 하나님은 히브리어본이 헬라어로 번역될 때 성령으로 특별히 감동하시고 간섭하셔서 오류가 없도록 하시고 적절한 어휘와 문장을 사용하도록 섭리하셨다고 우리는 믿을 수 있다. 하나님은 이 헬라어본을 정경으로 택하시기로 정하시고 그렇게 모든 것을 인도하시고 섭리하셨다고 볼 수 있다. 따라서 히브리 원본이 없어지게 된 것도 하나님의 섭리 가운데 일어난 것이라고 볼 수 있지 않을까?
>
> 우리는 하나님께서 성경이 기록되기 이전에 하나님의 작정 가운데 '완성된 정경'의 형태를 계획하고 계셨다고 생각할 수 있다.[25] 성경의 통일성은 우연히 된

22) 이들 유대인 기독교 종파들은 그 당시 영지주의의 영향을 받아 상당히 금욕적이고 이원론적 경향을 띠었다. 그리하여 그들이 사용하던 『에비온복음』에 보면 금욕주의적 경향이 강하게 나타난다(예를 들어 세례 요한은 메뚜기를 먹은 것이 아니라 기름에 튀긴 과자를 먹었다고 한 것이나, 예수님은 유월절 고기를 먹고 싶다고 한 적이 없다고 한 것 등).

23) Van Bruggen, *Christus op aarde,* 49 (*Christ on Earth,* 58f.).

24) Van Bruggen, *Christus op aarde,* 49.

25) 이런 점에서 아브라함 카이퍼는 성경은 '예정되었다'(gepraedestineerd)고 한다. "성경은 그것이 땅에 오기 전에 하나님의 작정 안에 존재하였다." Cf. A. Kuyper, *Dictaten Dogmatiek,* II, 2e dr. (Kampen: J. H. Kok, z. j.), Locus de Sacra Scriptura, Deel

것이 아니라 하나님의 계획을 따라 된 것이다. 그렇다면 그 계획은 성경이 쓰여지기 전에 된 것이고, 하나님은 그 계획을 따라 성경이 기록되게 하시고 정경으로 모이게 하셨을 것이다. 이것을 아브라함 카이퍼는 '기록 영감'(graphische inspiratie) 또는 '성경 기록 영감'(bibliographische inspiratie) 또는 '성경 영감'(bijbelsche inspiratie)이라고 부른다.[26]

3) 기록 시기

마태복음의 기록 시기와 관련하여 이레네우스는 "베드로와 바울이 로마에서 복음을 전하고 교회를 세우고 있을 때에" 기록하였다고 한다(*Adv. Haer.* III,1,1). 따라서 늦어도 65년 이전에 기록되었을 것이다.[27] 유세비우스는 "마태는 처음에 히브리인들에게 복음을 전하였는데, 그가 다른 사람들에게로 가려고 했을 때에 그의 떠남으로 인해 생길 공백을 메우기 위해 그는 남아 있는 사람들을 위해 조상의 언어로 그의 이름을 따른 복음서를 기록하였다."고 한다.[28]

II, Cap. III §3 (p.92).

26) Kuyper, *Dictaten Dogmatiek,* II, Locus de Sacra Scriptura, Deel II, Cap. III §13 (pp.127-44).

27) B. Reicke는 바울과 베드로가 65년경에 네로 황제(54-68년)의 핍박 때 로마에서 순교한 것으로 추정한다. B. Reicke, *Neutestamentliche Zeitgeschichte,* 3. Aufl. (Berlin: W. de Gruyter, 1982), 222 참조. 한편 Theodor Zahn은 베드로는 64년 늦여름 또는 가을에, 바울은 66년 말 또는 67년 초에 순교한 것으로 본다(*Einleitung*[3], II, 18; I, 447).

28) Eusebius, *Hist. Eccl.* III,24,6: "Ματθαῖός τε γὰρ πρότερον Ἑβραίοις κηρύξας, ὡς ἤμελλεν καὶ ἐφ' ἑτέρους ἰέναι, πατρίῳ γλώττῃ γραφῇ παραδοὺς τὸ κατ' αὐτὸν εὐαγγέλιον, τὸ λεῖπον τῇ αὐτοῦ παρουσίᾳ τούτοις ἀφ' ὧν ἐστέλλετο, διὰ τῆς γραφῆς ἀπεπλήρου."

> 그러면 마태가 언제 팔레스타인을 떠났을까? 흐레이다너스는 60년대 초로 보는데, 그 이유는 다음과 같다. 사도행전 15장의 예루살렘 총회 때(48년경)에는 사도들이 모두 예루살렘에 있었다. 바울이 몇 년 후에 예루살렘을 다시 방문했을 때에는 주의 동생 야고보가 지도자로 있었다. 이때가 흐레이다너스에 의하면 대략 56-57년 전후였다고 한다.[29] 몇 년쯤 후에 야고보는 유대인들에 의해 죽임을 당한다. 대략 이 무렵에 마태가 팔레스타인을 떠났을 것으로 본다. 이때는 유대인들의 민족 감정이 크게 일어날 때였다. 따라서 이것이 사도들로 하여금 팔레스타인을 떠나도록 만들었을 것이다.[30]
>
> 요세푸스(Josephus)는 주의 동생 야고보가 62년에 총독 베스도(Festus)가 죽고 아직 알비누스(Albinus)가 부임하기 전에, 안나스(Annas)가 대제사장에 취임한 직후에 산헤드린에 소환되어 돌아 맞아 순교하였다고 한다(*Jew. Ant.* XX,200).[31] 그렇다면 마태가 팔레스타인을 떠난 것도 이 무렵이었을 것이다. 그렇다면 우리는 마태복음이 기록된 시기를 대략 62/63년경으로 볼 수 있다.

그리고 사람들이 이 복음서를 "각자 능력 있는 대로 번역하였다"(*Hist. Eccl.* III,39,16)는 사실도 예수의 생애와 말씀을 기록한 복음서에 대한 수요가 많았음을 보여 준다. 이것은 마태복음 이전에 다른 복음서가 없었음을 시사한다.[32] 고대의 전승에 의하면 사복음서 중에서 마태복음이 제일 먼저 기록되었다고 한다(알렉산드리아의 클레멘트, 오리겐, 어거스틴 등).[33]

---

29) 사도 바울이 3차 선교여행을 끝내고 예루살렘에 도착한 연도에 대해 학자들은 대개 58년경으로 본다.

30) Greijdanus, *Bizondere Canoniek,* I, 82.

31) Cf. M. Smallwood, *The Jews under Roman Rule* (Leiden: E. J. Brill, 1981), 279f. n.82; 또한 Reicke, *Neutestamentlishce Zeitgeschichte,* 244.

32) Van Bruggen, *Christus op aarde,* 48.

33) Th. Zahn은 61-66년경에 기록되었다고 본다(*Einleitung*[3], II, 269).

그러나 현대 비평학자들 상당수는 마태복음의 기록 연대를 70년 이후로 본다. 그 이유는 예루살렘 멸망이 예언되어 있기 때문이라고 한다. 즉, 마태복음 저자는 예루살렘 멸망을 지켜보고 나서 기록해 넣었다고 본다(소위 事後豫言, *vaticinia ex eventu*). 그들이 이렇게 보는 이유는 예루살렘 멸망이 정확하게 예언되어 있기 때문이라고 한다. 특히 마 22:7의 말씀 - "임금이 노하여 군대를 보내어 그 살인한 자들을 진멸하고 그 동네를 불사르고" - 은 예루살렘 멸망 후의 기록임을 나타내는 결정적 구절이라고 한다.[34)]

그러나 이것은 예수께서 비유 중에 하신 일반적인 말씀이다. 혹 예수께서 예루살렘 멸망을 염두에 두고 말씀하셨다고 할지라도 그것을 예언적으로 말씀하시지 못할 이유가 없다. 비평학자들은 이 부분의 말씀을 예수께서 직접 하셨다는 것을 부정할 뿐만 아니라(후대의 첨가로 봄) 예수님의 예언 능력을 부정하고 있다.[35)] 고데(F. Godet)는 오히려 마 24:15-16의 말씀("... 산으로 도망할지어다")에 기초하여 마태복음은 60-66년 사이에 기록되었다고 본다.[36)]

4) 기록 목적

마태복음은 무엇보다도 '유대 민족에게 속한 그리스도인들' 또는 '유대교를 잘 알고 있는 그리스도인들'을 위한 복음이다.[37)] 유세비우스는 마태가 히브리인들에게 복음을 전하다가 다른 지역으로 가게 되었을 때에 남아 있는 사

---

34) Feine-Behm, *Einleitung*[8], 52; Kümmel, *Einleitung*, 90; Barth, *Einleitung*, 215; A. Jülicher, *Einleitung in das Neue Testament*, 5. und 6. Aufl. (Tübingen: J. C. B. Mohr, 1913), 264 등.

35) Cf. Greijdanus, *Bizondere Canoniek*, I, 82.

36) F. Godet, *Introduction to the New Testament. The Collection of the Four Gospels and the Gospel of St. Matthew*, tr. by W. Affleck (Eugene: Wipf & Stock Publishers, 2004), 208f.

37) Van Bruggen, *Matteüs*, 12.

람들을 위해 복음서를 기록해서 주었다고 말한다(*Hist. Eccl.* III,24,6). 히에라폴리스의 파피아스는 마태는 '히브리어로' 주님의 행적을 작성하였다고 한다(*Hist. Eccl.* III,39,16). 히브리어로 작성한 이유는 이것은 히브리인들에게 주어진 복음서이기 때문이다. 또한 결례, 고르반, 예비일 등과 같은 유대의 관습들이 마태복음에서는 (마가복음과는 다르게) 설명되지 않고 있다. 뿐만 아니라 이방인들에게는 의미가 없지만 유대인들에게는 의미 있는 구절이 마태복음에는 포함되어 있다. 예를 들어 "음행의 일 외에"(5:32; 19:9)라는 문구는 특정한 간음의 경우에 이혼증서를 써서 내보내는 유대인들의 관습을 잘 알고 있는 독자층에게만 의미 있는 것이라고 한다.[38] 그 외에도 구약 인용이 많은 것과 구약의 예언이 나사렛 예수에게서 성취되었다는 것을 말하는 것들은 유대인들을 수신자로 하고 있다는 것을 보여 준다.

그래서 판 브루헌 교수는 그의 마태복음 주석의 부제(副題)를 '이스라엘을 위한 복음'(Het evangelie voor Israël)으로 붙이고 있다. 이것은 물론 1차적으로는 맞는 말이지만, 마태복음은 또한 오늘날 우리를 위한 복음이기도 하다. 1차 수신자는 당시의 유대인들이었지만, 2차 수신자는 그 후의 모든 독자들이다. 마태복음은 마태를 통해 당시 유대인들을 위해 기록되었지만 또한 오늘날 우리를 위한 하나님의 말씀이다.

5) 마태복음의 특징

① 마태복음은 구약의 예언이 나사렛 예수에게서 성취되었다는 것을 강조한다.[39] 이것은 마태가 '유대인들'에게 복음을 전했기 때문에 나사렛 예수가 그들이 기다리던 메시아임을 증거한 것이다.

---

38) Van Bruggen, *Matteüs,* 12.

39) Greijdanus, *Bizondere Canoniek,* I, 96.

1:22-23 "이 모든 일이 된 것은 주께서 선지자로 하신 말씀을 이루려 하심이니 이르시되 보라 처녀가 잉태하여 아들을 낳을 것이요 그의 이름은 임마누엘이라 하리라 하셨으니 ..."

2:5-6 "이르되 유대 베들레헴이오니 이는 선지자로 이렇게 기록된 바 또 유대 땅 베들레헴아, 너는 유대 고을 중에서 가장 작지 아니하도다. 네게서 한 다스리는 자가 나와서 내 백성 이스라엘의 목자가 되리라 하였음이니이다."

2:15 "헤롯이 죽기까지 거기 있었으니 이는 주께서 선지자를 통하여 말씀하신 바 애굽으로부터 내 아들을 불렀다 함을 이루려 하심이라."

2:17-18 "이에 선지자 예레미야를 통하여 말씀하신 바 라마에서 슬퍼하며 크게 통곡하는 소리가 들리니 라헬이 그 자식을 위하여 애곡하는 것이라. 그가 그 자식이 없으므로 위로받기를 거절하였도다 함이 이루어졌느니라."

2:23 "나사렛이란 동네에 가서 사니 이는 선지자로 하신 말씀에 나사렛 사람이라 칭하리라 하심을 이루려 하심이러라."

3:3 "그는 선지자 이사야를 통하여 말씀하신 자라 일렀으되, 광야에 외치는 자의 소리가 있어 이르되 너희는 주의 길을 준비하라. 그가 오실 길을 곧게 하라하였느니라."

그 외에도 4:14-16; 8:17; 12:17-21; 13:34-35; 21:4-5; 21:42 등이 있다.

② 마태복음은 예수님의 말씀들과 활동들을 체계적으로 모으고 정리하였다. 마태복음에는 "예수께서 이 말씀을 마치셨다"(καὶ ἐγένετο ὅτε ἐτέλεσεν ὁ Ἰησοῦς τοὺς λόγους τούτους) 또는 그와 비슷한 표현들이 다섯 번 나타난다(7:28; 11:1; 13:53; 19:1; 26:1). 이것은 마태가 그의 복음서 내용을 어떤 특

정한 방식으로 나누고 정렬했다는 것을 가리킨다.[40] 이런 맥락에서 파피아스도 마태는 그의 복음서를 '작성했다'고 말한다. 마가에 대해서는 '기록하였다'(ἔγραψεν)고 말하지만, 마태에 대해서는 '작성하였다'(συνέταξεν)고 말한다(*Hist. Eccl.* III,39,15-16). 이것은 어떤 주제를 따른 체계적인 저술을 의미한다.[41]

마태는 예수님의 교훈(말씀)과 이적(행함)을 번갈아 가면서 기록하는데, 1-2장의 탄생 기사와 26-28장의 수난과 부활 기사 사이의 부분은 다음과 같이 다섯 부분으로 나눌 수 있다.[42]

〈행함, 이적〉	〈교훈, 말씀〉
3장, 4장	5-7장: 산상설교
8장, 9장	10장: 파송설교
11장, 12장	13장: 비유
14-17장	18장: 겸손과 용서에 대한 교훈
19-22장	23-26장: 종말에 대한 교훈

물론 이러한 분류는 정확한 것은 아니고 대략적인 것이다. 왜냐하면 예수의 말씀 부분에도 행함 부분이 있고 행함, 이적 부분에도 말씀 또는 교훈이 있기 때문이다.[43]

③ 마태는 또한 3개씩 그룹을 지어 정리하기를 좋아했다. 예수님의 족보도

---

40) Greijdanus, *Bizondere Canoniek,* I, 94.

41) Cf. Van Bruggen, *Matteüs,* 18; *Christus op aarde,* 47.

42) Greijdanus, *Bizondere Canoniek,* I, 94.

43) Greijdanus, *Bizondere Canoniek,* I, 94f.

세 부분으로 나뉘어져 있고(1:2-17), 예수님의 유아 시절 사건도 세 부분으로 되어 있으며(2장), 공사역 이전의 사건들도 세 개이고(3:1-4:11), 사탄의 시험도 세 부분으로 되어 있고(4:1-11), 치유 이적도 세 개로 되어 있고(8:1-18), 또 다른 이적 세 가지가 나오고(8:23-9:8), 또 다시 병 고친 사건이 세 개 나온다(9:18-34). 그 외에도 예수님의 말씀이나 교훈을 셋으로 분류한 것이 많다(6:1-18; 6:19-7:6; 7:7-20; 10:26, 28, 31; 13:1-30).[44)]

④ 7이라는 숫자도 제법 나온다. 화 선언(23:13, 15, 16, 23, 25, 27, 29)과 일곱 형제(22:25) 등.[45)]

6) 내용 분해[46)]

① 1-2장　예수님의 탄생과 유년 시절
② 3-4장　사역 준비와 사역의 시작
③ 5-7장　산상설교
④ 8-9장　갈릴리에서의 사역
⑤ 10-11장　제자도에 대한 가르침, 세례 요한에 대한 말씀 등
⑥ 12장　바리새인들과의 충돌
⑦ 13장　천국 비유
⑧ 14-20장　갈릴리와 여러 지역에서의 사역
⑨ 21-23장　예루살렘에서의 사역

---

44) Greijdanus, *Bizondere Canoniek,* I, 95.

45) Greijdanus, *Bizondere Canoniek,* I, 96.

46) 아래 내용은 필자가 각 장의 내용을 중심으로 대략적으로 나눈 것이다. 자세한 내용 분해는 Guthrie, *New Testament Introduction,* 57-60; Greijdanus, *Bizondere Canoniek,* I, 91-94를 참조하라.

⑩ 24-25장 종말에 대한 가르침

⑪ 26-27장 수난과 죽음

⑫ 28장 부활

7) 참고 문헌

박윤선, 『성경주석 공관복음』, 서울: 영음사, 1981(18판).

이상근, 『신약성서 주해 마태복음』, 대한예수교장로회 총회교육부, 1980(10판).

목회와신학 편집부 엮음, 『마태복음 어떻게 설교할 것인가』(두란노 HOW 주석), 개정판, 서울: 두란노아카데미, 2009.

황원하, 『마태복음』(대한예수교장로회 고신총회 설립 60주년 기념 성경주석), 서울: 대한예수교장로회 총회출판국, 2014.

변종길, "마태복음의 제자도. 예수님을 뒤따라가는 제자의 삶", 『그말씀』 140 (2001. 2), 76-85.

변종길, "파송 받은 전도자의 자세. 마태복음 10장의 주해와 적용", 『그말씀』 141 (2001. 3), 66-77.

변종길, "세례 요한의 죽음과 예수님의 사역. 마태복음 14-15장의 주해와 적용", 『그말씀』 142 (2001. 4), 10-21.

변종길, "예수님의 족보에 등장한 여인들", 『그말씀』 299 (2014. 5), 79-94.

변종길, "예루살렘 성도들의 부활", 『선지동산』 60호 (2011. 9), 신약 난제 해설 (2), 8-9.

D. Guthrie, *New Testament Introduction,* 4th ed., Downers Grove: InterVarsity Press, 1990.

W. G. Kümmel, *Einleitung in das Neue Testament,* 21. Aufl., Heidelberg: Quelle & Meyer, 1983.

S. Greijdanus, *Bizondere Canoniek,* I, Kampen: J. H. Kok, 1947.

Th. Zahn, *Einleitung in das Neue Testament,* 3. Aufl. Leipzig: Deichert, 1906/1907 (Nachdruck: Wuppertal/Zürich: Brockhaus, 1994).

P. Feine-J. Behm, *Einleitung in das Neue Testament,* 8. Aufl., Leipzig: Quelle & Meyer, 1936.

J. van Bruggen, *Christus op aarde. Zijn levensbeschrijving door leerlingen en tijdgenoten,* Kampen: J. H. Kok, 1987.

(영역) *Christ on Earth. The Gospel Narratives as History,* tr. by N. Forest-Flier, Grand Rapids: Baker Books, 1998.

(한글역) 야콥 판 브럭헌, 『지상의 그리스도. 역사로서의 복음서 이야기』, 박호석 역, 서울: 익투스, 2011.

W. Hendriksen, *The Gospel of Matthew (NTC),* Edinburgh: Banner of Truth, 1974.

L. Morris, *The Gospel according to Matthew (PNTC),* Grand Rapids: 1992.

R. T. France, *The Gospel of Matthew (NICNT),* Grand Rapids: Eerdmans, 2007.

D. A. Hagner, *Matthew 1-13 (WBC),* Dallas: Word Books, 1993.

D. A. Hagner, *Matthew 14-28 (WBC),* Dallas: Word Books, 1995.

J. Nolland, *The Gospel of Matthew (NIGTC),* Grand Rapids: Eerdmans, 2005.

D. L. Turner, *Matthew (BECNT),* Grand Rapids: Baker Academic, 2008.

G. R. Osborne, *Matthew (ZECNT),* Grand Rapids: Zondervan, 2010.

R. H. Gundry, *Matthew. A Commentary on His Handbook for a Mixed Church under Persecution,* 2nd ed., Grand Rapids: Eerdmans, 1994.

W. D. Davies and D. C. Allison, *The Gospel according to Saint Matthew (ICC),* 3 Vols., London/New York: T. & T. Clark, Vol. I: 1988; Vol. II: 1991; Vol. III: 1997.

C. L. Blomberg, *Matthew (NAC),* Nashville: B & H Publishing Group, 1992.

C. A. Evans, *Matthew,* Cambridge: Cambridge University Press, 2012.

F. W. Grosheide, *Het heilig evangelie volgens Mattheus (KNT),* Amsterdam: H. A. van Bottenburg, 1922.

F. W. Grosheide, *Het heilig evangelie volgens Mattheus (CNT),* Kampen: J. H. Kok, 1934.

J. van Bruggen, *Matteüs. Het evangelie voor Israël (CNT-3),* Kampen: J. H. Kok, 1990.

J. Keulers, *Het evangelie volgens Mattheüs (De boeken van het Nieuwe Testament),* Roermond en Maaseik: J. J. Romen & Zonen, 1950.

2. 마가복음

1) 저자

파피아스의 증언에 의하면, 마가복음은 베드로의 '추종자'(ἑρμηνευτής)[47] 로서 베드로를 따라다녔던 마가가 기록한 것이라고 한다(Eusebius, *Hist. Eccl.* III,39,15). 그는 "마가가 그 일어난 순서대로 기록하지는 않았지만, 그가 기억한 모든 것을 ... 순서대로는 아니지만 정확하게 기록하였다."고 말한다(같은 곳). 이레네우스는 "베드로의 제자이며 추종자인 마가 자신이 베드로에 의해 전파된 것들을 기록하여 우리에게 전해 주었다."고 말한다(*Adv. Haer.* III,1,2). 그 외의 고대 교부들도 한결같이 마가를 저자로 말하고 있으며, 이러한 고대 전승을 의심할 이유는 없다.[48] 마가복음 자체의 내용도 생생하며 목

---

47) Th. Zahn은 여기의 ἑρμηνευτής를 마가가 베드로의 설교를 책을 저술하여 전달했다는 의미에서 '중개인'으로 본다(*Einleitung*³, II, 214, 223-25). Feine-Behm도 마찬가지로 '통역'(Dolmetscher, Dragoman)이 아니라 사도의 설교의 내용을 문서로 전해 준 '중개인'(Mittelsmann)의 의미로 보면서 '해석자'(Hermeneut, *interpres*)로 번역한다(*Einleitung*⁸, 59). 필자는 이런 견해에 기본적으로 동의하면서, 파피아스와 유세비우스가 이 단어를 통해 가졌던 의미는 '추종자'(a follower)라고 생각한다. 그 근거는 다음 두 가지이다. 먼저 유세비우스는 *Hist. Eccl.* II,15,1에서 마가에 대해 '베드로의 추종자'(ἀκόλουθον Πέτρου)라고 말한다. 그리고 III,39,15에서 마가는 '베드로의 ἑρμηνευτής'가 되었다고 말하고 나서, 마가는 주님으로부터 직접 듣지도 않았고 그를 따라다니지도 않았으며 "내가 말한 바와 같이"(ὡς ἔφην) 베드로를 따라다녔다고 한다. 그러면 '그 장로'는 어디에서 마가가 베드로를 따라다녔다고 말했는가? *Hist. Eccl.* III,39,15 앞의 문맥에는 그런 내용이 없다. 그렇다면 이것은 바로 앞 문장에서 그가 말한 바 "그(마가)는 베드로의 ἑρμηνευτής가 되었다"고 한 것을 가리킨다고 봐야 할 것이다. 그렇다면 '그 장로'(또는 파피아스, 유세비우스)가 ἑρμηνευτής라는 단어로서 의미한 바는 '추종자'(follower)였다고 생각된다. Th. Zahn도 고대 교부들이 사용한 '누구를 따른다'는 표현은 '여행 동반자'란 의미가 아니라 '제자'(Schüler, μαθητής)의 의미임을 밝히고 있다(*Einleitung*³, II, 224). 따라서 여기 유세비우스의 책에 사용된 '베드로의 ἑρμηνευτής'란 표현은 (마가는) '베드로를 따르는 자', '베드로의 제자', '베드로의 조사(助師, helper)'라는 의미로 이해할 수 있다.

48) Greijdanus, *Bizondere Canoniek,* I, 97.

격자의 모습을 나타낸다. 이것은 베드로의 설교에서 온 것임을 보여 준다.[49)]

'마가'(행 12:12, 25; 15:37, 39; 골 4:10; 딤후 4:11; 몬 24; 벧전 5:13)의 원래 이름은 '요한'(행 12:12, 25; 13:5, 13)이며, '마가 요한'이라 불리기도 한다(행 12:12, 25; 15:37). '마가'(Μᾶρκος)는 라틴어(*marcus*)에서 왔는데 '해머(망치)'라는 의미를 가지고 있다. 그의 어머니는 '마리아'인데 예루살렘에 넓은 집을 가지고 있었으며(행 12:12), 여종을 두고 있었다(행 12:13). 따라서 마가는 예루살렘의 제법 부유한 집에서 자랐음을 알 수 있다.

그는 바나바의 '사촌'이었으며(골 4:10) 바나바와 가까웠다. 개역한글판과 개역개정판의 '생질(甥姪)'은 오역이며 '사촌'이 맞다.[50)] '아넵시오스'(ἀνεψιός)는 삼촌/외삼촌 또는 숙모/외숙의 아들이며, 조부/조모 또는 외조부/외조모가 동일한 사람을 가리킨다.[51)] 그는 베드로에 의해 '내 아들'이라고 불리었다(벧전 5:13). 여기서 '아들'이란 말은 영적 의미에서의 아들 곧 제자라는 뜻이다(cf. 딤전 1:2; 딛 1:4). 구약 시대에 선지 생도들은 스승을 '내 아버지'라고 불렀다(왕하 2:12). 이스라엘 왕도 선지자를 '아버지'라 불렀다(왕하 6:21).[52)] 이런 맥락에서 베드로가 그의 제자인 마가를 '내 아들'이라 부른 것은 자연스러우며, 교역자와 부교역자 사이의 관계에 대해 좋은 모범을 제공해 준다(cf. 빌 2:22).

마가는 1차 선교여행에 바나바와 바울을 따라갔으나 도중에 밤빌리아 버가에서 포기하고 예루살렘으로 돌아가고 말았다(행 13:13). 왜 돌아갔는지에 대해서는 성경이 침묵하고 있으므로 우리가 그 이유를 알 수는 없지만, 선교

---

49) Greijdanus, *Bizondere Canoniek,* I, 97.

50) 이 점에서는 바른성경이 '사촌'으로 바로 번역하고 있다.

51) Greijdanus, *Bizondere Canoniek,* I, 98.

52) 수메르 학교에서는 교장을 '학교의 아버지', 학생을 '학교의 아들:, 선생을 '큰 형'으로 불렀다고 한다. Cf. 새뮤얼 노아 크레이머, 『역사는 수메르에서 시작되었다』, 박성식 옮김 (서울: 가람기획, 2009), 26f.

라는 것이 처음 생각과는 달리 그렇게 낭만적이지 않았으며 여러 모로 어려움이 많았을 것이다. 예루살렘의 부잣집에서 부유하게 자란 마가로서는 감당하기 어려웠을 것이다. 뿐만 아니라 마가는 바나바의 사촌으로 인간적으로 가까웠는데, 이것이 바울과의 관계에서 사소한 문제를 야기했을 수도 있다.

그래서 제2차 선교여행 출발 전에 마가를 데리고 가는 문제로 바나바와 바울이 서로 다투고 헤어졌다. 그래서 마가는 바나바를 따라 구브로(Cyprus)로 가고, 바울은 실라를 데리고 수리아와 길리기아로 가게 떠나게 되었다(행 15:36-41). 이러한 갈등과 헤어짐에는 마가가 바나바의 사촌이었다는 인간적 관계도 제법 작용했을 것이다.

그러나 바울은 나중에 "마가를 데리고 오라. 저가 나의 일에 유익하다."고 말한다(딤후 4:11). 그리고 빌레몬서에서는 마가를 '나의 동역자'라고 부른다(24절). 이것을 보면 바울이 마가를 인간적으로 미워한 것이 아님을 알 수 있다. 다시 화해하고 복음을 위해 동역하였음을 알 수 있다. 그 후의 마가의 행적은 알 수 없으나, 후에 마가는 1차 투옥기간 중(약 60-62년) 로마에서 바울과 함께 있었으며 바울의 '동역자'라고 불리고 있다(몬 24절). 그리고 마가는 바울의 명을 받고 골로새로 갔다(골 4:10).

나중에 마가는 로마에서 베드로를 따라다녔다(벧전 5:13). 그래서 그는 베드로의 '추종자'(ἀκόλουθος) 또는 '대변인'(ἑρμηνευτής)으로 불리고 있다(Eusebius, *Hist. Eccl.* II,15,1; III,39,15). 바울은 후에 로마에서 2차로 투옥되어 순교를 앞두고 있을 때에 디모데에게 편지를 보내어 "네가 올 때에 마가를 데리고 오라. 그가 나의 일에 유익하니라."고 말한다(딤후 4:11). 전승에 의하면, 마가는 그 후에 이집트에 가서 복음을 전하였으며 알렉산드리아에 교회들을 세웠다고 한다(Eusebius, *Hist. Eccl.* II,16).

2) 기록 연대

이레네우스에 의하면, 마가는 베드로와 바울이 '떠난 후'에 베드로가 설교한 것들을 기록하여 전해 주었다고 한다.[53] 여기에 사용된 '떠남'(ἔξοδος)이란 단어가 베드로의 '죽음'을 의미하는지 아니면 베드로가 로마를 '떠난 것'을 의미하는지에 대해서는 학자들 사이에 논란이 있다.[54] 그러나 알렉산드리아의 클레멘트가 말하기를, 베드로가 마가가 복음서를 기록했다는 사실을 알았을 때에 그것을 반대하지도 않고 추천하지도 않았다고 하는 것을 보면(cf. *Hist. Eccl.* VI,14,6f.), 후자의 해석(떠남)이 옳다고 생각된다. 그래서 마가복음은 로마의 대화재(64년 7월)가 있고 나서 기독교인에 대한 핍박이 심해졌을 때, 늦어도 네로의 죽음(68년 6월) 이전에, 그리고 베드로가 살아 있을 때[55]인 64년경에 기록되었다고 볼 수 있다.

---

53) Irenaeus, *Adv. Haer.* III,1,1(cf. Eusebius, *Hist. Eccl.* V,8,2-4): "Μετὰ δὲ τὴν τούτων ἔξοδον, Μάρκος, ὁ μαθητὴς καὶ ἑρμηνευτὴς Πέτρου, καὶ αὐτὸς τὰ ὑπὸ Πέτρου κηρυσσόμενα ἐγγράφως ἡμῖν παραδέδωκεν."

54) 예를 들어 Guthrie는 여기의 ἔξοδος를 한 쪽에서는 '죽음'(death)으로 번역해 놓고서, 그 다음 페이지에서는 '떠남'(departure)이라고 설명한다(*New Testament Introduction,* 85f.). Greijdanus도 '죽음'(dood)으로 이해한다(*Bizondere Canoniek,* I, 102). Th. Zahn은 Clement의 기록과 Irenaeus의 기록 사이에 조화를 시도한다. 곧, 마가가 로마에서 복음서를 기록해 달라고 부탁을 받고 기록하기 시작했으나 3년이 지나서야 그것을 완성해서 보급했다고 한다(*Einleitung*³, II, 208). Greijdanus는 이 견해에 찬성하면서도 혹 그렇지 않더라도 마가복음의 기록 시기에는 큰 차이를 주지 않는다고 한다(*Bizondere Canoniek,* I, 102). 그러나 당시 로마의 그리스도인들의 (저술) 독촉을 생각하면(*Hist. Eccl.* II,15,1), 마가가 복음서를 기록하는 데 그렇게 오랜 시간이 걸렸다는 것은 생각하기 어렵다. 그리고 베드로가 그 복음서가 교회에서 낭독되는 것을 허락했다고 하는 것을 보면(*Hist. Eccl.* II,15,2), 베드로가 살아 있을 때에 마가가 기록하여 출판했다고 보는 것이 옳다고 생각된다.

55) Theodor Zahn은 베드로가 64년 늦여름 또는 가을에 순교했다고 본다(*Einleitung*³, II, 18).

예수님의 예루살렘 예언을 문제 삼아 주후 70년 이후로 보거나,[56] 또는 마가우 선설에 기초하여 너무 이른 시기(마태복음 기록 이전)로 보는 것은 곤란하다. 예를 들어 도널드 거쓰리 같은 학자는 베드로가 Claudius 황제(41-54년) 때에 로마를 방문한 것으로 보고(42년경), 이에 근거하여 이때쯤 마가가 기록하였다고 본다.[57] 그러나 이러한 추정은 불확실한 마술쟁이 시몬(Simon Magus) 전설에 기초하여 베드로의 로마 방문을 지나치게 앞당긴 것이다. 이레네우스의 기록에 의하면, 베드로와 바울이 로마에서 복음을 전하고 교회를 세우고 있을 때 마태가 복음서를 기록했으며(*Adv. Haer.* III,1,1), 이들[베드로와 바울]이 떠난 후에 마가가 베드로의 설교를 기록했다고 말하기 때문에, 주후 42년경에 베드로와 바울이 함께 로마에 있었다고 보기 어렵다. 42년경에 베드로는 아직 예루살렘에 있었다(행 12장). 그리고 바울은 60년경에 죄수의 신분으로 로마에 압송되기 전에는 로마를 방문한 적이 없다(롬 1:13; 15:23). 따라서 Guthrie의 추정은 근거가 매우 약한 것이며 지지될 수 없다.

3) 기록 계기

알렉산드리아의 클레멘트는 마가복음의 생성에 대해 다음과 같이 말한다. "베드로를 따라다녔던 마가는, 베드로가 로마에서 가이사 집의 기사 계급 사람들 앞에서 공개적으로 복음을 전하고 그리스도에 대해 많은 증언을 하고 있을 때에, 그가 말한 것을 그들이 기억할 수 있도록 해 달라는 요청을 그들로부터 받고서, 베드로에 의해 말해진 것에서 마가에 의한 복음이라 불리

56) 예를 들면 나요섭 박사는 마가복음이 사복음서 중에서 제일 먼저 기록되었다고 하면서도 주후 70년경에 곧 예루살렘 성 함락 직전 또는 직후에 기록되었다고 본다(『예수 그리스도는 신앙고백이다』, 43-46).

57) Guthrie, *New Testament Introduction*, 86.

는 것을 기록하였다."[58] 여기서 '가이사 집의 기사 계급 사람들'(*Caesareanis equitibus*)은 기사 계급(중산층)[59]에 속한 자들로서 가이사의 집에서 섬기는 사람들(kaiserlichern Hofbedienten ritterlichen Standes)을 가리킨다.[60] 클레멘트는 같은 맥락에서 다음과 같은 전승을 전해 준다. "베드로가 로마에서 공개적으로 말씀을 전하고 성령으로 복음을 말할 때에, 거기 있던 많은 사람들이 마가에게 [베드로가] 말한 것들을 기록해 달라고 요청하였다. 왜냐하면 그는 오랫동안 베드로를 따라다녔으며 그가 말한 것들을 기억하였기 때문이다. 그가 [그렇게] 하였을 때, 그는 그 복음서를 그에게 요청한 사람들에게 주었다. [7]나중에 베드로가 이것을 알게 되었을 때에 그는 그것을 금지하지도 않았고 추천하지도 않았다."[61]

이레네우스도 같이 말한다. "이들[베드로와 바울]이 떠난 후에 베드로의 제자이며 추종자였던 마가는 베드로에 의해 전파된 것들을 친히 기록하여 우리에게 전해 주었다."[62] 유세비우스는 좀 더 자세히 말한다. "베드로의 청중들은, 단지 듣는 것으로나 또는 신적 메시지의 기록되지 않은 가르침만으로 만

58) "Marcus, Petri sectator, praedicante Petro evangelium palam Romae coram quibusdum Caesareanis equitibus et multa Christi testimonia proferente, petitus ab eis, ut possent quae dicebantur memoriae commendare, scripsit ex his quae Petro dicta sunt evangelium quod secundum Marcum vocitatur." 이 본문은 오직 라틴어로만 전승되었는데, Zahn, *Einleitug*[3], II, S. 218 A. 9에 실려 있으며 Greijdanus가 이것을 인용하고 있다(*Bizondere Canoniek*, I, 102).

59) 로마 시대의 '기사 계급'(*equites*)은 원로 계급 다음 가는 재산가 계층이었다.

60) Cf. Zahn, *Einleitug*[3], II, 207.

61) Eusebius, *Hist. Eccl.* VI,14,6f.: "τοῦ Πέτρου δημοσίᾳ ἐν Ῥώμῃ κηρύξαντος τὸν λόγον καὶ πνεύματι τὸ εὐαγγέλιον ἐξειπόντος, τοὺς παρόντας, πολλοὺς ὄντας, παρακαλέσαι τὸν Μάρκον, ὡς ἂν ἀκολουθήσαντα αὐτῷ πόρρωθεν καὶ μεμνημένον τῶν λεχθέντων, ἀναγράψαι τὰ εἰρημένα· ποιήσαντα δέ, τὸ εὐαγγέλιον μεταδοῦναι τοῖς δεομένοις αὐτοῦ· [7]ὅπερ ἐπιγνόντα τὸν Πέτρον προτρεπτικῶς μήτε κωλῦσαι μήτε προτρέψασθαι."

62) Irenaeus, *Adv. Haer.* III,1,1: "Μετὰ δὲ τὴν τούτων ἔξοδον, Μάρκος, ὁ μαθητὴς καὶ ἑρμηνευτὴς Πέτρου, καὶ αὐτὸς τὰ ὑπὸ Πέτρου κηρυσσόμενα ἐγγράφως ἡμῖν παραδέδωκεν."

족하지 않고서, 마가에게 - 그의 복음을 우리가 가지고 있는데 - 그들에게 말로써 주어진 가르침의 기억을 문자적으로 기록하여 남겨 주도록 요청하였다. 왜냐하면 그는 베드로의 추종자였기 때문이다. 그들은 중단하지 않고 계속 요청하여서 마침내 그를 설득하였다. 그래서 마가에 의한 복음이라 불리는 것을 기록하게 하였다."[63] 이어서 다음과 같이 말한다. "그 사도는 그들의 열정에 기뻐하였으며 그 책을 교회에서 낭독하는 것을 승인하였다."[64]

이상에서 우리는 마가복음은 베드로의 제자였던 마가가 로마에 있을 때 베드로의 설교를 기록해 달라는 요청을 여러 차례 받고서, 그가 들어서 기억하고 있던 것을 기록한 것임을 알 수 있다. 이런 전승은 상당히 구체적이며 서로 일치하기 때문에 의심할 여지가 없다.

4) 기록 장소

앞에서 살펴본 것처럼 마가복음의 기록 장소가 로마인 것에 대해서는 거의 모든 전승이 일치한다. 제롬도 "마가는 ... 로마에서 형제들로부터 요청을 받고서 복음서를 간단히 기록하였다."고 말한다.[65] 마가복음은 로마에 있는 이방인들을 위해 기록되었기 때문에, 앞에서 말한 것처럼, 유대의 관습과 아람

---

63) Eusebius, *Hist. Eccl.* II,15,1: "τοσοῦτον δ' ἐπέλαμψεν ταῖς τῶν ἀκροατῶν τοῦ Πέτρου διανοίας εὐσεβείας φέγγος, ὡς μὴ τῇ εἰς ἅπαξ ἱκανῶς ἔχειν ἀρχεῖσθαι ἀκοῇ μηδὲ τῇ ἀγράφῳ τοῦ θεοῦ κηρύγματος διδασκαλίᾳ, παρακλήσεσιν δὲ παντοίαις Μάρκον, οὗ τὸ εὐαγγέλιον φέρεται ἀκόλουθον ὄντα Πέτρου, λιπαρῆσαι, ὡ̂ς ἂν καὶ διὰ γραφῆς ὑπόμνημα τῆς διὰ λόγου παραδοθείσης αὐτοῖς καταλείψοι διδασκαλίας, μὴ πρότερόν τε ἀνεῖναι ἢ κατεργάσασθαι τὸν ἄνδρα, καὶ ταύτῃ αἰτίους γενέσθαι τῆς τοῦ λεγομένου κατὰ Μάρκον εὐαγγελίου γραφης".) 이 헬라어 본문은 Eusèbe de Césarée, *Histoire Ecclésiastique,* I (*SC* 31) (Paris: Les éditions du Cerf, 1952), 70을 보라.

64) Eusebius, *Hist. Eccl.* II,15,2.

65) Hieronymus, *De vir. ill.* 8: "Marcus ... rogatus Romae a fratribus breve scripsit evangelium." (cf. Greijdanus, *Bizondere Canoniek,* I, 102)

어 표현을 설명해 주고 있다.

5) 마가복음의 특징

① 마가복음은 전체적으로 표현이 짧고 간결하다. 마태복음이나 누가복음처럼 탄생 기사가 없으며 족보도 없다. 세례 요한의 등장은 간단하게 기록되어 있다. 예수님의 교훈도 다른 복음서들에 비해 적은 분량을 기록하고 있다. 예수님의 비유도 한 장뿐이다(4장). 종말 강화도 한 장뿐이다(13장).[66]

② 마가는 강력한, 저항할 수 없는 복음 전파를 기록하고 있다. 주 예수 그리스도의 등장과 함께 하나님의 나라가 힘차게 전진하고 있다(1:14). 이를 위해 '곧'(εὐθύς, εὐθέως)이란 단어가 40번 사용되고 있다.[67] 이것은 아마도 베드로의 설교 스타일과도 관련될 것이다.

③ 마가복음에는 생생한 표현들, 목격자에게서 온 것으로 생각되는 표현들이 많다. 마가는 역사적 현재(*praesens historicum*)를 많이 사용하고 있어서(1:37, 38; 2:15, 17, 18 등), 사건의 진행을 생생하게 묘사하고 있다. 그리고 특별한 구체적인 표현들도 많이 나타난다(1:20, 35, 43; 2:2; 4:38 등). 이런 것들은 목격자에게서 온 표현임을 드러내는데, 곧 베드로의 설교에서 온 것들이다.[68] 특히 6:39의 '푸른 잔디 위에'(ἐπὶ τῷ χλωρῷ χόρτῳ)란 표현은 마가복음에만 나타나는데, 이것이 의미 있는 이유는 팔레스타인 지역에서는 1년 중에 짧은 기간만 잔디가 푸르기 때문이라고 한다. 이것은 비평학자들이 생각하듯이 마가복음이 먼저 기록되었기 때문이 아니라 베드로의 설교에서 온 것이기 때문이다.

---

66) Greijdanus, *Bizondere Canoniek*, I, 109.

67) Greijdanus, *Bizondere Canoniek*, I, 109.

68) Greijdanus, *Bizondere Canoniek*, I, 110.

④ 마가는 히브리식 표현을 설명하고 있다(5:41; 7:2, 11; 15:42). 이것은 로마인들을 위해 기록했기 때문이다. 5:41의 '달리다 굼'(Ταλιθα κουμ)[69]에 대해 "소녀야, 내가 네게 말하노니, 일어나라."고 설명하고 있다.[70] 왜 이런 설명을 덧붙인 것일까? 그것은 이런 설명이 없으면 로마인들은 무슨 뜻인지 알 수 없기 때문이다. 7:2에서는 '부정(不淨)한 손'에 대해 '씻지 아니한 손'이라고 설명을 덧붙인다. 이것도 그냥 '부정한 손'이라고 하면 로마인들이 무슨 뜻인지 모르기 때문이다. 7:11에 '고르반'(Κορβᾶν)이란 단어가 나오는데, 이는 곧 '하나님께 드림'(Δῶρον)[71]이라고 설명하고 있다. 왜냐하면 '고르반'이란 제도는 유대인이 아닌 이방인에게는 전혀 생소한 것이기 때문이다. 7:34에서는 '에바다'(Εφφαθα)에 대해 '열리라'는 뜻이라고 설명해 준다. 15:42에서 '예비일/준비일'에 대해 '안식일 전날'이라고 설명을 덧붙이고 있다. 따라서 이러한 것들은 마가가 로마에서 로마의 그리스도인들을 위해 복음서를 기록했다는 전승을 지지해 주고 있다.

이처럼 마가가 아람어를 헬라어로 설명 또는 번역을 해 준 것은 로마에 있는 이방인들을 위한 것임이 분명해졌다. 그렇다면 마가가 처음부터 헬라어를 사용했으면 될 것을 왜 독자가 알지도 못하는 아람어를 굳이 사용했을까 하는 의문이 든다. 예를 들면, 처음부터 "소녀야 내가 네게 말하노니 일어나라"고 말해도 될 것을 왜 굳이 '달리다 굼'이란 아람어 표현을 먼저 사용하고 나서 번역했는가 하는 것이다. 그 이유는 아마도, 마가가 생각할 때에 매우 중요

69) 많은 사본들(A Θ 0126 $f^{1.13}$ 𝔐 등)은 ταλιθα κουμι를 가지고 있다. 교과서적 히브리어 문법에 의하면 히브리어 동사의 2인칭 여성 단수 명령형은 κουμι가 맞지만, 예수님은 아람어를 사용하셨고 또 아람어 중에서도 갈릴리 방언을 사용하셨기 때문에 구어체에서 정확하게 어떤 단어가 사용되었는지는 오늘날 우리가 알기 어렵다.

70) 여기서 "내가 네게 말하노니"란 말이 들어간 것은 2인칭 단수 명령임을 분명히 하기 위한 것으로 생각된다.

71) 여기서 Δῶρον은 히브리어 '코르반'(קָרְבָּן)의 헬라어 번역인데, 고르반의 뜻은 '봉헌, 희생제물, 헌물'(oblation, sacrifice, offering)이다. Cf. Gesenius, *Hebrew-Chaldee Lexicon*, s. v.

한, 특별한 의미가 있는 단어 또는 표현인 경우에 비록 독자들이 이해하지 못한다 할지라도 마가로서는 원어 자체를 말하고 싶은 강한 욕구를 가졌기 때문일 것이다. 이것은 예수님의 그 말씀이 너무 인상적이어서 원어 표현 자체를 전달하고 싶은 욕구를 느꼈거나 또는 언어에 대한 감각이 뛰어난 사람의 경우에 흔히 있는 일이다. 마가복음 15:34에 보면, 마태가 "엘리 엘리 ..."라고 음역하고 있는데 반해(마 27:46), 마가는 "엘로이 엘로이 ..."로 음역하고 있다. 이것은 아람어 '엘로히'를 음역한 것으로 생각된다.[72]

⑤ 마가복음에 보면 베드로가 칭찬받은 것에 대해서는 침묵하고 있다. 6:50 뒤에 보면, 베드로가 물 위를 걸은 사건에 대해서는 말하지 않고 그냥 넘어가 버린다(cf. 마 14:28-31). 인간적으로 생각하면 자기를 높이고 자기를 드러낼 수 있는 좋은 기회인데 마가는 기록하지 않았다. 왜 그랬을까? 그것은 베드로가 설교할 때 이 부분을 말하지 않았기 때문이었을 것이다. 베드로는 자기 자신의 영광이 드러날 수 있는 것을 극도로 꺼리고 조심했을 것이다. 그래서 이 부분을 말하지 않았기 때문에 마가가 몰라서 기록하지 않았다고 볼 수 있다. 아니면, 마가가 다른 사도들을 통해 들어서 알고 있었다고 하더라도 이런 것을 기록하는 것은 베드로의 성격에 맞지 않음을 잘 알았기 때문에 기록하지 않았다고 볼 수도 있다. 뿐만 아니라 8:29 이하에서도 베드로가 예수님께 칭찬받은 부분 곧 "바요나 시몬아 네가 복이 있도다."고 한 말씀을 기록하지 않았다(cf. 마 16:17-19). 예수님이 누구신가에 대해 아주 간결하면서도 정확하게 고백하여서 예수님께 칭찬받은 말씀을 왜 마가가 기록하지 않았을까? 보통 사람들 같으면 두고 두고 자랑할 수 있는 일이었다. 그런데도 마가가 기록하지 않고 지나간 것은 베드로가 이 부분을 말하지 않았기 때문일 것이다. 베드로는 이처럼 자기 자신을 선전할 수 있는 좋은 기회를 사용하지 않고 침묵

---

72) Cf. E. Kautzsch, *Grammatik des Biblisch-Aramäischen. Mit einer kritischen Erörterung der Aramäischen Wörter im Neuen Testament* (Leipzig: F. C. W. Vogel, 1884), 11.

하였다.

반면에 마가는 베드로가 책망 받은 것은 기록하고 있다(막 8:33). 왜냐하면 이 부분은 베드로가 말했기 때문일 것이다. 이처럼 베드로는 자기 자신을 미화하지도 않았고 자신의 잘못을 감추지도 않았다. 이것은 베드로의 정직과 겸손을 드러낸다. "그는 그의 설교에서 자신의 잘못을 미화하지도 않고 침묵하지도 않았으며, 자기 자신의 잘한 것을 자랑하지도 않았다."[73]

뿐만 아니라 베드로는 안디옥에서 그를 면전에서 책망한 사도 바울에 대해 "우리가 사랑하는 형제 바울도 그 받은 지혜대로 너희에게 이같이 썼고"라고 말함으로써 그에 대한 존경을 나타내고 있다(벧후 3:15). 이처럼 베드로는 자신의 잘못에 대해서는 솔직하게 인정하는 사람이었으며, 그것을 지적하고 책망한 사람에 대해 오히려 넓은 마음으로 품고 포용하는 사람이었음을 알 수 있다. 그는 바울에게 한 번 퇴짜를 맞은 마가도 '아들'처럼 사랑하고 품어서(벧전 5:13), 이 세상의 어떤 책보다 더 귀한 복음서를 기록하게 만든 훌륭한 사도이었음을 알 수 있다.[74]

6) 내용 분해

우리는 마가복음의 내용을 예수님의 활동 지역에 따라 아래와 같이 나눌 수 있다.[75] 그러나 이 분해는 정확한 것이 아니다. 사실, 마가복음은 어떠한 틀에 딱 맞는 구조를 가지고 있는 것이 아니다. 마가는 베드로의 설교를 듣고 그것

---

73) Greijdanus, *Bizondere Canoniek,* I, 111.

74) 베드로의 생애와 성품에 대해서는 필자의 "겸손과 따뜻한 마음으로 온 세상을 품은 베드로의 비전", 『그말씀』 297 (2014. 3), 34-47을 보라. 이 글은 또한 이 책의 부록 12에 실려 있다.

75) Greijdanus, *Bizondere Canoniek,* I, 103. 1:14-9:50의 하부 분류는 J. A. C. van Leeuwen, *Het heilig evangelie naar de beschrijving van Markus* (Amsterdam: H. A. van Bottenburg, 1928), 7-8을 따른 것이다.

을 글로 옮겼기 때문에 어떤 정형화(定型化)된 구조를 가지고 있지 않다.

① 서두(1:1-13)

② 갈릴리 사역(1:14-9:50)

i) 열두 제자를 부르심(1:14-3:6)

ii) 그 후로부터 열두 제자 파송까지의 사역(3:7-6:6)

iii) 일련의 사건들(6:7-8:26)

iv) 예수님의 수난에 관한 것들(8:27-9:50)

③ 베레아 사역(10:1-45)

④ 유대와 예루살렘 사역(10:46-16:8)

⑤ 예수님의 현현과 승천(16:9-20)

7) 참고 문헌

박윤선, 『성경주석 공관복음』, 서울: 영음사, 1981(18판).

이상근, 『마가복음』, 서울: 대한예수교장로회총회교육부, 1979.

목회와신학 편집부 엮음, 『마가복음 어떻게 설교할 것인가』 (두란노 HOW 주석), 서울:두란노아카데미, 2003.

변종길, "겸손과 따뜻한 마음으로 온 세상을 품은 베드로의 비전", 『그말씀』 297(2014. 3), 34-47.

J. A. Alexander, *Commentary on the Gospel of Mark,* Grand Rapids: Zondervan Publishing House (repr. from 1864 ed. by Ch. Scribner and Sons).

W. Hendriksen, *The Gospel of Mark (NTC),* Edinburgh: Banner of Truth, 1976.

W. L. Lane, *The Gospel of Mark (NICNT)*, Grand Rapids: Eerdmans, 1974.

V. Taylor, *The Gospel according to St. Mark. The Greek Text with Introduction, Notes and Indexes*, 2nd ed., Grand Rapids: Baker, 1966.

H. B. Swete, *Commentary on Mark. The Greek Text with Introduction, Notes and Indexes*, Grand Rapids: Baker, 1977 (repr. 1981).

C. E. B. Cranfield, *St. Mark (Cambridge Greek Testament Commentary)*, Cambridge: Cambridge University Press, 1974.

R. A. Guelich, *Mark 1-8:26 (WBC)*, Dallas: Word Books, 1989.

C. A. Evans, *Mark 8:27-16:20 (WBC)*, Nashville: Th. Nelson, 2001.

R. T. France, *The Gospel of Mark (NIGTC)*, Grand Rapids: Eerdmans, 2002.

R. H. Stein, *Mark (BECNT)*, Grand Rapids: Eerdmans, 2008.

L. Williamson, Jr., *Mark (Interpretation)*, Atlanta: John Knox Press, 1983.

Ben Witherington III, *The Gospel of Mark. A Socio-Rhetorical Commentary*, Grand Rapids: Eerdmans, 2001.

M. L. Strauss, *Mark (ZECNT)*, Grand Rapids: Zondervan, 2014.

J. A. Brooks, *Mark (NAC)*, Nashville: Broadman Press, 1991.

J. R. Edwards, *The Gospel according to Mark (PNTC)*, Grand Rapids: Eerdmans, 2002.

A. Schlatter, *Markus. Der Evangelist für die Griechen*, Stuttgart: Calwer Vereinsbuchhandlung, 1935.

F. Bovon, *Das Evangelium nach Marcus (EKK)*, I, Zürich: Benziger, 1989.

J. A. C. van Leeuwen, *Het heilig evangelie naar de beschrijving van Markus (KNT)*, Amsterdam: H. A. van Bottenburg, 1928.

M. H. Bolkestein, *Het verborgen rijk*, Nijkerk: Callenbach, 1954.

J. van Bruggen, *Marcus. Het evangelie volgens Petrus (CNT-3)*, Kampen: J. H.

Kok, 1988.

J. Keulers, *De evangeliën volgens Marcus en Lucas (De boeken van het Nieuwe Testament)*, Roermond en Maaseik: J. J. Romen & Zonen, 1951.

3. 누가복음

1) 저자

누가복음 서론(1-4절)과 사도행전 서두(1-2절)에 보면 이 두 권은 같은 저자가 기록했음을 알 수 있다. 전통적으로 누가복음과 사도행전은 바울의 동행인 의원 누가가 기록했다고 한다(Irenaeus, *Adv. Haer.* III,14,1; Eusebius, *Hist. Eccl.* III,4,6).[76] 바울은 누가에 대해 '사랑을 받는 의사 누가'(ὁ ἰατρὸς ὁ ἀγαπητός)라고 말한다(골 4:14). 이때 누가는 옥에 갇힌 바울과 함께 로마에 있었으며 바울이 신뢰하는 의사였다. 빌레몬서에는 바울의 '동역자들'(οἱ συνεργοί) 가운데 누가의 이름이 나온다(24절). 따라서 누가는 로마에서 바울 일행들과 함께 복음을 위해 수고했음을 알 수 있다. 디모데후서 4:11에서 바울은 (2차 투옥 기간 중 로마 감옥에) "누가만 나와 함께 있다"고 한다. 이를 보아 누가는 바울의 최후 순간까지 바울과 함께 한 사람임을 알 수 있다.

사도행전 후반부에 '우리'라는 표현이 많이 나타나는데(행 16:10-17; 20:5-21:18; 27:1-28:16), 바울의 2차 선교여행 때 '드로아'에서부터 나타나

---

76) 유세비우스 자신은 딤후 2:8을 근거로 누가복음의 저자를 바울이라고 추론하였는데, 칼빈은 이것을 유치한 논리라고 비판한다(*Commentary on a harmony of the Evangelists, Matthew, Mark, and Luke,* The Argument on the Gospel of Jesus Christ). 왜냐하면 바울이 거기서 말하고 있는 '나의 복음'이란 그가 전하고 가르친 모든 내용을 지칭하기 때문이다.

는 것으로 보아 누가는 드로아에서 바울과 동행한 것으로 보인다. 사도행전의 '우리' 본문에 대해 많이 연구한 아돌프 폰 하르낙은 "우리 본문과 사도행전은 동일한 저자를 가지고 있다."고 결론짓는다.[77)]

누가는 유대인이 아니라 이방인 출신이었다. 유세비우스는 누가는 (수리아) 안디옥 출신이었으며 직업은 의사였고 바울의 오랜 동행이었다고 말한다(*Hist. Eccl.* III,4,6). 제롬은 누가는 '안디옥의 의사'(*medicus Antiochensis*)였다고 말한다(*De viris illust.* 7). 누가의 안디옥 출신설에 대해서는 확실히 알 수 없지만,[78)] 특별한 반대 증거도 없기 때문에 가능성은 있다고 생각된다. 어쨌든 그는 이방인으로서 복음을 받아들였으며, 바울과 동행하며 복음을 위해 함께 많이 수고하였다.

누가는 누가복음과 그 후속편인 사도행전을 저술하였다. 전편(24장)과 후편(28장)을 합치면 총 52장이 되며, 신약 성경 총 270장의 약 20%가 된다. 부피로는 25% 이상이 된다.

누가는 전통적으로 '역사가'(*historicus*)로 이해되었다. 유럽에서는 '화가 길드'의 수호자로 추앙되었으며, 화가들은 누가복음에 나오는 사건들을 그리기를 좋아하였다.[79)] 그러나 20세기에 들어와서 누가는 '신학자'(*theologicus*)로 많이 묘사되고 있다. 누가는 이루어진 사실을 자신의 신학에 따라 재해석한 신학자로 보는 것이다. 그러나 누가 자신은 일어난 일에 대해 자세히 살피고 연구하여 차례대로 서술해 주고 있다고 말한다(눅 1:1-4).[80)]

---

77) A. von Harnack, *Lukas der Arzt,* 56 (Greijdanus, *Bizondere Canoniek,* I, 135에서 인용함).

78) Greijdanus, *Bizondere Canoniek,* I, 137f.

79) J. van Bruggen, *Lucas. Het evangelie als voorgeschiedenis (CNT-3)* (Kampen: J. H. Kok, 1993), 9.

80) Van Bruggen, *Lucas,* 9.

2) 수신자

누가복음과 사도행전은 '데오빌로 각하'에게 헌증한 책이다(눅 1:3; 행 1:1). 여기서 '각하'로 번역된 말의 원어는 '크라티스토스'(κράτιστος)[81]인데 '크라튀스'(κρατύς, strong, mighty)의 최상급으로서 '매우 존귀한'(most noble, most excellent)이란 뜻이다.[82] 따라서 사회적 지위가 높은 사람으로 생각된다(cf. 행 23:26; 24:3; 26:25). 그는 아마도 로마 정부의 관리 계층에 속한 사람으로 볼 수도 있다.[83] 그러나 이 표현이 꼭 고위 관리나 사회적 지위가 높은 사람을 가리키는 데만 사용되는지, 아니면 좀 더 넓은 일반적 의미로도 사용되는지는 불확실하다.[84] 그는 아마도 이 두 권의 책 출판 비용을 부담한 사람으로 생각된다.[85]

데오빌로는 이방인으로서 예수를 믿은 사람이었다. 그는 복음에 대해 기초적 진리를 배워서 알고 있었다. 그래서 그가 알고 있는 것을 더욱 확실하게 하려고 누가는 이 복음서를 쓴다고 말한다(눅 1:4). 데오빌로가 세례 받은 그리스도인이었는지는 불확실하다. 테오돌 찬은 '크라티스토스'란 칭호는 2세기의 그리스도인들 사이에서는 사용된 자료가 없다는 이유로 아직 세례 받은 그리스도인은 아니라고 본다. 그러나 사도행전 서두에는 그런 칭호가 없이 그냥 '데오빌로여'라고 하므로 그 사이에 그리스도인이 되어 교회에 속하였다고

81) 크라티스테(κράτιστε)는 호격(呼格)이다.

82) Bauer, *Lexicon,* s. v.

83) Van Bruggen, *Lucas,* 24.

84) S. Greijdanus, *Het evangelie naar de beschrijving van Lucas,* I (Amsterdam: H. A. van Bottenburg, 1940), 4.

85) Carson & Moo, *Introduction,* 210.

본다.[86] 찬의 이 견해는 그럴 수도 있지만 확실히 알 수는 없다.[87] 누가가 이 책을 헌증하고 또 이 책의 출판 비용을 부담할 정도였다면 데오빌로는 아마도 세례 받은 그리스도인이었을 것이다. 어쨌든 데오빌로는 복음의 진리를 듣고 배워서 기초적인 것을 알고 있는 사람이었다.

그는 이방인으로서 예수를 믿은 자였다. 그도 안디옥 출신이라는 전승이 있지만(Eusebius, *Hist. Eccl.* III,4,6) 확실히 알 수는 없다. 어쨌든 누가복음은 수신자로 데오빌로를 언급하고 있지만, 그뿐만 아니라 복음에 관심 있거나 또는 믿고 있는 당시의 모든 이방인을 위해 기록되었다. 나아가서 오늘날의 모든 사람을 위해 주어진 하나님의 말씀이다.

3) 기록 연대와 장소

누가복음의 기록 연대와 장소에 대해서는 확실히 알 수 없다. 속편인 사도행전의 끝부분은 로마 옥중에서의 복음 전파로 끝난다. "바울이 온 이태를 자기 셋집에 머물면서 자기에게 오는 사람을 다 영접하고 하나님의 나라를 전파하며 주 예수 그리스도에 관한 모든 것을 담대하게 거침없이 가르치더라."(28:30-31) 바울의 1차 로마 투옥 기간은 대략 61-63년경으로 본다. 그런데 그 후의 바울의 행적과 순교에 대해서는 사도행전에 기록이 없다. 이를 근거로 사도행전은 63-64년경에 로마에서 기록했다고 보는 견해가 있다.[88]

86) Zahn, *Einleitung*³, II, 365f.; Th. Zahn, *Die Apostelgeschichte des Lucas,* Erste H lfte, 1. und 2. Aufl. (Leipzig: A. Deichert, 1919), 9f. Cf. Van Bruggen, *Lucas,* 24; Greijdanus, *Lucas,* I, 10.

87) 누가는 처음에 책을 시작할 때 '매우 존경하는 데오빌로여'라고 이미 말했기 때문에, 사도행전에서는 그런 의례적인 호칭을 쓰지 않고 그냥 친근하게 '데오빌로여'라고 말했다고 생각할 수도 있다.

88) 한편, 조병수 교수는 사도행전에 네로에 의한 로마 방화(64년) 언급이 없다는 이유로 사도행전은 64년 이전에 기록되었다고 보고 누가복음은 이보다 앞서는 것으로 본다(『신약성경 총론』, 121). 그러나 누가가 64년 이후에 기록했다고 할지라도 세상 역사

그러나 다르게 보는 견해도 있다. 사도행전이 꼭 바울의 생애를 기록한 것은 아니다. 예루살렘에서 시작된 복음 전파가 로마 제국으로 퍼져 나가는 것을 기록하는 것이 목적이다. 따라서 누가가 바울의 이후의 행적 곧 로마 감옥에서의 석방과 그 후의 활동과 순교를 알았더라도 기록하지 않았을 수 있다. 그렇다면 사도행전의 기록 연대를 좀 더 늦게 잡을 수도 있다.

사도행전의 기록 연대와 장소에 대해서는 크게 두 가지 다른 전승이 내려오고 있다. 하나는 63-64년경에 로마에서 기록되었다는 전승이고(Hieronymus, *De vir. illust.* 7), 다른 하나는 75-80년경에 그리스(아가야와 뵈오티아)에서 기록되었다는 전승이다(Hieronymus, *Commentarius in Matthaeum,* Praef.). 테오돌 찬은 뵈오티아(Boeotiae)가 비두니아(Bithynia)에 속하였다고 하면서 위 제롬의 견해를 의심한다.[89] 그 외에도 로마, 마게도냐, 안디옥 등을 말하는 전승도 있다.[90] 따라서 누가복음과 사도행전의 기록 연대와 장소에 대해 고대 교회는 확실한 전승을 가지고 있지 않으며 추측들만 있을 뿐이다.[91]

따라서 우리는 확실히 알 수 없다. 그러나 이 사실이 우리가 누가복음과 사도행전을 이해하는 데 큰 장애가 되지는 않는다. 그 안에 무엇이 기록되어 있는가 하는 내용이 더 중요하다.

나 교회 역사를 다 기록할 필요는 없으며, 로마 옥중에서의 복음 전파(행 28장)로써 사도행전을 마무리하기를 원했다면 그렇게 했을 수도 있다. 혹 판 브루헌 박사의 견해처럼 누가는 세 번째 책에서 그 후의 사건들을 기록하려고 생각하였으나 기회가 되지 않았을 수도 있다(*Lucas,* 20). 이것은 알 수 없으나 어쨌든 하나님의 섭리 가운데 누가는 로마 옥중에서의 복음 전파로 그의 두 번째 책을 마무리하게 된 것이다. 판 브루헌 교수 자신은 특별한 논거 없이 누가복음의 기록 시기를 50-65년으로 제시한다(*Lucas,* 21).

89) Zahn, *Einleitung*³, II, 340 A. 6 & 341 A. 7. Cf. Greijdanus, *Bizondere Canoniek,* I, 155.

90) Greijdanus, *Bizondere Canoniek,* I, 155.

91) Zahn, *Einleitung*³, II, 337.

4) 기록 목적과 주제

누가복음의 기록 목적에 대해 누가는 서문에서 "(데오빌로 각하가) 그 배운 바를 확실히 알게 하기 위해"(ἵνα ἐπιγνῷς περὶ ὧν κατηχήθης λόγων τὴν ἀσφάλειαν)라고 말한다. 이것을 직역하면 "당신이 가르침 받은 것들의 확실함을 알게 하기 위해"가 된다.[92] 이를 보아 데오빌로는 이미 예수 그리스도를 믿고 기초적 교리를 배운 사람임을 알 수 있다. 이제 그가 배운 것들이 확실하다는 것을 알게 하기 위해 누가는 이 책을 쓰고 있다.

누가복음의 내용에 대해서는 누가 자신이 그의 두 번째 책 초두에서 요약해 주고 있다. "내가 먼저 쓴 글에는 무릇 예수께서 행하시며 가르치시기를 시작하심부터 그가 택하신 사도들에게 성령으로 명하시고 승천하신 날까지의 일을 기록하였노라."(행 1:1-2) 이를 보면 누가복음은 예수의 행하심과 가르치심을 기록한 책인데, 그의 공사역의 시작부터 승천까지의 일을 기록하였다. 예수님의 사역 시기 시작에 대해서는 폭넓게 이해하여, 예수 그리스도의 탄생과 유년 시절 그리고 세례 요한의 탄생까지 포함하는 것으로 보아야 한다.

누가복음의 끝부분에서도 누가복음의 핵심 주제가 무엇인지 말해 준다. "이같이 그리스도가 고난을 받고 제3일에 죽은 자 가운데서 살아날 것과 또 그의 이름으로 죄 사함을 받게 하는 회개가 예루살렘에서 시작하여 모든 족속에게 전파될 것이 기록되었으니"(눅 24:46-47). 이것을 보면 예수 그리스도의 고난과 부활, 그리고 죄 사함을 얻게 하는 회개의 전파가 누가복음의 주제임을 알 수 있다. 즉, 예수 그리스도의 복음을 전파하는 것이 누가복음의 기록 목적이며 핵심 주제이다.

---

92) NKJV: "that you may know the certainty of those things in which you were instructed."

5) 누가복음의 특징

전통적으로 누가복음은 송아지에 비유되어 왔다. 이레네우스는 마태는 사람, 마가는 독수리, 누가는 송아지, 요한은 사자에 비유하였다.[93)] 어거스틴은 이와 달리 계시록의 네 생물에 대해 사자는 마태, 사람은 마가, 송아지는 누가, 독수리는 요한으로 해석하는 사람들의 견해를 더 합당한 것으로 보았다(*Harmony of the Gopels* I,6,9).[94)] 제롬은 또 마태는 사람, 마가는 사자, 누가는 송아지, 요한은 독수리에 비유하였다(『마태복음 주석』 서문).[95)] 이처럼 각자 보는 관점에 따라 각각 다르게 비유하였지만 누가복음을 송아지로 보는 점에서는 동일하다.

사복음서는 각각 다른 관점과 다른 기록 목적, 특징을 가지고 있다. 그러나 각각의 신학이 다르다고 하면 안 된다. 그것들은 다 하나님의 말씀이기 때문에 그 내용과 사상은 동일하다고 보아야 한다. 각 복음서는 각자의 기록 목적과 스타일, 취향 등에 따라 '다양성'을 가지고 있지만 이런 기록 방식의 다양성 하에서도 하나님은 '놀랄만한 조화'를 허락하여 주셨다(칼빈). 이것은 성령의 인도하심 가운데 된 것이다. 누가복음은 이런 '조화'와 '일치성' 가운데서도 다음과 같은 '특징들'(characteristics)을 가진다.[96)]

---

93) Irenaeus, *Adv. Haer.* III,11,8.

94) Ph. Schaff (ed.), *A Select Library of the Christian Church. Nicene and Post-Nicene Fathers. First Series,* VI (Peabody: Hendrickson Publishers, 2012), 80f.

95) Ph. Schaff and H. Wace (eds.), *A Select Library of Nicene and Post-Nicene Fathers of the Christian Church. Second Series,* VI (Grand Rapids: Eerdmans, 1954), 495f. 이 영역본은 아쉽게도 사복음서의 네 생물 비유 부분을 원문 그대로 다 번역하지 않고 핵심 내용만 소개하고 넘어 간다. 제롬이 누가복음을 '송아지'로 부른 이유에 대해서는 누가복음이 사가랴 제사장으로부터 시작하기 때문이라고 한다. 제롬은 그의 마가복음 주석(*Tractatus in Marci Evangelium*) 서두(1:1-12)에서도 이 비유를 분명히 말한다. Cf. *Corpus Christianorum. Series Latina,* LXXVIII, S. Hieronymi Presbyteri Opera, Pars II, p.451.

96) 이에 대해서는 Guthrie, *New Testament Introduction,* 102-105; Greijdanus, *Bizondere*

① **넓은 범위와 많은 자료:** 누가는 다른 복음서들이 가지고 있지 않은 많은 자료를 제공해 주고 있다. 세례 요한의 출생에 대해 자세히 기록해 주고 있을 뿐만 아니라(1장), 예수님의 탄생에 대해서도 자세히 기록하고 있다(2장). 또한 예수님의 유년 시절에 있었던 사건도 기록해 주고 있다(2장). 그 외에도 70명의 제자 파송(10:1-20), 선한 사마리아인 비유(10:25-37), 어리석은 부자 비유(12:13-21), 탕자 비유(15장), 불의한 청지기 비유(16장), 부자와 나사로 이야기(16장), 돌아온 사마리아인 이야기(17장), 불의한 재판관 비유(18장), 삭개오 이야기(19장) 등 중요한 자료들을 많이 제공해 주고 있다.[97]

나아가서 누가복음은 예수님의 승천을 기록해 주고 있다. 물론 마가복음도 예수님의 승천을 단편적으로 간단히 기록하고 있지만(막 16:19), 누가복음은 부활에 이어서 승천 사건을 기록해 주고 있다(눅 24:50-53). 이것은 누가의 관심은 단지 예수님의 부활로 끝나는 것이 아니라 성령 강림으로 말미암은 복음 전파로 이어지기 때문에 그러한 것으로 생각된다.

② **전 세계적 구원:** 누가복음은 유대 민족만 아니라 온 세상 백성을 향한 구원의 메시지를 많이 담고 있다. 예수님이 탄생하셨을 때 천사가 나타나서 "내가 온 백성에게 미칠 큰 기쁨의 좋은 소식을 너희에게 전하노라."고 하였다(2:10). 그리고 세례 요한에 대한 이사야의 예언을 인용할 때 누가는 마태와 마가가 인용하지 않은 "모든 육체가 하나님의 구원하심을 보리라."는 말씀까지 인용하고 있다(3:6; cf. 사 40:5). 이방인인 누가에게는 이 구절이 매우 중요하게 다가왔을 것이다.

누가복음에는 또한 사마리아인에 대한 관심이 많다(9:54-56; 10:33;

Canoniek, I, 147-50을 보라.

97) Cf. Greijdanus, *Bizondere Canoniek,* I, 147f.; Guthrie, *New Testament Introduction,* 102.

17:16). 그리고 구약에서 이방인들인 사렙다 과부와 수리아 사람 나아만을 인용하고 있다(4:25-27).[98] 물론 이것은 예수님이 하신 말씀이지만, 예수님의 많은 말씀들 가운데서 이 부분의 말씀이 누가의 마음에 특별히 와 닿았기 때문에 여기에 기록하였을 것이다.

뿐만 아니라 누가는 예수님의 오심을 세계사적 사건으로 이해하고 서술하고 있다. 그래서 예수님의 탄생 시점과 관련하여 "가이사 아구스도가 천하로 호적하라 하였을 때"(2:1), 그리고 "구레뇨가 수리아 총독 되었을 때"(2:2)라고 말한다. 이것은 누가가, 예수님의 오심 사건은 단지 유대 민족의 사건으로만이 아니라 전 세계 사람들에게 영향을 끼치는 세계사적 사건으로 이해했음을 보여 준다. 물론 이 말은 다른 복음서 기자들은 그렇지 않다는 의미가 아니라 누가가 이 점에 있어서 특별한 관심을 가졌다는 의미이다.

뿐만 아니라 세례 요한이 활동을 시작한 시점에 대해서도 누가는 "디베료 황제가 통치한 지 열다섯 해 곧 본디오 빌라도가 유대의 총독으로, 헤롯이 갈릴리의 분봉왕으로, 그 동생 빌립이 이두래와 드라고닛 지방의 분봉왕으로, 루사니아가 아빌레네의 분봉왕으로, 안나스와 가야바가 대제사장으로 있을 때에"라고 말한다(3:1-2). 이처럼 누가는 로마 제국의 큰 틀 안에서, 그리고 수리아 지역의 한 부분으로서 유대 땅을 이해하고 있다. 이것은 누가가 수리아 안디옥 출신의 이방인이라는 전승이 사실이라면 쉽게 이해될 수 있는 일이기도 하다.

③ **병자에 대한 관심**: 누가는 의사로서 병에 대해 좀 더 자세히 기록하고 있다. 누가는 베드로의 장모가 "중한 열병을 앓고 있다"고 한다(4:38). 마태와 마가의 '열병'이란 표현(마 8:14; 막 1:29)에 비해 누가의 표현이 더 자세하다.

98) Guthrie, *New Testament Introduction,* 102f.

누가는 '온 몸에 나병 들린 사람'에 대해 말한다(5:12). 이것은 마태와 마가의 '나병환자'(마 8:2; 막 1:40)에 비해 좀 더 자세한 진단이다. 뿐만 아니라 열두 해를 혈루증으로 앓고 있던 여인에 대해 마가는 "많은 의사에게 많을 괴로움을 받았고 가진 것도 다 허비하였으되 아무 효험이 없고 도리어 더 중하여졌던 차에"라고 말하는데(막 5:26), 누가는 그냥 "아무에게도 고침을 받지 못하였다"고 말한다(눅 8:43). 의사인 누가는 의사를 비난하는 표현을 생략했다고 볼 수 있다. 그러나 마태복음에도 이런 표현이 없기 때문에(마 9:20), 이 점을 너무 강하게 내세울 수는 없다.

이와 관련하여 누가복음에는 의학 용어가 많이 사용되었다는 주장이 이미 오래 전에 제기되었다.[99] 그러나 호바트(Hobart)가 누가복음과 사도행전에서 의학적인 용어라고 주장했던 단어들의 80%가 구약의 헬라어 번역에도 나타난다는 것이 후에 발견되었다(Plummer). 뿐만 아니라 캐드베리(Cadbury)는 누가의 소위 '의학적' 용어라고 주장되었던 것들의 거의 전부가 의사가 아닌 요세푸스(Josephus)와 플루타르크(Plutarch)에게서도 발견된다는 것을 보여 주었다. 따라서 누가에게서 '특별한' 의학 용어를 지적하는 것은 어렵게 되었다고 할 수 있다.[100]

④ **사회적 약자에 대한 관심**: 누가복음은 여인과 과부, 그리고 가난한 자들에 대해 특별한 관심을 보여 주고 있다. 예수님이 제자들과 함께 두루 다니시며 전도하실 때에 여인들이 따라다니며 봉사한 사실에 대해 누가만 따로 기록해 주고 있다(8:1-3). 곧, 일곱 귀신이 나간 막달라 마리아와 헤롯의 청지기 구사의 아내 요안나와 수산나와 다른 여자 여자들인데, 이들은 자기들의 소유로 그들을 섬겼다. 그리고 누가는 과부들의 슬픔과 어려움에 대해 주목하고

99) W. K. Hobart, *The Medical Language of St. Luke,* 1882.

100) Van Bruggen, *Lucas,* 22; Guthrie, *New Testament Introduction,* 118.

있다. 곧, 독자를 잃은 나인성 과부와(7:11-17), 불의한 재판관 앞에 호소하는 과부에 대해 기록해 주고 있다(18:1-8).

뿐만 아니라 가난한 자의 고통에 대해서도 누가는 관심을 가지고 기록한다. 예수님의 비유 중에서 잔치에 청함을 받은 사람들 중에 '가난한 자들'이 제일 먼저 언급된다(14:13, 21). 부자와 나사로 이야기(16:19-31)에서는 이 세상에서 고통받는 가난한 사람에 대해 특별한 연민을 보여 준다. 그리고 '너희 가난한 자'는 복이 있다는 말씀(6:20; cf. 4:18)은, 물론 마태복음의 '심령이 가난한 자'(5:3)와 그 의미가 다른 것은 아니지만, 이 세상에서 고난당하는 가난한 자들(그래서 하나님께 소망을 두고 하나님을 믿는 자들)에 대한 누가의 관심이 들어 있다고 볼 수 있다.

이런 것은 누가의 '신학'이 다르다고 볼 것이 아니라 사복음서 모두 그 내용이 일치하고 조화를 이루지만 각 복음서마다 '특징'과 '특색'이 있으며, 각각 '관심'과 '강조점'이 다르다고 보아야 한다. 예수님은 3년 이상의 공사역 기간 동안에 많은 말씀을 하셨고 많은 사건이 있었는데, 복음서 기자 각자의 관심과 성향에 따라 자기에게 특별히 의미 있게 다가오는 말씀들과 사건들을 선별하여 기록하고 또 자기 자신의 언어와 스타일과 취향에 따라 기록하다 보니 이런 차이들이 발생하는 것이다. 우리는 이것을 '신학'의 차이라고 부르면 안 되고, 동일한 내용과 사상 안에서 각각의 '특징'이나 '관심', '강조점' 또는 '스타일'의 차이로 보아야 한다.

⑤ **기도 강조:** 누가는 기도에 대해 특별한 관심을 가지고 기록해 주고 있다. 예수께서 세례 받으시고 '기도하실 때에' 하늘이 열렸다고 한다(3:21). 열두 제자를 세우시기 전에도 예수님은 산에서 '밤이 새도록' 기도하셨다고 하셨다(6:12). 변화산에 올라가셔서 예수님이 '기도하실 때' 용모가 변형되셨다(9:28-29). 이런 것들은 다른 복음서에는 없고 누가복음에만 기록되어 있다.

다른 복음서에 기록이 되지 않은 것은 그 복음서 기자들(특히 마태와 요한)이 몰랐다기보다도 알고 있었지만 이런 저런 이유로 생략한 것인데, 누가에게는 중요하게 다가와서 기록한 것이다.

그 외에도 밤중에 떡을 빌려 달라고 간청하는 기도(11:5-8)와 불의한 재판관에게 찾아가서 밤낮으로 부르짖는 과부 비유(18:1-8)가 기록되어 있다. 그리고 겟세마네 동산의 기도에서도 누가는 그때 예수님의 기도 모습을 자세히 서술해 주고 있다. "예수께서 힘쓰고 애써 더욱 간절히 기도하시니 땀이 땅에 떨어지는 핏방울 같이 되더라."(22:44)

이처럼 누가는 기도에 관심이 많았으며 기도에 대해 특별한 관심을 가지고 많이 기록해 주고 있다. 이 말은 다른 사도들은 기도에 관심이 없었거나 강조를 안 했다는 의미가 아니라 누가가 더욱 기도에 관심을 가지고 세밀하게 기록해 주고 있다는 의미이다. 누가의 이런 태도는 그가 바울과 동행하면서 기도의 중요성을 깊이 깨닫고 함께 기도했기 때문이었을 것이다. 우리나라에서도 박윤선 박사는 평소에 기도에 힘쓰신 것으로 알려져 있는데, 그래서 그의 주석에는 기도에 대한 관심과 강조가 많이 나타나며, 기도에 관한 한 이 세상의 어떤 주석보다도 깊이가 깊다.

⑥ **성령에 대한 강조:** 누가복음에는 또한 성령에 대한 언급이 많이 나타난다. 세례 요한은 모태에서부터 성령이 충만하였으며(1:15), 그의 어머니 엘리사벳도 마리아를 만났을 때에 성령의 충만함을 받았다(1:41). 그의 아버지 사가랴도 성령의 충만함을 입어 예언하였다(1:67). 예수님은 요한에게 세례 받으시고 기도하실 때에 성령이 비둘기같이 강림하셨으며(3:21-22), 성령의 충만함을 입어 요단강에서 돌아오셨다(4:1). 성령에 이끌리어 마귀에게 시험을 받으셨으며(4:1), 시험 받으신 후에 성령의 능력으로 갈릴리에 돌아오셨다(4:14). 예수님은 성령으로 기뻐하셨으며(10:21), 또 하늘 아버지께서는 구하

는 자에게 '성령'을 주신다고 하셨다(11:13). 여기서의 '성령'(πνεῦμα ἅγιον)은 병행구절인 마태복음 7:11의 '좋은 것들'(ἀγαθά)과 비교해 보면, 처음 믿을 때에 주시는 '성령'이 아니라 믿는 자에게 지속적으로 베풀어 주시는 성령의 은혜와 은사들, 능력과 선물들을 가리킴을 알 수 있다. 따라서 이런 은혜(능력)를 얻기 위해서는 하나님 아버지께 구해야 한다.

6) 누가복음의 구조

누가복음의 구조는 여러 관점에서 분석할 수 있다. 먼저 '연대기적 관점'에서 보면, 1) 탄생 및 유년 시절(1-2장); 2) 갈릴리 사역(3:1-9:50); 3) 예루살렘으로 가는 길의 사역(9:51-19:27); 4) 예루살렘에서의 사역, 수난과 죽음, 부활과 승천(19:28-24:53)이다.[101] 그러나 누가가 모든 사건을 다 '시간적 순서'를 따라 배열했는지는 의문이다. 각 사건들 사이의 시간적 순서에 대해서는 알기 어려운 것들이 많다.

다른 한편, 누가복음의 구조를 '지리적 요소'에 초점을 맞추어서 보면 다음 세 부분으로 나누어 이해할 수 있다. 1) 갈릴리 사역(1:1-9:50); 2) 예루살렘으로 가는 여행 중의 사역(9:51-19:27); 3) 예루살렘 사역(19:28-24:53).[102] 물론 이 경우에 예수님의 탄생과 유년시절 사건은 갈릴리에 속하지 않는다는 문제점이 있다.

그러나 어떻게 보든 간에 누가복음 9:51-19:27을 '중앙 단락'으로 보는 점에서는 일치한다. 누가는 예수께서 예루살렘으로 올라가시는 길에 있었던 많은 사역들을 기록하고 있다. 그렇다면 9:51 곧 "예수께서 승천하실 기약이 차

---

101) 양용의, "누가복음의 장르, 신학, 구조", 『누가복음 어떻게 설교할 것인가』 (두란노 HOW 주석) (서울: 두란노아카데미, 2007), 21.

102) 양용의, "누가복음의 장르, 신학, 구조", 21.

가매 예루살렘을 향하여 올라가기로 굳게 결심하시고"가 누가복음 전체에서 중요한 전환점이 되고 있음을 알 수 있다. 이것은 13:33에도 나타나 있다. "그러나 오늘과 내일과 모레는 내가 갈 길을 가야 하리니 선지자가 예루살렘 밖에서는 죽는 법이 없느니라." 예루살렘으로 가신다는 말씀은 17:11; 18:31; 19:11; 19:28에도 나온다. 그 외에도 19:29에 보면 "... 벳바게와 베다니에 가까이 가셨을 때에"라고 한다. 예루살렘에 가까운 벳바게부터 먼저 말한 것은 누가가 예루살렘을 중심으로 생각하고 기록하고 있다는 것을 보여 준다. 19:37에서도 "이미 감람산 내리막길에 가까이 오시매 ..."라고 말한다. 예수님은 지금 여리고에서 예루살렘으로 올라가고 계신데 '감람산 오르막길'이라고 하지 아니하고 '감람산 내리막길'이라고 한 것도 역시 예루살렘을 중심으로 생각하고 기록했다는 것을 보여 준다.

우리는 누가복음의 구조를 또한 누가복음과 사도행전 전체의 구도에서 이해할 수 있다. 누가가 마음속에 가지고 있었던 큰 구도는 사도행전 1:8에서 알 수 있다. "오직 성령이 너희에게 임하시면 너희가 권능을 받고 예루살렘과 온 유대와 사마리아와 땅 끝까지 이르러 내 증인이 되리라." 여기에 보면 누가가 마음속에 그리고 있는 복음 전파의 구도는 1) 예루살렘, 2) 온 유대(사마리아 포함), 3) 땅 끝(로마 제국을 포함한 온 세상)이다.

여기서 주목해야 할 것은 이러한 복음 전파의 시발점은 '예루살렘'이라는 사실이다. 예수님의 승천 후 제자들이 예루살렘에 모여서 기도하고 있을 때 성령이 강림함으로 말미암아 신약 교회가 탄생하였다(행 1:4, 13-14; 2장). 초대 교회는 이 '예루살렘 교회'를 중심으로 발전하였으며, 후에도 온 이방 교회의 모체가 되었다(행 15장; 살전 1:14; 갈 2:1-10).

'예루살렘'에서의 복음 전파 시작은 부활하신 예수님께서 직접 말씀하신 것이기도 하다. "또 그의 이름으로 죄 사함을 받게 하는 회개가 예루살렘에서 시작하여 모든 족속에게 전파될 것이 기록되었으니"(눅 24:47). 이러한 '예루살렘 시발성(始發性)'은 다른 복음서에는 기록되어 있지 않고 오직 누가복음에만 기록되어 있다. 뿐만 아니라 누가복음은 "큰 기쁨으로 예루살렘에 돌아가늘 성전에서 하나님을 찬송하니라."는 문장으로 끝맺고 있다.

이처럼 '예루살렘'에서 시작된 복음 전파는 그 전에 '갈릴리'에서 예수님에 의해 시작된 것이다. 따라서 후편인 사도행전의 구도가 "**예루살렘 --〉 온 유대와 사마리아 --〉 땅 끝**"이라면, 전편인 누가복음의 구도는 "**갈릴리 --〉 예루살렘**"이 된다. 그래서 누가의 머릿속에는 이 전편에서는 어떻게 복음 전파가 '갈릴리'에서 시작되어 '예루살렘'에까지 이르게 되었는가 하는 것이 중요하게 자리 잡고 있었을 것이다. 그래서 그는 누가복음을 크게 보아 1) 갈릴리 사역, 2) 예루살렘으로 올라가는 도중의 사역, 3) 예루살렘에서의 사역으로 나누어서 기술하였을 것이다. 누가가 서두에서 '차례대로'(καθεξῆς)[103] 쓴다고 했을 때, 그 의미는 대체로 이런 '시간적-지리적 구조'[104]가 아니었을까 생각된다.

7) 내용 분해[105]

① 서두(1:1-4)

② 탄생과 유년 시절(1:5-52)

i) 세례 요한의 탄생과 예수님 탄생 예고(1:5-80)

ii) 예수님의 탄생과 유년 시절(2장)

---

103) καθεξῆς의 사전적 의미는 시간적, 공간적 또는 논리적 범주에 다 해당될 수 있다(cf. Bauer, *Lexicon*, s. v.). Van Bruggen 교수는 "geordend"(질서 있게, 체계적으로)로 번역하고 있다(*Lucas*, 28).

104) Van Bruggen, *Lucas*, 30.

105) 자세한 내용 분해는 Guthrie, *New Testament Introduction*, 132-35를 보라. 필자는 거기에 있는 내용 분해를 참조하여 간단하게 정리하였다.

③ 공생애 사역 준비(3:1-4:13)

i) 세례 요한의 사역(3:1-20)

ii) 예수님의 세례 받으심과 족보(3:21-38)

iii) 마귀에게 시험 받음(4:1-13)

④ 갈릴리 사역(4:14-9:50)

i) 사역의 시작(4:14-44)

ii) 제자들을 부르심(5:1-6:16)

iii) 산상설교(6:17-49)

iv) 가버나움과 주변 지역에서의 사역(7:1-8:56)

v) 열두 제자를 중심한 사건들(9:1-50)

⑤ 예루살렘으로 가는 길의 사역(9:51-19:27)

i) 예수님과 사마리아 사람들(9:51-10:37)

ii) 말씀과 기도에 관한 교훈(10:38-11:13)

iii) 예수님과 바리새인들(11:14-54)

iv) 제자들에 대한 교훈(12:1-53)

v) 여러 교훈들과 사건들(12:54-19:27)

⑥ 예루살렘 입성과 수난(19:28-23:56)

⑦ 예수님의 부활과 승천(24:1-53)

8) 참고 문헌

박윤선, 『성경주석 공관복음』, 서울: 영음사, 1981(18판).

이상근, 『누가복음』, 서울: 대한예수교장로회총회교육부, 1975(재판).

목회와신학 편집부 엮음, 『누가복음 어떻게 설교할 것인가』 (두란도 HOW 주석), 서울: 두란노아카데미, 2007.

윤철원, 『누가복음서 다시 읽기. 내러티브의 구조와 세계』, 서울: 이레서원, 2001.

변종길, "예수 그리스도의 탄생과 유년 시절. 누가복음 2장의 주해와 적용", 『그말씀』 172 (2003. 10), 68-81.

변종길, "하나님 나라의 도래를 맞이하는 제자도. 누가복음 17장의 주해와 적용", 『그말씀』 174 (2003. 12), 28-39.

변종길, "누가복음을 어떻게 읽을 것인가?" (2014년 여름 큐티 세미나 강의안)

변종길, "사건 사고 피해자 가족에 대한 하나님의 위로. 우리 모두의 회개가 필요하다. 누가복음 13장 1-5절", 『그말씀』 314 (2015. 8), 200-210.

A. Plummer, *A Critical and Exegetical Commentary on the Gospel according to S. Luke (ICC),* 5th ed., Edinburgh: T. & T. Clark, 1981.

W. Hendriksen, *The Gospel of Luke (NTC),* Edinburgh: Banner of Truth, 1979.

H. Marshall, *The Gospel of Luke (NIGTC),* Carlisle: Paternoster Press, 1978.

J. B. Green, *The Gospel of Luke (NICNT),* Grand Rapids: Eerdmans, 1997.

D. L. Bock, *Luke 1:1-9:50 (ECNT),* Grand Rapids: Baker Book House, 1994.

D. L. Bock, *Luke 9:51-24:53 (ECNT),* Grand Rapids: Baker Book House, 1996.

S. Greijdanus, *Het heilig evangelie naar de beschrijving van Lucas (KNT),* Amsterdam: H. A. van Bottenburg, 1940-1941 (Vol. I: 1940; Vol. II: 1941).

J. van Bruggen, *Lucas. Het evangelie als voorgeschiedenis (CNT-3),* Kampen: J. H. Kok, 1993.

J. Keulers, *De evangeliën volgens Marcus en Lucas (De boeken van het Nieuwe Testament),* Roermond en Maaseik: J. J. Romen & Zonen, 1951.

4. 요한복음

1) 저자

① 외적 증거

요한복음의 저자는 세배대의 아들이며 예수님의 제자인 사도 요한이다. 이 사실에 대해서는 고대의 전승이 일치하게 증거한다. 이레네우스는 "그 후에 주의 품에 누워 있던 주의 제자 요한은, 그가 아시아의 에베소에 머물고 있을 때에, 자신이 복음서를 출판하였다."고 한다.[106] '주의 품에 누워 있던 주의 제자 요한'은 사도 요한을 말하는데, 그는 에베소에 체류하고 있었으며 그 곳에서 복음서를 출판하였음을 알 수 있다. 터툴리안은 "끝으로, 사도들 가운데서 요한과 마태가 우리에게 믿음을 심고, 사도적인 사람들 가운데서는 마가와 누가가 그것을 새롭게 한다."고 말한다(*Adv. Marc.* IV,2). 알렉산드리아의 클레멘트는 사도 요한이 성령에 감동되어 '영적인 복음'(πνευματικὸν εὐαγγέλιον)을 기록했다고 말한다(Eusebius, *Hist. Eccl.* VI,14,7). 오리겐은 "이 모든 것의 마지막은 요한에 의한 것이다."고 한다(Eusebius, *Hist. Eccl.* VI,25,6). 그리고 무라토리 정경은 "네 번째 복음서는 제자들 중의 하나인 요한의 것이다."고 말한다. 이처럼 모든 교회 전승과 모든 사본의 제목이 네 번째 복음서의 저자는 사도 요한이라고 말한다.[107]

---

106) Irenaeus, *Adv. Haer.* III,1,1: "ἔπειτα Ἰωάννης ὁ μαθητὴς τοῦ κυρίου, ὁ καὶ ἐπὶ τὸ στῆθος αὐτοῦ ἀναπεσών, καὶ αὐτὸς ἐξέδωκεν τὸ εὐαγγέλιον, ἐν Ἐφέσῳ τῆς Ἀσίας διατρίβων." (cf. Eusebius, *Hist. Eccl.* V,8,4). 또한 *Adv. Haer.* II,22,5; III,3,4(*Hist. Eccl.* III,23,1-4)을 보라.

107) Van Bruggen, *Christus op aarde,* 52.

어떤 학자들은 사도 요한과 구별되는 '장로 요한'이 기록했다고 하거나,[108] 또는 요한의 제자들 써클이나 요한이 속해 있었던 공동체가 기록하였다고 한다.[109] 또 어떤 학자들은 요한복음이 원래 아람어로 씌어졌는데 이것이 헬라어로 번역되었다고 본다.[110] 그러나 오늘날 대부분의 학자들은 이 주장에 대한 증거는 매우 희박하다고 본다.[111] 바레트(C. K. Barrett)는 요한은 아람어 문서들을 번역한 것은 아니지만 헬라어로뿐만 아니라 아람어로도 생각하고 말하는 것에 익숙했다고 본다.[112]

② 내적 증거

요한복음 자체 내의 증거도 이를 지지한다. 요한복음 20:2에 보면 '예수께서 사랑하시던 그 다른 제자'가 베드로와 함께 예수의 무덤으로 달려갔다. 이 제자는 베드로와 함께 다녔으며 단순히 '그 다른 제자'라고도 말해지고 있다(20:3; 18:15-16 등). 그는 '대제사장과 아는 사람'이었으며 대제사장의 집에도 쉽게 출입할 수 있었다(18:15). 요한복음 21:20에서는 베드로와 함

---

108) J. H. Bernard, *A Critical and Exegetical Commentary on the Gospel according to St. John (ICC),* Vol. I (Edinburgh: T.& T. Clark, 1928; repr. 1985), xlv-lxxi; M. Hengel, *The Johannine Question,* tr. by J. Bowden, London: SCM Press, 1989. 그는 '요한 학파의 창시자이며 수장'(the founder and head of the Johannine school)인 장로 요한이 요한복음을 기록했다고 본다(Preface ix, p.80). Hengel에 의하면 이 '장로 요한'은 사도 요한과는 구별되며 공동체 또는 교회를 설립한 적이 없다고 한다(p.83).

109) S. S. Smalley, *John: Evangelist and Interpreter* (Exeter: Paternoster Press, 1979), 41-84. 그는 사도 요한이 제4 복음서의 배후에 있지만, 사도 요한과 제4 복음서 기자는 같은 사람이 아니라고 한다(p.82). 김경희 외, 『신약성서 개론』, 430.

110) C. F. Burney, *The Aramaic Origin of the Fourth Gospel,* Oxford: Clarendon Press, 1922; C. C. Torrey, "The Aramaic Origin of the Gospel of John," *Harvard Theological Review* 16 (1923), 305-44 등.

111) Cf. Guthrie, *New Testament Introduction,* 337.

112) C. K. Barrett, *The Gospel according to St. John. An Introduction with Comment and Notes on the Greek Text,* 2nd ed. (Philadelphia: The Westminster Press, 1978), 11.

께 주를 따르는 '예수께서 사랑하시던 그 제자'는 곧 '만찬석에서 예수의 품에 의지하여 주님, 주님을 파는 자가 누구오니이까 묻던 자'라고 밝히고 있다(cf. 13:23-25). 그리고 21:24에는 "이 일들을 증언하고 이 일들을 기록한 제자가 이 사람이라. 우리는 그의 증언이 참된 줄 아노라."고 하였다. 요한복음 21:22-23은 이 제자가 가장 오래 살았던 제자임을 암시한다.[113]

뿐만 아니라 이 제자는 목격자였으며(1:14), 팔레스타인 지역을 잘 알고 있었으며(2:1; 3:23; 4:5), 예루살렘도 잘 알고 있었다(5:2). 그는 제자들의 내적 상태도 잘 알고 있었다(2:11, 22; 13:23). 또한 유대인들의 관습과 생각들을 잘 알고 있었다(2:6; 4:9; 7:22f., 40ff., 52; cf. 19:35과 21:24). 뿐만 아니라 요한복음 곳곳에서 현장에 직접 참석하지 않고서는 알 수 없는 상세한 내용들과, 예수님을 따라다녔던 제자가 아니고서는 기록할 수 없는 구체적 내용들이 많이 있다. 이러한 사실들과 2세기 이후의 일치된 외적 증거와 사본상의 증거를 볼 때, 우리는 이 제자가 세배대의 아들 사도 요한이었으며 요한복음의 저자였다고 결론지을 수 있다. 캄펀 신학대학의 판 하우얼링언 교수도 이와 같이 결론짓고 있다. "예수의 사랑하시는 제자 요한은 갈릴리의 어부 가문 출신이다. 그는 그의 형이자 제자인 야고보와 마찬가지로 세배대와 살로메의 아들이었다. 그는 네 번째 복음서의 저자로서 그의 사도적 증거를 행하였다."[114]

③ 요한복음 21:24의 '우리'

요한복음 21:24은 다음과 같이 말한다. "이 일들을 증언하고 이 일들을 기록한 제자가 이 사람이라. 우리는 그의 증언이 참된 줄 아노라." 여기서 '우리'

113) '예수께서 사랑하시던 제자'에 대해서는 P. H. R. van Houwelingen, *Johannes. Het evangelie van het Woord (CNT-3)*, 2e dr. (Kampen: J. H. Kok, 2004), 17-23을 보라.

114) Van Houwelingen, *Johannes,* 23.

가 누구인가 하는 것이 문제이다. 판 하우얼링언 교수는 이에 대한 견해를 다음 네 가지로 정리해 준다.[115]

1) 교회적 복수(kerkelijke meervoud): 얼마 전에 죽은 '예수의 사랑하시는 제자' 주위에 형성된 어떤 그룹을 대변한다. 에베소 교회의 장로들로 보거나 (Hendriksen) 또는 사도 요한의 제자들 그룹으로 본다(Ridderbos). 또는 네 번째 복음서의 저자 또는 편집자를 집단적으로 나타낸 것으로 본다(Brown, Becker).
2) 불특정 복수(onbepaalde meervoud): 일반적 의미에서의 '우리'로 본다. 우리 모두는 알고 있다, 그것은 일반적으로 알려져 있다, 사람들은 안다 (Vaganay, Dodd).
3) 장엄 복수(majesteitsmeervoud): 저자가 자기 자신에 대해 엄숙한 표현으로 '우리'라고 한다(Chapman, Carson, Thyen).
4) 판 하우얼링언 자신은 이것을 '형제들과 나'라는 의미로 본다. 요한은 그의 형제들 곧 주님의 제자들을 대표한다. 자기 혼자만 진리에 대해 확신하고 있는 것이 아니라 그를 둘러싼 형제들도 확신하고 있다. 그는 형제들의 강력한 요청으로 이 복음서를 썼다(Clement of Alexandria, Hieronymus, Canon of Muratori).

나아가서 판 하우얼링언은 요한복음의 마지막 구절(25절)[116]이 다른 사람의 손에 의해 씌어졌다고 볼 아무런 이유가 없다고 한다. 그 이유는 다음과 같다. 1) 이 구절은 20:30-31의 말씀과 잘 조화된다. 2) 단수와 복수 사이의 전

---

115) Van Houwelingen, *Johannes,* 414-16.

116) 요 21:25 "예수께서 행하신 일이 이 외에도 많으니 만일 낱낱이 기록된다면 이 세상이라도 이 기록된 책을 두기에 부족할 줄 아노라."(개역개정판)

환은 요한에게 있어서 특별한 것이 아니다(3:11-12; 9:4-5; 요삼 9-10절).[117]

④ 사도 요한의 생애

사도 요한의 탄생 연도는 모른다. 그는 갈릴리에서 형 야고보와 함께 고기잡이를 하였으며, 품꾼들을 고용해서 고기잡이를 한 것으로 보아 그의 아버지 세배대는 제법 부유했던 것으로 생각된다(막 1:20).

그는 예수님의 부르심을 받아 제자가 되었으며, 형과 함께 '우레의 아들'이란 별명을 얻었다(막 3:17; cf. 눅 9:54). 그는 그의 형과 베드로와 함께 예수님을 가까이 한 세 제자에 속하였으며(마 17:1; 26:37; 막 5:37 등), 특히 요한은 예수님의 품에 기대어 식사를 할 정도로 예수님의 사랑받는 제자였다(요 13:23; 19:26; 20:2; 21:7, 20). 그는 대제사장 안나스와 가야바의 집 뜰에도 갔으며(요 18:15), 골고다 언덕의 십자가 밑에도 나아갔다(요 19:26). 거기서 그는 예수님의 부탁에 따라 예수의 어머니 마리아를 자기 어머니로 모시게 되었다(요 19:27).

사도 요한은 오순절 성령 강림 이후에 예루살렘에서 복음을 전파하였으며, 베드로의 단짝으로 활동하였다(행 3:1; 4:13). 그는 베드로와 함께 사마리아를 방문하여 사마리아의 그리스도인들도 성령을 받도록 기도하였다(행 8:14-17). 그 후로 그의 이름은 사도행전에 더 이상 나타나지 않지만, 그는 사도행전 15장의 예루살렘 회의에 분명히 참석했을 것이다(cf. 행 15:9; 갈 2:9).

그가 언제 팔레스타인을 떠났는지에 대해서는 알 수 없다. 유세비우스는 주의 동생 야고보가 예루살렘에서 순교하였을 때 다른 사도들은 유대에서 쫓겨났다고 한다. 그리고 유대인의 전쟁이 시작되기 전에 예루살렘 교회의 성도

117) Van Houwelingen, *Johannes,* 416.

들이 그 도시를 떠나 페레아(Perea)의 펠라(Pella)로 이주하였다고 한다(*Hist. Eccl.* III,5). 따라서 사도 요한도 아마 야고보의 순교(62년)와 유대인의 전쟁 발발(66년) 사이의 어느 시점에 팔레스타인을 떠났을 것이다. 그리고 주의 품에 기대었던 요한은 에베소에 잠들어 있다고 말한다(*Hist. Eccl.* III,31).[118] 사도 요한이 아시아에 도착한 시점에 대해 테오돌 찬은 66년과 69년 사이로 본다. "66년과 69년 사이에 사도들과 예수의 다른 제자들이 아시아에 왔다는 시점에 대해서는 또한 야고보의 죽음 후와 유대인의 전쟁 발발 직전에 사도들이 팔레스타인과 예루살렘 모교회를 떠났다고 하는 전승이 증거한다."[119] 그의 책 뒤에 붙어 있는 연대표에서는 68년경에 아시아 주로 이주했다고 되어 있다.[120] 따라서 정리하면, 사도 요한은 아마도 66년경 유대인의 전쟁 발발 직전에 팔레스타인을 떠나서 68년경(66-69 사이)에 아시아의 에베소에 와서 90년대 말에 죽을 때까지 30여년 체류하였을 것이다. 어쨌든 사도 바울이 살아 있는 동안에는(66/67년경 순교) 에베소 교회에 부임하지 않았을 것이다.

사도 요한은 에베소에 와서 에베소와 그 주위에서 복음을 전하다가 95년에 도미티아누스에 의해 밧모 섬으로 추방되었다(Eusebius, *Hist. Eccl.* III,18). 그곳에서 계시를 받아 계시록을 기록하였다. 그리고 96년 말에 네르바(Nerva) 황제의 취임 직후 사면(赦免)되어 96년 말에 풀려났다(*Hist. Eccl.* III,20,8-9).[121] 이레네우스에 의하면, 그는 트라야누스 때(98-117)까지 에

118) Cf. Greijdanus, *Openbaring*, 53: "예루살렘 멸망으로 귀착된 유대인의 전쟁 후에, 전승에 의하면 사도 요한과 다른 사람들이 아시아에 왔다."

119) Zahn, *Einleitung*³, II, 463: "Für die Zeit zwischen 66 und 69 als Zeitpunkt der Niederlassung von Aposteln und anderen Jüngern Jesu in Asien spricht auch die Überlieferung, daß erst nach dem Tode des Jk und kurz vor Ausbruch des jüdischen Krieges, die Apostel Palästina und die Muttergemeinde Jerusalem verlassen haben(A 23)."

120) Zahn, *Einleitung*³, II, 656 "Zeittafel".

121) 사도 요한의 밧모 섬 추방 시기에 대해서는 필자의 『요한계시록 주석』(대구: 말씀사, 2017), 19-20을 보라.

베소에 머물렀다고 한다(*Adv. Haer.* II,22,5). 그리고 백발이 되어 고령의 나이에 자연스럽게 죽었다고 한다(Tertullian, *De anima* 50; *De praesc. haer.* 36).[122]

2) 기록 시기와 장소

요한복음은 90년대에 에베소에서 기록되었다. 먼저 기록 장소에 대해서는 이레네우스의 분명한 증거가 있다. "그가 아시아의 에베소에 머물고 있을 때, 그 자신이 복음서를 출판하였다."(*Adv. Haer.* III,1,1) 190년경에 에베소의 감독이었던 폴리크라테스(Polycrates)는 로마의 감독 빅토르(Victor)에게 보낸 편지 중에서 다음과 같이 말한다. "또한 주의 품에 누웠던 요한이 있었다. 그는 흉대(胸帶)를 입은 제사장이었으며 순교자[123]이며 교사이었다. 그는 에베소에 잠들고 있다."(Eusebius, *Hist. Eccl.* V,24,3)

기록 연대는 사도 요한이 살아 있을 때이다. 이레네우스에 의하면, 사도 요한은 트라얀 황제 때(98-117)까지 머물렀다고 한다(*Adv. Haer.* II,22,5; cf. Eusebius, *Hist. Eccl.* III,23). 이 말은 사도 요한이 트라얀 황제 통치 말까지 살았다는 의미가 아니라 트라얀 황제 재위 때까지는 살아 있었다는 의미이다. 그렇다면 요한복음은 아무리 늦어도 사도 요한이 살아 있었던 1세기 말까지는 출판되었을 것이다. 이런 점에서 도널드 거쓰리가 90-110 사이의 어떤 시점으로 본 것[124]은 복음주의적인 견해이긴 하지만, 최종 한도인 110년은 너무

---

122) Theodor Zahn은 사도 요한의 죽음 연도를 주후 100년으로 표시하고 있다(*Einleitung*³, II, 656 Zeittafel).

123) 여기서 '순교자'란 말은 비유적 의미이다. 사도 요한은 살아 있는 동안에 핍박을 많이 받았으며 밧모 섬에 유배되기도 하였다. 그래서 어떤 면에서는 '산 순교자'라 할 수도 있다. 그는 나이 오래도록 살다가 에베소에서 평안히 죽었다.

124) Guthrie, *New Testament Introduction,* 297.

늦다. 테오돌 찬은 요한복음은 100년 이후에 기록되었을 수는 없다고 하면서 대략 80-90년 사이에 기록되었을 것으로 본다.[125] 윌리엄 헨드릭슨은 80-98년 사이로 보면서 밧모 섬에 추방되기 전에 기록되었을 것으로 보는 견해를 선호한다. 그러나 확실히 알 수는 없다고 한다.[126] 따라서 요한복음의 기록 시기는 대체로 80-100년 사이의 어느 시점이 될 것이다.[127] 밧모 섬으로의 추방(95년) 이전인지 이후인지는 알 수 없다. 그리고 요한복음이 요한계시록이나 요한서신들보다 먼저 기록되었는지 나중에 기록되었는지도 알 수 없다.

이와 관련하여 1920년에 획득된 파피루스 조각(𝔓[52])이 주의를 끈다. 존 라일랜즈 도서관(John Rylands Library)에 보관되어 있는 이 파피루스는 1935년에 C. H. Roberts에 의해 출판되었다.[128] 이 파피루스 조각은 요 18:31-33과 37-38 부분을 담고 있는데, 2세기 전반의 것으로 평가되었다.[129] Feine-Behm은 130년경으로 평가한다.[130] UBS 5판은 125년경으로 추정한다.[131] 그렇다면 요한복음은 그 이전에 이미 존재했었다는 말이 된다. 따라서 요한복음의 기록 시기를 2세기 후반으로

---

125) Zahn, *Einleitung*[3], II, 560.

126) W. Hendriksen, *The Gospel of John (NTC)* (Edinburgh: Banner of Truth, 1959), 30f.

127) E. F. Harrison도 필자와 마찬가지로 대략 '1세기의 마지막 20년의 기간'(the period of the last two decades of the first century)로 본다(*Intorduction,* 206).

128) C. H. Roberts, *An Unpublished Fragment of the Fourth Gospel in the John Rylands Library,* Manchester, 1935.

129) Roberts, *An Unpublished Fragment,* 15f. (cf. Greijdanus, *Bizondere Canoniek,* I, 248). Metzger와 Ehrman도 이 연대 추정에 동의한다. Cf. B. M. Metzger - B. D. Ehrman, *The Text of the New Testament. Its Transmission, Corruption, and Restoration,* 4th ed. (New York/Oxford: Oxford University Press, 2005), 56.

130) Feine-Behm, *Einleitung*[8], 105.

131) *The Greek New Testament,* ed. by B. Aland, K. Aland, J. Karavidopoulos, C. M. Martini and B. M. Metzger, 5th rev. ed. (Münster: Deutsche Bibelgesellschaft, 2014), Introduction, 14*.

보는 F. C. Baur와 튀빙겐 학파의 견해는 설 곳을 잃고 만다.[132)] Feine-Behm은 이 파피루스 조각과 Ignatius의 기록들에 기초해서 요한복음은 늦어도 Ignatius의 생애 말기(115년경)에 이미 존재했으며, 늦어도 100년 직후에 기록되었을 것으로 본다.[133)] 그러나 우리는 이 연도도 조금 늦다고 본다. 요한복음은 사도 요한이 에베소에 머무르고 있을 때에 직접 출판했다는 이레네우스의 기록(*Adv. Haer.* III,1,1)과 다른 고대 교회의 전승들을 볼 때, 늦어도 사도 요한이 살아 있던 1세기 말경에는 기록되고 출판되었다고 보아야 할 것이다.

3) 기록 목적

이레네우스는 주의 제자인 요한이 동시대 사람인 케린투스(Cerinthus)와 그 이전의 니콜라우스(Nicolaus)의 잘못된 가르침에 대항하기 위해 기록했다고 한다(*Adv. Haer.* III,11,1).[134)] 요한복음 1:14과 19:34은 이러한 영지주의자들의 가현설(假現說, Docetism)을 염두에 두고 쓴 것이라고 볼 수 있다(cf. 요일 4:2-3; 2:18; 1:1-3; 요이 7절).[135)] 비록 1세기에 충만하게 전개된 가현설 이단이 나타나지 않았다 하더라도 후에 이 이단에서 구체화될 어떤 요소들은 요한 당시에 이미 있었다고 볼 수 있다.[136)] 그러나 이것은 요한복음의 주요 목적이 초기 형태의 가현설과 싸우는 것이라는 의미는 아니다.[137)]

요한복음의 기록 목적은 사도 요한이 직접 말하고 있다. "오직 이것을 기록

---

132) Cf. Guthrie, *New Testament Introduction,* 297 n.5.

133) Feine-Behm, *Einleitung*[8], 105.

134) Cf. Zahn, *Einleitung*[3], 455.

135) Cf. Feine-Behm, *Einleitung*[8], 112 n.1.

136) L. Morris, *The Gospel according to John (NICNT),* rev. ed. (Grand Rapids: Eerdmans, 1995), 31.

137) Morris, *John,* 31.

함은 너희로 예수께서 하나님의 아들 그리스도이심을 믿게 하려 함이요 또 너희로 믿고 그 이름을 힘입어 생명을 얻게 하려 함이니라."(20:31) 즉, 첫째는 예수께서 하나님의 아들 그리스도이심을 믿게 하려는 것이고, 둘째는 그 결과로 생명을 얻게 하려는 것이다. 여기에 사용된 '믿다'는 동사의 시상(時相)과 관련하여 사본상의 차이가 있다. 대다수의 사본들(ℵ[2] A C D L N W Δ Ψ ... *Byz Lect* 등)은 아오리스트 시상의 '피스튜세테'(πιστεύσητε)를 가지고 있다. 소수의 사본들(𝔓[66vid] ℵ* B Θ 등)은 현재 시상의 '피스튜에테'(πιστεύητε)를 가지고 있다. 만일 우리가 '피스튜세테'를 원본으로 취한다면, 아오리스트(aorist) 시상은 '점(點) 동작'(punctiliar action)을 나타내므로[138] 그 믿는 동작이 단회적 또는 단호한 동작임을 나타낸다.[139] 따라서 이 경우에는 불신자가 예수님을 처음 믿는 것 곧 '영접, 회심'을 나타낸다. 그렇다면 요한복음은 불신자들에게 전도의 목적으로 기록된 것으로 볼 수 있다. 그러나 만일 우리가 현재 시상의 '피스튜에테'(πιστεύητε)를 취한다면, 이것은 지속적 동작으로서 계속 믿고 있는 것을 나타낸다. 곧, 이미 믿고 있는 사람이 지속적으로 믿는 것 곧 '의지, 신뢰'를 나타내게 된다. 그렇다면 이것은 이미 예수님을 믿고 있는 사람들에게 계속해서 잘 믿고 신뢰하도록, 믿음 안에 거하도록 하기 위해 기록된 것으로 볼 수 있다.[140]

---

138) J. H. Moulton, *A Grammar of New Testament Greek,* I, 3rd ed. (Edinburgh: T. & T. Clark, 1988), 109.

139) M. Zerwick, *Biblical Greek,* English ed. adapted from the fourth Latin ed. by J. Smith (Rome: Pontificio Istituto Biblico, 1963), §241, §242.

140) Greijdanus는 아오리스트가 현재로 변경되었다고 보는 것이 그 반대의 경우보다 '덜 그럴듯하다'(minder aannemelijk)고 본다(*Bizondere Canoniek,* I, 261). 즉, 현재(πιστεύητε)가 원본이었다고 본다. 그리고 독자들은 이미 신자들이었다고 본다. 그래서 사도 요한은 독자들이 지속적으로 믿도록, 계속 믿고 믿음을 저버리지 않도록 하는 것이라고 본다(같은 곳). 그러나 어느 것이 어느 것으로 변경되었다고 보는 것이 옳으냐 하는 것은 매우 주관적 판단이며, 원본이 없는 상태에서는 추측에 불과하다.

위 두 독법 중 외적 사본상의 증거로 보나 내용상으로 보나 아오리스트 시상의 '피스튜세테'(πιστεύσητε)가 가능성이 높다고 생각된다. 이 경우에도 사도 요한이 꼭 불신자들만을 독자층으로 고려했다고 볼 필요는 없다. 왜냐하면 이미 믿고 있는 신자라 할지라도 다시금 '단호하게', '결단성 있게'(definitely) 믿는 것을 나타낼 때에도 아오리스트 시상을 사용하기 때문이다.[141] 그러나 현재 시상의 '피스튜에테'(πιστεύητε)를 취한다고 해서 근본적으로 의미가 달라지는 것은 아니다. 왜냐하면 현재 시상은 지속적 동작뿐만 아니라 어떤 일의 원리나 진리를 나타내는 데에도 사용되기 때문이다.[142] 그렇다면 사도 요한은 그 믿는 동작이 지속이냐 아니냐에 초점을 두지 아니하고, 원리적으로 누구든지 예수께서 하나님의 아들 그리스도임을 믿어서 생명을 얻게 하려는 목적으로 썼다고 볼 수 있다.[143]

어쨌든 위 두 독법 중 어느 것을 취하더라도 다른 독자층이 제외되었다고 보기는 어렵다. 원래 불신자들을 위해 쓰여진 것이라 하더라도 믿는 자들이 읽을 수 있는 것이며, 믿는 신자들을 위해 쓰여진 것이라 하더라도 불신자들이 읽을 수 있는 것이다. 이처럼 두 가지 가능성이 다 열려 있지만, 외적 사본상의 증거와 자연스런 헬라어 문장으로 볼 때 아오리스트 시상의 '피스튜세테'(πιστεύσητε)가 자연스러워 보인다. 그래서 사도 요한은 원래 전도 목적으로 이 복음서를 기록했지만, 이미 믿어서 생명을 가지고 있는 자들에게는 더 풍성히 얻게 하기 위한(요 10:10) 목적도 들어 있다고 봐야 할 것이다.

Van Houwelingen도 같은 견해이다. "요한복음은 모든 독자들 곧 신앙의 초보자

---

141) Cf. Zerwick. *Biblical Greek,* §242.

142) Cf. F. W. Grosheide, *Prof. Dr. A. T. Robertsons Beknopte Grammatica op het Grieksche Nieuwe Testament* (Kampen: J. H. Kok, 1912), 144 (§245): "... 현재는 **일반적인**, 즉 **항상 해당되는** 말들에 사용될 수 있다. ... 마 12:35 ...) (필자역).

143) 그러나 필자는 πιστεύω 동사의 경우에 이 가능성은 적다고 본다.

들뿐만 아니라 오래 된 자들의 고백을 목표로 하고 있다."[144] W. Bauer도 간단하지만 동일한 견해를 잘 표명하고 있다. "이 복음서 기자는, 그들이 지금 이미 그리스도인이든 아니면 아직 '밖에' 서 있든 간에, 이 믿음을 아직 가지고 있지 않는 모든 사람을 향하고 있다."[145]

한편, Carson은 요한복음은 '유대인들' 또는 '유대교 입교자들'에게 복음을 전하기 위해 기록된 것으로 본다. 그는 그의 이 주장을 뒷받침하기 위해 요 20:31(... ὅτι Ἰησοῦς ἐστιν ὁ Χριστὸς ὁ υἱὸς τοῦ θεοῦ)을 거꾸로 읽는다. 곧 "그리스도, 하나님의 아들은 예수이다"고 읽는다. 요한복음의 독자들은 메시아(그리스도)가 어떤 분인지는 알고 있었는데, 그 메시아가 누구냐에 대해 몰랐다고 한다. 그래서 그런 유대인들과 유대교 입교자들에게 그들이 기다리던 메시아가 예수임을 알려 주기 위해 이 복음서를 기록했다고 본다.[146] 그러나 이런 주장은 요 20:31을 정상적으로 읽은 것이 아니다. 이 구절에서 '그리스도, 하나님의 아들'(ὁ Χριστὸς ὁ υἱὸς τοῦ θεοῦ)은 술어로 보아야 한다. 즉, 예수가 '그리스도'이고 '하나님의 아들'이라는 것이다. 예수가 누구이냐를 설명하는 술어(predicate)로서 '그리스도, 하나님의 아들'을 말한다. 마 16:16에서 베드로가 고백한 것도 - "당신은 그리스도, 살아 계신 하나님의 아들입니다."(Σὺ εἶ ὁ Χριστὸς ὁ υἱὸς τοῦ θεοῦ τοῦ ζῶντος) - 예수님은 '그리스도'요 '살아 계신 하나님의 아들'이라는 것이다. 즉, 예수가 누구냐에 대해 술어로서 '그리스도'와 '살아 계신 하나님의 아들'이라고 말한 것이다. 이것은 마르다의 고백에서도 마찬가지다. "당신은 그리스도시요 세상에 오시는 하나님의 아들입니다"(요 11:27). 뿐만 아니라 회심한 사울이 다메섹에서 전한 것도 "이 사

---

144) Van Houwelingen, *Johannes,* 401.

145) W. Bauer, *Das Johannesevangelium (Handbuch zum Neuen Testament),* 3. Aufl. (Tübingen: J. C. B. Mohr, 1933), 234.

146) D. A. Carson, *The Gospel according to John* (Grand Rapids: Eerdmans, 1991), 91, 661-63. 또한 그의 "The Purpose of the Fourth Gospel: John 20:30-31 Reconsidered," *JBL* 106/4 (1987), 639-51을 보라.

람이 하나님의 아들이다"(행 9:20)는 것과 "이 사람은 그리스도이다"(행 9:22)는 것이었다. 여기서 '하나님의 아들'과 '그리스도'는 술어이지 주어가 아니다. 그런데 사울이 다메섹에서 복음을 전한 대상은 '유대인들'이었다. 다메섹에 사는 '유대인들'에게 예수가 '하나님의 아들'이며 '그리스도'임을 전한 것이다. 그렇다면 에베소와 그 주위에 사는 '유대인들'에게 사도 요한이 전한 내용도 마찬가지로 예수가 '그리스도'시며 '하나님의 아들'이었다고 볼 수 있다. 이 사실은 요한복음의 수신자를 '유대인들'로 보기 위해 '주어'와 '술어'를 뒤집을 필요가 없다는 것을 보여 준다. 즉, 아시아에 사는 '유대인들'에게 복음을 전할 때에도 예수는 '그리스도이며 하나님의 아들'(술어)이라고 전했을 것이라는 것을 말한다. 그렇다면 아시아에 사는 '이방인들'에게는 물론 말할 것도 없이 예수는 '그리스도이며 하나님의 아들'이라고 전했을 것이다. 따라서 요 20:31의 말씀은 유대인이든 이방인이든 상관없이 다 해당되는 내용임을 알 수 있다. 그러므로 Carson처럼 이 구절에서 주어와 술어를 바꾸어서 수신자들을 '유대인들' 또는 '유대교 입교자들'로 보는 것은 옳지 않다.

요한복음 20:31이 말하고 있는 주목적 외에 흐레이다너스는 부수적인 목적 세 가지를 들고 있다. 1) 다른 세 복음서를 보충하는 것; 2) 케린투스(Cerinthus)의 잘못을 비판하는 것; 3) 세례 요한에 대한 잘못된 생각을 물리치는 것.[147] 요한복음을 기록할 때에는 물론 이런 목적들도 가지고 있었겠지만, 주된 목적은 역시 사도 요한이 직접 말한 대로 독자들이 예수께서 하나님 아들 그리스도이심을 믿고 또한 믿어서 생명을 얻게 하려는 것이었다고 할 수 있다.

---

147) Greijdanus, *Bizondere Canoniek,* I, 263.

4) 요한복음의 특징

① 그리스도의 신성 강조

오리겐에 의하면, 요한복음은 그리스도의 '신성'(神性, τὴν Θεότητα)을 다른 어떤 복음서보다 분명히 잘 드러내고 있다고 한다.[148] 알렉산드리아의 클레멘트는, 사도 요한이 성령에 감동되어 '영적인 복음'(πνευματικὸν εὐαγγέλιον)을 기록했다고 한다.[149] 이 말은 공관복음에 비해 근본적으로 다르다는 말이 아니다.[150] 상대적으로 그리스도의 신성적 측면을 좀 더 분명히 드러내었다는 의미로 이해해야 한다. 박윤선 박사는 다음과 같이 설명한다. "신령한 복음이란 것은, 그리스도의 사건을 기록함에 있어서 특별히 그 사건의 외각적인 현상보다 그 의의(意義)에 대하여 중점적으로 말한 것을 가리킨다."[151] 예를 들면, 예수님은 '말씀'으로서 영원 전부터 계셨으며(1:1), 그 '말씀'이 육신이 되셨다는 것을 말한다(1:14). 예수님은 또한 "아브라함이 나기 전부터 내가 있느니라"고 하신다(8:58). 그리고 "나와 아버지는 하나이니라"고 하신다(10:31). 따라서 다른 복음서에도 물론 예수 그리스도의 신성이 나타나 있지만, 요한복음에는 그것이 더욱 분명히 그리고 깊이 있게 서술되었다

---

148) Origène, *Commentaire sur Saint Jean* I,4,22 (*SC* 120, p.70). Cf. Greijdanus, *Bizondere Canoniek,* I, 251.

149) Eusebius, *Hist. Eccl.* VI,14,7-8: "... 제일 마지막인 요한은 복음서들에 육적인 것들이 분명히 드러나 있는 것을 보고서, 제자들의 요청을 받고서 또한 성령으로 영감을 받아서 영적인 복음을 만들었다. 이것이 클레멘트의 말이다."(... τὸν μέντοι Ἰωάννην ἔσχατον, συνιδόντα ὅτι τὰ σωματικὰ ἐν τοῖς εὐαγγελίοις δεδήλωται, προτραπέντα ὑπὸ τῶν γνωρίμων, πνεύματι θεοφορηθέντα πνευματικὸν ποιῆσαι εὐαγγέλιον. τοσαῦτα ὁ Κλήμης.)

150) Harrison, *Introduction,* 203.

151) 박윤선, 『성경주석 요한복음』 (서울: 영음사, 1980), 52.

고 할 수 있다.[152)]

② 긴 대화

요한복음에는 긴 대화체의 이야기가 몇 개 나타난다. 니고데모와의 대화(3장), 사마리아 여인과의 대화(4장), 생명의 떡 강화(6장), 날 때부터 소경된 자와 관련한 논쟁(9장), 마르다와 마리아와의 대화(11장), 다락방 강화(13-16장) 등. 이런 대화들은 상당히 구체적이고 생생한 성격을 가지고 있다.[153)] 그리고 24 시간 이내의 기간에 속하는 사건들과 강화들을 길게 다루고 있다(13-19장).[154)]

③ 자기 백성이 영접하지 아니함

요한복음에는 하나님의 아들이 자기 땅에 왔으나 자기 백성이 영접하지 않았다는 주제가 많이 나타난다(1:11; 5:16, 18; 7:1 등). 이러한 역설은 예수님 당시뿐만 아니라 사도 요한이 머물고 있던 아시아 지역도 그러하였을 것이다. 그래서 요한복음에는 '유대인들'(οἱ Ἰουδαῖοι)은 예수님에 대해 적대적이고(4:10; 7:1; 8:48), 불신앙적인 모습으로(6:41, 52) 많이 나타난다.[155)]

---

152) Greijdanus, *Bizondere Canoniek,* I, 262.

153) Cf. Keulers, *Het evangelie volgens Joannes* (Roermond en Maaseeik: J. J. Romen & Zonen, 1951), 21.

154) W. Hendriksen, *The Gospel of John (NTC)* (Edinburg: Banner of Truth, 1959), 37.

155) Cf. A. T. Lincoln, *The Gospel according to Saint John (Black's New Testament Commentaries)* (London: Continuum, 2005), 70; R. Schnackenburg, *Das Johannes-evangelium (Herders Theologischer Kommentar zum Neuen Testament),* I. Teil, 7. Aufl. (Freiburg/Basel/Wien: Herder, 1992), 146-48.

④ 유대인들의 절기

요한복음에는 유대인들의 절기가 많이 나타난다. 공관복음서에는 유월절이 한 번밖에 나타나지 않지만 요한복음에는 명시적으로 세 번 나타나며(2:13; 6:4; 12:1), 묵시적으로 한 번 나타난다(cf. 5:1). 5:1의 '명절'([ἡ] ἑορτή)은 4:35의 말씀을 볼 때 '유월절'이거나 유월절을 지난 다른 명절이다. 예수님은 사마리아에서 제자들에게 "너희는 넉 달이 지나야 추수할 때가 이르겠다 하지 아니하느냐?"고 하셨다(4:35). 유대 지역에서 추수는 유월절이 지난 4월에 시작된다.[156] 그렇다면 예수님이 이 말씀을 하신 시점은 12월이나 그 후가 될 것이다.[157] 그렇다면 요 5:1의 명절은 '유월절'이거나 그 후의 다른 명절이 될 것이다. 어쨌거나 4:35과 5:1 사이에 또 한 번의 유월절이 있다는 것은 분명하다.

따라서 예수님은 공생애 사역 기간 동안 적어도 네 번의 유월절을 지내셨으며, 만 3년(three full years) 이상 사역하신 것을 알 수 있다.[158]

⑤ 요한복음에는 빛과 어두움, 사랑과 미움, 생명과 사망, 진리와 거짓의 날카로운 대조가 많이 나타난다. 그러나 이런 것은 이방 종교나 헬라 철학에서처럼 철학적, 이원론적 구별이 아니라 영적, 윤리적 성격의 것이라 하겠다.[159]

---

156) S. Greijdanus, "God geopenbaard in het vleesch," in: *Bijbelsch Handboek,* II (Kampen: J. H. Kok, 1935), 193. 그러나 Grosheide는 5월 중순경으로 본다. Cf. F. W. Grosheide, *Het heilig evangelie volgens Johannes (KNT)*, I (Amsterdam: H. A. van Bottenburg, 1950), 309 n.1.

157) Greijdanus, "God geopenbaard in het vleesch," 193.

158) 이 점에서 이종윤 박사가 '만 2년 이상'으로 본 것(『신약 개론』, 283)은 옳지 않다. 조병수 박사도 마찬가지로 유월절을 세 번으로 보고 예수께서 '최소한 2년 이상' 활동하셨다고 본다(『신약성경 총론』, 155-59).

159) Cf. C. H. Dodd, *The Interpretation of the Fourth Gospel* (Cambridge: Cambridge University Press, 1968), 201-12; 변종길, "요한복음에 나타난 비유의 핵심은 무엇

⑥ 성령에 대한 가르침

요한복음에는 다른 복음서보다도 성령에 대한 가르침이 많이 나타난다.[160) 니고데모와의 대화에서 사람이 물과 성령으로 거듭나야만 하나님 나라에 들어갈 수 있다고 하셨다(3:5). 초막절 끝 날에 말씀하신 '생수의 강'이 흘러나오는 것은 믿는 자의 받을 '성령'을 가리켜 말씀하신 것이라고 한다(요 7:39).[161) 그리고 14-16장에서는 예수님의 부활, 승천 후에 '보혜사' 성령을 보내시겠다고 약속하셨다. 부활하신 후에 제자들에게 찾아오셨을 때에도 숨을 내쉬면서 "성령을 받으라."고 말씀하셨다(20:22). 이처럼 요한복음에는 성령에 대한 언급이 많이 있는데(물론 다른 복음서에도 성령에 대한 언급이 많지만), 특히 예수님이 영광 받으신 후에 오순절 날에 오셔서 역사하시는 '성령'(보혜사 성령)을 염두에 두고 말하고 있다.

5) 요한복음의 구조

요한복음의 구조는 여러 방식으로 이해할 수 있다. 그러나 어느 방법으로 보든 다 한계가 있지만, 다음과 같이 나누는 것도 좋아 보인다.[162)

① 서론(1:1-18)
② 표적의 책(1:19-12:50)

인가", 『그말씀』 109 (1998. 7), 84-86.

160) Cf. Guthrie, *New Testament Introduction,* 249f.

161) 요 7:37-39의 해석에 대해서는 필자의 『성령과 구속사』 (서울: 개혁주의신행협회, 1997)를 보라.

162) 심상법, "요한복음의 주제와 구조", 『요한복음 어떻게 설교할 것인가』 (서울: 두란노아카데미, 2007), 19.

③ 영광의 책 또는 고난의 책(13:1-20:31)

④ 결론(21:1-25)

한편, 비슬리-머리는 다음과 같이 나누고 있다.[163)]

① 서문(1:1-18)

② 예수의 공사역(1:19-12:50)

③ 예수의 고난과 부활(13:1-20:31)

④ 후기(21:1-25)

다른 한편, 판 하우얼링언 교수는 다음과 같이 나누면서 11-12장을 중심으로 U자형 구조를 그리고 있다고 본다.[164)]

① 하나님과 그의 증인(1-4장)

② 유대 절기 때의 공사역(5-10장)

③ 마지막 표적과 마지막 때(11-12장)

④ 유월절 저녁의 작별(13-17장)

⑤ 죽음과 삶의 영광(18-21장)

그러나 1:1-18을 '서문'으로, 21:24-25을 '결어'로 보고 그 사이에 있는 것을 '중심부'로 보는 큰 구조는 유지하는 것이 좋아 보이며, 그 가운데 부분을 어떻게 분류할 것인가 하는 것은 보는 관점에 따라 달라질 수 있을 것이다.

---

163) G. R. Beasley-Murray, *John (WBC)* (Waco: Word Books, 1987), xci-xcii.

164) Van Houwelingen, *Johannes,* 34f. 그 외에 요한복음의 구조에 대한 논의는 Guthrie, *New Testament Introduction,* 327-31을 보라.

6) 내용 분해[165)]

① 서론(1:1-18)

② 갈릴리와 유대와 사마리아에서의 사역(1:19-6장)

i) 세례 요한의 증거(1:19-36)

ii) 제자들과 메시야의 첫 만남(1:35-51)

iii) 갈릴리 가나에서의 혼인잔치(2:1-11)

iv) 성전을 청결케 하심(2:12-25)

v) 니고데모와의 대화(3:1-21)

vi) 세례 요한의 증거(3:22-36)

vii) 사마리아 여인과의 대화 및 사마리아에서의 전도(4:1-42)

viii) 갈릴리로 가심, 가버나움의 병자를 고쳐주심(4:43-54)

ix) 38년 된 병자를 고치심(5:1-47)

x) 갈릴리에서 이적을 통한 주님의 자기 계시(6:1-71)

③ 유대에서의 사역(7-12장)

i) 초막절을 앞두고 아직 갈릴리에 머무르심(7:1-10)

ii) 초막절 중간에 예루살렘으로 올라가심(7:11-36)

iii) 예수님의 설교와 그 반응(7:37-53)

iv) 간음 중에 붙잡힌 여자(8:1-11)

v) 바리새인들과의 논쟁(8:12-59)

vi) 날 때부터 소경된 자를 고치심과 이에 따른 논쟁(9:1-41)

vii) 선한 목자 등(10:1-42)

viii) 나사로를 살리심 등(11:1-57)

---

165) 아래의 내용 분해는 Greijdanus, *Bizondere Canoniek,* I, 209-17에 나오는 내용을 요약한 것이다.

ix) 베다니에서 기름 부음 받으심 등(12:1-50)

④ 예수님의 마지막 강화, 죽음, 부활, 나타나심(13-21장)

i) 제자의 발을 씻기심 등(13:1-38)

ii) 잡히시기 전의 마지막 강화(14-16장)

iii) 대제사장적 기도(17장)

iv) 예수님께서 잡히심(18:1-40)

v) 예수님의 재판 받으심과 죽으심(19:1-42)

vi) 예수님의 부활과 나타나심(20:1-31)

vii) 디베랴 바닷가에 나타나심(21:1-14)

viii) 베드로를 다시 세우심(21:15-23)

⑤ 결어(21:24-25)

7) 참고 문헌

박윤선, 『요한복음』, 서울: 영음사, 1980(14판) (초판: 1958).

이상근, 『신약성서 주해 요한복음』, 대한예수교장로회 총회교육부, 1980 (10판).

목회와신학 편집부 엮음, 『요한복음 어떻게 설교할 것인가』 (두란노 HOW 주석), 서울: 두란노아카데미, 2008.

권해생, 『요한복음』 (대한예수교장로회 고신총회 설립 60주년 기념 성경주석), 서울: 대한예수교장로회 총회 출판국, 2016.

이상훈, 『요한복음』 (대한기독교서회 창립 100주년 기념 성서주석), 서울: 대한기독교서회, 1993.

변종길, "요한복음에 나타난 상황성", 『그말씀』 66 (1998. 1), 110-18.

변종길, "요한복음에 나타난 비유의 핵심은 무엇인가", 『그말씀』 109 (1998.

7), 79-87.

변종길, "아버지와 아들, 영생과 심판. 요한복음 5장의 주해와 적용", 『그말씀』 184 (2004. 10), 38-50. (『두란노 HOW 주석 요한복음』, 129-44).

변종길, "세상을 이기신 예수님. 요한복음 15-16장의 주해와 적용", 『그말씀』 185 (2004. 11), 55-71. (『두란노 HOW 주석 요한복음』, 269-90).

F. L. Godet, *Commentary on the Gospel of John,* 2 Vols., Grand Rapids: Zondervan Publishing House (repr. from 1893 French ed. tr. by T. Dwight).

J. H. Bernard, *A Critical and Exegetical Commentary on the Gospel according to St. John (ICC),* 2 Vols., Edinburgh: T. & T. Clark, 1928.

W. Hendriksen, *The Gospel of John (NTC),* Edinburgh: Banner of Truth, 1976.

L. Morris, *The Gospel according to John (NICNT),* rev. ed., Grand Rapids: Eerdmans, 1995 (이전판: 1984).

R. E. Brown, *The Gospel according to John (I-XII) (The Anchor Bible),* New Haven: Yale University Press, 1966.

R. E. Brown, *The Gospel according to John (XIII-XXI) (The Anchor Bible),* New York: Doubleday & Co., 1970.

C. K. Barrett, *The Gospel according to St.* John, 2nd ed., Philadelphia: The Westminster Press, 1978.

G. R. Beasley-Murray, *John 1-21 (WBC),* Dallas: Word Books, 1987.

A. J. Köstenberger, *John (BECNT),* Grand Rapids: Baker Academic, 2004.

D. A. Carson, *The Gospel according to John (PNTC),* Grand Rapids: Eerdmans, 1991.

B. Lindars, *The Gospel of John (New Century Bible Commentary),* Grand

Rapids: Eerdmans, 1992.

H. N. Ridderbos, *The Gospel according to John. A Theological Commentary,* tr. by J. Vriend, Grand Rapids: Eerdmans, 1997.

R. Schnackenburg, *Das Johannesevangelium (Herders Theologischer Kommentar zum Neuen Testament),* 4 Teilen, Freiburg: Herder (I: 7. Aufl., 1992; II: 4. Aufl., 1985; III: 6. Aufl., 1992; IV: 3. Aufl., 1984).

E. Haenchen, *Das Johannesevangelium,* Tübingen: J. C. B. Mohr, 1980.

W. Bauer, *Das Johannesevangelium (Handbuch zum Neuen Testament),* Tübingen: J. C. B. Mohr, 1933.

F. W. Grosheide, *Het heilig evangelie volgens Johannes (KNT),* 2 dln., Amsterdam: H. A. van Bottenburg, 1950.

H. N. Ridderbos, *Het evangelie naar Johannes. Proeve van een theologische exegese,* 2 dln., Kampen: J. H. Kok, 1987(deel I), 1992(deel II).

P. H. R. van Houwelingen, *Johannes. Het evangelie van het Woord (CNT-3),* 2e dr., Kampen: J. H. Kok, 2004 (초판: 1997).

J. Keulers, *Het evangelie volgens Joannes (De boeken van het Nieuwe Testament),* Roermond en Maaseik: J. J. Romen & Zonen, 1951.

C. H. Dodd, *The Interpretation of the Fourth Gospel,* Cambridge: Cambridge University Press, 1968 (repr. 1992).

C. H. Dodd, *Historical Tradition in the Fourth Gospel,* Cambridge: Cambridge University Press, 1963.

L. Morris, *Studies in the Fourth Gospel,* Grand Rapids: Eerdmans, 1969.

S. S. Smalley, *John: Evangelist and Interpreter,* Exeter: Paternoster Press, 1978 (repr. 1992).

E. F. Scott, *The Fourth Gospel. Its Purpose and Theology,* 2nd ed., Edinburgh:

T. & T. Clark, 1908.

M. Hengel, *The Johannine Question*, tr. by J. Bowden, London: SCM, 1989.

B. 사도행전

5. 사도행전

사도행전은 누가복음의 후편이다. 누가가 데오빌로에게 써 보낸 두 권의 책 가운데 후편이 사도행전이다(행 1:1-2). 따라서 사도행전을 누가복음과 함께 '역사서'로 분류하는 것은 타당하다.

1) 명칭

어떤 사람들은 사도행전을 '성령행전'으로 부르기도 한다. 오순절 날에 성령이 강림하심으로 예루살렘 교회가 탄생되고 성령의 능력으로 복음이 전파되고 교회가 확장되었기 때문에 이런 명칭을 즐겨 사용한다. 그러나 이러한 명칭에는 몇 가지 문제가 있다.

첫째, 성령은 자기 자신을 증거하지 않고 예수 그리스도를 증거한다(요 15:26; 16:13-14). 그래서 사도행전에서 증거되는 분은 성령 자신이 아니라 예수 그리스도이다. 따라서 '성령행전'이라 부르는 것을 성령 자신이 좋아하지 않을 것이다. 둘째, 성령은 사도행전에서만 역사하신 것이 아니라 복음서 시대에도 역사하셨고 구약 시대에도 역사하셨다. 따라서 성령의 역사를 어느 한 시대로 한정하는 것은 옳지 않다. 삼위일체 하나님께서 태초부터 세말까지, 아니 영원 전부터 영원까지 늘 함께 하시고 늘 함께 역사하신다. 따라서 오순절 이후를 특별히 '성령의 시대'라고 부르는 것은 합당치 않다. 셋째, 사람이 하는 모든 일의 배후에는 하나님이 계신다. 복음을 전하는 것뿐만 아니라 공부하는 것, 일하는 것, 노래 부르고 그림 그리는 것 등, 이 모든 활동의 배후에는 삼위일체 하나님이 힘주시고 인도해 주셔서 가능하게 된 것이다. 그래서 전통적인 교의학에서는 인간의 활동들을 '제2 원인들'(*causae secundae*)이라고 부르고, 하나님을 '제일 원인'(*causa prima*)이라고 불렀다.[166] 그런데 만일 우리가 성령의 능력으로 행해진 활동들을 가리켜 '성령행전'이라고 부른다면, 다른 것들도 다 '성령행전'이라고 불러야 할 것이다. 곧, 복음서들과 구약성경들도 다 '성령행전'이라고 불러야 할 것이다. 뿐만 아니라 인간의 모든 활동도 다 '성령의 일들' 또는 '하나님의 일들'이라고 불러야 할 것이다. 이러한 지칭도 물론 틀린 말은 아니지만, 우리의 일상적인 언어 사용에 맞지 않다. 우리는 어떤 일들에 대해 말할 때 대개 '제2 원인'을 가지고 말한다. 따라서 사도행전에 대해 말할 때에도, 물론 성령께서 주도적으로 역사하시고 많은 능력과 은혜로 역사하신 것을 고백하고 강조하지만, '제2 원인'을 따라 '사도행전'이라고 부르는 것이 합당하다고 생각된다.

이레네우스는 '사도들에 대한 누가의 증거'(ἡ τοῦ Λουκᾶ περὶ τῶν ἀποστόλων μαρτυρία, *Lucae de apostolis testificatio*)라 불렀으며(*Adv. Haer.* III,13,3), 터툴리안은 '누가의 주석'(*Commentarius Lucae*)이라고 불렀다(*De iei.* 10).[167] 2세기 말의 무라토리 정경(Canon of Muratori)은 "모든 사도들의 행적이 한 권의 책으로 기록되었다."(*Acta autem omnium apostolorum, sub uno libro script sunt.*)고 말한다.[168] 그러나 '모든 사도들의 행적(행전)'은 이

---

166) Cf. H. Bavinck, *Gereformeerde Dogmatiek,* 6e dr. (Kampen: J. H. Kok, 1976), II, 573-75 (par. 305).

167) Cf. Zahn, *Einleitung*³, II, 337 A. 1; J. B. Polhill, *Acts* (Nashville: Broadman Press, 1992), 23.

168) Cf. Greijdanus, *Bizondere Canoniek,* I, 273.

책의 제목을 가리키는 것이 아니라 이 책의 내용을 가리킨다.[169] 뿐만 아니라 이 책의 내용을 가리키는 것으로도 정확하지 않다. 왜냐하면 사도행전은 '모든 사도들'의 행적을 다루고 있지 않기 때문이다.[170] 몇몇 주요 사도들(베드로, 야고보, 바울 등)을 중심으로 서술되지만 베드로의 후기 행적에 대해 침묵하고 있으며, 바울의 행적도 로마 옥에서의 활동 이후로 더 이상 말하지 않는다. 또한 사도는 아니지만 스데반과 빌립의 활동에 대해서도 서술하고 있다.

사도행전 1:1-2에 보면 누가는 전편의 글에서 "예수께서 행하시며 가르치시기를 시작하심부터 ... 승천하신 날까지의 일을 기록하였다."고 한다. 그렇다면 그 후속편에서는 승천 이후로 '예수'께서 행하신 일들을 기록한다고 볼 수 있다. 따라서 사도행전을 '예수의 행하심'의 책이라는 관점에서 보아야 할 것이다.[171] 사도행전은 승천하신 예수께서 성령의 오심으로 말미암아 예루살렘에 교회가 탄생되고 사도들과 다른 사람들의 사역을 통해 복음이 전파되고 교회가 확장되는 역사를 기록한 것이다.

2) 저자

사도행전의 저자는 누가복음의 저자와 동일하다(행 1:1-2). '우리' 본문들(행 16:10 이하; 20:5-21:18; 27:1-28:16)도 이 저자가 바울과 동행하였음을 시사한다.[172] 고대 교회의 전승들도 한결같이 누가가 기록하였다고 한다(Irenaeus, *Adv. Haer.* III,14,1; Tertullian, *De ieiunio* 10; Canon of Muratori). 오리겐은, 누가는 "바울에 의해 칭찬 받은 복음서로 이방인 신자들을 위해 기

169) Greijdanus, *Bizondere Canoniek,* I, 274.

170) Greijdanus, *Bizondere Canoniek,* I, 274.

171) Greijdanus, *Bizondere Canoniek,* I, 274.

172) 사도행전의 저자 문제에 대해서는 본서 누가복음의 저자 부분을 보라.

록하였다"고 하였다(in Eusebius, *Hist. Eccl.* VI,25,6).[173]

따라서 사도행전은 사랑받는 의원이며 바울의 동행자인 누가(골 4:14)가 기록하였음을 알 수 있다. 유세비우스는 그가 안디옥 출신이라고 말했으며(*Hist. Eccl.* III,4,6), 제롬도 그렇게 말하고 있다(*Comm. in Matth.*, Pref.).[174] 어쨌든 우리는 바울의 동행자인 의원 누가가 양 책의 저자라는 전승을 포기할 아무런 이유가 없다.[175]

3) 저작 시기와 장소

사도행전의 저작 시기와 장소에 대해서는 앞에서 누가복음을 다룰 때 말한 바와 같이 확실히 알 수 없다. 사도행전의 끝부분이 로마 옥중에서의 복음 전파로 끝난다는 사실은 기록 연대와 관련하여 아무것도 말하지 않는다. 왜냐하면 사도행전은 바울의 전기를 기록한 것이 아니기 때문이다. 비록 누가가 바울의 로마에서의 석방 후의 행적과 순교에 대해 알고 있었다고 할지라도 그것들을 기록하지 않았을 수도 있는 것이다.

많은 비평가들은 사도행전이 1세기 말 또는 2세기 초에 기록되었다고 한다. 그렇게 보는 주된 이유는 누가가 요세푸스의 작품에 의존하고 있다고 보기 때문이다. 요세푸스는 주후 37년에 태어나서 75-79년경에 『유대인의 전쟁』을, 93-94년경에 『유대 고대사』를 출판하였다. 그런데 누가 또는 사도행전의 저자가 이 책들에서 자료를 사용했다고 본다. 예를 들면 사도행전 5:36-37의 드다(Theudas)와 갈릴리

---

173) 고대 교회의 전승에 대해서는 J. Keulers, *De handelingen der apostelen* (Roermond en Maaseik: J. J. Romen & Zonen, 1952), 8을 보라.

174) Cf. Polhill, *Acts,* 22.

175) Greijdanus, *Bizondere Canoniek,* I, 307.

의 유다(Judas the Galilean) 사건이다.[176] 그러나 테오돌 찬은 누가는 요세푸스보다 훨씬 더 오래된 사람이며, 그는 여러 독립적인 정보들을 가지고 있었다고 한다. 따라서 누가가 요세푸스의 작품을 이용하지 않았으며 오히려 그 반대일 수 있다고 본다.[177] 그리고 최근의 고고학적 발굴들은 전에는 의심되었던 누가의 많은 기록들이 정확하다는 것을 보여 주었다고 한다.[178]

고대 교회의 전승은 앞에서 살펴본 바와 같이 일치하지 않는다. 63-64년경에 로마에서 저작했다는 전승도 있고(Jerome, *De vir. illust.* 7), 75-80년경에 그리스(아가야와 뵈오티아)에서 저작했다는 전승이 있다(Jerome, *Comm. in Matth.,* Praef.).[179] 그러나 이것은 그렇게 중요한 문제가 아니다. 누가가 사도행전 전체를 다 기록했다고 받아들인다면, 10여년 일찍 기록되었든 늦게 기록되었든, 그리고 로마에서 기록되었든 그리스에서 기록되었든 큰 차이는 없다.[180]

4) 사도행전의 주제

사도행전의 주제는 1장 8절에 잘 나타나 있다. "오직 성령이 너희에게 임하시면 너희가 권능을 받고 예루살렘과 온 유대와 사마리아와 땅 끝까지 이르러

---

176) Greijdanus, *Bizondere Canoniek,* I, 308f.

177) Zahn, *Einleitung*^{3}, II, 400-403. Zahn은 그의 *Apostelgeschichte* (1919), 214-16에서 드다 사건의 시기에 대해 요세푸스가 실수했다고 본다(cf. Greijdanus, *Bizondere Canoniek,* I, 310).

178) Cf. W. M. Ramsay, *The Bearing of recent Discovery on the Trustworthiness of the New Testament,* 1915(초판), 1920(4판). (Greijdanus, *Bizondere Canoniek,* I, 309에서 재인용).

179) 본서 누가복음의 기록 연대와 장소 부분 참조.

180) Greijdanus, *Bizondere Canoniek,* I, 311.

내 증인이 되리라 하시니라."(ἀλλὰ λήμψεσθε δύναμιν ἐπελθόντος τοῦ ἁγίου πνεύματος ἐφ' ὑμᾶς καὶ ἔσεσθέ μου μάρτυρες ἔν τε Ἰερουσαλὴμ καὶ [ἐν] πάσῃ τῇ Ἰουδαίᾳ καὶ Σαμαρείᾳ καὶ ἕως ἐσχάτου τῆς γῆς.) 원문을 보면 '예루살렘' 앞에는 전치사 '엔'(ἐν)이 있고, '온 유다' 앞에는 있는 것도 있고 없는 것도 있으나 있는 것이 압도적으로 많다.[181] 그러나 어쨌든 '사마리아' 앞에는 모든 사본이 일치하게 전치사가 없다. 따라서 '사마리아'는 따로 떼어서 독립적으로 생각할 것이 아니라 '온 유다'와 밀접하게 연결시켜 생각해야 한다. 즉, 누가는 '온 유다'와 '사마리아'를 한 묶음으로 생각하고 있는 것이다. '온 유다'라고 말할 때 사실 '사마리아'도 이미 포함되어 있지만,[182] 누가는 '사마리아'를 특별히 언급해 주었다. 왜냐하면 '사마리아'는 유대인들에 의해 멸시당하고 이방시되는 특수한 처지에 있었기 때문이다(cf. 요 4:9; 눅 9:51-56).[183]

그렇다면 누가가 생각한 복음 전파의 단계는 많은 사람들이 생각하듯이, 1) 예루살렘, 2) 온 유대, 3) 사마리아, 4) 땅 끝, 이렇게 4 단계로 이해할 것이 아니라, 1) 예루살렘, 2) 온 유대와 사마리아(사마리아를 포함한 온 유대), 4) 땅 끝, 이렇게 3 단계로 이해할 수 있다.

그러면 '땅 끝'은 어디일까? 어떤 사람들은 로마 제국의 변경을 생각하고, 어떤 사람들은 복음이 계속 서진해서 다시 도달하게 될 '예루살렘'을 생각한다. 그러나 '땅 끝'은 그런 한 지역을 의미하는 것이 아니다. 지구는 둥근데 어느 한 부분, 한 지역을 가리켜 '땅 끝'이라고 할 수 없다. 따라서 이 말은 일상

---

181) NA[27]에 의하면, 어떤 사본들(A C* D 등)은 ἐν을 생략하고 있으나 𝔓[74] א B C[3] E Ψ 𝔐 등 대부분의 사본들은 이것을 가지고 있다.

182) 여기에 '이두매'와 '갈릴리', '베레아', '트랜스 요르단' 등이 언급되지 않은 것으로 보아 여기의 '유다'는 좁은 의미의 로마의 행정구역 명칭이 아니라 이 모든 지역을 포함하는 넓은 의미의 '유다'로 생각된다.

183) 따라서 우리는 '온 유대와 사마리아'를 '사마리아를 포함한 온 유대'라는 의미로 이해할 수 있다.

적인 언어 사용의 맥락에서 이해해야 한다. '땅 끝까지' 복음을 전한다는 말은 '온 세상에', '세상 모든 곳에' 복음을 전한다는 의미이다. 예수님은 부활하신 후에 제자들에게 이런 의미로 말씀하셨다. "너희는 온 천하에 다니며 만민에게 복음을 전파하라."(막 16:15) 여기서 '온 천하'(τὸν κόσμον ἅπαντα)는 온 세상을 의미한다. 따라서 온 세상에 가서 모든 사람에게 복음을 전하는 것이 예수님의 뜻이다. 그렇다면 여기 사도행전에서도 그와 같은 의미에서 "땅 끝까지 이르러 내 증인이 되리라"고 말씀하셨다고 보아야 한다(cf. 마 24:14).[184)]

5) 내용 분해[185)]

① 부활하신 그리스도의 사역(1:1-11).

② 예루살렘에서 실행된 제자들의 복음 증거(1:12-7:60).

③ 유다와 사마리아에서 이루어진 복음 증거(8:1-40)

④ 팔레스타인과 이방 각처(땅 끝까지)에서 유대인들과 이방인들에게 복음이 전파됨 (9:1-28:31)

i) 사도 바울의 개종(9:1-31).

ii) 베드로가 욥바와 가이사랴에서 복음을 증거함(9:32-11:18).

iii) 개종한 헬라파 유대인들이 각국에 흩어진 유대인들에게 복음을 증거함(11:19-30).

---

184) 이에 대해서는 필자의 "땅 끝은 어디인가?", 『선지동산』 69호 (천안: 고려신학대학원, 2015), 신약 난제 해설 (11), 10-11을 보라.

185) 이 부분은 박윤선, 『사도행전』, 31-32를 그대로 따랐다. 오른쪽의 연도 표시는 독자들의 편의를 위해 필자가 써 넣었다. 바울의 선교여행 연도는 요하난 아하로니-마커앨 아비요나, 『아가페 성서지도』 (서울: 아가페출판사, 1993)에 나오는 연도를 참조하였다.

iv) 예루살렘 교회에 핍박이 일어남(12:1-23)

v) 사도 바울의 1차 선교여행(12:24-14:28) * 46-48년

vi) 예루살렘 공의회(15:1-35) * 49년

vii) 사도 바울의 2차 선교여행(15:36-18:22) * 49-52년

viii) 사도 바울의 3차 선교여행(18:23-20:2) * 53-58년

ix) 사도 바울이 예루살렘으로 올라가는 여행(20:3-21:16) * 58년

x) 사도 바울이 체포됨과 및 그의 복음 증거(21:17-26:32)

xi) 사도 바울이 로마로 가는 여행(27:1-28:16) * 60년 가을에 항해 시작.

xii) 사도 바울이 로마 옥중에서 복음 전파(28:17-31) * 약 61초-63초

6) 참고 문헌

박윤선, 『성경주석 사도행전』, 서울: 영음사, 1981(12판).

이상근, 『신약성서 주해 사도행전』, 대한예수교장로회 총회교육부, 1973(3판).

목회와신학 편집부 엮음, 『사도행전 어떻게 설교할 것인가』(두란노 HOW 주석), 개정판, 서울: 두란노아카데미, 2007.

김경진, 『사도행전』(대한기독교서회 창립 100주년 기념 성서주석), 서울: 대한기독교서회, 1999.

대한예수교장로회총회교육자원부 편, 『사도행전』(한국장로교총회창립 100주년 기념 표준주석), 서울: 한국장로교출판사, 2013.

변종길, 『오순절 운동과 성령 세례』, 서울: 말씀사, 2012.

변종길, "성령이 너희에게 임하시면. 사도행전 1장의 주해와 적용", 『그말씀』 154 (2002. 4), 74-85.

변종길, "사마리아에서의 복음 전파. 사도행전 8장의 주해와 적용", 『그말씀』 155 (2002. 5), 42-55.

변종길, "에베소 교회 장로들과의 작별. 사도행전 20장의 주해와 적용", 『그말씀』 156 (2002. 6), 53-65.

변종길, "사마리아의 성령 강림", 『하나님의 주권과 은혜. 이근삼 박사 성역 50 주년 기념논집』 (서울: 총회출판국, 2002), 281-304.

변종길, "신약 교회의 확장과 성령", 『개혁신학과 교회』 12 (2001), 35-53.

변종길, "성령은 또 오시는가?", 『선지동산』 68호 (천안: 고려신학대학원, 2015), 신약 난제 해설 (10), 10-11.

변종길, "땅 끝은 어디인가?", 『선지동산』 69호 (천안: 고려신학대학원, 2015), 신약 난제 해설 (11), 10-11.

변종길, "아나니아와 삽비라 사건", 『선지동산』 70호 (천안: 고려신학대학원, 2016), 신약 난제 해설 (12), 4-5.

변종길, "성찬과 애찬", 『선지동산』 71호 (천안: 고려신학대학원, 2016), 신약 난제 해설 (13), 4-5.

J. A. Alexander, *A Commentary on the Acts of the Apostles,* Edinburgh: Banner of Truth, 1991 (first published 1857).

F. F. Bruce, *Commentary on the Book of Acts (NICNT),* rev. ed., Grand Rapids: Eerdmans, 1988.

J. A. Fitzmeyer, *The Acts of the Apostles (The Anchor Bible),* New York etc.: Doubleday, 1998.

D. L. Bock, *Acts (BECNT),* Grand Rapids: Baker Academic, 2007.

J. B. Polhill, *Acts (NAC),* Nashville: Broadman Press, 1992.

D. G. Peterson, *The Acts of the Apostles (PNTC),* Grand Rapids: Eerdmans, 2009.

Ben Witherington III, *The Acts of the Apostles. A Socio-Rhetorical Commentary,*

Grand Rapids: Eerdmans, 1998.

C. S. Keener, *Acts. An Exegetical Commentary,* 4 Vols., Grand Rapids: Baker Academic, 2012-2015.

P. W. Walaskay, *Acts (Westminster Bible Companion),* Louisville: Westminster John Knox Press, 1998.

W. H. Willimon, *Acts (Interpretation),* Atlanta: John Knox Press, 1988.

E. Haenchen, *The Acts of the Apostles,* tr. by B. Noble and G. Shinn, Philadelphia: The Westminster Press, 1971.

M. Turner, *The Holy Spirit and Spiritual Gifts Then and Now,* Carlisle: Paternoster, 1996.

M. Turner, *Power from on High. The Spirit in Israel's Restoration and Witness in Luke-Acts,* Sheffield: Sheffield Academic Press, 1996 (2000).

J. D. G. Dunn, *Jesus and the Spirit,* Grand Rapids: Eerdmans, 1997 (first published 1975 by SCM Press, London).

J. D. G. Dunn, *Baptism in the Holy Spirit. A Re-examination of the Spirit in relation to Pentecostalism today,* London: SCM Press, 1970.

F. D. Bruner, *A Theology of the Holy Spirit,* Grand Rapids: Eerdmans, 1970.

H. M. Erwin, *Conversion-Initiation and the Baptism in the Holy Spirit. An engaging critique of James D. G. Dunn's Baptism in the Holy Spirit,* Peabody: Hendrickson Publishers, 1984.

G. R. Beasley-Murray, *Baptism in the New Testament,* Carlisle: Paternoster, 1997.

F. W. Grosheide, *De handelingen der apostelen (KNT),* 2 dln., Amsterdam: H. A. van Bottenburg, 1942.

J. van Eck, *Handelingen. De wereld in geding (CNT-3),* Kampen: Kok, 2003.

P. H. R. van Houwelingen (red.), *Apostelen. Dragers van een spraakmakend evangelie,* 2e dr., Kampen: J. H. Kok, 2012.

J. Keulers, *De handelingen der apostelen (De boeken van het Nieuwe Testament),* Roermond en Maaseik: Romen & Zonen, 1952.

Jonggil Byun, "Het ontvangen van de Heilige Geest door de Samaritanen", in: *Exeget[h]isch. Feestbundel voor prof. dr. J. van Bruggen,* onder redactie van P. H. R. van Houwelingen, H. R. van de Kamp, J. A. Meijer (Kampen: J. H. Kok, 2001), 42-60.

C. 바울 서신

6. 로마서

로마서는 사도 바울이 로마에 있는 성도들에게 쓴 편지이다. 한 번도 가보지 못한 로마의 성도들에게 하나님의 복음을 글로써 설명한 편지이다. 그래서 바울의 어느 서신보다도 복음이 체계적으로 잘 설명되어 있다. 또 성도들의 삶에 대한 여러 권면들과, 로마의 성도들이 당면한 문제인 국가에 대한 태도와, 교회 안의 믿음이 약한 자에 대한 태도 등이 다루어져 있다. 그 외에도 서신의 성격을 따라 바울의 계획과 기도 부탁, 문안 등이 포함되어 있다.

1) 저자

로마서의 저자는 서두에서 분명히 밝히고 있는 바와 같이 사도 바울이다 (1:1). 여기서 바울은 자신을 '예수 그리스도의 종(δοῦλος) 바울'로 소개하면서 "사도로 부르심을 받아 하나님의 복음을 위하여 택정함을 입었다"고 말한다. 물론 사도 바울이 직접 펜으로 적은 것은 아니며, 이 편지를 대필한 사람은 '더디오'(Tertius)이다(16:22). 로마서의 '제일 저자'(primary author)는 물론 하나님이시며, 바울은 '제이 저자'(secondary author) 또는 '인간 저자'(human author)로서 로마서를 기록하는 데 사용되었다.

이렇게 함에 있어서 바울의 언어와 지식과 생각과 형편과 처지 등 모든 것이 사용되었다. 그럼에도 불구하고 성령께서 이 모든 것을 주관하시고 인도하셔서 조금의 오류가 없도록 특별하게 간섭하셨다(영감). 또한 로마서의 전체적 사상뿐만 아니라 그 문장과 문체와 표현과 단어 하나까지 간섭하셔서 하나님의 뜻을 정확하게 나타내도록 섭리하시고 인도하셨다. 이를 위해 하나님은 모태에서부터 그를 부르시고 준비시키셨으며, 필요한 모든 훈련을 받게 하시고, 때가 되매 은혜로 그를 부르시고 간섭하셔서 하나님의 말씀을 한 치의 오류도 없이 완벽하게 기록하도록 인도하셨다. 따라서 사도 바울을 통해 기록된 편지는 진정한 의미에서 하나님의 말씀이며 또한 그렇게 불리기에 합당한 것이다.

2) 저작 장소

바울이 로마서를 기록한 장소는 아가야(Achaia) 지방에 있는 고린도임이 거의 확실하다. 그 근거는 다음과 같다.

첫째, 15:25에서 바울은 "이제 성도들을 섬기는 일로 예루살렘에 간다."고 말하는데, 그 이유는 '마게도냐와 아가야 사람들'이 예루살렘의 가난한 성도들을 위해 기쁘게 구제 헌금을 하였기 때문이다(26절). 따라서 바울은 이 편지를 쓸 당시에 마게도냐와 아가야 지역에 있었음을 알 수 있다. 아가야 지역의 중심 도시는 고린도이다.

둘째, 16:23에 보면 어떤 '가이오'(Gaius)에 대해 말하는데 '나와 온 교회를 돌보아 주는 자'라고 말한다. 여기서 '돌보아 주는 자'(ὁ ξένος)는 낯선 사람, 타지인을 자기 집에 머물도록 호의를 베푸는 자(host)를 뜻한다.[186] 그렇다면 바울은 이때 가이오의 집에 머물렀다고 생각된다. 그런데 고린도전서 1:14에 보면 바울이 가이오에게 세례를 주었다고 말한다. 만일 이 가이오가 로마서에서 말한 가이오와 동일 인물이라면, 가이오는 고린도 사람이라고 말할 수 있다. 그렇다면 바울은 고린도에 있는 가이오의 집에 기거하면서 로마서를 썼다고 볼 수 있다.

셋째, 16:1-2에 보면 바울은 '자매 뵈베(Phoebe)'[187]를 로마 교회에 추천하고 있는데, 그는 '겐그레아 교회의 일꾼'이라고 말한다. 겐그레아(Cenchrea)는 고린도 동쪽에 있는 항구인데,[188] 뵈베는 바울의 편지를 가지고 로마로 간 것으로 생각된다. 그렇다면 바울은 겐그레아 가까이 있는 고린도에 머물고 있었다고 생각된다.

넷째, 16:23에 보면 '이 성(도시)의 재무관 에라스도'가 문안한다고 한다. 그런데 디모데후서 4:20에 보면 "에라스도는 고린도에 머물러 있고"라고 말한다. 만일 이 에라스도(Erastus)가 로마서에서 말한 에라스도와 동일 인물이라면, 바울은 에라스도와 마찬가지로 고린도에 머물러 있었을 것이다.

이상의 사실들을 고려해 볼 때, 바울이 로마서를 기록할 당시에 고린도에

---

186) Bauer, *Lexicon*, s. v. 우리나라의 개역개정판에는 "나와 온 교회를 돌보아 주는 가이오"라고 번역했는데 쉽기는 하나 의미가 불분명하다. 바울이 그의 집에 머물고 있었는지 여부를 알 수 없게 한다. 바른성경에서는 '집주인'으로 번역했는데, 이것은 집 소유주란 의미로 들릴 수 있다. 바울은 세 들어 산 것이 아니다. KJV와 ESV는 "host"로 번역하고 있다.

187) 우리나라 성경은 대개 '뵈뵈'로 음역하고 있는데(개역한글, 개역개정, 바른성경 등), 헬라어를 정확하게 음역하면 '포이베'(Φοίβη)가 된다. 우리말로 순화시키면 '푀베' 또는 '뵈베'가 좋을 것이다.

188) 겐그레아는 고린도 동쪽에 있는 항구인데 고린도에서 약 10km쯤 떨어져 있었다고 한다. Cf. Greijdanus, *Bizondere Canoniek*, II, 23.

머물러 있었다는 것은 거의 확실하다고 말할 수 있다.

3) 저작 시기

로마서의 저작 시기는 바울이 고린도에 머물러 있었던 3차 선교여행 말기로 생각된다(행 20:1-3). 바울이 고린도를 떠나 육로로 마게도냐로 가서 빌립보에서 무교절을 보내었다는 것을 생각하면(행 20:6), 바울이 고린도를 떠난 것은 그보다 몇 달 전이었을 것이다. 그렇다면 바울은 고린도에 머물고 있었던 57년 말 또는 58년 초쯤 로마서를 기록했다고 볼 수 있다.[189)]

3차 선교여행이 끝나는 시기가 언제인가에 따라 위 연도는 약간 조정될 수 있다. 흐레이다너스는 델피(Delphi)에서 발견된 비문을 근거로 대략 55년 말~57년 초로 본다.[190)] 그러나 여기에는 여러 불확실성이 있으며, 따라서 명확하게 언제라고 말할 수는 없다. 이것은 베스도(Festus)가 부임한(행 24:27) 시기에 대한 불확실성과도 관련되는데, 58/59년으로 보는 학자들도 있고(Greijdanus, Smallwood[191)]), 60년으로 보는 학자들도 있다(Keulers,[192)] Reicke,[193)] Feldman[194)]). 판 브루헌(J. van Bruggen) 교수는, 요세푸스의 기록에 보면 벨릭스(Felix)에 대해서는 많은 기록들

---

189) Th. Zahn은 58년 3월 초쯤으로 본다(*Einleitung*³, I, 310). Feine-Behm은 58년 1-3월경에 기록된 것으로 본다(*Einleitung*⁸, 165). Godet는 57년-59년경으로, 좁게는 58년 12월-59년 2월로 본다. Guthrie는 57년 또는 58년으로 본다(*New Testament Introduction*, 407).

190) Greijdanus, *Bizondere Canoniek*, II, 22. 또는 ±55년으로 본다(p.23). 그러나 55년경은 너무 빠르다고 생각된다.

191) Smallwood, *The Jews under Roman Rule*, 271.

192) Keulers, *Handelingen*, 382.

193) Reicke, *Neutestamentliche Zeitgeschichte*, 211.

194) L. H. Feldman, note e, in: Josephus, *Jewish Antiquities Books XVII-XX*, IX (Loeb Classical Library 433; Cambridge: Harvard University Press, 1965), 487.

이 있지만 베스도(Festus)에 대해서는 아주 짧은 기록밖에 없는 것에 근거하여 베스도의 통치기간이 짧았다고 본다(60/61-62).[195]

필자는 판 브루헌 교수의 견해에 동의하면서도 베스도의 부임 시기로 61년보다는 60년이 더 좋다고 본다. 왜냐하면 61년으로 보면 바울의 로마 투옥과 그 후의 바울의 활동 기간에 대한 여유가 좁아지기 때문이다. 또 앞당겨서 58년경으로 보면 바울의 3차 선교여행이 56년에 끝나게 된다(가이사랴에서의 2년 투옥 기간 고려). 그런데 3차 선교여행 기간 동안에 갈라디아와 브루기아 땅을 다녀가고 또 에베소에 들러 2년 반~3년을 머무는 등 많은 활동이 있었는데(행 18:23-21:16), 그러기에는 시간이 너무 촉박해 보인다. 따라서 베스도의 부임을 60년으로 보는 것이 좋아 보인다(그러면 가이사랴 투옥 기간은 58-60년경, 로마 투옥 기간은 61-63년경이 될 것이다). 그렇다면 로마서의 기록 시기도 3차 선교여행 말기인 57년 말 또는 58년 초가 제일 무난해 보인다.

4) 수신자

로마서의 수신자는 로마에 있는 성도들이다(1:7). 이들은 바울이 직접 전도한 자들이 아니다. 바울은 그때까지 로마에 간 적이 없었다. 언제, 어떻게 로마에 교회가 설립되었는지에 대해서는 잘 모른다. 그러나 사도행전 2장에 보면, 오순절 날에 예루살렘에 온 순례객들 중에 '로마로부터 온 나그네'(οἱ ἐπιδημοῦντες Ῥωμαῖοι)가 있었다고 한다(행 2:10). 이들은 직역하면 '임시로 거주하는 로마인들'이다. 곧, 오순절 절기를 지키기 위해 예루살렘에 와서

195) J. van Bruggen, *Paulus. Pionier voor de Messias van Israël*, 2e dr. (Kampen: Kok, 2003), 254.

머물고 있던 순례객들 또는 다른 이유로 일시적으로 머무는 사람들이었다.[196)]

이들은 '유대인들'과 '유대교에 들어온 사람들'로 구성되어 있었다. 후자는 이방인으로서 유대교에 들어온 입교자(入教者, proselytes)들을 가리킨다. 이들 중에 상당수가 오순절 날에 베드로의 설교를 듣고 예수를 믿었을 것이다. 이들이 후에 로마로 돌아가서는 모여서 예배를 드렸을 것이다. 후에 브리스가와 아굴라가 로마로 돌아가서 로마 교회에서 중요한 역할을 감당하였을 것이다(롬 16:3-4). 그들의 집에서 교회가 모였다고 한다(롬 16:5).[197)] 로마는 큰 도시이기 때문에 그 외에도 로마의 여기저기에 '가정 교회들'이 있었을 것이다.[198)]

로마 교회는 유대인들과 이방인들로 구성되어 있었다(롬 1:16; 2:17; 11:13; 16장). 처음에는 유대인들이 중요한 역할을 하였을 것이나, 수적으로는 이방인들이 다수였을 것이다. 11:13의 "내가 이방인인 너희에게 말하노라"는 문장에서 이 사실을 짐작할 수 있다. 또 같은 장 20절, 23절, 28절에서 유대인들에 대해서는 '그들'이라고 말하고, 20절, 22절, 24절, 30절에서 이방인들에 대해서는 '너' 또는 '너희'라고 말하고 있는 데서도 알 수 있다.[199)]

---

196) F. W. Grosheide, *De handelingen der apostelen (KNT),* I (Amsterdam: H. A. van Bottenburg, 1942), 58.

197) 개역한글판에서는 '저의 교회'라고 한다. 개역개정판에서는 '저의 집에 있는 교회'라고 한다. 그러나 원문(ἡ κατ' οἶκον αὐτῶν ἐκκλησία)을 바로 번역하면 '그들의 집에 있는 교회'가 된다. 이 점에서는 바른성경의 '그들의 집에서 모이는 교회'가 더 좋다.

198) 로마의 '가정 교회들'에 대해서는 필자의 "가정 교회는 성경적인가?", 『개혁신학과 교회』 21 (2008), 33-69를 보라.

199) Theodor Zahn은 로마 교회의 대부분이 '유대인 그리스도인들'로 구성되어 있다고 하면서 여러 가지 이유를 가지고 주장하였으나(*Einleitung*^{3}, I, 300-309), Greijdanus가 이에 대해 조목조목 비판하였다(*Bizondere Canoniek,* II, 26-30). 또한 S. Greijdanus, *De brief van den apostel Paulus aan de gemeente te Rome (KNT),* I (Amsterdam: H. A. van Bottenburg, 1933), 6-21에 있는 17 가지 논거를 보라. 그리고 J. van Bruggen, *Romeinen. Christenen tussen stad en synagogue (CNT-3)* (Kampen: J. H. Kok, 2006), 20f.도 로마서의 수신자들은 압도적으로 이방인 그리스도인들이

5) 기록 목적

바울이 로마서를 기록한 목적은 여러 가지가 있었을 것이다.[200] 그 중 다음 네 가지를 중요한 목적으로 볼 수 있다.

첫째는, 하나님의 복음을 체계적으로 설명하고자 함이었다. 예수 그리스도 안에 나타난 '하나님의 사랑'과 예수 그리스도를 믿음으로 말미암는 '은혜의 복음'을 전하고자 하는 것이 제일 중요한 목적이었을 것이다. 이에 대해 바울은 그들에게 '신령한 은사'(χάρισμα πνευματικόν)[201]를 나누어 주고자 함이라고 하였다(1:11). 여기서 '신령한 은사'는 방언이나 신유와 같은 외적인 은사들이 아니라 그리스도 안에 나타난 '하나님의 복음'이다. 로마서는 '방언'[202]이나 '치유'나 '성찬'에 대해 한 마디도 말하지 않는다. 이 복음은 우리에게 구원을 주고(1:16), 영생을 준다(6:23). 따라서 이 복음을 전해 주고자 하는 열망에서 바울은 여러 번 로마에 가기를 원하였으나, 사정이 허락되지 않자 먼저 글로써 하나님의 복음을 써서 보낸 것이다.[203]

었다고 본다. 필자는 로마 교회는 물론 유대인 그리스도인들도 많이 있었지만, 바울이 이 편지를 쓸 무렵에는 이방인 그리스도인들이 훨씬 더 많았다고 생각한다.

200) 로마서의 기록 목적에 대한 여러 견해에 대해서는 F. L. Godet, *Commentary on Romans* (Grand Rapids: Kregel Publications, 1977), 47-58; Greijdanus, *Romeinen,* I, 31-38을 보라.

201) 신약에서 '은사(恩賜)'는 넓은 의미로 사용되었다. 하나님께서 주시는 모든 좋은 선물이 다 '은사'(χάρισμα)이다(cf. 고전 7:7). 그래서 '은혜'(χάρις)와 거의 동일한 의미로 사용되고 있기도 하다(cf. 롬 6:23). 물론 χάρις와 χάρισμα의 구별이 전혀 없는 것은 아니다. χάρις는 여성형 추상명사로서 값없이 베풀어주시는 선물의 성격 또는 그러한 선물들을 통틀어서 칭할 때 주로 사용되는 반면, χάρισμα는 수동태적 의미를 가진 중성명사로서 좀 더 구체화된 것을 뜻한다. 곧 하나님에 의해 은혜로 주어진 것, 선물을 뜻한다. 그러나 이 두 단어는 신약 성경에서 종종 동의어로, 교차적으로 사용된다.

202) 14:11에 γλῶσσα란 단어가 나타나지만 이것은 여기서 '혀'(tongue)를 의미한다.

203) Greijdanus는 로마서의 주목적을 "로마 교회에 복음을 그 원래의 본질, 보편적 성격과 실제적 의미를 따라 간단히 설명하는 것"으로 말한다(*Romeinen,* I, 38).

둘째로, 이러한 은혜의 복음에 밀접히 관련되어 있는 것으로 유대인과 이방인 사이에 '차별이 없음'을 강조하고자 하였다. 유대인이든 이방인이든 예수 그리스도를 믿음으로 의롭다 함 받기 때문에 차별이 없다. 차별이 없는 복음, 이것이 바울이 전한 복음의 중요한 특징이었다. 이와 관련하여 또 왜 이스라엘이 하나님 앞에서 넘어졌는지, 그리고 어떻게 이방인에게 구원이 임하게 되었는지에 대해서도 설명한다.

셋째로, 바울은 자신의 '로마와 서바나 방문 계획'에 대해 알리기 위해 이 편지를 썼다(15:22-29). 바울은 서바나를 방문할 계획을 여러 해 전부터 가지고 있었는데, 서바나로 가는 길에 로마에 들르기를 원한다고 말한다.[204] 그들에게 복음을 전하고 교제할 뿐만 아니라, 서바나 선교여행에 재정적으로 후원해 주기를 바라고 있다(15:24). 그래서 그들이 미리 준비하도록 편지를 써서 뵈베 편으로 보낸 것이다.

넷째로, 바울은 지금 성도들의 헌금을 가지고 예루살렘으로 가고 있는데 이 구제의 일을 무사히 완수할 수 있도록 '기도 부탁'을 하고 있다(15:30-33). 예루살렘 교회의 성도들이 이 구제를 기쁨으로 받을 수 있도록, 그리고 불순종하는 유대인들에게서 바울이 건짐을 얻도록, 그래서 바울이 로마로 가서 로마 성도들과 평안한 교제를 가질 수 있도록 기도해 달라고 부탁하고 있다.

6) 로마서의 주제

로마서의 주제가 무엇인가에 대해 학자들 사이에 많은 논의가 있어 왔

---

204) 바울이 실제로 '서바나'를 방문했는지에 대해서는 이 구절만으로는 알 수 없다. 그러나 바울이 서바나에 가서 복음을 전했다고 말하는 고대 전승이 두 개 있다. *Clement of Rome* 5,7 "καὶ ἐπὶ τὸ τέρμα τῆς δύσεως ἐλθὼν καὶ ἐπὶ τῶν ἡγουμένων, ..."; *Canon of Muratori* 38 "sed et profectione Pauli ab urbe ad Spaniam proficiscentis." 따라서 확실히 말할 수는 없지만 사도 바울이 실제로 서바나를 방문했을 가능성은 있다. Cf. Van Bruggen, *Romeinen,* 226.

다.[205] 몇 가지 주제를 간단히 살펴보고 나서 필자의 견해를 제시하고자 한다.

① 이신칭의

전통적으로 루터와 루터파 신학자들은 '이신칭의(以信稱義)'를 로마서의 주제로 보았다. 칼빈도 '이신칭의'를 로마서 전체의 주제로 보면서 5장까지 이 주제를 논의하고 있다고 한다.[206] 윌리엄 헨드릭슨도 '이신칭의'(justification by faith)를 로마서의 주제로 보았다.[207] 최갑종 교수도 '이신칭의'로 본다.[208] ESV Study Bible의 로마서 서론에서도 "로마서의 주제는 예수 그리스도 안에 있는, 하나님의 심판하시고 구원하시는 의"라고 한다.

물론 '이신칭의'는 로마서의 중요함 주제임에는 틀림없다. 그러나 로마서 전체를 포괄하기에는 좁다. 최소한 로마서 3-5장의 주제로 볼 수는 있다. 좀 더 확대해서 1-2장도 포함시킬 수 있고, 나아가서 6-8장도 포함시킬 수 있다. 그러나 9-11장은 '선택과 이스라엘 문제'를 다루고 있고, 12-14장은 '성도의 생활'을 다루고 있으며, 15-16장은 '권면, 바울의 계획, 문안, 송영' 등을 다루고 있다. 따라서 '이신칭의'는 매우 중요한 주제이기는 하지만 로마서 전체를 포괄하는 주제로 보기에는 좁다고 생각된다.

---

205) 이에 대해서는 이한수, 『복음은 구원을 주시는 하나님의 능력』 (서울: 이레서원, 2010), 45-50; 최갑종, "로마서의 중심 주제와 그 구조", 『로마서 어떻게 설교할 것인가』 (두란노 HOW 주석) (서울: 두란노아카데미, 2007), 25-37을 보라.

206) J. Calvin, *Commentary on Romans,* "The Theme of the Epistle of Paul to the Romans."

207) W. Hendriksen, *Romans (NTC)* (Edinburgh: Banner of Truth, 1980), 28-31.

208) 그러나 최갑종 교수는 '의(義)'의 개념에 대해 종교개혁자들의 '법정적 의'(전가적 의)와 최근 신학자들의 '하나님의 신실한 구원 행위' 둘 다로 본다("로마서의 중심 주제와 그 구조", 29). 이처럼 최 교수는 상호배타적인 두 개념을 동시에 수용하는 논리적 모순과 모호함을 취하고 있다.

② 그리스도와의 연합

알베르트 슈바이처(Albert Schweitzer)는 1930년에 출판한 그의 책에서 로마서의 중심 주제를 '그리스도와의 연합'으로 보았다.[209] '믿음으로 말미암는 의' 교리가 '기생 분화구'(Nebenkrater)라면, '그리스도 안에 있음의 신비'(Mystik des Seins in Christo) 교리는 '주 분화구'(Hauptkrater)이다.[210] 왜냐하면 '죄 사함' 교리와 '율법으로부터의 자유' 교리는 '그리스도 안에 있음의 신비'에서부터 나오기 때문이다.

> 슈바이처에 의하면, 바울의 가르침의 중심은 그가 '그리스도 신비'(Christus-mystik)라고 부르는 것에 있다. 이것은 교회가 그리스도의 죽음과 부활에 연관된 방식인 '그리스와 함께, 그리스도 안에 있음'을 의미한다. 이것은 헬라적-이원론적 의미가 아니라 유대적-종말론적 의미로 이해해야 한다. 바울의 가르침은 예수의 하나님 나라에 대한 종말론적 선포에 전적으로 의지한다. 예수에게는 하나님의 나라가 완전히 미래적이었으나 바울에게는 전혀 다르다. 그리스도의 죽음과 부활로 말미암아 미래는 성취의 단계에 이르게 되었다. 종말(Eschaton)은 그리스도의 부활에서 현재적 시간이 되었다.
>
> 바울은 '이미'(그리스도의 부활)와 '아직 아니'(세상의 종말) 사이의 불일치를 극복하기 위해 바룩서와 제4 에스라의 묵시에 나오는 종말론적 구도를 이용하였다고 본다.[211] 그래서 바울은 예수의 종말 기대와는 달리 하나님 나라의 완전한 계

---

209) A. Schweitzer, *Die Mystik des Apostels Paulus* (Tübingen: J. C. B. Mohr, 1930), 201-21; 영역본: *The Mysticism of Paul the Apostle* (London: A. & C. Black, 1931), 205-26.

210) Schweitzer, *Mystik,* 220.

211) Cf. H. Ridderbos, *Paulus. Ontwerp van zijn theologie,* 5e dr. (Kampen: J. H. Kok, 1978), 23.

시 이전에 '메시아 왕국'(das messianische Reich)이 있다고 생각하였다.[212] 그리스도의 부활은 그 왕국의 시작이었다. 택자들은 그리스도와 함께 부활하였다. 그들은 그리스도와 함께 부활의 존재 양식에 참여하였다.

이 '신비'는 실제적이다. 이 '신비'는 감정적이거나 내적이거나 영적인 것이 아니라 '사실들의 객관적 신비'(objektive Mystik der Tatsachen)이다.[213] 이러한 그리스도와의 연합은 '세례'를 통해 존재하게 된다. 그리스도와 함께 택자들은 '하나의 집합적 인간'(eine Gesamtpersönlichkeit)을 형성한다. 그 인간의 생명력은 '성령'이다.[214]

'그리스도와의 연합'은 로마서의 중요한 주제 중 하나이기는 하나 로마서 전체를 포괄하기에는 좁다. 로마서 6장의 주제로 볼 수는 있지만 로마서 전체의 주제로는 부적합하다. 뿐만 아니라 그리스도와의 연합이 '어떻게' 가능하게 되느냐 하는 것이 중요하다. 죄인인 우리가 거룩한 그리스도와 연합하기 위해서는 먼저 우리의 죄 문제가 해결되어야만 한다(시 5:4; 130:3; 합 1:13). 이를 위해 우리는 예수 그리스도를 믿어서 죄 사함 받고 하나님 앞에서 의롭다고 인정받아야 한다. 그래야만 우리가 그리스도와 연합할 수 있다(롬 5:10; 6:3). 즉, '이신칭의'가 있어야만 '그리스도와의 연합'이 가능한 것이다. 물론 이 둘은 시간적으로 동시에 일어나는 것이지만 논리적으로 따지면 '이신칭의'가 앞선다. 즉, 믿음으로 의롭다 함 받아야만 그리스도와의 연합이 가능하고 그리스도와 함께 사는 삶이 되는 것이다(cf. 롬 5:1; 고전 12:13; 갈 3:5).

---

212) Schweitzer, *Mystik,* 90-92.

213) Schweitzer, *Mystik,* 100.

214) Ridderbos, *Paulus,* 23f.; Schweitzer, *Mystik,* 119f.

③ 이방인의 구원 문제

최근의 학자들 중에는 '이방인의 구원 문제'를 로마서의 주제로 보는 사람들이 많다(K. Stendahl, Dahl, E. P. Sanders, Dunn 등).[215] 이들은 로마서 9-11장을 제일 중요한 부분으로 본다.

예를 들어 언약적 신율주의(covenantal nomism) 입장을 취하는 샌더스(E. P. Sanders)는, 주후 1세기의 유대인들은 율법의 행위로 의롭다 함을 받으려 한 것이 아니라 언약 안에서 살려고 했다고 주장한다. 언약 안에서의 삶의 방식이 곧 율법을 지키는 것이라고 한다.[216] 이러한 견해는 예수님 당시의 유대인들에 대해 매우 긍정적으로 본다. 유대인들은 언약 백성으로서 언약 안에 계속 머물기 위해 율법을 지켰을 따름이다. 그러니 당시 유대인들은 별 문제가 없었다고 보는 것이다. 그러나 이러한 견해는 성경의 말씀에 위배된다(행 15:1; 마 19:16; 롬 10:3 등).[217]

제임스 던(James Dunn)은 샌더스가 그의 통찰을 충분히 일관성 있게 전개하지 못했다고 한다. 던에 의하면, 바울은 다메섹 도상의 회심의 결과로 말미암아 한 시스템(covenantal nomism)에서 다른 시스템(기독교)으로 도약했다고 본다.[218] 그러면서 던 자신은 다음과 같은 견해를 제시한다. "바울이 염려했던 것은 언약의 약속과 율법이 너무나 지나치게 민족적 이스라엘 자체와 동일시되었다는 사실이다. 유대 민족은 그들의 민족적 특성에 있어서 할례와 음

---

215) Cf. J. D. G. Dunn, *Romans 1-8 (WBC)* (Dallas: Word Books, 1988), lxiii-lxxii.

216) E. P. Sanders, *Paul and Palestinian Judaism. A Comparison of Patterns of Religion* (Minneapolis: Fortress Press, 1977), 236f., 422, 544. Cf. Dunn, *Romans 1-8* , lxv.

217) 자세한 내용은 필자의 "새 관점 학파의 주장에 대한 비판적 검토", 『기독교학술원 포럼』 제10호 (2014), 267-302를 참조하라. 이 논문은 2013년 10월 14일에 한국기독교학술원이 주최한 제44회 공개 세미나에서 발표된 것이다.

218) Dunn, *Romans 1-8,* lxvi.

식법과 특히 안식일 지킴에 의해 특정지어졌다. ... 따라서 바울이 노력했던 것은 더 넓은 범위의 수신자들을 위해 약속과 율법을 민족적 제약으로부터 해방시키는 것이었다."[219] 쉽게 말하면, 바울이 노력한 것은 유대인들이 '배타적 민족주의'에서 벗어나 '보편주의'로 나아가도록 하는 것이었다. 그러나 이 견해에 따르면 유대인들의 잘못은 '배타적 민족주의'였다는 것밖에 없다. 하나님 앞에서의 '구원관'과 '율법관'에는 문제가 없었다고 보는 견해이다.[220]

이한수 교수는 던의 입장을 약간 보완하여 '언약사적 관점에서 이방인과 유대인의 동등성'을 로마서의 중심주제로 본다.[221] "반면에 바울이 씨름하던 상황은 유대인과 이방인의 관계에 관한 구원사적인 질문을 씨름하던 상황이었다. 그는 '어떻게 하면 이방인들을 하나님의 언약 백성에 합류시킬 수 있을까?' 하는 문제와 씨름하는 가운데 유대인과 이방인을 그리스도 안에서 한 하나님의 백성에게 통합시킬 수 있는 신학적 근거를 이신칭의 교리에서 찾을 수 있었다."[222] 이처럼 이한수 교수는 '유대인과 이방인의 관계'를 우선으로 보고 나서 그 근거로 '이신칭의'를 말한다. 이러한 견해는 하나님과의 '수직적 관계'보다 이방인들과의 '수평적 관계'를 우선시하는 것이다.

물론 유대인과 이방인의 '동등성'도 로마서의 중요한 주제 중 하나이다. 그러나 이것을 '가장 중요한' 중심주제로 보는 것은 문제이다. 유대인과 이방인의 관계(보편성의 원리)를 이신칭의보다 앞세우는 것은 주객이 전도된 것이

219) Dunn, *Romans 1-8,* lxxi.

220) Dunn의 견해에 대한 비판은 필자의 "새 관점 학파의 주장에 대한 비판적 검토", 283f., 299f., 301-302를 보라.

221) 이한수, 『하나님의 능력』, 50-60.

222) 이한수, 『하나님의 능력』, 51. 그는 또 이렇게 말한다. "기독교가 처음으로 태동하던 이 중요한 시기에 1세기 교회가 당면한 최대의 과제는 유대인들의 배타적인 선민주의적 언약신학을 어떻게 극복하고 그들에 의해서 '죄인들'로 간주되었던 이방인들을 어떻게 언약 백성의 본류에 합법적으로 끌어들일수 있을까 하는 문제였다."(p.51f.)

다. '보편성'의 원리는 '이신칭의'의 결과로서 나오는 것이다(롬 3:29-30). 둘 다 중요한 주제이지만 유대인과 이방인 사이의 '보편성' 또는 '동등성'은 오직 믿음으로 의롭다 함 받는다는 '이신칭의'의 바탕 위에 가능한 것이다.

④ 필자의 견해

따라서 우리는 어떤 하나의 주제를 강제하지 말아야 한다. 로마서에는 이신칭의, 그리스도와의 연합, 죄 문제, 율법 문제, 성령의 역사, 보편성의 원리, 선택과 이스라엘의 구원, 성도의 생활, 국가의 권위 문제 등 여러 주제들이 있다. 그 외에도 편지의 성격상 편지를 쓴 목적과 개인적인 형편, 기도 부탁, 문안과 기도 등이 들어 있다. 따라서 로마서에서 하나의 주제를 찾는 것은 무리이다.

로마서는 무엇보다 하나의 '편지'로 이해해야 한다. 물론 평범한 편지는 아니고 '특별한 편지'이다. 하나님께서 자기 아들을 보내셔서 진노 아래 있는 인간을 구원하신 특별한 사랑을 담은 편지이다. 그 안에는 체계적인 교리적 내용이 길게 들어 있고, 또한 실생활에 대한 권면과 개인적 내용이 들어 있다.

그래도 로마서에서 주된 주제를 굳이 하나 선정하라고 한다면 '하나님의 복음'이라고 할 수 있을 것이다(1:2-4; 15:16; 16:25). 이것은 '이신칭의'보다 더 포괄적이다. 하지만 너무 개괄적이어서 구체성이 결여되어 있다는 단점이 있다. 그래서 '예수 그리스도 안에 나타난 하나님의 복음' 또는 '예수 그리스도로 말미암아 죄인들을 값없이 의롭다 하는 하나님의 복음'으로 말할 수도 있을 것이다.

또는 로마서 전체에 도도히 흐르는 밑바탕이 되는 '하나님의 사랑' 곧 '그리스도 예수 안에 있는 하나님의 사랑'을 주제로 볼 수도 있을 것이다. 독생자 예수 그리스도를 이 땅에 보내셔서 속죄제물로 삼으시고 우리를 의롭다고 하신 것, 우리의 죄와 연약함의 문제를 근본적으로 해결해 주신 것, 우리를 선택하신 것 등은 다 하나님의 사랑에서 나온 것이다. 성도들의 삶도 이러한 사랑에 감동하여 감사함으로 드리는 삶이다.

그런데 이 '하나님의 사랑'은 어찌나 강렬하고 단단한지 이 세상의 어떠한 것도 끊을 수 없다. 그래서 바울은 "사망이나 생명이나 천사들이나 권세자들이나 현재 일이나 장래 일이나 능력이나 높음이나 깊음이나 다른 아무 피조물이라도 우리를 우리 주 그리스도 예수 안에 있는 하나님의 사랑에서 끊을 수 없으리라."고 말한다(8:38-39). 따라서 우리는 로마서 전체의 주제를 '끊을 수 없는 하나님의 사랑' 또는 '그리스도 예수 안에 있는 하나님의 사랑'으로 볼 수도 있을 것이다. 그러나 우리는 어느 한 주제를 너무 강제하면 안 된다.

7) 내용 분해[223)]

① 서론(1:1-17)

② 죄 아래 있음(1:18-3:20)

- i) 이방인인의 죄(1:18-32)
- ii) 유대인의 죄(2:1-3:9)
- iii) 결론(3:10-20)

③ 믿음으로 의롭다 함 받음(3:21-5:21)

- i) 하나님의 의의 나타남(3:21-31)
- ii) 아브라함의 믿음(4장)
- iii) 칭의의 결과(5:1-11)
- iv) 대표의 원리(5:12-21)

④ 죄로부터의 해방(6장)

---

223) 아래의 내용 분해는 박윤선 박사의 『성경주석 로마서』를 참조하였지만, 필자의 로마서 이해를 따라 많이 다르게 정리하였다.

⑤ 율법으로부터의 해방(7:1-13)

⑥ 육신에 거하는 죄(7:14-25)

⑦ 구원의 확실성(8장)

i) 정죄함이 없음(8:1-11)

ii) 성령의 증거(8:12-17)

iii) 몸의 구속(8:18-25)

iv) 성령의 간구(8:26-30)

v) 정죄할 자가 없음(8:31-34)

vi) 끊을 수 없는 하나님의 사랑(8:35-39)

⑧ 하나님의 선택(9장)

⑨ 이스라엘의 문제(10장)

⑩ 남은 자의 구원(11장)

⑪ 구원받은 자의 생활(12:1-15:13)

i) 총론: 거룩한 산 제사(12:1-3)

ii) 성도의 교회생활(12:4-21)

iii) 국가에 대한 의무(13:1-7)

iv) 사랑은 율법의 완성(13:8-10)

v) 깨어서 단정히 행하라(13:11-14)

vi) 판단하지 말라(14장)

vii) 덕을 세우라(15:1-13)

⑫ 결론(15:14-16:27)

i) 이 편지를 쓴 목적과 바울의 선교 원칙(15:14-21)

ii) 바울의 계획(15:22-29)

iii) 기도 부탁(15:30-33)

iv) 자매 뵈베 천거(16:1-2)

v) 문안(16:3-16)

vi 마지막 권면(16:17-20)

vii) 문안과 기원(16:21-27)

8) 참고 문헌

박윤선, 『성경주석 로마서』, 서울: 영음사, 1984(18판).

이상근, 『신약성서 주해 로마서』, 대한예수교장로회 총회교육부, 1971(4판).

이한수, 『복음은 구원을 주시는 하나님의 능력』, 서울: 이레서원, 2008(2010).

목회와신학 편집부 엮음, 『로마서 어떻게 설교할 것인가』 (두란노 HOW 주석), 서울: 두란노아카데미, 2007.

김선운, 『성경주석 로마서』, 5권, 서울: 성광문화사, 1998(3-5판).

이한수, 『복음은 구원을 주시는 하나님의 능력』, 서울: 이레서원, 2008.

변종길, 『로마서』 (고신총회 설립 60주년 기념 성경주석), 서울: 총회출판국, 2014.

변종길, 『로마서 연구』, 대구: 말씀사, 2017.

변종길, "로마서 1장 3, 4절의 κατὰ σάρκα와 κατὰ πνεῦμα ἁγιωσύνης", 『한국복음주의 신약학 연구』(한국복음주의 신학학회지 제2권; 서울: 도서출판 바울서신, 2003), 9-36.

변종길, "로마서 3장 25절의 hilastērion", 『신약신학저널』 창간호 (2000 여름; 서울: 이레서원, 2000), 57-76.

변종길, "로마서 5장 12절의 '모든 사람이 죄를 지었으므로'", 『개혁신학과 교회』 제9호 (고려신학대학원, 1999), 66-100.

변종길, "로마서 7장에 나타난 바울의 갈등", 『개혁신학과 교회』 18 (2005), 51-77.

변종길, "율법의 요구의 성취. 로마서 8:1-4에 나타난 육신의 연약함의 해결", 『주의 나라는 영원한 나라이니』(한정건 교수 은퇴기념 논총; 고려신학대학원, 2014), 162-89.

변종길, "거룩한 산 제사. 로마서 12-13장의 주해와 적용", 『그말씀』 133 (2000. 7) 85-95.

Ch. Hodge, *Commentary on the Epistle to the Romans,* rev. ed., 1886 [repr. by Eerdmans].

F. Godet, *Commentary on the Epistle to the Romans,* tr. by A. Cusin and rev. by W. Chambers, Grand Rapids: Zondervan, 1956.

R. Haldane, esq., *Exposition of the Epistle to the Romans,* Sovereign Grace Book Club, 1957.

W. Sanday and A. C. Headlam, *A Critical and Exegetical Commentary on the Epistle to the Romans (ICC),* 5th ed., Edinburgh: T. & T. Clark, 1980.

John Murray, *The Epistle to the Romans (NICNT),* 2 Vols., Grand Rapids: Eerdmans, 1959 (one volume edition in 1968).

W. Hendriksen, *Romans (NTC),* Edinburgh: Banner of Truth, 1980.

L. Morris, *The Epistle to the Romans,* Grand Rapids: Eerdmans, 1988.

J. D. G. Dunn, *Romans 1-8 (WBC),* Dallas: Word Books, 1988.

J. D. G. Dunn, *Romans 9-16 (WBC),* Dallas: Word Books, 1988.

D. J. Moo, *The Epistle to the Romans (NICNT),* Grand Rapids: Eerdmans, 1996.

Th. R. Schreiner, *Romans (BECNT),* Grand Rapids: Baker, 1998.

R. N. Longenecker, *The Epistle to the Romans (NIGTC),* Grand Rapids: Eerdmans, 2016.

G. R. Osborne, *Romans,* Downers Grove: InterVarsity Press, 2004.

H. A. W. Meyer, *Kritisch Exegetisches Handbuch über den Brief des Paulus an die Römer,* 3. Aufl., Göttingen: Vandenhoeck und Ruprecht, 1859.

Th. Zahn, *Der Brief des Paulus an die Römer,* 1. und 2. Aufl., Leipzig: A. Deichert, 1910.

S. Greijdanus, *De brief van den apostel Paulus aan de gemeente te Rome (KNT),* 2 dln., Amsterdam: H. A. van Bottenburg, 1933.

J. Keulers, *De brieven van Paulus (De boeken van het Nieuwe Testament),* I, Roermond en Maaseik: J. J. Romen & Zonen, 1953.

H. Ridderbos, *Aan de Romeinen (CNT),* Kampen: J. H. Kok, 1959.

J. van Bruggen, *Romeinen. Christenen tussen stad en synagogue (CNT-3),* Kampen: Kok, 2006.

7. 고린도전서

사도 바울은 정경(正經)에 포함된 고린도전후서 외에 적어도 두 개의 편지를 더 고린도 교회에 보낸 것으로 생각된다. 그렇다면 바울은 적어도 네 개의 편지를 고린도 교회에 보낸 것이 되는데, 고린도전후서 외의 다른 두 개는 보존되어 있지 않다. 그렇지만 성경에서 그것들의 존재를 추론할 수 있다. 하나는 고린도전서 5:9에서 말한 '내가 너희에게 쓴 편지'이고, 다른 하나는 고린도후서 2:3-4에 말한 바 '많은 눈물로 쓴 편지'이다. 이것들에 대해서는 조금 후에 다루기로 하고, 우선 정경인 고린도전서에 대해 개략적인 것을 살펴보고자 한다.

1) 고린도의 지리와 역사

아가야(Achaia)의 중심도시인 고린도는 헬라 반도 남단의 펠로폰네소스(Peloponnesus) 쪽에 자리 잡은 항구 도시로서 국제 무역이 성행하였다. 고린도는 두 항구를 가지고 있었는데, 서쪽 항구는 레카이움(Lechaeum)이고 동쪽 항구는 겐그레아(Cenchreae)였다(행 18:18; 롬 16:1). 서쪽 항구에는 이탈리아, 시칠리아, 스페인에서 온 배들이 정박하였고, 동쪽에는 이집트, 수리아, 아시아에서 온 배들이 정박하였다. 작은 배들은 양쪽 항구 사이에 난 통로를 따라 끌고 갔지만, 큰 배들은 화물을 옮겨 실었다.[224)]

고린도는 주전 146년에 로마의 뭄미우스(L. Mummius)에 의해 파괴되었으나, 주전 46년(또는 49년)에 율리우스 카이사르(Julius Caesar)에 의해 재건되어 로마의 해방 노예들이 거주하였다. 고린도에는 많은 종족들이 있었으며,

---

224) 고린도의 지리적 위치에 대해서는 A. van Deursen, "Corinthe," in: *Bijbelse Encyclopaedie* (Kampen: J. H. Kok, 1950), 107을 보라.

이들은 자기들의 종교를 가지고 들어왔다. 그리하여 고린도는 향락과 타락의 도시였으며 많은 민족과 종교의 도시였다.[225]

다른 항구 도시에서와 마찬가지로 고린도는 빈부 격차가 심하였다. 고린도는 항구 도시의 또 다른 특징으로서 가능한 한 모든 영역에서 자유로웠으며 종교 생활도 자유로웠다. 그래서 고린도에는 '핍박'에 대한 말이 없다(물론 고린도 체류 말기에 유대인들에 의한 소요가 있었기는 하지만). 그리고 고린도에는 많은 유대인들이 살고 있었으며(Philo, Justin의 기록; cf. 아굴라와 브리스길라 부부), 유대인들의 회당이 있었다(행 18장).[226]

고린도는 로마의 아가야 주(州)의 수도였으며, 아가야는 원로원 관할의 속주(屬州)였다.[227] 바울은 2차 선교여행 때 고린도에 와서 1년 6개월 동안 머무르면서 가르쳤는데(행 18:11), 갈리오(Gallio)가 아가야의 총독 되었을 때에 소요 사태가 일어나서 고린도를 떠나게 되었다(행 18:12-18). 갈리오는 유명한 세네카(Seneca)[228]의 형제였다.

델피(Delphi)에서 비문(碑文)이 하나 발견되었는데,[229] 그 비문은 클라우디우스(Claudius) 황제가 델피 시에 보내는 편지를 포함하고 있다. 이 편지에서 그는 26번째로 집정관(αὐτοκράτωρ, *imperator*)이 되었다고 말한다. 그리고 유니우스 갈리오(L. Junius Gallio)가 아가야의 총독(ἀνθύπατος, *proconsul*)으로 다스리고 있

---

225) Cf. F. W. Grosheide, *De eerste brief aan de kerk te Korinthe,* 2e dr. (Kampen: J. H. Kok, 1957), 7. (H. A. van Bottenburg 출판사에 의한 초판은 1932년임)

226) Grosheide, *1 Korinthe,* 8.

227) Grosheide, *1 Korinthe,* 8.

228) L. Annaeus Seneca는 원래 L. Annaeus Novatus였는데, L. Junius Gallio에 의해 입양된 후 L. Junius Gallio라 불리게 되었다(cf. Grosheide, *1 Korinthiërs,* 9).

229) 갈리오 비문(Gallio Inscription)은 9개의 파편들로 되어 있으며, 19세기 말에 발견되었으나 1907-1908년에 와서야 그 중요성이 인식되었다고 한다.

었다고 한다.[230] 전문가들이 다른 자료들에서 탐구한 결과에 의하면, 클라우디우스의 26번째 집정관 임기는 주후 52년 상반기에 시작되었다고 한다.[231] 원로원 관할 주의 총독들은 임기가 1년이었으며, 그들은 항해하기에 좋은 상반기 중에 로마를 떠나야만 했다. 따라서 우리는 갈리오가 상반기 중에, 예를 들어 4월이나 늦어도 5월 중에, 고린도에서 그의 직무를 시작했다고 볼 수 있다. 그렇다면 그의 총독직은 51년 상반기부터 52년 상반기까지, 또는 52년 상반기부터 53년 상반기까지였다고 볼 수 있다. 그런데 클라우디우스의 27번째 집정관 임기가 52년 8월 이전에 시작하므로, 첫 번째 것(51년 상반기~52년 상반기)이 매우 그럴 듯하다.[232]

행 18:12을 직역하면 "갈리오가 아가야의 총독으로 있을 때에 ..."(Γαλλίωνος δὲ ἀνθυπάτου ὄντος τῆς Ἀχαίας, ...)가 된다. 이 표현을 보면, 여태까지 일어난 일들은 갈리오가 아가야의 총독이 되기 전의 일이었음을 시사한다. 갈리오가 아가야의 총독으로 부임하고서 얼마나 지나서 유대인들이 일어나서 고소했는지는 알 수 없지만 그리 오랜 시간이 지난 것 같지는 않다. 이런 저런 불확실성은 있지만 어쨌든 바울은 주후 51년 하반기에 고린도를 떠난 것으로 보이며, 따라서 이보다 1년 6개월쯤 전인 주후 50년 상반기에 고린도에 왔다고 볼 수 있다.[233]

한편 판 브루헌(J. van Bruggen) 박사는 행 18:12의 사건을 주후 51년 4-5월(7월)로 본다.[234] 그리고 아굴라와 브리스길라 그리고 바울이 고린도에 도착한 시점을 주후 49년 (8월)10월-11월로 본다.[235] 그렇게 보는 이유는 주후 50년에 들어

---

230) Grosheide, *1 Korinthe,* 9.

231) Grosheide, *1 Korinthe,* 9.

232) Grosheide, *1 Korinthe,* 9.

233) Grosheide, *1 Korinthe,* 9f.

234) J. van Bruggen, *"Na veertien jaren". De datering van het in Galaten 2 genoemde overleg te Jeruzalem* (Kampen: J. H. Kok, 1973), 54.

235) Van Bruggen, *"Na veertien jaren"*, 54.

와서, 그리고 선박 항해 계절이 지난 후에야 비로소 전년도에 일어난 추방령[236]을 바울이 뉴스인 양 듣는다는 것은 맞지 않기 때문이라고 한다.[237] 그러나 행 18:2에 보면, 바울이 이들 부부로부터 글라우디오의 추방령을 '들었다'고 되어 있지 않고, 기록자인 누가 자신의 설명으로 그들이 고린도에 온 이유를 기록하고 있다. 그렇다면 바울이 고린도에 도착한 시점으로 50년 상반기가 더 좋아 보인다. 어쨌든 큰 차이는 아니다.

2) 고린도 교회의 형편

사도 바울은 2차 선교여행 때 고린도에 와서 1년 반 동안 머물면서 복음을 전하였다(행 18:1-11). 바울이 떠난 후에 알렉산드리아 출신의 아볼로가 이곳에 와서 복음을 전하였다(행 19:1). 그러자 바울을 따르는 자들과 아볼로를 따르는 자들 사이에 분쟁이 생기게 되었다. 그러자 또 게바 파와 그리스도 파도 생겨나게 되었다. 이처럼 고린도 교회는 파당이 심한 교회였다(고전 1:12).

뿐만 아니라 고린도 교회는 음행의 문제가 심각하였다(5장). 심지어 자기 아버지의 아내를 취하는 괴악한 일도 있었다(1절). 그런데도 불구하고 고린도 교회가 그런 사람을 물리치지 아니하였다(2절). 그 외에도 송사 문제(6장), 결혼과 독신 문제(7장), 우상의 제물 문제(8장), 여자들의 머리에 무엇을 쓰는 문제(긴 머리 문제)와 성찬 문제(11장), 은사 문제(12-14장), 성도의 부활 문제(15장) 등 여러 문제들이 있었다.

그럼에도 불구하고 바울은 그들을 가리켜 '하나님의 교회'로 부르고 있으며, '그리스도 예수 안에서 거룩하여지고 성도라 부르심을 입은 자들'이라고

---

236) 교회사가인 Orosius의 계산에 의하면 클라우디우스의 유대인 추방령은 49년 1월~50년 1월 사이에 있었다고 한다. Cf. Polhill, *Acts*, 382.

237) Van Bruggen, *"Na veertien jaren"*, 54.

부르고 있다(1:2). 이처럼 문제 많은 교회도 하나님이 여전히 사랑하시고 아끼시는 것을 알 수 있다.

3) 저자

고린도전서의 저자는 사도 바울이다(1:1; 16:21). 이것은 바울이 직접 밝히고 있기 때문에 이론(異論)의 여지가 없다. 고린도전서의 바울 저작에 대해서는 주후 95년경에 로마의 클레멘트도 말하고 있다(47,1). "복된 사도 바울의 편지를 받으라."(ἀναλάβετε τὴν ἐπιστολὴν τοῦ μακαρίου Παύλου τοῦ ἀποστόλου)[238] 바울은 발신인으로 '소스데네'의 이름을 같이 말하고 있는데(1:1), 그는 아마도 고린도의 회당장으로 있다가 예수를 믿은 '소스데네'이었을 것이다(행 18:17). 그는 바울이 고린도전서를 쓸 때 바울과 함께 에베소에 머물고 있었을 것이다.

고전 4:17에서 바울은 "이로 말미암아 내가 주 안에서 내 사랑하고 신실한 아들 디모데를 너희에게 보내었다."고 한다. 여기서 '보내었다'(ἔπεμψα)는 단어를 어떻게 이해할 것인가 하는 것이 중요하다. 만일 이것이 '서신상의 아오리스트'(epistolary aorist)[239]라면 바울이 이 편지를 쓸 때 디모데는 곁에 있었을 것이다. 그리고 디모데가 그 편지를 가지고 갔을 것이다.

그러나 흐로쉐이드에 의하면, 이것은 받아들일 수 없다고 한다.[240] 왜냐하면 디모데는 고린도에 잘 알려진 인물인데(행 18:5), 그의 이름이 고린도전서의 발신인

---

238) Cf. Greijdanus, *Bizondere Canoniek*, II, 43.

239) 발신자의 입장에서는 아직 일어나지 않은 일이지만, 수신자의 입장에서 이미 일어난 일로 표현하는 것을 말한다.

240) Grosheide, *1 Korinthe*, 134.

에도 없고 문안에도 없다. 물론 이것은 다르게 생각할 수도 있을 것이다. 즉, 디모데가 이 편지를 가지고 갈 것이기 때문에 인사말에서 그의 이름을 말하지 않았다고 생각할 수도 있다. 그러나 이 논리는 맞지 않다고 한다. 왜냐하면 고전 16:10에서 "만일 디모데가 오면"(ἐὰν δὲ ἔλθῃ Τιμόθεος)이라고 말하는데, 이것은 디모데가 이미 고린도를 향하여 가고 있으며 바울 곁에 없다는 것을 의미하기 때문이라고 한다. 디모데가 어디에 있는지 그리고 언제 고린도에 도착할지 바울은 정확히 알지 못하지만, 그의 편지가 디모데보다 먼저 고린도에 도착하리라고 기대하고 있다.[241)]

행 19:22에 보면, 바울은 "자기를 돕는 사람 중에 디모데와 에라스도 두 사람을 마게도냐로 보내고 자기는 아시아에 얼마 동안 더 있으니라."고 말한다. 그렇다면 디모데가 이때 마게도냐를 거쳐 고린도를 향하여 갔다고 볼 수 있다. 그렇다면 바울은 아시아(에베소)에서 디모데를 에라스도와 함께 보내어 놓고 나서 고린도전서를 기록했다고 볼 수 있다. 그리고 고전 16:10의 "디모데가 이르거든"이라는 표현도 고전 4:17의 '보내었다'가 역사상의 아오리스트[242)]임을 시사해 준다. 만일 디모데가 직접 편지를 가지고 갔다면 "디모데가 이르거든"라는 표현은 쓰기 어려웠을 것이다.

4) 기록 연대와 장소

고린도전서는 바울이 3차 선교여행 중 아시아의 '에베소'에 머무르고 있을 때 기록하였다. 왜냐하면 "내가 오순절까지 에베소에 머물려 함은"이라고 말하기 때문이다(고전 16:8). 이것은 2차 선교여행 때가 아니다. 왜냐하면 그때는 바울이 고린도에서 배를 타고 에베소에 와서 잠시 머물다가 곧바로 수리아 지역으로 갔기 때문이다(행 18:18-22). 고린도전서 16:5-6에 보면, 바울은

---

241) Grosheide, *1 Korinthe*, 134.

242) 과거의 사실을 나타내는 아오리스트 즉 보통의 아오리스트.

마게도냐로 가서 고린도로 나아갈 계획을 말하고 있다. 따라서 이때는 3차 선교여행 기간 중이었다. 따라서 바울이 에베소에 3년 동안 머물고 있는 동안에(행 20:31), 그리고 아마도 에베소에서 소요(행 19:23-41)가 일어나기 전에 고린도전서를 기록한 것으로 생각된다.[243)]

도널드 거쓰리는 57년 봄에 고린도전서가 기록되었다고 본다.[244)] 고린도전서 16:8에 의해 바울은 오순절 조금 전에 고린도전서를 기록한 것이 분명하다고 한다. 사도행전 20:1-3과 고린도전서 16:3-6의 여행 계획(마게도냐를 지나 고린도에 가려고 하는 것)이 서로 잘 일치하기 때문에 이 둘 사이에 1년의 간격이 있었다고 보는 것은 어렵다고 한다. 따라서 고린도전서와 고린도후서는 약 7개월의 간격을 두고 같은 해에 기록되었다고 본다(고린도전서: 57년 봄; 고린도후서: 57년 10월).[245)]

테오돌 찬은 57년 유월절 경에 고린도전서가 기록되었다고 본다.[246)] 그는 바울의 고린도 중간 방문이 55년 여름이나 가을 또는 56년 봄에 있었다고 보고,[247)] 에베소 체재 3년 기간(54-57년)의 말기에 고린도전서가 기록되었다고 본다.[248)] 그러나 찬의 이러한 계산은 바울이 고린도에 처음 도착한 때를 52년 10월로 잡는 데서 출발하고 있다.[249)] 그러다 보니 1년 6개월간 고린도에 머물다가 에베소로 떠난 시기를 54년으로 보며, 그때부터 에베소 체재 3

---

243) Grosheide, *1 Korinthe,* 26.

244) Guthrie, *New Testament Introduction,* 458.

245) Guthrie, *New Testament Introduction,* 458f. 마게도냐의 새해는 9월 21일에 시작하였기 때문에 고린도후서가 57년 10월경에 기록되었다면 약 7개월 전에 있었던 일에 대해 '1년 전에'(고후 8:10; 9:2)라고 말할 수 있다고 한다.

246) Zahn, *Einleitung*[3], I, 186.

247) Zahn, *Einleitung*[3], I, 195 (A. 14).

248) Zahn, *Einleitung*[3], I, 185.

249) Zahn, *Einleitung*[3], I, 183.

년이 시작된다고 본다.[250] 그러나 이렇게 보는 것은, 바울이 에베소를 떠나 가이사랴에 상륙하여 예루살렘에 올라갔다가(행 18:22), 안디옥에 가서 얼마간 있다가 다시 3차 선교여행을 떠나 갈라디아와 브루기아 땅을 차례로 다녀서 에베소로 오기까지(행 18:23-24) 약 2년 정도의 기간을 고려하지 않고 있다. 이 2년 정도의 기간을 생각한다면, 우리가 앞에서 살펴본 것처럼 바울이 2차 선교여행 때 고린도를 떠난 시기를 51년 하반기로, 고린도에 도착한 때를 50년 상반기로 보아야 한다. 테오돌 찬이 고린도에 처음 도착한 때를 52년 10월로 잡은 것은 델피 비문 발견에 대해 알지 못했기 때문이다. 델피의 갈리오 비문이 세상에 알려진 것은 1908년경인데, 찬은 그 이전에 활동했기 때문에[251] 아직 그것을 참조하지 못하였을 것이다. 따라서 약 2년 정도의 오차가 발생한 것이다.

네덜란드의 가톨릭 주석가 요스 껄러르스(J. Keulers)는 고린도전서의 저작 시기를 55년 봄으로 본다. 고린도전서와 고린도후서 사이에 내용상 상당한 차이가 있으며, 따라서 제법 시일이 경과했다고 보기 때문이다. 많은 학자들이 고린도전서 16:8의 "오순절까지 머물려 한다"는 말에 근거해서 바울의 에베소 체류가 끝날 무렵에 기록했다고 보지만(즉 56년 또는 57년), 이 구절은 결정적인 것이 못 된다고 한다. 바울이 처음에는 그렇게 계획했지만, 에베소에서 계속 복음이 잘 전파되어서 2년 정도 더 머물렀을 것이라고 본다.[252] 흐로쉐이드도 마찬가지로 54년 상반기에, 늦어도 55년 상반기에 고린도전서가 기록되었다고 본다.[253] 흐레이다너스는 여러 요인들 때문에 정확하게 말할

250) Zahn, *Einleitung*^{3}, I, 185.

251) Zahn의 *Einleitung*^{3}, I권이 출판된 연도는 1906년이므로 델피 비문을 접하지 못하였을 것이다.

252) Keulers, *De brieven van Paulus,* I, 179.

253) Grosheide, *1 Korinthe,* 26.

수는 없지만 54년 유월절 경에 기록되었다고 본다.[254]

바울의 에베소 체재 3년 기간의 말기에 고린도전서를 기록했다고 보는 거쓰리의 견해는 고린도전서 16:5-8과 사도행전 20:1-3에 의해 지지되는 것처럼 보인다. 그러나 그렇게 되면 고린도전서가 기록되고 나서 얼마 지나지 않아서 고린도후서가 기록된 것이 되기 때문에, 그 두 편지 사이에 '중간 방문'과 '중간 편지'가 있기에는 그 기간이 너무 짧다. 물론 '중간 방문'과 '중간 편지'를 인정하지 않는다면 문제는 달라지겠지만, 만일 인정한다면[255] 바울이 오순절까지 에베소에 머물려고 계획했지만(고전 16:18), 갑자기 고린도에 긴급한 문제가 생겨서 배로 고린도에 갔다가 다시 에베소에 돌아와서 중간 편지를 쓰고, 그리고 나서 마게도냐로 떠났다고(행 20:1) 봐야 하는데, 그러기에는 시간이 너무 짧다.

앞의 흐로쉐이드와 흐레이다너스의 견해(54년 또는 55년 상반기)도 거쓰리의 견해보다 2-3년 정도 이르기는 하지만, 그들도 바울의 에베소 체재 기간 말기에 기록되었다고 보기 때문에 중간 방문과 중간 편지를 받아들이는 그들의 입장과 잘 조화되지 않는다는 문제가 있다. 그렇게 되면 3차 선교여행이 끝나는 시점이 너무 빠르게 된다. 즉, 흐로쉐이드와 흐레이다너스의 견해에 의하면 55년 또는 56년에 3차 선교여행이 끝나게 되는데,[256] 이것은 너무 빠르다. 그렇지 않으려면 3차 선교여행 때 고린도에 2년 정도 머물렀다고 봐야 하는데, 성경은 석 달 머물렀다고 말한다(행 20:3). 따라서 고린도전서의 기록 시기를 정확하게 아는 것은 쉽지 않은 문제이다. 바울의 에베소 체재 초

---

254) Greijdanus, *Bizondere Canoniek,* II, 46.

255) Greijdanus는 고후 2:1; 12:14; 13:1에서 볼 때 '중간 편지'와 '중간 방문'은 분명하며, 단지 왜곡된 해석만이 다른 견해를 줄 수 있을 따름이라고 말한다(*Bizondere Canoniek,* II, 6).

256) Greijdanus는 바울의 2차 선교여행 중 에베소 체재 기간을 약 52-55년으로 보는데, 이것은 너무 빠르다.

기인지 말기인지도 알기 어렵다. 따라서 대략 54-57년 사이의 어느 시점으로 폭을 넓게 잡을 수밖에 없다.[257)]

2차 선교여행으로부터 계산해도 비슷한 결과가 나온다. 바울이 고린도에 처음 도착한 때는 50년 상반기이다.[258)] 그런데 바울은 고린도에 1년 6개월을 머물렀다고 한다(행 18:11). 그렇다면 바울이 고린도를 떠난 때는 51년 하반기쯤 될 것이다. 바울은 고린도를 떠나 겐그레아에서 배를 타고 에베소에 들러 잠깐 있다가 작별하고 가이사랴에 상륙하여 [예루살렘에] 올라가서 안부를 물었다(행 18:18-22). 이때가 대략 52년경이었을 것이다. 바울은 안디옥에 내려가서 얼마 있다가 다시 선교여행을 떠났다(행 18:23). 이것이 3차 선교여행의 시작인데, 바울이 안디옥에 얼마나 오래 머물러 있었는지는 모르지만 빠르면 52년 늦어도 53년경에 떠났을 것이다. 갈라디아와 브루기아 땅을 차례로 다녀 에베소에 왔을 때는 대략 54년경이 되었을 것이다.

바울의 에베소 체류 초기에 고린도전서를 기록했다면 54년 또는 55년경이 될 것이다. 늦어도 56년에는 기록되었어야 할 것이다. 왜냐하면 고린도전서와 고린도후서 사이에 '중간 방문'과 '중간 편지'가 있었다면 적어도 1년 정도의 간격을 두어야 하기 때문이다.

---

257) J. Cambier는 고전 16:3-8에 있는 바울의 계획이 변경되지 않았다면 고린도전서 기록과 바울의 에베소 떠남 사이에 시간이 매우 짧았을 것이며 고린도전서와 고린도후서 사이의 기간도 수개월밖에 되지 않을 것이라고 한다. 그러면 고린도전서는 57년 봄에 기록되었을 것이라고 한다. 그러나 이런 저런 것들을 고려할 때 고린도전서의 기록 시기는 고린도후서보다 1년 또는 심지어 2년 빠른 55년 봄으로 본다. 그 이유는 설명하지 않고 그냥 Allo의 이름만 괄호 안에 제시하고 있다. Cf. Robert-Feuillet, *Introduction,* 416.

258) Grosheide, *1 Korinthe,* 9f.

5) 중간 방문

학자들 중에는 고린도전서와 고린도후서 사이에 '중간 방문'이 있었다고 보는 사람들이 많다. 바울은 고린도후서 12:14에서 "이제 세 번째 너희에게 가기를 준비하였다."고 한다. 그리고 13:1에서 "내가 이제 세 번째 너희에게 가리니 ..."라고 말한다. 따라서 우리는 첫 번째 방문(행 18:1-17)과 세 번째 방문(행 20:2-3) 사이에 사도행전에 기록되지 않은 또 하나의 방문이 있었다고 보아야 한다. 이 두 번째 방문에 대해 우리는 바울이 계획을 세웠지만 실행에 옮기지 못했다는 의미로 받아들여서는 안 된다. 그랬더라면 바울은 왜 그랬었는지에 대해 이유를 설명했을 것이다(cf. 살전 2:18; 롬 1:10; 15:22). 그런데 여기에 아무런 설명이 없이 "세 번째 너희에게 갈 것"이라고 말하는 것을 보니, 바울이 실제로 두 번째 방문을 했었다고 보아야 한다.[259] 고린도후서 13:2의 "지금 떠나 있으나 두 번째 대면하였을 때와 같이"라는 표현도 두 번째 고린도 방문이 실제로 있었다는 것을 말해 준다.[260] 고린도후서 13:1-2은 분명히 바울이 두 번 고린도에 있었으며, 이제 세 번째 가려고 하는 시점에 있었음을 말한다.[261]

사도행전이 바울의 고린도 중간 방문에 대해 아무 언급도 하지 않는다는 것은 중요한 논거가 되지 못한다. 그런 '침묵으로부터의 논증'(*argumentum a silentio*)은 아무런 효력도 없다. 왜냐하면 바울의 1차 방문 후에 고린도 교회에 생겼던 많은 어려움들에 대해 사도행전은 아무 말도 하지 않기 때문이다.[262]

---

259) Greijdanus, *Bizondere Canoniek,* II, 70.

260) F. W. Grosheide, *De tweede brief aan de kerk te Korinthe (CNT),* 2e dr. (Kampen: J. H. Kok, 1959), 8.

261) Grosheide, *2 Korinthe,* 9.

262) Grosheide, *2 Korinthe,* 9.

그러면 사도 바울의 중간 방문 곧 두 번째 방문은 언제 있었던 것일까? 사도행전 18장의 고린도 방문 이후임은 분명하다. 왜냐하면 그것은 첫 번째 방문이었기 때문이다. 첫 번째 방문은 대개 (49년 또는) 50년경에 있었던 것으로 본다. 그때 바울은 로마에서 온 유대인 부부 아굴라와 브리스길라를 만났는데, 이들은 글라우디오가 유대인들을 명하여 로마에서 떠나라고 하였으므로 로마를 떠나 고린도에 왔었다(행 18:1-2). 그런데 글라우디오가 유대인들을 로마에서 떠나라고 추방령을 내린 것은 49년 1월~50년 1월 사이이다.[263)] 그렇다면 아굴라와 브리스길라가 고린도에 도착한 것은 대략 49년경으로 볼 수 있다.

그렇다면 바울의 두 번째 방문(중간 방문)은 고린도전서를 기록하기 이전이거나 고린도전서와 고린도후서 사이일 수 있다. 테오돌 찬은 고린도전서를 기록하기 전(前)에, 적어도 12개월이나 20개월 전에, 에베소 사역의 초기에 두 번째 방문이 있었다고 본다.[264)] 그러나 이러한 견해는 흐로쉐이드에 의하면 유지될 수 없다고 한다. 왜냐하면 고린도전서에 보면 사도 바울과 고린도 교회 사이에 매우 빈번한 소통과 문서 교환이 있었음을 말하며(1:11; 5:9; 7:1; 16:17) 또한 교회 설립에 대해서도 말하는데(2:1; 4:15; 15:1), 고린도전서 이전에 바울이 또 한 번 더 고린도를 방문하였다면 그것에 대해 고린도전서가 전혀 말하지 않는다는 것은 받아들이기 어렵기 때문이라고 한다.[265)]

바울이 고린도전서 이후에 고린도를 방문하였다면, 이 방문은 고린도전서와 고린도후서 사이에 위치할 수밖에 없다. 고린도 교회의 비통한 상황이 바

---

263) 유대인 추방령은 Claudius 제9년에 있었는데, 제9년은 주후 49년 1월 25일부터 50년 1월 24일 사이이다. Cf. Van Bruggen, *"Na veertien jaren"*, 53f.

264) Zahn, *Einleitung*[3], I, 195 (A. 14). Zahn은 이 두 번째 방문이 바울의 에베소 사역 첫째 해에, 아마도 55년 여름이나 가을 또는 56년 봄에 있었다고 본다.

265) Grosheide, *2 Korinthe*, 9f. 그러나 Zahn은 이 중간 방문이 있고 나서 많은 시간이 지난 후에(12개월이나 20개월쯤) 고린도전서를 기록했기 때문에 고린도전서에 이 방문에 대한 언급이 없다고 본다.

울로 하여금 에베소에서 배를 타고 고린도를 짧게 방문하도록 만들었을 것이다.[266)]

이런 맥락에서 고린도후서 2:1을 생각해 볼 수 있다. 여기서 바울은 "내가 다시는 너희에게 근심으로 나아가지 아니하기로 스스로 결심하였다"(ἔκρινα γὰρ ἐμαυτῷ τοῦτο τὸ μὴ πάλιν ἐν λύπῃ πρὸς ὑμᾶς ἐλθεῖν)고 말한다. 중간 방문을 반대하는 사람들은 여기의 πάλιν을 ἐλθεῖν에 연결시킨다. 그러나 이것은 본문의 단어 순서를 무시하는 것이다. 본문에서 πάλιν은 ἐν λύπῃ 바로 앞에 있다. 따라서 바울의 의도는 "다시 가지 않기로 결심하였다"는 것이 아니라 "다시는 슬픔 가운데 가지 않기로 결심하였다"는 것이다.

'슬픔 가운데 나아간 것'은 사도행전 18장의 방문을 가리키지 않는다. 그 첫 번째 방문 때에도 바울은 마음이 편치 않았지만, 그것은 고린도 교회 때문이 아니라 갑자기 떠나온 데살로니가 교회가 믿음에 바로 서 있는지 염려가 되어서 그랬던 것이다. 그래서 바울은 아테네에 있을 때 참다못하여 디모데를 데살로니가로 보내었으며, 바울이 고린도에 왔을 때에 디모데가 돌아와서 기쁜 소식을 전하였다(살전 3:1-8). 따라서 이것은 고린도 교회 때문에 그러했던 것이 아니며 고린도 교회와 관련된 문제가 아니었다. 바울은 항상 여러 교회들을 위한 염려들을 가지고 있었으며(고후 11:28), 이로 인하여 늘 기도에 힘썼다. 그러나 여기서 '슬픔 가운데 나아갔다'는 것은 고린도 교회에 아주 비통한 문제가 있어서 바울이 슬픔 가운데 나아갔다는 것을 의미한다. 그렇다면 이것은 첫 번째 방문 후의 두 번째 방문으로 보아야 할 것이다.[267)]

흐레이다너스도 같은 취지로 말한다.[268)] 그는 고린도후서 1:23의 말씀도 -- "너희를 아끼려 하여 내가 더 이상 고린도에 가지 않았다"(φειδόμενος

---

266) Grosheide, *2 Korinthe,* 10.

267) Grosheide, *2 Korinthe,* 10.

268) Greijdanus, *Bizondere Canoniek,* II, 70f.

ὑμῶν οὐκέτι ἦλθον εἰς Κόρινθον) -- 바울이 두 번째 방문을 했었다는 것을 나타낸다고 본다.[269)] 이 두 번째 방문은 '슬픔 가운데' 나아간 방문일 것이며, 에베소에서 고린도로 가서 짧게 머물렀을 것이다.[270)]

6) 중간 편지

바울의 고린도 '중간 방문'뿐만 아니라 '중간 편지'(Zwischenbrief) 또는 '눈물의 편지'(Tränenbrief)를 말하는 사람들도 많다.[271)] 바울은 고린도 교회에 정경(正經)인 고린도전서와 고린도후서 외에도 편지(들)를 보내었는데, 이에 대한 결정적인 근거는 고린도후서 2:3-4에 있다고 한다. "내가 이같이 쓴 것은 내가 갈 때에 마땅히 나를 기쁘게 할 자로부터 도리어 근심을 얻을까 염려함이요 또 너희 모두에 대한 나의 기쁨이 너희 모두의 기쁨인 줄 확신함이로라. 내가 마음에 큰 눌림과 걱정이 있어 많은 눈물로 너희에게 썼노니 이는 너희로 근심하게 하려 한 것이 아니요 오직 내가 너희를 향하여 넘치는 사랑이 있음을 너희로 알게 하려 함이라." 여기서 "큰 눌림과 걱정이 있어 많은 눈물로 너희에게 쓴" 편지는 고린도후서가 아니라고 한다. 왜냐하면 고린도후서는 기쁨의 분위기가 지배하고 있기 때문이다(cf. 고후 7:6).[272)] 그리고 고린도전서를 가리키는 것도 아니라고 한다. 왜냐하면 고린도전서에서 바울이 많이 책망하고 있기는 하지만 그 교회에 대해 특별한 불안한 염려를 보여 주지는 않기 때문이라고 한다.[273)]

---

269) Greijdanus, *Bizondere Canoniek,* II, 70.

270) Greijdanus, *Bizondere Canoniek,* II, 71.

271) Feine-Behm, *Einleitung*[8], 153f.

272) Grosheide, *2 Korinthe,* 12.

273) Grosheide, *2 Korinthe,* 12.

따라서 고린도후서 2:4이 말하는 편지는 고린도전서와 고린도후서 사이의 편지로 보아야 한다.[274] 이 중간 편지는 바울과 고린도 교회 사이의 편지 교환에 있어서 바울이 고린도 교회에 보낸 세 번째 편지이다.[275] 이 중간 편지는 중간 방문 후에 보내어졌다고 한다.[276]

이러한 사실은 고린도후서 7장 8절과 12절에 의해서도 증거된다고 한다. 8절에서는 "그러므로 내가 편지로 너희를 근심하게 한 것을 후회하였으나 지금은 후회하지 아니함은 그 편지가 너희로 잠시만 근심하게 한 줄을 앎이라"고 말한다. 고린도 교회를 근심하게 한 편지는 고린도전서가 아니며 고린도전서 5:9에서 말한 편지도 아니며, 바울이 중간 방문을 하고 난 후에 쓴 편지라고 한다.[277] 중간 방문 때에 바울은 비통한 경험을 했었다. 그런데 그 중간 편지가 잘 작용했음을 우리는 여기서 읽게 된다. 그것은 그들이 회개했기 때문이다.

고린도후서 7:12도 이 중간 편지에 잘 맞다고 한다. "그런즉 내가 너희에게 쓴 것은 그 불의를 행한 자를 위한 것도 아니요 그 불의를 당한 자를 위한 것도 아니요 오직 우리를 위한 너희의 간절함이 하나님 앞에서 너희에게 나타나게 하려 함이로라." 여기서 '불의를 행한 자'는 고린도후서 2장의 '그 사람'(근심하게 한 자)으로 본다. 중간 방문에 이은 중간 편지는 그 죄인을 위해 쓰여진 것이 아니라 고린도 교회를 위해 쓰여졌다고 한다.[278]

흐레이다너스도 중간 편지를 말하는데, 그는 흐로쉐이드의 견해를 거의 그

---

274) Grosheide, *2 Korinthe,* 12.

275) Grosheide, *2 Korinthe,* 12. 첫 번째 편지는 고전 5:9의 "음행하는 자들을 사귀지 말라"고 한 편지이다.

276) Grosheide, *2 Korinthe,* 12.

277) Grosheide, *2 Korinthe,* 12.

278) Grosheide, *2 Korinthe,* 12f.

대로 따르고 있다.[279] 곧, 바울은 중간 방문을 마치고 에베소로 돌아온 후에 눈물과 답답한 마음으로 날카로운 편지를 썼다고 한다(고후 2:4). 이 편지는 고린도전서가 될 수 없다. 왜냐하면 고린도전서는 비록 많은 책망과 권면을 하고 있지만 또한 감사할 제목들이 많았기(고전 1:4) 때문이다. "큰 눌림과 걱정이 있어 많은 눈물로"(고후 2:4) 쓴 것은 고린도전서에 맞지 않다고 한다.[280] 그 외에도 논거들을 더 제시하고 있는데 흐로쉐이드가 말한 것과 거의 같다.[281]

가톨릭 주석가인 껄러르스도 고린도전서와 고린도후서 사이에 '중간 방문'이 있었다고 보면서 고린도전서 5:9과 구별되는 '중간 편지'를 인정한다(고후 2:3, 4, 9; 7:8, 12). 그는 이것을 '눈물의 편지'(tranenbrief)라고 부른다.[282] 고린도전서는 강하고 충동적인 편지이기는 하지만 '눈물의 편지' 성격을 가지고 있지는 않다. 이 중간 편지는 고린도후서 7:12에서 볼 때 주로 고린도에서 행해졌던 '불의(不義)'를 계기로 하여 쓰여졌다고 본다. 바울은 이것에 대해 고린도 교회의 순종을 시험하고자 하였다(고후 2:9). 그러나 이 불의는 고린도전서 5:1-5의 음행과는 다른 것이라고 본다. 고린도전서를 쓰게 된 계기는 이 음행뿐만 아니라 여러 요인들이 있었지만, 이 '눈물의 편지'는 이 '불의'가

---

279) Greijdanus, *Bizondere Canoniek,* II, 71-73.

280) Greijdanus, *Bizondere Canoniek,* II, 71.

281) 중간 방문과 중간 편지에 대한 Greijdanus의 견해가 Grosheide의 견해와 거의 같은데, 이것은 아마도 Greijdanus가 Grosheide의 견해를 많이 참조했기 때문일 것이다. 왜냐하면 Greijdanus의 *Bizondere Canoniek,* 제2권이 1949년에 출판되었는데, 그 이전인 1932년에 Grosheide의 고린도전서 주석 제1판(Amsterdam: H. A. van Bottenburg)이 이미 출판되었기 때문이다. S. Greijdanus(Kampen 신학교 교수)와 F. W. Grosheide(Amsterdam 자유대학 교수)는 J. A. C. van Leeuwen(Utrecht 대학 교수)과 함께 *Kommentaar op het Nieuwe Testament* 시리즈 주석(Amsterdam: H. A. van Bottenburg)의 공동편집자로서 서로 긴밀히 협력하였다.

282) Keulers, *De brieven van Paulus,* I, 318.

유일한 또는 주된 주제라고 본다.[283)]

이상의 논의를 따른다면 바울은 적어도 네 통의 편지를 다음과 같은 순서대로 고린도교회에 써서 보낸 것이 된다.

① 첫 번째 편지 - 고전 5:9

② 고린도전서

③ 중간 편지(눈물의 편지) - 고후 2:3-4

④ 고린도후서

7) 기록 계기

흐로쉐이드는 고린도전서를 기록하기까지의 과정에 대해 다음과 같이 제안한다. 바울은 글로에의 집 편으로부터 고린도 교회의 소식을 듣고서(고전 1:11), 고린도로 가려고 하였으나 갈 수 없어서 디모데를 보내었다(고전 4:17; cf. 행 19:22). 그때 고린도로부터 답변을 요청하는 질의 편지가 도착하였다. 그래서 고린도전서를 써서 보내었는데, 그 시점은 에베소에서 소요가 일어나기 전이었을 것이다. 고린도전서 16:7에 보면, 바울은 오순절까지는 에베소에 머물고자 한다고 평안하게 계획을 세우고 있으며 급하게 에베소를 떠날 것에 대해서는 생각하지 않았다. 그런데 사도행전 20:1에 보면 바울이 소요 사태 후에 급히 에베소를 떠나 마게도냐로 간 것을 알 수 있다. 따라서 고린도전서는 바울의 에베소 체재의 끝 무렵, 소요 사태 이전에 기록되었다고 한다.[284)]

그러나 앞에서 논의한 바와 같이 고린도전서의 기록 시기를 에베소 체재 말

---

283) Keulers, *De brieven van Paulus,* I, 318.

284) Grosheide, *1 Korinthe,* 26.

기로 보면 시간상 너무 촉박하다는 문제점이 있다. 에베소 체재 초기 또는 중기로 보면 여러 사건들에 대해 시간적 여유가 있다. 바울이 에베소에 머물고 있을 때에 글로에의 집 사람들로부터 고린도 교회에 파당이 있다는 소식을 들었을 것이다. 그래서 바울은 먼저 디모데를 보내었을 것이다(고전 4:17). 그 후에 고린도 교회에서 사절단이 여러 문제에 대해 질의 편지를 가지고 왔을 것이다(고전 7:1). 이 사절단은 아마도 스데바나와 브드나도와 아가이고로 구성되었을 것이다(고전 16:17).[285] 이 질의 편지에 대한 답으로 쓴 것이 고린도전서이다. 그렇다면 이 편지를 가지고 간 사람들은 바로 이 사절단이었을 것이다.[286]

8) 내용 분해

① 서두(1:1-9)
② 분쟁에 대한 책망(1:10-17)
③ 하나님의 지혜(1:18-2장)
④ 사람을 자랑하지 말라(3장)
⑤ 그리스도의 일꾼(4장)
⑥ 음행의 문제(5장)
⑦ 송사의 문제(6장)
⑧ 결혼의 문제(7장)
⑨ 우상 제물의 문제(8-10장)
⑩ 수건 문제와 성찬의 문제(11장)
⑪ 신령한 은사의 문제(12-14장)

---

285) Robert-Feuillet, *Introduction,* 414.

286) Cf. Zahn, *Einleitung*^{3}, I, 186.

⑫ 부활의 문제(15장)

⑬ 연보 문제와 결어(16장)

9) 참고 문헌

박윤선, 『성경주석 고린도전후서』, 서울: 영음사, 1991.

이상근, 『신약성서 주해 고린도전 후서』, 대한예수교장로회 총회교육부, 1970.

목회와신학 편집부 엮음, 『고린도전서 어떻게 설교할 것인가』 (두란노 HOW 주석), 서울: 두란노아카데미, 2007.

G. D. Fee, *The First Epistle to the Corinthians (NICNT),* Grand Rapids: Eerdmans, 1987.

A. C. Thiselton, *The First Epistle to the Corinthians (NIGTC),* Grand Rapids: Eerdmans, 2000.

F. W. Grosheide, *De eerste brief aan de kerk te Korinthe (CNT),* 2e dr., Kampen: J. H. Kok, 1957.

R. D. Anderson, *1 Korintiërs. Orde op zaken in een jonge stadskerk (CNT-3),* Kampen: J. H. Kok, 2008.

J. Keulers, *De brieven van Paulus (De boeken van het Nieuwe Testament),* I, Roermond en Maaseik: J. J. Romen & Zonen, 1953.

J. Cambier, "The First Epistle to the Corinthians," in: A. Robert-A. Feuillet, *Introduction to the New Testament,* tr. by P. W. Skenah etc. (New York etc.: Desclee Company, 1965), 413-33.

8. 고린도후서

고린도후서는 사도 바울이 고린도전서 이후에 쓴 편지이다. 많은 학자들은 이 사이에 중간 편지가 있었다고 보는데, 그렇다면 고린도후서는 이 중간 편지 후에 쓴 것이 된다. 어쨌든 사도 바울은 자기가 고린도 교회에 대해 너무 심하게 책망하지는 않았는지 그리고 고린도 교회가 어떤 반응을 보일 것인지에 대해 심히 염려하였으나, 디도가 와서 기쁜 소식을 전하였다(고후 7:6-9).

그래서 큰 안도와 기쁨으로 쓴 편지가 이 고린도후서이다. 이 서신에는 어느 서신보다도 바울의 인간적인 정서가 물씬 풍기고 있다. 그래서 사도 바울에 대해 인간적인 고뇌와 고통에 대해 깊이 알 수 있으며 그의 목회 자세에 대해서도 많이 배울 수 있다.

1) 저자

고린도후서의 저자는 고린도전서의 저자와 동일한 사도 바울이다(고후 1:1; 10:1). 하지만 바울은 '디모데'의 이름을 발신인으로 같이 말하고 있다(고후 1:1). 이 사실은 바울이 고린도후서를 쓸 때 디모데가 함께 있었음을 나타내며, 고린도 교회에게 은혜와 평강이 있기를 함께 기원(祈願)하고 있다.[287] 디도도 이때 바울과 함께 있었는데(고후 7:6), 발신인에 그의 이름을 언급하지 않은 것은 그가 이 편지를 직접 고린도에 가지고 갈 것이기 때문이었을 것이다(고후 8:16-18, 23).[288]

---

287) 고후 1:2의 문장은 동사가 생략되었지만 "은혜와 평강이 있기를 원한다"는 기원문(祈願文)이다. 생략된 동사는 대개 ϵἴη 또는 πληθυνθϵίη(벧전 1:2; 벧후 1:2)로 '희구법(希求法)' 동사가 생략되었다고 볼 수 있다. 고전 16:24 끝에서 G 사본(9세기)은 명령법 동사인 "γϵνηθήτω γϵνηθήτω"를 덧붙이고 있다.

288) Greijdanus, *Bizondere Canoniek,* II, 68. 그렇다면 고후 8:17의 '나아갔다'(ἐξῆλθϵν)

2) 기록 시기와 장소

바울은 에베소를 떠나 드로아로 갔으나 디도를 만나지 못하여 마음이 불편한 가운데 마게도냐로 건너갔다(2:12-13). 그런데 디도가 고린도에서 기쁜 소식을 가지고 마게도냐로 돌아왔다(7:5-6, 7, 13). 그때 바울이 기쁨으로 이 편지를 썼는데, 디도가 이것을 가지고 다시 고린도로 갈 예정이었다(8:16-24). 바울이 마게도냐의 어느 장소에 있었는지는 알 수 없지만,[289] 대개 빌립보로 본다.[290]

고린도후서의 기록 연대에 대해서도 확실히 알 수 없다. 흐레이다너스는 여러 가지 불확실성이 있지만 대략 55년경으로 본다. 그러면서 1년 이르거나 늦은 것은 별 문제 없다고 한다.[291] 그러나 필자가 보기에 55년경은 너무 빠르다. 그러면 고린도전서의 기록 연대는 더욱 빨라지게 되기 때문이다. 알로(E. B. Allo)는 고린도전서에 대해서는 55년경으로, 고린도후서에 대해서는 57년경으로 본다. 왜냐하면 고린도후서 8:10과 9:2의 ἀπὸ πέρυσι(1년 전에, 작년부터)라는 표현이 고린도전서와 후서 사이에 상당한 시간 경과를 가리킬 뿐만 아니라, 고린도전서와 후서 사이에 일어난 사건들이 '적어도 1년 반'의 시간을 요구하기 때문이라고 한다.[292]

그러나 정확하게 얼마나 기간이 경과하였는지는 알기 어렵다. 바우어 사전에 보면, ἀπὸ πέρυσι에 대해 '1년 전에'(a year ago)와 '작년부터'(since last

---

를 서신상의 아오리스트(epistolary aorist)로 보아야 할 것이다.

289) Greijdanus, *Bizondere Canoniek,* II, 68f.

290) Cf. Keulers, *De brieven van Paulus,* I, 319.

291) Greijdanus, *Bizondere Canoniek,* II, 69.

292) E. B. Allo, *Seconde Epitre aux Corinthiens,* 1937, LVII-LX (Greijdanus, *Bizondere Canoniek,* II, 69에서 재인용).

year)라는 두 가지 의미가 주어져 있다.[293] 한스 리츠만(Hans Lietzmann)은 ἀπὸ πέρυσι를 '전년에'(im Vorjahre)로 보면서 다음과 같이 계산한다. 고린도 교회의 모금 활동은 고린도전서 16:8이 보여 주듯이 오순절 무렵에 시작되었다. 유대 캘린더는 당시의 동방-율리안 캘린더(바울 당시에 일반적인 체계)와 마찬가지로, 새해는 가을에 시작되므로 고린도후서는 고린도전서 이후 당해 가을부터 이듬해 가을 사이의 시기에 쓰여졌다.[294] 그렇다면 고린도전서와 고린도후서 사이의 간격은 6개월~1년 6개월 정도가 될 것이다.

같은 맥락에서 ἀπὸ πέρυσι라는 표현을 가지고 계산을 시도한 흐로쉐이드도 정확한 연도 계산은 어렵다고 하면서 고린도후서는 고린도전서 1년 후에 기록되었을 것으로 본다. 그러면서 고린도전서를 만일 54년 또는 55년에 기록되었다고 본다면, 고린도후서는 55-57년 사이에 기록되었을 것으로 본다.[295] 껄러르스는 고린도후서의 저작 시기를 대개 56년 말 또는 57년 초로 본다.[296]

따라서 고린도후서의 저작 시기는 대략 57년경으로 보는 것이 무난해 보인다. 왜냐하면 3차 선교여행 기간을 일반적인 견해를 따라 53-58년으로 본다면,[297] 57년 겨울은 고린도에서 보내었을 것이기 때문이다(행 20:2-3). 그렇다면 바울이 에베소를 떠난 것은 57년 상반기경으로 볼 수 있을 것이다. 그래서 바울이 드로아를 거쳐 마게도냐에 이르렀을 때에 디도가 기쁜 소식을 가지

---

293) Bauer, *Lexicon,* s.v. πέρυσι.

294) H. Lietzmann, *An die Korinther I II,* ergänzt von W. G. Kümmel (Tübingen: J. C. B. Mohr, 1969), 135.

295) Grosheide, *2 Korinthe,* 236.

296) Keulers, *De brieven van Paulus,* I, 319.

297) Yohanan Aharoni-Michael Avi-Yonah는 바울의 제3차 선교여행 기간을 53-57년으로 본다. Cf. 요하난 아하로니-미카엘 아비요나, 『아가페 성서지도』 (서울: 아가페출판사, 1993), 155. 한편 Bo Reicke는 54-58년으로 본다. Cf. Reicke, *Neutestamentliche Zeitgeschichte,* 221.

고 왔으며, 그때 바울이 기쁜 마음으로 고린도후서를 썼다. 그렇다면 그때는 대략 57년 여름경이 될 것이다.

3) 기록 계기

껄러르스는 고린도후서의 기록 계기에 대해 다음과 같이 설명한다. 바울은 그가 고린도에서 당한 '불의'(고후 7:12)를 바로잡기 위해 고린도 교회에게 이 불의 행한 자를 벌하도록 요구했다. 그리고 디도를 보내어서 이 명령을 시행하도록 했다(cf. 고후 2:13; 7:6f.). 바울의 편지(중간 편지)와 디도의 활동이 고린도 교회로 하여금 그들의 무관심에서 깨어나게 하였다. 그들은 그 잘못한 자를 벌하였으며, 그들이 회개하고 복종하였다고 디도에게 확신시켜 주었다.[298)]

그러는 동안에 바울은 에베소를 떠나 드로아에 가서 복음을 전하면서 디도가 돌아오기를 기다렸다. 그러나 디도가 오지 않자 바울은 무거운 마음을 가지고 마게도냐로 떠났다. 그런데 디도가 좋은 소식을 가지고 마게도냐로 와서 바울에게 그 소식을 전하였다. 그러나 고린도 교회의 좋지 않은 것들도 함께 보고하였다. 그래서 바울은 마게도냐에서 두 번째 정경인 편지(고린도후서)를 썼다. 그 불의가 바로잡아졌기 때문에 바울은 그가 약속한 고린도 방문(cf. 고전 16:5f.)을 이행하려고 한다. 바울은 그 벌 받은 자를 용서하라고 말한다. 그리고 또한 여러 가지 풀어야 할 오해들도 있었다. 이를 위해 그리고 그의 방문을 준비하게 하기 위해 바울은 고린도후서를 써서 보내었다.[299)]

---

298) Keulers, *De brieven van Paulus,* I, 319.

299) Keulers, *De brieven van Paulus,* I, 319.

4) 실행되지 않은 여행 계획

고린도후서 1:15-16에서 바울은 실행되지 않은 여행 계획에 대해 말한다. "내가 이 확신을 가지고 너희로 두 번 은혜를 얻게 하기 위하여 먼저 너희에게 이르렀다가 너희를 지나 마게도냐로 갔다가 다시 마게도냐에서 너희에게 가서 너희의 도움으로 유대로 가기를 계획하였으니". 이를 보면 사도 바울은 1) 먼저 에베소에서 배를 타고 바로 고린도에 갔다가, 2) 고린도에서 마게도냐로 갔다가, 3) 마게도냐에서 다시 고린도에 가서, 4) 고린도에서 유대로 가기로 계획하였다. 즉, 고린도를 '두 번' 방문하려고 계획을 세웠었다. 고린도 교회도 이것을 알고 있었는데, 이 계획이 실행되지 않음으로 또는 변경됨으로 인하여 고린도 교회는 바울에 대해 좋지 않게 생각하고 있었다. 곧, 바울이 경박스럽게 행동한다거나 인간적으로 행한다고 비난하였다(cf. 고후 1:17).

그러면 바울은 언제 이 계획을 세웠을까? 그리고 고린도 교회는 어떻게 이 계획을 알게 되었을까? 이에 대해서는 알 수 없지만 흐레이다너스는 중간 방문 이전에 있었다고 본다.[300] 왜냐하면 이 중간 방문 때에 바울과 고린도 교회 사이의 관계가 비통하게 되었기 때문이다. 그래서 '눈물의 편지'가 뒤따랐다고 한다(고후 2:4). 어쨌든 고린도후서 1:15-16의 방문 계획은 고린도전서 16:5-7의 계획 이전에는 세우지 않았다고 한다. 왜냐하면 만일 그랬다면 바울은 그 변경에 대해 설명했을 것이기 때문이다.[301] 그러나 우리는 이 계획 세움의 시점에 대해서는 알 수 없다고 보는 것이 좋을 듯하다.

---

300) Greijdanus, *Bizondere Canoniek,* II, 76.

301) Greijdanus, *Bizondere Canoniek,* II, 77.

5) 고린도후서의 중심 사상

① 중심 사상 찾기의 어려움

고린도후서의 특징 또는 중심 사상을 말하는 것은 대단히 어렵다. 흐로쉐이드에 의하면 여기에는 두 가지 이유가 있다고 한다. 첫째로, 고린도후서는 고린도 교회에 보낸 편지이며 또한 고린도 교회와 관련한 온갖 종류의 문제들을 다루는 지극히 개인적인 편지이다. 그런데 고린도후서 1:1에서는 "고린도에 있는 하나님의 교회와 또 온 아가야에 있는 모든 성도에게"라고 일반적으로 말한다. 연보에 대한 것을 비롯한 여러 가지 일들은 단지 고린도뿐만 아니라 모든 교회에 적용될 수 있는 것들이다. 다른 한편으로, 1:23에서는 바울이 '고린도'에 가지 않은 것에 대해 말하며, 6:11에서는 "고린도인들이여"라고 말한다. 이처럼 고린도후서에는 이런 이중성(二重性)이 있기 때문에 하나의 중심 사상을 말하기가 어렵다.

고린도후서에서 중심 사상을 말하기 어려운 두 번째 이유는 이 편지는 분명하게 세 부분으로 구성되어 있다는 사실이다. 물론 이 부분들은 내용상 접촉점이 있기는 하지만 사실상 거의 독립적으로 떨어져 있다. 고린도전서에서는 여러 가지 문제들이 다루어졌지만, 거기서는 고린도 교회의 모든 죄들은 하나의 근본 죄에서 나왔다고 밝히는 것이 가능하였다. 거기서는 그 모든 다양성 가운데서도 통일성이 있었다. 그러나 그러한 통일성이 고린도후서에는 없다.[302)]

---

302) 이상의 중심 사상 찾기의 어려움에 대해서는 Grosheide, *2 Korinthe*, 30을 참조하였다.

② 고린도후서의 중심 사상

그렇지만 그래도 고린도후서에 어떤 주제가 있지 않을까? 또는 그 세 부분은 공통되는 것을 가지고 있지 않은가? 또는 일반적인 것과 개인적인 것이 어떤 점에 있어서는 공통되지 않은가? 이에 대해 우리는 다음 두 가지를 생각할 수 있다.

i) 위로

고린도후서의 두드러진 특징은 '위로'이다. 바울은 이 편지의 본문을 '하나님의 위로'로부터 시작한다. "찬송하리로다 그는 우리 주 예수 그리스도의 하나님이시요 자비의 아버지시요 모든 위로의 하나님이시며"(3절). '모든 위로'라는 말은 바울이 하나님의 위로에 대해 얼마나 중요하게 생각하며 감사하게 여기고 있는가 하는 것을 나타내 준다. 4절은 계속해서 '위로'에 대해 말한다. "우리의 모든 환난 중에서 우리를 위로하사 우리로 하여금 하나님께 받는 위로로써 모든 환난 중에 있는 자들을 능히 위로하게 하시는 이시로다." 5-7절도 계속해서 위로에 대해 말한다. 8-10절에서 바울이 아시아에서 당한 환난에 대해 말하는 것도 그가 당한 환난 가운데서 하나님이 건지셨으며, 그래서 큰 위로를 받았다는 것을 말하기 위함이다.

2:7에서 바울은 교회 안의 '근심하게 한 자'에 대해 "그런즉 너희는 차라리 그를 용서하고 위로할 것이니 그가 너무 많은 근심에 잠길까 두려워하노라."고 말한다. 그래서 바울은 그에게(εἰς αὐτόν)[303] "사랑을 나타내라"고 권면한다(8절). 7:6에서도 "그러나 비천한 자들을 위로하시는 하나님이 디도의 옴으

303) 개역한글판과 개역개정판의 '저희/그들에게'는 오역이다.

로 우리를 위로하셨다."고 한다. 왜냐하면 디도가 와서 고린도 교회가 바울을 사모하고 애통해 하며 또 바울을 위하여 열심 있다는 것을 보고하였기 때문이다(7절). 그래서 바울은 "이로 말미암아 우리가 위로를 받았고 우리가 받은 위로 위에 디도의 기쁨으로 우리가 더욱 많이 기뻐함은 그의 마음이 너희 무리로 말미암아 안심함을 얻었음이라."고 말한다(13절). 그리고 편지 말미에서 바울은 다시 "형제들아 기뻐하라. 온전하게 되며 위로를 받으며 마음을 같이하며 평안할지어다."고 말한다(13:11).

이처럼 고린도후서에는 고린도 교회를 향한 사도 바울의 근심과 염려, 슬픔과 고통이 많이 나타나 있으며, 그런 환난 가운데서도 위로하시는 하나님의 위로가 잘 나타나 있다. 따라서 '위로'는 고린도후서의 중요한 주제로 볼 수 있다. 아니면 적어도 고린도후서를 지배하는 분위기로 볼 수 있다.

흐로쉐이드는 고린도후서에 두드러지게 나타나는 것은 '생명'(leven)이라고 한다. 곧, 영광 받으신 구주로부터 신자들에게 주어지며, 영광에서 영광으로 나아가는 '참된 그리스도인의 생명'(het waarachtige Christelijke leven)이다. 그 생명의 기초들이 설명되어 있으며, 또한 우리는 그것을 일상생활의 실천 가운데서도 본다(헌금 모금). 고후 2:16; 4:10, 11, 12; 6:9, 16; 13:4와 같은 구절들은 계속해서 이런 것들을 말한다. 우리는 그리스도를 통해 살며, 성령을 통해 새 언약의 자유 가운데 산다(5:1이하). 그 생명의 실천은 그리스도 안에서 우리의 참된 삶과 일치하는 것이어야 한다(12:20-21).[304)]

그러나 필자가 볼 때 '생명'은 고린도후서의 주제로 별로 적합하지 않다고 생각된다. 차라리 '새 언약의 일꾼 된 사도 바울'로 보는 것이 더 나을 것이다. 그러나 이것도 고린도후서 전체를 나타내는 주제로서는 미흡하다. 기껏해야 3-6장으로 한

---

304) Grosheide, *2 Korinthe,* 30f.

정된다. 따라서 '하나님의 위로'로 보는 것이 더 낫다고 생각된다. 많은 환난 가운데서 위로하시는 하나님이 고린도후서의 중심 주제라고 볼 수 있다.

ii) 씨름

고린도후서의 중요한 특징 중의 하나는 사도 바울의 목회적 고민과 몸부림이라고 할 수 있다. 영혼을 녹이는 고뇌와 간절함, 사모함과 노심초사 등 바울의 인간적 모습이 잘 나타나 있다. 그래서 성도들의 영혼을 두고 씨름하는 목회자의 참 모습을 보여 준다. 그래서 흐로쉐이드는 고린도후서에 대해 '씨름의 편지'(de brief van de worsteling)라고 말한다.[305] 고린도 교회처럼 바울이 그렇게 씨름한 교회는 없다.[306] 물론 바울은 갈라디아의 교회들에 대해서도 격렬한 반응을 보인다. 그러나 그는 그 교회들에 대해 두려워할 필요가 적었으며, 더 공개적으로 진리를 말할 수 있었다. 이에 반해 바울은 고린도 교회를 전부 잃어버릴까 염려하고 있다는 인상을 받는다. 그래서 그는 강하게 권면할 때에도 오해를 불러일으키지 않도록 조심하고 있다. 바울과의 관계가 깨어지거나 아니면 적어도 악화될까 위협받고 있다. 사도 바울이 고린도전서에서 취했던 조심스러움이 더욱 큰 정도로 여기에 돌아온다.[307]

고린도후서에서 우리는 바울에게 큰 고통과 기쁨, 낙심과 위로가 교차하고 있음을 볼 수 있다. 바울은 고린도 교회 내의 많은 어려운 문제들과 씨름해야 했을 뿐만 아니라, 또한 자신을 공격하는 많은 비난들과 거짓 사도들에 대해서도 씨름해야만 했다. 바울 자신의 표현을 빌리자면 그는 "사방으로 욱여쌈

305) Grosheide, *2 Korinthe,* 31.

306) 이것은 고린도후서의 스타일에서도 드러난다. 바울의 어떤 서신도 고린도후서처럼 감정에 충동된 것은 없다.

307) Grosheide, *2 Korinthe,* 31.

을 당하였다."(4:8) 그럼에도 그는 "싸이지 아니하며 답답한 일을 당하여도 낙심하지 아니하며 박해를 받아도 버린 바 되지 아니하며 거꾸러뜨림을 당하여도 망하지 아니한다."고 말한다(4:8-9).

11:23-27에서 바울은 그가 어떤 고난을 당하였는지를 말한다. 그는 말로 다 형언할 수 없는 어려운 환난과 어려움을 많이 당하였다. 그 외에도 "아직도 날마다 내 속에 눌리는 일이 있으니 곧 모든 교회를 위하여 염려하는 것이라." 고 말한다(28절). 성도들을 향하여서는 "아무것도 염려하지 말라."(빌 4:6) 고 말한 바울이지만, 정작 자기 자신은 교회들을 위하여 염려함으로 자기 속에 눌리는 것이 있다고 한다. 이것이 참된 목회자의 모습이다. 많은 환난과 핍박 가운데서 고생하면서도 하나님을 의지하고 기도함으로 그 난관을 정면 돌파하는 목회자의 모습을 보게 된다. "그러므로 우리가 낙심하지 아니하노니 겉사람은 낡아지나 우리의 속사람은 날로 새로워지도다."고 한다(고후 4:16). 이런 점에서 고린도후서는 어려움 가운데 씨름하는 한국 목회자들에게 큰 위로가 될 것이다.

6) 내용 분해

고린도후서는 세 부분으로 구성되어 있다. 첫째 부분은 1-7장이고, 둘째 부분은 8-9장이며, 셋째 부분은 10-13장이다. 첫째 부분에서 바울은 그의 경험, 섬김, 고린도 교회와의 관계, 중간 방문과 중간 편지, 새 언약의 영광스러움, 고린도 교회의 죄된 상태에 대해 말한다. 둘째 부분에서는 예루살렘 성도들을 위한 모금 활동에 대해 말한다. 셋째 부분에서는 날카로운 말들과 엄한 벌들에 대해 말한다.[308] 이 셋째 부분에서 바울은 그의 대적자들을 공격하며 자신

---

308) Greijdanus, *Bizondere Canoniek,* II, 74f.

의 권위를 옹호한다.[309)]

파이네-벰(Feine-Behm)이 제시하고 있는 고린도후서의 내용을 간단히 정리하면 다음과 같다.[310)]

A. 첫째 부분(1-7장)

① 인사말(1:1-2)

② 바울의 사도직과 설교 변호 및 최근에 있었던 일, 아시아에서 있었던 위험에서 그를 건져 주신 것에 대한 감사(1:3-11)

③ 여러 비난들과 오해들 해소, 그의 계획 변경에 대해(1:12-24)

④ 고린도 교회에 눈물로 쓴 편지(2:1-4)

⑤ 바울에게 불의를 행한 자에게 사랑을 나타낼 것을 권면함(2:5-11)

⑥ 마게도냐에서 디도를 만나 좋은 소식을 들은 것에 대해 하나님께 감사(2:12-17)

⑦ 새 언약의 일꾼으로서의 그의 사도직의 영광스러움 옹호(3:1-4:6)

⑧ 이 화목의 직분이 이 세상에서 연약함과 비천함과 많은 고난 가운데 나타남. 그래서 천국의 완성을 소망함(4:7-5:21)

⑨ 바울은 그의 직분을 모든 곤경 가운데서 하나님의 능력으로 이룸(6:1-10)

⑩ 고린도 교회가 마음을 넓힐 것과 이방인의 것을 버리고 완전히 거룩한 것으로 돌아설 것을 권면함(6:11-7:4)

⑪ 디도의 좋은 소식이 바울에게 위로와 기쁨을 주었음. 바울의 첫 번째 편지가 고린도 교회에 회개를 불러일으켰음(7:5-16)

---

309) Keulers, *De brieven van Paulus,* II, 319.

310) Feine-Behm, *Einleitung*^{8}, 150f.

B. 둘째 부분(8-9장): 예루살렘 교회를 위한 연보

① 마게도냐 교회의 연보 활동(8:1-6)

② 고린도 교회도 연보에 열심을 낼 것을 권함(8:7-15)

③ 디도를 비롯한 형제들을 천거함(8:16-9:5)

④ 헌금에 대한 교훈(9:6-15)

C. 셋째 부분(10-13장): 대적자들의 비난에 대해 사도적 권위 변호

① 외적인 것으로 바울을 비난하는 자들에 대해 자신을 옹호함(10:1-11)

② 대적자들은 자기를 자랑하지만 바울은 주를 자랑함(10:12-18)

③ 바울도 자랑할 것이 많음(11:1-12:13)

④ 바울의 임박한 고린도 방문 계획과 회개 권면, 엄한 경고(12:14-13:10)

⑤ 맺음말(13:11-13)

7) 참고 문헌

박윤선, 『성경주석 고린도전후서』, 서울: 영음사, 1991.

이상근, 『신약성서 주해 고린도전 · 후서』, 대한예수교장로회 총회교육부, 1970.

목회와신학 편집부 엮음, 『고린도후서 어떻게 설교할 것인가』 (두란노 HOW 주석), 서울: 두란노아카데미, 2007.

변종길, "고린도후서 개관", 『프로 에클레시아』 23 (2013 봄; 제12권 1호, 프로에클레시아신학회), 12-32.

Th. Zahn, *Einleitung in das Neue Testament,* 3. Aufl., Leipzig: A. Deichert, 1906/1907 (Nachdruck: Wuppertal und Zürich: R. Brockhaus, 1994).

S. Greijdanus, *Bizondere Canoniek van de boeken van het Nieuwe Testament,* II, Kampen: J. H. Kok, 1949.

P. Barnett, *The Second Epistle to the Corinthians (NICNT),* Grand Rapids: Eerdmans, 1997.

M. J. Harris, *The Second Epistle to the Corinthians (NIGTC),* Grand Rapids: Eerdmans, 2005.

D. E. Garland, *2 Corinthians (NAC),* Nashville: Broadman & Holman Publishers, 1999.

G. H. Guthrie, *2 Corinthians (BECNT),* Grand Rapids: Baker Academic, 2015.

F. W. Grosheide, *De tweede brief aan de kerk te Korinthe (CNT),* 2e dr., Kampen: J. H. Kok, 1959. (초판: 1939)

T. E. van Spanje, *2 Korintiërs. Profiel van een evangeliedienaar (CNT-3),* Kampen: J. H. Kok, 2009.

J. Keulers, *De brieven van Paulus,* I, Roermond en Maaseik: J. J. Romen & Zonen, 1953.

9. 갈라디아서

갈라디아서는 사도 바울이 갈라디아에 있는 여러 교회들에게 보낸 편지이다(1:1-2). 그런데 갈라디아가 어디인가 하는 것이 문제이다. 앙키라와 페시누스를 중심으로 한 아나톨리아 중부내륙 지역을 가리키는지 아니면 이고니온과 루스드라와 더베가 있는 지역을 가리키는지가 논란의 대상이다. 이와 함께 바울이 언제 갈라디아를 방문했는가 하는 것도 논란된다. 그리고 갈라디아에 들어온 이단들은 어떠한 무리인지, 갈라디아서의 중심 주제가 무엇인지에 대한 것도 중요한 주제가 된다.

1) 갈라디아의 역사

로마인들은 갈라디아(Γαλατία)를 '갈로그라이키아'(*Gallograecia*)라고 불렀는데, 이것은 '갈로그라이키'(*Gallograeci*)의 땅이란 뜻이다. 헬라인들은 '갈로그라이키'를 '헬레노갈라타이'(Ἑλληνογαλάται)라고 불렀는데, 이것은 헬라(동방)의 켈트인이란 뜻이다.[311] 이러한 이름은 서부 유럽의 켈트족과 구별하기 위해 주어진 것이었다.[312] 켈트인 또는 갈리인은 유럽의 원주민으로서 Lug 신(神)을 섬겼다. 프랑스의 리용(Lyons), 네덜란드의 레이던(Leiden), 폴란드의 네그니짜(Legnica) 등의 지명이 이 신 이름에서 왔다.[313]

주전 280년경에 약 2만 명의 켈트족이 - 이 중 절반은 싸울 수 있는 남자들이고, 나머지 절반은 여자와 아이들이었다. - 형제간의 분쟁을 겪고 있던 비두니아(Bithynia) 왕 니코메데스(Nicomedes)의 요청으로 마게도냐와 데살리아 지역에서 소아시아로 건너왔다. 그들은 전쟁 후에 거기에 눌러 앉아 살다가 버가모(Pergamus)의 아탈루스(Attalus) I세(주전 241-197)에 의해 여러 차례의 전투 끝에 정복되었다. 그래서 그들은 브루기아(Phrygia)의 한 구석으로 밀려나서 그곳에 거주하였다.[314]

---

311) Γαλάται는 라틴어로 *Galli* 라고 하는데 켈트인(Celts)을 일컫는다. Cf. S. Greijdanus, *De brief van den apostel Paulus aan de gemeenten in Galatië (KNT)* (Amsterdam: H. A. van Bottenburg, 1936), 22.

312) Greijdanus, *Galaten,* 21f.

313) Cf. https://en.wikipedia.org/wiki/Lugus.

314) Greijdanus, *Galaten,* 21f.

이들은 주위의 동양계 계통의 사람들 사이에 둘러싸여서 일종의 인종의 섬을 이루고 있었다. 4세기 말에 제롬(Hieronymus)이 앙키라(Ancyra)에서 그리스어 외에 트리어(Trier)에서 들었던 말과 거의 다르지 않은 말을 들었다고 한다.[315] 이 사실은 주후 4세기 말이 되어서도 갈라디아 사람들은 자기 민족의 정체성을 잃어버리지 않고 계속 유지하고 있었음을 나타내 준다.

갈라디아인들은 그들이 정복한 브루기아인의 종교(the cult of Cybele)를 받아들였다. 이 종교는 기묘한 음악과 역동적인 춤 등 매우 정열적이고 관능적인 의식을 가지고 있었다. 그래서 단순한 갈라디아 사람들은 이런 종교 의식에 매료되었으며, 그들의 지도자들도 이내 페시누스(Pessinus)에 있는 큰 신전에 원주민 지도자들과 함께 나타나게 되었다.[316] 『갈리아 전쟁기』를 쓴 율리우스 카이사르(Julius Caesar)는 유럽의 켈트족에 대해 "켈트족의 모든 나라는 온통 종교적인 일들에 몰두하였다"(*natio est omnia Gallorum admodum dedita religionibus*)고 기록하였다.[317]

켈트족들은 이처럼 쉽게 받아들이고, 즉흥적으로 행동하고, 감수성이 크고, 무언가 알기를 사모하는 성격을 가지고 있었는데, 이것은 긍정적인 측면이다. 반면에 불안정하고, 싸우기를 잘하고, 거래할 때 배반을 잘 하고, 지속적인 노

---

315) Greijdanus, *Galaten,* 22.

316) Greijdanus, *Galaten,* 22.

317) Julius Caesar, *Bell. Gal.* VI,16 (Greijdanus, *Galaten,* 22에서 재인용). 박광순 씨가 번역한 『갈리아 戰記』 (서울: 범우사, 1998)에는 다음과 같이 되어 있다. "갈리아의 부족은 모두 종교에 깊이 젖어 있었고, 그 때문에 중병에 걸린 사람이나 전쟁 또는 위험에 직면한 사람들은 제물로 산 사람을 바치거나 바치기로 맹세하고, 그 승려가 이것을 집행했다. 생사가 걸린 일에는 사람의 생명을 바쳐야만 불멸의 신들이 소원을 들어 준다고 믿었기 때문에 부족의 이익을 위해 희생물을 공공연히 정해 놓았다. 큰 상(像)을 만들고, 살아 있는 사람의 사지를 가는 가지로 묶은 후 불을 댕겨 그 불길에 휩싸인 채 죽게 했다. 도둑질이나 강탈, 그 밖의 다른 죄로 잡힌 자의 형벌을 불멸의 신들이 특히 기뻐한다고 생각하였다. 그러나 그런 범죄자가 없는 경우에는 죄 없는 자까지 희생물로 삼았다."(p.212)

력이 부족하고, 실패하면 쉽사리 낙심하는 것 등은 어두운 부분이다.[318] 카이사르의 책에 의하면, 어떤 상인이나 여행자가 오면 갈리아인들이 모여들어서 그를 붙들고 억지로 무슨 소식을 받아내려 했다고 한다.[319] 또 후대의 어떤 그리스의 수사가는 갈라디아인들에 대해, 순수한 헬라인들보다도 받아들이기를 더 열심히 하고 빨리 하였다고 칭찬하면서 다음과 같이 말한다. 그들이 어떤 철학자를 보는 순간, 마치 쇠가 자석에 달라붙듯이 그의 외투자락에 달라붙었다.[320] 그러나 변덕스러움과 불안정은 그들 성격의 큰 특징이었다. 율리우스 카이사르는 갈리아인들이 새로운 것 좇기를 좋아한다고 불평한다.[321]

이런 갈라디아인들은 처음에 복음을 들었을 때에는 사도 바울을 천사와 같이, 그리스도 예수와 같이 따뜻하게 환영하였다. 할 수만 있었더라면 눈이라도 빼어 주려고 하였다(갈 4:14-15). 그러나 이들은 쉽사리 바울을 잊어버리고 이단의 유혹에 빠져서 복음을 떠나려고 하였다. 그래서 바울은 "그리스도의 은혜로 너희를 부르신 이를 이같이 속히 떠나 다른 복음 좇는 것을 내가 이상히 여기노라."고 말하였다(갈 1:6).

2) 갈라디아의 위치

갈라디아는 전통적으로 지리상의 '갈라디아 지역'(Region Galatia)을 가리킨다고 여겨져 왔다. 이 갈라디아 지역은 아나톨리아(현재 터키) 중부 내륙지역에 있는 가로 약 300km, 세로 약 150km쯤 되는 지역으로, 그들의 부족의 이름을 따라 다음 세 지역으로 나뉜다.

---

318) J. B. Lightfoot, *The Epistle of St. Paul to the Galatians* (Grand Rapids: Zondervan Publishing House, 1957), 14.

319) Julius Caesar, *Bell. Gall.* IV. 5 (Lightfoot, *Galatians,* 15에서 재인용).

320) Cf. Lightfoot, *Galatians,* 15.

321) Cf. Lightfoot, *Galatians,* 15.

① 트로크미(Trocmi) 지역: 동부. 타비움(Tavium)이 그 중심 도시이다.

② 텍토사겐(Tectosagen) 지역: 중부. 앙키라(Ancyra)[322] 가 그 중심 도시이다.

③ 톨리스토보이(Tolistoboi) 지역: 남서부. 페시누스(Pessinus)가 그 중심 도시이다. 이곳에 퀴벨레 신전(Cybele Temple)이 소재하고 있다.

그러나 19세기에 들어와서 로마 행정구역상의 '갈라디아 주'(Province Galatia)를 가리킨다고 보는 견해가 생겨났으며 오늘날 학자들에 의해 많이 받아들여지고 있다. 로마의 행정구역으로서의 '갈라디아 주(州)'는 갑바도기아와 동부 브루기아와, 그리고 남부에 있는 비시디아(Pisidia), 이사우리아(Isauria), 루가오니아(Lycaonia)를 포함하고 있다. 즉, 사도 바울이 1, 2차 선교여행 때 복음을 전했던 비시디아 안디옥, 이고니온, 루스드라, 더베 지역을 포함하고 있다(행 13:13-14:28). 그래서 오늘날 학자들은 전통적인 견해를 '북갈라디아설'(North Galatian hypothesis)이라고 부르고, 현대적 견해를 '남갈라디아설'(South Galatian hypothesis)이라고 부른다.[323]

전통적으로 학자들은 '갈라디아 지역'을 생각해 왔으며(J. B. Lightfoot, James Moffatt, P. W. Schmiedel, E. Schürer 등), 근래에는 A. Steinmann, H. Lietzmann, F. Barth, P. Feine, W. G. Kümmel, W. Marxen, O. Betz 등이 지지한다. 개혁주의 주석가들 중에는 S. Greijdanus와 J. van Bruggen, Van Eck 등이 전통적인 북갈라디아 설을 따르며, 가톨릭 주석가 Keulers도 이를 따른다. 그러나 19세기에 들어와서 '갈라디아 주'(남갈라디아설)를 가리킨다고 생각

---

322) '앙키라'(Ankyra)는 오늘날 터키의 수도 '앙카라'(Ankara) 시 안에 위치해 있었다.

323) Carson & Moo, *Introduction,* 458-61에 보면 남갈라디아설 지지 근거 10 가지와 북갈라디아설 지지 이유 8 가지를 제시하고 있다. Carson & Moo가 선호하는 남갈라디아설을 지지한다고 제시된 10 가지 이유는 필자가 보기에 타당성이 별로 없다고 생각되는데, 이에 대해서는 필자의 "신약 시대 갈라디아의 위치", 『개혁신학과 교회』 27 (2013), 32-50을 보라.

하는 학자들이 많아졌다(W. Ramsay, V. Weber, E. de Witt Burton 등).[324] 20세기에 들어와서는 많은 학자들이 남갈라디아설을 따르고 있는데, 대표적으로는 Th. Zahn, D. Guthrie, F. F. Bruce, R. K. Fung 등이 있다.[325]

갈라디아 지역을 가리킨다고 보는 견해는 전통적으로 고대의 교부들과 여러 저술가들이 가졌던 견해이며, 1825년에 덴마크의 주석가 뮌스터(Mynster)가 갈라디아서는 갈라디아 주(州) 전체에게 보낸 편지라는 주장을 제시하기 전에는 생각지도 못했던 견해이다.[326]

F. F. 브루스는 남갈라디아설을 지지한다고 하는 주요 논거들을 다음과 같이 정리해 준다.[327]

① 바울은 대개 로마 제국의 명칭을 사용하고 있다.

② 바울은 갈라디아인들에게 헬라어로 말한다.

③ 바울은 바나바에 대해 말하는데(갈 2:11ff.), 그는 남갈라디아 사람들에게는 개인적으로 알려졌지만, 북갈라디아 사람들에게는 (우리가 아는 한) 알려지지 않았다.

④ 사도행전 20:4에 나오는 바울의 여행 동료들을 보면, 아마도 그들이 예루살렘 구제를 위해 교회 헌금을 가지고 가는데, 남갈라디아 사람들(더베의 가이오와 루스드라의 디모데)을 포함하고 있지만 북갈라디아 사람들은 없다.

---

324) 이 문제에 대한 논의의 역사에 대해서는 E. de Witt Burton, *A Critical and Exegetical Commentary on the Epistle to the Galatians* (New York: Scribner's Sons, 1928), xxiv-xxv를 보라.

325) 개혁주의 신학자 중에서는 W. Hendriksen, F. W. Grosheide 등이 남갈라디아설을 따르고 있다.

326) 이에 대해서는 Keulers, *De brieven Paulus,* I, 88을 보라. 갈라디아 민족과 갈라디아의 위치(전통적인 견해)에 대해서는 Lightfoot, *Galatians,* 1-21에 잘 나와 있다.

327) F. F. Bruce, *The Epistle to the Galatians* (Grand Rapids: Eerdmans, 1990), 9.

⑤ 유대인 사절들의 존재는 북갈라디아보다 남갈라디아에서 더 그럴 듯하다.

⑥ 갈라디아 사람들은 바울을 '하나님의 천사처럼' 영접하였다(갈 4:14). 이것은 루스드라 사람들이 그를 헤르메스(Hermes)와 동일시한 사건과 주목할 만한 일치를 보여 준다(행 14:11ff.).

그러나 갈라디아 지역으로 보는 전통적인 견해(북갈라디아설)가 여러 면에서 그럴 듯하다. 주요한 논거는 다음과 같다.[328)]

① 사도행전 16:6-7에 보면, 사도 바울은 "브루기아와 갈라디아 땅으로 다녀가 무시아 앞에 이르러 비두니아로 가고자 애썼다."고 한다. 그러나 예수의 영이 허락하지 아니하므로 "무시아를 지나 드로아로 내려갔다."고 한다(8절). 그런데 남갈라디아설을 취하면 여기의 '갈라디아'를 남부의 비시디아 지역으로 보게 되는데, 거기서 '무시아'로 바로 갈 수가 없다. 그 사이에는 '브루기아'와 '아시아'가 가로막고 있다. 그래서 거기서 '무시아'로 바로 가려면 비행기를 타야 하지만 당시에는 그런 것이 없었다. 육로로 '드로아'에 가는 길은 '에베소'를 지나가거나 아니면 '빌라델비아'를 지나서 가는 길이 있다고 한다.[329)] 둘 다 '아시아'에 속해 있는 지역이다. 그러나 바울은 '브루기아와 갈라디아 땅'으로 다녀가 무시아 앞에 이르러 비두니아로 가고자 애썼다고 한다(행 16:6-7). 따라서 바울은 실제로 브루기아와 갈라디아 땅(중부 내륙 지역)을 지나 비두니아 앞까지 갔다고 보아야 한다. 남갈라디아설 주장자들은 갈라디아 지역을 통과하

---

328) '갈라디아'의 위치에 대한 자세한 논의를 위해서는 Greijdanus, *Galaten,* 12-21을 보라. 또한 Van Bruggen, *"Na veertien jaren"*, 25 n.68을 참조하라.

329) Cf. Bruce, *Galatians,* 9.

는 주요 도로(main roads)가 없었다는 것을 중요한 이유로 들고 있으나,[330] 바울이 항상 주요 도로만 이용했다는 보장은 없다. 본문이 말하는 바는 오히려 사도 바울이 주요 도로를 따라 '아시아'로 가는 것을 예수의 영이 막으시고 (그것은 다음 기회로 미루고) 지방 도로를 따라 시골 내륙으로 가서 복음을 전하라는 것이었다.

② 사도행전 19:1에 보면 바울은 "윗 지방으로 다녀 에베소에 왔다."고 한다. 그런데 만일 '갈라디아'가 남부 지역을 가리킨다면 '윗 지방'으로 다녀왔다고 말하기가 어렵다. '동쪽에서' 왔다고 말해야 할 것이다. 그 경우에는 아마도 라오디게아를 거쳐서 왔을 것이다. 그러나 '갈라디아'가 아나톨리아 중부 내륙 지역을 가리킨다면 '윗 지방'으로 다녀왔다고 말하는 것이 맞다. 이 경우엔 아마도 중부 내륙 갈라디아에서 브루기아 북쪽 지방을 거쳐서 에베소로 왔을 가능성이 크다(행 18:23).

③ 남부 지역은 밤빌리아, 비시디아, 루가오니아 등의 지역명을 가지고 있었으며, 사도행전에서 그렇게 불리고 있다(행 13:13-14; 14:24). 그런데 이런 지역명을 무시하고 이 지역을 로마의 행정구역명을 따라 '갈라디아'라고 불렀다면 수신자들에게 혼란이 생겼을 것이다.

④ 남쪽 지역 사람들은 인종적으로 '갈라디아 사람들'이 아니다. 갈라디아인들은 원래 마게도냐와 데살리아 지역에 살았는데 아나톨리아에 들어와서 브루기아 지역에 살고 있었다. 그러다가 버가모의 아탈루스(Attalus) 왕에 의해 브루기아의 동쪽으로 밀려나서 살게 되었는데, 그래서 그 지역이 '갈라디아'라고 불리게 되었다. 남갈라디아설 주장자들은 갈라디아인들이 남쪽 지역에도 내려와서 살았다고 주장할 수도 있겠지만, 그렇다고 해서 그 지역 사람들 전체를 가리켜 "갈라디아 사람들아!"(갈 3:1)고 말할 수는 없는 것이다. 예를

330) R. Y. K. Fung, *The Epistle to the Galatians* (Grand Rapids: Eerdmans, 1988), 2.

들어, 충청도 사람들이 경상도에 와서 사는 경우가 있지만, 그렇다고 해서 경상도 사람들 전체를 가리켜서 "충청도 사람들아!"고 말할 수는 없는 것이다.

⑤ 갈라디아서에 나타나는 갈라디아인들은 쉽사리 마음을 열고 환대하다가 쉽게 떠나서 이단들의 미혹에 빠지고 마는 성격을 가지고 있다(갈 1:6; 4:14-15). 이것은 정열적이고 감정적이며 쉽사리 마음을 열었다가 떠나가는 중부 내륙 지역의 갈라디아인들의 민족성에 잘 어울린다.[331]

3) 갈라디아의 교회들

갈라디아서는 어느 한 교회에 보낸 편지가 아니라 갈라디아의 여러 교회들에게 보낸 편지이다(1:2). 이 교회들은 사도 바울이 49년경 2차 선교여행 중에 설립하였으며(행 16:6), 3차 선교여행 때 다시 방문하였다(행 18:23). 여기서 '브루기아와 갈라디아 지역'(τὴν Φρυγίαν καὶ Γαλατικὴν χώραν) 이란 표현을 보면 관사 하나로 묶어져 있어서 둘을 밀접히 관련된 지역으로 보고 있음을 나타낸다.[332] 그러나 흐로쉐이드의 견해처럼 이 둘을 동일시하여 '갈라디아 땅이기도 한 브루기아'[333] 곧 '갈라디아적 브루기아'(*Phrygia*

---

331) 갈라디아의 위치에 대한 자세한 논의는 필자의 "신약 시대 갈라디아의 위치", 『개혁신학과 교회』 27 (2013), 32-50을 보라. 이 논문은 "갈라디아는 어디에 있는가?", 『성경과 고고학』 75 (2012-3 겨울, 한국성서고고학회), 38-55에 발표된 것을 보완한 것이다.

332) 여기서 Φρυγίαν을 명사로 볼 것이냐(Grosheide) 아니면 형용사로 볼 것이냐(Van Eck) 하는 문제가 있지만, 행 18:23을 보면 명사로 보는 것이 합당해 보인다. Van Eck처럼(*Handelingen,* 341) Φρυγίαν을 형용사로 보고 Γαλατικήν과 묶어서 χώραν에 연결되는 것으로 보는 것(즉, '브루기아와 갈라디아의' 땅)은 행 18:23의 τὴν Γαλατικὴν χώραν καὶ Φρυγίαν이란 표현 때문에 성립되기 곤란하다.

333) F. W. Grosheide, *De handelingen der apostelen,* II (Amsterdam: H. A. van Bottenburg, 1948), 83. Cf. W. Ramsay, *St. Paul the Traveller and the Roman Citizen* (New York: G. P. Putnam's Sons, 1896), 104: "the Phrygian Region of (the province) Galatia." 여기서 하나의 관사 아래에 두 단어가 καί로 연결된 것은 두 단어가 동일한 것이란 의미가 아니라 서로 밀접히 연결되어 있다는 의미이다(cf. 행 1:8). 둘째로, 행

Galatica)[334] 로 보는 것은 지나치다. 사도행전 18:23에 보면 '갈라디아 지역과 브루기아'(τὴν Γαλατικὴν χώραν καὶ Φρυγίαν)로 되어 있는데,[335] 여기서도 두 지역은 하나의 관사로 밀접히 연결되어 있지만 구별되는 지역이다. 두 곳 다 '갈라디아'란 명사가 사용되지 않고 '갈라디아(인)의 지역'으로 되어 있는 것이 특이한데, 이것은 아마도 역사적으로 이 두 곳이 원래 '브루기아'였는데 갈라디아인들이 동쪽 부분으로 쫓겨나 그곳에 거주하면서 그곳이 '갈라디아인들의 지역'이란 의미에서 '갈라디아'로 불리게 된 사실에 연유하였을 수도 있다. 즉, 갈라디아는 당시 브루기아의 동쪽 지역에 있었지만 옛날에는 하나의 지역(브루기아)에 속하였던 것이다.[336]

바울의 이 지역에 대한 선교 활동에 대해서는 기록이 없어서 우리가 알 수 없다. 다만 2차 선교여행 중에 바울은 '육신의 약함을 인하여'(δι᾽ ἀσθένειαν τῆς σαρκός) 그들에게 복음을 전하였다고 한다(갈 4:13). 이것이 무엇을 뜻하는지는 분명하지 않다. 어떤 사람은 여기에 전치사 διά 다음에 대격이 왔기 때문에 '병을 통하여'가 아니라 '병 때문에' 갈라디아로 가서 복음을 전했다고 본다.[337] 이것은 바울이 병 치료를 위해 요양차 갈라디아에 갔거나, 아니면 병 때문에 그곳에 붙들려 오랫동안 머물면서 복음을 전했거나 둘 중의 하나이

18:23에 보면 τὴν Γαλατικὴν χώραν καὶ Φρυγίαν으로 순서가 바뀌었다. Ramsay의 주장대로 되려면 이 순서가 바뀌어서는 곤란할 것이다. 셋째로, 행 18:23에 보면 καθεξῆς(차례대로)란 단어가 붙어 있다. 만일 이 두 지명이 동일한 하나의 지역을 가리킨다면 '차례대로' 다닌다는 말을 할 수 없었을 것이다. 따라서 이 두 지역은 구별되지만 밀접히 관련되어 있는 지역임을 알 수 있다.

334) Grosheide, *Handelingen*, II, 83.

335) 개역한글판과 개역개정판에는 '갈라디아와 브루기아 땅'으로 되어 있지만 원문을 직역하면 '갈라디아 지역과 브루기아'가 된다.

336) Cf. Lightfoot, *Galatians*, 22. 그러나 Lightfoot가 행 16:6에서 Φρυγίαν을 형용사로 본 것(p.22 n.3)은 받아들이기 어렵다. Cf. Grosheide, *Handelingen*, I, 83 n.3.

337) Greijdanus, *Galaten*, 3.

다.[338] 그러나 우리는 바울이 "병 치료나 요양을 위해" 갈라디아에 갔다는 어떠한 시사도 사도행전이나 갈라디아서에서 발견할 수 없다.

그러면 이 표현의 의미는 무엇일까? 바울이 늘 육신의 연약함을 가지고 있었다는 것은 잘 알려져 있는 사실이다(고후 11:30; 12:5, 7-10 등). 그렇다면 바울은 그러한 육신의 연약함 가운데서, 연약함에도 불구하고 복음을 전했다는 의미로 보아야 하지 않을까? 그러나 그렇게 보는 데에는 전치사 διά 다음에 대격이 온 것이 문제이다. 이에 대해 바우어(W. Bauer) 사전은 다음과 같이 설명한다. "효과적인 원인을 나타내기 위해 διά + 속격 대신에 διά + 대격을 사용할 수 있다."[339] 그 예로 계시록 12:11과 13:14를 제시하고 있다. 따라서 διά 다음에 대격이 왔다고 해서 무조건 '... 때문에', '...로 인하여'로 이해해야만 하는 것은 아니라는 것을 알 수 있다. 여기서는 '육신의 연약함에도 불구하고'의 의미일 것이다. 비록 바울이 육체의 연약함을 가지고 있었지만, 그런 가운데서도 복음을 전하였다는 뜻일 것이다.[340]

---

338) Keulers는 두 번째의 것으로 이해한다(*De brieven van Paulus,* I, 149). Greijdanus는 어쨌든 하나님은 사도 바울이 그때 갈라디아 사람들에게 복음을 전하게 하시기 위해 병을 수단으로 사용하셨다고 본다(*Galaten,* 3). 그렇지만 첫 번째의 가능성을 더 높게 본다(*Galaten,* 271).

339) Bauer, *Lexicon,* s. v. διά B ② ⓓ: "instead of διά w. gen. to denote the efficient cause we may have διά, *by* -- α. w. acc. of thing ... διὰ τὸ αἷμα *by the blood* Rv 12:11. διὰ τὰ σημεῖα *by the miracles* 13:14."

340) Cf. A. Oepke, "διά," *TWNT,* II, 68. 그는 갈 4:13에서 διά + 대격은 διά + 속격 대신에 사용되었다고 하면서 '육신의 병 가운데'(in leiblicher Krankheit)로 번역한다. '육체의 병 때문에(wegen)'로 번역하는 것도 물론 언어적으로 가능하겠지만, 가능한 유일한 것은 아니며 또한 그것은 올바른 의미를 주지 않는다고 한다. 오히려 그것은 '설교가 행해진 상황'(der Zustand, in dem die Predigt erfolgt)을 가리킨다고 본다. 그는 또한 그의 갈라디아서 주석에서 "δι' ἀσθένειαν은 Attic Greek에서처럼 복음 전파의 근거(den Grund des Predigens)를 나타내는 것이 아니라 διά + 속격과 마찬가지로 수반하는 상황(den begleitenden Umstand)을 나타낸다."고 한다. Cf. A. Oepke, *Der Brief des Paulus an die Galater (Theologischer Handkommentar zum Neuen Testament),* 4. Aufl., Berlin: Evangelische Verlagsanstalt, 1979), 142. 필자가 생각할 때, 바울이 여기서 διά 다음에 속격을 쓸 수는 없었을 것이다. 그러면 "육신의 약함을 통하여"가 되는데, '육신의 약함'이 복음을 전하는 수단, 도구, 통로는 아니었다.

그럼 바울은 무슨 병을 앓고 있었던 것일까? 정확히 알 수는 없지만 갈라디아서 4:15의 "너희의 눈이라도 빼어 나를 주었으리라"는 표현을 볼 때, 바울은 아마도 눈에 약함을 가지고 있었던 것 같다. 헬라어 표현에서 '눈을 빼어 준다'는 것이 '마음을 준다, 사랑한다'는 것을 나타내는 비유적 표현으로 사용된 경우를 우리는 알지 못한다. 따라서 우리가 이 표현을 비유적인 의미가 아니라 문자적인 의미로 받아들인다면 바울은 눈에 약한 것을 가지고 있었다고 짐작할 수 있다. 갈라디아서 6:11에서 "내 손으로 너희에게 이렇게 큰 글자로 쓴 것을 보라"고 말한 것도 바울의 눈이 좋지 않아서 직접 큰 글자로 쓴 것이라고 생각할 수 있다.

4) 기록 시기와 장소

사도 바울은 2차 선교여행 때 갈라디아 지역에 가서 복음을 전하고(행 16:6), 3차 선교여행 때 다시 그곳을 방문하였다(행 18:23). 갈라디아서 4:13의 "내가 처음에(τὸ πρότερον) 육체의 약함으로 말미암아 너희에게 복음을 전하였다"는 말을 볼 때, 바울은 3차 선교여행 중에 갈라디아서를 기록하였다고 볼 수 있다. 그러나 어디에서 기록했는지는 알 수 없다. 만일 에베소에서 기록하였다면 54-57년경이 될 것이며, 마게도냐나 고린도 또는 그 부근에서 기록했다면 57년경이 될 것이다.

테오돌 찬은 남갈라디아설 입장을 취하기 때문에 2차 선교여행 때 고린도에 머물고 있을 때 갈라디아서를 기록한 것으로 본다. 그러면서 53년 3월경으로 계산한

바울이 말하고자 하는 뜻은 "육신의 약함에도 불구하고, 육신의 약함이 있었는데도 복음을 전했다"는 것이었을 것이다. 그래서 διά 다음에 대격을 사용했을 것이다.

다.[341] 그러나 앞에서 고린도전서의 기록 연대를 논할 때 지적한 바와 같이 찬은 델피 비문을 알지 못하였기 때문에 바울의 고린도 도착 시점을 2년쯤 늦게 잡고 있다.

전통적인 북갈라디아설을 따르는 흐레이다너스는 갈라디아서의 기록 장소를 3차 선교여행 중의 에베소나 에베소 부근으로 보면서, 기록 시기는 정확히 알 수는 없지만 에베소 체류 기간 중 초기로 볼 수 있다고 하면서 대략 52년 또는 53년으로 추정한다.[342] 에베소 체류 기간은 일반적으로 54-57년으로 보는 것을 생각해 볼 때,[343] 이 시기는 좀 이른 것으로 보인다. 박윤선 박사는 고린도의 경우 주후 57년경, 에베소의 경우는 주후 54-57년으로 보는데,[344] 간단하지만 제일 좋아 보인다.

5) 기록 계기

바울이 갈라디아서를 기록하게 된 계기는 다른 복음을 전하는 미혹자들 때문이었다(1:6-9; 5:2-3; 6:12-13). 이들은 교회 안에 들어온 유대주의자들이었다. 이들은 사람이 구원받기 위해서는 할례를 받아야 한다고 주장하였다(갈 5:2-3; 6:12-13). 할례와 더불어 안식일과 절기와 음식법 등의 율법도 강요하였다(갈 4:10, 21; 5:3). 이들의 동기는 '육체의 모양'을 내기 위해서였다. 곧, 그들의 육체로 자랑하기 위해서였다(갈 6:12-13).

이들의 이러한 주장에 대해 사도 바울은 예수 그리스도의 십자가 외에는 결코 자랑할 것이 없다고 말한다(갈 6:14). 우리가 구원을 얻는 것은 율법을 지

---

341) Zahn, *Einleitung*³, I, 141.

342) Greijdanus, *Bizondere Canoniek,* II, 123.

343) 아하로니-아비요나가 제시하는 사도 바울의 선교여행 연대는 1) 1차 선교여행: 46-48년; 2) 2차 선교여행: 49-52년; 3) 3차 선교여행: 53-57년이다. 약 1년 정도의 오차는 있을 수 있겠지만, 필자가 보기에 이 연도가 제일 무난해 보인다(3차 선교여행이 끝나는 시점은 58년 오순절경으로 보는 것이 더 좋다).

344) 박윤선, 『성경주석 바울 서신』 (서울: 영음사, 1989), 11.

켜 행함으로써가 아니라 오직 그리스도를 믿음으로써임을 강하게 주장하고 있다(갈 2:16). 율법 안에서 의롭다 함을 얻으려는 자는 그리스도에게서 끊어지고 은혜에서 떨어진 자라고까지 말한다(갈 5:3). 바울이 할례와 율법의 행위를 강하게 반대한 이유는, 그것은 하나님의 은혜를 폐하고 그리스도의 십자가를 무력화하기 때문이다(갈 2:21; 3:1).

6) 내용 분해[345)]

① 서두(1:1-5)

② 그리스도의 복음(1:6-12)

③ 바울의 간증(1:13-2:14)

④ 율법의 행위와 믿음(2:15-3:14)

⑤ 율법과 약속(3:15-29)

⑥ 유업을 이을 자(4:1-7)

⑦ 바울의 호소(4:8-20)

⑧ 두 자녀(4:21-5:1)

⑨ 할례의 무익(5:2-12)

⑩ 성령을 좇아 행함(5:13-26)

⑪ 윤리적 권면(6:1-10)

⑫ 결어(6:11-18)

345) 아래의 내용 분해는 필자가 만든 것이고, 자세한 내용 분해는 Greijdanus, *Galaten*, 29-31을 참조하라.

7) 참고 문헌

박윤선, 『성경주석 바울 서신』, 서울: 영음사, 1989(3판).

이상근, 『신약성서 주해 갈라디아 히브리서』, 대한예수교장로회 총회교육부, 1983.

목회와신학 편집부 엮음, 『갈라디아서 어떻게 설교할 것인가』 (두란노 HOW 주석), 서울: 두란노아카데미, 2007.

이한수, 『복음의 정수: 그리스도의 십자가. 갈라디아서 주석』, 서울: 솔로몬, 2009.

이한수, 『갈라디아서』, 서울: 횃불, 1997.

최갑종, 『갈라디아서』, 경기도 고양시: 이레서원, 2016.

변종길, "갈라디아는 어디에 있는가?", 『성경과 고고학』 75 (2012-3 겨울, 한국성서 고고학회), 38-55.

변종길, "신약 시대 갈라디아의 위치", 『개혁신학과 교회』 27 (2013), 32-50.

변종길, "다른 복음은 없다"(갈 1:6-24), 『프로 에클레시아』 19 (2011. 봄), 29-56.

변종길, "믿음으로 말미암은 자들(갈라디아서 3장의 해석과 적용)", 『그말씀』 115(1999. 1), 41-47.

변종길, "누가 아브라함의 자손인가? 갈라디아서 3장 5-9절", 『그말씀』 300 (2016. 12), 128-41.

홍인규, "갈라디아서에 나타난 바울의 신학적 관점", 『개혁신학』 1집 (1994, 개혁신학연구원), 49-71.

최홍식, "바울 서신에 나타난 그리스도와 율법의 대조: 상반된 칭의의 영역", 『한국복음주의 신약학 연구』 2 (2003. 11; 서울: 바울서신), 262-84.

최홍식, "갈라디아서의 칭의론: 기독론을 중심으로", 『갈라디아서 어떻게 설교할 것인가』(서울: 두란노아카데미, 2007), 181-96.

E. P. 샌더스, 『바울, 율법, 유대인』, 김진영 옮김, 서울: 크리스챤 다이제스트, 1995.

홍인규, 『바울의 율법과 복음』, 서울: 생명의 말씀사, 2000.

최갑종, 『성령과 율법』 (서울: 기독교문서선교회, 1994), 187-309.

최갑종, 『바울 연구』 I, 서울: 기독교문서선교회, 1992.

이한수, 『바울신학 연구』, 서울: 총신대학출판부, 1993.

김세윤, 『바울 신학의 새 관점』, 서울: 두란노, 2002.

J. B. Lightfoot, *The Epistle of St. Paul to the Galatians,* Grand Rapids: Zondervan Publishing House, 1957.

W. Hendriksen, *Galatians (NTC),* Edinburgh: Banner of Truth, 1969 (repr. 1990).

F. F. Bruce, *The Epistle to the Galatians (NIGTC),* Grand Rapids: Eerdmans, 1982 (repr. 1990).

R. Y. K. Fung, *The Epistle to the Galatians (NICNT),* Grand Rapids: Eerdmans, 1988.

J. Brown, *An Exposition of Paul the Apostle to the Galatians (Geneva Series Commentary),* Edinburgh: Banner of Truth, 2001.

D. J. Moo, *Galatians (BECNT),* Grand Rapids: Baker Academic, 2013.

H. N. Ridderbos, *The Epistle of Paul to the Churches of Galatia (NICNT),* tr. by H. Zylstra, Grand Rapids: Eerdmans, 1953 (repr.1984).

H. Lietzmann, *An die Galater (Handbuch zum Neuen Testament),* 3. Aufl., Tübingen: J. C. B. Mohr, 1932.

S. Greijdanus, *De brief van den apostel Paulus aan de gemeente in Galatië*

(KNT), Amsterdam: H. A. van Bottenburg, 1936.

S. Greijdanus, *De brief van den apostel Paulus aan de Galaten (Korte Verklaring)*, 2e dr., Kampen: J. H. Kok, 1938.

J. Keulers, *De brieven van Paulus*, I (Roermond en Maaseik: J. J. Romen & Zonen, 1953), 87-174.

J. van Bruggen, *Galaten. Het goed recht van gelovige Kelten (CNT-3)*, Kampen: J. H. Kok, 2004.

M. Luther, *Commentary on Galatians*, tr. by E. Middleton, Grand Rapids: Kregel, 1979.

10. 에베소서

에베소서는 빌립보서, 골로새서, 빌레몬서와 함께 옥중서신으로 불린다. 바울이 어디의 옥에 있을 때 기록했는가에 대해서는 학자들 사이에 의견이 나뉜다. 에베소, 가이사랴를 생각하는 사람들도 있지만 전통적으로 로마를 생각해 왔으며, 이것이 뒤에서 살펴보는 바와 같이 가장 타당하다.

1) 기록 계기, 시기 및 장소

에베소서는 사도 바울이 로마 옥중에 있을 때 에베소에 있는 성도들에게 보낸 편지이다(1:1). 에베소서의 내용을 보면 그 교회에 긴급한 사정이 있어서 써 보낸 것은 아니었음을 알 수 있다. 오히려 일반적인 교리와 교회 생활에 대해 체계적으로 서술해 주고 있다. 따라서 에베소서는 특별한 계기가 있어서 썼다기보다 다른 기회에 써 보낸 것으로 생각된다. 곧, 바울이 골로새 교회에 편지를 써 보내면서 에베소 교회에 보내는 편지도 써서 함께 보내었을 것으로 짐작된다. 왜냐하면 두기고가 골로새로 갈 때에(골 4:7), 에베소를 지나서 가기 때문이다. 따라서 바울이 3년 동안 가르쳤던 중요한 교회인 에베소 교회에도 따로 편지를 써서 두기고 편에 부쳤다고 볼 수 있다(엡 6:21-22).

골로새서 4:16에 보면 "이 편지를 너희에게서 읽은 후에 라오디게아인의 교회에서도 읽게 하고 또 라오디게아에서 오는 편지를 너희도 읽으라."고 말한다. 여기서 라오디게아에서 오는 편지는 아마도 에베소서를 가리킬 것이다. 에베소에 보낸 편지를 에베소 교회가 읽은 후에 그것을 라오디게아 교회가 받아서 읽고 또한 골로새 교회도 그것을 읽으라는 의미이다. 이런 점에서 에베소서는 단지 에베소 한 교회만을 위한 것이 아니라 라오디게아와 골로새에 있는 교회에게 회람되도록 쓰여졌다고 생각된다. 따라서 에베소서의 내용도 모든 교회에 해당되는 일반적인 교리와 생활을 다루고 있다.

그렇다면 에베소서는 골로새서, 빌레몬서와 마찬가지로 바울의 첫 번째 투옥 기간(약 61-63년) 중에 기록되었을 것이다. 기록 장소는 로마의 감옥(셋집)이었을 것이다.

2) 에베소 교회의 설립과 형편

에베소 교회는 바울의 2차 선교여행 말기에 세워졌으며(행 18:19), 3차 선교여행 중에 바울이 다시 와서 약 3년간 머물면서 복음을 전하였다(행 19장; 20:31). 처음에는 관례대로 유대인의 회당에 들어가서 복음을 전하였으나, 유대인들의 방해로 인하여 나와서 두란노 서원에서 날마다 하나님의 말씀을 강론하였다. 이같이 2년 동안을 계속하니 아시아에 사는 사람은 유대인이나 헬라인이나 다 주의 말씀을 들었다고 한다. 그래서 에베소 교회는 아시아의 중심 교회로 성장하였다.

바울이 떠난 후에는 디모데가 와서 목회하였다(cf. 딤전 1:3). 그 후 유대인의 전쟁(66-70년) 발발 후에 사도 요한이 와서 목회하였다. 에베소와 그 주위 지역에서는 영지주의 이단들이 많이 활동하고 있었으며, 에베소 교회는 이런 이단들과 영적인 싸움을 벌였다. 그래서 진리는 지켰으나 처음 사랑을 버렸다고 책망을 받기도 하였다(계 2:1-7).

3) 수신자

에베소서 1:1은 "에베소에 있는 성도들과 그리스도 예수 안에 있는 신실한 자들에게"(τοῖς ἁγίοις τοῖς οὖσιν ἐν Ἐφέσῳ καὶ πιστοῖς ἐν Χριστῷ Ἰησοῦ) 라고 말한다. 대부분의 사본들(א^{2} A B^{2} D F G *Byz Lect* it vg syr cop arm 등)은 여기에 ἐν Ἐφέσῳ를 가지고 있지만, 몇몇 사본들(𝔓^{46} א* B* Origen^{vid} 등)은 ἐν Ἐφέσῳ를 가지고 있지 않다. 도널드 거쓰리는 '일반적으로 신뢰할 만한 전승'(generally reliable tradition)에 근거해 오늘날 대부분의 학자들이 원본은 이 단어들을 생략하고 있다고 결론 내린다고 말하지만,[346] א과 B는 그렇게 신뢰할 만한 사본들이 아닐 뿐더러 후대의 필사자들(א^{2} B^{2})이 원필사자들이 잘못 필사했다고 판단해서 교정하였다. 무엇보다도 거의 대부분의 사본들은 ἐν Ἐφέσῳ를 가지고 있다. 뿐만 아니라 알려진 모든 사본들은 (단 하나의 예외를 제외하고는) 이 편지의 표제(title)에 ΠΡΟΣ ΕΦΕΣΙΟΥΣ를 가지고 있다. 오직 말시온(Marcion)만 표제에 "Ad Laodicenses"(라오디게아인들에게)를 가지고 있다.[347] 터툴리안은 말시온이 '에베소인들에게'(Ad Ephesios)로 되어 있는 이 편지의 '표제'(*titulus*)를 '라오디게아인들에게'(Ad Laodicenos)

---

346) Guthrie, *New Testament Introduction,* 528.

347) Cf. NA^{27}, 503에 있는 critical apparatus.

로 변경했다고 말한다(*Adv. Marc.* V,11; V,17).[348]

그러면 에베소서의 수신인은 누구인가? 1:1의 본문은 원래 어떠한 것이었을까? 이에 대한 몇 가지 견해를 우선 살펴보자.

① ἐν Ἐφέσῳ는 후대 필사자들의 삽입(gloss)이라고 주장하는 견해가 있으나(J. Schmid),[349] 추측에 불과할 뿐 사본상 증거가 약하다. 뿐만 아니라 ἐν Ἐφέσῳ가 없으면 말이 통하지 않는다는 문제가 있다.

② 라오디게아 교회에 보낸 편지라는 견해(Knabenbauer, Tillmann, Vogels, Meinertz, Masson, Staab 등). 현재 우리가 가지고 있는 에베소서는 원래 라오디게아에 보낸 편지였는데, 거기서부터 골로새로 보내진 편지였다고 본다.[350]

그러면 어떻게 ἐν Ἐφέσῳ란 말이 이 편지에 들어오게 되었을까? 이에 대해 하르낙(Harnack)은 그것은 라오디게아가 가지고 있는 나쁜 명성(cf. 계 3:14-18) 때문이라고 본다. 소위 '기록 박멸'(*damnatio memoriae, erasio nominis*)이라는 것이 적용되었을 것으로 본다. 그래서 이 편지에서 '라오디게아'란 이름이 지워지고 나서 생긴 빈 공간에 '에베소'란 이름이 들어왔다고 본다. 그리고 바울의 활동의 중심지였던 에베소 교회는 라오디게아에 대해 '기록 박멸'을 명하였다고 본다.[351]

그러나 '라오디게아서 가설'은 다음과 같은 문제점을 가지고 있다.

i) 골로새서 4:15에 보면 사도 바울이 골로새 교회에게 부탁하기를 "라오디게아

---

348) 이상 사본상의 문제에 대해서는 J. Keulers, *De brieven van Paulus,* II (Roermond en Maaseik: J. J. Romen & Zonen, 1954), 57-59를 보라.

349) Cf. Keulers, *De brieven van Paulus,* II, 58.

350) Keulers, *De brieven van Paulus,* II, 58. 그러나 Keulers는 이것이 '순회편지'였다는 것은 반대한다.

351) Keulers, *De brieven van Paulus,* II, 58f.

에 있는 형제들과 눔바와 그 여자의 집에 있는 교회에 문안하라."고 말한다. 이것은 바울이 라오디게아 교회에 따로 편지를 써 보내지 않았음을 시사한다. 만일 라오디게아 교회에 독자적인 편지를 보내었다면 이런 문안 부탁은 불필요하였을 것이다.[352)]

ii) 이어서 16상에 보면 "이 편지를 너희에게서 읽은 후에 라오디게아인의 교회에서도 읽게 하라."고 말하고 있다. 이 또한 라오디게아 교회에는 따로 편지를 보내지 않았음을 강력히 시사한다. 라오디게아 교회와 히에라볼리 교회는 어떤 면에서는 골로새 교회에 속한 작은 지교회적 성격을 가진다. 이들 교회는 동일한 교역자 에바브라의 가르침과 지도를 받고 있었다. 그래서 바울은 이들 두 교회에 따로 편지를 쓰는 번거로움을 피하고 골로새 교회에 보낸 편지로서 이들 교회도 함께 돌려 읽도록 했다고 볼 수 있다.

iii) 그들이 라오디게아서라고 주장하는 편지(오늘날 에베소서)에 라오디게아를 특정하는 내용이 없다.[353)]

그렇다면 우리는, 16하의 '라오디게아로서 오는 편지'는 라오디게아에 따로 보낸 편지가 아니라 '에베소에 보낸 편지'를 라오디게아 교회가 읽고, 그것을 다시 골로새 교회도 읽으라는 의미로 볼 수 있다. 사도 바울이 '에베소서'를 돌려가면서 읽게 한 이유는, 그 편지는 복음의 진리와 성도의 생활에 대해 일반적이고 체계적으로 기록했기 때문에 에베소 교회뿐만 아니라 주위의 교회들이 돌려 읽어서 유익하다고 생각했기 때문이었을 것이다.

③ 원래의 사본에 τοῖς οὖσιν 다음에 '빈 공간'이 있었다는 견해(Bengel, Schaefer, Feine, Haupt, Van Nes, J. Ussher, J. B. Lightfoot, Guthrie[354)] 등). 이

352) Zahn, *Einleitung*[3], I, 342f.

353) Feine-Behm, *Einleitung*[8], 189.

354) Guthrie도 '순회서신' 이론을 지지하는데 '빈 공간'이 있었다고 보는지 아닌지는 불

들에 의하면 이 편지는 아시아의 여러 교회에 보내는 순회편지였으며, 그래서 τοῖς οὖσιν 다음에 빈 공간을 두어서 이 편지를 받아 낭독하는 교회가 거기에 자기 교회의 이름을 채워 넣도록 했다고 본다.[355] 두기고는 원래 한 통의 편지를 가지고 갔었는데, 여러 교회들이 이 편지를 한 통씩 필사해서 자기 교회 이름을 집어넣었다고 본다. 그런데 에베소가 지니는 중요성 때문에 '에베소'란 이름이 들어간 사본이 제일 많이 필사되어 대다수를 차지하게 되었다고 한다.[356]

그러나 이러한 가설은 문제가 많다. 왜 에베소서만 남아 있고, (말시온의 라오디게아서를 제외하고는) 다른 교회의 이름이 들어간 편지는 사본이 하나도 남아 있지 않은가? 그리고 골로새서 4:16에 보면, 교회마다 그 받은 편지를 각각 필사한 것이 아니라 '단 하나의 편지'를 이 교회에서 저 교회로 돌려가면서 읽은 것으로 보인다.[357] 뿐만 아니라 에베소서에는 특정한 독자들을 염두에 두고 있는 듯이 보이는 구절들이 있다(1:15; 6:21).[358]

④ 원래 ἐν Ἐφέσῳ가 없었으며 빈 칸도 없었다는 견해(Zahn, Greijdanus 등). 테오돌 찬은 여기에 원래 ἐν Ἐφέσῳ가 없었다고 본다. 원래는 에베소 주위의 교회들에게 주어진 순회서신인데 에베소가 당시 아시아 주의 중심 도시였기 때문에 에베소에 보낸 편지로 알려졌으며, 그래서 편지 위에 '에베소인들에게'(**ΠΡΟΣ ΕΦΕΣΙΟΥΣ**)라는 제목이 붙여지고 1:1에 ἐν Ἐφέσῳ라는 단어들이 들어간 것으로 본다.[359] τοῖς οὖσιν 다음에 빈 공간이 있었다는 견해

분명하다. 아마도 있었다고 보는 것 같은데, 어쨌든 '순회서신'(circular letter)라는 데 초점을 둔다(*New Testament Introduction*, 531).

355) 이 견해에 대한 설명은 Greijdanus, *Bizondere Canoniek*, II, 143을 보라.

356) 이상의 설명은 Keulers, *De brieven van Paulus*, II, 58.

357) 이 두 가지 비판은 Greijdanus, *Bizondere Canoniek*, II, 143에 나온다.

358) Keulers, *De brieven van Paulus*, II, 58.

359) Zahn, *Einleitung*³, I, 342-47.

도 부정한다.[360] 흐레이다너스도 찬과 마찬가지로 여기에 ἐν Ἐφέσῳ가 없었으며 빈 칸이 없었다고 본다.[361] 그러나 이 견해에 의하면 이 부분을 "(참으로) 그러한 성도들과 그리스도 예수 안에서 신실한 자들에게" 또는 "그리스도 예수 안에서 또한 신실한 성도들에게"라고 번역할 수밖에 없는데, 이것은 억지 번역일 뿐만 아니라 다른 바울 서신들에서는 τοῖς οὖσιν 다음에 지명이 온다는 사실에도 맞지 않다.[362]

따라서 우리는 우리가 가지고 있는 에베소서가 실제로 에베소 교회에 보내진 편지라고 보아야 한다. 몇몇 사본들(𝔓⁴⁶ ℵ* B*)을 제외한 대부분의 사본들은 본문 1장 1절에 ἐν Ἐφέσῳ를 가지고 있다. ℵ과 B의 경우에는 후대의 교정자들이 원필사자의 것이 잘못되었다고 판단하여 교정하였다. 𝔓⁴⁶의 경우에도 표제에는 **ΠΡΟΣ ΕΦΕΣΙΟΥΣ**를 가지고 있다.[363] 원래 τοῖς οὖσιν 다음에 빈 공간이 있었다고 보는 견해는 이 편지에 구체적인 수신자를 염두에 두고 있는 것으로 보이는 구절들(1:15; 6:21)이 있기 때문에 받아들이기 어렵다.[364] 바울이 추상적인 교회에 이 편지를 썼다고 보기는 어렵다.

다만 사도 바울이 이 에베소서를 쓸 때에 에베소 교회만 읽지 말고 다른 교

360) Zahn, *Einleitung*³, I, 344.

361) Greijdanus, *Bizondere Canoniek,* II, 143f.

362) Keulers, *De brieven van Paulus,* II, 57f.

363) Irenaeus, Tertullian, Clement of Alexandria, Canon of Muratori 등도 이 편지의 '수신자'는 에베소인들이라고 하고 있다. Cf. Feine-Behm, *Einleitung*⁸, 188.

364) 엡 1:15의 "이로 말미암아 주 예수 안에서 너희 믿음과 모든 성도를 향한 사랑을 나도 듣고"에서 '너희'는 에베소 교회로 볼 수도 있고 또는 아시아의 여러 교회들로 볼 수도 있다. 그러나 6:21-22의 "나의 사정 곧 내가 무엇을 하는지 너희에게도 알리려 하노니 사랑을 받은 형제요 주 안에서 진실한 일꾼인 두기고가 모든 일을 너희에게 알리리라. 우리 사정을 알리고 또 너희 마음을 위로하기 위하여 내가 특별히 그를 너희에게 보내었노라."에서 '너희'는 불특정의 여러 교회들로 보기 어렵다. 두기고가 가서 만나서 알게 하고 위로한 '너희'는 구체적인 한 교회 곧 에베소 교회로 보아야 할 것이다.

회들도 읽기를 바라고 썼다고 생각할 수 있다. 왜냐하면 에베소서는 그 교회에 특별한 문제가 있어서 쓴 것이 아니며, 따라서 그 내용이 매우 일반적인 교리와 권면을 담고 있기 때문이다. 그래서 바울은 에베소에서 개인적인 문안이나 언급은 가능한 한 피하고 있으며, 여러 교회가 돌려가면서 읽도록 하라고 말한 것이다(골 4:16). 즉, 에베소서는 구체적인 에베소에 보낸 편지이면서 또한 동시에 주위의 교회들이 돌려가면서 읽도록 한 순회편지로 볼 수 있다. 그러나 원래는 에베소 교회에 주어진 편지이며, 두기고가 가지고 가서 전달한 편지이다(엡 6:21). 골로새서도 구체적인 한 교회에 주어진 편지이지만 또한 라오디게아의 교회도 읽도록 하였으며(골 4:16), 아마도 히에라볼리의 교회도 함께 읽었을 것이다. 이런 점에서 골로새서도 제한된 범위에서 하나의 순회서신이라 볼 수 있다. 에베소서는 좀 더 확대된 순회서신으로서, 처음부터 순회낭독을 목적으로 쓴 것이며, 그래서 일반적인 교리와 권면을 담고 있는 편지라고 할 수 있다. 그러나 (원)수신자는 두기고가 가지고 가서 전달한 에베소 교회임이 분명하다.

4) 옥중 서신의 기록 순서

에베소서는 골로새서, 빌레몬서, 빌립보서와 함께 옥중 서신에 속한다. 전통적인 견해를 따라 사도 바울이 로마의 옥(셋집)에 갇혀 있을 때에 기록한 것으로 본다. 그렇다면 대략 60-62년(±1년) 사이에 기록된 것으로 볼 수 있다. 이 중에서도 에베소서, 골로새서, 빌레몬서는 거의 동시에 쓰여진 것으로 생각된다. 이 세 편지는 다 두기고가 (오네시모와 함께) 가지고 가서 전달한 것으로 생각된다(엡 6:21; 골 4:7-9). 그러면 이 세 서신의 기록 순서는 어떻게 될까? 특히 에베소서와 골로새서는 그 내용에 있어서 유사성이 많은데 어느 것이 먼저 쓰여졌을까?

껄러르스(Keulers)는 에베소서 6:21과 골로새서 4:7의 비교에서 골로새서가 먼저 쓰여졌다고 본다. 왜냐하면 골로새서 4:7에서는 "두기고가 내 사정을 다 너희에게 알려 주리니 ..."라고 말하는데, 에베소서 6:21에서는 "나의 사정 곧 내가 무엇을 하는지 너희에게도(καὶ ὑμεῖς) 알리려 하노니 ..."라고 말하고 있기 때문이다.[365] 바울은 이단들 때문에 긴급한 사정이 발생한 골로새 교회에 먼저 편지를 쓰고 나서, 이어서 에베소서를 썼다고 생각할 수 있다.[366] 어쩌면 골로새서를 쓰고 나서 바로 빌레몬서를 썼는지도 모른다. 아니면 골로새서를 쓰고 나서 에베소서를 쓰고, 이어서 빌레몬서를 썼을 수 있다. 에베소서와 골로새서와 빌레몬서는 거의 동시에 쓰여진 것이어서 그 순서를 따지는 것이 무의미하게 생각될 수도 있다. 하지만 긴급한 사정이 있던 골로새서를 먼저 쓰고 나서, 좀 느긋한 마음으로 에베소서를 쓴 것으로 생각된다. 그러면 두기고가 이 두 편지와 빌레몬서를 가지고 가서(이때 오네시모도 동행하였다), 먼저 에베소에 들러 에베소서를 전달하고 나서 골로새로 갔을 것이다. 그 에베소서는 에베소 교회에서 읽고 난 후에 (필사본 하나가) 라오디게아로 보내졌을 것이고(또는 중간에 몇 교회를 거쳐서 올 수도 있었을 것이다), 그 후에 골로새에 도달했을 것이다.

5) 기록 장소

에베소서와 골로새서와 빌레몬서는 매우 밀접하게 관련되어 있다. 바울은 옥중에 있었으며(엡 3:1; 4:1; 6:20; 골 4:10, 18; 몬 9, 23절), 그와 함께 있었던 사람들이 동일하다(엡 6:21-22; 골 4:7, 9, 10, 11, 12, 14; 몬 23-24절). 따

---

365) Keulers, *De brieven van Paulus,* II, 8.

366) Keulers는 앞에서 살펴본 바와 같이 이 '에베소서'를 라오디게아에 보낸 편지로 보기 때문에 문제가 있다. 우리는 '에베소서'를 에베소에 보낸 편지로 본다.

라서 동일한 옥중에서 거의 같은 시기에 쓴 것임을 알 수 있다.

그러면 어디에 있는 감옥인가 하는 것이 문제이다. 가이사랴와 에베소로 보는 학자들도 있지만 전통적으로는 로마로 보아 왔다. 사도행전이나 바울 서신 어디에도 바울이 에베소에서 감옥에 갇혔다는 말은 없다. 가이사랴에서는 친구들이 그를 돌봐주는 것이 허용되었지만(행 24:23), 그렇게 자유로운 복음 전파 활동이 가능했다고 볼 수는 없다(cf. 엡 6:19f.; 골 4:3). 그리고 골로새에 있던 종 오네시모가 도망을 쳐서 가이사랴로 갔다고 보기는 어렵다. 대도시인 로마로 갔다고 보는 것이 자연스럽다. 그리고 옥중에 함께 있던 자 중에는 마가도 있는데(골 4:10; 몬 24절), 마가는 가이사랴에서보다도 로마에 있다고 보는 것이 자연스럽다(cf. 벧전 5:13). 따라서 옥중서신들은 로마의 옥중에서 기록되었다고 보는 것이 제일 타당하다고 생각된다.[367)]

6) 에베소서의 주제

에베소서는 문안과 기도, 결말 부분 등을 제외하면 크게 두 부분으로 나뉘어진다. 1-3장은 교리 부분을 다루고, 4-6장은 실제 생활에 대한 권면을 다룬다. 교회가 당면한 긴급한 문제는 없는 것으로 보인다. 그래서 여유를 가지고 하나님의 구원 경륜과 교회에 대해 깊은 교리를 설명한다(1-3장). 권면 부분(4-6장)은 골로새서의 그것과 상당한 유사성을 보이나 에베소의 것이 더 자세하다. 이를 보아 당면한 과제를 가지고 있는 골로새서를 먼저 쓰고 나서 이어서 에베소서를 쓴 것으로 보인다. 어떤 사람은 둘째 부분인 4:1-6:20은 '하나님께서 성령을 통해 우리를 위하여 이루어 가시는 구원'을 강조한다고 보

---

367) 에베소서, 골로새서, 빌레몬서의 기록 장소에 대한 논의에 대해서는 J. A. C. van Leeuwen, *Paulus' zendbrieven aan Efeze, Colosse, Filémon en Thessalonika (KNT)* (Amsterdam: H. A. van Bottenburg), 13-15를 보라.

지만,[368] 이것은 너무 도식적이며 우리가 해야 할 일들이 아니라 하나님이 행하시는 일들에 초점이 맞추어져 있다. 4-6장은 하나님의 은혜로 구원받은 우리가 어떻게 행해야 하는가에 대한 권면들을 주로 말하고 있다고 보아야 할 것이다.

에베소서의 주제에 대해 어떤 사람은 하나님의 구원 경륜이 이방인과 유대인을 하나로 묶는 '교회의 하나됨'으로 본다.[369] 다르게는, '그리스도와 교회와의 연합'과 '이방인과 유대인으로 구성된 교회의 하나됨'으로 볼 수도 있다. 또는 '만물을 그리스도 안에서 통일하시고 회복시키심'(1:10)으로 표현할 수도 있다.[370] 유대인과 이방인이 그리스도 안에서 하나가 되었다는 사실은 에베소서의 대단히 중요한 주제임은 틀림없다(2:11-22).

그러나 에베소서를 관통하고 있는 더 큰 주제는 긍휼에 풍성하신 하나님이 우리를 그리스도 안에서 구속하신 은혜의 지극히 풍성함이라고 할 수 있다. '그의 은혜의 풍성함'(1:7), '그 기업의 영광의 풍성함'(1:18), '긍휼이 풍성하신 하나님'(2:4), '그 은혜의 지극히 풍성함'(2:7), '측량할 수 없는 그리스도의 풍성함'(3:8)과 같은 표현이 이를 나타낸다. 또한 '비밀'(μυστήριον), '경륜'(οἰκονομία)이란 단어도 많이 나타나고 있다(1:9; 3:2, 4, 9; 6:19). 이러한 것은 사도 바울이 3년 동안 에베소에서 하나님의 말씀을 강론하면서 하나님의 구원 사역과 은혜의 경륜을 깊이 있게 가르친 배경에서 나온 것으로 생각된다. 1:3-14에서 하나님의 예정에 기초한 은혜의 경륜을 깊이 있게 서술한 것도 이런 배경이 뒷받침되었을 것이다.

---

368) 최갑종, "에베소서의 문학적 구조와 주요 신학 사상", 『에베소서 골로새서 어떻게 설교할 것인가』 (두란노 HOW 주석), 개정판 (서울: 두란노아카데미, 2009), 14.

369) Feine-Behm, *Einleitung*[8], 187.

370) Greijdanus, *Bizondere Canoniek,* II, 154.

7) 내용 분해

① 문안(1:1-2)

② 하나님 찬송(1:3-14)

③ 바울의 감사와 기도(1:14-23)

④ 죽었던 우리를 살리심(2:1-10)

⑤ 그리스도 안에서 가까워짐(2:11-22)

⑥ 은혜의 경륜(3:1-13)

⑦ 바울의 기도와 송축(3:14-21)

⑧ 교회 안에서의 생활(4:1-16)

⑨ 개인의 생활의 변화(4:17-24)

⑩ 이웃과의 관계(4:25-32)

⑪ 빛의 자녀로서의 생활(5:1-14)

⑫ 지혜 있는 자(5:15-21)

⑬ 부부 윤리(5:22-33)

⑭ 부자 윤리(6:1-4)

⑮ 주종 윤리(6:5-9)

⑯ 영적 무장(6:10-20)

⑰ 결말과 축도(6:21-24)

8) 참고 문헌

박윤선, 『성경주석 바울 서신』, 서울: 영음사, 1989(3판).

이상근, 『신약성서 주해 옥중 서신』, 대한예수교장로회 총회교육부, 1980.

길성남, 『에베소서 어떻게 읽을 것인가』, 서울: 한국성서유니온선교회, 2005.

목회와 신학 편집부 엮음, 『에베소서 골로새서 어떻게 설교할 것인가』 (두란노 HOW 주석), 개정판, 서울: 도서출판 두란노, 2009.

변종길, "측량할 수 없는 그리스도의 풍성. 에베소 3장의 주해와 적용", 『그말씀』 156 (2003. 5), 31-43.

Ch. Hodge, *Ephesians (Geneva Series Commentary),* Edinburgh: Banner of Truth, 1964.

W. Hendriksen, *Ephesians (NTC),* Edinburgh: Banner of Truth, 1972.

A. T. Lincoln, *Ephesians (WBC),* Nashville: Thomas Nelson, 1990.

E. Best, *Ephesians (ICC),* Edinburgh: T. & T. Clark, 1998.

P. T. O'Brien, *The Letter to the Ephesians,* Grand Rapids: Eerdmans, 1999.

H. W. Hoehner, *Ephesians. An Exegetical Commentary,* Grand Rapids: Baker Academic, 2002.

S. Greijdanus, *De brief van den apostel Paulus aan de Epheziërs (Korte Verklaring),* Kampen: J. H. Kok, 1925.

J. A. C. van Leeuwen, *Paulus' zendbrieven aan Efeze, Colosse, Filémon, en Thessalonika (KNT),* Amsterdam: H. A. van Bottenburg, 1926.

F. W. Grosheide, *De brief van Paulus aan de Efeziërs (CNT),* Kampen: J. H. Kok, 1960.

L. Floor, *Efeziërs. Eén in Christus (CNT-3),* Kampen: J. H. Kok, 1995.

J. Keulers, *De brieven van Paulus (De boeken van het Nieuwe Testament),* II, Roermond en Maaseik: J. J. Romen & Zonen, 1954.

11. 빌립보서

빌립보서는 사도 바울이 로마 옥중에서 빌립보 교회에 보낸 편지이다. 편지를 보낸 계기는 빌립보 교회의 교역자인 에바브로디도[371)]가 바울의 투옥 소식을 듣고서 선물을 가지고 방문 왔었기 때문이다. 바울은 이에 대한 감사와 기쁨으로 이 편지를 써서 보내었다.[372)]

1) 발신자와 수신자

빌립보서 1:1에 보면, 이 편지의 발신인은 '바울과 디모데'라고 말하고 있다. 이것은 바울이 이 편지를 쓸 때에 디모데가 같이 있었음을 말해 준다. 이들은 자신을 '그리스도 예수의 종들(δοῦλοι)[373)]'로 부르고 있다. 수신자들은 '빌립보에 있는 그리스도 예수 안의 모든 성도들과 감독들과 집사들'이라고 한다(필자 역). 개역개정판에서는 "... 모든 성도와 또한 감독들과 집사들"이라고 하였는데, 여기서 '또한'이라고 번역된 단어는 '쉰'(σύν)으로서 '함께'(with)란 뜻이다. 이것은 빌립보의 성도들 중에서 '특히' 감독들과 집사들을 언급한 것이다. 그 이유는 이들이 사도 바울을 생각하고 물품을 보내는 일에 앞장섰을 것이기 때문이다(4:10, 18).[374)] 여기서 '감독'(ἐπίσκοπος)은 '장

371) 빌립보서에 나오는 에바브로디도(Epaphroditus)는 골로새서에 나오는 에바브라(Epaphras)와 다른 사람으로 생각된다. Cf. 변종길, 『빌립보서 주석』(대구: 말씀사, 2017), 135f.

372) 빌립보서 서론에 대해서는 필자의 『빌립보서 주석』, 11-30을 참조하라.

373) '종'(δοῦλος)은 성경에서 다음 두 가지 개념을 가지고 있다. 1) 주인에게 속한 것을 말한다(마 8:4; 10:24-25; 18:27; 요 13:16 등). 2) 종은 자유와 주권이 없으며(요 8:36; 고전 7:21-22; 갈 3:28 등), 모든 일에 주인에게 순종해야 한다(골 3:22; 롬 6:16-18; 빌 2:7-9). Cf. S. Greijdanus, *De brief van den apostel Paulus aan de gemeente te Philippi (KNT)* (Amsterdam: H. A. van Bottenburg, 1937), 50.

374) Cf. 변종길, 『빌립보서 주석』, 34.

로'(πρεσβύτερος)와 같은 직분으로서(cf. 행 20:17, 28), 유대 지역에서는 '장로'란 말이 일반적으로 사용되었으나 이방 지역에서는 '감독'이란 말이 좀 더 친숙한 단어였을 것이다.[375] 빌립보는 로마인들이 많이 사는 도시였기 때문에 사도 바울은 '장로'란 용어 대신에 그들에게 친숙한 '감독'이란 용어를 사용한 것으로 보인다.

2) 기록 계기

본서를 기록하게 된 계기는 몇 가지로 생각해 볼 수 있다. 바울이 복음을 전하다가 옥에 갇혔다는 소식을 듣고서 빌립보 교회는 물품과 함께 에바브로디도를 바울에게 보내었다(2:25). 그런데 에바브로디도가 바울에게 와서 섬기다가 병에 걸려 죽을 뻔하였으나 하나님이 그를 살리셨다(2:26-27). 그래서 바울은 빌립보 교회의 염려를 덜어 주기 위해 에바브로디도를 빌립보 교회로 급히 돌려보내었다. 그때 바울은 이 편지를 써서 그의 손에 쥐어 함께 보내었을 것이다(2:28-30).[376]

뿐만 아니라 바울은 빌립보 교회가 자기에게 보내 준 선물에 대해 감사의 표시를 할 필요가 있었다(4:14-18). 그리고 바울 자신의 옥중 형편에 대해 소식을 전함으로써 빌립보 교회의 염려를 덜어 주고 위로하고자 하였을 것이다(1:12-26). 이와 함께 빌립보 교회에 대한 권면과 이단에 대한 경계를 할 필요를 느꼈을 것이다.

---

375) 변종길, 『빌립보서 주석』, 34.

376) 이것은 빌 2:28의 '보내었다'(ἔπεμψα)를 서신상의 아오리스트(epistolary aorist)로 보는 것을 의미한다. 이에 대해서는 필자의 『빌립보서 주석』, 140f.를 보라.

3) 기록 장소

바울이 본 서신을 기록한 장소에 대해서는 크게 로마와 가이사랴와 에베소가 후보지로 거론되고 있다.[377)]

첫째 견해는 로마에서 기록되었다고 보는 것인데, 전통적으로 기독교회가 취해 온 견해이다.[378)] 여기에는 몇 가지 근거가 있다. 우선 1:13의 '시위대'(πραιτώριον)라는 표현은, 물론 여러 가지 해석이 가능하지만,[379)] 로마에 있는 가이사의 시위대(친위대)를 가리킨다고 보는 것이 가장 무난할 것이다.[380)] 그리고 4:22의 '가이사 집 사람들'(οἱ ἐκ τῆς Καίσαρος οἰκίας)이라는 표현도 로마의 상황에 잘 부합된다고 생각된다.[381)] 그 밖에 바울이 비교적 자유로운 옥중 생활을 했다는 사실도 로마의 상황에 잘 어울린다(행 28:16-31). 물론 바울은 가이사랴에서도 구금 중에 자유롭게 친구들을 만날 수 있도록 허용되었으나(행 24:23), 빌립보서 1:13-18에서와 같이 큰 규모의 복음 전파 활동이 있었다고 보기는 어렵다.[382)]

두 번째 견해는 가이사랴에서 기록되었다고 보는 것인데, 소수의 학자들이

---

377) 빌립보서의 저작 장소에 대한 여러 견해들에 대해서는 P. T. O'Brien, *The Epistle to the Phillipians (NIGTC)* (Grand Rapids: Eerdmans, 1991), 19-26; G. F. Hawthorne, *Philippians (WBC)* (Waco: Word Books, 1983), xxxvi-xliv; Kümmel, *Einleitung,* 284-91; Greijdanus, *Philippensen,* 23-41 등을 보라.

378) Lightfoot, Greijdanus, Hendriksen, O'Brien, Fee, Floor 등.

379) 가이사랴에도 '헤롯의 궁전'(τὸ πραιτώριον τοῦ Ἡρῴδου)이 있었다(행 23:35).

380) O'Brien, *Philippians,* 20; Greijdanus, *Philippensen,* 39; W. Hendriksen, *Philippians (NTC)* (Edinburgh: Banner of Truth, 1962), 24 등.

381) Greijdanus, *Philippensen,* 39. Lightfoot는 '가이사의 집'(οἰκία Καίσαρος)에 대해 로마에 있는 황제의 궁전에 부속된 노예들과 자유인들(해방 노예들)이라고 본다. Cf. J. B. Lightfoot, *Saint Paul's Epistle to the Philippians* (Grand Rapids: Zondervan, 1953), 167, 171.

382) Cf. O'Brien, *Philippians,* 24.

취하고 있다.[383] 그 주요 근거는 사도 바울이 가이사랴에 2년간 구금되어 있었다는 사실이다(행 23:35; 24:27). 바울은 그때 비교적 자유로운 생활을 누릴 수 있었다(행 24:23). 그러나 빌립보서 1장에서 말하는 것처럼 그렇게 자유롭게 복음을 전파하는 일은 불가능했을 것이다. 또한 바울이 가이사랴에서 과연 생명의 위협(cf. 빌 1:20-26)을 얼마나 심각하게 느꼈을지는 의문이다. 왜냐하면 그는 로마 시민으로서 언제든지 가이사에게 호소할 수 있었기 때문이다.[384]

세 번째 견해로는 에베소 저작설이 있다. 이 견해는 다이스만(A. Deissmann), 파이네-벰(Feine-Behm), 미카엘리스(Michaelis), 덩컨(Duncan), 그닐카(Gnilka) 등 현대 신학자들이 많이 주장하는 견해이다.[385] 이들이 주장하는 주된 근거는 '거리'에 관한 것인데, 다이스만에 의하면 빌립보서에는 모두 5번의 여행이 있었고 또한 네 번의 여행이 계획되어 있다고 한다.[386] 이런 빈번한 여행과 거기에 걸리는 시간을 생각한다면 로마는 너무 멀다는 것이다.[387]

그러나 로마와 빌립보 사이의 여행 시간에 대한 이들의 주장은 상당히 과장되었다.[388] 옛날 사람들의 빠른 걸음을 생각하면(하루 약 40-50km) 로마에서 빌립보까지 (옛 여행 루트로 약 1,250km 정도) 약 한 달 정도 소요되었

---

383) H. E. G. Paulus, E. Lohmeyer, L. Johnson, J. J. Gunther, J. A. T. Robinson, J. van Bruggen 등.

384) O'Brien, *Philippians,* 24. 따라서 O'Brien 자신은, 에베소 저작설이나 가이사랴 저작설의 근거는 결정적이지 않다고 본다(p.25).

385) Cf. Kümmel, *Einleitung,* 289.

386) Cf. O'Brien, *Philippians,* 21.

387) 예를 들면 H. Appel은 로마에서 빌립보까지 55일, J. Schmid는 약 5주 또는 1개월 소요된다고 보았다. Cf. Greijdanus, *Philippensen,* 29.

388) J. B. Lightfoot에 의하면, 로마와 빌립보 사이의 왕래는 많아야 두 번에 불과하다고 한다(즉, 로마에서 빌립보로 두 번, 빌립보에서 로마로 두 번). 그리고 이것은 경우에 따라 한 번으로 줄어들 수도 있다고 한다(*Philippians,* 36-38).

을 것이다.[389] 뿐만 아니라 사도 바울과 빌립보 교회 사이의 많은 접촉도 과장되었다.[390] 결정적인 문제점은 무엇보다도 바울이 에베소에 갇혔었다는 기록이 전혀 없다는 것이다. 에베소설 주장자들은 고린도전서 15:32에서 그 가능성을 본다. 그러나 "에베소에서 맹수와 더불어 싸웠다면"이라는 표현은 바울이 에베소에서 옥에 갇혔다는 의미로 볼 수 없다. 이 표현은 아마 비유적 의미로 사용되었을 것이다.[391] 사도행전에 사도 바울이 맹수로 더불어 싸웠다는 기록이 없을 뿐만 아니라, 로마 시민권을 가진 사람에게는 그런 형벌이 허용되지 않았다.[392] 또한 '시위대'(*praetorium*)라는 표현도 에베소에는 맞지 않다. 에베소는 원로원 관할의 속주인 아시아에 위치한 도시였다. 따라서 그곳에는 '프라이토리움'이라고 하는 총독 관저가 없었으며 군대를 주둔시키지도 않았다.[393]

이런 여러 사정들을 종합해 볼 때, 에베소 저작설은 근거가 부족하다.[394] 가

---

389) J. B. Lightfoot는 많은 옛 문헌에 근거하여 로마에서 빌립보까지 여행하는 데에는 약 한 달 정도면 족했을 것이라고 본다(*Philippians*, 38 n.1).

390) 바울이 빌립보서를 쓸 때에 두 번의 소식 교환이 있었다. 1) 빌립보 교회는 바울이 로마에 감금된 것을 듣고 에바브로디도를 그에게 보내었다. 2) 빌립보 교회는 에바브로디도의 병든 것을 들었으며, 이로 인하여 교회가 염려한다는 소식이 그에게 전달되었다. 첫 번째 소식은 바울이 로마에 감금된 직후에 빌립보에 도달되었을 것이다. 따라서 에바브로디도가 로마에 도착한 것은 바울의 감금 후 약 석 달이 지났을 때였을 것이다. 두 번째 소식을 주고받는 데에도 마찬가지로 약 두세 달 정도 걸렸을 것이다. 따라서 두 번의 소식이 오고가는 데에는 총 5-6개월 정도 걸렸다고 볼 수 있다.

391) Cf. Grosheide, *1 Korinthe*, 2e dr., 411 (1e dr., 525).

392) Cf. Grosheide, *1 Korinte*, 2e dr., 412 n.103 (1e dr., 526 n.1). 좀 더 자세한 논의를 위해서는 Greijdanus, *Philippensen*, 36-38을 보라.

393) Cf. O'Brien, *Philippians*, 22: "Ephesus was the capital of a senatorial (rather than an imperial) province, namely Asia, and there is no known instance of the governor's headquarters of such a province being called a praetorium at this time." Feine-Behm은 에베소에도 근위병 수비대(Prätorianer-Garnison)가 있었다고 주장한다(*Einleitung*[8], 178). 그러나 O'Brien은 그런 주장은, B. Reicke(*Apostolic History*, 283)와 F. F. Bruce(xxii)에 근거하여, 옳지 않다고 배척한다(*Philippians*, 22 and n.9).

394) 에베소 저작설에 대한 자세한 소개와 비판에 대해서는 Greijdanus, *Philippensen*,

이사랴 저작설도 그곳에서 그렇게 활발한 복음 전파 활동이 어려웠을 것이라는 점과, 그곳에서는 바울이 언제든지 가이사에게 호소할 수 있었기 때문에 실질적인 생명의 위협을 생각하기 어려웠다는 것 등을 생각해 볼 때 그 가능성은 크지 않다. 우리는 전통적으로 교회가 취해 왔던 로마 저작설이 가장 그럴 듯하다고 생각한다.[395)]

4) 기록 시기

본 서신의 기록 시기는 기록 장소와 밀접한 관련이 있다. 만일 가이사랴 저작설의 경우라면 주후 58-60년 사이가 될 것이고, 에베소 저작설의 경우라면 3차 선교여행 중(54-57년경)이 될 것이다.[396)] 그러나 전통적인 견해를 따라 로마 저작설을 취한다면 로마의 옥중 기간(약 60-62년) 중에 기록했을 것이다.[397)]

앞에서 말한 것처럼 우리는 옥중서신 넷 모두 로마에서 기록되었다고 본다. 이 중에서 빌립보서가 다른 세 서신(엡 골 몬)보다 먼저 기록되었는지, 나중에 기록되었는지에 대해서는 의견이 나뉜다. 빌립보서가 이들보다 늦게, 로마 투옥 기간 2년 중 후반부에 기록되었을 것으로 보는 견해가 많다. 그 이유는 바울의 재판이 끝을 향하고 있으며 그의 석방이 임박했다는 인상을 받

26-41을 보라.

395) Kampen의 Jager 교수는 전통적으로 종교개혁 후 시대까지 '로마'를 기록 장소로 여겨 왔다고 하면서, 가이사랴 설이나 에베소 설은 순전히 가설들에 기초해 있다고 한다. 그러나 그는 꼭 로마 설을 지지하는 것은 아니지만, 이런 가설들에 대해 많은 주장과 반박을 하는 것은 불필요하다고 본다. Cf. H. J. Jager, *Filippenzen en Filemon* (College diktaat; Kampen: Van den Berg, z. j.), 5-7.

396) Feine-Behm은 약 56년경으로 본다(*Einleitung*[8], 180).

397) O'Brien은 로마의 옥중 기간을 60-62년으로 본다(*Philippians,* 19). Lightfoot는 바울이 61년 이른 봄에 로마에 도착했을 것으로 본다. 그리고 늦어도 64년 7월 이전에 석방되었다고 본다(*Philippians,* 2f.).

기 때문이라고 한다.[398] 그러나 "나도 속히 가게 될 것을 주 안에서 확신하노라."(2:24)는 말씀은 바울의 빌립보 방문이 시간적으로 임박했다는 의미로 볼 수는 없다. 흐레이다너스는 1장 7절과 12절 이하의 말씀이 바울이 이미 재판관 앞에 섰었다는 것을 나타낸다고 하지만, 이 구절들은 그런 것을 말하지 않는다. 7절의 '복음을 변명함과 확정함'은 로마에서의 재판정에서의 변론을 말하는 것이 아니라 바울이 마게도냐와 데살로니가 등에서 복음을 증거한 활동을 가리킨다(4:15-16). 그리고 12절 이하도 바울이 재판관 앞에 섰다는 것에 대해서는 아무것도 말하지 않는다. 사도행전에 의하면 사도 바울이 로마로 압송되어 갔지만 실제로 재판을 받았다는 것에 대해서는 아무것도 말하지 않는다. 오히려 2년 동안 자기 셋집에 머물면서 방해받지 않고 복음을 전했다고 말한다(행 28:30-31). 이로 보아 실제로 재판이 진행되지 않았을 가능성이 크다. 2년이 지나도록 원고인 유대 지도자들이 나타나지 않아서 이 재판 건이 종료되었을 가능성이 크다.[399]

오히려 빌립보서의 내용은 바울이 옥에 갇힌 지 얼마 지나지 않았음을 시사한다. 바울이 옥에 갇혔음을 듣고 빌립보 교회가 에바브로디도를 파송한 것(2:25-30; 4:18)은 투옥 초기 상황에 잘 부합한다. 바울의 옥중 소식을 전하는 것(1:12-18)도 초기 상황에 어울린다. 아무것도 염려하지 말라는 권면(4:6)도 바울의 상황을 몰라서 염려하는 초기 상황에 잘 어울린다. 라이트푸트는 빌립보서의 문체(style)와 내용(matter)을 그 이전의 서신 그룹과 그 이후의 서신 그룹의 것들과 비교한 결과, 빌립보서는 그 문체(style)와 어조(tone)에 있어서 골로새서나 에베소서보다도 그 이전의 서신들, 특히 로마서와 훨씬 더

398) Keulers, *De brieven van Paulus,* II, 8.

399) Bo Reicke는 사도 바울은 62년에 네로 정부의 변화로 인하여 석방되었다고 본다(*Neutestamentliche Zeitgeschichte,* 221f.).

가깝다고 한다.[400] 따라서 우리는, 라이트푸트의 견해를 받아들이든 받아들이지 않든 관계없이, 빌립보서가 바울의 로마 옥중 초기에 기록되었으며 골로새서, 에베소서, 빌레몬서는 그 후기에 기록되었다고 본다. 그렇다면 빌립보서의 기록 시기는 대략 61년경으로 볼 수 있을 것이다.

5) 빌립보의 지리와 역사[401]

빌립보의 원래 이름은 크레니데스(Krenides)였는데 '우물들' 또는 '샘들'이라는 뜻을 가지고 있었다. 고원 지대에 건설된 빌립보는 스트뤼몬(Strymon) 강과 네스투스(Nestus) 강 사이에 위치하고 있어서 그 비옥함을 자랑하고 있었다. 빌립보는 유럽과 아시아를 연결하는 '에그나티아 도로'(via Egnatia)를 지배하고 있어서 지정학적으로 중요한 위치에 있었다. 동쪽으로 약 16km 쯤 떨어진 곳에 에게해로 진출하는 항구인 네아폴리스(Neapolis)[402]가 있었으며, 서쪽으로 약 1km 떨어진 곳에는 스트뤼몬 강의 지류인 아그니테스(Agnites) 강이 흐르고 있었다. 인근의 팡가이우스(Pangaeus) 산맥에는 금과 은 광산들이 있었는데, 오래 전부터 페니키아인들과 타시아인들에 의해 개발되었다.[403]

주전 361년에 아테네에서 추방된 칼리스트라투스(Calistratus)가 타소스(Thasos) 섬에서 온 여러 헬라인 정착자들과 함께 이 마을을 접수하였다. 그 후 주전 356년에 알렉산더 대왕의 아버지인 필립 2세(Philip II)가 이 주위에 있는 금, 은 광산들에 관심을 가지고 이 지역을 점령하여 마게도냐에 편입시

---

400) Lightfoot, *Philippians,* 41-46.

401) 이 부분은 필자의 『빌립보서 주석』, 11-14에도 실려 있다.

402) '신(新)도시'라는 뜻으로, 오늘날에는 Kavalla라고 불린다.

403) 빌립보의 지정학적 위치에 대해서는 Greijdanus, *Philippensen,* 1-3; Lightfoot, *Philippians,* 47f.; Hendriksen, *Philippians,* 4-7; O'Brien, *Philippians,* 3-4 등을 보라.

키고, 그의 이름을 따라 필립푸스(Philippus)라고 명명하였다.[404] 그는 이곳을 요새화하고 군대를 주둔시켰다.

그 후 주전 168년에 로마의 장군 아이밀리우스 파울루스(Aemilius Paulus)가 퓌드나(Pydna)에서 마게도냐 왕 페르세우스(Perseus)를 패배시킴으로써 빌립보는 로마의 지배하에 들어가게 되었다. 그는 마게도냐를 네 지역(district)으로 나누었다. 하지만 주전 148년에야 비로소 공식적으로 로마의 관리들에 의해 통치되는 로마의 속주가 되었다.

주전 42년에 안토니우스(Antonius)와 옥타비아누스(Octavianus)가 이곳에서 브루투스(Brutus)와 카시우스(Cassius)의 연합군을 물리쳤다. 승리자들은 상당수의 퇴역 군인들을 이곳에 정착시켰으며 빌립보를 로마의 식민지로 건설했다. 그 후 주전 31년의 악티움(Actium) 해전에서 승리한 옥타비아누스는 그의 대적이었던 안토니우스의 추종 군인들을 퇴역시켜 이곳에 정착하게 함으로써 로마인 식민자들의 수가 크게 증가하였다. 그리하여 이 도시는 "Colonia Augusta Julia Philippensis"라 불리게 되었다. 누가는 사도행전에서 빌립보를 '로마의 식민지'라고 말하고 있으며(행 16:12), 빌립보 사람들도 자기 자신에 대해 '로마 사람들'이라고 불렀다(행 16:21).

이런 연유로 로마의 식민지인 빌립보는 로마시의 축소판이었다고 할 수 있다. 그들은 라틴어를 사용하였으며 로마인 의복을 입고 다녔다. 정치적으로는 로마의 정치 제도를 본떠서 '두 집정관'(*praetores duumviri*)을 두었는데, 누가는 이들을 '상관(上官)들'(στρατηγοί, 행 16:20, 22, 35)이라고 부르고 있다. 로마의 식민지로서 빌립보는 '로마인의 특권'(*ius Italicum*)을 가지고 있었으며(빌 3:20), 구체적으로는 채찍 형벌의 면제, 극단적인 범죄를 제외하고는 불체포 특권, 황제 직상소권, 세금 면제, 자치권 등이 있었다.

---

404) 오늘날에는 필립피(Philippi)로 불리고 있다.

빌립보에는 유대인들이 많지 않았던 것으로 생각된다. 왜냐하면 그곳에는 유대인들의 회당이 없었기 때문이다. 그래서 바울과 그 일행은 안식일에 '기도처'(προσευχή)가 있는가 하여 성문 밖의 강가에 나갔다(행 16:13).[405] 거기서 그들은 거기에 모인 어떤 여인들을 만나 복음을 전하였는데, 그 중에 두아디라 성의 자주장사로서 하나님을 공경하는 루디아가 듣고 예수를 믿었다(행 16:13-15).

6) 바울의 빌립보 전도

바울이 2차 선교여행 중 무시아를 지나 드로아에 이르렀을 때 그는 밤에 환상을 보았다. 환상 중에 어떤 마게도냐 사람이 바울에게 "마게도냐로 건너와서 우리를 도우라"는 청을 하였다. 바울은 이것이 하나님의 부르심인 줄을 알고 드로아에서 배를 타고 사모드라게와 네압볼리(네아폴리스)를 거쳐 빌립보에 이르게 되었다(행 16:9-12). 이것은 복음이 아시아를 지나 유럽 대륙에 이르게 된 역사적인 사건이었다.

바울이 빌립보에 도착하게 된 때는 주후 49년경 또는 50년 초로 생각된다. 이것은 바울이 고린도에 도착한 연대로부터 추정할 수 있다. 바울은 고린도에서 아굴라와 브리스길라 부부를 만났는데, 이들은 로마에서 추방되어 이탈리아로부터 새로 온 자들이었다(행 18:1-2). 로마 황제 클라우디우스

---

405) 바울 일행이 나갔던 강은 아마도 Gangas 또는 Gangites였을 것이다(Lightfoot, *Philippians*, 52 n.4). 그들이 강가로 간 이유는, 유대인들은 기도하기 전에 손을 씻는 관습이 있었기 때문이라고 한다(Greijdanus, *Philippensen*, 4). Cf. H. L. Strack-P. Billerbeck, *Kommentar zum Neuen Testament aus Talmud und Midrasch*, II (München: C. H. Beck, 1924), 742. E. Schürer에 의하면, 유대인들은 대개 성 밖에 강 가까이나 호숫가에 회당을 지었는데, 그것은 예배드리기 전에 각 사람에게 필요한 레위적 결례를 행하기에 적합한 기회를 주기 위해서였다고 한다. Cf. E. Schürer, *Geschichte des jüdischen Volkes im Zeitalter Jesu Christi*, II (Leipzig: J. C. Hinrich, 1907), 519.

(Claudius)가 유대인들에게 로마를 떠나라는 칙령을 내린 때는 49년 1월에서 50년 1월 사이였다.[406] 그렇다면 바울이 고린도에 도착한 연도는 49년 하반기 또는 50년 상반기가 될 것이다. 그렇다면 바울이 빌립보를 방문한 때는 그보다 조금 빠른 49년 또는 50년 초가 될 것이다.[407]

7) 빌립보 교회의 구성원

당시 빌립보 교회의 주된 구성원은 이방인들이었다. 이 중에는 로마의 퇴역 군인들이 상당수 포함되어 있었을 것이다. 어쩌면 성도들의 다수가 퇴역 군인과 그 가족들로 구성되어 있었을 수도 있다. 이 사실이 빌립보 교회의 성격을 결정짓는 중요한 것들 중 하나였다고 생각된다.

당시의 빌립보 교회는 경제적으로 넉넉지 않았던 것으로 보인다(빌 4:10; 고후 8:1-2). 퇴역 군인들은 국가에서 연금을 받아 생활하는 자들인데, 그들의 생활은 빠듯하였다고 생각할 수 있다. 그럼에도 불구하고 빌립보 교회는 여러 차례 사도 바울을 도와주었으며(빌 4:15-16; 고후 11:9), 예루살렘의 가난한 자들을 위해 연보하기도 하였다(고후 8:1-5).

이처럼 빌립보 교회는 의리가 있었으며, 한번 충성한 사람에게는 끝까지 충성하였다(빌 1:5-6; 4:10, 14-16). 이것은 그 교회의 주된 구성원이었던 퇴역 군인들의 군인 정신과도 부합하는 것이었다. 그래서 빌립보 교회는 사도 바울과 개인적으로 따뜻한 관계를 유지하고 있었으며, 바울이 크게 기뻐하고 감사한 교회였다.

---

406) 유대인 추방령은 Claudius 제9년에 있었는데, 제9년은 주후 49년 1월 25일부터 50년 1월 24일 사이이다. Cf. J. van Bruggen, *"Na veertien jaren"*, 53f.

407) Cf. O'Brien, *Philippians,* 5 (49-52년 사이).

8) 내용 분해

① 인사말(1:1-2)

② 바울의 감사와 기도(1:3-11)

③ 복음의 진보(1:12-21)

④ 복음에 합당한 생활(1:22-30)

⑤ 그리스도 예수의 마음(2:1-11)

⑥ 두렵고 떨림으로 구원을 이룸(2:12-18)

⑦ 디모데와 에바브로디도의 헌신(2:19-30)

⑧ 가장 고상한 지식(3:1-11)

⑨ 푯대를 행하여 좇아감(3:12-16)

⑩ 십자가의 원수들(3:17-21)

⑪ 하나님의 평강(4:1-9)

⑫ 풍성한 하나님(4:10-20)

⑬ 결어(4:21-23)

9) 참고 문헌

박윤선, 『성경주석 바울 서신』, 서울: 영음사, 1989(3판).

이상근, 『신약성서 주해 옥중 서신』, 대한예수교장로회 총회교육부, 1980.

변종길, 『빌립보서 주석』, 대구: 말씀사, 2017.

목회와신학 편집부 엮음, 『빌립보서 빌레몬서 어떻게 설교할 것인가』 (두란노 HOW 주석), 서울: 두란노아카데미, 2007.

변종길, "디모데와 에바브로디도. 빌립보서 2장 19-30절의 주해와 적용", 『그 말씀』 150 (2001. 12), 62-69.

J. B. Lightfoot, *Saint Paul's Epistle to the Philippians,* Grand Rapids: Zondervan, 1953 (repr. of 1913 ed. by MacMillan & Co., London).

J. J. Müller, *The Epistle of Paul to the Philippians (NICNT),* Grand Rapids: Eerdmans, 1984.

M. Silva, *Philippians (BECNT),* Grand Rapids: Baker Book House, 1992.

G. D. Fee, *Paul's Letter to the Philippians (NICNT),* Grand Rapids: Eerdmans, 1995.

W. Hendriksen, *Philippians (NTC),* Edinburgh: Banner of Truth Trust, 1962.

G. F. Hawthorne, *Philippians (WBC),* Texas: Waco, 1983.

G. W. Hansen, *The Letter to the Philippians,* Grand Rapids: Eerdmans, 2009.

P. T. O'Brien, *The Epistle to the Philippians (NIGTC),* Grand Rapids: Eerdmans, 1991.

H. A. W. Meyer, *Kritisch Exegetisches Handbuch über die Briefe an die Philipper, Kolosser und an Philemon (KEKNT),* Göttingen: Vandenhoeck und Ruprecht, 1859.

S. Greijdanus, *De brief van den apostle Paulus aan de gemeente te Philippi,* Amsterdam: H. A. van Bottenburg, 1937.

H. M. Matter, *De brief aan de Philippenzen en de brief aan Philémon (CNT),* Kampen: J. H. Kok, 1965.

L. Floor, *Filippenzen. Een gevangene over het navolgen van Christus (CNT-3),* 2e dr., Kampen: J. H. Kok, 2005 (1e dr.: 1998).

J. Keulers, *De brieven van Paulus (De boeken van het Nieuwe Testament),* II, Roermond en Maaseik: J. J. Romen & Zonen, 1954.

12. 골로새서

골로새서는 옥중서신 중의 하나로 에베소서, 빌레몬서와 거의 동시에 쓰여졌다. 사도 바울이 로마 옥중에 있을 때에, 골로새 교회의 교역자인 에바브라가 그 지역에 들어온 이단들로 인하여 바울에게 도움을 청하러 왔다. 그래서 바울은 에바브라에게 들은 내용을 토대로 골로새 교회에 급히 편지를 써서 두기고 편에 보내었다. 그 지역에 들어온 이단들의 주장으로 인하여 골로새서에서는 기독론이 깊이 있게 설명되고 있다.

1) 골로새 교회의 형편

골로새는 브루기아의 도시들 중 하나인데 매안더(Maeander) 강의 지류인 뤼쿠스(Lycus) 강 양안에 위치하고 있었다.[408] 서쪽으로 약 16km쯤 떨어진 곳에 라오디게아가 있었으며, 라오디게아에서 북쪽으로 약 10km쯤 떨어진 곳에 히에라볼리가 있었다.[409] 골로새 교회는 라오디게아 교회와 서로 편지를 교환하여 읽었다(골 4:16).

골로새 교회는 에바브라(Epaphras)가 섬기고 있었다(1:7). 그는 아마도 3차 선교여행 기간 중 바울이 에베소의 두란노 서원에서 2년간 성경을 가르칠 때에 와서 배운 것으로 생각된다(행 19:9-10). 그는 돌아가서 골로새에 교회를 세웠으며, 인근에 있는 라오디게아와 히에라볼리에도 복음을 전하여 교회를 세웠다(골 4:13). 이 에바브라는 빌립보 교회의 에바브로디도(Epaphroditus)

---

408) 신약 성경의 골로새 지역은 하나의 커다란 무더기로 남아 있으며 2018년 현재까지 아직 발굴이 안 되고 있다. 그 무더기 앞으로는 조그만 시내가 흐르고 있다.

409) 골로새와 라오디게아와 히에라볼리에 대한 지리적 설명으로는 W. Hendriksen, *Colossians & Philemon (NTC)* (Edinburgh: Banner of Truth Trust, 1988), 6-9를 보라.

와는 다른 사람으로 생각된다.[410]

그런데 골로새 지역에 이단이 들어와서 성도들을 미혹하였다. 에바브라는 이 문제를 스스로 해결할 수 없어서 그의 영적 아버지인 사도 바울을 찾아 로마로 갔다. 그는 골로새 교회의 형편을 다 이야기하였으며(1:8), 이에 바울은 편지를 써서 두기고 편에 보내었다(4:7-8; cf. 엡 6:21-22). 이때 골로새에서 도망쳐 온 오네시모도 함께 돌려보내었다(4:9). 그러나 에바브라는 같이 돌아가지 않고 좀 더 머무른 것으로 생각된다(4:12). 바울에게 온 김에 좀 더 배워야 할 필요성을 느꼈을 것이다. 하지만 그는 두고 온 교회를 위하여 애써 기도하였다(4:12-13).

2) 골로새 교회에 들어온 이단

골로새 교회에 들어온 이단은 그리스도인들에게도 할례를 행할 것을 요구하였다(2:11). 이와 아울러 유대의 음식법과 절기들, 월삭과 안식일을 지켜야 한다고 주장하였다(2:16). 뿐만 아니라 이들은 환상을 의지하고(2:18), 천사를 숭배하였으며(2:18), 금욕주의적 경향을 가지고 있었다(2:21-23). 바울은 이들에 대해 철학과 헛된 속임수로 노략하는 자들이라고 말하며(2:8), 세상의 초등학문을 좇는 자라고 말한다(2:8, 20).

이들 이단들은 예수 그리스도를 믿는 것을 유치하다고 보고, 자기들은 영적으로 더 높고 더 깊은 것을 추구한다고 주장하였다. 그래서 그들은 단순한 믿음 대신에 '비밀'(μυστήριον)과 '지혜'(σοφία), '지식'(γνῶσις)을 강조하고 '충만'(πλήρωμα)을 말하였다. 그러면서 온갖 규정들과 제도들을 만들어서 지키도록 강요하였는데, 이런 것들은 인간적인 계명과 가르침이었다(2:22). 인위

---

410) Cf. 변종길, 『빌립보서 주석』, 135f.

적인 겸손과 육체를 괴롭게 하는 금욕을 주장하였으나 그런 것은 하나님과는 관계없는 자의적 숭배에 불과하였다(2:23).[411] 이들 골로새에 들어온 이단들에게는 여러 다양한 모습들이 섞여 있었다.[412] "그것은 영적 세계에 대한, 곧 보이지 않는 신성과 작은 인간 사이에 놓여 있는 중간 존재들에 대한 공상적(空想的)인 사변들의 혼합이었을 것이다."[413] 그것은 2세기의 영지주의자들은 아니었다.[414] 따라서 골로새에 들어온 이단은 '유대 기독교적 바탕을 가진 하나의 혼합주의적 종교 모습'(ein synkretistisches Religionsgebilde auf judenchristlichen Untergrund)이라고 말할 수 있다.[415]

사도 바울은 이들 이단들의 주장에 대해 그리스도의 '위대함'과 '높으심', '충만함'과 '완전성'을 강조하고 있다. 그리스도는 보이지 아니하는 '하나님의 형상'이요(1:15), '만물보다 먼저 나신 자'이며(1:15), '만물의 으뜸'이며(1:18), '교회의 머리'이시다(1:18). 그리고 하나님은 "모든 충만으로 예수 안에 거하게 하셨으며"(1:19), 그 안에는 "신성의 모든 충만이 육체로 거하신다."(2:9) '지혜와 지식의 모든 보화'가 그리스도 안에 있으며(2:3), 그는 '하나님의 비밀'이시다(2:3).[416] 따라서 사도 바울은 골로새 교회 성도들에게 다른 것을 좇지 말고 예수 그리스도에 대한 믿음을 굳게 지키고 그 안에서 행할 것을 말하고 있다. "그러므로 너희가 그리스도 예수를 주로 받았으니 그 안에서 행하되 그 안에 뿌리를 박으며 세움을 받아 교훈을 받은 대로 믿음에 굳게 서서 감사함을 넘치게 하라."(2:6-7)

---

411) Greijdanus, *Bizondere Canoniek,* II, 169f.

412) Jülicher, *Einleitung*[7], 130 (Greijdanus, *Bizondere Canoniek,* II, 170에서 재인용).

413) Jülicher, *Einleitung*[7], 131 (Greijdanus, *Bizondere Canoniek,* II, 170에서 재인용).

414) Greijdanus, *Bizondere Canoniek,* II, 170.

415) Feine-Behm, *Einleitung*[8], 184.

416) 이상에 대해서는 Greijdanus, *Bizondere Canoniek,* II, 168-70; 변종길, "만물의 머리되신 그리스도", 『그말씀』 126 (1999. 12), 53-61을 보라.

이런 맥락에서 사도 바울은 골로새 교회 성도들에게 '감사'를 강조하고 있다(1:3, 12; 2:7; 3:15, 17; 4:2). 왜냐하면 그리스도 바깥에 무슨 지혜나 지식이 있는 것이 아니며 그리스도 외에 다른 보화나 충만이 있는 것이 아니라, 그리스도가 우리의 충만이 되고 만족이 되고 모든 보화가 되시기 때문이다. 이런 그리스도를 믿고 있는 우리는 "믿음에 굳게 서서 감사함을 넘치게" 해야 한다(2:7). 감사하는 사람이 될 때 우리는 모든 불평과 불만에서 벗어나고 이단이나 이상한 가르침에 쉽사리 끌려가지 않게 되는 것이다.

골로새에 들어온 이단이 2세기의 영지주의자들과 동일하지는 않다고 할지라도, 1세기에 이미 영지주의의 흐름이 동방에서부터 고대의 문화 세계로 흘러들어 오기 시작했다고 볼 수 있다.[417] 사도 바울은 딤전 6:20에서 '거짓되이 일컫는 지식'(τῆς ψευδωνύμου γνώσεως)에 대해 말하였다. 따라서 2세기 영지주의의 모습을 통해 1세기 영지주의 모습을 어느 정도 엿볼 수 있을 것이다. 그런데 영지주의에도 여러 흐름이 있고 각 사람에 따라 주장이 조금씩 다르다는 문제가 있다. 하지만 2세기 중반의 대표적인 영지주의자 중 하나인 발렌티누스(Valentinus)의 주장을 살펴보는 것은 1세기 중반에 골로새에 들어온 이단들을 이해하는 데 도움이 될 것이다.

발렌티누스는 2세기 중반에 로마에 있는 교회를 떠나 자기 자신의 단체를 세웠다. 그의 가르침의 핵심은 '플레로마'(충만)에 있다. 이레네우스에 의하면(*Adv. Haer.* I,11,1), 발렌티누스는 약 30개의 '아이온들'(신적 존재에서 흘러나온 靈物들)이 함께 '플레로마'를 이룬다고 주장한다. 이 '플레로마'에 속한 한 '어머니'가 '그리스도'와 '조물주'를 플레로마 바깥으로 내놓는다. 이 '그리스도'는 '예수'와 같지 아니하고, 이 조물주는 최고의 신인 '아버지'와 같지 아니하다.[418] 알렉산

---

417) Feine-Behm, *Einleitung*[8], 184f.

418) J. van Eck, *Kolossensen en Filemon (CNT-3)* (Kampen: Kok, 2007), 144. Van Eck

드리아의 클레멘트에 의하면(*Stromateis* III,59,3), 발렌티누스는 예수가 먹고 마시기는 했지만 음식을 소화시키지는 않았다고 한다. 발렌티누스는 이것을 예수의 절제와 신성의 증거로 보았다. 예수의 완전한 육체적 존재를 그는 받아들일 수 없었던 것이다.[419)]

발렌티누스의 주장은 복잡하고 사변적이어서 진리와는 거리가 멀지만, 이레네우스가 소개하고 있는 내용을 여기에 좀 더 서술하고자 한다. 발렌티누스는 다음과 같이 주장하였다. 어떤 불가명(不可名, ἀνονόματος)의 '둘'(Δυάς, *Dualitas*)이 있는데, 하나는 불가언(不可言, Ἄρρητος)이고 다른 하나는 침묵(沈默, Σιγή)이라고 불린다. 이 '둘'에서 '두 번째 둘'이 나왔으며, 하나는 '아버지'(Πατήρ)로 다른 하나는 '진리'(Ἀλήθεια)라고 불린다. 이 '넷'(Τετράς, *Quaternatio*)에서 '말씀'(Λόγος)과 '생명'(Ζωή), '사람'(Ἄνθρωπος)과 '교회'(Ἐκκλησία)가 생산되어 나왔다. 이 여덟 존재가 첫 번째 '여덟'(Ὀγδοάς, *Octonatio*)이다. 그리고 이 '말씀'(로고스)과 '생명'(조에)에서 열 개의 '능력들'(Δυνάμεις, *Virtutes*)이 나왔다. 그리고 '사람'(안트로포스)과 '교회'(에클레시아)에서 열두 개의 '능력들'이 나왔다. 이 중 하나가 '플레로마'에서 떨어져 나와서 남은 나머지를 창조하였다.

발렌티누스는 여기서 두 개의 경계(Ὅρος)를 둔다. 하나는 '깊음'과 '나머지 플레로마' 사이에 위치하고 있는데, 출생한 '아이온들'을 출생하지 않은 '아버지'(Πατήρ)로부터 분리하였다. 다른 하나는 '플레로마'에서 '어머니'(Μήτηρ)를 분리하였다. 이 '어머니'에게서 '그리스도'가 나왔다. '그리스도'는 '아이온들'의 플레로마에서 온 게 아니다. '어머니'가 플레로마 밖에 있을 때, 더 높은(나은) 존재들의 기억을 따라 어떤 '그림자'와 함께 낳았다. 이 '플레로마'는 남성이므로 자신의 '그림자'를 떠나 '플레로마'로 돌아갔다. '어머니'는 '그

는 영지주의를 연구한 R. Roukema, *Gnosis en geloof in het vroege christendom. Een inleiding tot de gnostiek* (Zoetemeer, 2004, 2e dr.), 144ff.에서 인용한다. 영역본으로는 *Gnosis and Faith in Early Christianity* (London: SCM Press, 1999), 129f.에 나온다.

419) Van Eck, *Kolossensen en Filemon,* 144.

림자'와 함께 남겨져서, 영적 존재를 비워서 '다른 아들'을 내놓았다. 이 '아들'은 '조물주'(Δημιουργός, *Demiurgus*)이다. 이는 또한 그 아래 있는 자들의 '전능자'(Παντοκράτωρ, *Omnipotens*)라고 한다. 이와 함께 나온 존재는 왼쪽의 '통치자'("Αρχων, *Princeps*)라고 한다. '예수'는 '어머니'에게서 분리되어 다른 것들과 연합한 '아이온'(*Theletos*)에게서 나왔다. 이 '아이온'은 '플레로마'로 다시 올라가는데 곧 '그리스도'이다. '예수'는 '사람'(*Anthropos*)과 '교회'(*Ekklesia*)에서 분리되어 나왔다고 한다.

'성령'은 '진리'에게서 나와서 '아이온들'을 분별하고 열매 맺게 한다고 말한다. '성령'은 그것들(아이온들) 사이에 보이지 않게 들어간다. 그것(성령)을 통해 '아이온들'은 '진리'의 새싹을 낸다. 이것이 발렌티누스의 가르침이다.[420)]

이상에서 우리는 2세기 중반의 영지주의의 한 모습을 볼 수 있는데, 허무맹랑한 공상(空想)과 사변(思辨)들로 채워져 있음을 알 수 있다. 성경에 나오는 주요 용어들을 사용함으로써 믿음에 굳게 서지 못한 사람들을 혼란케 하며, 자기들에게 무엇인가 깊은 것이 있는 것처럼 가장함으로써 사람들을 미혹하고 있음을 알 수 있다. 이들은 자기들이 '깊은 것'을 소유하고 하고 있고 '비밀'을 알고 있고 우주와 세상에 대해 '지혜'와 '지식'을 가지고 있으며 '충만'을 소유하고 있다고 주장하였다. 물론 1세기 중반에 골로새에 들어온 이단이 2세기 중반의 발렌티누스의 영지주의와 같은 가르침을 가르쳤다고 볼 수는 없지만, 크게 보아서 그 싹은 이미 1세기에 활동하고 있었다고 생각할 수 있다. 골로새에 들어온 이단은 이런 영지주의적 요소 외에도 유대주의적, 율법주의적 요소들도 많이 들어 있는 혼합주의적 성격을 가진다는 것은 이미 말하였다.

---

420) 이상의 내용은 Irenaeus, *Adv. Haer.* I,11,1에 나오는데, 헬라어 원문과 라틴어 번역과 프랑스 번역은 A. Rousseau와 L. Doutreleau가 편집한 Irénée de Lyon, *Contre les Hérésies,* Livre I, Tome II (*SC* 264) (Paris: Cerf, 1979), 166-71에 나온다.

3) 주제 구절

이런 맥락에서 바울은 골로새서에서 그리스도의 충족성, 충만함, 완전함을 강조한다. 그리스도 밖에 무슨 지혜나 지식, 비밀이나 충만함이 있는 것이 아니라 그리스도께서 바로 하나님의 비밀이시고 충만함이시며, 그리스도 안에 하나님의 지혜와 지식의 모든 보화가 들어 있음을 말한다. 따라서 우리는 2:2-3을 골로새서의 주제 구절로 볼 수 있다. "이는 그들로 마음에 위안을 받고 사랑 안에서 연합하여 확실한 이해의 모든 풍성함과 하나님의 비밀인 그리스도를 깨닫게 하려 함이니 그 안에는 지혜와 지식의 모든 보화가 감추어져 있느니라."

또는 이러한 진리를 깨달은 우리가 어떻게 살아야 할 것을 말하고 있는 2:6-7을 주제 구절로 볼 수도 있다. "그러므로 너희가 그리스도 예수를 주로 받았으니 그 안에서 행하되 그 안에 뿌리를 박으며 세움을 받아 교훈을 받은 대로 믿음에 굳게 서서 감사함을 넘치게 하라." 예수 그리스도를 믿는 성도들은 다른 것에서 더 깊은 것을 좇고 만족을 찾을 것이 아니라 이미 믿고 있는 그리스도 안에 뿌리를 박고 세움을 받아야 하며, 믿음에 굳게 서서 감사가 넘치는 삶을 살아야 한다. 우리는 그리스도의 지극히 높음과 위대함을 깨달아 그를 굳건히 믿고 붙들며 그 안에서 만족하고 감사하는 삶을 살아야 한다. 따라서 "그리스도 안에는 신성(神性)의 모든 충만(플레로마)이 육체로 거하시고 너희도 그 안에서 충만하여졌으니 그는 모든 통치자와 권세의 머리시라."(2:9-10)는 말씀도 마찬가지로 중요하다.

4) 기록 시기와 장소

골로새서의 기록 시기와 장소는 에베소서, 빌레몬서와 마찬가지로 로마에서의 첫 번째 투옥 중인 60-62년경이 될 것이다. 앞에서 논의한 바와 같이 투옥 기간의 초기보다는 후기로 보는 것이 더 좋아 보인다(cf. 몬 22절). 그럴 경우 대략 61/62년경이 될 것이다.

5) 내용 분해[421)]

① 서론: 문안, 감사, 기도(1:1-12)

i) 바울과 디모데의 문안(1:1-2)

ii) 골로새 교회에 대한 바울의 감사(1:3-8)

iii) 바울의 기도(1:9-12)

② 기독론(1:13-23)

i) 우리의 구원자 되신 그리스도(1:13-14)

ii) 보이지 않는 하나님의 형상(1:15)

iii) 만물의 창조자이시며 유지자(1:16-17)

iv) 교회의 머리되신 그리스도(1:18)

v) 십자가의 피로 화평케 하심(1:19-20)

vi) 너희를 화목하게 하심(1:21-23)

③ 교회를 위한 바울의 노력(1:24-2:7)

i) 교회를 위하여 고난받음(1:24)

ii) 교회의 일꾼이 됨(1:25)

iii) 이 비밀을 위하여 수고함(1:26-29)

iv) 하나님의 비밀인 그리스도(2:1-3)

v) 믿음에 굳게 서라(2:4-7)

---

421) 여기의 내용 분해는 박윤선, 『바울 서신』, 275-76를 많이 참조하였으며, 군데군데 필자가 수정하였다.

④ 이단에 대한 경계(2:8-23)

i) 철학과 헛된 속임수를 경계하라(2:9-15)

ii) 유대주의자들을 경계하라(2:16-17)

iii) 신비주의자들을 경계하라(2:18-19)

iv) 세상의 초등학문을 경계하라(2:20-23)

⑤ 실제적인 교훈(3:1-4:6)

i) 위엣 것을 찾으라(3:1-4)

ii) 땅에 있는 지체를 죽이라(3:5-11)

iii) 여러 가지 권면(3:12-17)

iv) 인간관계에 대한 윤리(3:18-4:1)

v) 기도를 힘쓰라(4:2-4)

vi) 외인을 향한 태도(4:5-6)

⑥ 결어(4:7-18)

i) 두기고와 오네시모를 보냄(4:7-8)

ii) 아리스다고와 마가를 영접하라(4:9)

iii) 유스도와 에바브라와 누가와 데마가 문안함(4:10-14)

iv) 바울의 문안 부탁과 당부(4:15-17)

v) 바울 자신의 문안과 축원(4:18)

6) 참고 문헌

박윤선, 『성경주석 바울 서신』, 서울: 영음사, 1989(3판).

이상근, 『신약성서 주해 옥중서신』, 대한예수교장로회 총회교육부, 1980.

목회와신학 편집부 엮음, 『에베소서 골로새서 어떻게 설교할 것인가』 (두란노 HOW 주석), 개정판, 서울: 두란노아카데미, 2009.

변종길, "만물의 머리 되신 그리스도", 『그말씀』 126 (1999. 12), 53-62 (앞의 두란노 HOW 주석, 371-82에도 실려 있음).

J. B. Lightfoot, *Saint Paul's Epistles to the Colossians and to Philemon,* Grand Rapids: Zondervan (repr. from 1897 ed. by MacMillan and Co.).

W. Hendriksen, *Colossians & Philemon (NTC),* Edinburgh: Banner of Truth Trust, 1988.

F. F. Bruce, *The Epistles to the Colossians, to Philemon, and to the Ephesians (NICNT),* Grand Rapids: Eerdmans, 1984.

S. McKnight, *The Letter to the Colossians (NICNT),* Grand Rapids: Eerdmans, 2018.

J. D. G. Dunn, *The Epistles to the Colossians and to Philemon (NIGTC),* Grand Rapids: Eerdmans, 1996.

J. Devenant, *An Exposition of the Epistle of St. Paul to the Colossians (Geneva Series Commentary),* Edinburgh: Banner of Truth, 2005.

J. A. C. van Leeuwen, *Paulus' zendbrieven aan Efeze, Colosse, Filémon, en Thessalonika (KNT),* Amsterdam: H. A. van Bottenburg, 1926.

J. van Eck, *Kolossenzen en Filemon. Waarheid en recht (CNT-3),* Kampen: J. H. Kok, 2007.

J. Keulers, *De brieven van Paulus (De boeken van het Nieuwe Testament),* II, Roermond en Maaseik: J. J. Romen & Zonen, 1954.

13. 데살로니가전서

1) 데살로니가

데살로니가전서와 후서는 사도 바울이 고린도에 있을 때에(행 18:5) 데살로니가에 있는 교회에 보낸 편지이다. 데살로니가 시(市)는 주전 315년에 카산더(Cassander)가 세웠는데, 그의 아내의 이름을 기념하여 '데살로니카'라고 이름하였다. 주전 146년 이후에 로마의 마게도냐 속주의 수도가 되었다. 테르마이(Thermae) 만(灣)에 위치한 데살로니가는 '비아 에그나티아'(via Egnatia) 도로가 지나가는 교통의 요지였으며, 이로 인하여 크게 발전하였다. 여러 민족이 섞여 살았고 유대인들도 많이 거주하였으며, 거기에 유대인의 회당이 있었다(행 17:1). 로마는 이 도시에 자치권을 주었으며 많은 특권을 주었다.[422]

2) 데살로니가 교회

데살로니가 교회는 바울의 2차 선교여행 때 설립되었다. 주후 약 50년경이었을 것이다.[423] 바울은 빌립보에서 쫓겨난 후 암비볼리와 아볼로니아를 지나 데살로니가에 도착하였다(행 17:1). 이때 실라와 디모데도 바울과 동행한 것이 분명하다(행 17:14-15). 이들은 베뢰아에 잠시 머물러 있었으나 후에 고린도에서 다시 바울과 합류하였다(행 18:5). 그래서 데살로니가전서에는 실루아노(실라)와 디모데가 바울과 함께 발신자로 나타난다(살전 1:1).

---

422) Cf. J. A. C. van Leeuwen, *Paulus' zendbrieven aan Efeze, Colosse, Filémon, en Thessalonika (KNT)* (Amsterdam: H. A. van Bottenburg, 1926), 286-87.

423) Van Leeuwen, *Paulus' zendbrieven,* 287.

데살로니가에는 유대인의 회당이 있었으며, 바울이 자기의 관례대로 그들에게 가서 세 안식일에 걸쳐 성경을 강론하고 뜻을 풀어 복음을 전하였다(행 17:2-3). 여기에 '세 안식일'이라고 했으니 바울이 적어도 3주 이상 데살로니가에 머문 것이 분명하다. 그러나 빌립보서 4:16에서 "데살로니가에 있을 때에도 너희가 한 번뿐 아니라 두 번이나 나의 쓸 것을 보내었도다."고 말한 것으로 보아 좀 더 오랫동안 머물렀을 수 있다고 보기도 한다.[424] 그러나 데살로니가전서에서 바울이 너무나 급작스럽게 떠나게 되어 아쉽다는 것을 말하고 있는 것으로 보아(2:17-20; 3:1-3), 그렇게 오래 머무르지는 않은 것으로 보인다.

데살로니가전서 5:12-13에 보면 "너희 가운데서 수고하고 주 안에서 너희를 다스리며 권하는 자들을 너희가 알고 그들의 역사로 말미암아 사랑 안에서 가장 귀히 여기며"라고 말한다. 여기에 '다스리는 자들'(τοὺς προϊσταμένους)이란 단어가 나타나는 것으로 보아(cf. 롬 12:8) 데살로니가 교회에 '직분자들'이 있었던 것으로 보인다.[425] 사도 바울이 그렇게 짧은 시기에 직분자를 세웠다는 것은 놀라운 일이지만, 그가 어떤 지역에서 복음을 전하고 나서 다른 곳으로 떠날 때에 '장로들'을 세우고 떠났다는 사실을 생각해 볼 때(행 14:23) 그렇게 이상한 일은 아니다. 바울은 또한 하나님의 교회를 '주와 및 그의 은혜의 말씀'에 부탁하고 떠났으며(행 20:32), 그리고 나서 그 교회를 위하여 밤낮으로 기도하였다(살전 3:10; 엡 1:16; 빌 1:4; 골 1:9 등).

데살로니가에서 바울의 설교를 듣고 믿은 사람들 중에는 '경건한 헬라인의 큰 무리'와 '적지 않은 귀부인'도 있었다(행 17:4). '경건한 헬라인'(τῶν σεβομένων Ἑλλήνων)은 이방인으로서 할례받지 아니하고 유대교에 입교하지 아니하였지만, 이방 종교에 환멸을 느껴서 유대인의 회당 예배에 참석하

---

424) Greijdanus, *Bizondere Canoniek,* II, 177; Van Leeuwen, *Paulus' zendbrieven,* 287.

425) Greijdanus, *Bizondere Canoniek,* II, 179.

며 유대인의 여러 의식(儀式)에 부분적으로 동참하는 사람을 가리킨다.[426] 이런 사람들은 회당 예배에 참석하고 있었지만 유대인들과는 다른 차별되는 지위에 있었기 때문에, 사도 바울이 전한 복음 곧 유대인이나 헬라인이나 차별이 없는 복음에 대해 호의적인 반응을 보였다(행 13:16, 26, 43; 17:17; 18:17 등). 그리고 '귀부인'(γυναικῶν τῶν πρώτων)은 '존귀한 부인들' 또는 '존귀한 자들의 부인들'로 이해할 수 있는데, 둘 다 큰 차이는 없지만 두 번째 것이 좀 더 좋다고 한다. 왜냐하면 헬라 사회에서 여자가 높은 지위의 역할을 하는 하지 않았기 때문이라고 한다.[427]

3) 데살로니가전서의 특징

데살로니가전서는 사도 바울이 은혜와 성령이 충만한 가운데 쓴 편지이다. 이 편지에서 우리는 아직 진정되지 않은 바울의 감격과 흥분을 읽어 볼 수 있다. 그 이유는 데살로니가 교회가 믿음에 굳게 서 있다는 소식을 듣고 크게 안도하였기 때문이다(살전 3:6-8).

바울은 빌립보에서 복음을 전하다가 감옥에 갇혔으나 하나님의 특별한 능력으로 풀려나서 그 도시를 떠나게 되었다(행 16:19-40; 살전 2:2). 그래서 사도 바울과 그 일행인 디모데와 실라는 암비볼리와 아볼로니아를 거쳐 데살로니가에 들어가게 되었다. 이들이 데살로니가에 들어갈 때에는 은혜와 성령이 충만하였다. 왜냐하면 그리스도와 복음을 인하여 핍박을 받는 자에게는 하나님의 영이 함께 하시기 때문이다(벧전 4:14). 바울은 이렇게 말한다. "이는 우리 복음이 말로만 너희에게 이른 것이 아니라 오직 능력과 성령과 큰 확신으로 된 것이니"(살전 1:5).

---

426) Cf. Grosheide, *Handelingen,* I, 326 (행 10:2 주석 중).

427) Grosheide, *Handelingen,* II, 116.

뿐만 아니라 데살로니가의 사람들이 복음을 받을 때에 순수하게 잘 받아들임으로 말미암아 바울에게 큰 위로와 기쁨이 되었다. 이것을 바울은 그의 편지 여러 곳에서 표현하고 있다. "또 너희는 많은 환난 가운데서 성령의 기쁨으로 말씀을 받아 우리와 주를 본받은 자가 되었으니"(살전 1:6). "이러므로 우리가 하나님께 끊임없이 감사함은 너희가 우리에게 들은 바 하나님의 말씀을 받을 때에 사람의 말로 받지 아니하고 하나님의 말씀으로 받음이니 진실로 그러하다."(살전 2:13) 이것은 바울이 데살로니가에서 복음을 전할 때에, 사도행전에 기록된 바와 같이, "그 중에 어떤 사람 곧 경건한 헬라인의 큰 무리와 적지 않은 귀부인도 권함을 받고 바울과 실라를 따랐다."(행 17:4)고 한 말씀과 일치한다. 바울이 비록 석 주 남짓한 짧은 기간 동안 복음을 전하다가 갑자기 그곳을 떠나게 되었지만(행 17:1-10), 데살로니가인들이 어찌나 순수하게 복음을 받아들이고 잘 믿었던지 그 믿음의 소문이 온 마게도냐와 아가야 지방과 다른 곳에까지 퍼지게 되었다(살전 1:8).

특히 데살로니가 성도들의 신앙은 믿음과 사랑과 소망이 겸비한 균형 잡힌 신앙이었다(살전 1:3; 살후 1:3-4). 물론 그들 중에는 소망에 있어서 좀 지나친 생각을 가진 자들도 있었지만, 전체적으로 보면 데살로니가 교회는 믿음과 사랑과 소망에 있어서 균형 잡힌 모범적인 신앙이었다. 그래서 데살로니가전후서에 보면 감사와 칭찬과 기쁨이 많이 나타나고 있다(살전 1:2, 7-10; 2:19-20; 3:9; 살후 1:3-4).

그러나 바울과 그의 일행이 데살로니가를 급작스럽게 떠나게 된 사실에 대해 바울은 늘 마음에 아쉬움과 염려가 있었다. 그래서 베뢰아를 거쳐 아덴에 도착했을 때 바울은 더 이상 참지 못하여 디모데를 보내어 데살로니가 교회의 사정을 알아보도록 하였다(살전 3:1-3). 이는 혹 미혹하는 자가 들어와서 데살로니가의 어린 성도들의 믿음을 해치고 유혹할까 염려하였기 때문이다(살전 3:5). 그러나 디모데가 돌아와서 바울에게(이때 바울은 고린도에 있었다)

그들의 믿음과 사랑의 기쁜 소식을 전하므로 바울은 크게 안도하고 기뻐하게 되었다. 이것을 바울은 이렇게 표현하고 있다. "이러므로 형제들아, 우리가 모든 궁핍과 환난 가운데서 너희 믿음으로 말미암아 너희에게 위로를 받았노라. 그러므로 너희가 주 안에 굳게 선즉 우리가 이제는 살리라."(살전 3:7-8) 이 때의 기쁨과 감격으로 쓴 편지가 바로 데살로니가전서이다. 따라서 이 편지에는 데살로니가 교회에 대한 기쁨과 칭찬, 감사와 애정이 잘 표현되어 있다.

4) 기록 시기와 장소

데살로니가전서를 기록한 때는 실라와 디모데가 데살로니가(마게도냐)로 갔다가(살전 3:1-2) 좋은 소식을 가지고 고린도에 돌아왔을 때이다(행 18:5; 살전 3:6). 따라서 기록 시기는 바울이 고린도에 머물고 있을 때엔 50년경이 될 것이다. 왜냐하면 바울이 고린도에 도착한 시기는 클라우디우스의 유대인 추방령(49년 1월~50년 1월)으로 인하여 고린도에 온 아굴라 부부를 만난 시점(50년 상반기경)으로부터 계산할 수 있기 때문이다.[428] 따라서 데살로니가전서의 기록 시기로 52년[429]은 좀 늦은 듯하고, 51년경도 가능하긴 하지만,[430] 바울이 고린도에 도착한 후 얼마 지나지 않은 50년경으로 보는 것이 좋아 보인다. 어쨌든 데살로니가전서는 신약 성경에 포함된 바울 서신뿐만 아니라 신약 성경 전체에서 제일 먼저 기록된 것이다.

---

428) 바울의 고린도 도착 시기에 대해서는 본서의 고린도전서 부분을 보라.

429) 박윤선, 『바울 서신』, 387.

430) Greijdanus, *Bizondere Canoniek,* II, 189. 한편 Van Leeuwen, *Paulus' zendbrieven,* 290은 50년 말 또는 51년 초로 본다.

5) 종말론

데살로니가전후서에는 종말론이 많이 나타난다. 거의 매 장(章)마다 예수 그리스도의 '강림(降臨)'이란 말이 나온다(살후 3장에만 없다). 데살로니가 교회는 '믿음의 역사'와 '사랑의 수고'와 '소망의 인내'에 있어서 균형 잡힌 신앙을 가지고 있었다(살전 1:3; cf. 골 1:4-5). 특히 '소망'에 대한 것이 다른 교회와 비교할 때 데살로니가 교회의 특징이었던 것으로 생각된다. 데살로니가 교회는 예수 그리스도의 강림에 대해 큰 관심을 가지고 기다리고 있었다. "또 죽은 자들 가운데서 다시 살리신 그의 아들이 하늘로부터 강림하실 것을 너희가 어떻게 기다리는지를 말하니 이는 장래의 노하심에서 우리를 건지시는 예수시니라."(살전 1:10)

바울은 주 안에서 자는 자들 곧 죽은 자들에 대해 세상 사람들처럼 슬퍼하지 않도록 권면한다. 재림 때에는 '그리스도 안에서 죽은 자들'이 먼저 일어나고(살전 4:16), 그 후에 '우리 살아 있는 자들'이 그들과 함께 구름 속으로 끌어올려 공중에서 주를 영접하며 그래서 항상 주와 함께 있을 것이다(살전 4:17-18). 여기서 '우리'(ἡμεῖς)라고 한 것은 바울과 당시 사람들이 그들이 살아 있는 동안에 예수님이 다시 오실 것을 믿었다는 의미가 아니다. 곧, 문자 그대로 임박한 재림을 믿었다는 의미가 아니다. 그랬더라면 바울과 초대 교회 성도들은 다 예수님의 재림에 대해 착각했다는 말이 되고 만다. 여기서 '우리'라는 것은 믿는 자들 전체를 하나로 파악한 것을 의미한다. 곧, "우리와 같은 믿는 자들이 살아 있는 동안에"라는 뜻이다.[431]

데살로니가전서 3:13에 보면 예수 그리스도께서 강림하실 때에 "그의 모든 성도와 함께"(μετὰ πάντων τῶν ἁγίων αὐτοῦ) 강림하신다고 한다. 여기

431) Greijdanus, *Bizondere Canoniek,* II, 184.

서 '거룩한 자들'(οἱ ἅγιοι)은 천사가 아니다. 천사를 말할 때 바울은 데살로니가후서 1:7에서 '능력의 천사들'(ἄγγελοι δυνάμεως)이라고 한다. 즉, '앙겔로스/앙겔로이'란 단어를 사용한다(살전 4:16; cf. 마 16:27; 25:31; '거룩한 천사들' - 막 8:38; 눅 9:26). 바울에게서 '호이 하기오이'(οἱ ἅγιοι)는 항상 그리스도 안에서 거룩하게 된 자들 곧 성도들을 가리킨다.[432] 무엇보다도 데살로니가전서 4:14에서 "... 이와 같이 예수 안에서 자는 자들도 하나님이 그와 함께 데리고 오시리라."고 분명히 말하고 있다. 여기서 '예수 안에서 자는 자들'은 낙원에 있는 성도들을 말한다. 예수께서 천사들과 함께 재림하실 때에 낙원에 있는 성도들을 데리고 오신다.

그렇다면 여기서 예수와 함께 오는 '성도들'은 낙원에 있는 성도들의 '영혼들'을 의미한다. 그들은 주 안에서 죽어서 복 있는 자들이다(계 14:13). 왜냐하면 그들의 '육체'는 죽어서 생명이 끝났지만 그들의 '영혼'은 낙원에 가서 그리스도와 더불어 복된 교제를 누리기 때문이다(cf. 마 10:28; 눅 23:43; 계 6:9; 20:4). 이 '영혼들'은 그리스도의 재림 시에 함께 와서 마지막 나팔 소리에 다시 살아난(고전 15:52) 그들의 '육체들'과 결합하여 완전히 새로운 사람이 되어 항상 주와 함께 있게 될 것이다(살전 4:18). 하이델베르크 요리문답 57문은 이것을 다음과 같이 표현하고 있다. "문 57: 육체의 부활은 당신에게 어떤 위로를 줍니까? 답: 내 영혼은 이생 후에 즉시 그의 머리 되신 그리스도에게로 취하여질 뿐만 아니라 또한 나의 이 육체는 그리스도의 능력으로 일어난 후 다시 내 영혼과 결합하여 그리스도의 영화된 몸과 같은 모습으로 변화될 것이라는 사실입니다."

데살로니가전서 4:17은 "그 후에 우리 살아남은 자들도 그들과 함께 구름 속으로 끌어올려 공중에서 주를 영접하게 하시리니 그리하여 우리가 항상

---

432) Van Leeuwen, *Paulus' zendbrieven,* 330.

주와 함께 있으리라."고 한다. 여기서 '끌어올려질 것이다'(ἁρπαγησόμεθα)는 단어의 원형은 '하르파조'(ἁρπάζω)인데, 이것은 '낚아채다'(snatch/take away)[433], '잡아서 끌고 가다'(seize and carry off)[434]는 것을 뜻한다. 따라서 이것은 하나님의 능력에 의해 취하여짐을 의미한다. 곧, 마지막 날에 살아 있는 성도들은 변화된 몸으로, 그 전에 죽은 성도들은 그 육체가 부활하여서 (낙원에서 그리스도와 함께 온 '영혼'과 결합하여 완전한 새 사람이 되어서) 구름 속으로 끌어올려져서 공중에서 영접한다는 의미이다. 따라서 이것은 세대주의자들이 말하는 '휴거(携擧)'와는 다른 것이며, 다시 오시는 예수님을 영접하기 위해 공중으로 끌어올리어 가는 것을 의미한다.

6) 내용 분해

① 인사말(1:1)

② 감사와 칭찬(1:2-10)

③ 바울의 사역 회고(2:1-12)

④ 유대인들에게 고난을 받음(2:13-16)

⑤ 데살로니가에 가기를 애썼음(2:17-20)

⑥ 디모데가 돌아와서 보고함(3:1-10)

⑦ 바울의 기도(3:11-13)

⑧ 바울의 권면(4:1-5:22)

i) 거룩함(3-8절)

ii) 형제 사랑(9-10절)

iii) 자기 손으로 일하라(11-12절)

---

433) Bauer, *Lexicon*, s. v.

434) Zerwick-Grosvenor, *A Grammatical Analysis*, 619 (*ad* 1 Thes 4:17).

iv) 먼저 죽은 형제들에 대하여(13-18절)

v) 재림의 때와 시기(5:1-11)

vi) 교회 지도자들을 귀히 여기라(5:12-13)

vii) 기타 권면들(5:14-22)

⑨ 바울의 기원(5:23-24)

⑩ 마지막 당부와 축원(5:25-28)

7) 참고 문헌

박윤선, 『성경주석 바울 서신』, 서울: 영음사, 1989.

이상근, 『신약성서 주해 살전-디도』, 대한예수교장로회 총회교육부, 1971.

변종길, "데살로니가전후서의 구조와 중심주제", 『그말씀』 134 (2000. 8), 10-19.

목회와신학 편집부 엮음, 『데살로니가전후서 어떻게 설교할 것인가』 (두란노 HOW 주석),서울: 두란노아카데미, 2007.

L. Morris, *The First and Second Epistles to the Thessalonians (NICNT),* Grand Rapids: Eerdmans, 1959.

W. Hendriksen, *I & II Thessalonians (NTC),* Edinburgh: Banner of Truth, 1983.

Ch. A. Wanamaker, *The Epistle to the Thessalonians (NIGTC),* Grand Rapids: Eerdmans, 1990.

G. L. Green, *The Letters to the Thessalonians (PNTC),* Grand Rapids: Eerdmans, 2002.

M. Martin, *1, 2 Thessalonians (NAC),* Nashville: Broadman & Holman

Publishers, 2001.

G. D. Fee, *The First and Second Letters to the Thessalonians (NICNT),* Grand Rapids: Eerdmans, 2009.

G. S. Shogren, *1 and 2 Thessalonians (ZECNT),* Grand Rapids: Zondervan, 2012.

J. A. C. van Leeuwen, *Paulus' zendbrieven aan Efeze, Colosse, Filémon, en Thessalonika,* Amsterdam: H. A. van Bottenburg, 1926.

P. H. R. van Houwelingen, *Tessalonicenzen. Voortgezet basisonderwijs (CNT-3),* 2e dr., Kampen: J. H. Kok, 2003.

J. Keulers, *De brieven van Paulus (De boeken van het Nieuwe Testament),* I, Roermond en Maaseik: J. J. Romen & Zonen, 1953.

14. 데살로니가후서

1) 발신자, 기록 시기와 장소

데살로니가후서는 사도 바울이 고린도에 있을 때에, 데살로니가전서를 기록한 직후에 보낸 편지이다. 그렇다면 기록 시기는 50년경 또는 51년경으로 볼 수 있다. 발신자는 데살로니가전서와 마찬가지로 바울과 실루아노와 디모데이다(1:1).

2) 기록 계기

데살로니가후서를 기록한 계기는 데살로니가 교회의 성도들 중에 예수님의 재림이 가까웠다고 소란을 피우거나 일을 하지 아니하고 돌아다니는 사람들이 있었기 때문이다. 그래서 이들의 잘못된 종말관을 바로잡아 주고, 일을 하지 않고 돌아다니는 자들을 경계하기 위해 이 편지를 보내어서 경계하였다.

바울은 이들을 향하여 '규모 없이 행하는 형제'(ἀδελφὸς ἀτάκτως περιπατῶν)라고 말한다(3:6). 개역개정판에서는 '게으르게 행하고 ... 형제'라고 번역했지만, '아탁토스'(ἀτάκτως)는 원래 '질서 없이'(disorderly)란 뜻이다.[435] 여기서는 정해진 일상적인 일 곧 신자가 이생과 이 세상에서 가진 바 소명을 소홀히 하는 것을 말한다.[436] 11절에 있는 것처럼 "도무지 일하지 아니하고 일을 만들기만 하는 자들"을 가리킨다. 곧, 예수님의 재림이 가까웠다는 이유로 일을 하지 아니하고 집집마다 돌아다니면서 문제를 일으키는 자들을 말한다.

이들을 향해 바울은 "일하기 싫거든 먹지도 말라"(εἴ τις οὐ θέλει ἐργάζεσθαι μηδὲ ἐσθιέτω)고 말한다(3:10). 개역한글판과 개역개정판은 "누구든지 일하기 싫어하거든 먹지도 말게 하라"고 번역하였다. 그러나 '... 말게 하라'는 것은 사역형(使役形)으로서 다른 사람에게 무엇을 하라/하지 말라고 시키는 것이다. 곧, 데살로니가 교회 성도들에게 그런 일하기 싫어하는 사람에게는 먹지도 못하게 하라는 의미이다. 그러나 헬라어 원문에 의하면 3인칭 단수 명령형(μηδὲ ἐσθιέτω)으로 되어 있다. 이것은 일하기 싫어하는 그 사람은 먹지 말라는 의미이다. 현대 영어에서 3인칭 단수 명령은 거의 사라졌으므로[437]

---

435) Bauer, *Lexicon*, s. v.

436) Van Leeuwen, *Paulus' zendbrieven*, 447.

437) 주기도문에서는 "Your kingdom come."에서처럼 3인칭 명령이 살아 있다. "Your kingdom come."과 "Let your kingdom come."은 조금 다르다. 전자는 '당신의 나라'에 대해 직접 '오소서'라고 간구하는 것이고, 후자의 경우는 '당신의 나라'가 오게 하라고 2인칭(하늘에 계신 아버지)에게 간구하는 것이다. 전자의 경우에는 그 오게 하는 주체로 '하늘에 계신 아버지'를 생각할 수 있지만 또한 '우리 인간의 노력'도 포함해서 생각할 수 있는 여지가 있다. 그러나 후자의 경우에는 전적으로 하나님에게 행위를 돌리는 것으로 보인다.

사역형으로 바꾸어 번역하고 있으나(예를 들면 ESV: "let him not eat."), 이것은 정확한 번역이 아니다. 헬라어 원문은 3인칭 명령으로 직접 그 사람에게 "먹지 말라"고 명령한다(cf. KJV: "neither should he eat."; NKJV: "neither shall he eat."). 사도 바울은 일하지 않고 돌아다니는 그 사람을 향하여 "만일 일하기 싫어하거든 먹지도 말라."고 말하는 것이다.

3) 내용 분해

① 인사말(1:1-2)
② 감사와 위로(1:3-10)
③ 바울의 기도(1:11-12)
④ 재림에 관한 미혹을 경계함(2:1-12)
⑤ 바울의 권면과 기원(2:13-17)
⑥ 기도 부탁과 기원(3:1-5)
⑦ 규모 없이 행하는 자들에 대한 경계(3:6-12)
⑧ 몇 가지 권면(3:13-15)
⑨ 평강 기원(3:16)
⑩ 문안과 축원(3:17-18)

4) 참고 문헌

박윤선, 『성경주석 바울 서신』, 서울: 영음사, 1989(3판).
이상근, 『신약성서 주해 살전-디도』, 대한예수교장로회 총회교육부, 1971.
변종길, "데살로니가전후서의 구조와 중심주제", 『그말씀』 134 (2000. 8), 10-19.

목회와신학 편집부 엮음, 『데살로니가전후서 어떻게 설교할 것인가』 (두란노 HOW 주석), 서울: 두란노아카데미, 2007.

L. Morris, *The First and Second Epistles to the Thessalonians (NICNT),* Grand Rapids: Eerdmans, 1959.

W. Hendriksen, *I & II Thessalonians (NTC),* Edinburgh: Banner of Truth, 1983.

Ch. A. Wanamaker, *The Epistle to the Thessalonians (NIGTC),* Grand Rapids: Eerdmans, 1990.

G. L. Green, *The Letters to the Thessalonians (PNTC),* Grand Rapids: Eerdmans, 2002.

M. Martin, *1, 2 Thessalonians (NAC),* Nashville: Broadman & Holman Publishers, 2001.

G. D. Fee, *The First and Second Letters to the Thessalonians (NICNT),* Grand Rapids: Eerdmans, 2009.

G. S. Shogren, *1 and 2 Thessalonians (ZECNT),* Grand Rapids: Zondervan, 2012.

J. A. D. Weima, *1-2 Thessalonians (BECNT),* Grand Rapids: Baker Academic, 2014.

J. A. C. van Leeuwen, *Paulus' zendbrieven aan Efeze, Colosse, Filémon, en Thessalonika,* Amsterdam: H. A. van Bottenburg, 1926.

P. H. R. van Houwelingen, *Tessalonicenzen. Voortgezet basisonderwijs (CNT-3),* 2e dr., Kampen: J. H. Kok, 2003.

J. Keulers, *De brieven van Paulus (De boeken van het Nieuwe Testament),* I, Roermond en Maaseik: J. J. Romen & Zonen, 1953.

15. 디모데전서

1) 목회 서신 일반

디모데전후서와 디도서는 '목회 서신'(Pastoral Epistles)로 분류된다. 이 용어를 최초로 사용한 사람은 18세기 중반의 P. Anton이었다.[438] 그렇게 불린 이유는 이 세 편지는 목회자(pastor)의 사역과 관련한 여러 규정들과 권면들을 포함하고 있기 때문이다.[439] 일찍이 말시온(Marcion)은 목회 서신을 배척하였다(Tertullian, *Adv. Marcionem* V,21). 19세기 초에 슐라이에르마허(Schleiermacher)는 목회 서신 중 디모데전서를 배척하였으며,[440] 튀빙겐의 바우르(F. C. Baur)는 목회 서신을 오로지 2세기의 영지주의 운동에서 이해하려고 하였다.[441]

목회 서신의 중요한 특징 중 하나는 이 서신들이 바울의 조력자들인 디모데와 디도에게 주어졌다는 사실이다.[442] 이들은 1차 수신자이다. 하지만 이 세 편지는 또한 이들과 직접 관련되어 있는 교회들을 향하고 있다. 나아가서 이것들은 주 예수 그리스도의 모든 교회에 주어졌다고 말할 수 있다.[443]

디모데전서는 바울이 에베소(?)를 떠나 마게도냐로 갔을 때에 에베소에 남아 있는 디모데에게 보낸 편지이다(1:3). 젊은 디모데에게 목회와 관련한 여러 가지 권면을 주고 있다. 디도서는 바울이 디도를 그레데 섬에 남겨 두고 온

438) P. Anton, *Exegetische Abhandlung der Pastoralbriefe,* 1753-1755.

439) Greijdanus, *Bizondere Canoniek,* II, 205.

440) F. Schleiermacher, *Ueber den sogenannte Brief des Paulus an den Timotheus,* 1807.

441) F. C. Baur, *Die sogenannte Pastoralbriefe des Apostels Paulus,* 1835.

442) C. Bouma, *De brieven van den apostel Paulus aan Timotheus en Titus (KNT)* (Amsterdam: H. A. van Bottenburg, 1942), 1.

443) Bouma, *Timotheus en Titus,* 1.

후에 그에게 교회 직분자를 세우는 일과 여러 다른 일들에 대한 교훈을 적은 편지이다. "네가 속히 니고볼리로 내게 오라. 내가 거기서 겨울을 보내기로 작정하였노라."(3:12)고 한 말로 보아 바울은 이때 헬라 반도 안의 어디쯤 있었던 것으로 생각된다. 디모데후서는 사도 바울의 마지막 편지로 임박한 죽음을 앞두고 사랑하는 제자 디모데에게 보낸 유언장과 같은 편지이다.

2) 디모데

디모데전서는 목회서신의 하나로서 사도 바울이 디모데에게 보낸 편지이다. 디모데는 루스드라에서 얻은 제자인데, 아마도 바울의 1차 선교여행 때 복음을 듣고 예수를 믿었을 것이다. 왜냐하면 2차 선교여행 때 바울이 더베와 루스드라에 이르렀을 때에 "거기에 디모데라 하는 제자가 있었다(ἦν)."고 말하며(행 16:1), 그는 "루스드라와 이고니온에 있는 형제들에게 칭찬을 받고 있었다(ἐμαρτυρεῖτο)."고 말하기 때문이다(행 16:2).

디모데의 어머니는 유대인이요 아버지는 헬라인이었다(행 16:1). 유대의 법에 따르면 이 경우에 자녀는 유대인으로 여겨졌으며,[444] 따라서 디모데는 할례를 받았어야만 했다. 그러나 어떤 이유에서인지는 모르지만 디모데는 할례를 받지 않고 있었다. 어쩌면 이방인인 아버지가 반대했는지도 모른다. 디모데의 아버지에 대해서는 성경에 기록이 전혀 없다. 그는 나중에 회심하였을 수도 있지만 그렇지 않았을 수도 있다. 디모데의 어머니의 이름은 '유니게'였으며 외할머니의 이름은 '로이스'였다(딤후 1:5). 이들 속에는 디모데보다 먼저 '믿음'이 있었다고 말하는데(딤후 1:5), 이 '믿음'이 유대교적 믿음을 뜻하

444) Strack-Billerbeck, *Kommentar zum Neuen Testament aus Talmud und Midrasch,* II, 741. Cf. Bouma, *Timotheus en Titus,* 3.

는지 기독교적 믿음을 뜻하는지는 분명치 않다.[445)]

디모데는 성품이 온순하고 유약하였으며 바울을 아버지처럼 모시고 복음을 위해 충성하였다(빌 2:22). 그래서 바울은 그를 '아들'(고전 4:17; 딤전 1:2, 18; 딤후 1:2), '형제'(고후 1:1; 골 1:1; 살전 3:2; 몬 1:1; 히 13:23) 또는 '동역자'라고 불렀다(롬 16:21). 디모데는 2차 선교여행 때 제자로 부름을 받아 바울을 따라다니며 바울을 도와 복음 사역에 헌신하였으며, 3차 선교여행 때에도 동행하였다(행 20:4; 고전 4:17; 고후 1:1). 바울이 로마에서 옥에 갇혀 있을 때에도 바울과 함께 있었다(골 1:1; 몬 1:1; 빌 1:1; 2:19-20).

로마에서의 1차 투옥에서 해방된 후에 바울 일행이 마게도냐로 떠날 때에 디모데를 에베소에 남겨 두어 그곳 교회를 돌보게 하였다(딤전 1:3). 에베소에 남아 있는 디모데를 위해 사도 바울은 이 편지를 통해 여러 필요한 교훈을 주고 권면하였다. 바울이 로마에서 2차로 투옥되어 순교를 앞두고 있을 때에 디모데에게 속히 오라고 말한다(딤후 4:21). 히브리서에 보면 "우리 형제 디모데가 놓였다"고 한다(13:23). 이로 보아 디모데는 바울의 순교 후에도 오랫동안 살아남은 것으로 생각된다.

3) 기록 시기와 장소

디모데전서의 기록 연대는 확실히 알 수 없으나 로마에서의 첫 번째 투옥(행 28:30-31)에서 풀려난 후에, 로마에서의 두 번째 투옥 이전에 기록된 것으로 생각된다. 두 번째 투옥에 대해서는 디모데후서 1:8과 4:6이 말하고 있다.

1차 투옥에서 풀려난 후의 바울의 행적에 대해서는 알 수 없다. 먼저 서바나

---

445) C. Bouma는 바울에게 있어서 '믿는 자들'은 항상 '그리스도인들'을 의미한다고 본다(*Timotheus en Titus,* 3). Van Houwelingen은 로이스와 유니게는 아마도 바울의 전도에 의해 기독교로 회심하였을 것으로 본다. 그래서 그들은 1세대 그리스도인에 속하며, 디모데는 2세대 그리스도인에 속한다고 본다(*Timotëus en Titus,* 165).

로 가서 복음을 전하고 돌아와서 소아시아와 마게도냐로 갔는지, 아니면 동방으로 먼저 간 다음에 서바나로 갔는지 알 수 없다. 빌립보서 2:24에 근거해서 바울이 로마에서 석방된 후에 먼저 동방으로 갔을 것으로 보는 사람들도 있지만,[446] 이 구절이 그런 것을 보증하는 것은 아니다. 바울은 로마에 가기를 간절히 원하고 여러 번 가고자 하였으나 길이 막힌 적이 있었다(롬 1:11, 13). 3차 선교여행 때 고린도에서 처음에는 배를 타고 수리아로 가려고 하였으나 유대인들이 바울을 해하려 하므로 마게도냐로 돌아가게 되었다(행 20:3). 이처럼 마음의 소원과 계획이 실현되지 않거나 달라지는 경우는 많이 있다. 따라서 바울이 로마 옥에서 해방된 후에 빌립보에 속히 가기를 원한다는 빌립보서 2:24의 말은 결정적인 근거가 될 수 없다. 오히려 먼저 서바나로 가서 복음을 전한 후에 동방으로 갔다고 보는 것이 자연스러워 보인다.[447]

그렇다면 데모데전서의 기록 연대는 대략 65-66년 사이의 어느 시점일 것으로 추정된다. 바울은 네로 치하(54년-68년 6월 9일)에서 순교하였다고 하는 전승[448]으로 보아 그가 68년 이전에 순교한 것이 분명하다. 테오돌 찬은 그 시기를 66년 말 또는 67년 초로 본다. 로마에서의 체포 시점은 그보다 조금 이른 66년 여름으로 본다.[449] 그래서 디모데전서의 기록 시점을 65년 상반기로 보는데,[450] 확실히 말할 수는 없지만 대체로 사실에 근접한 것이 아닌가 생각된다.

---

446) Reicke, *Neutestamentliche Zeitgeschichte,* 222.

447) Th. Zahn에 의하면, 사도 바울은 빠르면 63년 가을에, 늦으면 64년 상반기에 서바나로 출발하여 그곳에서 1년간 복음을 전하고 나서(베드로행전), 64년 가을 또는 65년 봄에 서바나를 떠났다고 본다(*Einleitung*[3], I, 446f.).

448) Eusebius, *Hist. Eccl.* II,25,5. Cf. Tertullian, *De praescript. haeret.* xxxvi,2(로마에서 [세례] 요한과 같은 죽음을 당했다고 함); 외경 『바울 행전』("바울의 순교" 부분; 네로 치하에서 순교하였다고 함).

449) Zahn, *Einleitung*[3], I, 447 and II, 656.

450) Zahn, *Einleitung*[3], II, 656 and I, 447.

디모데전서의 기록 장소에 대해서는 정확하게 알 수 없다. 우리가 아는 것은 사도 바울이 마게도냐를 향해 떠나갈 때에 디모데에게 에베소에 머물라고 권했다는 사실이다(딤전 1:3). 그러나 바울이 이 편지를 쓸 때에 마게도냐에 있었는지, 아니면 다른 곳에 있었는지는 알 수 없다. 하지만 그리스 안에 있었던 것으로 생각된다. 왜냐하면 비슷한 시기에 기록된 것으로 생각되는 디도서에 보면, 바울은 디도에게 속히 니고볼리로 자기에게 오라고 말한다. 바울은 거기서 겨울을 보내기로 작정하였다고 말한다(딛 3:12). 이 니고볼리는 그리스 반도 서해안에 있는 Nicopolis in Epirus일 것이다. 그때 바울은 아직 니고볼리에 도착하지 않은 것 같다. 따라서 바울이 디도서를 쓸 때 아마도 그리스의 어느 곳에 있었을 것이다. 더 이상은 알지 못한다.[451] 그렇다면 디모데전서를 기록한 장소도 그리스 안일 것이다.

딤전 1:3에서 바울이 "마게도냐로 떠날 때에"(πορευόμενος εἰς Μακεδονίαν)라는 것은 2차 선교여행 때나 3차 선교여행 때가 아니다. 2차 선교여행 때에는 디모데를 대동하였다(행 17:15). 3차 선교여행 때에도 에베소를 떠나 마게도냐로 갈 때 디모데를 대동하였다(행 19:22; 20:4). 그러나 여기서 디모데는 바울과 떨어져서 에베소에 머물고 있다(딤전 1:3). 따라서 이것은 바울이 로마에서의 1차 투옥에서 해방된 후에 서바나로 갔다가 다시 동방으로 왔을 때로 보아야 한다. 바울이 어디를 거쳐서 마게도냐로 갔는지는 알 수 없다. 아마도 디도와 함께 그레데 섬에 가서 복음을 전하고 디도를 거기에 남겨 두고 나서 어딘가를 거쳐서 마게도냐를 향하여 갔을 것이다.

이때 바울이 에베소에 들러 디모데와 함께 사역하다가 디모데를 남겨 두고 마게도냐로 떠났는지, 아니면 바울은 에베소에 가지 않고 다른 곳에 있다가 마게도냐로

451) Greijdanus, *Bizondere Canoniek*, II, 227.

갔는지에 대해 학자들 사이에 의견이 나뉜다. Weiss, Meinertz, Dibelius, Belser 등은 바울이 그때 에베소에 있었다고 보며, Wohlenberg와 Schlatter 등은 바울은 다른 곳에서 문서로 권면하였다고 본다.[452] 바우마(Bouma) 자신은 바울은 그때 에베소에 함께 있었다고 보는 것이 옳다고 본다. 그렇지 않았더라면 다르게(매우 불분명하게) 표현하였을 것이라고 한다.[453] 흐레이다너스는 이 문제는 알 수 없다고 하면서도 바울이 디모데와 함께 에베소에 일정 기간 머물렀다고 보는 것이 자연스럽다고 한다. 딤후 1:18도 확실하지는 않지만 그런 방향으로 생각하게 한다고 한다.[454] 그러나 테오돌 찬은 자기가 속히 디모데에게로 가기를 바란다고 한 말(딤전 3:14; 4:13)에 근거하여, 바울은 에베소에 디모데와 함께 머물지 않았으며 다른 곳에 있으면서 마게도냐로 가면서 서신으로 디모데에게 에베소에 머물라고 말하였다고 본다.[455] 테오돌 찬의 이 견해도 상당히 설득력이 있어 보인다. 왜냐하면 그렇지 않으면 딤전 3:14("내가 속히 네게 가기를 바라나 ...")과 4:13("내가 이를 때까지 ...")의 말씀이 이해하기 어렵기 때문이다. 바울이 디모데와 함께 에베소에 머물고 있다가 마게도냐로 떠났다면, 이미 구두로 충분히 교훈을 주고 권면을 하였을 것이기 때문에 긴급히 편지를 써서 보낼 필요가 있었을까 하는 생각이 든다. 뿐만 아니라 조금 전에 떠나왔는데 편지에서 "내가 속히 네게 가기를 바란다"(3:14)고 한 것은 잘 맞지 않는 것 같다.

그러나 디모데후서 4:20의 "에라스도는 고린도에 머물러 있고 드로비모는 병들어서 밀레도에 두었노니"라는 말씀이 위 찬의 견해를 어렵게 만든다. 특히 드로비모(Trophimus)가 병들어서 밀레도에 두었다는 것은 바울이 밀레도에 갔다는 것을 말하지 않는가? 그것은 3차 선교여행 때가 아니며 로마에서의 1차 투옥에서 석방

452) Cf. Bouma, *Timotheus en Titus,* 71.

453) Bouma, *Timotheus en Titus,* 71.

454) Greijdanus, *Bizondere Canoniek,* II, 227.

455) Zahn, *Einleitung*^{3}, I, 420f.

된 후의 일이다. “에라스도는 고린도에 머물렀다”는 말과 함께 생각해 보면, 사도 바울이 (아마도 에라스도와 함께 그레데 섬에서 활동하다가) 그레데 섬을 떠나 고린도로 갔으며, 에라스도는 거기에 머물고 바울은 (드로비모와 함께) 배를 타고 밀레도로 갔는데 그때 드로비모가 병듦으로 그를 그곳에 두었다고 생각할 수 있다.

그렇다면 사도 바울은 디도와 함께 크레타 섬에 가서 복음을 전한 후에 디도를 남겨 두고서 자신은 배를 타고 밀레도로 간 것이 아닐까? 그 다음엔 자연스럽게 에베소에 가서 한 동안 디모데와 함께 있다가 바울은 디모데를 남겨 두고 마게도냐로 떠났을 것이다(딤전 1:3). 디모데를 에베소에 머물게 한 이유는 에베소 교회는 큰 교회이고 무엇보다도 이단들의 위협이 있어서 교역자가 교회를 비우는 것은 위험하다고 판단했기 때문일 것이다. 그리고 바울은 마게도냐로 갔다가 다시 에베소에 돌아오려고 했을 가능성이 있다. 그러나 바울의 이 희망이 실현되었는지 여부는 알 수 없다. 바울은 속히 디모데를 보기를 원하였지만, 마게도냐와 그리스에서의 일들이 많아서 아시아 지역으로 가지 못하였을 가능성이 있다.

그러면 디모데는 언제부터 에베소 교회를 섬기고 있었을까? 빌립보서에 보면 바울이 로마 옥중에서 디모데를 조만간 빌립보 교회에 보낸 것으로 생각된다(2:19, 23). 에바브로디도가 먼저 (편지를 가지고) 떠났지만,[456] 머지않아 디모데가 빌립보에 갔을 것이다. 가서 교회를 돌아보고 다시 로마에 돌아왔을 때(Zahn은 63년 가을에 로마에 돌아왔다고 본다[457]), 이때 갓 석방된 바울은 서바나로 떠나서(63년 가을 또는 64년 봄) 그곳에서 1년간 복음을 전하고(베드로행전) 동방으로 왔다고 한다.[458] 65년 여름에 바울이 동방의 여러 지역을 방문할 때에 디모데는 이미 에베소에 머물고 있었으므로,[459] 디모데는 바울의 서바나 여행에 동행하지

---

456) 이것은 빌 2:28의 ‘보내었다’(ἔπεμψα)를 서신상의 아오리스트(epistolary aorist)로 보는 것을 의미한다. 이에 대해서는 필자의 『빌립보서 주석』, 140-41을 보라.

457) Zahn, *Einleitung*³, I, 447.

458) Zahn, *Einleitung*³, I, 447.

459) Zahn, *Einleitung*³, I, 421.

않았다고 본다.[460] 이러한 찬의 계산과 추리가 옳다면, 디모데는 대략 64년경부터 에베소 교회를 맡아서 돌보고 있었다고 생각된다. 확실히 알 수는 없지만 하나의 가능한 해석으로 생각된다.

야콥 판 브루헌(Jakob van Bruggen) 박사는 딤전 1:3의 "내가 마게도냐로 갈 때에"를 3차 선교여행 중 에베소에서 '중간 여행'을 떠난 것으로 본다. 에베소에 3년 머무는 동안에 고린도에 대한 실망스런 '중간 방문'에 이은 '중간 여행'(마게도냐를 거쳐 고린도로)이 있었다고 보며, 이것은 에베소를 완전히 떠나는 '작별 여행'(행 20:1-2) 이전에 있었다고 본다.[461] 그렇다면 디모데전서는 3차 선교여행 중 에베소를 떠나 마게도냐를 거쳐 고린도로 가는 '중간 여행' 중에, 디도서는 그로부터 멀지 않은 시기에 기록되었다고 보며, 디모데후서는 바울의 로마에서의 1차 투옥 중에 기록되었다고 본다.[462] 그러나 이런 견해는 고전 16:5의 "내가 마게도냐를 지날 터이니 마게도냐를 지난 후에 너희에게 가서"라는 계획은 실현되지 않았다고 보며 또한 고전 13:1의 '세 번째 방문'도 연기하고서 실망스런 '중간 방문'에 이어 짧은 '중간 여행'을 했다고 보는데,[463] 많은 불확실한 가정에 기초하고 있다. 과연 바울 일행이 에베소 체류 기간 동안에 그런 '중간 여행'을 할 만한 시간적 여유를 가지고 있었는지 의문스러우며, 만일 그들이 마게도냐를 거쳐서 가는 그런 '중간 여행'을 했다면 사도행전은 이것을 왜 '정식 여행'으로 기록하지 않았을까 하는 의문이 든다. 뿐만 아니라 이 견해에 의하면, 바울은 크레타 섬을 방문하지 않았다고 본다.[464] 그리고 에베소에서 마게도냐-아가야로의 '중간 여행' 중에 바울은 니고볼

---

460) Zahn, *Einleitung*³, I, 447.

461) J. van Bruggen, *Die geschichtliche Einordnung der Pastoralbriefe,* Wuppertal: R. Brockhaus, 1981 (p.59에 요약된 결론); Van Bruggen, *Paulus,* 88-91.

462) 이것은 P. H. R. van Houwelingen, *Timoteüs en Titus. Pastorale instructiebrieven (CNT-3)* (Kampen: J. H. Kok, 2009), 21에 잘 요약되어 있다.

463) Van Bruggen, *Paulus,* 90.

464) Van Bruggen, *Geschichtliche Einordnung,* 40.

리에서 겨울을 보내기로 작정하고, 아마도 고린도에서 크레타에 있는 디도에게 니고볼리로 오라고 편지했다고 한다.[465] 이런 견해는 바울의 에베소 체재 3년 기간의 중간쯤에 있었다고 보는 '중간 여행'에 너무 많은 시간과 활동을 부여하고 있다.

판 하우얼링언(Van Houwelingen)은 드 레스따뻬스(De Lestapis)의 견해를 따라, 디모데전서와 디도서는 예루살렘으로 가는 구제헌금 전달 여행(행 20장) 기간 동안에 기록되었는데, 디도서는 빌립보 또는 드로아에서 먼저 기록되고 그 다음에 디모데전서가 소아시아의 서해안을 따라 가는 도중에, 에베소를 지나가기로 결심하기 전에 기록되었다고 본다.[466] 이 견해도 앞의 판 브루헌 박사의 견해와 마찬가지로 사도행전에 나오는 3차 선교여행 기간에 억지로 끼워 맞춘 것처럼 보인다. 바우마(Bouma)는 목회 서신을 사도행전의 시대 곧 3차 선교여행과 로마에서의 1차 투옥 기간에 위치시키려는 노력들은 받아들일 수 없는 것으로 배척되어야 한다고 말한다.[467] 흐레이다너스(Greijdanus)도 분명하게, 디모데전서는 바울이 로마에서의 1차 투옥에서 석방된 후에 그리고 로마에서의 두 번째 투옥 이전에 기록되었다고 한다(디도서도 마찬가지). 이 두 번째 투옥 기간에 디모데후서를 기록하였다고 한다.[468]

4) 기록 목적

바울이 디모데전서를 쓰게 된 계기와 목적은 다음 세 가지로 생각할 수 있다. 첫째는, 에베소 지역에 들어온 이단들 때문이다. 이들은 바울이 전한 것과 다른 교훈을 가르쳤으며(1:3), 신화와 족보에 착념하였다(1:4; 4:7). 그들은

---

465) Van Bruggen, *Geschichtliche Einordnung,* 37f.

466) Van Houwelingen, *Timoteüs en Titus,* 21f.

467) Bouma, *Timotheus en Titus,* 33.

468) Greijdanus, *Bizondere Canoniek,* II, 227.

율법의 의미를 알지 못하면서도 율법의 선생이 되려 했으며(1:7), 혼인을 금하고 식물을 폐하라고 가르쳤다(4:3). 이들은 또한 거짓되이 일컫는 지식(그노시스)의 망령되고 헛된 말과 변론을 가르치는 자들이었다(6:20). 따라서 이런 '다른 교훈'을 가르치지 말도록 사람들을 경계하기 위해 디모데에게 편지를 써 보내었다.

둘째는, 직분자들을 세우는 일에 대한 지침을 주기 위해서였다. 바울은 '감독'과 '집사'를 세우는 일에 있어서 필요한 지침들과 주의할 것들을 말하였다(3장). '감독'(ἐπίσκοπος)은 '장로'(πρεσβύτερος)와 같은 것으로서 같은 직분에 대한 다른 명칭으로 보아야 한다(행 20:17, 28; 딛 1:5, 7; 빌 1:1).[469] 그리고 교회가 돌보아야 할 '참 과부'(ἡ ὄντως χήρα)에 대한 지침도 주고 있다(5:5-16). 그 핵심 원리는 그에게 가족이 있으면 그 가족이 먼저 돌보고 그 다음에 교회가 돌보는 것이다(5:4, 9-10). 이것은 오늘날 교회의 '구제 사업' 또는 '복지 활동'에 대한 좋은 지침이 될 수 있다.[470]

마지막으로, 바울은 젊은 디모데(4:12)를 격려하고 권면하기 위해 이 편지를 썼다. 믿음과 착한 양심을 가지고(1:18-19), 경건에 이르도록 자신을 훈련하라고 한다(4:7-8). 그리고 말과 행실과 사랑과 믿음과 정절에 있어서 믿는 자에게 본이 되어서 바울이 이를 때까지 "읽는 것과 권하는 것과 가르치는 것에 전념하라."고 말한다(4:12-13). 그리고 디모데의 자주 나는 병을 위하여 포도주를 조금씩 쓰라고 권면한다(5:23). 이처럼 디모데전서는 사랑하는 제자 디모데에게 여러 사랑의 권면을 주고 있다. 이런 것들을 보면, 바울이 디모

---

469) '장로'와 '감독'이란 용어에 대해서는 Lightfoot, *Philippians,* 95-99; 변종길, 『빌립보서 주석』, 34f.를 보라.

470) 네덜란드 개혁교회의 구제 역사와 원리에 대해서는 Bastiaan van der Wal en Rolf van der Woude, "'En zoo gaan we het isolement in. We kunnen en willen niet anders.' Veenhof en de verzorgingsstaat," in: G. Harinck (red.), *'Niets is overbodig, niets is toevalig.' Leven en werk van Cornelius Veenhof (1902-1983)* (Barneveld: De Vuurbaak, 2008), 165-201을 보라.

데와 제법 떨어져 있었던 것으로 보인다. 그러나 얼마나 오래 떨어져 있었는지, 어디에서 이 편지를 쓰는지는 알 수 없다.

5) 목회 서신에 나타난 이단들

목회서신에 나타난 이단들은 같은 종류로서 그들의 주장이 같다. 이들은 주로 유대인들이었다.[471] 이들은 율법의 정신과 의미도 알지 못하면서 율법의 선생이 되려고 했다(딤전 1:7). 이들은 구약을 많이 연구하였지만 헛된 말들을 많이 하고 성경의 원래 의미를 왜곡하였는데, 특히 할례받은 자들 중에 많았다(딛 1:10). 여기에 이방인 출신의 사람들이 가세하였다. 유대인의 친구들이나 다른 사람들이 이방 사상을 가지고 들어왔다. 그래서 유대적 이단과 이방적 이단의 혼합물이 나타나게 되었다. 따라서 이들은 골로새의 이단들처럼 '혼합주의적 이단'이었다.[472]

이들은 율법을 연구하여 해석하고 그것을 확실히 안다고 주장하였다. 그러나 그들은 율법의 본질과 목적을 몰랐으며, 그들이 확실히 안다고 주장하는 것도 알지 못하였다(딤전 1:7). 율법은 죄를 대항하기 위해 들어온 것이다. 만일 죄인들이 없었다면 율법은 전혀 필요 없었을 것이다. 이 점이 율법 해석에 있어서 유의해야 할 사항이다. 그러나 이들은 율법을 그들의 헛된 사변을 위한 도구로 만들어 버리고 말았다.[473]

이들은 '신화와 끝없는 족보'(μύθοι καὶ γενεαλογίαι ἀπεράντοι)에 착념하였다(딤전 1:4). '신화'(μύθοι)는 지어낸 이야기, 우화(寓話), 진리의 내용

---

471) Greijdanus, *Bizondere Canoniek*, II, 229.

472) Greijdanus, *Bizondere Canoniek*, II, 229.

473) Greijdanus, *Bizondere Canoniek*, II, 229.

이 없는 이야기들을 의미한다.[474] C. 바우마는 '신화'와 '족보'는 별개의 것이 아니라 같은 것을 가리키는 것으로 본다. 그리고 '끝없는'은 '족보'만 수식하는 것이 아니라 '신화와 족보'를 수식하는 것으로 본다.[475] 이 견해는 디도서 1:14의 '유대인의 허탄한 이야기'('Ιουδαϊκοὶ μύθοι)란 표현을 보아 옳다고 생각된다. 디모데전서 1:4과 디도서 3:9의 '족보'(γενεαλογίαι)는 2세기 중반의 발렌티누스에게 나타나는 바와 같은 아이온들(aeons)의 세계에 관한 것이 아니다.[476] 물론 이레네우스(*Adv. Haer.*)와 터툴리안(*Praescr. Haer.*)은 이 본문을 영지주의와 관련시켰지만, 영지주의 체계에서는 이런 아이온들을 결코 족보(γενεαλογίαι)라고 부르지는 않았다.[477] 영지주의지자들은 구약에 대해서는 완전히 무시하였다.[478] 여기서 바울이 말하는 '족보'는 유대인들의 공상적 사변들을 말한다.[479] 주전 200년경에 기록된 유대 위경들(Jubilees, Pseudo-Genesis)에 의하면, 유대인은 아담, 하와, 가인, 아벨, 아브라함과 족장들에 대해 공상적인 이야기들을 지어내었다.[480] 이처럼 목회서신에 나타나는 이단들은 '망령되고 허탄한 신화'와(딤전 4:7), '유대인의 허탄한 이야기'를 좇았다(딛 1:14). 디모데후서 4:4에서는 그들이 '허탄한 이야기'를 따른다고 한다. 디도서 3:9에서는 '어리석은 변론'과 '족보 이야기'와 '분쟁'과 '율법에 대한 다툼'을 피하라고 한다.

디모데전서 6:20의 '거짓되이 일컫는 지식'(ἡ ψευδώνυμος γνῶσις)은 영지주의에서 말하는 '지식'(그노시스, 靈知)을 의미하지 않는다. 그것은 '거짓된

---

474) Bouma, *Timotheus en Titus,* 72.

475) Bouma, *Timotheus en Titus,* 73.

476) Bouma, *Timotheus en Titus,* 51; Keulers, *De brieven van Paulus,* II, 152.

477) Bouma, *Timotheus en Titus,* 73.

478) Greijdanus, *Bizondere Canoniek,* II, 229.

479) Bouma, *Timotheus en Titus,* 52.

480) Bouma, *Timotheus en Titus,* 73.

지식' 곧 같은 절에서 말하는 바의 '망령된 헛된 말'과 같은 것을 의미한다.[481]

이 이단들은 또한 결혼을 금지하고 어떤 특정한 식물들을 금한다고 한다(딤전 4:3). 결혼 금지는 유대인들에게서 나온 이단이 아니다.[482] 특정 식물 금지도 유대인의 정결법을 지키기 위해 그렇게 한 것이 아니라 물질을 악하다고 보고 육체는 가치가 적으며 영에 방해가 된다고 본 헬라의 이원론에서 나온 것이다.[483] 따라서 이들 주장자들은 이방인이거나 이방 사상의 영향을 받은 유대인들이었을 것이다.[484] 그래서 꺌러르스(Keulers)는 유대교 안에 들어온 '혼합주의적 흐름'이라고 말한다.[485] 골로새서에도 보면 이런 혼합주의가 들어왔었는데, 목회서신에서는 이런 혼합주의적 흐름이 더욱 확장되었다고 한다.[486]

이들 중에는 후메네오와 빌레도처럼 "부활이 이미 지나갔다"고 하는 자들이 있었다(딤후 2:18). 육체는 가치가 없다고 보는 그들의 관점에서 육체의 부활은 의미가 없었으며 신령화되었다.[487] 목회서신에 나타나는 이런 이단들이 하나의 체계를 이룬 것 같지는 않다. 여기저기서 이런 주장들을 하는 사람들이 있었는데, 이들은 모두 '다른 교훈을 가르치는'(ἑτεροδιδασκαλεῖν) 자들이었으며(딤전 1:3; 6:3), '건강한 교훈'(ἡ ὑγιαίνουσα διδασκαλία)을 거스르는 자들이었다(딤전 1:10).

---

481) Keulers, *De brieven van Paulus,* II, 152.

482) 물론 유대인들 중에도 결혼하지 않은 '에센인들'이 있었지만, 이들은 그들의 '제의적 정결'을 유지하기 위해 자기 단체 내에서 그렇게 한 것에 불과했다. 그들 안에서도 종족 보존을 위해 결혼한 사람들도 있었다.

483) Greijdanus, *Bizondere Canoniek,* II, 231.

484) Cf. Greijdanus, *Bizondere Canoniek,* II, 230.

485) Keulers, *De brieven van Paulus,* II, 152.

486) Keulers, *De brieven van Paulus,* II, 152.

487) Greijdanus, *Bizondere Canoniek,* II, 231.

6) 내용 분해[488]

① 문안(1:1-2)

② 거짓 스승들의 교훈을 경계함(1:3-20)

③ 교회의 기도와 예배(1-15절)

i) 공적 기도의 제목들(1-7절)

ii) 공적 예배에 있어서 남녀의 행동 원리(2:8-15)

④ 교회 직원들의 자격(3:1-16)

i) 감독, 집사(1-13절)

ii) 직분을 세운 목적(14-16절)

⑤ 금욕주의의 위험과 디모데에 대한 권면(4:1-16)

i) 금욕주의에 대한 비판(1-5절)

ii) 디모데에 대한 권면(6-16절)

⑥ 교회의 각층 신자들을 위한 목회 원리(5:1-6:2)

i) 남녀노소의 문제(1-2절)

ii) 과부들의 문제(3-16절)

iii) 장로들의 문제(17-23절)

iv) 죄와 선행(24-25절)

v) 종들의 문제(6:1-2)

⑦ 거짓 스승의 행동 원리와 디모데에 대한 권면(6:3-21)

i) 거짓 스승의 행동 원리(3-10절)

ii) 디모데에 대한 권면(11-21절)

488) 박윤선, 『바울 서신』, 509f.에서 약간 수정하였다.

7) 참고 문헌

박윤선, 『성경주석 바울 서신』, 서울: 영음사, 1989(3판).

이상근, 『신약성서 주해 살전-디도』, 대한예수교장로회 총회교육부, 1971.

목회와신학 편집부 엮음, 『디모데전후서 디도서 어떻게 설교할 것인가』 (두란노 HOW 주석), 서울: 두란노아카데미, 2008.

P. Fairbairn, *Commentary on the Pastoral Epistles,* Grand Rapids: Zondervan, 1956 (repr. from T. & T. Clark's 1874 ed.).

W. Hendriksen, *I & II Timothy & Titus (NTC),* Edinburgh: Banner of Truth, 1983.

Ph. H. Towner, *The Letters to Timothy and Titus (NICNT),* Grand Rapids: Eerdmans, 2006.

J. D. Quinn and W. C. Wacker, *The First and Second Letters to Timothy,* Grand Rapids: Eerdmans, 2000.

W. D. Mounce, *Pastoral Epistles (WBC),* Nashville: Th. Nelson, 2000.

Th. D. Lea and H. P. Griffin, Jr., *1, 2 Timothy Titus (NAC),* Nashville: Broadman Press, 1992.

G. W. Knight III, *The Pastoral Epistles (NIGTC),* Grand Rapids: Eerdmans, 1992.

C. Bouma, *De brieven van den apostel Paulus aan Timotheus en Titus,* Amsterdam: H. A. van Bottenburg, 1942.

H. Ridderbos, *De Pastorale brieven (CNT),* Kampen: J. H. Kok, 1967.

P. H. R. van Houwelingen, *Timoteüs en Titus. Pastorale instructiebrieven (CNT-3),* Kampen: J. H. Kok, 2009.

J. Keulers, *De brieven van Paulus (De boeken van het Nieuwe Testament),* II, Roermond en Maaseik: J. J. Romen & Zonen, 1954.

16. 디모데후서

1) 기록 시기와 장소

디모데후서는 사도 바울이 디모데에게 보낸 두 번째 편지로서 바울의 마지막 편지이다. 바울은 로마에서 복음을 전하다가 투옥되어(1:8; 2:9) 마지막 순간을 기다리고 있었다(4:6-8). 그 당시에 디모데는 아직 에베소에 머무르고 있었던 것으로 보인다(4:19; 1:18; cf. 딤전 1:3).[489] 디모데는 이제 마가를 데리고 속히 로마의 바울에게로 와야만 했다(딤후 4:9, 11). 바울은 그의 죽음이 임박한 것을 생각하고 쓸쓸히 마지막 날들을 보내고 있는데 누가만 그와 함께 있다고 한다(4:11). 디모데가 올 때에 드로아의 가보(Karpos)의 집에 둔 겉옷을 가지고 오라고 한다(4:13). 이로 보아 디모데는 드로아에서 그렇게 멀지 않은 곳에서 출발하여 드로아를 지나 로마로 오게 되는 것을 알 수 있다. 그리고 책(τὰ βιβλία, 성경책들)은 특히 가죽 종이에 쓴 것을 가지고 오라고 한다(4:13). 이로 보아 바울은 생의 마지막 순간까지 성경을 읽고 연구한 것을 알 수 있다.

바울의 이 투옥은 사도행전 28장에 기록된 1차 투옥일 수는 없다. 1차 투옥 때는 비교적 자유로웠으며 찾아오는 많은 사람들에게 방해받지 않고 복음을 전할 수 있었다(행 28:30-31). 그러나 디모데후서에서는 분위기가 완전히 다

489) Greijdanus, *Bizondere Canoniek,* II, 236; Keulers, *De brieven van Paulus,* II, 217.

르다. 바울은 임박한 죽음을 예감하고 준비하고 있다(딤후 4:6-8). 1차 투옥 때는 아리스다고, 마가, 유스도, 에바브라, 누가, 데마 등이 바울과 함께 있었으나(골 4:10-14; 몬 1:23-24), 디모데후서에서는 누가만 함께 있다고 한다(4:11). 또 에라스도(Erastus)는 고린도에 머물러 있고 드로비모(Trophimus)는 병들어서 밀레도에 두었다고 한다(4:20). 바울이 말하는 이것이 3차 선교여행 기간 동안에 있었을 수는 없다. 왜냐하면 드로비모는 (고린도에서 출발하여) 아시아까지 바울과 같이 가는 사람들 명단에 들어 있기 때문이다(행 20:4). 드로비모는 최소한 예루살렘까지 동행하였다(행 21:29).[490] 따라서 디모데후서 4:20이 말하는 것은 3차 선교여행 때의 일이 아니라 그 후의 일 곧 바울의 1차 투옥에서 석방된 후 서바나를 거쳐 동방을 방문했을 때의 일이다.

터툴리안에 의하면 바울은 네로 때에 참수되었다고 한다(*Scorpiace* 15).[491] 네로에 의한 핍박은 64년 여름 이후에 시작되었기 때문에 바울의 순교는 64-68년 사이가 될 것이다. 앞에서 살펴본 것처럼, 로마에서의 1차 투옥(61-63년경)에서 석방된 후 서바나로의 여행과 그곳에서의 복음 전파 활동, 그리고 다시 동방으로 여행과 활동과 그 후의 로마 방문을 생각하면, 바울의 2차 투옥은 66년경이 될 것이다. 테오돌 찬의 견해처럼, 바울은 66년 여름에 체포되어 디모데후서를 기록했으며, 66년말 또는 67년 상반기에 순교했다고 보는 것이 합당해 보인다.[492]

---

490) Cf. Keulers, *De brieven van Paulus,* II, 146.

491) Keulers, *De brieven van Paulus,* II, 146.

492) Zahn, *Einleitung*[3], I, 447. Feine-Behm도 딤후의 기록 시기를 66년 가을로 보며, 바울의 순교는 네로 치하인 66년 또는 67년으로 본다(*Einleitung*[8], 219f.).

2) 기록 계기와 서신의 성격

이 서신은 매우 개인적인 성격을 띤다. 첫 번째 편지가 직분적 성격을 강하게 가지고 있다면, 이 두 번째 편지는 디모데에 대한 개인적 성격이 강하다.[493] 거의 모든 사람이 바울을 버리고 떠나갔으며, 그래서 바울은 디모데가 속히 오기를 바라고 있다(4:9, 21). 다가오는 작별과 죽음이 이 서신 전체에 드리워져 있다. 바울 자신이 그의 임박한 죽음을 감지하고 있다(4:6). 그는 선한 싸움을 싸우고 그의 달려갈 길을 마치고 믿음을 지켰으므로 그에게는 의의 면류관이 예비되어 있다고 한다(4:7-8). 그래서 바울은 그가 이 세상을 떠나기에 앞서 사랑하는 제자 디모데를 속히 만나고 싶어 한다. 따라서 이 편지는 죽음을 앞둔 아버지가 그의 아들에게 주는 개인적인 유언 성격을 띠고 있다.

바울은 또한 이 편지에서 디모데에게 권면의 말씀을 주고 있다. “너는 그리스도 예수 안에 있는 은혜 가운데서 강하라.”고 한다(2:1). 그리고 충성된 사람들을 세워서 복음 전파 사역이 계속 이어지게 하라고 한다(2:2). 또한 “그리스도 예수의 좋은 군사로 고난을 받으라.”고 말한다(2:3). 그런 가운데서도 “너는 말씀을 전파하라. 때를 얻든지 못 얻든지 항상 힘쓰라.”고 엄히 명한다(4:2).

디모데후서에서도 ‘망령되고 헛된 말’을 하는 자들이 나타난다(2:16). 이들은 점점 경건하지 않음에 나아가는데, 그들의 말은 악성 종양이 퍼져나감과 같다(2:16-17). 그들 가운데 후메네오(Hymenaeus)와 빌레도(Philetus)가 있는데, 후메네오는 디모데전서 1:20에서도 나타난다. 이들은 “부활이 이미 지나갔다”고 주장하였다(2:18). 이 주장은 아마도 물질을 멸시하는 헬라 사상에서 나온 것으로서 ‘부활’도 신령화(神靈化)되었을 것이다.[494] 바울은 디모데

---

493) Keulers, *De brieven van Paulus,* II, 217.

494) Greijdanus, *Bizondere Canoniek,* II, 240.

에게 성도들이 말다툼을 하지 말라고 엄히 명하라고 한다(2:14). 그리고 디모데 자신은 "진리의 말씀을 옳게 분별하며 부끄러울 것이 없는 일꾼으로 인정된 자로 자신을 하나님 앞에 드리기를 힘쓰라."고 말한다(2:15).

3) 내용 분해[495]

① 문안(1:1-2)
② 디모데를 인한 바울의 감사(1:3-5)
③ 디모데를 격려함(1:6-18)
④ 디모데가 실행할 여러 가지 주의 사항(2:1-4:5)
 i) 영적으로 강할 것(2:1-13)
 ii) 계승할 사역자들에 대한 교훈(14-21)
 iii) 디모데 자신이 지킬 여러 덕행들(2:22-4:5)
⑤ 바울 자신의 처지(4:6-18)
⑥ 문안, 부탁, 축복(4:19-22)

4) 참고 문헌

박윤선, 『성경주석 바울 서신』, 서울: 영음사, 1989(3판).
이상근, 『신약성서 주해 살전-디도』, 대한예수교장로회 총회교육부, 1971.
목회와신학 편집부 엮음, 『디모데전후서 디도서 어떻게 설교할 것인가』 (두란노 HOW 주석), 서울: 두란노아카데미, 2008.

495) 여기의 내용 분해는 박윤선, 『바울 서신』, 510에 나오는 것을 약간 수정한 것이다.

P. Fairbairn, *Commentary on the Pastoral Epistles,* Grand Rapids: Zondervan, 1956 (repr. from T. & T. Clark's 1874 ed.).

W. Hendriksen, *I & II Timothy & Titus (NTC),* Edinburgh: Banner of Truth, 1983.

Ph. H. Towner, *The Letters to Timothy and Titus (NICNT),* Grand Rapids: Eerdmans, 2006.

J. D. Quinn and W. C. Wacker, *The First and Second Letters to Timothy,* Grand Rapids: Eerdmans, 2000.

W. D. Mounce, *Pastoral Epistles (WBC),* Nashville: Th. Nelson, 2000.

Th. D. Lea and H. P. Griffin, Jr., *1, 2 Timothy Titus (NAC),* Nashville: Broadman Press, 1992.

G. W. Knight III, *The Pastoral Epistles (NIGTC),* Grand Rapids: Eerdmans, 1992.

C. Bouma, *De brieven van den apostel Paulus aan Timotheus en Titus (KNT),* Amsterdam: H. A. van Bottenburg, 1942.

H. Ridderbos, *De Pastorale brieven (CNT),* Kampen: J. H. Kok, 1967.

P. H. R. van Houwelingen, *Timoteüs en Titus. Pastorale instructiebrieven (CNT-3),* Kampen: J. H. Kok, 2009.

J. Keulers, *De brieven van Paulus (De boeken van het Nieuwe Testament),* II, Roermond en Maaseik: J. J. Romen & Zonen, 1954.

17. 디도서

1) 바울의 그레데 방문

디도서는 사도 바울이 그레데(Creta) 섬에 남겨 둔 디도에게 쓴 편지이다(1:5). 그를 그레데에 남겨 둔 것은 남아 있는 일들을 정리하고 각 성에 장로들을 세우기 위해서였다(1:5). 바울이 그레데에 가서 복음을 전한 사실은 사도행전에 기록되어 있지 않다. 로마로 압송되는 도중에 잠깐 그레데의 항구에 들른 적은 있지만(행 27:8), 그때는 죄수의 신분이라 자유롭지 못하였다. 따라서 바울이 그레데에 가서 복음을 전한 것은 사도행전 28장 이후, 곧 로마에서의 1차 투옥에서 석방된 이후이다. 앞에서 살펴본 것처럼, 사도 바울은 63년경 석방된 후에 먼저 서바나로 가서 복음을 전한 후에(롬 15:23; Clement of Rome, Canon of Muratori 등), 다시 동방으로 와서 여러 지역을 순방할 때에 그레데 섬에도 들른 것으로 생각된다. 테오돌 찬은 이때를 65년 여름경으로 본다.[496] 필자는 이 시기를 조금 앞당겨 64년 가을 또는 65년 봄으로 보는 것이 더 낫다고 생각한다.

그러나 로마에서의 석방 후의 동방 여행에 대해 정확한 경로는 알 수 없다. 그레데 방문 이후의 일정에 대해 껄러르스는 확실하지는 않지만 다음과 같이 재구성해 본다. 바울은 그레데를 떠나 밀레도로 갔다가(딤후 4:20), 다시 북쪽으로 드로아로 나아갔다(딤후 4:13). 거기서 그는 마게도냐로 건너가서 고린도로 갔다. 아마도 바울은 여기서 디도에게 편지를 썼는데, 세나와 아볼로가 이 편지를 가지고 갔을 것이다(딛 3:13).[497] 껄러르스가 재구성한 이 여정은 확실하지는 않지만 가능성이 있다고 생각된다.

---

496) Zahn, *Einleitung*^{3}, I, 447.

497) Keulers, *De brieven van Paulus,* II, 196.

여기에 필자가 두어 가지를 더 보태자면, 바울이 밀레도에 도착한 후에는 에베소로 가지 않았을까 생각해 본다. 왜냐하면 밀레도는 에베소로 가는 관문이 되는 항구이며 에베소는 중요한 도시였기 때문이다. 바울은 에베소에서 일정 기간 사역한 후에(딤전 1:20 ?; 딤후 1:15 ?; 2:17 ?; 4:14 ?), 디모데를 거기에 남겨 두고 마게도냐로 갔다고 생각할 수 있다(딤전 1:3). 이때 바울은 아마 밀레도 항구로 가서 배를 타고 갔을 것이다(딤후 4:20). 이때 드로아에 들렀는지는 알 수 없으나(cf. 딤후 4:13), 아마 들르지 않고 바로 갔을 것이다(cf. 딤전 1:3). 그 후에 바울은 그리스의 어딘가에 있으면서 디모데에게 편지를 써서 보내었다. 그 편지에서 바울은 자신이 속히 디모데에게 가기를 바란다고 하였으나(딤전 3:14; 4:13), 그의 이 바람이 실현되었는지 여부는 알 수 없다. 성경 어디에도 이에 대해 분명히 말하는 것이 없다. 흐레이다너스는 이것이 실현되었을 수도 있을 것이라고 본다(cf. 딤후 4:20, 13).[498] 그러나 디모데후서 4:20, 13의 내용은, 위 껄러르스의 제안처럼 바울이 그레데 섬을 떠나온 후에 들른 것으로 볼 수 있기 때문에, 바울이 에베소를 떠나온 후에 또 다시 에베소를 방문했다고 보기는 어려울 것 같다. 바울은 (에베소를 떠나) 마게도냐로 간 후에 그리스 반도 안에서 바쁘게 움직이고 있었으며 니고볼리(Nicopolis)에 가서 겨울을 지내기로 하였다고 말한다(딛 3:12). 따라서 바울이 또 다시 에베소로 가기에는 시간적으로 여유가 없었을 것으로 생각된다.

2) 기록 계기

디도서를 쓴 직접적인 계기는 디도에게 속히 니고볼리로 오라고 하기 위해서였다(3:12). 니고볼리란 이름의 도시는 당시에 많이 있었는데, 이것은

498) Greijdanus, *Bizondere Canoniek,* II, 236.

아마도 그리스 반도 서쪽 아드리아해 쪽에 있는 '에피루스 지역의 니고볼리'(Nicopolis in Epirus)일 것이다.[499] 바울은 니고볼리에 가서 겨울을 지나기로 작정하고 디도에게 그곳으로 속히 오라고 부른 것이다. 바울이 이 편지를 쓴 지점은 아직 니고볼리가 아니며, 지금 그리스 반도 안의 어느 지점에 있었다. 껄러르스가 제안한 대로 고린도일 가능성도 있다.[500]

이 편지를 가지고 간 사람은 세나(Zenas)와 아볼로(Apollos)였을 것이다(Bouma). 그들은 편지 전달자로서 아마도 알렉산드리아로 가는 길이었을 것이다(Keulers). 그래서 바울은 디도에게 그들에게 필요한 것들을 도와주라고 말한다(3:13). 그리고 이어서 아데마(Artemas)나 두기고(Tychicus)를 디도에게 보내겠다고 한다. 디도를 대체할 사람으로 이 둘 중의 하나를 보낼 터이니 그가 도착하면 디도는 속히 니고볼리로 오라고 한다.

디도서는 또한 그레데에 남아 있는 디도에게 교회 직분 세움에 관한 지침을 주기 위해 기록되었다. 물론 바울이 그레데에 디도와 같이 있을 때 디도에게 이미 구두로 말하였지만, 이제 서신으로 다시 분명하게 말한다. 디도는 각 성에 '장로들'을 세워야 했다(1:5). 장로는 "책망할 것이 없고 한 아내의 남편이며 방탕하다는 비난을 받거나 불순종하는 일이 없는 믿는 자녀를 둔 자"여야 한다(1:6). 그런데 바울은 이 '장로'(πρεσβύτερος)를 또한 '감독'(ἐπίσκοπος)이라고 부른다(1:7). 5절의 '장로'와 7절의 '감독'은 다른 별개의 직분이 아니라 같은 직분에 대한 다른 명칭이다. 왜냐하면 7절에 '가르'(γάρ)라는 이유를 나타내는 접속사가 있어서 6절에서 말한 장로의 자격에 대해 7-9절에서 그 이유를 설명하고 있기 때문이다.[501] 7-9절에 나오는 감독(장로)의 자격은 디

---

499) Greijdanus, *Bizondere Canoniek,* II, 241.

500) Keulers, *De brieven van Paulus,* II, 196.

501) 이에 대해서는 필자의 "복음의 눈으로 본 장로직", 『목회와 신학』 149 (2001. 11), 82-95를 보라. 또한 Bouma, *Timotheus en Titus,* 386을 보라.

모데전서 3:2-7에 나오는 감독의 자격과 상당히 비슷하다. 그래서 바우마는 이것은 하나의 '이미 고형화(固形化)된 규칙'이라고 말하지만,[502] 그 정도까지는 아니다. 왜냐하면 디도서 1:6과 디모데전서 3;2의 "책망할 것이 없고 한 아내의 남편이며"까지는 자구적으로 거의 일치하지만(헬라어 단어는 다름), 그 이후부터는 많이 다르기 때문이다. 물론 전체적인 내용과 자격 요건은 일치한다. 중요한 것은 디도서 1:6은 5절의 '장로' 세움을 말하는 문맥에서 나오는데 반하여, 디모데전서 3:2은 '감독'의 자격을 말하는 중에 나온다는 사실이다. 따라서 이것은 또한 '장로'와 '감독'이 동일한 직분에 대한 다른 명칭임을 증거하고 있다.

뿐만 아니라 바울은 디도에게 불순종하고 헛된 말을 하며 속이는 자들을 경계하라고 한다(1:10). 이들은 주로 유대인 출신이며(1:10), 어리석은 변론과 족보 이야기와 분쟁과 율법에 대한 다툼을 즐겨 한다(3:9). 이들 이단들은 전체적으로 디모데전서에 나타난 이단과 같다.[503] 그레데는 에베소와 함께 그리스 문화 세계에 속하기 때문에 동일한 영적 경향이 나타나는 것은 이상한 일이 아니다.[504] 게다가 이 두 편지가 비슷한 시기에 기록되었다는 것이 또한 이 사실을 뒷받침한다.

그리하여 바울은 디도서에서 '건전한 교훈'(ἡ διδασκαλία ἡ ὑγιαίνουσα, ἡ ὑγιαίνουσα διδασκαλία)을 가르치고 권면할 것을 말한다(1:9; 2:1). 또한 디도에게 책망할 것이 없는 '바른 말'(λόγος ὑγιής)에 있어서 모범을 보이라고 말한다(2:8). 그리고 '믿음에 있어서 건전하게 되고'(1:13), 믿음과 사랑과 인내에 있어서 '건전하게 되도록' 교훈하라고 한다(2:2). 여기서 '건전(健全)한'은 다 '건강(健康)한'으로 번역할 수도 있다. 이런 것은 이단들의 '헛된 말'과

---

502) Bouma, *Timotheus en Titus,* 386.

503) Greijdanus, *Bizondere Canoniek,* II, 243.

504) Keulers, *De brieven van Paulus,* II, 196.

'속이는 것'(1:10), '허탄한 이야기'와 '진리를 배반하는 것'(1:14), '어리석은 변론'과 '족보 이야기'와 '분쟁'과 '율법에 대한 다툼'(3:9)에 대비되는 것이다. 뿐만 아니라 윤리적으로도 '더러운 이득을 취하려고 마땅하지 아니한 것을 가르치는 것'(1:11)과 '더럽고 깨끗하지 아니한 것'(1:15)과 '부패하여 스스로 정죄한 자'(3:11) 등에 대비되는 것이다.

이런 점에서 바울은 자신이 사도 된 것은 '하나님이 택하신 자들의 믿음'과 '경건함에 속한 진리의 지식'을 따른 것이라고 말한다(1:1). 두 번째의 '진리의 지식'(ἐπιγνῶσις ἀληθείας)은 '참 지식', '참된 지식'으로 번역할 수도 있는데, 이것은 '거짓되이 일컫는 지식'(cf. 딤전 6:20)에 대비된다. 참된 지식은 하나님이 택자들에게 '믿음'(πίστις)을 통해 선물로 주신 것이며 실생활에서는 '경건함'(εὐσέβεια)으로 나타난다. 이것은 또한 우리에게 '영생의 소망'(ἐλπὶς ζωῆς αἰωνίου)이 있게 하는 것이다(1:2; 3:7).

3) 기록 시기와 장소

디도서의 기록 시기는 바울의 로마에서의 첫 번째 투옥(약 61초-63초)에서의 석방 이후, 두 번째 로마 투옥 이전이 된다. 따라서 넓게 보면 63-67년이 되겠지만 그 사이에 서바나 여행과 동방 여행 등 많은 일들이 있었다. 로마에서의 석방 후의 행적에 대해서는 우리가 정확하게 알 수 없지만 동방 여행보다 서바나 여행이 먼저 있었다고 보는 것이 그 반대의 경우보다 더 자연스럽다. 서바나에서의 복음 전파 활동 후에 바울이 바로 동방으로 갔는지 아니면 로마를 거쳐서 갔는지는 알 수 없지만, 64년 여름 로마의 대화재 후에 일어난 기독교 핍박을 생각하면 바울이 서바나 여행 후 다시 로마로 간 것 같지는

않다. 기껏해야 아폴로니아(Apollonia)를 거쳐서 동방으로 갔을 수는 있다.[505)]

바울이 어디를 거쳐서 그레데 섬에 갔는지는 알 수 없지만 디도와 함께 그레데에 가서 복음을 전하였다. 그때 디모데는 이미 에베소에 머무르고 있었다.[506)] 디모데는 아마도 서바나 여행에 동참하지 않고 다시금 에베소로 파송받았을 수 있다.[507)] 디도는, 확실히 알 수는 없지만, 어쩌면 바울의 서바나 여행에 동참했을 수 있다. 바울이 서바나에서 1년간 복음을 전했다고 하는 베드로행전의 기록을 신뢰한다면, 바울이 서바나를 떠난 것은 64년 가을 또는 65년 상반기였을 것이다.[508)] 그렇다면 바울과 디도가 그레데 섬에 가서 활동한 시기는 대략 64년 말 또는 65년 상반기경으로 볼 수 있을 것이다. 그렇다면 디도서를 기록한 때는 대략 65년 가을경이 될 것이다.[509)] 65/66년 겨울은 니고볼리에서 보내었을 것이다.

디모데전서와 디도서는 내용상 서로 관련된 것이 많기 때문에 이 두 편지는 비슷한 시기에 기록된 것으로 보인다.[510)] 어느 것이 먼저 기록되었는지는 알 수 없다. 디모데전서 1:3에서 바울은 "내가 마게도냐로 갈 때에 ..."라고 말하고 있는데 반해, 디도서 3:12에서는 "... 네가 급히 니고볼리로 내게 오라."고 말하고 있지만, 디모데전서 1:3의 말은 바울이 마게도냐를 지나 그리스 안의 다른 곳에서도 할 수 있기 때문에 꼭 디모데전서가 앞서 기록되었다고 볼 수는 없다.[511)] 어쨌든 디도서의 기록 장소는 디모데전서와 마찬가지로 그리스

505) Zahn, *Einleitung*³, I, 447.

506) Zahn, *Einleitung*³, I, 447.

507) Zahn, *Einleitung*³, I, 447.

508) Zahn, *Einleitung*³, I, 447.

509) Zahn, *Einleitung*³, II, 656.

510) Bouma, *Timotheus en Titus,* 35.

511) Theodor Zahn은 디모데전서는 65년 봄, 디도서는 65년 가을에 기록되었다고 보고 있는데(*Einleitung*³, II, 656), 이 계산은 바울이 로마에서의 석방 후에 서바나를 거쳐 동방으로 왔을 때에 에베소에 가지 않고 다른 곳에서 마게도냐로 갔다는 자신의 견

안이다. 아직 니고볼리에 도착한 것은 아니지만 조만간 그곳으로 갈 예정에 있다(3:12). 따라서 니고볼리에서 멀지 않은 어느 지점으로 생각할 수 있다. 껄러르스의 생각처럼 고린도로 추정하는 것도 가능하지만, 그냥 그리스 안으로 보는 것이 좋을 듯하다.

4) 바울의 제자 디도

디도(Titus)는 신약에서 디모데처럼 자주 언급되지는 않지만 사도 바울의 중요한 동역자 중 한 사람이었다. 유대인 어머니를 가진 디모데와는 달리 디도는 완전히 이방인 출신이었다. 따라서 그는 할례를 받지 않았다(갈 2:3). 디도서 1:4에 의하면, 바울은 디도에 대해 '같은 믿음을 따라 나의 참 아들 된 디도'라고 말한다. '참 아들'(γνήσιον τέκνον)은 참된, 진실한, 거짓이 없는 자녀(true/genuine child)를 의미한다(cf. 딤전 1:2, 18; 딤후 1:2; 벧전 5:13). 따라서 디도는 디모데와 마찬가지로 사도 바울의 전도에 의해 회심한 것으로 생각된다. 그러나 그가 언제 어디서 회심했는지는 알 수 없다.

그는 바울과 바나바가 수리아 안디옥에서 예루살렘 회의에 올라갈 때 같이 데리고 간 것으로 처음 나온다(갈 2:1). 따라서 그는 수리아 안디옥 출신이었을 것이라는 추측이 가능하다.[512] 디도에 관해서는 사도행전에 전혀 나오지 않으며 오직 바울 서신을 통해서만 알 수 있다. 3차 선교여행 때 그는 바울의 동역자로 에베소에 있었다. 거기서 그는 바울에 의해 고린도로 파송받아 갔으며(고후 12:18), 어려운 과업을 잘 수행하고 돌아왔다(고후 7:6-7, 13). 바울이 고린도후서를 써서 디모데의 손으로 보내었는데, 디도는 고린도 교회에 가

해에 기초해 있다(*Einleitung*[3], I, 420f.). 그러나 어떻게 보든 기록 연대에는 큰 차이를 끼치지 않는다.

512) Keulers, *De brieven van Paulus,* II, 195.

서 예루살렘을 위한 구제 헌금을 독려하여야 했다(고후 8:6). 디도는 이 직무를 자원하여 기쁨으로 감당하였다(고후 8:16). 그 후 바울의 1차 로마 투옥이 끝날 때까지 우리는 디도에 대해 더 이상 듣지 못한다.

1차 투옥에서 석방된 후 바울이 서바나를 거쳐 동방으로 갔을 때 디도가 동행한 것으로 보인다. 언제부터 동행했는지는 알 수 없지만 바울과 함께 그레데에서 사역을 한 후에, 바울은 그를 그레데에 남겨 두어 아직 남아 있는 일들을 마무리하도록 하였다(딛 1:5). 디도에게 보낸 편지에서 바울은 디도에게 니고볼리로 오라고 명한다(3:12). 거기서 겨울을 지난 후에 바울과 디도는 아마도 로마로 간 것으로 보인다.[513] 어쨌든 디도는 바울의 2차 로마 투옥 때 함께 있었으며, 거기서 그는 달마디아로 보냄 받았다(딤후 4:10). 전승에 의하면, 디도는 후에 그레데로 돌아와서 거기서 나이 많아 자연적인 죽음을 맞이하였다고 한다.[514]

5) 내용 분해[515]

① 문안(1:1-4)

② 장로들을 세우라고 함(1:5-11)

i) 장로의 자격(1:6-9상)

ii) 장로의 직무(1:9하-11)

③ 그레데인들을 책망하라고 함(1:12-16)

---

513) Keulers, *De brieven van Paulus,* II, 195.

514) Keulers, *De brieven van Paulus,* II, 195. 디도가 "크레타 교회들의 첫 번째 감독이 되었다"고 하는 전승은 Eusebius, *Hist. Eccl.* III,4,5에 나오는데, 이에 대해 C. Bouma는 역사적 신뢰성을 전혀 결(缺)하고 있다고 본다(*Timotheus en Titus,* 6). 그러나 반(反)하는 증거가 없는 한 고대의 전승은 없는 것보다는 있는 것이 낫다고 생각된다.

515) 이것은 박윤선, 『바울 서신』, 511에 있는 것을 토대로 약간 수정한 것이다.

④ 남녀노소의 각 계층에 대한 교훈(2:1-15)

⑤ 신자들의 국가에 대한 의무(3:1-8)

⑥ 언쟁을 피하라고 함(3:9-11)

⑦ 부탁, 문안, 축복(3:12-15)

6) 참고 문헌

박윤선, 『성경주석 바울 서신』, 서울: 영음사, 1989(3판).

이상근, 『신약성서 주해 살전-디도』, 대한예수교장로회 총회교육부, 1971.

목회와신학 편집부 엮음, 『디모데전후서 디도서 어떻게 설교할 것인가』 (두란노 HOW 주석), 서울: 두란노아카데미, 2008.

P. Fairbairn, *Commentary on the Pastoral Epistles,* Grand Rapids: Zondervan, 1956 (repr. from T. & T. Clark's 1874 ed.).

W. Hendriksen, *I & II Timothy & Titus (NTC),* Edinburgh: Banner of Truth, 1983.

Ph. H. Towner, *The Letters to Timothy and Titus (NICNT),* Grand Rapids: Eerdmans, 2006.

W. D. Mounce, *Pastoral Epistles (WBC),* Nashville: Th. Nelson, 2000.

Th. D. Lea and H. P. Griffin, Jr., *1, 2 Timothy Titus (NAC),* Nashville: Broadman Press, 1992.

G. W. Knight III, *The Pastoral Epistles (NIGTC),* Grand Rapids: Eerdmans, 1992.

C. Bouma, *De brieven van den apostel Paulus aan Timotheus en Titus (KNT),* Amsterdam: H. A. van Bottenburg, 1942.

H. Ridderbos, *De Pastorale brieven (CNT)*, Kampen: J. H. Kok, 1967.

P. H. R. van Houwelingen, *Timoteüs en Titus. Pastorale instructiebrieven (CNT-3)*, Kampen: J. H. Kok, 2009.

J. Keulers, *De brieven van Paulus (De boeken van het Nieuwe Testament)*, II, Roermond en Maaseik: J. J. Romen & Zonen, 1954.

18. 빌레몬서

1) 기록 시기와 장소

빌레몬서는 에베소서, 골로새서, 빌립보서와 함께 옥중서신 중 하나이며 사도 바울이 로마에 1차로 투옥되어 있을 때에 기록되었다. 빌레몬서는 골로새서와 많은 유사성을 보이고 있다. 골로새서에 언급된 인물들(에바브라, 마가, 아리스다고, 누가, 데마, 아킵보)이 빌레몬서에 그대로 나타나고 있다(골 4:10, 12, 15, 17; 몬 1:2, 23, 24). 둘 다 옥중에서 썼으며(골 4:18; 몬 1:1), 디모데가 바울과 함께 발신자로 나타난다(골 1:1; 몬 1:1). 따라서 이 두 편지는 거의 동시에 쓰여졌다고 생각된다. 아마도 골로새서를 기록한 후에, 또는 골로새서와 에베소서를 기록한 직후에 오네시모를 돌려보내면서 썼을 것이다.

2) 수신자와 기록 계기

빌레몬서의 수신자는 빌레몬과 자매 압비아와 아킵보와 및 빌레몬의 집에 있는 교회이다(1:1-2). 빌레몬은 골로새 교회의 중심인물로서 그의 집에서 교회가 모이고 있었다(1:2). 압비아는 아마도 그의 아내이었던 것 같으며, 아킵보는 그의 아들이었던 것으로 생각된다(cf. 골 4:17).[516] 빌레몬은 부유했으며 종들을 두고 있었던 것으로 생각된다.

바울이 이 편지를 써서 보내게 된 계기는 오네시모 때문이었다. 그는 원래 빌레몬의 종으로 있었는데 어느 날 주인집을 떠나 도망쳤다. 그때 그는 아마도 주인의 물건을 좀 훔쳤을 것이다(18절). 그는 로마로 와서 떠돌다가 바울을 만나서 복음을 듣고는 예수님을 믿게 되었다(10절). 그러자 오네시모와 옛 주인이었던 빌레몬과의 사이에 새로운 관계 설정이 필요했다.

고민 끝에 바울은 오네시모를 원주인 빌레몬에게 돌려보내기로 작정하였다(12절; 골 4:9). 그러면서 빌레몬에게, 오네시모를 이제는 주 안에서 형제로 받아들이라는 편지를 써서 두기고 편에 보내었다(16절; 골 4:7-8). 그리고 혹 오네시모가 빌레몬에게 잘못한 것이나 빚진 것이 있으면 바울 앞으로 계산하라고 말한다(18절). 우리는 이 편지에서 당시의 사회적, 경제적 관계의 어려운 문제를 어떻게 은혜롭게 해결하는가 하는 것을 볼 수 있다. 사회 경제적, 제도적 문제에 대해 폭력이나 혁명적 방법으로 해결하지 아니하고 주 안에서 사랑으로 해결하고 있다.

3) 내용 분해

① 인사말(1-3절)
② 바울의 감사와 기도(4-7절)
③ 오네시모를 위해 간구함(8-22절)
④ 문안과 기원(23-25절)

---

516) Greijdanus, *Bizondere Canoniek*, II, 247.

4) 참고 문헌

박윤선, 『성경주석 바울 서신』, 서울: 영음사, 1989(3판).

이상근, 『신약성서 주해 옥중서신』, 대한예수교장로회 총회교육부, 1980.

목회와신학 편집부 엮음, 『빌립보서 빌레몬서 어떻게 설교할 것인가』 (두란노 HOW 주석),서울: 두란노아카데미, 2007.

J. B. Lightfoot, *Saint Paul's Epistles to the Colossains and to Philemon,* Grand Rapids: Zondervan (repr. from 1897 ed. by MacMillan and Co.).

W. Hendriksen, *Colossians & Philemon (NTC),* Edinburgh: Banner of Truth Trust, 1988.

F. F. Bruce, *The Epistles to the Colossians, to Philemon, and to the Ephesians (NICNT),* Grand Rapids: Eerdmans, 1984.

J. D. G. Dunn, *The Epistles to the Colossians and to Philemon (NIGTC),* Grand Rapids: Eerdmans, 1996.

J. A. C. van Leeuwen, *Paulus' zendbrieven aan Efeze, Colosse, Filémon, en Thessalonika (KNT),* Amsterdam: H. A. van Bottenburg, 1926.

J. van Eck, *Kolossenzen en Filemon. Waarheid en recht (CNT-3),* Kampen: J. H. Kok, 2007.

J. Keulers, *De brieven van Paulus (De boeken van het Nieuwe Testament),* II, Roermond en Maaseik: J. J. Romen & Zonen, 1954.

※ 바울 서신의 기록 연대

〈2차 선교여행〉	〈3차 선교여행〉	〈1차 로마 투옥〉	〈2차 로마 투옥〉
49 - 52	53 - 58	60 - 62	? - 66/67
살전 살후	고전 고후	빌	딤전 딤후
	갈	골/엡/몬	딛
	롬		

19. 히브리서

1) 저자

히브리서의 저작자에 대해서는 예로부터 의견이 엇갈리었다. 바울 저작으로 보는 견해도 있고 바나바, 누가, 아볼로, 실라 등 다른 사람의 저작으로 보는 견해들도 있다. 문체와 단어, 구약 인용과 논리 전개 방식은 바울의 다른 서신들과 확연히 구별된다. 그러나 히브리서 마지막의 '우리 형제 디모데'에 관한 언급은 바울 저작을 지지하는 듯이 보인다. 하지만 이 말은 다른 사람도 할 수 있기 때문에 꼭 바울 저작을 지지한다고 볼 수만은 없다.

고대의 동방 교회에서는 대체로 바울 저작을 받아들였다(Clement of Alexandria, Origen, Cyril of Jerusalem, Epiphanius, Eusebius of Caesarea, Chrysostom, Theodoret, Theodore of Mopsuestia, Basil the Great, Gregory of Nazianzus, Gregory of Nyssa, Aphraates, Ephraim 등). 서방 교회에서는 바

울 저작에 의문을 제기는 사람들이 많았다(Marcion, Hyppolytus, Muratori, Ambrosiaster, Philastrius, Irenaeus, Cyprian, Tertullian, Hieronymus 등).[517] 그러나 4세기 말에 와서는 바울 저작으로 보는 견해가 우세하였다. 393년에 북아프리카의 힙포(Hyppo)에서 열린 회의와 397년에 카르타고(Carthago)에서 열린 회의에서는 '사도 바울의 13 서신과 동일한 저자의 히브리서'를 정경에 포함시켜 말한다.[518] 이 표현은 히브리서를 바울의 저작으로 보기는 하지만 여태까지 논란이 있었음을 암시하고 있다. 그러다가 419년의 카르타고 회의에서는 그냥 '바울의 14 서신'이라고 말한다.[519] 이 후로 히브리서에 대한 논란은 종식된 것처럼 보였다.

그러나 그 후에도 교회 안에서 바울 저작에 대해 완전한 의견 일치를 이룬 것은 아니었다. 예를 들어 칼빈이 작성한 갈리아 신앙고백(1559년)은 히브리서를 바울 서신 13개 다음에 따로 언급한다(제3조). 또한 칼빈의 영향을 많이 받은 벨직 신앙고백(1561년)은 신약 정경의 목록 중에 '사도 바울의 13 서신'과 '히브리서'를 따로 언급한다(제4조). 그러나 웨스트민스터 신앙고백은 별도의 수식어가 없이 성경 66권의 목록을 제시한다.

히브리서의 저자에 대한 여러 견해들을 간단히 살펴보자. 먼저 바나바가 썼다고 보는 견해가 있다(Maier, Fouard, Wieseler, Volkmar, B. Weiss, Keil, Lagarde, Zahn, Blass, Dibelius, Riggenbach 등).[520] 고대 교회에서는 터툴리안이 이렇게 본다(*De pudic.* 20). 바나바가 구브로 출신의 레위인이기 때문에 성막에 대해 관심을 가졌을 수는 있다. 그러나 만일 바나바가 기록했다면 왜

---

517) Cf. Keulers, *De brieven van Paulus,* II, 253.

518) 이에 대해서는 필자의 『신약 정경론』, 101-103을 보라.

519) Keulers, *De brieven van Paulus,* II, 254.

520) Cf. Keulers, *De brieven van Paulus,* II, 258.

이에 대한 흔적이 남아 있지 않은지가 이상하다.[521)]

둘째로, 바울이 히브리어로 쓰고 다른 사람이 헬라어로 번역했다고 보는 견해가 있다. 그래서 바울 서신과 문체가 다르다고 한다. 알렉산드리아의 클레멘트(Clement of Alexandria)는 바울이 히브리어로 히브리인들을 위해 썼는데 누가가 헬라인들을 위해 번역했다고 본다(Eusebius, *Hist. Eccl.* VI,14). 그래서 그 번역은 사도행전과 같은 스타일과 색채를 가지고 있다고 한다. 그리고 바울에 대해 편견을 가지고 있는 히브리인들에게 썼기 때문에 바울은 서두에 자기 이름을 생략했다고 한다(같은 곳).[522)] 그러나 칼빈은 이런 견해에 반대한다. 헬라어 διαθήκη란 단어의 '유언(遺言)'[523)]이란 의미는 결코 히브리어 '브리트'의 번역에서 나올 수 없다. 헬라어 διαθήκη는 '언약'과 '유언'이란 의미 둘 다 있지만 히브리어 '브리트'는 오직 '언약'이란 의미만 있기 때문이다. 따라서 히브리서는 히브리어의 번역일 수 없으며 처음부터 헬라어로 썼다고 본다.[524)]

셋째로, 오리겐(Origen)은 "누가 이 편지를 썼는지는 오직 하나님만이 아신다"고 하면서 누가 외에 로마의 클레멘트(Clement of Rome)가 썼다고 하는 옛 전승도 간단히 언급하고 있다(Eusebius, *Hist. Eccl.* VI,25). 그러나 그가 어디서 이 전승을 취하였는지는 말하지 않고 있다.

넷째로, 루터는 아볼로를 히브리서의 저자로 보았다. 이 견해는 후에 많은 개신교 학자들(Semler, de Wette, Bleek, Tholuck, Davidson, Pfleiderer 등)

---

521) 이 견해에 대한 소개와 평가에 대해서는 F. W. Grosheide, *De brief aan de Hebreen en de brief van Jakobus (KNT)* (Amsterdam: H. A. van Bottenburg, 1927), 30-32를 보라.

522) Cf. Grosheide, *Hebreen en Jakobus,* 34.

523) 히 9:16-17 "유언(διαθήκη)은 유언한 자가 죽어야 되나니 유언(διαθήκη)은 그 사람이 죽은 후에야 유효한즉 유언한 자가 살아 있는 동안에는 효력이 없느니라."

524) Calvin, *Commentary on the Epistle to the Hebrews,* "The Theme."

과 몇몇 가톨릭 학자들(Belser, Rohr, Spicq 등)이 따르고 있다.[525] 사도행전 18:24에 보면, 아볼로는 알렉산드리아 사람으로 성경과 학문에 능한 사람이라고 하였다.

다섯째로, 실라를 저자로 보는 사람도 있다(Mynster, Böhme, F. Godet, Wohlenberg). 그 근거는 그가 바울의 제자였다는 것밖에 없다.[526]

여섯째로, 하르낙(Harnack)은 아굴라와 브리스길라가 썼다는 독특한 견해를 제시하였다. 그 근거는 히브리서 13:18에 복수 '우리'가 나타난다는 것이다. 그리고 이들 부부는 아볼로의 회심에 영향을 끼쳤으며(행 18:26), 바울과 협력하였다(롬 16:3). 그리고 고린도 교회에 아볼로를 추천하는 편지를 써 주었다(행 18:27).[527]

칼빈은 본서가 사도적 문서에 속한다는 것을 주저 없이 받아들인다. 그러나 바울이 저자가 아닌 것은 확실하다고 한다. 왜냐하면 가르침의 방식과 문체가 다르기 때문이다. 히브리서 2장(3절)에서 자기는 '사도들의 제자들 중의 하나'라고 말한다. 6장에서 교리교육(catechizing)에 대해 말하는 것은 바울 시대에 맞지 않다고 한다. 그리고 앞에서 본 것처럼 원래는 히브리어로 썼는데 누가나 다른 사람이 헬라어로 번역했다는 주장도 칼빈은 배격하였다.[528] 따라서 히브리서는 '사도들의 제자 들 중 하나'가 썼는데, 바울이 죽고 난 후에 누가나 클레멘트가 썼을 수 있다고 본다.[529]

오늘날 대부분의 개신교 학자들은 바울 저작을 반대하면서 "하나님만 아신

525) Cf. Keulers, *De brieven van Paulus,* II, 258.

526) Cf. Keulers, *De brieven van Paulus,* II, 258.

527) Cf. Keulers, *De brieven van Paulus,* II, 258.

528) Calvin, *Commentary on the Epistle to the Hebrews,* "The Theme."

529) 히 13:23 주석 중. Cf. 박윤선 박사, 『성경주석 히브리서 공동 서신』 (서울: 영음사, 1987), 15f.

다"는 오리겐의 입장을 따라 히브리서의 저자는 알 수 없다고 본다.[530] 그러나 판 브루헌 박사는 바울 저작으로 본다. 신약 사본들의 위에는 '표제'로 대부분 저자가 표시되는데 바울 서신만 예외로 수신자가 표시된다('로마인에게' 등). 히브리서도 일찌감치 바울 서신으로 받아들여졌기 때문에 여기에도 표제로 수신자가 기록되어 있다고 한다.[531]

가톨릭교회에서는 1546년의 트렌트 회의에서 바울 저작을 인정하였다. 오늘날 가톨릭 학자들은 대개 바울이 이 서신을 우리가 현재 가지고 있는 형태대로 쓰지 않았다는 것을 인정한다.[532] 그래서 옛날 오리겐의 견해로 되돌아간다. 즉, "사상은 사도의 것이지만 그 표현과 구성은 사도적인 가르침을 기억하고 그 스승의 말씀을 주석한 어떤 사람의 것이다."(Eusebius, *Hist. Eccl.* VI,25,13)[533]

껄러르스 자신은 넓은 의미에서의 바울 저작을 인정하면서도 그 '편집자'(redactor)에 대해서는 알 수 없다고 말한다. 그러면서도 히브리서에 나타난 '알렉산드리즘', 즉 알렉산드리아가 중심이 된 사상적 흐름에 주목한다. 여기에서는 헬라 문화와 유대 문화 사이의 만남을 볼 수 있고 유대 문헌을 풍유적(알레고리적)으로 해석하려는 경향이 강하였다. 유대인 철학자 필로(Philo)가 그 대표적인 사람이다. 히브리서에 이런 알렉산드리즘이 많이 발견된다고 한다. 필로에 의해 많이 사용된 단어들(κεφάλαιον,

530) Guthrie, *New Testament Introduction,* 682; Kümmel, *Einleitung,* 355; Grosheide, *Hebreen en Jakobus,* 39; Greijdanus, *Bizondere Canoniek,* II, 265f.; H. R. van de Kamp, *Hebreeën. Geloven is volhouden,* 2e dr. (Utrecht: J. H. Kok, 2012), 19; 이상근, 『갈라디아 히브리서』(대한예수교장로회 총회교육부, 1983), 146; 박형용, 『히브리서 주석』(서울: 햇불, 2003), 39 등.

531) P. H. R. van Houwelingen (red.), *Apostelen. Dragers van een spraakmakend evangelie,* 2e dr. (Utrecht: J. H. Kok, 2012), 175.

532) Keulers, *De brieven van Paulus,* II, 257.

533) Cf. Keulers, *De brieven van Paulus,* II, 257.

τεχνίτης, δημιουργός, αἴτιος σωτηρίας, ἀπαύγασμα, χαρακτήρ)과 논법들(*argumentum congruentiae, argumentum a fortiori, argumentum e silentio, argumentum etymologiae*), 그리고 깊은(상징적) 의미 찾기 등이 그런 것들이다.[534] 따라서 껄러르스는 히브리서의 저자는 알렉산드리아식 교육을 받았으며 직접적이든 간접적이든 필로에 의존한다고 결론짓는다.[535] 그래서 그는 루터가 제안한 '아볼로' 견해를 지지하는 것으로 보인다.

우리의 결론은 히브리서의 인간 저자가 누구인지는 알 수 없지만 어쨌든 제일 저자는 하나님이시라는 사실이다. 하나님께서 인간을 도구로 사용하셔서 하나님의 뜻을 전하게 하셨다. 따라서 히브리서는 교회에 주신 하나님의 말씀이다. 제2 저자가 누구인가 알 수 있으면 좋겠지만 몰라도 큰 문제는 없다.

그러나 히브리서에 나타난 용어나 문체, 논법, 다루는 주제와 내용 등을 볼 때 바울을 저자로 보기는 힘들다고 생각된다.[536] 칼빈이 지적한 것처럼 히브리서 2:3의 말씀 - "우리가 이같이 큰 구원을 등한히 여기면 어찌 그 보응을 피하리요? 이 구원은 처음에 주로 말씀하신 바요 들은 자들이 우리에게 확증한 바니" - 을 볼 때 '우리'는 아무래도 사도들 다음의 세대로 생각된다. 이것은 바울이 자신을 다른 사도들과 같은 세대로 보고 있는 것(갈 1장)과는 다르다.[537]

---

534) Keulers, *De brieven van Paulus,* II, 258f. 그렇지만 히브리서의 저자는 필로와는 달리 깊은 의미를 찾을 때 성경의 문자적 의미를 놓치지 않는다고 본다(p.259).

535) Keulers, *De brieven van Paulus,* II, 259.

536) 히브리서가 단어들, 언어, 문체(스타일), 특히 신학적 내용에 있어서 바울 서신들과 다른 점에 대해서는 Keulers, *De brieven van Paulus,* II, 254f.를 보라. 그러나 이것은 히브리서가 바울의 가르침과 충돌한다는 것을 의미하는 것은 아니며 다른 관점에서 본 것이라고 한다(p.255f.).

537) 판 드 캄프(Van de Kamp)는 여기의 '우리'를 사도들 다음의 '제2 세대'로 보는 것을 다음 세 가지 이유를 들어 반대한다(*Hebreeën,* 15). ① 바울은 자신을 또한 전승을 받은 자로 보고 있다(고전 15:3). 더구나 예수께서 그의 지상 사역 동안에 하신 말씀과 명령을 언급할 때 그렇게 말한다(히 2:3이 바로 그런 것을 말한다!). ② 여기서 제1 세대는 예수와 및 그의 목격자들-제자들이며, 제2 세대는 오순절 후에 비로

원래 바울이 히브리서로 기록하였으나 후에 누가가 헬라어로 번역하였다는 견해는 비록 150년경에 알렉산드리아의 클레멘트가 주장하였으나 (Eusebius, *Hist. Eccl.* VI,14,4), 칼빈이 날카롭게 지적한 바와 같이 히브리서 9장의 '언약'과 '유언'이란 이중(二重) 의미는 히브리어 '브리트'에서는 올 수 없는 것이다.[538)]

따라서 굳이 인간 저자(제2 저자)를 찾는다면 히브리서의 단어들, 용어, 문체, 주제와 사상, 논법 등을 볼 때 알렉산드리아 유대교와의 유사성에 주목하는 것이 좋을 듯하다.[539)] 그렇다면 루터가 제안한 대로 아볼로를 생각할 수도 있겠으나 오리겐처럼 "하나님만이 아신다"고 보는 것이 더 좋을 듯하다.[540)] 어쨌든 히브리서는 하나님의 말씀이며, 바울 서신의 가르침과 충돌하지 않으면서도 바울 서신에는 없거나 빈약한 그리스도의 대제사장직과 다른 내용들에 대해 우리의 이해를 넓혀 주고 풍성하게 해 준다.

소 듣고 믿고 가서 전파하던 설교자들이다(이때 성령이 함께 증거하신다. 행 2:4). ③ 저자가 자신을 제2 세대로 여긴 것은 독자의 관점에서 그렇게 한 것이다(Post는 이것을 공감의 복수라고 부른다). 판 드 캄프의 이 논리는 나름대로 설득력이 있어 보이지만 히 2:3은 분명히 '주', '들은 자들', '우리', 이렇게 3단계로 말한다. 여기서 '우리'는 '들은 자들'을 통해 전해 받은 자들이다. 그렇다면 히브리서의 저자는 자신을 '주께로부터 들은 자들'과 같은 그룹이 아니라 '그들로부터 들은 자들' 그룹에 포함시키고 있는 것은 분명한 사실이다. 이것은 자신을 '사도들'과는 다른 세대로 보는 것이어서 사도 바울의 경우에는 맞지 않은 것이다. Greijdanus도 필자와 같은 견해이다(*Bizondere Canoniek,* II, 265). Grosheide도 마찬가지다(*Hebreen en Jakobus,* 36).

538) 물론 원저자가 15절의 '언약'에서는 히브리어 '브리트'를 사용하고 16, 17절의 '유언'에서는 다른 히브리어 단어를 사용했는데, 번역자가 둘 다 동일한 헬라어 단어 '디아떼케'(διαθήκη)로 번역했다고 보면 가능하기는 하지만, 이것은 번역자에게 너무 많은 역할을 주는 것이 된다. 뿐만 아니라 히브리서 전체의 문체를 볼 때 번역이 아니라 헬라어에 정통한 사람이 처음부터 헬라어로 쓴 것으로 생각된다.

539) Feine-Behm도 히브리서가 알렉산드리아 유대교의 정신과 접촉하고 있음이 분명하다고 한다(*Einleitung*[8], 214f.).

540) Th. Zahn도 필자와 같은 견해이다(*Einleitung*[3], II, 154f.).

2) 수신자

'히브리인들에게'라는 표제는 후대에 붙여진 것이다. 판타이누스, 터툴리안, 알렉산드리아의 클레멘트, 이레네우스 등에게 이미 이 표제가 알려진 사실로 보아 150-200년경에 이미 '히브리인들에게'라는 표제가 알려졌음을 알 수 있다.[541] 히브리서는 그리스도인들에게 주어진 편지이기 때문에 '히브리인'은 회심한 유대인들 곧 유대인 그리스도인들이다. 특히 예수 그리스도의 대제사장직에 대해 의문을 가진 사람들이었다. 그는 유다 지파에서 난 사람인데 어떻게 대제사장이 될 수 있느냐에 대해 의문을 가지고 있었다. 그래서 히브리서는 예수 그리스도의 대제사장 됨에 대해 깊이 있게 논증하고 있다. 곧, 예수는 유다 지파에서 나셨지만 멜기세덱의 반차를 좇아 영원한 제사장이 되셨음을 논증한다(특히 7:11-17; cf. 시 110:4).

그러나 어디에 있는 유대인 그리스도인들이냐에 대해서는 의견이 나뉜다. 알렉산드리아를 생각하는 사람은 히브리서의 알렉산드리니즘, 아볼로의 알렉산드리아 출신, 그리고 레온토폴리스(Leontopolis)에 있는 성전을 그 근거로 생각한다.[542] 그러나 앞의 두 개는 저자와 관련된 것이지 수신자와는 상관이 없다.

두 번째로 '로마'를 생각하는 사람들이 많다. 20세기에 들어와서 그 대표자는 테오돌 찬이다.[543] 흐로쉐이드도 마찬가지로 '로마에 있는 어떤 그리스도인 그룹, 유대인 그리스도인들로 구성된 그룹'으로 본다.[544] 그 첫 번째 근거는 히브리서 13:24의 "이달리야에서 온 자들도 너희에게 문안하느니라."는

---

541) Keulers, *De brieven van Paulus,* II, 259.

542) Cf. Keulers, *De brieven van Paulus,* II, 260.

543) Zahn, *Einleitung*³, II, 147-51.

544) F. W. Grosheide, *De brief aan de Hebreën (Korte Verklaring)* (Kampen: J. H. Kok, 1935), 8. 자세한 논의는 Grosheide, *Hebreen en Jakobus,* 21-26에 나온다.

말씀에서 찾는다. '이탈리아에서 온 자들'(οἱ ἀπὸ τῆς Ἰταλίας)은 흐로쉐이드에 의하면 '이탈리아에 있는 자들'을 뜻할 수는 없다고 한다. 왜냐하면 이탈리아에 있는 사람들이 다 문안을 한다는 것은 불가능하기 때문이다. 따라서 저자는 이탈리아 밖의 어느 기독교 교회에 머물고 있으며 그 교회에는 이탈리아에서 온 사람들이 있었다고 한다. 그렇다면 수신자는 이탈리아 안에 있으며 당연히 로마를 첫 번째로 생각하게 된다고 한다.[545] 두 번째 근거는 로마에 이 히브리서가 잘 알려져 있기 때문이다. 로마의 클레멘트는 히브리서를 매우 잘 알고 있으며, 허마의 목자도 히브리서를 잘 알고 있다. 이런 저런 이유로, 확실한 증거는 아니지만, 히브리서가 로마에 보내졌을 가능성이 높다고 본다.[546] 로마 교회는 이방인 그리스도인들이 압도적으로 많았지만 유대인 그리스도인들도 많았다고 한다. 그래서 로마에 있는 유대인 그리스도인들 그룹에게 보내어졌다고 본다.[547]

그러나 껄러르스에 의하면, 이렇게 중요한 편지가 상대적으로 작은 그룹인 로마의 유대인-그리스도인들에게 향했다고 보기에는 어려움이 있다고 한다.[548] 따라서 히브리서의 수신자를 예루살렘 또는 팔레스타인에서 찾는 것이 가장 그럴 듯해 보인다. 이렇게 보는 것이 '히브리인들'이란 단어에도 가장 잘 어울린다. 크리소스톰과 에프라임도 예루살렘 교회에 보내졌다고 분명히 말한다.[549] 히브리서의 주된 목적은 수신자들에게 유대주의로 돌아가는 것을 경계하는 것인데, 그러한 위험성은 예루살렘에서보다 더 크게 존재하는 곳은

545) Grosheide, *Hebreen en Jakobus,* 21f.

546) Grosheide, *Hebreen en Jakobus,* 22f.

547) Grosheide, *Hebreen en Jakobus,* 24-26. Greijdanus의 견해도 Grosheide의 견해와 똑같다(*Bizondere Canoniek,* II, 268-69).

548) Keulers, *De brieven van Paulus,* II, 260.

549) Keulers, *De brieven van Paulus,* II, 260.

없었다.[550] 그 외에도 예루살렘 교회는 주후 70년 전까지는 유대의 법들을 지키고 있었으며 성전을 충실하게 방문하고 있었다. 그리고 예루살렘 교회는 많은 핍박을 겪었다. 만일 히브리서가 70년 전에 기록되었다면 이러한 사정들은 히브리서에 잘 들어맞는다.[551] 판 드 캄프(Van de Kamp)도 여러 가능성을 고려하지만 결론적으로 '예루살렘에 있는 유대인 그리스도인 교회'에 보내졌다고 본다.[552]

판 하우얼링언(Van Houwelingen)은 2002년 그의 교수 취임 강연[553]에서 예루살렘의 교회가 유대인의 전쟁 발발 후에 Perea의 Pella로 도망갔다고 하는 Eusebius의 기록(*Hist. Eccl.* III,5,3)은 믿을 만하다는 것을 논증하는 가운데, Eusebius는 유대인 그리스도인들을 가리키는 '히브리인들'이란 말을 사용한다고 지적한다(*Hist. Eccl.* IV,5,1-4). 주후 135년까지 예루살렘의 감독들과 그 감독 아래 있는 회중들은 모두 '히브리인들' 즉 할례자들이었다.[554] 그렇다면 '히브리인들에게'라는 표제를 가지고 있는 히브리서는 자연히 예루살렘 교회에 보낸 편지라고 볼 수 있다.

3) 기록 시기

히브리서의 기록 시기는 알 수 없다. 로마의 클레멘트(96년경)가 이 편지

550) Keulers, *De brieven van Paulus,* II, 260.

551) Keulers, *De brieven van Paulus,* II, 261.

552) Van de Kamp, *Hebreeën,* 25.

553) P. H. R. van Houwelingen, "Fleeing Forward: The Departure of Christians from Jerusalem to Pella," *WTJ* 65 (2003), 181-200. 이 취임 강연(논문)은 원래 "Vlucht naar voren. Het vertrek van de christenen uit Jeruzalem naar Pella"라는 제목으로 *Theologia Reformata* 45 (2002), 339-61에 게재된 것을 Drs. J. M. Batteau 목사가 번역한 것이다.

554) Van Houwelingen, "Fleeing Forward," 198.

를 알고 있었으며, 따라서 적어도 그 이전에 기록되었다. 디모데가 살아 있었으므로(13:23), 1세기 말 이전이 될 것이다. 이런 저런 사정을 고려하여 테오돌 찬은 80년경으로 본다.[555] 흐레이다너스는 알 수 없다고 하면서 로마의 클레멘트의 편지(95년경) 이전은 분명하다고 한다. 그러나 얼마나 더 이전인지는 알 수 없다고 한다. 그리고 히브리서를 쓸 당시에 예루살렘 성전이 이미 파괴되었었는지 아직 존재하고 있었는지도 알 수 없다고 한다. 왜냐하면 히브리서는 성전이 아니라, 구약에 기록된 바의 성막과 그 제도와 봉사에 대해 말하기 때문이다.[556] 흐로쉐이드는 약 80년경(90년 이전, 70년 이후)으로 추정한다. 2:3에 의하면 히브리서 저자는 1세대로부터 전해 들었다. 디모데도 살아 있다(13:23). 다른 한편, 예루살렘은 멸망한 것으로 보인다. 왜냐하면 저자는 성전이나 성전 봉사에 대해서는 전혀 말하지 않고 성막에 대해 말하기 때문이다. 그리고 수신자에게 복음이 도달한 지 제법 시간이 지난 것 같이 보인다(5:12).[557]

판 하우얼링언(Van Houwelingen)은 예루살렘이 멸망하기 전인 62-70년으로 본다.[558] 판 드 캄프(Van de Kamp)도 마찬가지로 가능한 최대 범위는 예수님의 승천 후 96년 이전까지라고 하면서, 유대인의 전쟁이 발발한 66년부터 예루살렘이 멸망한 70년 사이로 본다.[559]

한편, 가톨릭 주석가인 껄러르스(Keulers)는 바울 저작설(다른 사람이 번역)을 지지하면서 67년 이전 곧 바울의 순교 이전에 기록되었다고 본다. 여러 이유들 중에서 가장 강력한 것은 예루살렘이 이미 멸망했다면 옛 종교의식

---

555) Zahn, *Einleitung*[3], II, 151f.

556) Grosheide, *Bizondere Canoniek,* II, 269f.

557) Grosheide, *Hebreën (Korte Verklaring),* 8; *Hebreen en Jakobus,* 26-29.

558) Van Houwelingen, "Fleeing Forward," 198과 각주 60.

559) Van de Kamp, *Hebreeën,* 32-36.

에 빠질 위험성을 수신자들에게 그렇게 강력하게 경고하는 것이 무슨 의미가 있겠는가 하는 것이다.[560] 그리고 유대의 종교의식은 아직도 존재하는 것으로 여겨지고 있다(cf. 5:1-4; 8:3-5; 9:6f.; 10:11; 13:11).[561] 특히 8:4("예수께서 만일 땅에 계셨더라면 제사장이 되지 아니하셨을 것이니 이는 율법을 따라 예물을 드리는 제사장이 있음이라.")과 10:2("그렇지 아니하면 섬기는 자들이 단번에 정결하게 되어 다시 죄를 깨닫는 일이 없으리니 어찌 제사 드리는 일을 그치지 아니하였으리요?")을 레위 지파 제사장들의 존속에 대한 중요한 증거로 여기고 있다.[562] 껄러르스가 제시한 8:4과 10:2은 상당히 중요한 근거인 것처럼 보인다. 그리고 또한 8:13("새 언약이라 말씀하셨으매 첫 것은 낡아지게 하신 것이니 낡아지고 쇠하는 것은 없어져 가는 것이니라")는 말씀도, 직역하면 "... 사라져 가는 것에 가까움이라"가 되는데, 옛 언약의 존재에 대한 강력한 근거로 생각된다. 그래서 껄러르스는 이 모든 것은 제1차 유대인의 전쟁 발발 후 케스티우스 갈루스(Cestius Gallus)의 패배(66년 말)와 베스파시아누스의 침입(67년) 사이의 시기에 잘 들어 맞다고 한다.[563]

위 껄러르스의 주장이 제법 설득력 있게 생각되기는 하지만 불확실한 사실들이 많기 때문에 다른 가능성을 열어 두는 것이 필요해 보인다.

4) 기록 장소

히브리서의 기록 장소는 수신자와 기록 연대 문제와 밀접하게 연결되어 있다. 13:24의 "이달리야에서 온 자들도 너희에게 문안하느니라."는 말씀이 중

560) Keulers, *De brieven van Paulus*, II, 261.

561) Keulers, *De brieven van Paulus*, II, 261.

562) Keulers, *De brieven van Paulus*, II, 261.

563) Keulers, *De brieven van Paulus*, II, 262.

요한 힌트를 제공한다. 여기서 '이달리야에서 온 자들'(οἱ ἀπὸ τῆς Ἰταλίας)을 어떻게 이해하느냐 하는 것이 관건이다. 흐로쉐이드에 의하면, 앞에서 살펴본 것처럼 이 표현 자체는 물론 '이탈리아에 있는 사람들'을 뜻할 수도 있지만 여기서 그렇게 보는 것은 사실상 불가능하다고 한다.[564] 따라서 저자는 이탈리아 밖의 어느 교회에 있으며, 거기에 (수신자들에게 알려진) 이탈리아에서 온 사람들이 있었다. 그래서 그들이 저자와 함께 문안을 보내고 있다. 그렇다면 수신자는 이탈리아(로마)에 있다고 생각할 수 있다고 한다.[565] 그러나 컬러르스는 '이탈리아에서 온 자들'이란 표현은 모호하며 또한 '이탈리아에 사는 사람들'을 뜻할 수 있다고 본다.[566] 그래서 저자는 이탈리아(예를 들면 로마)에 있으며 이탈리아에 있는 유대인 그리스도인들의 문안을 팔레스타인에 있는 믿음의 동료들에게 전달한다고 본다.[567]

흐레이다너스도 흐로쉐이드와 마찬가지로 '이달리야에서 온 자들'(οἱ ἀπὸ τῆς Ἰταλίας)은 이탈리아에 있는 자들이 아니라고 한다. 그러려면 여기에 '엔 테 이탈리아'(ἐν τῇ Ἰταλίᾳ)가 왔어야 한다고 한다.[568] 그래서 저자는 지금 이탈리아 밖에서 이 편지를 썼으며, 거기에 이탈리아에서 온 신자들이 함께 있었다고 본다.[569]

그러나 판 드 캄프는 '이탈리아에서 온 자들'은 이탈리아 출신의 사람들을 뜻하고 따라서 이탈리아인들을 뜻한다고 본다. 그래서 저자는 지금 이탈리아(아마도 로마)에 있다고 본다. 그러기 위해서는 여기에 전치사 '엔'이 왔어야 한다는 주장(Greijdanus)은 맞지 않다고 한다. 왜냐하면 여기서 전치사 '아포'

564) Grosheide, *Hebreen en Jakobus,* 22.

565) Grosheide, *Hebreen en Jakobus,* 22.

566) Keulers, *De brieven van Paulus,* II, 260.

567) Keulers, *De brieven van Paulus,* II, 263.

568) Greijdanus, *Bizondere Canoniek,* II, 268.

569) Greijdanus, *Bizondere Canoniek,* II, 268.

는 출신 또는 기원을 가리키기 때문이다. 그러면서 천상의 예루살렘을 향하여 가는 이 여행자들은 이탈리아 출신이라는 의미로 본다.[570] 그러나 판 드 캄프의 이 마지막 주장은 맞지 않다. '호이 아포 테스 이탈리아스'(이탈리아로부터의 사람들)은 이탈리아에서 온 사람들을 가리키며, 천상의 예루살렘을 향해 가는 성도들이 이탈리아 출신이라는 영적 의미로 보는 것은 편지의 마지막에서 문안을 말하는 문맥에서는 맞지 않다.

우리는 바로 앞의 23절과 함께 생각해 보아야 한다. "우리 형제 디모데가 놓인 것을 너희가 알라. 그가 속히 오면 내가 그와 함께 가서 너희를 보리라." 여기서 "그가 속히 오면"이란 말은 저자가 로마에 머물고 있었다면 쓰기 어려운 말이다. 왜냐하면 디모데가 로마에서 옥에 갇혔다가 풀려났다면, 그리고 저자가 같은 로마에 있었다면, "그가 속히 오면"이란 말은 맞지 않기 때문이다. 따라서 저자는 로마 밖의 어느 장소에 있다고 생각된다. 그렇다면 흐로쉐이드와 흐레이다너스의 견해대로 거기에 이탈리아에서 온, 수신자들과 관련이 있는 성도들이 그 당시에 함께 머물러 있었다고 생각된다. 그러나 이 수신자들은 흐로쉐이드와 흐레이다너스가 생각하듯이 로마에 있는 유대인-그리스도인들 그룹이 아니라 예루살렘에 있는 유대인-그리스도인들이었을 것이다.

5) 기록 계기

히브리서 저자는 형제 디모데가 석방된 것을 알려 주면서 그가 오면 그와 함께 가서 수신자들을 방문할 것을 예고한다(13:23).[571] 이를 계기로 저자는 수신자들에게 편지로 먼저 권면의 말들을 써서 보내었다(13:22). 이 편지에

---

570) Van de Kamp, *Hebreeën,* 37.

571) 히브리서의 기록 계기에 대해서는 Keulers, *De brieven van Paulus,* II, 262f.; Greijdanus, *Bizondere Canoniek,* II, 258-60; Van de Kamp, *Hebreeën,* 28-32을 보라.

서 저자가 염려하는 것은 수신자들이 성전 제사를 중심으로 하는 유대교의 외양(外樣)에 끌려 처음의 기독교 신앙에서 타락할 위험성이었다. 그래서 저자는 하나님의 은혜를 맛보고 나서 타락한 자들에 대해 강력한 경고를 한다(6:4-8). 그리고 그러한 자들이 받을 형벌을 경고한다. "하물며 하나님의 아들을 짓밟고 자기를 거룩하게 한 언약의 피를 부정한 것으로 여기고 은혜의 성령을 욕되게 하는 자가 당연히 받을 형벌은 얼마나 더 무겁겠느냐?"(10:29)

그러면서 수신자들에게 믿음에 굳게 서서 인내할 것을 권면한다(10:37-39; 6:11-12). "믿음은 바라는 것들의 실상(實狀)이요 보이지 않는 것들의 증거(證據)"라고 하면서(11:1), "모든 무거운 것과 얽매이기 쉬운 죄를 벗어버리고 인내로써 우리 앞에 당한 경주를 하며 믿음의 주요 온전하게 하시는 이인 예수를 바라보자."고 한다(12:1-2).

이를 위해 히브리서는 예수 그리스도의 위대함과 뛰어남에 대해 여러 모로 설명한다. 그는 천사보다 뛰어나며(1-2장), 모세보다 뛰어나며(3-4장), 유대의 제사장들보다 뛰어나시다(4-10장). 특히 예수님의 대제사장직에 대해 강도 있게 변호한다. 이것은 레위 지파에서 나지 않고 유대 지파에서 나신 자가 어떻게 대제사장이 될 수 있느냐는 의문 또는 비판에 대한 답변의 성격을 띠고 있다. 이에 대해 히브리서 저자는 예수님은 아론의 반차를 따른 것이 아니라 멜기세덱의 반차를 따라 하나님의 맹세로 대제사장이 되셨음을 논증한다(5-7장). 이를 위해 저자는 멜기세덱에 대한 이름 풀이와 그 위대함을 논하고, 특히 시편 110:4의 "여호와는 맹세하고 변하지 아니하시리라. 이르시기를 너는 멜기세덱의 서열을 따라 영원한 제사장이라 하셨도다."는 말씀을 중요하게 인용하면서 논증하고 있다. 나아가서 유대교의 성소와 제사 제도에 대해서도 자세하게 논하고 있다(8-10장). 예수 그리스도는 자기의 피로 영원한 속죄 제사를 드리셨으며(9:12), 그 결과 우리를 위해 자기 육체를 통하여 하나님께로 나아가는 '새롭고 산 길'(ὁδὸν πρόσφατον καὶ ζῶσαν)을 열어 주셨다(10:20). 이 길은 구약 시대에 짐승을 잡아서 드리는 의식적 제사를 통하여 나아가는 길에 비해 '새로운 길'이요, 참된 생명이 있는 '산 길'이다. 오늘날 우리는 언제든지 예수 그리스도의 피를 의지하여 이 길을 통해 하나님께 나아갈 수 있다. 따라서 더 이상 짐승의 피를 드리는 의식적인 제사는 필요 없으며 폐지되었다.

그 외에도 히브리서는 수신자들에게 여러 가지 권면을 주고 있다. 그리스도 때문에 당하는 핍박을 인하여 두려워하거나 뒤로 물러나지 말고 인내와 오래 참음으로 나아가야 한다(10:32-39). 하나님께 징계를 받을 때에도 낙심하지 말고 하나님의 사랑을 생각하고 힘을 내어야 한다(12:5-13). 그 외에도 형제 사랑에 대한 권면(13:1-3)과 여러 권면들(13:4-9)을 주고 있다.

6) 주요 내용

히브리서는 그리스도가 누구인지를 잘 드러내 준다. 특히 대제사장 되신 그리스도에 대해 깊이 있게 설명해 주고 있다. 예수님은 영원한 대제사장으로서 단번에 우리를 위해 속죄 제사를 드리셨으며, 그래서 다시는 송아지와 염소 같은 짐승으로 제사 드릴 필요가 없다. 예수님은 지금 하늘나라에서 우리를 위해 간구하고 계신다. 따라서 우리는 대제사장 되신 예수님을 힘입어 하나님의 보좌 앞에 담대히 나아갈 수 있다.

히브리서 저자가 이러한 주장을 하게 된 계기는 당시 그리스도인들 사이에 예수님의 대제사장직에 대해 논란이 있었기 때문이다. 제사장은 레위 지파에서만 나올 수 있고, 대제사장은 그 중에서도 아론의 자손에게서만 나올 수 있다. 그런데 유다 지파에서 나신 예수님이 어떻게 대제사장이 되실 수 있단 말인가?

이런 질문에 대해 히브리서 저자는 시편 110:4의 말씀을 가지고 답변한다. "여호와는 맹세하고 변하지 아니하시리라. 이르시기를 너는 멜기세덱의 서

열[572]을 따라 영원한 제사장이라 하셨도다." 이 구절은 히브리서에 세 번이나 인용될 만큼 중요하다(히 5:6; 7:17, 21). 여기서 '너'는 시편 110편 1절에서 '내 주'라고 했으며, 2, 3절에서는 '주'라고 했다. 5절에서는 '주의 우편에 계신 주'라고 했다. 따라서 '너'는 메시아를 가리킴이 분명하다. 메시아 되신 예수님은 멜기세덱의 반차를 따라 영원한 대제사장이 되신 것이다(히 5:10; 6:20; 7:26-28).

멜기세덱은 창세기 14장에 나오는데 신비로운 인물이다. 그 이름의 뜻은 "나의 왕은 의" 또는 "의는 나의 왕"이다. 그는 '살렘 왕'이었다. '살렘'은 예루살렘을 가리키는데 '평강'이란 뜻이다. 따라서 멜기세덱은 '의의 왕'이요 '평강의 왕'이라고 풀이할 수 있다(히 7:1-2). 이 멜기세덱에 대해서는 그 아버지가 누구인지 어머니가 누구인지 전혀 기록이 없다. 언제 태어나서 언제 죽었다는 말도 없다. 그래서 멜기세덱은 마치 하나님의 아들과 닮았다고 한다(히 7:3). 이 말은 멜기세덱이 정말로 부모가 없다는 뜻이 아니라 성경에 그런 기록이 전혀 없다는 뜻이다. 창세기에 보면 갑자기 멜기세덱이 나타나서 전쟁에서 이기고 돌아온 아브라함을 영접하고 축복하였다(창 14:17-19). 그리고는 역사에서 사라진다. 따라서 성경의 이런 기록을 보고서 히브리서 저자는 멜기세덱이 마치 하나님의 아들을 닮았다고 말한 것이다(히 7:3).

예수께서 아론의 반차를 따르지 않고 멜기세덱의 반차를 따르셨다는 것은 몇 가지 중요한 의미를 내포하고 있다. 아론 계열의 제사장들은 계속 사람이 바뀌게 된다. 왜냐하면 그들은 영원히 살지 못하기 때문이다. 그러나 멜기세덱의 반차를 좇은 대제사장은 영원한 제사장이다(히 7:24). 예수님은 영원히 살아서 우리를 위해 간구하신다(히 7:25).

뿐만 아니라 예수님은 자기 피로 단번에 영원한 속죄 제사를 드리셨다(히

572) 개역한글판에는 '반차(班次)'로 되어 있다. 원어 τάξις는 '순서'(order)란 뜻이다.

9:12). 소나 염소의 피가 아니라 하나님의 아들이신 자신의 피로써 단번에 온전한 제사를 드리셨다(히 9:26, 28). 따라서 땅에 있던 대제사장들처럼 해마다 송아지와 염소의 피를 가지고 지성소에 들어갈 필요가 없다. 그런 것은 하나님의 아들의 십자가 희생을 무효로 만드는 것이기 때문이다.

나아가서 예수님이 멜기세덱의 반차를 따라 영원한 대제사장이 되셨다는 것은 구약의 율법 전체에 심대한 영향을 끼친다(히 8:6-13; 7:12; 9:10). 왜냐하면 이것은 아론의 반차를 따르는 율법 제도를 폐하셨기 때문이다. 따라서 이제 우리는 율법에 나타난 모형과 그림자가 아니라 참된 실체가 되시는 예수님을 섬긴다.

이 모든 것의 결론은 우리에게 이러한 대제사장이 계시다는 것이다. 예수님은 우리의 대제사장이 되셔서 지금도 하나님 우편에서 우리를 위해 간구하신다. 따라서 우리는 언제든지 이 예수님을 힘입어 하나님의 보좌 앞에 담대히 나아갈 수 있다(히 4:16). 왜냐하면 예수님은 이 지상에 계실 때에 우리와 마찬가지로 연약함을 체험하셨으며, 우리의 약함을 아시고 불쌍히 여기시기 때문이다(히 2:14-18; 4:15). 따라서 우리에게 무슨 어려움이나 문제가 있거든 조금도 주저하지 말고 이 대제사장을 힘입어 은혜의 보좌 앞에 담대히 나아가야 한다. 이것이 히브리서가 우리에게 주는 중요한 교훈이다.[573)]

7) 내용 분해[574)]

① 그리스도께서 선지자들보다 탁월하심(1:1-3)

---

573) 이상의 내용은 필자의 "십자가 지나 은혜의 보좌로 달려가라", 『생명의 삶』 2014년 1월호 (서울: 두란노서원), 170-71에도 실려 있다. (원제: "히브리서 길잡이. 우리의 대제사장 그리스도")

574) 아래의 내용 분해는 박윤선 박사의 히브리서 주석을 참조하였다. 자세한 분해는 『히브리서 공동서신』, 16-18을 보라.

② 그리스도께서 천사들보다 탁월하심(1:4-2:18)

③ 그리스도께서 모세보다 탁월하심(3:1-4:13)

④ 그리스도께서 아론보다 탁월하심(4:14-10:18)

⑤ 그리스도께서 새롭고 산 길로서 탁월하심(10:19-12:29)

⑥ 결론적 권면, 요구, 인사(13:1-25)

8) 참고 문헌

박윤선, 『성경주석 히브리서 공동서신』, 서울: 영음사, 1987.

이상근, 『신약성서 주해 갈라디아 히브리서』, 대한예수교장로회 총회교육부, 1983.

목회와신학 편집부 엮음, 『히브리서 어떻게 설교할 것인가』 (두란노 HOW 주석), 개정판, 서울: 두란노아카데미, 2008.

이필찬, 『히브리서』, 서울: 이레서원, 2004.

최승락, 『히브리서 산책. 성취와 기다림』, 경기도 고양시: 이레서원, 2018.

변종길, "천사보다 뛰어나신 그리스도. 히브리서 1, 2장에 대한 주해와 적용", 『그말씀』 128 (2000. 2), 10-18.

변종길, "히브리서 난해구절 연구", 『그말씀』 128 (2000. 2), 80-90.

변종길, "히브리서 길잡이. 우리의 대제사장 그리스도", 『생명의 삶』 2014년 1월호 (서울: 두란노서원), 170-71. (책에는 "십자가 지나 은혜의 보좌로 달려가라"고 되어 있음)

변종길, "히브리서에 나타난 은혜", 『그말씀』 304 (2014. 10), 36-51.

J. Brown, *Hebrews (Geneva Series Commentary)*, Edinburgh: Banner of Truth, 1961.

W. L. Lane, *Hebrews 1-8 (WBC),* Dallas: Word Books, 1991.

W. L. Lane, *Hebrews 9-13 (WBC),* Dallas: Word Books, 1991.

P. Ellingworth, *The Epistle to the Hebrews (NIGTC),* Grand Rapids: Eerdmans, 1993.

P. T. O'Brien, *The Letter to the Hebrews (PNTC),* Grand Rapids: Eerdmans, 2010.

R. C. H. Lenski, *The Interpretation to the Hebrews and The Epistle of James,* Minneapolis: Ausburg Publishing House, 1966.

D. Guthrie, *The Letter to the Hebrews,* Leicester: Inter-Varsity Press, 1983.

C. R. Koester, *Hebrews (The Anchor Bible),* New York etc.: Doubleday, 2001.

A. Mitchell, *Hebrews,* Collegeville: Liturgical Press, 2007.

F. W. Grosheide, *De brief aan de Hebreen en de brief van Jakobus (KNT),* Amsterdam: H. A. van Bottenburg, 1927.

F. W. Grosheide, *De brief aan de Hebree n en de brief van Jakobus (CNT),* 2e dr., Kampen: J. H. Kok, 1955.

F. W. Grosheide, *De brief aan de Hebreën (Korte Verklaring),* Kampen: J. H. Kok, 1935.

H. R. van de Kamp, *Hebreeën. Geloven is volhouden (CNT-3),* 2e dr., Utrecht: J. H. Kok, 2012.

J. Keulers, *De brieven van Paulus (De boeken van het Nieuwe Testament),* II, Roermond en Maaseik: J. J. Romen & Zonen, 1954.

D. 공동 서신

야고보서, 베드로전후서, 요한 1, 2, 3서, 유다서의 일곱 서신을 '공동서신'(Catholic Epistles)으로 부른다. 여기서 '카톨릭'(καθολική)이란 말은 헬라어 "καθ' ὅλην [γῆν]"에서 온 것인데 '온 땅에 흩어져 있는'이란 뜻이다. 즉, '세계적, 보편적, 일반적'이란 의미이다.

유세비우스는 313-323년에 기록된 그의 『교회사』에서, 야고보서에 대해 '소위 공동서신의 첫 번째'(ἡ πρώτη τῶν ὀνομαζομένων καθολικῶν ἐπιστολῶν)라고 말한다(*Hist. Eccl.* II,23,24). 유다서에 대해서는 '일곱 개의 소위 공동 [서신]의 하나'(μιᾶς καὶ αὐτῆς οὔσης τῶν ἑπτὰ λεγομένων καθολικῶν)라고 말하고 있다. VI,14,1에서도 '유다서와 나머지 공동서신들'(τὴν Ἰούδα ... καὶ τὰς λοιπὰς καθολικὰς ἐπιστολάς)이라고 말하고 있다.[575]

이전에도 Dionysius Alexandrinus가 요한일서에 대해 '공동서신'(ἡ ἐπιστολὴ ἡ καθολική)이라고 말하고(Eusebius, *Hist. Eccl.* VII,25,7), Origen은 요한일서, 베드로전서, 유다서, 바나바서에 대해 '공동서신'이라고 말한 적이 있다.[576] 아마도 처음에는 요한일서가 요한 2, 3서에 비해 불특정의 수신자를 가리킨다는 의미에서 '공동서신'이라는 명칭을 얻은 듯하다. 이것이 나중에 요한일서가 속한 서신들 그룹 전체로 확대된 것으로 생각된다.[577]

---

575) Cf. Greijdanus, *Bizondere Canoniek,* II, 270f.

576) Kümmel, *Einleitung,* 342. Origen의 출처는 Keulers에 의하면 *Contra Celsum* I,63이다. Cf. J. Keulers, *De katholieke brieven en het boek der Openbaring* (Roermond en Maaseik: J. J. Romen & Zonen, 1956), 7.

577) Kümmel, *Einleitung,* 342.

헬라어 '카톨리코스'(καθολικός)는 고대 교회에서 다음과 같은 여러 뜻을 가지고 있었다. 1) 이단 종파들에 대비해 '보편 교회'란 의미; 2) '보편적으로 인정된'이란 의미(= ὁμολογούμενος); 3) '특정한 교회나 인물이 아니라 신자들 일반에게 향해진, 또는 흩어진 여러 지역에 있는 신자들에게 향해진'이란 의미. 우리가 '공동서신'이라고 할 때는 이 세 번째 의미이다.[578] 즉, 수신자가 특정한 교회나 특정한 개인이 아니라 불특정의 여러 교회(성도)들이거나 나타나 있지 않은 서신을 의미한다.

요한삼서는 가이오에게, 요한이서는 '택함받은 부녀와 그의 자녀'에게 보낸 편지로서 수신자가 정해져 있다. 그러나 이 둘은 아마도 요한일서에 속한 것으로 여겨졌기 때문에 공동서신에 포함된 것으로 생각된다.[579]

공동서신의 정경성(正經性)에 대해서는, 베드로전서와 요한일서는 일찍부터 정경으로 받아들여졌다. 유다서는 무라토리 정경, 터툴리안, 알렉산드리아의 클레멘트 등에 나온다. 따라서 2세기 말에 이미 이탈리아, 북아프리카, 알렉산드리아에서 정경으로 인정되었음을 알 수 있다.[580]

야고보서, 베드로후서, 요한 2서와 3서는 초기에 논란이 있었다. 수리아 교회에서는 초기에 이 네 개를 정경에 포함하지 않았다. 그러나 동방교회에서는 아타나시우스(Athanasius), 예루살렘의 키릴(Cyril of Jerusalem), 디두무스(Didymus)의 영향으로 야고보서를 보편적으로 받아들였다. 서방교회에서는 힐라리우스(Hilarius), 제롬(Hieronymus), 어거스틴(Augustinus)의 영향으로, 그리고 로마 회의(382년), 힙포 회의(393년), 카르타고 회의(397년)에 의해

---

578) Greijdanus, *Bizondere Canoniek,* II, 271.

579) Greijdanus, *Bizondere Canoniek,* II, 271.

580) Greijdanus, *Bizondere Canoniek,* II, 280f.

야고보서를 공동서신의 정경에 포함시키게 되었다.[581] 요한 2서와 3서는 너무 짧아서 잘 인용되지 않았다. 그러나 '그 장로'(ὁ πρεσβύτερος)가 사도 요한임을 확신하게 되었을 때 이 서신들도 신약 정경에 속하는 것으로 일반적으로 받아들여지게 되었다.[582]

20. 야고보서

1) 저자

야고보서 1:1은 이 편지의 발신자에 대해 '하나님과 주 예수 그리스도의 종 야고보'(Ἰάκωβος θεοῦ καὶ κυρίου Ἰησοῦ Χριστοῦ δοῦλος)라고 소개한다. 더 이상 자신에 대해 말을 덧붙이지 않는다. 그러면 이 '야고보'는 누구인가? 다음 다섯 가지로 생각할 수 있다.[583]

첫째, 세배대의 아들 야고보는 아니다. 그는 주후 43/44년경에 헤롯 아그립바에 의해 순교했다(행 12:1-2). 그때는 신약 교회가 예루살렘 밖으로 막 확장되기 시작하던 시기였다. 그러나 야고보서는 교회가 퍼졌다는 것을 전제하고 있다. 만일 세배대의 아들 야고보였다면 자신을 '세배대의 아들'이라고 소개했을 것이다.

둘째로, 알패오의 아들 야고보가 있다. 칼빈은 야고보서의 정경성에 대해서는 의심 없이 받아들이지만 저자 문제에 대해서는 망설인다. 고대의 전승에

---

581) Greijdanus, *Bizondere Canoniek,* II, 282.

582) Greijdanus, *Bizondere Canoniek,* II, 281. 신약 정경의 수납 역사에 대해 좀 더 자세한 내용은 변종길, 『신약 정경론』, 69-104를 보라.

583) Grosheide, *Hebreen en Jakobus,* 395-401.

의하면, 야고보서의 저자는 '오블리아스'(Oblias)라고 하는 제자들 중 한 사람으로 본다고 하면서 그리스도의 친척이었으며 예루살렘 교회의 지도자였다고 한다. 그러나 그가 갈라디아서 2:9에서 말하는 '교회의 기둥'으로 여김 받는 야고보와 동일 인물로 보는 것에 대해서는 회의적으로 본다. 갈라디아서 2:9의 '야고보'는 알패오의 아들인 것으로 생각된다고 한다. 그러면서 이 두 사람 중 누가 야고보서의 저자인지는 알 수 없다고 한다.[584)]

그러나 알패오의 아들 야고보는 예수님의 열두 제자 중 하나였다는 것밖에는 알려진 것이 없다(마 10:3; 막 3:18; 눅 6:15; 행 1:13). 만일 그가 이 편지를 썼다면 자기를 '사도' 또는 '알패오의 아들'이라고 밝혔을 것이다.[585)]

셋째로, 마리아의 아들이며 요셉(요세)의 형제인 작은 야고보도 있다(마 27:56; 막 15:40; 16:1; 눅 24:10). 이 야고보와 마리아에 대해서는 더 이상 알려진 바가 없다.

넷째로, 유다의 아버지 야고보(눅 6:16; 행 1:13)도 있다. 그는 열두 제자(사도) 중의 하나인 어떤 유다의 아버지였는데, 더 이상 알려진 바가 없다.

다섯째 마지막으로, 우리는 주의 동생 야고보를 생각하게 된다(갈 1:19; 행 12:17; 15:13-21; 21:18; 고전 15:7; 갈 2:9, 12). 그는 오랫동안 예루살렘 교회의 지도자였으며(행 12:17; 15:13; 21:18), '기둥같이 여김 받는' 세 사람 중 하나였으며(갈 2:9), '주의 형제 야고보'라 불리었다(갈 1:19). 따라서 '예수 그리스도의 종 야고보'라고 말하면 당시 사람들은 자연히 주의 동생 야고보를 생각했을 것이다.[586)] 야고보서에 보면, 그 저자는 팔레스타인의 지리와 기후에 익숙하다(5:7). 그리고 예수님의 제자들의 초기 치유 사역과 상통하는 것이 있다(5:13; cf. 막 6:13). 그리고 예수님의 가르침과 동일한 것이 많다

---

584) Calvin, *Commentary on the Epistle of James,* "Introduction."

585) Grosheide, *Hebreen en Jakobus,* 396.

586) Greijdanus, *Bizondere Canoniek,* II, 273; Grosheide, *Hebreen en Jakobus,* 397f.

(5:12; 1:2, 5-8; 4:11 등).[587] 따라서 이 저자는 예수님의 동생인 야고보라고 볼 수 있다.

가톨릭 학자인 껄러르스(Keulers)는 사도인 알패오의 아들 야고보와 주의 형제 야고보가 동일인이라고 주장한다. 그는 갈 1:19에 근거하여 주의 형제 야고보도 '사도'였다고 하면서 그는 알패오의 아들 야고보였다고 한다.[588] 이 주장에 의하면 주의 형제 야고보의 아버지는 '요셉'이 아니라 '알패오'라는 것인데, 이는 예수님과 야고보는 '형제'가 아니라 '사촌'간으로 보는 가톨릭의 견해를 따르는 것으로 생각된다.[589] 그러나 이런 주장은 옳지 않다. '형제'(ἀδελφός)는 '사촌'(ἀνεψιός)이 아니다. 가장 자연스러운 견해는 야고보는 요셉과 마리아에게 났으며 예수님 다음에 태어난 동생으로 보는 것이다(마 13:55; 막 6:3).[590]

2) 야고보의 생애

야고보는 예수님의 동생이다(막 6:3; 마 13:55). 예수님의 동생들 중에서는 제일 맏이인 것으로 보인다. 그러나 동방 교회에서는 대개 요셉의 이전 결혼에서 태어난 아들들로 본다. 서방 교회에서는 제롬(Hieronymus)이 발전시킨 견해, 즉 예수님의 '사촌들'로 보는 견해가 지배하였다. 즉, '형제'(ἀδελφός)라는 말을 넓은 의미로 가까운 친척이라는 의미로 이해한다.[591] 그러나 성경

587) Guthrie, *New Testament Introduction,* 729-31.

588) Keulers, *Katholieke brieven en Openbaring,* II, 8f.

589) 예수의 형제들(자매들)을 동방 교회에서는 대개 요셉의 전처에서 난 자들로 보며, 서방 교회에서는 대개 예수의 사촌들(가까운 친척)로 보고 있다. Cf. Van Bruggen, *Christus op aarde,* 104f. (*Christ on Earth,* 121f.; 『지상의 그리스도』, 168).

590) Greijdanus, *Bizondere Canoniek,* II, 273.

591) Van Bruggen, *Christus op aarde,* 104.

에는 '아델포스'가 이런 의미로 사용된 예가 없다. '사촌'에 해당하는 헬라어 단어는 '아넵시오스'(ἀνεψιός)가 따로 있다(골 4:10).

야고보를 비롯한 그의 형제들은 예수님의 공생애 사역 기간 중에는 예수님을 믿지 않았다(요 7:5). 물론 안식일이 되면 회당에 가서 예배드리고 여호와 하나님을 경외하는 삶을 살았겠지만 형 예수에 대해서는 불만을 가지고 있었다. 왜냐하면 예수는 큰형이 되어서 어머니를 모시지 않고 동생들을 돌보지 않는다고 생각했기 때문이다. 그리고 갈릴리라는 촌 동네에서 촌사람들을 데리고 다니는 게 마음에 들지 않았다. 그래서 예수님에게 "당신이 행하는 일을 제자들도 보게 여기를 떠나 유대로 가소서. ... 이 일을 행하려 하거든 자신을 세상에 나타내소서."라고 말하였다(요 7:3-4).

예수님이 십자가에 못 박혀 죽을 때에도 그들은 현장에 나타나지 않았다. 골고다 언덕에는 예수의 어머니 마리아와 이모와 다른 여자들과 사도 요한뿐이었다(요 19:25-27). 다른 제자들은 다 도망가고 말았다. 예수님의 동생들은 유월절이라 예루살렘에 머물러 있었을 텐데도 큰형의 죽음 현장에 오지 않았다. 이것은 형에 대한 불신과 원망이 얼마나 컸었는가 하는 것을 보여 준다.

결정적인 전환점은 예수님의 부활 후에 있었다. 부활하신 예수님은 직접 야고보를 찾아가셨다(고전 15:7). 그때 야고보는 깜짝 놀랐을 것이다. 야고보는 그때 예수님 앞에 무릎을 꿇었을 것이다. 그냥 육신적인 '형'인 줄로만 알았는데 그게 아니라 '주님'이었구나, '하나님의 아들'이었구나 하는 것을 깨닫고는 주님 앞에 무릎 꿇고 자기 죄를 고백하고 용서를 빌었을 것이다. 그래서 여기 야고보서에서도 야고보는 자기 자신을 '하나님과 주 예수 그리스도의 종'이라고 말하고 있다. 이것은 야고보가 부활하신 예수님을 만나고 나서 근본적으로 변화되었음을 보여 준다.

야고보는 그 후에 오순절 성령 강림 전의 예루살렘 다락방 기도회에 참석하였다(행 1:14). 그때 예수님의 열 한 제자들과 여자들과 예수의 어머니 마리아와 예수의 아우들도 참석하여 마음을 같이하여 전혀 기도에 힘썼다고 한다. 이것을 보면 예수의 아우들도 거듭났다는 것을 알 수 있다. 이들은 오순절 날에 예수님이 보내신 성령을 받아 성령의 능력으로 복음을 전하는 일에 종사하였다.

야고보는 베드로를 이어 예루살렘 교회의 지도자가 되었다(행 12:17; 15:13; 21:18). 베드로가 핍박을 받아 감옥에 갇혔다가 하나님의 능력으로 풀려난 후 마가 요한의 어머니 마리아의 집에 갔다(행 12:1-16). 그때 베드로가 그간에 있었던 일을 말하고 다른 지역으로 떠나면서 "야고보와 다른 형제들에게 이 일을 말하라."고 부탁하였다(행 12:17). 아마 이때부터 야고보가 예루살렘 교회를 맡아 지도한 것으로 보인다. 이때가 아마 43/44년경이었을 것이다. 그 후로 야고보는 62년에 순교할 때까지 예루살렘 교회의 지도자가 되었다.

야고보는 주후 62년에 산헤드린에 소환되어 돌에 맞아 순교한 것으로 전해진다. 베스도(Festus) 총독이 62년에 갑자기 죽고 나서 그 후임인 알비누스(Albinus)가 부임하기 전에, 새로 대제사장에 취임한 안나스(Annas, 복음서에 나오는 대제사장 안나스의 다섯 아들 중 하나)가 유대인들(특히 극단적인 바리새인들)을 만족시키고자 야고보와 다른 사람들을 산헤드린에 소환하여 율법을 어긴 죄목으로 돌로 쳐서 죽게 했다고 한다.[592)]

야고보는 그의 편지 서두에서 예수님을 '형'으로 부르지 않고 '주'(κύριος)로 부르고 있다. 그리고 자기 자신을 예수 그리스도의 '동생'으로 부르지 않고 '종'(δοῦλος)으로 부르고 있다. 여기서 우리는 야고보는 자기를 드러내려고 하지 않았으며, 예수님을 이용해서 이익을 보려고 하지 않았다는 것을 알 수 있다. 그는 예수님이 누구인지, 자기 자신이 누구인지를 바로 알고 고백

---

592) Josephus, *Jewish Antiquities* XX, 200; Smallwood, *The Jews under Roman Rule*, 279f. n.82; Reicke, *Neutestamentlishce Zeitgeschichte*, 244.

하였다. 이것이 참된 겸손이다. 참된 겸손은 신앙 안에서 자기를 바로 이해하는 것이다.[593)]

3) 수신자

야고보는 '흩어져 있는 열두 지파에게'(ταῖς δώδεκα φυλαῖς ταῖς ἐν τῇ διασπορᾷ) 문안한다고 말한다(1:1). 원문을 직역하면 '디아스포라에 있는 열두 지파들'이 된다. 여기서 '디아스포라'(διασπορά)는 '흩어져 있는 상태'(state or condition of being scattered) 곧 '흩어짐'(dispersion)을 뜻할 수도 있고, 또는 '흩어진 사람들이 있는 장소'(the place in which the dispersed are found)를 뜻할 수도 있는데 구체적으로는 로마 제국 곳곳에 흩어져 있는 유대인들의 공동체인 '디아스포라'(Diaspora)를 뜻할 수도 있다.[594)] 흐로쉐이드는 여기의 '디아스포라'는 베드로전서 1:1과 마찬가지로 '흩어짐'이란 원래적 의미로 이해해야 한다고 본다. 즉, 이 세상에서 '나그네'로 살아간다는 비유적 의미로 사용되지 않았다고 한다.[595)] '열두 지파'에 대해서는 문자적 의미가 아니라 비유적 의미라고 한다. 즉, 전체 이스라엘 백성을 가리키는데(출 24:4; 마 19:28; 눅 22:30; 행 26:7; 계 21:12), 여기서는 예수 그리스도를 주로 믿는 자들이므로 '참 이스라엘'을 가리킨다고 본다.[596)]

따라서 흐로쉐이드는 '흩어져 있는 열두 지파'는 스데반의 순교 후에 흩어

593) 박윤선 박사는 "겸손이란 무조건 고개를 숙이는 것이 아니라 사람이 자신의 처지를 바로 알고(롬 12:3) 행하는 것이다. 다시 말하면, 사람이 자기가 피조물이고 겸하여 죄인인 사실을 알고 행하는 것이 겸손(지혜)이다."고 말하였다(잠언 11:2 주석 중).

594) Bauer, *Lexicon*, s. v.

595) Grosheide, *Hebreen en Jakobus*, 403.

596) Grosheide, *Hebreen en Jakobus*, 401f.

진, '헬라어를 사용하는 유대인 그리스도인들'을 가리킨다고 본다.[597] 흐레이다너스도 마찬가지로 '팔레스타인과 수리아와 그곳의 나라들에 있던 믿는 유대인들'을 가리킨다고 본다.[598] 그러나 앞의 흐로쉐이드의 견해 중 '헬라어로 말하는'이라는 제한은 불필요하다고 생각된다. 유대인들은 외국에 흩어져 살면서도 집에서는 히브리어를, 집 밖에서는 헬라어를 사용하였다. 팔레스타인 또는 수리아에 사는 유대인들도 집 밖에서는 경우에 따라 필요할 때에는 헬라어를 사용하였을 것이다. 팔레스타인(유대 지역)을 벗어난 수리아 지역에서는 헬라어를 많이 사용하였을 것이다. 따라서 야고보가 이런 수신자들을 향해 헬라어로 편지를 쓴 것은 특별히 이상한 일은 아니다.

Adamson은 '열두 지파'는 유대인들을 가리키며, 따라서 야고보서의 수신자는 '그리스도인 유대인들과 비그리스도인 유대인들 모두'(both to Christian and (hopefully) to non-Christian Jews)를 가리킨다고 본다.[599] 그러나 이들은 예수 그리스도를 믿는 믿음을 가지고 있었다(2:1). 그리고 이 믿음 때문에 고난받고 있었다(1:2-4, 12-18). 따라서 '비그리스도인 유대인들'을 직접적인 수신자에 포함시키는 것은 맞지 않다.

하지만 이들은 이방인을 포함한 모든 그리스도인들은 아니었다. 이들은 '회당'(συναγωγή)에 모였으며(2:1), 별도의 설명이 없어도 '이른 비'와 '늦은 비'가 무엇인지 알고 있었으며(5:7), 또한 유대인들에게 특별히 의미 있는 "맹세하지 말라"는 권면을 받고 있다(5:12). 따라서 야고보서는 유대적 특성을 강하게 지니며 그 수신자는 이방인들이 아니다.

따라서 야고보서의 수신자는 '유대인 그리스도인들' 즉 '예수 그리스도를 믿는

---

597) Grosheide, *Hebreen en Jakobus*, 403.

598) Greijdanus, *Bizondere Canoniek*, II, 276.

599) J. B. Adamson, *The Epistle of James (NICNT)* (Grand Rapids: Eerdmans, 1976), 51.

유대인들'로 보는 것이 옳다. 이들은 팔레스타인과 수리아 일대에 흩어져 있는 예수 그리스도를 믿는 유대인들이었다. L. Floor도 첫 수신자는 팔레스타인-수리아 영역에서 찾아야 한다고 하면서, 팔레스타인과 어떤 수리아 지역에 살던 유대인 출신의 그리스도인들이라고 한다.[600]

4) 기록 장소와 시기

야고보서의 기록 장소는 예루살렘으로 생각된다. 야고보는 예루살렘 교회의 지도자로서 성전 곁에 머물렀으며 율법에 충실하였다. 사도행전에 보면 그가 예루살렘을 떠나 다른 곳으로 여행했다는 기록이 없다. 물론 사도행전은 모든 일들을 다 기록한 것이 아니기 때문에 야고보가 혹 다른 곳으로 갔다 왔을 수도 있지만 예루살렘 교회를 떠난 것으로는 생각되지는 않는다.[601]

기록 시기는 우리가 알 수 없다. 아무리 늦어도 야고보가 순교한 62년 이전인 것은 분명하다. 그러나 그 이전의 언제인지는 알기 어렵다. 병든 자를 위해 '주의 이름으로 기름을 바르며 기도하는 것'을 볼 때(5:14; cf. 막 6:13), 비교적 이른 시기가 아닌가 생각할 수도 있다.[602] 그러나 그런 관행이 꼭 이른 시기에만 있고 그 이후에 없었다는 보장은 없다.

흐로쉐이드는 아무리 빨라도 예루살렘의 유대인 그리스도인들이 수리아로 흩어진(행 11:19) 이후, 그리고 야고보가 예루살렘 교회의 지도자로 등장(행 12:17)한 이후에 기록되었을 것이라고 본다. 그리고 늦어도 사도 바울의 선교 사역이 시작되기 전에(이 후로는 이방인들이 대거 회개하고 주께로 돌아오기 때문), 그리고 아마도 예루살렘의 사도 회의 이전에 기록되었을 것으로 본다.

---

600) L. Floor, *Jakobus. Brief van een broeder (CNT-3)* (Kampen: J. H. Kok, 1992), 19.

601) Cf. Greijdanus, *Bizondere Canoniek,* II, 276.

602) Greijdanus, *Bizondere Canoniek,* II, 276.

왜냐하면 야고보서에 이방인들과의 관계 문제가 나오지 않기 때문이다. 따라서 상당히 이른 시기인 43년 또는 44년으로 본다.[603] 남아공화국의 플로어(L. Floor) 교수도 야고보서와 바울 서신과의 비교에 의해 바울과의 논쟁이나 갈등이 없다는 이유로 바울 서신 이전에, 주후 44년경의 이방인 선교 시작 이전에 기록된 것으로 본다.[604] 흐레이다너스는 대체로 흐로쉐이드와 입장을 같이 하면서 사도 바울의 선교 사역(행 13장 이후)이 시작되기 이전에, 즉 50년 이전에, 아마도 45년경에 기록된 것으로 본다.[605] 도널드 거쓰리도 늦은 연대의 가능성도 열어 두지만 주후 50년 이전의 이른 연대를 선호한다.[606]

그러나 이러한 연대는 불확실한 추론에 많이 의지하고 있다. 야고보가 '믿는 유대인들'을 대상으로 편지를 썼다면, 특히 '유대 지역'의 믿는 유대인들을 대상으로 편지를 썼다면, 예루살렘 회의 이후라 할지라도 이방인과의 관계 문제는 다루지 않았을 수도 있다. 야고보는 예루살렘 교회의 지도자로서 '유대인들'을 주 대상으로 전도하고 목회하지 않았던가? 따라서 위 논거들은 야고보서의 저작 연대를 추정하는 데에 확실한 것은 아니라고 생각된다. 물론 우리는 야고보서 2:14-26의 '행함' 강조를 이유로, 바울의 '이신칭의' 강조 때문에 생긴 도덕적 해이를 바로 잡기 위해 야고보가 편지를 썼다고 보면서, 바울 서신(예를 들면 갈라디아서와 로마서) 이후에 기록되었다고 볼 필요는 없다. 바울 서신이 기록되기 이전에도 바울은 이미 복음을 전파하였으며, 다른 사도들도 처음부터 예수 그리스도를 믿음으로 구원받는다고 전파하였기 때

603) Grosheide, *Hebreen en Jakobus,* 406f. Douglas Moo도 40년대 중반, 아마도 예루살렘 회의 직전으로 본다. Cf. D. J. Moo, *The Letter of James (PNTC)* (Grand Rapids: Eerdmans, 2000), 26.

604) Floor, *Jakobus,* 17.

605) Greijdanus, *Bizondere Canoniek,* II, 277.

606) Guthrie, *New Testament Introduction,* 753.

문이다(행 15:8-9; 2:38; 4:12; 10:43).[607] 신앙의 해이(解弛)는 아주 이른 시기에도 일어날 수 있다(행 6:1; 고린도전서).[608] 따라서 야고보서가 언제 기록되었는지는 알 수 없지만, 어쨌든 야고보가 순교한 62년 이전인 것은 분명하다. 물론 야고보가 예루살렘 교회의 지도자로 등장한(행 12:17) 43년경은 지나야 하며, 뿐만 아니라 확고한 지도자로 자리 잡기까지 제법 시일이 지난 후였을 것이다.

5) 야고보서의 주요 특징

야고보서의 주요 특징에 대해 다음 몇 가지로 정리할 수 있다.

① 야고보서는 무엇보다도 '실제적'이고 '권면적'이다. 바울 서신에서처럼 먼저 복음의 진리를 해설한 다음에 그에 따르는 윤리적 권면을 다루는 것이 아니라 처음부터 실제 생활에 대한 권면을 다룬다(1:2, 5, 13, 19; 2:1; 3:1, 13 등). 야고보서는 논리적으로 연결되지 않은 여러 권면들의 모음이라고 생각할 수도 있다.[609] 이런 것은 인문 교육을 많이 받지 않은 목회자들에게서 흔히 나타나는 현상이다. 그러나 야고보서는 성도의 실제 생활에 필요한 귀중한 권면을 많이 제공해 주고 있다.

② 야고보서는 무엇보다도 '행함'을 강조하고 있다(2장). 이 행함은 바울이 부정적으로 묘사한 '율법의 행위'가 아니라 '믿음에서 나오는 행함'이며 '참된 믿음의 표현으로서의 행함'이다. 야고보가 강조하는 것은 말로만 믿음이 있다고 해서는 안 되며 참된 믿음은 그에 따르는 행함으로 나타나야만 한다는

---

607) Cf. Greijdanus, *Bizondere Canoniek,* II, 277.

608) Cf. Keulers, *Katholieke brieven en Openbaring,* 12.

609) Greijdanus, *Bizondere Canoniek,* II, 278.

것이다(2:14-19). 이런 의미에서 그는 '산 믿음'과 '온전한 믿음'을 강조하고 있다(2:20-26).

③ 야고보는 '확고한 믿음'을 강조하고 있다. 하나님에 대한 흔들림 없는 확고한 신뢰를 강조한다(1:5-8; 5:15-18). 특히 기도할 때에 조금도 의심하지 말고 하나님께 구할 것을 말한다. 이런 것은 "누구든지 이 산더러 들리어 바다에 던져지라 하며 그 말하는 것이 이루어질 줄 믿고 마음에 의심하지 아니하면 그대로 되리라. 그러므로 내가 너희에게 말하노니 무엇이든지 기도하고 구하는 것은 받은 줄로 믿으라. 그리하면 너희에게 그대로 되리라."(막 11:23-24)는 예수님의 말씀을 생각나게 한다.

④ 야고보는 '인내'를 강조하고 있다. 시험을 당할 때에 "온전히 기쁘게 여기라", "주께서 강림하시기까지 길이 참으라"고 말한다(1:2-4; 5:7-11). 이것은 "나로 말미암아 너희를 욕하고 박해하고 거짓으로 너희를 거슬러 모든 악한 말을 할 때에는 너희에게 복이 있나니 기뻐하고 즐거워하라."는 예수님의 말씀과 상통한다. 그리고 야고보는 '욥의 인내'를 말하면서 인내하는 자의 모범으로 제시한다(5:11). 신약 성경 전체를 통틀어 '욥'에 대해 말하는 것은 야고보서뿐이다.

⑤ 야고보는 또한 '경건'을 강조한다. 무엇보다도 우리는 말을 적게 해야 하고 절제해야 함을 강조한다(1:19-20; 3:1-12). 인간의 '혀'에서 온갖 악한 것이 나옴을 말하면서 한 입에서 찬송과 저주가 나오는 것은 옳지 못하다고 말한다. 그리고 참된 '경건'(θρησκεία)은 고아와 과부를 환난 중에 돌보고 자기를 지켜 세속에 물들지 않는 것이라고 말한다(1:26-27).

⑥ 야고보는 또한 '가난한 자에 대한 사랑'을 강조한다. 겉모습만 보고 가난한 자를 차별하는 것을 금지하고(2:1-13), 행함으로 실제로 도울 것을 말한다(2:14-26). 가난한 자 특히 품꾼에게 삯을 주지 않는 부자에 대해 강하게 질타한다(5:1-6). 불의한 부자를 단호한 어조로 비판한다.

⑦ 야고보는 또한 기도의 능력을 강조하고 있다. 하나님을 향하여 의심치 말고 구하라고 하며(1:5-8), 또한 병든 자를 위해서도 교회의 '장로들'(πρεσβύτεροι)[610]을 청하라고 하며, 그들은 "주의 이름으로 기름을 바르고 기도하라."고 말한다(5:13-14). '믿음의 기도'는 병든 자를 구원할 것이라고 말하며(15절), '의인의 간구'는 역사(役事)하는 힘이 크다고 말한다(16절). 그러면서 엘리야를 예를 들면서 "엘리야는 우리와 성정(性情)이 같은[611] 사람이로되 그가 비가 오지 않기를 간절히 기도한즉 3년 6개월 동안 땅에 비가 오지 아니하고 다시 기도하니 하늘이 비를 주고 땅이 열매를 맺었느니라."고 말한다(17-18절).

6) 야고보서에서의 믿음과 행함

많은 사람들은 야고보서는 '행함'을 강조하고 있다고 본다. 2장 1절에 보면 "내 형제들아, 영광의 주 곧 우리 주 예수 그리스도에 대한 믿음을 너희가 가졌으니 사람을 차별하여 대하지 말라."(개역개정판)라고 되어 있다. 그래서 이 구절은 너희가 '믿음'을 이미 가지고 있으니 이제부터는 '행함'에 대해 힘쓰라고 말한다는 인상을 준다. 그러나 이 구절을 바르게 번역하면 "우리 주 곧 영광의 예수 그리스도에 대한 믿음을 외적 판단(사람 차별하는 것)으로 가지지 말라."(μὴ ἐν προσωπολημψίαις ἔχετε τὴν πίστιν τοῦ κυρίου

610) 여기의 '장로'를 예루살렘 교회의 장로들로 보면서 사도들처럼 병 고치는 은사를 받은 사람들로 제한하는 것은 옳지 않다. 왜냐하면 야고보서의 수신자들은 예루살렘 교회가 아니라 팔레스타인과 그 주위에 흩어져 있는 교회들이기 때문이다. 뿐만 아니라 야고보서의 장로들이 사도 바울이 세운 장로들(행 14:23)과 그렇게 다르다고 보기도 어렵다. Cf. Floor, *Jakobus,* 181f.

611) '성정(性情)이 같다'(ὁμοιοπαθής)는 말은 '감정이나 주위 상황에 있어서 유사성을 경험하는 것'(experiencing similarity in feelings or circumstances)을 가리킨다(Bauer, *Lexicon,* s. v.).

ἡμῶν Ἰησοῦ Χριστοῦ τῆς δόξης)가 된다. 여기서 목적어는 '믿음'이다. 즉, 우리의 '믿음'을 어떻게 가질 것인가 하는 것이 야고보의 관심사다. 따라서 야고보서 2장의 주제는 '올바른 믿음', '참된 믿음'에 있음을 알 수 있다. 그래서 플로어(Floor)는 2장은 '믿음'(gloof)에 대해 말하는데, 1-13절은 '...이 없는 믿음'(geloof *zonder* ...)에 대해 말하고, 14-26절은 '...이 있는 믿음'(geloof *met* ...)에 대해 말한다고 본다.[612] 즉, 야고보에 의하면 참된 믿음은 '사람을 외적으로 판단하지 않는 믿음'이며, 또한 동시에 '행함과 함께 가는 믿음'이다.[613]

따라서 야고보서 2장은 "참 믿음은 무엇인가?", "영광의 주 예수 그리스도를 믿는 믿음은 어떤 것인가?"에 대해 말하는 것이다. 첫째로, 이 믿음은 외적으로 판단하지 않는 믿음 곧 차별함이 없는 믿음이어야 한다. 가난한 자라고 무시하거나 멸시하는 것이 없어야 한다는 말이다. 둘째로, 이 믿음은 행함이 있는 믿음이어야 한다. 곧, 행함으로 나타나는 믿음이어야 한다.

14절의 "믿음이 있노라 하고 행함이 없으면 무슨 유익이 있으리요?"라는 말씀에 대해서도 많은 사람은 '믿음'과 '행함'이 대비되고 있다고 생각한다. 그래서 '믿음'만 있으면 안 되고 '행함'이 있어야 된다고 생각한다. 곧, 〈믿음〉 + 〈행함〉이 야고보가 말하는 주제라고 생각한다. 그러나 본문을 자세히 읽어보면, 믿음이 있노라고 말하고(λέγῃ) 행함이 없으면 아무 유익이 없다는 것이다. 따라서 이것은 '믿음'과 '행함' 사이의 대비가 아니라 '말함'과 '행함' 사이의 대비이다. 말뿐인 믿음은 거짓된 것이고 아무 유익이 없다는 것이다. 16절 끝에 "평안히 가라, 덥게 하라. 배부르게 하라고 말하며(εἴπῃ) 그 몸에 쓸 것을 주지 아니하면 무슨 이익이 있으리요?"에서도 '말함'과 '줌'의 대비이다. 곧, '말뿐인 믿음'과 실제로 '행함이 있는 믿음' 사이의 대비인 것이다.

612) 영어로 번역하면, "faith *without* ..."과 "faith *with* ..."가 된다.

613) Floor, *Jakobus*, 102.

17절에서는 "이와 같이 행함이 없는 믿음은 그 자체가 죽은 것이라."고 말한다. 여기서 '그 자체가'(καθ' ἑαυτήν)는 '자기 안에서'(in itself), '스스로', '원래부터'란 의미이다. 그리고 '죽은 것'(νεκρά)은 형용사로서 죽은 상태(dead)에 있는 것을 말한다. 도중에 죽은 것이 아니라 처음부터 계속 죽은 상태에 있다는 말이다. 처음에 '믿음'이 있었는데 나중에 '행함'이 없어서 죽은 것이 아니라 처음부터 계속 '죽은 상태'에 있었다는 것이다. 곧, 처음부터 '믿음'이 없었다는 뜻이다. 따라서 그것은 거짓 믿음이요 헛된 믿음이며 말뿐인 믿음이었다.

26절에도 같은 내용이 나온다. "영혼 없는 몸이 죽은 것처럼 행함이 없는 믿음은 죽은 것이니라." 여기서 '죽은 것'(νεκρά)도 형용사로서 계속 죽은 상태에 있다는 것을 말한다. 영혼 없는 몸은 처음부터 죽은 상태에 있었던 것처럼, 곧 한 번도 산 적이 없었던 것처럼, 행함이 없는 믿음도 처음부터 죽은 믿음이었다는 것이다. 따라서 야고보서 2장이 말하는 것은 '믿음'에 '행함'을 플러스하라는 것이 아니라 '참 믿음'을 가지라는 것이다. 그리고 참 믿음은 '행함'으로 나타나야 한다는 것이다.

21절에 보면 "우리 조상 아브라함이 그 아들 이삭을 제단에 바칠 때에 행함으로 의롭다 하심을 받은 것이 아니냐?"고 한다. '행함으로 의롭다 함 받았다'고 하는 말은 사도 바울의 '믿음으로 의롭다 함 받는다'(롬 3:28; 4:3; 5:1; 갈 2:16 등)는 말과 정면으로 충돌하는 것처럼 보인다. 그러나 그런 생각은 오해이다. 바울과 야고보는 서로 사상(思想)이 다른 것이 아니라 각기 사용하는 용어(用語)의 개념이 다를 뿐이다.

우선, '의롭다 함 받는다'(δικαιόομαι)는 용어의 개념이 서로 다르다. 바울은 이 용어를 죄인이 하나님 앞에서 의롭다고 인정받는다, 죄 용서함 받고 하나님과 화목하게 된다는 의미로 사용한다. 이에 반해 야고보는 의롭다 함 받은 사람이 하나님 앞에서 그의 믿음이 인정받는다, 분명히 드러난다는 의미로 사용한다. 그리고 '행함' 또는 '행위'이란 단어(ἔργα)의 개념도 서로 다르다. 바울은 하나님 앞에서 의롭다 함 받으려는 인간의 노력, 공로라는 의미로 '행위'를 사용한다. 그래서 부정적 의미를 지니고 있다. 이에 반해 야고보는 믿음의 열매로 나타나는 행함이라는 의미로 사용한다. 이 행함은 믿음이 있다는 것을 증거하는 것이며, 믿음의 열매로서의 행함이다. 따라서 긍정적 의미를 가지고 있다.

이처럼 같은 단어라 할지라도 서로 다른 의미로 사용하고 있는데, 이런 의미상의 차이를 무시하고서 단어가 동일하다는 이유로 같은 의미로 보면 안 된다. 예를 들어, 집에서 아기가 '마마'라고 하면 어머니(mother)란 뜻이다. 그러나 궁중에서 임금을 보고 '마마'라고 하고 중전과 왕자를 보고 '마마'라고 부르면 그것은 왕족이나 궁중 사람을 높여 부르는 말이 된다. 또 의사가 어떤 사람을 보고 '마마'에 걸렸다고 하면 그것은 '천연두'란 뜻이다. 이처럼 같은 단어라고 하더라도 뜻이 전혀 다르다. 그런데 이런 의미상의 차이를 고려하지 않고서 '마마'라는 단어가 나타나면 무조건 '어머니'란 뜻이라고 보면 안 된다. 이와 마찬가지로, 바울 서신과 야고보서에 같은 단어나 표현이 나타난다고 해서 무조건 같은 의미로 보고서 서로 사상이 다르다고 한다면, 그런 주장은 전혀 사리(事理)에 맞지 않은 억지 주장이 되고 만다.[614)]

7) 내용 분해

① 온전히 기쁘게 여기라(1:1-8)

② 시험을 참는 자(1:9-18)

③ 말씀을 듣고 행하는 자(1:19-27)

---

614) 좀 더 자세한 내용은 필자의 "행함으로 나타나는 올바른 믿음. 야고보서 2장의 주해와 적용", 『그말씀』 139 (2001. 1), 74-86을 보라.

④ 차별하지 말라(2:1-13)

⑤ 행함으로 나타나는 믿음(2:14-26)

⑥ 혀의 올바른 사용(3:1-12)

⑦ 참된 지혜(3:13-18)

⑧ 싸움과 다툼(4:1-10)

⑨ 비방하지 말라(4:11-12)

⑩ 허탄한 자랑을 하지 말라(4:13-17)

⑪ 부자에 대한 경계(5:1-6)

⑫ 인내에 대한 교훈(5:7-11)

⑬ 맹세에 대한 교훈(12절)

⑭ 병든 자를 위한 기도(5:13-18)

⑮ 죄인을 미혹된 길에서 돌아서게 함(5:19-20)

8) 참고 문헌

박윤선, 『성경주석 히브리서 공동서신』, 서울: 영음사, 1987.

이상근, 『신약성서 주해 공동서신』, 대한예수교장로회 총회교육부, 1963.

목회와신학 편집부 엮음, 『야고보서 벧전후 유다 어떻게 설교할 것인가』 (두란노 HOW 주석), 서울: 두란노아카데미, 2007.

대한예수교장로회총회교육자원부 편, 『야고보서』 (한국장로교총회창립 100주년 기념 표준주석), 서울: 한국장로교출판사, 2013.

변종길, "행함으로 나타나는 올바른 믿음. 야고보서 2장의 주해와 적용", 『그 말씀』 139 (2001. 1), 74-86. [원제: 행함으로 나타나는 믿음]

토마스 맨튼, 『야고보서 상』, 이길상 역, 서울: 아가페, 1987; 『야고보서 하』, 황영철 역, 서울: 아가페, 1987.

J. Calvin, *A Harmony of the Gospels Matthew, Mark and Luke III and The Epistles of James and Jude,* tr. by A. W. Morrison, Grand Rapids: Eerdmans, 1995.

Th. Manton, *An Exposition on the Epistle of James (Geneva Series Commentary),* London: Banner of Truth, 1968.

J. B. Adamson, *The Epistle of James (NICNT),* Grand Rapids: Eerdmans, 1976.

P. H. Davids, *The Epistle of James (NIGTC),* Grand Rapids: Eerdmans, 1982.

D. J. Moo, *The Letter of James (PNTC),* Grand Rapids: Eerdmans, 2000.

R. P. Martin, *James (WBC),* Waco: Word Books, 1988.

R. Johnstone, *A Commentary on James (Geneva Series Commentary),* 2nd ed., Edinburgh: Banner of Truth, 1977.

D. G. McCartney, *James (BECNT),* Grand Rapids: Baker Academic, 2009.

K. A. Richardson, *James (NAC),* Nashville: Broadman & Holman Publishers, 1997.

B. Reicke, *The Epistles of James, Peter, and Jude (The Anchor Bible),* New York: Doubleday & Co., 1964.

D. C. Allison, Jr., *A Critical and Exegetical Commentary on the Epistle of James,* New York: Bloomsbury, 2013.

J. E. Huther, *Kritisch Exegetisches Handbuch über den Brief des Jakobus,* Göttingen: Vandenhoeck und Ruprecht, 1858.

F. W. Grosheide, *De brief aan de Hebreeën en de brief van Jakobus (KNT),* Amsterdam: H. A. van Bottenburg, 1927.

F. W. Grosheide, *De brief aan de Hebreeën en de brief van Jakobus (CNT),* 2e dr., Kampen: J. H. Kok, 1955.

F. W. Grosheide, *De brief van Jakobus (Korte Verklaring),* Kampen: J. H. Kok,

1935.

L. Floor, *Jakobus. Brief van een broeder (CNT-3)*, Kampen: J. H. Kok, 1992.

J. Keulers, *De katholieke brieven en het boek der Openbaring (De boeken vanhet Nieuwe Testament)*, Roermond en Maaseik: J. J. Romen & Zonen, 1956.

21. 베드로전서

1) 저자

베드로전서의 저자는 '예수 그리스도의 사도 베드로'라고 분명히 소개하고 있다(1:1). 그는 '함께 장로 된 자요 그리스도의 고난의 증인'이라고 말하며(5:1), 그리스도께서 고난당하실 때의 모습을 잘 알고 있다(2:21-24).[615] 그는 마가를 '내 아들'이라고 말하는데, 이것은 영적 의미에서의 아들 곧 사랑하는 제자란 뜻이다.

베드로의 본명은 '시몬'(마 4:18; 10:2; 막 3:16 등) 또는 '시므온'이며(행 15:15), 예수님의 부르심을 받아 제자가 되었다(요 1:40-42; 마 4:18-20; 막 1:16-18; 눅 5:1-11). 그는 원래 벳새다 출신이었는데(요 1:44), 가버나움의 장모 집에 동생 안드레와 함께 살았다(마 8:14; 막 1:29; 눅 4:38). 예수님께서 그에게 아람어로 '게바'란 이름을 지어 주셨는데, 그것을 헬라어로 옮기니 '페트로스' 곧 '베드로'가 되었다(요 1:42; 갈 1:18; 2:9 등). 예수님이 그를 부르실 때에는 '시몬'이라고 하셨으나(눅 22:31; 요 21:15, 16, 17; 마 16:17), 그 외에는 주로 '베드로'(복음서, 사도행전 등 많은 곳) 또는 '시몬 베드로'로 불

615) Greijdanus, *Bizondere Canoniek*, II, 284.

리었다(마 16:16; 벧후 1:2; 요 21:2, 3, 7 등).

베드로는 '실루아노'로 말미암아 이 편지를 기록하였다고 한다(5:12). 실루아노는 바울 서신(살전 1:1; 살후 1:1; 고후 1:19)과 사도행전(15:22, 27, 34)에 나오는 실라와 동일 인물로 생각된다.[616] 베드로는 헬라어로 어느 정도 말할 수 있었지만 쓰는 것이 어려웠기 때문에 헬라어를 잘 아는 실루아노의 도움을 받은 것이다. 따라서 베드로전서의 내용과 사상은 베드로의 것이지만 문장과 표현은 실루아노의 것으로 보아야 한다. 그렇다면 이 편지의 '저자'(*auctor*)는 베드로이지만 '기록자'(*scriptor*)는 실루아노라고 말할 수 있다. 실루아노가 이 편지를 기록함에 있어서 어느 정도의 역할을 했는지는 알 수 없다. 흐레이다너스는 실루아노가 단지 기록만 한 것이 아니라 또한 이 편지를 가지고 가서 소아시아의 수신자들에게 전했다고 본다.[617] 그러나 실루아노가 이 편지를 가지고 가서 전했는지 여부는 알 수 없다. 하지만 그는 바울의 편지를 대서(代書)한 더디오(롬 16:22)보다는 좀 더 능동적인 역할을 한 것으로 생각된다.

2) 수신자

베드로전서의 수신자는 "본도, 갈라디아, 갑바도기아, 아시아와 비두니아에 흩어진 나그네 곧 하나님 아버지의 미리 아심을 따라 성령이 거룩하게 하심으로 순종함과 예수 그리스도의 피 뿌림을 얻기 위하여 택하심을 받은 자들"이라고 한다(1:1-2). 원문을 직역하면 "... 본도, 갈라디아, 갑바도기아, 아시아와 비두니아의 디아스포라의 택함받은 나그네"(... ἐκλεκτοῖς παρεπιδήμοις

---

616) S. Greijdanus, *De brieven van de apostelen Petrus en Johannes, en de brief van Judas (KNT)* (Amsterdam: H. A. van Bottenburg, 1929), 195.

617) Greijdanus, *Petrus, Johannes en Judas,* 196.

διασπορᾶς …)가 된다. 여기서 '디아스포라의'(διασπορᾶς)는 비유적 의미로 '흩어진'으로 번역할 수도 있다. 그러면 '택함받은 흩어진 나그네들'이 된다.

우선 문자적 의미로 보는 견해가 있다. 즉, 여기의 '디아스포라'를 유대인 공동체로 보고 '믿는 유대인들'로 보는 견해가 있다(Erasmus, Calvin, Grotius, Bengel, B. Weiss, Kühl 등). 이 견해에 의하면 이들은 사도 바울이 그곳에 가서 복음을 전하기 이전에 믿은 유대인들이다.[618)]

그러나 이 '디아스포라'를 비유적으로 보는 견해가 더욱 그럴 듯하다. 흐레이다너스는 이 단어가 비유적으로 사용되었다는 증거로 다음 몇 가지를 든다. 베드로전서에서 '나그네'(παρεπίδημοι)란 말도 비유적으로 사용되었을 뿐 아니라(1:17; 2:11), '내 아들 마가'(5:13)란 말도 비유적이다. '함께 택함받은 여자'(5:13)도 베드로의 아내가 아니라 교회를 뜻한다. '바벨론'도 로마에 대한 비유적(은유적) 의미로 본다.[619)] 물론 이 세 가지는 여기의 '디아스포라'가 비유적 의미로 사용되었다는 것에 대한 결정적 근거가 되지는 못한다. '나그네'란 말은 그냥 이 땅에 '임시로 거주하는 자'란 문자적 의미 그대로 받아들여도 무방하다. 5:13의 '내 아들'이란 것도 유대 사회에서 선지 생도들은 스승을 '아버지'로 불렀기 때문에(왕하 2:12), 베드로는 그런 유대 전통에서 마가를 '내 아들'이라 했을 수 있다(cf. 딤전 1:2; 딤후 1:2; 딛1:4). 따라서 이런 표현들이 '디아스포라의 택함받은 나그네'가 유대인인지 이방인인지에 대해 분명히 말하지는 않는다. '바벨론'이 문자적 의미이든 아니면 비유적 의미로 '로마'를 가리키든 수신자가 누구인지에 대해서는 말하지 않는다.

그러나 다음과 같은 요소들은 이 표현을 비유적으로, 즉 이방인 수신자들로 보는 것이 옳다는 것을 지지해 준다.

첫째, διασπορά가 단수로 사용되었다는 것이 비유적인 의미임을 시사한다.

---

618) Greijdanus, *Bizondere Canoniek,* II, 293.

619) Greijdanus, *Bizondere Canoniek,* II, 294.

문자적 의미(유대인 공동체)였다면 복수가 사용되었을 것이다. 왜냐하면 아나톨리아(소아시아)에는 유대인 공동체들이 많이 있었기 때문이다.

둘째, 속격 διασπορᾶς는 히브리적 속격(Hebrew genitive)으로 이해할 수 있다. 즉, 형용사 '흩어진'과 같은 의미이다.

셋째, 1:18의 "너희가 알거니와 너희 조상이 물려준 헛된 행실에서 대속함을 받은 것은 은이나 금같이 없어질 것으로 된 것이 아니요"는 말씀은 이방적 배경을 암시한다. 유대인들에 대해서는 '너희 조상이 물려준 헛된 행실'이라 말하지는 않았을 것이다.[620]

넷째, 2:10의 "너희가 전에는 백성이 아니더니 이제는 하나님의 백성이요 전에는 긍휼을 얻지 못하였더니 이제는 긍휼을 얻은 자니라."는 말씀은 이들이 이방인이었음을 확실히 말해 준다.

따라서 베드로전서의 수신자는 아나톨리아 여러 지역에 흩어져 있는, 이방인들 중에서 예수 그리스도를 믿은 자들이다.

3) 기록 장소

5:13은 "택하심을 함께 받은 바벨론에 있는 교회가 너희에게 문안한다."고 말한다. 따라서 베드로는 '바벨론'에서 이 편지를 썼음을 알 수 있다. 그러면 이 '바벨론'이 어디인가에 대해 다음 네 가지를 생각할 수 있다.

첫째, 이집트에 있는 바벨론을 생각할 수 있으나, 이것은 요세푸스에 의하면 하나의 군사 초소에 불과하였다.[621]

둘째, 구약에 나오는 고대 도시 바벨론을 생각할 수 있다. 그러나 이것은 주후 40년경에 파괴되었다(Josephus, *Ant.* XVII,ix,5-9). 따라서 거기에 사도들

---

620) Cf. Greijdanus, *Petrus, Johannes en Judas,* 71.

621) Greijdanus, *Bizondere Canoniek,* II, 299.

이 교회를 세웠을 가능성은 없다. 그리고 베드로가 바벨론에 갔다는 증거가 없다.[622)]

셋째, 유브라데 강 저편의 바벨론 지역으로 보는 사람들이 있다(Calvin, Bengel, Schlatter, Van Houwelingen 등).[623)] 칼빈은 여기의 '바벨론'을 상징적 의미(로마)로 보기를 거부하고 문자적 의미로 본다. '로마'로 보기를 거부하는 이유는 가톨릭교회가 베드로가 로마에서 초대 감독이 되었다고 주장하기 때문이다. 그래서 칼빈은 여기의 '바벨론'을 고대 도시 바벨론을 포함해서 주변 나라들로 조금 넓게 보고 있다.[624)] 판 하우얼링언은 분명하게 문자적 의미의 '바벨론'으로 보는데, 정확하게는 바벨론 도시 주변의 여러 도시들로 본다.[625)] 그렇게 보는 이유는 편지 끝부분에서 발신지를 말할 때에 비유적 표현을 쓸 리가 없기 때문이라고 한다.[626)] 그러나 필자의 생각으로는, 핍박으로 인하여 베드로가 발신지를 밝힐 수 없는 상황에서는 은어(cryptogram)를 사용할 수도 있다고 본다.[627)]

문자적 의미에서의 '바벨론'이라고 보는 것이 어려운 이유는 무엇보다도 베드로가 그곳에 갔다는 기록이 없기 때문이다. 베드로나 실루아노나 마가가 그

622) Greijdanus, *Bizondere Canoniek,* II, 299.

623) 고대 도시 바빌론에는 아주 소수의 유대인들이 폐허 위에 살고 있었고, 그 주위 도시인 Seleucia, Nehardea와 주변 마을들에 많은 유대인들이 살고 있었다고 한다. Zahn, *Einleitung*³, II, 20 n.2.

624) Calvin, *Commentary on the First and Second Epistle of Peter,* "The Theme of the First Epistle of Peter" and *ad* 1 Pet. 5:12.

625) P. H. R. van Houwelingen, *De tweede trompet. De authenticiteit van de tweede brief van Petrus* (Kampen: J. H. Kok, 1988), 59; Idem, *1 Petrus. Rondzenbrief uit Babylon (CNT-3)* (Kampen: J. H. Kok, 1991), 27.

626) Van Houwelingen, *De tweede trompet,* 57-60.

627) 예를 들어, 중국 선교사들의 편지에서는 지명을 밝히지 않고 우회적으로 표현하며 또 교회를 '공장'으로, 성도를 '직원'으로, 강의를 '세미나'로 표현하는 일들이 많이 있었다.

곳에 갔다는 기록이 전혀 없다.[628] 뿐만 아니라 베드로전서 5:13에서 '함께 택함을 받은 여자'(συνεκλεκτή)가 단수이다. 따라서 이것은 한 교회를 의미한다. 만일 '바벨론 지역'을 뜻했다면 여러 교회들이 있었을 것이다.

넷째, 따라서 우리는 이것을 '로마'를 가리키는 은유적 표현으로 볼 수 있다. 유세비우스에 의하면, 파피아스와 알렉산드리아의 클레멘트가 이를 지지하였다(*Hist. Eccl.* II,15,2). 후대의 가톨릭 주석가 거의 모두와 루터 이후의 많은 개신교 주석가들이 이 견해를 따르고 있다.[629] 흐레이다너스는 이렇게 보는 이유로 다음 네 가지를 제시한다.[630]

i) 요한계시록에 그런 의미로 사용되었다(14:8; cf. 17:3-18). 물론 여기서 '바벨론'은 단지 도시 로마만이 아니라 로마 제국, 나아가서는 모든 세계 제국들을 가리키지만, '바벨론'으로 로마를 가리키는 것은 그 이전에 이미 있었을 것이다.[631]

ii) 편지 전달자가 어디서 기록했는지를 말해 줄 것이기 때문에 비유적인 의미에서 '바벨론'이란 말을 사용하더라도 오해의 염려는 전혀 없다.

iii) 베드로전서에 비유적인 표현이 많이 있다. 5:13에서 마가를 '내 아들'이라고 말하며, 교회를 가리켜 '함께 택하심을 입은 여자'라고 말한다. 1:1과 2:4-10에서도 베드로는 비유적인 언어를 사용한다.

여기에 필자가 두 가지를 더 추가하면 다음과 같다. 베드로가 로마에 갔다는 기록은 많다(*I Clem.* 5; Ign., *ad Rom.* 4; *Can. Mur.* 37-38; Irenaeus, *Adv. Haer.* III,1,1; Eusebius, *Hist. Eccl.* II,14,6; 15,2; 25,5; 25,8 등).[632] 그래서 흐

---

628) Greijdanus, *Bizondere Canoniek,* II, 300.

629) Keulers, *Katholieke brieven en Openbaring,* 88.

630) Greijdanus, *Bizondere Canoniek,* II, 300f.

631) Greijdanus, *Petrus, Johannes en Judas,* 12.

632) Greijdanus, *Bizondere Canoniek,* II, 301.

레이다너스에 의하면 이 사실은 거의 확실하다고 말한다.[633] 그리고 베드로는 지금 핍박받고 있는 상황에 있었다. 그래서 자기가 지금 어디에 있는지 공개적으로 밝히기 어려웠을 것이다. 그래서 '바벨론'이란 은어를 사용했을 것으로 생각된다.

4) 기록 시기

베드로전서의 기록 시기는 기록 장소와 밀접히 연결된다. 우선 문자적 의미의 바벨론에서 기록되었을 경우에 그 기록 시기는 알 수 없다. 베드로가 예루살렘을 떠난 후(행 12:17)의 행적에 대해서는 우리가 알지 못하기 때문이다. 그러나 사도 바울과 그의 동역자들에 의해 아나톨리아 지역에 교회가 세워져 있어야만 했기 때문에 아마 60년 이전은 어려울 것이다.[634]

로마에서 기록되었을 경우 그 시기는 베드로가 로마에 온 이후이다. 베드로가 언제 로마에 왔는지는 알지 못한다. 그러나 베드로가 이 편지를 기록할 당시에 바울은 로마에 없었던 것 같다. 만일 있었다면 그에 대해 언급하거나 문안을 전달하는 것이 있었을 것이다. 그때 바울은 1차 투옥에서 석방되어 (서바나 또는 다른 곳을 향해) 이미 로마를 떠났을 것이다.[635] 테오돌 찬은 베드로전서는 64년에 곧 베드로가 순교하기 몇 달 전에 기록했다고 본다.[636] 그리고 베드로는 63년 가을 또는 64년 상반기에, 아마도 마가를 데리고 로마에 왔

633) Greijdanus, *Petrus, Johannes en Judas,* 199.

634) Greijdanus, *Bizondere Canoniek,* II, 302.

635) 그러나 그때(베드로가 그의 첫 번째 편지를 기록했을 당시) 바울은 더 이상 생존하지 않았다고 보는 것은(cf. Greijdanus, *Bizondere Canoniek,* II, 302) 지나친 것이다.

636) Zahn, *Einleitung*³, II, 19. Zahn에 의하면, 베드로는 64년 늦여름 또는 가을에 순교했다고 본다(p.18).

을 것으로 본다.[637] 걸러르스도 베드로전서에 국가에 의한 공식적인 핍박이 나타나지 않는다는 이유로, 네로에 의한 핍박(64년)이 일어나기 전에, 그러나 64년에서 그리 멀지 않은 시기에 기록되었다고 본다.[638] 필자의 견해로는 바울은 63년경에 로마를 떠난 것으로 보이기 때문에, 베드로전서는 그 후에, 그리고 베드로가 순교한 64년 늦여름 또는 가을 이전에 기록된 것으로 생각되는데, 베드로후서가 기록될 여유를 두어야 하기 때문에 63년 하반기 또는 64년 초에 기록된 것으로 보는 것이 좋아 보인다. 흐레이다너스도 네로에 의한 핍박이 발발하기 전인 63년으로 본다.[639]

5) 기록 계기

베드로전서는 그리스도를 믿는 믿음 때문에 고난받고 있는 아나톨리아의 그리스도인들을 위로하고 격려하기 위해 쓰여졌다. 그들은 여러 가지 시험으로 인하여 근심하고 있었다(1:6). 그들은 이방인들에 의해 악행한다는 (근거 없는) 비방을 받고 있었다(2:12). 그래서 이런 이방인들을 향하여 성도들은 선한 행실을 통해 그들의 입을 막으라고 말한다(2:12, 15). 선을 행함으로 고난을 받고 참으면 이는 하나님 앞에서 아름다운 것이라고 한다(2:20; 3:14, 17). 따라서 베드로전서는 믿음 때문에 고난당하는 성도들을 향하여, 고난을 피할 수 없다면 선을 행함으로 고난을 받으라고 권면하고 있다.

베드로는 “내가 신실한 형제로 아는 실루아노로 말미암아 너희에게 간단히 써서 권하였다.”고 한다(5:12). 실루아노(Silvanus)는 바울의 2차 선교여행 때 동행하였다(행 15:40). 따라서 아나톨리아(소아시아)의 많은 지역의 여러 교

---

637) Zahn, *Einleitung*³, II, 19.

638) Keulers, *Katholieke brieven en Openbaring*, 88.

639) Greijdanus, *Petrus, Johannes en Judas,* 16.

회들을 설립하는 데 동참하였다. 고린도에서 복음을 전할 때에도 그는 바울을 많이 도왔다(행 18:5; 고후 1:19; 살전 1:1; 살후 1:1).[640] 더 이상은 우리가 알지 못한다. 꺼러르스는 다음과 같이 생각한다. 어쩌면 실루아노(실라)는 소아시아로 돌아와서 그의 스승의 사역을 계속하였을 수 있다. 그러다가 바울이 로마에 투옥(가택 연금)되어 있다는 소식을 듣고서, 또는 소아시아에서 당하는 고난에 대해 보고하기 위해 로마로 왔을 것이다. 그러나 바울은 이미 석방되어 서바나로 떠나고 없었다. 대신에 거기에는 베드로가 와서 활동하고 있었다. 그래서 실루아노는 베드로에게 가서 소아시아 교회의 상황을 자세히 말하였을 것이다. 그래서 베드로는 실루아노의 말에 기초해서 실루아노를 통해 소아시아의 성도들에게 권면의 편지를 써서 보내었다.[641]

꺼러르스에 의한 이 추측은 확실하지는 않지만 그럴 듯해 보인다. 그렇다면 "실루아노로 말미암아 썼다"는 5:12의 말은 단순히 글을 대신 써 주었다는 의미가 아니라, 그랬더라면 그의 문안이 있었을 터인데 없는 것으로 보아 실루아노가 직접 그들에게 편지를 가지고 가서 전해 주었다고 보아야 한다고 한 흐레이다너스의 견해[642]와도 일치하게 된다.

6) 옥에 있는 영들(3:19)

베드로전서 3:19은 "그가 또한 영으로 가서 옥에 있는 영들에게 선포하시니라."(ἐν ᾧ καὶ τοῖς ἐν φυλακῇ πνεύμασιν πορευθεὶς ἐκήρυξεν.)고 한다(개역개정판). 전의 개역한글판은 "저가 또한 영으로 옥에 있는 영들에게 전파하시니라."고 번역하였다. 이 구절은 베드로전서에서뿐만 아니라 신약 성경 전

640) Keulers, *Katholieke brieven en Openbaring,* 87.

641) Keulers, *Katholieke brieven en Openbaring,* 87.

642) Greijdanus, *Petrus, Johannes en Judas,* 196.

체에서 최고 난해 구절들 중 하나로 꼽힌다. 특히 우리말 번역이 정확하지 않아서 더욱 그러하다. 전의 개역한글판에서는 '가서'가 빠졌는데 개역개정판에서 들어간 것은 잘된 일이다. 그러나 그 위치는 '영으로' 다음에 두었는데, 이것은 '옥에 있는 영들에게' 다음에 두는 것이 더 좋다. 그래야만 '옥에 있는 영들에게' 갔다는 것이 분명하고 또한 '가서 전파(선포)하였다'는 것이 하나의 묶음으로 이해될 수 있다. 두 번역의 결정적인 문제는 '전파하시니라' 또는 '선포하시니라'처럼 현재로 번역되어 있다는 사실이다. 원어는 ἐκήρυξεν으로서 아오리스트(aorist)이다. 따라서 여기에서는 '전파하셨다' 또는 '선포하셨다'로 번역해야 옳다. 하나 더 지적하면 두 번역 다 '또한'을 '영으로' 앞에 위치시켰는데, 원문에서 καί가 강조하는 단어들은 '옥에 있는 영들에게'이다. 이런 것들을 고려하여 새롭게 번역한다면 "그가 영으로 또한 옥에 있는 영들에게 가서 전파하셨다"가 된다. ESV는 "in which he went and proclaimed to the spirits in prison"라고 번역하였는데 also가 빠진 것을 제외하고는 좋다. NASB는 "in which also He went and made proclamation to the spirits *now* in prison"라고 번역하였는데, also의 위치가 맞지 않는 것 외에는 좋으며 *now*가 해설적으로 추가된 것이 눈에 띈다.

번역이 바로 되었다고 하더라도 이 구절의 의미를 어떻게 이해해야 할 것인가에 대해서는 수많은 견해들이 제시되었으며 여전히 풀기 어려운 난제에 속한다. 먼저 이 구절에 대한 여러 견해들을 간단히 살펴본 후에 올바른 견해를 제시하고자 한다.

① 여러 견해들

가톨릭 주석가 껄러르스는 이 구절 주석에서 "그리스도께서, 즉 죽을 운명의 육체에서 벗어나 영화롭게 된 그의 영혼이 지하 세계로 내려가셨다."고 한다.[643] 거기서 그는 노아 시대에 죽은 사람들뿐만 아니라 "*limbus patrum*"(조상들의 古聖所)에 있는 다른 죽은 사람들에게도 복음을 전하였다고 본다.[644] 이와 같은 맥락에서 가톨릭교회에서는 "음부에 내려가사"라는 사도신경의 표현에 대해 그리스도께서 실제로 지하 세계에 내려가서 "그리스도의 오심 이전의 신자들을 구원하셨다."고 한다.[645]

루터는 그리스도께서 장사 후에 지옥에 내려가셨다고 한다. 그리스도는 마귀를 이기시고 지옥의 권세를 깨뜨리셨다. 지옥이나 마귀는 그리스도를 믿는 사람을 어느 누구라도 해칠 수 없다. 지옥에 내려가심은 그리스도의 낮아짐의 최저점이 아니라 높아짐의 시작이라고 본다.[646] 물론 루터에게 다른 견해도 있다. 그리스도의 지상에서의 고뇌, 지옥의 고통을 가리킨다고 보기도 하는데, 그러면 칼빈의 견해와 같아진다.[647]

칼빈은 먼저 가톨릭의 위 견해를 비판하였다. 오직 믿음으로 구원받는다는 것은 성경의 분명한 가르침이다. 따라서 믿지 않고 죽은 자들에게는 희망이 남아 있지 않다. 그러면서 칼빈 자신은, 여기의 '퓔라케'(φυλακή)를 '옥(獄)'으로 보지 아니하고 천국의 '망대, 파수대'(a watch-tower, *specula*)로 본다. 경건한 영혼들이 자기들에게 약속된 구원을 소망하며 (자기를) 지키고 있다고 한다(벧전 3:19 주석 중). 그러나 '퓔라케'를 이런 의미로 보는 것은 칼빈의 독특한 해석이며 받아들이기 어렵다.[648] 이것은 칼빈이 이 구절을 제대로 이해

---

643) Keulers, *Katholieke brieven en Openbaring,* 122.

644) Keulers, *Katholieke brieven en Openbaring,* 122. "*Limbus Patrum*"은 가톨릭 교리에서 '구약 성도들의 영혼들이 갇혀 있는 곳'이다. Cf. L. Berkhof, *Systematic Theology,* 4th ed. (Grand Rapids: Eerdmans, 1977), 687.

645) Cf. J. van Genderen-W. H. Velema, *Beknopte Gereformeerde Dogmatiek* (Kampen: J. H. Kok, 1992), 444.

646) Cf. Van Genderen-Velema, *Beknopte Gereformeerde Dogmatiek,* 444.

647) Cf. Van Genderen-Velema, *Beknopte Gereformeerde Dogmatiek,* 445.

648) Greijdanus, *Petrus, Johannes en Judas,* 141.

하지 못했다는 것을 보여 준다.

그러면서 칼빈은 사도신경의 "음부에 내려가사"[649]에 대해 예수님이 지상 생애 동안에, 특히 십자가에서 지옥의 고통을 맛보셨다는 의미로 본다(*Inst.* II, xvi,10).[650] 그러나 이런 해석은 순서가 맞지 않다. 사도신경에 보면 "십자가에 못 박혀 죽으시고 장사 지낸 바 되었다가" 다음에 "음부에 내려가사"가 나온다. 그런데 십자가의 고통은 죽음 이전이다. 따라서 죽어서 장사 지낸 바 된 후에 그런 고통을 맛보았다고 하는 것은 순서가 맞지 않다. 이에 대해 칼빈은, 사도신경은 먼저 그리스도께서 사람들 앞에서 겪은 고통에 대해 말하고 나서 그가 하나님 앞에서 겪은 심판을 덧붙인다고 주장한다(*Inst. II,* xvi,10).

그러나 이러한 주장은 합리화를 위한 신학적 해석으로 보인다. 신앙고백에서는 그런 신학적 해석이 아니라 단순한 사실만 고백한다. 신앙고백에서는 비유적 용어를 가능한 한 사용하지 않는다. "하늘에 오르사"도 비유적 의미가 아니라 문자적 의미이다. 즉, "천국에 올라가셨다"는 의미이지 천국에 올라가는 것과 같은 기쁨과 승리를 맛보셨다는 의미가 아니다.

하이델베르크 요리문답 제44문에서는, 칼빈의 견해를 그대로 따라, 그리스도께서 지상에서의 고난, 특히 십자가에서 지옥의 고통을 맛보셨다는 의미로 이해한다. 그러나 웨스트민스터 신앙고백(VIII,4) 및 대요리문답(50문)에서는 그리스도의 장사 지냄과 제3일 사이에 그리스도는 '죽은 자들의 상태에'(in the state of the dead) 있었고 '죽음의 권세 아래'(under the power of death) 있었다고 한다.[651] 웨스트민스터 신앙고백의 이 이해는 그리스도께서 죽으신 후에 제3일에 부활하시

649) 사도신경(Apostolicum)의 초기 형태에는 이 구절이 나타나지 않고 후대에 추가되었다. 이에 대해서는 필자의 "예수님은 음부에 내려가셨는가?", 『선지동산』 59호 (2011. 3; 천안: 고려신학대학원), 신약 난제 해설 (1), 8-9를 보라.

650) Cf. Van Genderen-Velema, *Beknopte Gereformeerde Dogmatiek,* 445.

651) 그러나 소요리문답은 이 문제에 대해 말하지 않고 침묵한다.

기까지 무덤(죽음의 상태)에 계셨으나 썩음을 당하지 않으셨다는 것을 말한다(행 2:23-24, 27; 13:37).[652]

그러나 사도신경(후기 형태)은 "죽음의 상태에 있었다"고 말하지 않고 "음부에 내려갔다"라고 말한다. 이것은 상태가 아니라 동작을 말하는 것이 분명하다. 또는 "음부에 내려간 것과 같은 고통을 맛보았다"고 말하지 않고 "음부에 내려갔다"고 말한다. 그러나 성경은 예수님이 죽으신 후에 (그 영혼은) 즉시 '낙원'에 가셨다고 한다(눅 23:43; cf. 요 20:17). 그리고 하나님은 예수님을 "사망의 고통에서 풀어 살리셨다"고 말하며(행 2:24), 그의 육체로 "썩음을 당치 않게 하실 것"이라고 말한다(행 2:27).

개혁교회 신학자들 중에는 그리스도의 승천 시에 그의 승리를 선포하셨다는 의미로 보는 사람들이 많다. 헤르만 바빙크는 "부활하신 주님으로서 하늘로 가신 것은, 행 2:36, 옥에 있는 영들에게 전파된 케뤼그마였다. ... 부활과 하늘로 가신 것은 그 자체로 옥에 있는 영들에 대한 그리스도의 풍부하고 능력 있는, 승리적인 케뤼그마였다."고 한다.[653] 흐레이다너스는 이 견해가 옳다고 본다.[654] 그리스도는 하늘로 오르시면서 그의 승리를 선포하셨다고 한다(cf. 22절). 승천 자체가 (승리의) 선포였다고 한다.[655] 그러나 19절의 πορευθείς를 승천으로 볼 수는 없다. 19절은 그리스도께서 하늘로 가신 것이 아니라 옥

---

652) 화란기독개혁교회 신학교(Apeldoorn 소재)의 교수들인 Van Genderen과 Velema도 웨스트민스터 신앙고백의 이 견해를 지지하고 있다. 그러면서 네덜란드 신앙고백(1983년판 본문)에 나오는 사도신경의 "죽음의 나라에 내려갔다"(nedergedaald in het rijk van de dood)는 구절을 이와 같은 맥락에서 이해하려고 하고 있다. Cf. Van Genderen-Velema, *Beknopte Gereformeerde Dogmatiek,* 445f.

653) H. Bavinck, *Gereformeerde Dogmatiek,* 4e dr. (Kampen: J. H. Kok, 1929), III, 479.

654) Greijdanus, *Petrus, Johannes en Judas,* 142.

655) Greijdanus, *Petrus, Johannes en Judas,* 143-45.

에 있는 영들에게 가서 전파하셨다고 말한다.[656)]

J. H. A. 하트는 베드로는 당시의 전승을 이용했다고 본다. 그리스도의 영혼이 지옥에 내려가서 불순종하던 천사들에게 복음을 전했다고 한다.[657)] 판 하우얼링언은 19절은 '반항하는 천사들'에게 그리스도의 승리를 선포한 것으로 본다. 옥에 있는 영들은 '악한 영들' 곧 '반항하는 천사들'이었다. 그들은 하나님께 불순종하고 신실하지 못하였으며 범죄하였다. 이들은 역사상 지속적으로 인간을 꾀어 범죄하게 만들었다. 이런 견해는 유대 문헌들(Jubilees, Enoch)에 의해 지지받는다고 한다. 특히 에티오피아 역 에녹서는 베드로가 말한 것과 많은 일치를 보여 준다고 한다.[658)]

그러나 Van Houwelingen의 해석은 다음과 같은 문제점들을 가지고 있다.

i) πορευθείς란 단어는 바로 앞에 있는 '옥에 있는 영들에게'로 연결된다. 이 분명한 문맥을 제쳐두고 '하늘로 올라갈 때에'로 볼 수는 없다. 우리는 이 단어의 의미를 멀리 있는 22절에서보다도 직접적인 그 문장(19절) 안에서 먼저 살펴야 할

---

656) Van Genderen-Velema도 이 견해를 일부 개혁주의 신학자들의 견해로 각주에서 간단히 소개할 따름이다(*Beknopte Gereformeerde Dogmatiek,* 444 n.49).

657) J. H. A. Hart, *The First Epistle General of Peter (Expositor's Greek Testament)* (Grand Rapids: Eerdmans, no date), 68. 베드로는 여기서 당시의 전승에 의존하고 있는데, 이 전승은 "original myth"를 약간 수정하고 확대한 것이라고 본다. 이 신화는 에녹서 6-16장에 나오는 바와 같이, 천사들이 사람의 딸들을 탐하여, 야렛(Jared) 시대에 내려와서 사람의 딸들과 결혼하여 네피림과 엘리웃을 낳았으며, 사람들에게 온갖 악한 것들을 가르쳤다고 한다. ... (중략) ... 그래서 베드로는 그가 받아들인 전승을 보충하고 있다고 본다. Hart는 여기서 ἐν ᾧ를 '수난과 부활-승천 사이 시기의 몸없는 영혼'으로 본다. 그리고 τοῖς ἐν φυλακῇ πνεύμασιν을 '창세기 6장의 천사들'로 본다. 이 영들은 그리스도께서 그들에게 전파하실 때에 "감옥에 갇혀(in ward)" 있었다. 그리고 ἐκήρυξεν에 대해서는 εὐηγγελίσατο와 같은 의미로 본다. 그리스도가 오시기 전에 그들은 하나님 나라의 복음을 듣지 못하였다. 그러나 이제 그리스도의 설교를 듣고 그들은 니느웨의 사람들처럼 회개하였다고 한다. 이러한 Hart의 견해는 거의 전적으로 외경의 신화에서 성경을 해석하는 것이다. 천사가 사람과 결혼했다는 것이나 그리스도께서 범죄한 천사들에게 복음을 전했다는 것, 그리고 범죄한 천사들이 듣고 회개하였다는 것 등은 우리가 받아들일 수 없는 주장들이다.

658) Van Houwelingen, *1 Petrus,* 135-38.

것이다. 19절에서는 '하늘로'(εἰς οὐρανόν)란 문구가 없다.

ii) 노아의 날에 천사들이 반란을 일으켰다는 것은 외경에 나올 뿐 성경에는 나오지 않는다. 천사들이 반란을 일으킨 것은 노아보다 훨씬 이전에, 인류 창조 전의 일이다(벧후 2:4; 유 6절). 하나님이 지으신 에덴동산에는 이미 마귀가 활동하고 있었다(창 3:1-6). 베드로는 20절에서 이들은 "노아의 날에 ..."라고 분명히 말하고 있다.

iii) 20하는 '사람들의 구원'에 대해 말하고 있다. 그렇다면 20상의 '불순종하는 자들'은 사람들을 가리킨다고 봐야 하며 천사들로 볼 수는 없다. 천사들의 불순종과 사람들의 구원은 대비가 서로 맞지 않다. 베드로가 여기서 관심 가지고 있는 것은 당시 사람들의 불순종과 노아 가족의 구원이다.

iv) 20중의 '오래 참고 기다릴 때에 불순종하던 자들'이란 말은 사람들에 대해 한 말이다. 악한 천사는 회개가 불가능하다. 그래서 그런 천사들을 위해 하나님이 기다리시는 것이 아니다. 하나님은 우리 인간이 회개하도록 오래 참고 기다리신다(롬 2:4).

v) Van Houwelingen은 전반적으로 너무 외경에 의지하고 있다. 이것은 올바른 태도가 아니다. 외경은 참조만 할 뿐 성경 해석은 어디까지나 성경 자체에 의지해서 해야 한다.

마지막으로, 선재(先在)하는 그리스도가 노아를 통해 그 당시 사람들에게 복음을 전하였다는 견해가 있는데 Augustine, Thomas Aquinas, Beza, Gomarus 등이 취하는 견해이다. 어거스틴은 선재하는 그리스도가 대홍수 이전의 사람들에게 노아의 설교를 통해 복음을 전하였다고 보았다.[659] 정

659) Van Houwelingen, *1 Petrus,* 133. 좀 더 자세한 것은 G. Wohlenberg, *Der erste und zweite Petrusbrief und der Judasbrief,* 1. und 2. Aufl. (Leipzig: A. Deichert: 1915), 112 n.69.

통 개혁주의 신학자 고마루스(F. Gomarus)는 "그리스도는 노아를 통해 그 때 그의 영(성령)으로 전파하였다."(*Christus per Noachum olim suo Spiritu praedicavit*)고 말하였다(*Opp. Omn.*², 1664, I, p.701).[660] 그리고 1637년에 나온 화란 국역성경(Statenvertaling)의 각주(Kanttekening)에는 "따라서 여기의 '영들'은 그리스도의 영 또는 신성이 노아를 통해 전에, 즉 그들이 아직 살아 있을 때에, 회개를 전파하게 하였다는 해석이 가장 적합하고 확실한 것이다."고 말한다.

그러나 Van Houwelingen은 이 견해를 다음과 같은 이유로 비판한다.[661]

i) 그러면 '옥에 있는'(ἐν φυλακῇ)을 풍유적으로 해석해야 한다. 즉, '죄에 사로잡혀 있는 사람들'로 해석해야 한다. 〈반론〉 꼭 그렇지는 않다. '옥에 있는'은 지금 지옥에 있다는 의미이다. 전에는 이 세상에 있었으나 불순종함으로 말미암아 지금은 지옥에 있다는 의미이다.

ii) '영들'은 복음 전파 때에 살고 있던 사람들이 아니다. 〈반론〉 이들은 전에 땅에 살고 있던 사람들인데(그때는 영혼과 육체가 함께 있었다), 그때 불순종함으로 말미암아 지금은 그 '영들'이 지옥에 있다. 지금 지옥에 있는 '영들'에 대해, 그들이 살아 있을 때에 곧 노아 홍수 당시에 영혼과 육체를 가진 사람으로 살아 있을 때에, 그들에게 복음이 전파되었다고 말하는 것이다.

그래서 위 어거스틴의 견해를 수정한 견해가 나타났다고 하는데, 그것은 이 편지가 기록된 시점에 '옥에 있는 영들'인 사람들을 가리킨다고 보는 견해이다(Wohlenberg, Feinberg, Grudem). 그러나 이 수정된 견해도 Van Houwelingen이 볼 때는 옳지 않다고 비판한다. 선재하는 그리스도가 아니라 죽으시고 다시 살아나신 그리스도가 활동하고 계신다. 여기서 '가심'을 시간을 통한 여행으로 읽고 구약

660) Greijdanus, *Petrus, Johannes en Judas,* 141에서 재인용.

661) Van Houwelingen, *1 Petrus,* 133.

시대의 그리스도의 신적 활동으로 연결시키는 것은 불가능하다고 한다. 그러나 왜 불가능하다는 말인가? 그리스도는 구약 시대에 활동하시지 않았는가? 구약 시대의 성령(그리스도의 영)의 역사에 대해 우리는 잘 이해해야 한다. 그리스도는 구약 시대에도 계셨고, 성령(그리스도의 영)을 통해 이미 활동하고 계셨다(벧전 1:11). 그리고 그때 노아의 설교를 듣고도 불순종하던 사람들은 지금 지옥에 '영들'로 갇혀 있다. 따라서 베드로가 말하는 것은, 지금 지옥에 갇혀 있는 영들은 옛날 노아 시대에 그리스도께서 노아를 통해 성령으로 복음을 전하실 때에 회개치 않던 자들이라는 뜻이다.

② 필자의 견해

i) '영으로'(ἐν ᾧ)는 '엔 프뉴마티'(ἐν πνεύματι)를 가리키는데 여기서 '영'(프뉴마)은 '성령'을 의미하며 예수의 '영혼'을 의미하지 않는다. 왜냐하면 18절에서 그리스도는 "육으로는 죽임당하시고 영으로는 살림 받으셨다"(θανατωθεὶς μὲν σαρκὶ ζῳοποιηθεὶς δὲ πνεύματι)고 하는데, 살림 받으신 것은 예수의 영혼이 아니라 육체이기 때문이다. 뿐만 아니라 예수의 영혼이 십자가의 죽음 이후에 지옥으로 갔다는 것은 성경에 맞지 않다(눅 23:43; 요 20:17). 또는 그리스도의 '신성(神性)'으로 보는 것[662]도 옳지 않다. 또는

662) 화란국역(Statenvertaling) 난하주(Kanttekening)에서는 이것을 '그의 신성으로'(door Zijn Goddelijke natuur)로 본다(cf. 롬 1:4; 히 9:14). 즉, 그의 신성(神性)으로 그리스도는 그의 인성(人性)을 죽은 자들 가운데서 일으키셨다고 설명한다. 그러나 롬 1:4의 '성결의 영'은 신성이 아니라 성령을 가리킨다. 히 9:14의 '영원한 성령'도 성령을 가리킨다. 그리고 그리스도의 신성으로 인성을 일으키셨다는 것도 이상하다. 그리스도의 신성과 인성은 항상 함께하며 분리할 수 없기 때문이다. Greijdanus도 마찬가지로 여기의 πνεῦμα는 '주님의 높은 존재, 그의 신성'을 가리킨다고 본다(벧전 3:18 주석 중). 그는 이것을 '그의 높아짐의 상태'로 연결시킨다. 반면에 σάρξ는 '주님의 낮아짐의 상태에 있는 그의 연약함'을 가리킨다고 본다.

'그의 영적 존재 방식으로'(in his spiritual mode of existence) 보는 것[663]도 옳지 않다. 따라서 판 하우얼링언은 여기의 *sarki - pneumati* 를 '반립적 병행법'(antithetische parallellisme)으로 보면서, 두 번째의 여격(*pneumati*)을 수단적 의미로 본다. 즉, 성령으로/성령에 의해 살림 받았다(cf. 요 6:63; 롬 8:11). 그리하여 첫 번째 여격(*sarki*)도 수단적으로 이해한다(Janse, Roberts). 즉, 그리스도는 육체에 의해(사람들에 의해) 죽임당했지만 성령에 의해 다시 살아났다.[664] 여기서 첫 번째의 *sarki* 를 '사람들에 의해'로 볼 수 있는지에 대해서는 의문이 있지만,[665] 두 번째의 *pneumati* 를 '성령으로'로 보는 것은 옳다고 생각된다. 로마서 1:4에서 그리스도는 죽은 자들 가운데서 부활하심으로 '성결의 영' 곧 '성령'에 의해 하나님의 아들로 세움받았다고 말하고 있기 때문이다.[666]

이러한 이해는 19절에서 그리스도께서 '성령으로' 옥에 있는 영들에게 가서 선포하셨다고 말하는 것에 의해 옳다고 인정된다. 앞에서 본 것처럼 그리스도의 '영혼'이 죽으신 후 또는 부활 후에 옥에 있는 영들에게 가신 것이 아니다. 이것은 선재하신 그리스도께서 '성령으로' 역사하신 것을 가리킨다. 구약 시대에도 성령의 역사가 있었다. 노아 시대에도 성령의 역사가 있었다. 이 성령은 베드로에 의해 '그리스도의 영'이라 불리며 선지자들 속에 계셨다고

---

663) P. H. Davids, *The First Epistle of Peter (NICNT)* (Grand Rapids: Eerdmans, 1990), 138. 그는 이것을 '부활 후'(postresurrection)의 상태로 이해하고 있다.

664) Van Houwelingen, *1 Petrus,* 130.

665) "육체로는 죽임을 당하시고"(θανατωθεὶς μὲν σαρκί)라는 표현은 바로 앞의 "죄를 위하여 죽으셨다"는 말과 같은 의미로서 '사람의 눈에 보기에, 인간적 차원에서는' 죽임을 당했지만, 사람의 눈에 보이지 않는 '성령에 의해', '성령의 능력으로' 살리심 받았다는 의미가 아닐까 필자는 생각한다. 베드로는 지금 어떤 신학적 구도를 가지고 말하는 것이 아니라 평범한, 일상적 언어로서 말하되 영적, 신적 진리를 말하고 있다. 즉, 예수 그리스도는 사람들이 볼 때에는 힘없이 십자가에 달려 죽었지만, 하나님에 의해 성령으로 살리심 받았다는 것이다(행 2:23-24; 10:39-40).

666) 롬 1:3-4의 해석에 대해서는 필자의 『로마서 연구』(대구: 말씀사, 2017), 35-67을 보라.

말한다(벧전 1:11). 따라서 그리스도는 '그리스도의 영' 곧 '성령'을 통해 노아에게 역사하셨다.[667]

ii) '옥에 있는 영들에게'(τοῖς ἐν φυλακῇ πνεύμασιν)는 지금 지옥에 있는 영들을 의미하는데, 이들은 20절에서 베드로가 직접 설명하는 대로 '노아 시대에 불순종하던 자들'이었다(20절). 이들은 당시에는 살아 있었지만 불순종함으로 말미암아 지금 지옥에 있다. 그래서 '옥에 있는 영들'이라고 불린다. 예를 들어, 어느 누가 "천국에 계신 할아버지는 100년 전에 미국 선교사를 통해 복음을 받으셨다."고 말한다면, 이 말은 '천국'에서 복음을 받았다는 의미가 아니다. 지금 천국에 계신 할아버지께서 살아 계실 때에, 곧 땅에 계실 때에 복음을 받았다는 의미이다. 이와 마찬가지로 '옥에 있는 영들'은 지금은 옥에 있지만 전에 노아 시대에는 살아 있었다. 그러나 그때 불순종하므로 지금 옥에 있다는 말이다. 지금 '옥에 있는 영들'은 옛날 노아 시대에 살아 있을 때에 불순종하였다는 말이다.

베드로전서 4:6에는 "이를 위하여 죽은 자들에게도 복음이 전파되었으니"라고 말한다. 지금은 '죽은 자들'이지만 그들이 살아 있을 때에 그들에게도 복음이 전파되었다는 말이다. 우리 산 자들에게만 아니라 지금은 죽은 자들인 그들에게도, 그들이 살아 있을 때에, 복음이 전파되었다는 말이다.

베드로전서 3:19에 ἐν ᾧ 다음에 καί가 있다. 이것은 이어서 나오는 τοῖς ἐν φυλακῇ πνεύμασιν을 강조하는 역할을 한다. 그래서 "옥에 있는 영들에게도 가서 전파하였다."는 말이다. 지금 우리들뿐만 아니라 노아 시대에 불순종하던 자들에게도 복음이 전파되었다는 의미이다(cf. 벧전 4:6).[668]

---

667) 구약 시대의 성령의 역사에 대해서는 J. H. Scheepers, *Die Gees van God en die Gees van die mens in die Ou Testament* (diss. Amsterdam VU), Kampen: J. H. Kok, 1960을 보라.

668) Keulers는 여기의 καί를 '다른 사람들 중에서 특히'(onder anderen)라는 의미로 이해한다. 이것은 곧 그리스도의 전파는 노아 당시의 사람들뿐만 아니라

iii) '가서 전파하셨다'(πορευθεὶς ἐκήρυξεν)는 것은 그리스도께서 성령으로 노아를 통해 복음을 전파하셨다는 말이다. 선재하신 그리스도께서 성령으로 노아에게 가서 그를 통해 복음을 전파하셨다. 이런 의미에서 베드로는 노아를 '의를 전파하는 노아'(Νῶε δικαιοσύνης κήρυκα)라고 말한다(벧후 2:5). 원문을 직역하면 '의의 전파자 노아'가 된다. 즉, 노아는 의(義)의 전도사, 복음 전파자였다는 말이다. 노아는 방주를 짓는 120년 동안을 포함해서 오랫동안 말과 삶으로써 공의와 심판과 회개를 전파했을 것이다.

그렇다면 여기의 '가서'(πορευθείς)는 히브리적 표현으로 '회화(繪畫)적 분사'(graphic participle)로 볼 수 있다.[669] 하늘나라에 계신 그리스도께서 가만히 앉아서 수수방관만 하고 계신 것이 아니라 구약 시대에도 성령을 통해 역사하셨는데, 특히 노아 시대에 노아를 통해 복음을 전파하셨다는 것이다. 그러한 행동, 동작(전파)을 위해 그리스도께서 움직이셨다, 활동하셨다, 역사하셨다는 것을 나타내기 위해 '가서'(πορευθείς)라는 분사를 사용하였을 것이다.

iv) 그리스도의 십자가와 부활(18절)에서 노아 시대(19-20절)로의 갑작스

"*limbus patrum*"에 있는 다른 죽은 자들을 위해서도 주어졌다는 의미로 이해한다(*Katholieke brieven en Openbaring*, 122). 그러나 베드로는 18절에서 그리스도의 죽음과 부활에 대해 말하였다. 그리고 나서 그리스도께서 영으로 또한 '옥에 있는 영들에게도' 가서 전파하셨다고 말한다. 따라서 그리스도의 지상 사역에 대비되는 것으로서 과거 노아 시대의 사역에 대해 말하는 것으로 보아야 할 것이다. 과거의 한 무리의 사람들과 과거의 다른 무리들 사이의 대비가 아니다.

669) Cf. Zerwick, *Biblical Greek*, §363. 예를 들어 행 10:13의 "일어나 잡아먹어라"(ἀναστάς ... θῦσον καὶ φάγε)에서 '일어나'(ἀναστάς)는 꼭 문자적으로 앉아 있다가 일어나는 동작을 가리킬 필요는 없다. 이것은 어떤 일을 시작하다는 의미를 가진다(cf. Grosheide, *Handelingen*, I, 331). 그런데 Greijdanus(*Petrus etc.*, 143f.)와 Van Houwelingen(*1 Petrus*, 133)이 Augustine, Beza, Gomarus 등의 전통적 견해를 반대하는 이유 중 하나로 그러면 πορευθείς를 설명할 수 없다고 하는데, 이것은 그들이 πορευθείς의 히브리적 용법을 이해하지 못한 것을 나타낸다. 이와 같은 관용적, 회화적 분사로는 '떠나가서 ...하다'(막 14:12), '일어나서 ... 하다'(마 2:20; 8:26; 9:7 등), '다가가서 ...하다'(마 4:3; 8:2, 19 등), '입을 열어 ...하다'(마 5:2; 행 8:35; 10:34) 등이 있다.

런 전이(轉移)는 베드로의 개인적 체험과 관련된다고 생각할 수 있다. 그 연결 고리는 '물'이다(21절). '물'은 베드로의 잊을 수 없는 경험과 관련된다. 그리스도의 죽음과 부활을 말할 때, 베드로의 머릿속에는 갑자기 자기가 갈릴리 호수에서 물에 빠져 죽을 뻔하다가 살아난 사건과 그리고 노아 시대에 불순종하던 사람들이 물에 빠져 죽은 사건이 동시에 떠올랐을 것이다. 노아 시대에 물에서 구원받은 사람은 겨우 여덟 명뿐이었다. 이처럼 '물'은 심판과 동시에 구원을 의미한다. 그래서 베드로는 지금 그리스도의 죽음과 부활을 말하고 나서 곧바로 노아 시대로 거슬러 올라가서 노아 시대의 복음 전파와 구원에 대해 말한다. 그 연결 고리는 또한 '성령'이다. 오순절 날에 오셔서 강력하게 역사하셨던 '성령'은 또한 노아 시대에도 노아를 통해 복음 전파의 역사를 하셨다(벧전 1:11). 이것은 선재(先在)하신 그리스도의 사역이었다.

베드로가 복음을 전할 때 노아 홍수 이야기를 즐겨 사용하여 복음을 전했다는 사실을 생각하면 이 구절 이해가 쉬워진다. 사람마다 즐겨 사용하는 예화가 있다. 사도 바울은 아브라함을 즐겨 예를 들어 사용했으며(창 15:6; 롬 4장; 갈 3장), 야고보는 이삭을 제단에 드리는 아브라함 이야기(창 22장)를 중요하게 생각하고 또 인내의 표본으로서 욥과 기도의 사람 엘리야를 예로 들고 있으며(약 5:11, 17-18), 요한은 가인과 아벨을 가지고 형제 사랑을 강조하고 있다(요일 3:12).

이런 맥락에서 베드로는 노아 홍수 이야기를 즐겨 사용하였다. 그 이유는 아마도 그 자신이 물에 빠져 죽을 뻔한 체험과 관계가 있을 것이다(마 14:22-33). 이것은 다른 사람들에게는 하나의 재미있는 이야기에 불과할지 모르지만, 베드로 자신에게는 생사가 걸린 중차대한 문제였으며 평생 지울 수 없는 깊은 인상을 남겼을 것이다. 그래서 그는 성경을 읽을 때에 '물' 이야기가 나오면 예사롭게 보이지 않았을 것이다. 따라서 노아 홍수 이야기가 베드로에게는 강렬하게, 실감나게 느껴졌을 것이며, 거기서 그는 멸망과 구원의 복음을 깊이 생각하게 되었을 것이다. 그는 복음을 전할 때에도 예수 그리스도의 수난과 부활과 아울러, 노아 홍수 사건을 예로 들어 복음을 증거하는 소재로 즐겨 사용하였을 것이다. 벧전 3:19이하에서 갑자기 노아 시대로 거슬러 올라가는 것도 이러한 맥락에서였을 것이다. 그리고 벧후 2:5에서도 노아 이야기를 하고 있으며, 3:6에서도 물에 의한 심판을 말하고 있다.

따라서 우리는 벧전 3:19에서 베드로가 갑자기 노아 시대로 거슬러 올라가서 그리스도께서 성령으로 노아를 통해 그 당시의 사람들(지금은 옥에 있는 영들)에게 복음을 전했다고 말하는 것에 대해 이상하게 생각하면 안 된다. 이것은 베드로의 머릿속에 있는 생각의 흐름에서는 오히려 자연스러운 것이며, 베드로가 즐겨 사용하던 성경 이야기 중 하나이었다.

③ 3:20과 4:6과의 관계

Augustine, Thomas Aquinas, Beza, Gomarus, 화란 국역 등 전통적인 해석에 바탕을 둔 필자의 이 견해는 새로운 것이 아니라 베드로 자신이 직접 설명한 것이다. 즉, 19절에서 말한 '옥에 있는 영들'이 누구인가 하는 의문에 대해 베드로 자신이 20절에서 답을 주고 있다. "그들은 전에 노아의 날 방주를 준비할 동안 하나님이 오래 참고 기다리실 때에 복종하지 아니하던 자들이라." 이들은 노아 시대에는 살아서 불순종하던 자들이었지만, 지금은 죽어서 그 영들이 옥에 갇혀 있다. 그래서 베드로가 그들을 '옥에 있는 영들'이라고 불렀던 것이다.

베드로전서 4:6에서도 "이를 위하여 죽은 자들에게도 복음이 전파되었으니"라고 말한다. 이들은 지금 '죽은 자들'이지만 그들이 전에 살아 있을 때 그들에게 복음이 전파되었다. 그러나 지금은 죽었기 때문에 '죽은 그들'에게도 (그들이 살아 있을 때에) 복음이 전파되었다고 말한다.

이런 식의 표현은 베드로가 많이 사용한 어법으로 생각된다. 사람마다 즐겨 쓰는 어법이 있는데, 베드로는 지금 죽은 자들에게도 그들이 살아 있을 때에 복음이 전파되었다는 것을 말할 때 현재 '옥에 있는 영들'에게 또는 '죽은 자들'에게도 전에 (그들이 살아 있을 때에) 복음이 전파되었음을 말한다. 이처럼 과거와 현재를 오가며 말하는 것은 베드로가 죽음을 앞두고 사람의 영원한 운명을 많이 생각하고 있었기 때문일 것이다. 또한 자신의 갈릴리 호수에서의 죽을 뻔한 체험과 관련하여 노아 시대 때 범죄한 옛 세상 사람들의 운명에 대해서도 평소에 깊이 생각했을 것이다. 베드로는 이처럼 사람의 영원한 운명을 말하면서 현재 살아 있는 사람들에게 회개하고 하나님께로 돌아올 것을 촉구하는 방식으로 복음을 전한 것으로 생각된다.

7) 내용 분해

① 서언과 문안(1:1-2)
② 시험 중에 기뻐함(1:3-12)
③ 거룩하고 깨끗한 삶(1:13-25)
④ 그리스도 안에서의 성장(2:1-10)
⑤ 선한 행실(2:11-12)
⑥ 제도에 대한 순종(2:13-17)
⑦ 선을 행함으로 고난을 받음(2:18-25)
⑧ 부부 윤리(3:1-6)
⑨ 형제 사랑(3:7-12)
⑩ 의를 위한 고난(3:13-22)
⑪ 거룩한 삶(4:1-6)
⑫ 기도와 사랑과 봉사(4:7-11)
⑬ 그리스도의 고난에 참여함(4:12-19)

⑭ 장로들과 젊은이들에 대한 권면(5:1-11)

⑮ 결어와 인사(5:13-14)

8) 참고 문헌

박윤선, 『성경주석 히브리서 공동서신』, 서울: 영음사, 1987.

이상근, 『신약성서 주해 공동서신』, 대한예수교장로회 총회교육부, 1963.

목회와신학 편집부 엮음, 『야고보서 벧전후 유다 어떻게 설교할 것인가』 (두란노 HOW 주석), 서울: 두란노아카데미, 2007.

대한예수교장로회총회교육자원부 편, 『베드로전 후서』 (한국장로교총회창립 100주년기념 표준주석), 서울: 한국장로교출판사, 2014.

변종길, "겸손과 따뜻한 마음으로 온 세상을 품은 베드로의 비전", 『그말씀』 297 (2014. 3), 34-47.

변종길, "예수님은 음부에 내려가셨는가?", 『선지동산』 59호 (2011. 3), 8-9 (신약 난제 해설 [1]).

A. Nisbet, *An Exposition of 1 & 2 Peter (Geneva Series Commentary),* Edinburgh: Banner of Truth, 1982 (first published 1658).

Ch. Bigg, *A Critical and Exegetical Commentary on the Epistles of St. Peter and St. Jude (ICC),* Edinburgh: T. & T. Clark, 1978.

P. H. Davids, *The First Epistle of Peter (NICNT),* Grand Rapids: Eerdmans, 1990.

K. H. Jobes, *1 Peter (BECNT),* Grand Rapids: Baker Academic, 2005.

J. R. Michaels, *1 Peter (WBC),* Waco: Word Books, 1988.

Th. R. Schreiner, *1, 2 Peter, Jude (NAC),* Nashville: Broadman & Holman

Publishers, 2003.

B. Reicke, *The Epistles of James, Peter, and Jude (The Anchor Bible),* New York: Doubleday & Co., 1964.

L. Goppelt, *A Commentary on 1 Peter,* tr. and aug. by J. E. Alsup, Grand Rapids: Eerdmans, 1993.

G. Wohlenberg, *Der erste und zweite Petrusbrief und der Judasbrief,* 1. und 2. Aufl., Leipzig: A. Deichert, 1915.

S. Greijdanus, *De brieven van de apostelen Petrus en Johannes, en de brief van Judas (KNT),* Amsterdam: H. A. van Bottenburg, 1929.

P. H. R. van Houwelingen, *1 Petrus. Rondzendbrief uit Babylon (CNT-3),* Kampen: J. H. Kok, 1991.

J. Keulers, *De katholieke brieven en het boek der Openbaring (De boeken van het Nieuwe Testament),* Roermond en Maaseik: J. J. Romen & Zonen, 1956.

22. 베드로후서

베드로후서는 베드로전서 직후에 쓴 것으로 생각되는데 대략 64년경으로 생각된다. 기록 장소는 베드로전서를 기록한 곳과 같은 로마이다. 이 두 번째 편지를 쓴 이유는 이단들의 미혹에 빠지지 않도록 성도들을 경계하기 위함이다. 이 이단들은 육체의 정욕을 좇는 방탕한 자들이었으며 함부로 하나님을 욕하고 비방하는 자들이었다(벧후 2:1-3, 10-19). 또한 이들은 사도들이 전해 준 복음의 진실성을 부인하며(벧후 1:16), 예수님의 재림을 조롱하는 자들이었다(벧후 3:3-4).

1) 저자

베드로후서의 저자는 편지 서두에서 "예수 그리스도의 종과 사도인 시몬 베드로"라고 밝히고 있다(1:1). 베드로전서와는 달리 '시몬'을 덧붙이고 있는 것이 다르며 또한 스펠링도 '쉬메온'(Συμεών)으로 좀 특이하다.[670] 그는 거룩한 산에서 주의 위엄을 친히 본 자라고 한다(1:16-18). 따라서 그는 예수와 함께 변화산에 올라간 세 제자 중 하나이다(cf. 마 17:1-13). 그는 예수님이 미리 말씀하신 대로(요 21:18) 이 세상을 떠날 날이 임박함을 직감하고 있다(1:14). 그는 이 '두 번째 편지'를 써서 수신자들의 진실한 마음을 일깨워 생각나게 하려고 한다고 말한다(3:1).

베드로후서의 진정성(베드로 저작)은 오랫동안 논란되었으며, 오늘날 개신교 학자들 가운데서는 소수의 학자들(Zahn, Wohlenberg, Grosch, Bigg 등)을 제외하고는 거의 다 부정하고 있다.[671] 주후 2세기 말 전에는 베드로후서에 대한 흔적을 찾을 수 없다. 알렉산드리아의 클레멘트는 아마도 베드로후서를 안 것 같다. 어쨌든 그의 제자인 오리겐은 베드로후서에 대해 분명히 말한다. 유세비우스에 의하면, 오리겐은 그의 요한복음 주석에서 다음과 같이 말한다(*Hist. Eccl.* VI,25,8). "베드로는 ... 논란되지 않는 편지 하나를 우리에게 남겼다. 그리고 아마도 두 번째 편지도 남긴 것으로 보이는데, 왜냐하면 이것은 논란되기 때문이다." 그러나 오리겐 자신은 이 편지의 진정성을 의심하지 않았으며, 베드로후서의 본문들을 성경으로 인용하고 있다.[672] 유세비우스 자신은 베드로후서를 야고보서, 유다서, 요한 2, 3서와 함께 '안티레고메

---

670) $\mathfrak{P}^{72}$ B Ψ 등은 Σίμων을 가지고 있으나 ℵ A *Byz Lect* 등 대다수 사본들은 Συμεών을 가지고 있다.

671) Cf. Keulers, *Katholieke brieven en Openbaring*, 137.

672) Cf. Keulers, *Katholieke brieven en Openbaring*, 137.

나'(*Antilegomena,* 논란되고 있는 것들)에 포함시킨다. 이것은 4세기 초에 베드로후서에 대해 논란이 되고 있었으며, 그렇지만 대부분의 교회에서는 성경으로 사용되고 있었다는 사실을 말해 준다.[673] 주로 안디옥 학파가 베드로후서를 정경으로 받아들이는 것을 반대했다(Chrysostom, Theodoret, Theodore of Mopsuestia는 베드로후서를 인용하지 않음). 그러나 Athanasius, Methodius of Olympus, Cyril of Jerusalem, Gregory of Nazianzus는 참된 것으로 인용하였다. 서방 교회에서 터툴리안과 키프리아누스도 인용하지 않았다. 그러나 제롬(Hieronymus)은 베드로후서가 동방 교회와 서방 교회에서 논란되고 있음을 알았지만 다른 공동서신들과 함께 정경으로 받아들였으며 벌게이트 역에 포함시켰다. 그리하여 베드로후서는 5세기부터는 모든 공적인 정경 목록에 포함되게 되었다.[674]

껄러르스는 '진정성'(echtheid)과 '정경성'(canoniciteit) 또는 '영감'(inspiratie)을 구별하면서 베드로후서를 베드로가 저작했다는 것은 의심스럽지만 그 서신의 '영감'에는 문제가 없다고 하면서 베드로후서의 정경성을 옹호한다.[675] 거짓된 이름으로 쓰는 것은 그 당시의 관습에 속하는 것이며 구약 성경에도 있기 때문이라고 한다.[676] 그러나 흐레이다너스는 이러한 견해를 강하게 반대한다. 만일 이 편지의 저자가 베드로 사도가 아니었다면 그는 '위선적 사기꾼'에 불과하다.[677] 어떤 사람이 사도적이지 않은 가르침을 배격하기 위해 사도의 이름을 빌려 썼다고 할지라도 거짓이 합리화될 수는 없는 것이다.

베드로전서와의 스타일, 특징, 구조의 차이에 대해 제롬은 그것은 베드로

673) Keulers, *Katholieke brieven en Openbaring,* 137.

674) Keulers, *Katholieke brieven en Openbaring,* 137f.

675) Keulers, *Katholieke brieven en Openbaring,* 137-38.

676) Keulers, *Katholieke brieven en Openbaring,* 138.

677) Greijdanus, *Petrus, Johannes en Judas,* 206.

가 형편에 따라 다른 통역자를 사용했기 때문이라고 설명한다(*Epist. 120 ad Hedibiam*).[678] 베드로가 그의 전서에서는 실루아노를 대필(代筆)로 사용했지만, 후서에서는 누구를 사용했는지 나와 있지 않다. 후서에서 그는 아마도 그의 곁에 있는 다른 사람을 대필로 사용했을 것이다. 칼빈도 말하기를, 베드로가 직접 쓰지는 않았지만 그의 제자들 중의 하나가 베드로의 명령으로 기록하였다고 한다.[679]

2) 수신자

베드로후서의 수신자는 편지 서두에서 "우리 하나님과 구주 예수 그리스도의 의를 힘입어 동일하게 보배로운 믿음을 우리와 같이 받은 자들"이라고 밝히고 있다(1:1). 여기서 '우리'는 사도 베드로와 그와 함께 있는 자들만을 가리킨다고 보기는 어렵다. '사도들'과 '유대인 출신의 다른 신자들'로 나누는 것은(cf. Zahn, Wohlenberg) 자연스럽지 못하다. 성경 어디에서도 사도들 또는 목격자들의 신앙을 다른 사람들의 신앙에 비해 특별하게 내세우지 않는다.[680] 따라서 여기에 '유대인 출신의 신자들'과 '이방인 출신의 신자들' 사이의 구별이 있다고 보는 것이 옳다(cf. 행 11:17; 10:47; 15:8-11).[681] 따라서 베드로후서의 수신자는 이방인 신자들이다. 3:1의 "이 둘째 편지를 너희에게 쓴다"는 말로 보아 이들은 베드로전서에서와 마찬가지로 소아시아에 있는 신자들과 교회들이며, 주로 이방인 출신의 사람들이었다고 할 수 있다.[682]

---

678) Keulers, *Katholieke brieven en Openbaring,* 139.

679) Calvin, 베드로후서 주석의 "Arguments."

680) Greijdanus, *Bizondere Canoniek,* II, 309.

681) Greijdanus, *Bizondere Canoniek,* II, 310.

682) Greijdanus, *Bizondere Canoniek,* II, 311.

3) 기록 시기와 장소

베드로후서의 진정성을 믿지 않는 사람들은 이 편지의 기원을 베드로의 죽음 이후로 본다. 학자에 따라 주후 70년부터 180년까지 다양하게 본다.[683] 그러나 우리가 베드로 저작을 믿는다면 그의 죽음 이전으로 보아야 하는 것은 당연하다.

3:1의 표현으로 보아 이 두 번째 편지는 그의 첫 번째 편지 후에 그리 오래 지나지 않아서 기록된 것으로 보인다. 그리고 베드로의 죽음을 얼마 남겨 두고 있지 않은 시점에 쓰여진 것으로 보인다(1:14). 베드로의 순교 연대에 대해서는 67년으로 보기도 하지만,[684] 필자는 테오돌 찬이 추정한 64년 늦여름 또는 가을[685]을 선호한다. 우리는 앞에서 베드로전서의 기록 연대를 63년 하반기 또는 64년 초로 보았기 때문에 베드로후서의 기록 연대는 64년 상반기 또는 여름이 좋아 보인다.

이러한 추정을 지지하는 또 다른 근거가 있다. 이 시기는 사도 바울이 로마에서의 1차 투옥에서 석방되어 서바나를 방문 중에 있던 시기였다. 따라서 사도 바울 일행은 로마에 없었으며, 대신에 베드로와 마가가 와서 활동하고 있었다. 이런 상황에서 소아시아 지역에 이단들이 들어와서 교회를 위협하고 있다는 소식이 베드로에게 들려 왔다. 이들 지역 교회는 주로 사도 바울이 개척해서 세운 것이었지만, 그가 로마를 떠나고 없는 상황에서, 베드로는 예수님의 제자와 사도로서 그 지역 교회에 대한 책임을 느끼고 권면과 교훈의 말을 써서 보내었을 것이다. 첫 번째 편지는 바울의 동역자였던 실라(실루아노)로부터 상황을 듣고 그의 도움을 받아 편지를 써서 그에게 주어 소아시아 지역으로

683) Cf. Keulers, *Katholieke brieven en Openbaring,* 140.

684) Keulers, *Katholieke brieven en Openbaring,* 140.

685) Zahn, *Einleitung*[3], II, 18.

보내었을 것이다. 그리고 두 번째 편지는 베드로가 자기의 죽음을 앞두고 주위 사람의 도움을 받아 유언과 같은 성격의 편지를 써서 보내었을 것이다. 그 수신자들이 사도 바울을 통해 복음을 들었음을 고려하여 편지 말미에 "우리가 사랑하는 형제 바울도 그 받은 지혜대로 이같이 썼고"라고 말하고 있다(3:15).

베드로후서와 유다서 사이의 관계에 대해 많은 논란이 있다. 내용상의 유사성은 그 경계하는 대상인 이단이 동일하기 때문이다. 이 둘 중 어느 것이 먼저 쓰여졌는가에 대해서는 유다서 우선을 주장하는 사람들도 있고(W. M. de Wette, Keulers), 베드로후서 우선을 주장하는 사람들도 있다(Greijdanus, Van Houwelingen). 그러나 베드로후서에 보면 베드로가 이 편지를 쓸 당시에 이단들이 다른 곳에서 활동하고 있었지만 아직 수신자들에게는 오지 않았는데 비해(벧후 2:1), 유다서에 보면 그들이 이미 그들 가운데 활동하고 있었다는 것을 볼 때(유 1:4), 베드로후서가 먼저 기록되었다고 생각된다.[686] 베드로후서의 기록 장소는 베드로전서를 기록한 곳과 같은 장소인 로마이다.

4) 기록 계기

다른 곳에서 '거짓 선지자들'이 일어났는데 소아시아의 수신자들 중에도 조만간 이런 '거짓 선생들'이 있을 것이다. 이들은 그리스도를 부인하고 임박한 멸망을 스스로 취하는 이단들이다(2:1). 이들은 자유라는 미명 하에 호색(好色)을 따르며 방탕한 삶을 사는 악한 자들이었다(2장). 따라서 이런 이단들에 대해 미리 경계하고 대비하게 할 필요성이 있었다.

뿐만 아니라 베드로는 이 세상을 떠나기에 앞서 수신자들에게 그들이 서 있는 진리에 대해 일깨워 생각나게 하기 위해 이 두 번째 편지를 썼다(1:12-

686) Greijdanus, *Bizondere Canoniek,* II, 308.

15). 사도들이 전한 복음은 교묘히 만든 이야기를 다른 것이 아니요 주의 크신 위엄을 실제로 보고 들은 바를 전한 것이다(1:16-18). 또 주의 재림을 부인하는 자들이 있어서 그리스도인들을 조롱하는 자들이 있었다. 따라서 이런 자들에게 미혹되지 말고 더욱 힘써 신앙생활에 노력하라고 격려하기 위해 이 두 번째 편지를 써서 보낸 것이다(1:5-11; 3:18).

5) 내용 분해

① 서두와 문안(1:1-2)

② 하나님과 주 예수를 앎(1:3-4)

③ 더욱 힘쓰라(1:5-11)

④ 이 편지를 쓰는 목적(1:12-15)

⑤ 전한 복음의 확실성(1:16-21)

⑥ 거짓 선지자들의 일어남(2:1-3)

⑦ 거짓 선지자들에 대한 심판(2:4-10상)

⑧ 거짓 선지자들의 죄악상(2:10하-22)

⑨ 말세에 기롱하는 자들(3:1-7)

⑩ 주의 날의 임함(3:8-13)

⑪ 성도들의 마땅한 태도(3:14-17)

⑫ 축복(3:18)

6) 참고 문헌

박윤선, 『성경주석 히브리서 공동서신』, 서울: 영음사, 1987.

이상근, 『신약성서 주해 공동서신』, 대한예수교장로회 총회교육부, 1963.

목회와신학 편집부 엮음, 『야고보서 벧전후 유다 어떻게 설교할 것인가』(두란노 HOW 주석), 서울: 두란노아카데미, 2007.

대한예수교장로회총회교육자원부 편, 『베드로전 후서』(한국장로교총회창립 100주년 기념 표준주석), 서울: 한국장로교출판사, 2014.

A. Nisbet, *An Exposition of 1 & 2 Peter (Geneva Series Commentary),* Edinburgh: Banner of Truth, 1982 (first published 1658).

Ch. Bigg, *A Critical and Exegetical Commentary on the Epistles of St. Peter and St. Jude (ICC),* Edinburgh: T. & T. Clark, 1978.

R. J. Bauckham, *Jude, 2 Peter (WBC),* Waco: Word Books, 1983.

Th. R. Schreiner, *1, 2 Peter, Jude (NAC),* Nashville: Broadman & Holman Publishers, 2003.

P. H. Davids, *The Letters of 2 Peter and Jude (PNTC),* Grand Rapids: Eerdmans, 2006.

B. Reicke, *The Epistles of James, Peter, and Jude (The Anchor Bible),* New York: Doubleday & Co., 1964.

G. Wohlenberg, *Der erste und zweite Petrusbrief und der Judasbrief,* 1. und 2. Aufl., Leipzig: A. Deichert, 1915.

S. Greijdanus, *De brieven van de apostelen Petrus en Johannes, en de brief van Judas (KNT),* Amsterdam: H. A. van Bottenburg, 1929.

P. H. R. van Houwelingen, *2 Petrus en Judas. Testament in tweevoud (CNT-3),* Kampen: Kok, 1993.

P. H. R. van Houwelingen, *De Tweede Trompet. De authenticiteit van de tweede brief van Petrus,* Kampen: J. H. Kok, 1988.

J. Keulers, *De katholieke brieven en het boek der Openbaring (De boeken van het Nieuwe Testament)*, Roermond en Maaseik: J. J. Romen & Zonen, 1956.

23. 요한일서

1) 저자

요한일서의 저자는 서신에서 분명히 밝히고 있지는 않지만 사도 요한이 분명하다. 그는 태초부터 있는 생명의 말씀이신 예수 그리스도에 대해 "우리가 들은 바요 눈으로 본 바요 자세히 보고 우리의 손으로 만진 바라."고 말한다(1:1-3; 4:14). 이처럼 저자는 자신이 직접 말씀의 목격자 됨을 강조한다. 그는 나이 든 자로서 수신자들을 '자녀들' 또는 '아이들'이라고 부른다(2:1, 12, 13, 14, 18). 뿐만 아니라 그는 확실한 권위를 가지고 말한다(4:6; 5:13).[687]

그리고 요한일서는 단어들과 문체와 사상에 있어서 요한복음과 큰 일치성을 보여 준다. 생명과 사망, 빛과 어두움, 진리와 거짓, 사랑과 미움, 하나님과 세상(마귀), 영과 육 사이의 대비가 요한일서에서도 나타난다.[688] 또한 요한복음에 나타나는 많은 표현들(진리의 영, 생명이 있음, 생명을 줌, 하나님 안에 거함, 하나님께로부터 나옴, 진리에게서 남, 하나님에게서 태어남, 사랑 안에 거함, 하나님을 앎 또는 봄, 그리스도 또는 그의 이름을 믿음, 계명을 지킴, 선한 일을 행함, 육체로 오신 독생자, 말씀, 세상의 구원자 등)이 요한일서에 나타난다.[689] 문체(스타일)도 비슷하다. 둘 다 복잡하게 구성된 절(節)이 없으며, 히브리어에서처럼 대부분의 문장들은 병렬 접속사 '카이'(καί, and)로

687) Greijdanus, *Bizondere Canoniek*, II, 320f.

688) Keulers, *Katholieke brieven en Openbaring*, 169.

689) Keulers, *Katholieke brieven en Openbaring*, 169f.

연결되고 있다. 역접이든 순접이든 둘 다 병행법(parallelism)을 많이 사용한다. 어떤 개념을 설명할 때에는 접속사 '히나'(ἵνα, that)를 사용하여 설명한다. 사상을 전개할 때에는 그 개념을 다시 취하거나 대비시키는 방법을 통해 많이 한다.[690] 따라서 요한복음과 요한일서는 동일한 저자의 것이라고 분명히 받아들일 수 있다.[691]

이레네우스는 요한일서에서 여러 번 인용하면서 사도 요한이 그 저자라고 말한다(*Adv. Haer.* III,16,5, 16,8 등; cf. Eusebius, *Hist. Eccl.* V,8,7). 무라토리 정경(Canon of Muratori)은 요한일서의 말들을 인용하면서 제자 요한의 말들이라고 한다. 알렉산드리아의 클레멘트(Clement of Alexandria)는 요한일서 5:16-17을 인용하면서 "이 말들을 볼 때 요한도 그의 큰 편지에서 죄의 구별을 가르친 것으로 보인다."고 말하였다(*Strom.* II,15).[692] 오리겐은 말하기를 "요한에게서 하나님은 빛이라고 불리었다"고 하면서 요한일서 1:5을 인용한다(*In Evang. Ioan.*, tom. XIII,21). 알렉산드리아의 디오니시우스(Dionysius of Alexandria)는, 요한계시록이 사도 요한에 의해 쓰여졌다는 것을 반대하면서도, (요한의) 세 서신과 복음서에 대해서는 사도 요한에 의한 것이라고 인정하고 있다(Eusebius, *Hist. Eccl.* VII,25).[693] 터툴리안은 요한일서의 말들을 인용하면서 "요한은 말한다"고 한다. 유세비우스는 요한일서를 '일반적으로 인정된 책들'(*Homologoumena*)로 분류한다(*Hist. Eccl.* III,25,2).[694] 따라서 사

690) Keulers, *Katholieke brieven en Openbaring,* 170. 요한복음과 요한일서의 단어, 문체, 개념, 사상의 유사성에 대해서는 또한 Greijdanus, *Bizondere Canoniek,* II, 322-23을 보라.

691) Keulers, *Katholieke brieven en Openbaring,* 170. 이 두 책의 저자가 동일함을 부정하는 견해들과 그에 대한 반박에 대해서는 Greijdanus, *Bizondere Canoniek,* II, 325-32을 보라.

692) Greijdanus, *Petrus, Johannes en Judas,* 306.

693) Greijdanus, *Petrus, Johannes en Judas,* 306.

694) Greijdanus, *Petrus, Johannes en Judas,* 306.

도 요한이 요한일서의 저자라고 하는 거의 일치하는 고대 전승이 있음을 알 수 있다.

2) 수신자

요한일서에는 수신자에 대한 분명한 언급이 없다. 그래서 어떤 사람들은 요한일서를 전체 기독교계를 향한 종교적인 논문(Traktat)으로 보기도 한다(Cf. H. Windsich, *Die kathol. Briefe,* 2. Aufl., 136).[695] 그러나 이것은 잘못이다. 요한일서 2:19("... 우리에게서 나갔다")은 이단들이 교회에 들어왔다가 나갔다는 것을 말한다. 즉, 구체적인 분열이 있었음을 말한다. 따라서 요한일서의 수신자는 구체적인 교회 또는 교회들이었음을 생각하게 한다.[696] 뿐만 아니라 저자는 독자들이 자기를 충분히 알고 있다고 생각하고 편지를 쓰고 있으며 또한 흔들리지 않는 권위를 가지고 쓰고 있다. 저자가 수신자들을 알고 있으며 그들에게 일어난 상황을 잘 알고 있다는 사실을 볼 때, 사도 요한은 소아시아의 교회(들)에게 편지를 쓰고 있다고 생각할 수 있다. 왜냐하면 사도 요한은 전승에 의하면 그의 말년 수십년을 거기서 보내었으며, 거기서 케린투스(Cerinthus)라는 이단의 가르침을 대항하였기 때문이다.[697] 요한일서는 요한복음의 경우와 마찬가지로 사도 요한이 돌보고 있었던 아시아의 교회들에게 보내진 편지라고 볼 수 있다.[698]

요한일서의 수신자는 이방인으로서 기독교 복음을 받아들인 자들이다(cf. 5:21). 이단들이 그들에게 들어왔으나(2:26), 저항을 받아 그들에게서 떠나갔

---

695) Greijdanus, *Bizondere Canoniek,* II, 338.

696) Greijdanus, *Bizondere Canoniek,* II, 338.

697) Greijdanus, *Bizondere Canoniek,* II, 338.

698) Keulers, *Katholieke brieven en Openbaring,* 170.

다(2:19; cf. 계 2:2). 수신자들은 이처럼 위기를 겪고 벗어났지만, 그들에게는 아직도 이단들에 대한 경계가 필요하였다. 그리고 신앙과 생활에 대한 이단들의 잘못된 가르침에 대해 경계할 필요가 있었다. 수신자들은 이미 오래 전에 그리스도인이 되었지만(2:7), 구원과 및 은혜 안에서 누리고 있는 지위에 대해 확실히 할 필요가 있었다. 수신자들과 함께 있다가 떠나간 사람들로 인하여(2:19), 이 일에 대해 무언가 설명이 필요하였으며 남아 있는 성도들에 대해 위로와 격려가 필요하였다.[699)]

3) 기록 계기와 기록 목적

사도 요한이 이 편지를 쓰게 된 것은 이단들이 들어왔기 때문이다(2:18-27; 4:1-6). 이미 많은 적그리스도들이 일어났다(2:18). 그래서 충돌이 있었으며 이단들은 교회에서 떠나갔다(2:19). 수신자들은 그들을 이겼지만(4:4), 아직도 그들의 영향이 교회(들) 안에 남아 있었다. 그래서 그들의 잘못된 것을 다시 분명하게 지적하고 경계하는 것이 필요하였다. 그리고 하나님의 자녀들을 믿음에 견고히 세우기 위해 이 편지를 썼다(5:13).[700)]

4) 기록 시기와 장소

요한일서는 사도 요한의 생애 말년인 90년대에 기록되었다고 생각된다(2:1, 13f.).[701)] 요한복음과 비슷한 시기에 기록된 것으로 보이는데, 동시에 기

---

699) Greijdanus, *Bizondere Canoniek,* II, 339.

700) Greijdanus, *Bizondere Canoniek,* II, 332.

701) Greijdanus, *Bizondere Canoniek,* II, 340.

록되었을 가능성도 배제할 수는 없다고 한다.[702] 그러나 우리는 요한일서가 먼저 기록되었는지 요한복음이 먼저 기록되었는지 알 수 없다.[703] 기록 장소는 사도 요한의 거주지인 에베소인 것으로 생각된다.[704]

5) 요한일서의 이단들

요한일서에 나타난 이단들에 대해서는 요한일서 자체의 증거를 통해 어느 정도 알 수 있다. 이들은 예수께서 그리스도이심을 부인하였으며(2:22; cf. 5:1), 하나님의 아들이심을 부인하였다(4:15; 5:5). 또 예수 그리스도께서 육체로 오신 것 곧 성육신(成肉身)을 부인하였다(4:2). 그들은 죄와 구원에 대해 잘못된 견해를 가지고 있었다. 즉, 그들은 하나님을 믿는 것과 죄 가운데 사는 것은 관계가 없다고 주장하였다(cf. 1:5-2:6). 그들은 영지(靈知)를 갖고 있으므로 모든 도덕적 의무를 초월한다고 생각하였으며 그들이 죄 있다는 것을 부정하였다(1:8-10; 3:6, 8; 5:18). 그들은 특히 형제 사랑을 경시하였다(2:9-11; 3:10, 14f.; 4:8, 20; 5:2).[705] 이런 것들은 나중에 충만하게 발전하게 된 영지주의(Gnosticism)의 초기 모습을 보여 준다.[706] 이들 이단들에 대해 사도 요한은 '적그리스도들'(ἀντιχριστοί)이라고 부르며(2:18, 22), 이미 와서 활동하고 있다고 한다(4:3).[707]

---

702) Keulers, *Katholieke brieven en Openbaring,* 170.

703) Greijdanus, *Bizondere Canoniek,* II, 340.

704) Keulers, *Katholieke brieven en Openbaring,* 170; Greijdanus, *Bizondere Canoniek,* II, 340.

705) Keulers, *Katholieke brieven en Openbaring,* 172.

706) Keulers, *Katholieke brieven en Openbaring,* 172.

707) Cf. 변종길, "적그리스도는 누구인가?", 『선지동산』 67호 (천안: 고려신학대학원, 2014), 신약 난제 해설 (9), 8-9.

사도 요한 당시에 에베소에서 활동하던 이단에 대해 고대 교회의 교부들은 케린투스(Cerinthus)라고 지목한다. 이레네우스는 케린투스에 대해 다음과 같이 말한다. "그는 예수는 동정녀에게서 탄생하지 않고, 다른 사람들과 마찬가지로 요셉과 마리아의 아들로 태어났으며, 그는 (다른 사람들보다) 더 의롭고 더 거룩하였다고 주장하였다. 그리고 세례 받은 후에 만물 위의 지극히 높은 권세로부터 그리스도가 비둘기 모양으로 강림하였으며, 그때 그는 알려지지 않은 아버지를 전파하고 이적들을 행하였다고 주장하였다. 그러나 마지막에 그리스도는 예수로부터 떠나갔으며, 예수는 고난받고 부활하였다. 그러나 그리스도는 영적 존재였기 때문에 고난으로부터 자유로웠다고 주장하였다."(*Adv. Haer.* I,26,1; cf. III,11,1; III,16,5, 6, 8)[708]

여기에 보면, 케린투스는 예수님의 동정녀 탄생을 부인하였으며, 다른 사람들과 마찬가지로 요셉과 마리아에게서 태어났다고 주장하였음을 알 수 있다. 그리고 예수께서 세례 받으실 때에 '그리스도'가 비둘기 모양으로 하늘에서 내려와 예수와 연합하였다고 주장하였다. 따라서 그는 '성령'과 '그리스도'를 혼동하고 있으며 '예수'와 '그리스도'를 분리하고 있음을 알 수 있다. 그리고 '그리스도'는 예수께서 고난 받기 전에 떠나갔으며, 그래서 영적 존재인 '그리스도'는 고난받지 않았다고 주장하였다.

히폴리투스(Hippolytus)도 마찬가지로 다음과 같이 말한다. "이집트의 학문을 배운 케린투스는, 세상은 첫째 하나님에 의해 창조되지 않았으며, 원(原) 능력과 구별되며 만물 위에 뛰어난 하나님을 안 적이 없는 능력에 의해 창조되었다고 주장하였다. 예수는 동정녀에게서 탄생하지 않았으며, 다른 모든 사람들과 마찬가지로 출생하였다. 곧 요셉과 마리아에게서 났으며, 단지 다른 사람들보다 더 의롭고 더 지혜로웠다고 주장하였다. 세례 후에 그리스도는 원능

708) Greijdanus, *Bizondere Canoniek,* II, 334에 있는 헬라어 원문과 화란어 번역을 참조하여 필자가 번역하였다.

력에게서 나와 그의 위에 비둘기 모양으로 강림하였다고 주장하였다. 그 후에 그는 알려지지 않은 아버지를 전파하였으며 이적을 행하였다. 그러나 마지막에 그리스도는 예수를 떠났다고 주장하였다. 예수는 고난받았으며 부활하였으나, 그리스도는 영적이므로 고난을 받지 않았다고 주장하였다."(*Refutatio omnium Haeresium,* VII,33)[709)]

에피파니우스(Epiphanius)도 케린투스에 대해 다음과 같이 말하였다. "[2]그는 그리스도에 대해 카르포크라테스(Carpocrates)와 동일한 중상모략적 설명을 한다. 즉, 그는 마리아와 요셉의 씨에서 생겨났으며, 또한 세상은 천사들에 의해 만들어졌다고 한다. [3]그의 가르침의 시작에 있어서 그는 그 전에 있던 카르포크라테스와 이 한 가지 곧 유대교에 대한 그의 부분적인 지지를 제외하고는 다르지 않았다. 그러나 그는 율법과 선지서들은, 비록 율법의 수여자는 세상을 만든 천사들 중 하나이긴 하지만, 천사들에 의해 주어졌다고 주장한다. [4]케린투스는 아시아로 옮겨가서 거기서 그의 가르침을 시작하였다. [5]내가 이미 말한 바와 같이, 그 또한 세상은 첫 번째의 초자연적 능력에 의해 창조되지 않았다고 가르쳤다. 그는 또한, 마리아와 요셉의 씨의 산물인 '예수'가 성장했을 때, 비둘기 형상의 성령을 의미하는 '그리스도'가 높이 계신 하나님께로부터 요단강에서 그에게 내려 와서, 알 수 없는 아버지를 그에게와 또한 그를 통해 그의 동료들에게 계시해 주었다고 가르쳤다. [6]그리고 이것이 그가 능력의 일들을 행한 이유이다. 즉, 능력이 높은 곳에서부터 그에게로 왔다. 그러나 그의 수난 시 위로부터 온 것이 예수에게서 나와 높은 곳에 있는 영역으로 날아가 버렸다. 7예수는 고난을 받고 다시 일으킴을 받았다. 그러나 위로부터 그에게 온 그리스도는 고난받지 않고 날아가 버렸다. 즉, 비둘기 형상으

709) 헬라어 원문을 구하지 못하여 독일어 번역본인 *Des heiligen Hippolytus von Rom, Widerlegung aller Haeresien (philosophumena),* uebersetzt von G. K. Preysing (München: J. Koesel & F. Pustet, 1922), 221에서 필자가 번역하였다.

로 강림했던 것이 날아가 버렸다. 예수는 그리스도가 아니다."(*Panarion cata haereseoon*, XXVIII,1,2-3)[710]

그러나 껄러르스는 요한복음이 케린투스에 대항하여 기록되었다는 전승은 있지만(Irenaeus, Epiphanius, Hieronymus) 요한일서에 대해서는 아무것도 말하지 않는다고 말한다. 요한일서의 전체 사상은 오직 케린투스에 대한 대항으로만 설명하기에는 부족하다고 한다.[711] 그래서 슈나켄부르크(Schnackenburg) 등에 의해 제안된 견해, 곧 요한은 영지주의에 오염된 이방인 그리스도인들을 염두에 두고 있다는 견해를 지지한다.[712] 그러나 앞에서 인용한 이레네우스와 히폴리투스와 에피파니우스의 글들은 특별히 요한복음의 배경에 대해서만 말하는 것이 아니라 케린투스의 사상이 무엇인지에 대해 말하고 있다. 케린투스가 소아시아에서 그러한 사상을 가르쳤다면, 그것은 요한복음과 요한일서 둘 다의 배경이 된다고 보는 것이 옳을 것이다. 요한복음과 요한일서는 거의 비슷한 시기에 기록되었다고 생각되기 때문에 에베소를 중심으로 한 아시아의 교회들이 처한 상황도 비슷하였을 것이다. 그렇다면 케린투스와 그를 따르는 추종자들의 주장이 요한복음과 요한일서의 배경에 있다고 볼 수 있다.

흐레이다너스는, 요한일서에서 배격되고 있는 이단들이 정확하게 누구인가 하는 것은 그렇게 중요한 문제는 아니라고 보면서, 케린투스가 그 중심인물이거나 또는 그의 곁에 있는 다른 사람들일 것이라고 한다.[713] 이레네우스도 다른 곳에서 말하기를 "주의 제자 요한은 그의 복음 전파를 통해 ... 케린투스와 ... 니골라당의 잘못을 뿌리뽑고자 하였다."고 말한다(*Adv. Haer.*

710) 헬라어 원문을 구할 수 없어서 *The Panarion of Epiphanius of Salamis*, Book I (Sects 1-46), tr. by F. Williams (Leiden: E. J. Brill, 1987), 107에서 번역하였다.

711) Keulers, *Katholieke brieven en Openbaring*, 171.

712) Keulers, *Katholieke brieven en Openbaring*, 171f.

713) Greijdanus, *Bizondere Canoniek*, II, 334.

III,11,1).[714] 유세비우스는, 사도 요한은 에베소의 목욕탕에서 케린투스를 발견하고는 급히 도망쳐 나왔다고 말한다(*Hist. Eccl.* IV,14,6).[715]

요한일서에서 대항하고 있는 이단이 누구인가에 대해서는 학자들 사이에 논란이 있다. 이들은 Nag Hammadi 문서에서 나타나는 바와 같은 2세기의 발전된 형태의 영지주의(Gnosticism)는 아니지만 초기 형태의 영지주의 경향에 속한다고 말할 수 있다. 이것도 넓은 의미의 영지주의 카테고리에 포함시킬 수 있다.[716] 요한일서의 배후에 있는 거짓된 가르침은 '가현설'(假現說, Docetism)이라고 할 수 있다. 예수께서 그리스도이심을 부인하는 것(2:22), 예수를 부인하는 것(4:3), 그리고 예수 그리스도께서 육체로 오신 것을 부인하는 것(4:2)이 그러한 것을 보여 준다. 따라서 그 핵심은 하나님의 아들의 성육신(成肉身, incarnation)을 부정하는 것이다. 순수한 신적 존재가 악한 육체를 가진다는 것은 모든 영지주의자들에게 있어서 생각할 수 없는 일이었다. 그래서 가현설주의자들은 인간적 예수와 천상의 그리스도를 구별하였으며, 그리스도는 단지 인간의 형태를 취한 것처럼 보일 뿐이라고 주장하였다.[717] 그래서 그들에게 성육신은 참된 사실이 아니었으며 단지 그런 것처럼 보인 것뿐이다. 그리하여 이들에게는 예수 그리스도의 인성(人性, humanity)이 손상되었다. 그런데 이런 발전된 형태의 '가현설'이 요한일서의 배후에 있느냐에 대해서는 논란이 있지만, 거쓰리는 이와 유사한 경향들이 배후에 있다는 것에 대해 긍정적으로 본다.[718]

---

714) Cf. Greijdanus, *Petrus, Johannes en Judas,* 368.

715) 주의 제자인 요한이 에베소에서 목욕하러 갔을 때, 케린투스가 그 안에 있는 것을 보고는 목욕하지 않고 그 목욕탕을 뛰어 나오면서 외쳤다고 한다. "이곳이 무너지지 않도록 도망갑시다. 진리의 적인 케린투스가 안에 있습니다."

716) Guthrie, *New Testament Introduction,* 864f.

717) Guthrie, *New Testament Introduction,* 864.

718) Guthrie, *New Testament Introduction,* 865.

요한일서의 배후에 있는 그러한 가현설주의자들의 하나로 학자들은 케린투스(Cerinthus)를 많이 지목한다. 앞에서 본 것처럼(Irenaeus, Hippolytus, Epiphanius), 케린투스는 예수와 그리스도를 분리하였으며, 세례 시에 그리스도가 예수에게 강림하였다가 십자가에서 다시 떠나갔다고 보았다. 그래서 그리스도는 고난당하지 않고 죽지 않았으며, 오직 인간 예수만 고난당하고 죽었다고 보았다. A. E. Brooke는, 물론 다른 형태의 거짓 가르침이 요한일서에 암시되어 있지만, 비판받는 주된 가르침은 케린투스의 것이라고 본다.[719)]

그러나 Pieter Lalleman은 사도 요한이 에베소의 목욕탕에서 케린투스를 보았다고 하는 이레네우스의 말(*Adv. Haer.* III,3,4)을 믿지 아니하고 케린투스는 2세기 초에 살았다고 한다. 그래서 요한일서가 케린투스에 대항하고 있다는 것을 부정한다.[720)] 특히 요일 1:1-4은 가현설에 대한 공격으로는 잘 이해될 수 있지만, 케린투스와 같은 사람의 사상에 대한 것은 아니라고 본다. 왜냐하면 케린투스는 예수의 실제성을 의심하지는 않았기 때문이라고 한다.[721)] 그러나 Lalleman의 이러한 주장은 맞지 않다. 케린투스는 예수가 세례 받을 때에 그리스도가 비둘기같이 그의 위에 임했다는 것을 주장했는데, 그렇다고 해서 그가 예수 그리스도의 인성(人性)을 완전히 인정한 것은 아니다. 케린투스가 말한 '예수'는 그리스도와 분리된, 한낱 인간 예수에 불과하다. 그러나 사도 요한이 1:1-4에서 말하는 것은 '태초부터 있는 생명의 말씀' 곧 하나님의 아들이신 예수 그리스도에 대해 사도들이 직접 보고 듣고 손으로 만졌다는 것이다. 따라서 사도 요한이 말하는 것은 예수와 그리스도가 분리되지 아니하고, 인간 예수와 하나님의 아들이 분리되지 아니한, 성육신하신 예

---

719) A. E. Brooke, *The Johannine Epistles (ICC)* (Edinburgh: T. & T. Clark, 1912), xlv-xlvi.

720) P. J. Lalleman, *1, 2 en 3 Johannes. Brieven van een kroongetuige (CNT-3),* 2e dr. (Kampen: J. H. Kok, 2008), 29. Lallemann은 네덜란드의 Groningen University에서 요한 서신과 외경 요한행전을 연구하여 1998년에 박사학위를 받았으며, 2000년부터 영국 런던에 있는 Spurgeon's College에서 신약학을 가르치고 있다.

721) Lalleman, *1, 2 en 3 Johannes,* 30.

수 그리스도이다. 이런 점에서 이 서문은 케린투스를 포함한 모든 가현설주의자들에 대한 강력한 반박인 것이다.

뿐만 아니라 Lalleman은 그리스도의 인성(人性)에 대한 질문은 요한복음을 읽고 나서 품게 된 것이라고 본다. 그는 외경 요한행전을 연구하였는데, 이것을 2세기 전반기의 것으로 보면서 요한복음을 (잘못) 읽은 사람(들)에 의해 기록되었다고 본다. 그래서 요한행전에 나타나는 사상과 요한일서에서 반박하는 이단들의 사상은 비슷하다고 본다.[722] 그래서 요한행전은 요한복음을 플라톤 사상의 눈으로 읽은 사람들이 예수 그리스도의 성육신을 부정하는 입장에서 쓴 것이라고 본다.[723] Lalleman은 이러한 상황에서 요한 서신들이 생겨나게 되었다고 한다.[724]

그러나 이러한 주장은 자신의 연대 추정과 맞지 아니하다. 즉, 그는 요한일서의 기록 연대를 80년대 또는 90년대로 보는데,[725] 그의 주장처럼 요한복음을 읽은 사람들 중의 일부가 성육신에 대해 잘못된 견해들을 가지게 되고 그러한 사상이 퍼지게 되려면 시일이 좀 지났어야 할 것이다. 그러나 요한복음과 요한일서가 언제 쓰여졌는지는 알 수 없지만 대개 비슷한 시기에 기록되었다고 보는데, 그렇다면 그 사이에 그러한 시간의 간격을 생각하기 어렵다. 가현설적인 사상은 오래된 플라톤 사상의 영향으로 인하여 요한복음이 기록되기 전에 이미 생겨나고 있었다고 보아야 할 것이다.

6) 사도 요한의 대응

이러한 케린투스주의자들(과 가현설주의자들)의 주장에 대항하여 사도 요

722) Lalleman, *1, 2 en 3 Johannes,* 28.

723) Lalleman, *1, 2 en 3 Johannes,* 29.

724) Lalleman, *1, 2 en 3 Johannes,* 26.

725) Lalleman, *1, 2 en 3 Johannes,* 42.

한은 예수와 그리스도의 분리를 반대하고 예수가 곧 그리스도임을 강조한다(2:22; 1:3; 2:1; 3:23). 예수 그리스도께서 육체로 오셨다는 것 곧 성육신을 강조한다(4:2). 그리고 아들을 부인하는 자에게는 아버지가 없으며, 아들을 시인하는 자라야 아버지도 있다고 한다(2:23).

하나님께서 자기 아들을 보내 주셔서 완전한 사람이 되게 하신 것은 우리를 구원하시기 위해서이다(3:5; 4:9). 곧, 우리를 사랑하셔서 하나님의 자녀가 되게 하기 위함이다(3:1). 하나님의 아들 예수 그리스도는 우리를 살리기 위해 자기 목숨을 버리셨다(3:16). 그러나 이단들은 이러한 하나님의 큰 사랑을 알지 못하고 부인하였다(4:9-10). 그리고 그들은 스스로 하나님에 대한 깊은 지식을 가지고 있다고 주장하지만 형제 사랑을 소홀히 하였다(2:9; 3:16f.). 이에 반해 사도 요한은 형제 사랑을 반복해서 강조하고 있다(2:3, 7-11; 4:11, 21). 그리고 이단들은 하나님의 계명에 주의를 기울이지 않고 성결한 생활을 소홀히 하였다(2:4). 그러나 사도 요한은 하나님을 믿는 자는 하나님의 계명을 지켜야 함을 강조한다(2:3, 7-11). 하나님의 계명은 곧 형제를 사랑하는 것이다(4:11, 21; 5:3). 형제를 사랑하지 아니하는 자는 사망에 머물러 있으며(3:14), 형제를 미워하는 자는 가인처럼 살인하는 자이다(3:15).

이단들은 믿음과 행함을 분리하여 죄 짓는 것을 대수롭지 않게 여겼다. 그러나 요한은 이러한 분리를 강하게 반대한다. 하나님과 사귐이 있다고 말하면서 어두운 가운데 행하면 거짓말하는 자이며(1:6), 진리가 그 속에 없으며(2:4), 지금까지 어두운 데 있는 자이며(2:8), 마귀에게 속한 자(3:8)라고 말한다. 그렇다고 해서 우리는 조금도 죄가 없는 천사 같은 존재라고 말하지는 않는다. 오히려 만일 우리가 죄 없다고 말하면 스스로 속이고 또 진리가 우리 속에 있지 않다고 말한다(1:8). 그러나 만일 우리가 우리 죄를 자백(시인)하면 하나님이 우리 죄를 사하시고 우리를 모든 불의에서 깨끗하게 하실 것이다(1:9).

사도 요한이 이 편지를 쓰는 것은 우리로 하여금 죄를 범하지 않도록 하기 위함이지만, 만일 누가 죄를 범하면(ἁμάρτῃ)[726] 우리에게는 대언자(代言者) 되신 예수 그리스도가 계신다(2:1). 그 안에 거하는 자는 '범죄하지 아니한다'(οὐκ ἁμαρτάνει)(3:6). 하나님께로부터 난 자마다 죄를 짓지 아니하며 '범죄하지 못한다'(οὐ δύναται ἁμαρτάνειν).[727] 이것은 예수님을 믿는 자는 전혀 죄가 없다는 의미가 아니라 이단들처럼 죄 가운데 사는 삶을 가지지는 않는다는 의미이다. 즉, 하나님의 자녀로서 세상 자녀들과는 뚜렷이 구별된 삶을 산다는 의미이다. 예수님을 믿는 사람은 예수 그리스도의 의(義)의 전가로 말미암아 의롭다 함을 받아서 완전한 '칭의의 의'를 가지고 있지만, 또한 동시에 실제 삶에 있어서 천사처럼 완전하지는 않다 할지라도 세상 사람들과는 뚜렷이 구별되는 삶(상대적 의)을 살아야 하며 또 그렇게 될 수밖에 없다(3:7). 왜냐하면 우리는 하나님께로부터 났으며 성령이 우리를 지켜 주시기 때문이다(3:9; 2:27; 3:24; 4:15).

7) 내용 분해

① 빛 가운데 행함(1:1-10)

② 계명을 지킴(2:1-11)

③ 세상을 사랑하지 말라(2:12-17)

④ 주 안에 거하라(2:18-29)

---

726) 여기의 아오리스트(aorist) 시상은 어떤 구체적인 경우에 실수로, 연약함으로 인하여 범하게 되는 죄를 가리킨다.

727) 여기서 현재 시상 ἁμαρτάνειν은 반복적으로, 습관적으로, 일상적으로 죄를 짓는 생활을 의미한다. 따라서 '범죄할 수 없다'는 것은 전혀 죄를 짓지 아니한다는 의미가 아니라 "그의 중생 이전에 가졌던 죄악된 삶을 계속할 수 없다"(cannot continue the sinful life that was his before his regeneration)는 의미이다. Cf. Zerwick, *Biblical Greek,* §251.

⑤ 하나님의 자녀(3:1-12)

⑥ 형제를 사랑하는 자(3:13-24)

⑦ 진리의 영과 미혹의 영(4:1-11)

⑧ 사랑 안에 거하는 자(4:12-21)

⑨ 하나님의 아들을 믿는 자(5:1-12)

⑩ 우리에게 영생이 있음(5:13-21)

8) 참고 문헌

박윤선, 『성경주석 히브리서 공동서신』, 서울: 영음사, 1987.

이상근, 『신약성서 주해 공동서신』, 대한예수교장로회 총회교육부, 1974 (6판).

목회와신학 편집부 엮음, 『요한일 이 삼서 어떻게 설교할 것인가』 (두란노 HOW 주석), 서울: 두란노아카데미, 2007.

한의신, 『요한일 · 이 · 삼서』 (대한기독교서회 창립 100주년 기념 성서주석), 서울: 대한기독교서회, 1993.

변종길, "요한 서신의 기록 동기와 배경", 『그말씀』 145 (2001. 7), 22-35.

변종길, "너희는 주 안에 거하라. 요한일서 2장 3-27절의 주해와 적용", 『그말씀』 146 (2001. 8), 21-33.

R. E. Brown, *The Epistles of John (The Anchor Bible),* New York: Doubleday, 1982.

R. W. Yarbrough, *1-3 John (BECNT),* Grand Rapids: Baker Academic, 2008.

R. S. Candlish, *A Commentary on 1 John (Geneva Series Commentary),* Edinburgh: Banner of Truth, 1993 (repr. from 1877 ed.).

S. S. Smalley, *1, 2, 3 John (WBC)*, Waco: Word Books, 1984.

K. H. Jobes, *1, 2, & 3 John (ZECNT)*, Grand Rapids: Zondervan, 2014.

R. Bultmann, *The Johannine Epistles*, tr. by R. Ph. O'Hara, Philadelphia: Fortress Press, 1973.

S. Greijdanus, *De brieven van de apostelen Petrus en Johannes, en de brief van Judas (KNT)*, Amsterdam: H. A. van Bottenburg, 1929.

P. J. Lalleman, *1, 2 en 3 Johannes. Brieven van een kroongetuige (CNT-3)*, 2e dr., Kampen: Kok, 2008.

J. Keulers, *De katholieke brieven en het boek der Openbaring (De boeken van het Nieuwe Testament)*, Roermond en Maaseik: J. J. Romen & Zonen, 1956.

24. 요한이서

1) 저자

요한이서와 삼서는 이 편지의 발신자(저자)를 '장로'(ὁ πρεσβύτερος)라고 부른다(1절). 이 칭호는 어느 한 교회의 장로 직분을 가리키는 것은 아니다. 왜냐하면 이 편지의 저자는 다른 교회에 대해서도 권위를 행사하기 때문이다. 이것은 하나의 '명예 호칭'이었다.[728] 베드로도 자신을 '함께 장로 된 자'(ὁ συμπρεσβύτερος)라고 부른다(벧전 5:1). '장로' 외에 다른 설명이 없는 것으로 보아 이 저자는 그냥 '장로'라고 하면 다 알 수 있는 사람이었다. 그는 나이

---

728) Greijdanus, *Bizondere Canoniek*, II, 347. Greijdanus는 신약에서 πρεσβύτερος는 다음과 같은 세 가지 의미로 사용되고 있다고 말한다. ① 교회의 직분 명칭(행 11:30; 14:23; 15:2; 딤전 5:17 등); ② 나이 든 사람(행 2:17; 딤전 5:1; 벧전 5:5); ③ 고대의 권위 있는 사람(마 15:2; 히 11:2). Cf. Greijdanus, *Petrus, Johannes, en Judas*, 555f.

많은 자로서 권위를 가지고 권면하고 교훈하고 있다(4-5, 8-11절; 요삼 6, 8, 10-12절). 에베소와 소아시아 지역에서 이런 권위를 가지고 있는 장로는 사도 요한 외의 다른 사람을 생각하기 어렵다.

> 그러나 오늘날 '사도 요한' 외에 다른 '장로 요한'이 에베소에 있었다고 주장하는 사람들이 많다. 이 견해는 유세비우스의 기록에 의지한다. 유세비우스는 알렉산드리아의 디오니시우스가 에베소에 요한의 무덤이 둘 있다는 소문을 들었다는 것을 말한다(*Hist. Eccl.* VII,25,16). 디오니시우스는 사도 요한이 아닌 다른 요한이 있었으며 그가 요한계시록을 기록했다고 주장한다(VII,25,1-27). 유세비우스는 파피아스가 자신을 사도 요한에게 직접 들은 '청취자'(ἀκουστής)라고 불렀다고 한 이레네우스의 말에 동의하지 않으면서 자신의 해석을 제시한다. 곧, 사도 요한 아닌 장로 요한이 요한계시록을 기록했다고 해석한다(III,39,5). 제롬도 이 견해를 따랐다(*De vir. ill.* 18). 그러나 흐레이다너스는 이런 주장들은 디오니시우스가 들었다는 소문과 유세비우스 자신의 해석 외에는 증거가 없다고 한다.[729] 컬러르스는 여기의 '장로 요한'을 '사도 요한'과 동일시하는 학자들도 많다고 하면서(근래에는 Schnackenburg), 불분명한 파피아스 본문에 나오는 다른 장로는 소아시아에서 잘 알려지고 권위를 인정받고 있는 '장로'라는 명예 호칭에는 맞지 않다고 한다.[730]

요한이서와 삼서는 요한일서와 표현, 문체, 사상에 있어서 큰 유사성을 보여 준다. 예를 들어, 요이 9절과 요일 2:23, 요이 5-6절과 요일 2:7; 3:11, 요이 7절과 요일 4:2, 요삼 11절과 요일 4:4 등이 그러하다. '진리'(ἡ ἀλήθεια)란 단어는 세 서신에 제법 많이 나온다. 그리고 표현 방식에 있어서 같거나 비슷한 것이 많이 나온다. 예를 들면, αὕτη ... ἵνα ... (요이 6절과 요일 3:11, 23), 그

---

729) Greijdanus, *Bizondere Canoniek,* II, 348-50.

730) Keulers, *Katholieke brieven en Openbaring,* 215.

리고 처음에 긍정하고 나서 후에 부정하는 방식을 취하는 것(요이 9절과 요삼 11절과 요일 1:6, 8, 10) 등이다.[731] 또한 이들은 '하나님을 보다', '하나님께로부터 나다', '안에 거하다', '안에 행하다', '처음부터 듣다', '시인하다', '새 계명', '우리의 기쁨이 충만하게 하려 함', '진리를 알다'는 표현을 공동으로 가지고 있다.[732]

따라서 요한이서와 삼서는 요한일서와 함께 동일한 저자 사도 요한에 의해 기록되었다고 결론 내릴 수 있다.[733] 그는 파피아스에 의해 줄곧 '장로'로 불리고 있다. 그는 1세기 후반에 아시아 주의 교회에서 존경받는 사람 곧 주의 제자인 세배대의 아들 요한이었다.[734] 그는 기록 당시에 나이 많은 사도로서, 사도들 중에 홀로 살아 있었다. 따라서 그는 그의 높은 나이와 교회들을 돌보는 위치 때문에 '장로'라는 호칭을 사용하였을 것이다.[735] 파피아스 시대에 기독교 전승의 최초 증인들이 '장로들'로 불리었다는 사실을 생각해 볼 때, 최후까지 생존해 있었던 사도가 아무런 수식어 없이 '그 장로'라고 불린 것은 충분히 이해될 수 있다.[736]

고대 교회에서는 이레네우스가 사도 요한을 요한이서의 저자로 분명히 말한다. 이레네우스는 "그에게 인사하는 자는 그 악한 일에 참여하는 자임이라."는 요한이서 11절을 인용하면서 '주의 제자 요한'이 그들을 정죄하였다고 말한다(*Adv. Haer.* I,16,3). 무라토리 정경은 "유다서와 표제에 요한을 가지고 있는 두 개의 서신은 참으로 보편 교회에서 받아들여지고 있다."고 말한다.[737] 오리겐은 요한일서에 대해 말한 후에 "또한, 비록 논란이 있기는 하지

731) Cf. Greijdanus, *Bizondere Canoniek,* II, 345.

732) Feine-Behm, *Einleitung*[8], 256.

733) Feine-Behm, *Einleitung*[8], 257.

734) Feine-Behm, *Einleitung*[8], 257.

735) Keulers, *Katholieke brieven en Openbaring,* 215.

736) Keulers, *Katholieke brieven en Openbaring,* 215.

737) Cf. Greijdanus, *Bizondere Canoniek,* II, 343f.

만, 두 번째와 세 번째도 있는데 합쳐서 100 줄도 되지 않는다."고 말한다(in Eusebius, *Hist. Eccl.* VI,25,10). 유세비우스 자신은 요한이서와 삼서를 '논란되는 것들'(*Antilegomena*)로 여겼지만(*Hist. Eccl.* III,25,3), 그럼에도 불구하고 진정한 것(저자가 참인 것)으로 보았다(*Demonstr. Evang.* III,5; *Hist. Eccl.* II,23,25).[738] 한편 제롬은 많은 사람들이 요한이서와 삼서를 장로 요한의 것이라고 주장한다고 하면서(*De vir. ill.* 9, 18), 자신은 그것들의 진정성을 의심하지 않는다고 말한다(*Ad Theod. Epist.* 75,3).[739] 4세기 이후로 이 두 서신은 점점 더 권위를 얻었으며, 힙포 회의(393년)와 카르타고 회의(397년)에서 그 정경성과 사도 저작이 인정되었다.[740]

2) 수신자

요한이서의 수신자는 '택하심을 입은 부녀와 그의 자녀'라고 말한다. 여기서 '택하심을 입은 부녀'(ἐκλεκτὴ κυρία)와 '그의 자녀들'(τὰ τέκνα αὐτῆς)은 누구를 가리키는 것일까? 이에 대해 몇 가지 견해가 있다.

첫째는, 어느 한 가정을 가리킨다고 보는 견해이다. 새먼드(S. D. F. Salmond)는 사적인 간단한 편지에서 이와 같은 (교회를 가리키는) 상징을 사용했다고 보기 어렵다고 한다. 따라서 이 편지는 어느 한 개인에게 쓰여졌다고 본다.[741] 그러나 이렇게 보는 것은 교회 안에서 이 여인을 지나치게 높이는 것이 될 것이다. 그리고 교회를 이렇게 부르는 상징 용법은 좀 다른 방식이긴 하지만 성경에서 이미 사용되었다. 즉, 호세아(호 11:1), 이사야(사 50:1), 세

---

738) Cf. Keulers, *Katholieke brieven en Openbaring,* 216.

739) Keulers, *Katholieke brieven en Openbaring,* 216.

740) Keulers, *Katholieke brieven en Openbaring,* 216.

741) S. D. F. Salmond, in: *Dictionary of the Bible,* ed. by J. Hastings, II, 741(Greijdanus, *Petrus, Johannes en Judas,* 550에서 재인용).

례 요한(요 3:29), 예수님 자신(마 9:15), 그리고 사도 바울(엡 5:23 이하)에 의해 사용되었다.[742)]

둘째는, 퀴리아(*Kyria*)를 고유명사로 보는 견해이다. 즉, 택함받은 '퀴리아'와 그의 자녀들에게 보낸 편지로 본다.[743)] 셋째는, 엑렉타(*Eclecta*)를 고유명사로 보는 견해이다. 넷째는, 이 여자의 이름은 말해지지 않았다고 보며 '퀴리아'(κυρία)를 그냥 존칭으로 보는 견해이다.[744)] 위 두 번째와 세 번째 견해 중, 만일 두 번째가 옳다면 Κυρίᾳ τῇ ἐκλεκτῇ가 되어야 할 것이고, 세 번째가 옳다면 Ἐκλεκτῇ τῇ κυρίᾳ가 되어야 할 것이다.[745)] 네 번째 견해는 그저 추측에 불과하며 근거가 없다.[746)]

1절의 '택하심을 받은 부녀와 그의 자녀들'이란 표현이 어느 한 가정을 가리키는 것이라면, 서로 사랑하라는 권면(5절)은 한 가정의 생활에 관한 것으로 축소되고 만다. 6절에서 '사랑'은 주의 계명을 따라 행하는 것이라고 말한다. 이것은 교회에 대해 말하는 것이라고 보는 것이 더 낫다. 1절에서는 '장로'뿐만 아니라 '진리를 안 모든 사람들'이 이들을 사랑한다고 한다. 만약 이들이 한 개인 가정을 의미한다면 이것은 너무 강한 표현이 되지만, 이들이 한 교회를 의미한다면 자연스럽다.[747)] 4절에 보면 '네 자녀들' 중 모두가 다 진리 가운데 행한 것은 아님을 알 수 있다.[748)] 따라서 이것은 어느 한 교회를 가리킨다

---

742) Greijdanus, *Petrus, Johannes en Judas,* 550.

743) Th. Zahn은 *Kyria* 가 소아시아에서 고유명사로 사용된 예가 있다는 것을 알고 있지만, 5절에서는 혹 그렇게(고유명사로) 생각할 수 있을지 몰라도 1절에서는 아니라고 한다. 왜냐하면 그렇게 되려면 '택함받은' 앞에 관사가 붙어서 Κυρίᾳ τῇ ἐκλεκτῇ라고 해야 되기 때문이라고 한다(*Einleitung*[3], II, 593, A. 8).

744) H. Lieztmann, *Griechische Papyri*[2], 1910, no. 5 (Greijdanus, *Petrus, Johannes en Judas,* 556에서 재인용).

745) Greijdanus, *Petrus, Johannes en Judas,* 556.

746) Greijdanus, *Petrus, Johannes en Judas,* 556f.

747) Greijdanus, *Bizondere Canoniek,* II, 350.

748) 개역한글판과 개역개정판에는 나타나 있지 않으나 원문에는 '네 자녀들 중에서 (일

고 보는 것이 더 자연스럽다. 1절에서 '진리를 아는 모든 자들'이 그 부녀의 자녀들을 사랑한다고 하는 것은 너무 강해 보인다.[749)]

따라서 이 표현은 어느 한 교회를 가리킨다고 보는 것이 옳다. 성경에 그런 비유적 표현이 많다(호 11:1; 사 50:1; 요 3:29; 마 9:15; 엡 5:23ff. 등).[750)] '부녀'(*Kyria*)는 주(*Kyrios*) 예수 그리스도의 아내인 교회에 대한 상징적인 표현이다(cf. 계 21:9; 엡 5:22ff.; 롬 7:4).[751)] 그렇기 때문에 교회는 '택함을 받았다'고 하며 또한 '택함받은 자매'(13절; cf. 벧전 5:13)라고 한다.[752)] 요한계시록 12장에서도 '해를 입은 여자'는 교회를 가리킨다(1절). 그리고 '그 여자의 남은 자손'은 교회의 성도들을 가리킨다(17절).[753)] 따라서 요한이서에서 '부녀'는 교회를, '그의 자녀들'은 그 교회의 성도들을 가리킨다고 보아야 한다. 그러나 추상적인, 보편적인 교회가 아니라 구체적인 한 교회를 가리킨다. 구체적으로는 사도 요한의 지도하에 있던 소아시아의 한 교회를 가리킨다.[754)]

3) 기록 시기와 장소

요한이서의 기록 시기는 요한일서, 요한삼서와 밀접한 관계에 있다. 그러나 어느 것이 먼저 기록되었는지는 알 수 없다. 만일 요한삼서 9절("내가 두어 자를 교회에 썼으나 ...")이 요한이서를 가리킨다면, 요한이서는 요한삼서보다 앞서 기록되었을 것이다. 그러나 확실치 않다. 어쨌든 이 두 서신은 언어적 일

부가)'(ἐκ τῶν τέκνων σου)라고 되어 있다.

749) Greijdanus, *Bizondere Canoniek,* II, 350; Greijdanus, *Petrus, Johannes en Judas,* 557.

750) Greijdanus, *Bizondere Canoniek,* II, 350.

751) Cf. Feine-Behm, *Einleitung*³, 255.

752) Feine-Behm, *Einleitung*³, 255.

753) Cf. 변종길, 『요한계시록 주석』(대구: 말씀사, 2018), 193-96.

754) Keulers, *Katholieke brieven en Openbaring,* 217.

치성이 가리키듯이 시간적으로 매우 가깝다.[755)]

한편 요한이서, 삼서와 그리고 요한일서와의 시간적 관계도 추측만 있을 뿐 확실하지는 없다. 껄러르스는 요한이서는 요한일서 이후 얼마 지나지 않아 기록된 것으로 본다. 왜냐하면 요한이서는 앞의 편지에서 말한 권면들을 반복하기 때문이라고 한다.[756)] 테오돌 찬은 요한이서와 삼서는 요한일서보다 몇 년 후에 기록되었을 것으로 본다.[757)] 어쨌든 세 서신은 사도 요한의 말년에 기록되었을 것이다. 흐레이다너스는 아마도 90년경에, 이보다 약간 전이거나 약간 후로 본다.[758)] 기록 장소는 확실히 알려진 것은 없지만 사도 요한이 머물렀던 아시아에서 기록하였을 것이다(cf. Eusebius, *Hist. Eccl.* III,23).[759)] 아마도 에베소에서 기록되었을 것이다.[760)]

4) 기록 계기와 목적

요한이서의 직접적인 기록 계기는 사도 요한의 임박한 방문을 미리 알리는 것이다(12절). 그러면서 미혹하는 자들에 대해 경계하고 있다. “미혹하는 자들이 세상에 많이 나왔다”고 하면서 “예수 그리스도께서 육체로 오심을 부인하는 자”가 곧 ‘미혹하는 자’(ὁ πλάνος)요 ‘적그리스도’(ὁ ἀντίχριστος)라고 말한다(7절). 여기서 ‘육체로 오신다’(ἐρχόμενον ἐν σαρκί)는 것에 대해 흐레이다너스는 마지막 날 심판 때 예수님의 육체적 나타나심에 대해 말하는 것으로 본다. 이것은 물론 육체로 오셨다는 것을 포함하고 있지만, 더 나

755) Greijdanus, *Bizondere Canoniek,* II, 354.

756) Keulers, *Katholieke brieven en Openbaring,* 217.

757) Zahn, *Einleitung*[3], II, 591.

758) Greijdanus, *Bizondere Canoniek,* II, 354.

759) Greijdanus, *Bizondere Canoniek,* II, 354.

760) Keulers, *Katholieke brieven en Openbaring,* 217.

아가서 마지막 심판 날을 가리킨다고 본다.[761] 박윤선 박사도 이 견해를 그대로 따른다.[762] 그러나 이러한 견해는 다분히 교리적 해석이며 '육체로 오심'(ἐρχόμενον ἐν σαρκί)에 대한 문법적 해석은 아니다. 현재 분사 '에르코메논'(오심, coming)은 지속적 동작을 가리키며, 여기서는 무시간적, 초시간적 사실 또는 진리를 가리킨다.[763] 따라서 이것은 역사상 어느 시점에 오신 사건(성육신)만 가리키는 것이 아니라, 또는 미래의 어느 시점에 오실 사건(재림)을 가리키는 것이 아니라, 예수 그리스도께서 육체로 오신다는 사실 곧 성육신의 사실을 가리킨다.[764] 여기에는 물론 이미 일어난 성육신 사건도 포함되겠지만, 근본적으로 영적 존재인 하나님의 아들이 육체로 오신다는 사실 곧 성육신 사실 자체를 가리키는 것이다. 그런 성육신을 부정하는 자들이 당시의 미혹하는 자요 적그리스도였던 것이다.

그리고 사도 요한은 이런 이단이 오면 "그를 집에 들이지도 말고 인사도 하지 말라."고 한다(10절). 왜냐하면 "그에게 인사하는 자는 그 악한 일에 참여하는 자"이기 때문이다(11절).

이렇게 짧게 간단히 쓰는 가운데서 사도 요한은 "서로 사랑하라"고 권면한다(4-6절). 사랑하는 것은 새 계명이 아니라 처음부터 있던 옛 계명인데(5절;

---

761) Greijdanus, *Petrus, Johannes en Judas,* 569.

762) 박윤선, 『히브리서 공동서신』, 545.

763) Cf. R. Schnackenburg, *Die Johannesbriefe (Herder's Theologischer Kommentar zum Neuen Testament),* 8. Aufl. (Freiburg/Basel/Wien: Herder, 1984), 313 ("die überzeitliche Bedeutung der Inkarnation"); B. Weiss, *A Commentary on the New Testament,* IV (New York/Berlin: Funk & Wagnalls, 1906), 368 ("the Church's fundamental doctrine concerning the incarnation of Jesus Christ").

764) 이 점에서는 Keulers가 바로 보고 있다. 그는 이것이 심판 날의 그리스도의 재림을 가리키는 것이 아니라, 그의 성육신이 '과거의 사건'으로 여겨질 뿐만 아니라 또한 '복음 전파의 진리'로 여겨지고 있다는 것을 가리킨다고 한다(*Katholieke brieven en Openbaring,* 221). Lalleman은 여기의 '에르코메논'에 대해 네 가지 견해 - i) 초림, ii) 지속적 사건, iii) 재림, iv) 인성 또는 성육신 자체 - 를 소개하고 나서는 첫 번째 견해와 네 번째 견해 사이에서 선택하기 어렵다고 말한다(*1, 2 en 3 Johannes,* 66-68).

요일 2:7), 옛 계명인 동시에 새 계명이다(요일 2:8; 요 13:34). 사랑하는 것은 주관적이거나 감정적인 것이 아니라 예수님의 계명을 행하는 것이며(6절), 말고 혀로만 하는 것이 아니라 행함과 진실함으로 해야 한다(요일 3:18). 그것은 구체적으로 형제의 궁핍함을 보고 재물로 도와주는 것이다(요일 3;17).

5) 내용 분해

① 머리말(1-3절)

i) 저자와 수신자(1상)

ii) 그들을 진리 안에서 사랑함(1하-2절)

iii) 확신(3절)

② 서로 사랑하라는 권면(4-6절)

③ 미혹하는 자에 대한 경계(7-11절)

i) 미혹하는 자들의 주장(7절)

ii) 이들을 삼가라(8절).

iii) 그리스도의 교훈 안에 거하라(9절)

iv) 우리의 취할 태도(10-11절)

④ 끝맺는 말(12-13절)

i) 면대하여 말하기를 원함(12절)

ii) 문안 전달(13절)

6) 참고 문헌

박윤선, 『성경주석 히브리서 공동서신』, 서울: 영음사, 1987.

이상근, 『신약성서 주해 공동서신』, 대한예수교장로회 총회교육부, 1974 (6판).

목회와신학 편집부 편, 『요한일 이 삼서 어떻게 설교할 것인가』(두란노 HOW 주석), 서울: 두란노아카데미, 2007.

한의신, 『요한일 이 삼서』(대한기독교서회 창립 100주년 기념 성서주석), 서울: 대한기독교서회, 1993.

R. E. Brown, *The Epistles of John (The Anchor Bible),* New York: Doubleday, 1982.

R. W. Yarbrough, *1-3 John (BECNT),* Grand Rapids: Baker Academic, 2008.

R. S. Candlish, *A Commentary on 1 John (Geneva Series Commentary),* Edinburgh: Banner of Truth, 1993 (repr. from 1877 ed.).

S. S. Smalley, *1, 2, 3 John (WBC),* Waco: Word Books, 1984.

K. H. Jobes, *1, 2, & 3 John (ZECNT),* Grand Rapids: Zondervan, 2014.

R. Bultmann, *The Johannine Epistles,* tr. by R. Ph. O'Hara, Philadelphia: Fortress Press, 1973.

S. Greijdanus, *De brieven van de apostelen Petrus en Johannes, en de brief van Judas (KNT),* Amsterdam: H. A. van Bottenburg, 1929.

P. J. Lalleman, *1, 2 en 3 Johannes. Brieven van een kroongetuige (CNT-3),* 2e dr., Kampen: Kok, 2008.

J. Keulers, *De katholieke brieven en het boek der Openbaring (De boeken van het Nieuwe Testament),* Roermond en Maaseik: J. J. Romen & Zonen, 1956.

25. 요한삼서

1) 저자

요한삼서의 저자는 사도 요한이다. 1절에서 이 편지의 발신자를 '장로'(ὁ πρεσβύτερος)라고 말하고 있는데, 이는 요한이서에서 논한 대로 나이 많으며 소아시아 지역에서 그 권위를 인정받고 있던 사도 요한을 가리킨다.

2) 수신자

요한삼서의 수신자는 '가이오'(Gaius)라고 말한다(1절). 성경에 보면 가이오란 이름의 사람이 많이 있다. 마게도냐 사람 가이오(행 19:29), 더베 사람 가이오(행 20:4), 고린도 사람 가이오(롬 16:23; cf. 고전 1:14). 따라서 이들 중의 하나인지 또는 다른 사람 가이오인지 알 수 없다.

하지만 그는 참 믿음을 가지고 있고 사랑을 실천하는 자이며(3절), 특히 순회전도자들을 영접하고 물질로 도와주는 자였다(5-7절). 그래서 사도 요한은 그를 '사랑하는 가이오' 곧 '내가 참으로 사랑하는 자'라고 말한다(1절). 여기서 '참으로'(ἐν ἀληθείᾳ)는 '진리 안에서'로 번역하는 것이 더 좋다. 요한은 그를 단순히 '사랑하는 자여'라고 부르기도 한다(2, 5절).

가이오에 대해 요한은 "사랑하는 자여, 네 영혼이 잘됨같이 네가 범사에 잘되고 건강하기를 내가 간구하노라."고 말한다(2절). 여기서 "네 영혼이 잘됨같이"(καθὼς εὐοδοῦταί σου ἡ ψυχή)는 현재 있는 사실이며 제일 중요한 것이다. 가이오는 하나님을 잘 섬기고 있고 순회전도자들을 도우고 선한 일에 힘쓰고 있었다. 그래서 요한은 그러한 가이오에 대해 "네가 범사에 잘되고 건강하기를 간구한다."고 말한다. '범사에 잘되는 것'(περὶ πάντων ...

εὐοδοῦσθαι)은 범사에 형통한 것을 말하는데, 여기에는 자녀와 가정이 잘되는 것과 하는 일들이 잘되는 것 등이 포함된다. 그리고 '강건한 것'(ὑγιαίνειν)은 육신의 건강이다. 사도 요한이 이렇게 간구한 것은 가이오가 하나님 앞에 바로 서서 선한 일에 힘쓰고 있었기 때문이며, 그래서 요한이 그를 사랑했기 때문이다.

3) 기록 계기

요한삼서를 기록하게 된 계기는 디오드레베(Diotrephes)를 경계하기 위함이었다. 그는 '으뜸 되기를 좋아하는 자'(ὁ φιλοπρωτεύων)였으며 사도 요한에게 속한 자들을 맞아들이지 않았다(9절). 그는 이들을 악한 말로 비방하고, 뿐만 아니라 이들을 맞아들이고자 하는 자를 금하여 교회에서 내어 쫓았다고 한다(10절). 그래서 사도 요한은 악한 것을 본받지 말고 선한 것을 본받으라고 권면한다(11절). 이에 반해 요한은 데메드리오(Demetrius)를 칭찬하고 있다(12절). 그는 모든 사람에게서 증거를 받았으며, 진리에 의해서도 증거를 받았으며, 요한 일행도 증거하고 있다(13절). 그러면서 사도 요한은 속히 가이오에게 가서 만나기를 바란다는 것을 말한다(12절).

4) 으뜸 되기를 좋아하는 디오드레베

그러면 디오드레베는 어떤 사람이었을까? 그는 교회 안에서 '으뜸 되기를 좋아 한다'고 한다(9절). 그는 사도 요한이 보낸 형제들을 영접하지도 않고 영접하려고 하는 자들을 금하고 교회에서 쫓아내었다(10절). 그는 아마도 교회의 독립성, 자주성을 위한다는 명분 하에 외부로부터 오는 권세에 저항한 것으로 생각된다.[765] 그리고 그는 사도 요한과 그를 따르는 자들을 악한 말로 비방하였다(10절). 아마도 사도 요한과 그를 따르는 자들에 대해 다른 교회들을 지배하고자 하는 나쁜 욕구를 가진 자들이라고 비난했을 것이다.[766] 흐레이다너스는, 디오드레베의 이러한 배척은 아마도 요한이서 7절이 말하는 바와 같은 교리적인 차이와 관련되었을 것으로 본다. 즉, 디오드레베는 사도 요한과 그를 따르는 자들을 이단이라고 비난했을 것이라고 본다.[767] 그러나 교리적인 차이에 대해서는 요한삼서 어디에서도 말하는 바가 없다. 따라서 사도 요한과 디오드레베 사이의 차이는 9절이 말하는 바와 같이, 교회 안에서 으뜸되기를 좋아하는 지배욕의 문제, 즉 윤리적인 문제였으며 교리적인 차이는 아니었다고 생각된다.

하르낙(Harnack)은 여기에 옛날의 (아시아) 지역 선교기관(die ältere provinziale Missionsorganisation)과 독재적 운영을 하는 개교회(die sich unter monarchischer Führung konsolidierende Einzelgemeinde) 사이의 투쟁이 있다고 본다. 그러나 어떤 지역 선교기관이나 그와 유사한 것에 대해 그 어떤 흔적도 찾을 수 없다.[768]

케제만(Käsemann)은 디오드레베가 제왕적 감독직(monarchical episcopacy)에 대한 옛 표본이라고 본다. 왜냐하면 그는 반대자를 출교시키는 권한을 가지고 있었기 때문이라고 한다(10절). 그리고 '장로'(2세기의 교회 직분으로 이해함)는 제왕적 디오드레베에게 저항하였다고 한다. 이 견해에 의하면, '장로'는 디오드레베의 권위에 반(反)하여 자기 자신의 이방 선교기관을 조직하였다고 본다. 그래서 '장로'는 교회 앞에서 자신의 행동을 변호하고 출교당한 자신을 다시 세우기 위해 이

765) Greijdanus, *Bizondere Canoniek,* II, 352.

766) Greijdanus, *Bizondere Canoniek,* II, 352.

767) Greijdanus, *Bizondere Canoniek,* II, 352.

768) Kümmel, *Einleitung,* 395.

편지를 썼다고 본다.[769)] 그러나 이 견해는 디오드레베를 높이고 이 편지의 저자를 한낱 기독교 제3 세대의 한 장로로 격하시키고 만다. 요한삼서에 보면 장로는 후대의 단순한 장로 이상이다. 뿐만 아니라 10절은 출교가 아니라 순회 전도자들 영접하기를 거절한 것이다.[770)]

바우어(Bauer)는 디오드레베를 이단의 지도자(Ketzer-haupt)로 보았다.[771)] 그는 디오드레베를 요한이서에 언급된 이단의 대표자인 영지주의자로 본다.[772)] 그러나 요한삼서에 디오드레베의 이단적 견해에 대해서는 한 마디도 말하지 않는다. 그리고 디오드레베가 영지주의자였다는 보장은 없다.[773)]

사도 요한과 디오드레베 사이의 갈등의 본질은 성경이 말하는 대로 '으뜸 되기를 좋아하는'(φιλοπρωτεύων) 디오드레베의 성격 때문이다(9절). 자기가 다 주관하기를 원하고 선교 활동과 교회 운영에 대해 일체의 외부 간섭을 거부하는 자기중심적 성격 때문이다. 비록 그것이 선교를 위한 것이든 그리스도의 몸 된 교회를 위한 것이든 간에, 디오드레베는 무조건 자기가 다 관장하고 주관하고자 하는 욕구를 가진 사람이었다. 그래서 사도 요한이 보낸 사람들을 영접하지도 않고 영접하지도 못하게 하고 사도 요한과 그를 따르는 사람들을 악한 말로 비방하였다(9-10절). 따라서 이 갈등의 본질은 교리적인 차이 때문이 아니며, 선교정책 노선상의 차이 때문도 아니며, 디오드레베의 자기중심적 성격과 교만 때문이다. 그리고 이러한 내면적 욕구에서 나온 디오드레베의 악행이다(9-10절). 그래서 사도 요한은 디오드레베의 이러한 행동에 대해 '악한 것'이라고 규정한다(11절). 즉, '이단'이나 '거짓 가르침'으로 말하지 않고 또는 '정책상의 차이'로 말하지 않고 '악한 것'이라고

---

769) Cf. Guthrie, *New Testament Introduction,* 894.

770) Guthrie, *New Testament Introduction,* 894.

771) W. Bauer, *Rechtgläubigkeit und Ketzerei im ältesten Christentum,* 1934.

772) Cf. Kümmel, *Einleitung,* 395.

773) Guthrie, *New Testament Introduction,* 895. 사도 요한과 디오드레베의 갈등에 대한 좀 더 자세한 논의에 대해서는 조병수, 『신약성경 총론』, 529-33을 보라.

말한다.

5) 기록 시기와 장소

요한삼서의 기록 시기는 요한이서와 비슷한 때로 생각된다. 요한삼서 9절에서 말하는 편지가 만일 요한이서를 가리키는 것이라고 본다면,[774] 요한이서가 먼저 기록되었을 것이다. 흐레이다너스는 요한이서는 교회 전체에 보낸 편지이고, 요한삼서는 그 교회 안의 개인 가이오 에게 보낸 편지로 본다.[775] 그러나 요한이서와 삼서의 처한 상황의 차이 때문에 그렇게 보는 것은 의문스럽다고 보는 학자들도 많다.[776] 요한이서에는 교리적 차이에 대한 언급이 있지만, 요한삼서에는 그런 것이 없다.[777] 따라서 어느 것이 먼저 기록되었느냐에 대해서는 의견이 다르지만 요한 서신 셋은 서로 밀접히 관련되어 있고 비슷한 시기에 기록되었다고 보는 것에 대해서는 대개 견해가 일치한다. 따라서 요한삼서도 마찬가지로 요한의 생애 말년에 기록되었다고 볼 수 있다.[778] 기록 장소는 다른 요한 서신들과 마찬가지로 사도 요한이 머물렀던 에베소로 생각된다.

---

774) Zahn, *Einleitung*³, II, 590; Greijdanus, *Petrus, Johannes en Judas,* 583f.; Keulers, *Katholieke brieven en Openbaring,* 225.

775) Greijdanus, *Petrus, Johannes en Judas,* 583f.

776) Kümmel, *Einleitung,* 394; Guthrie, *New Testament Introduction,* 895.

777) Lalleman, *Petrus, Johannes en Judas,* 41.

778) 그러나 Kümmel이 약 90-110년으로 본 것은(*Einleitung,* 398) 사도 요한의 생존 연도가 주후 100년경까지이므로 맞지 않다. Zahn은 그의 연대표(Zeittafel)에서 80-90년경으로 제시한다(*Einleitung*³, II, 656). Lalleman은 폭넓게 80년대 또는 90년대로 본다(*1, 2 en 3 Johannes,* 42).

6) 내용 분해

① 서두(1절)

② 가이오를 위한 간구와 기뻐함(2-4절)

③ 가이오에 대한 칭찬과 격려(5-8절)

i) 형제와 나그네를 접대함(5-6절)

ii) 합당한 이유(7-8절)

④ 디오드레베를 경계함(9-11절)

i) 우리를 접대하지 아니함(9절)

ii) 디오드레베의 소위(10절)

iii) 악한 것을 본받지 말라(11절)

⑤ 데메드리오를 칭찬함(12절)

⑥ 끝맺는 말(13-15절)

i) 속히 보기를 원함(13-14절)

ii) 축원과 문안(15절)

7) 참고 문헌

박윤선, 『성경주석 히브리서 공동서신』, 서울: 영음사, 1987.

이상근, 『신약성서 주해 공동서신』, 대한예수교장로회 총회교육부, 1974 (6판).

목회와신학 편집부 엮음, 『요한일 · 이 · 삼서 어떻게 설교할 것인가』 (두란노 HOW 주석), 서울: 두란노아카데미, 2007.

한의신, 『요한일 · 이 · 삼서』 (대한기독교서회 창립 100주년 기념 성서주석), 서울: 대한기독교서회, 1993.

R. E. Brown, *The Epistles of John (The Anchor Bible),* New York: Doubleday, 1982.

R. W. Yarbrough, *1-3 John (BECNT),* Grand Rapids: Baker Academic, 2008.

R. S. Candlish, *A Commentary on 1 John (Geneva Series Commentary),* Edinburgh: Banner of Truth, 1993 (repr. from 1877 ed.).

S. S. Smalley, *1, 2, 3 John (WBC),* Waco: Word Books, 1984.

K. H. Jobes, *1, 2, & 3 John (ZECNT),* Grand Rapids: Zondervan, 2014.

R. Bultmann, *The Johannine Epistles,* tr. by R. Ph. O'Hara, Philadelphia: Fortress Press, 1973.

S. Greijdanus, *De brieven van de apostelen Petrus en Johannes, en de brief van Judas (KNT),* Amsterdam: H. A. van Bottenburg, 1929.

P. J. Lalleman, *1, 2 en 3 Johannes. Brieven van een kroongetuige (CNT-3),* 2e dr., Kampen: Kok, 2008.

J. Keulers, *De katholieke brieven en het boek der Openbaring (De boeken van het Nieuwe Testament),* Roermond en Maaseik: J. J. Romen & Zonen, 1956.

26. 유다서

1) 저자

유다서의 저자에 대해서는 편지의 서두에서 '예수 그리스도의 종이요 야고보의 형제인 유다'라고 직접 밝히고 있다(1:1). 이 유다가 누군지에 대해서는 몇 가지 견해가 있다.

칼빈은 여기의 '야고보'를 '알패오의 아들'로 보고 유다를 그의 형제로 본다.[779] 그러나 '알패오의 아들 야고보'는 예수님의 제자인 사도(cf. 마 10:3; 막 3:18; 눅 6:15; 행 1:13)였다는 것 외에는 알려진 것이 없다.

껄러르스는 누가복음 6:16과 사도행전 1:13의 '야고보의 유다'('Ιούδας Ἰακώβου)를 유다서의 저자로 본다.[780] 그러면서 '야고보의 유다'를 '야고보의 형제 유다'로 이해한다. 따라서 '야고보'와 '유다' 둘 다 예수님의 열두 제자인 '사도'에 속한다고 본다. 그러면서 마태와 마가는 이 유다를 '가룟 유다'와 구별하기 위해 '다대오'로 부른다고 한다(마 10:3; 막 3:18).[781] 그러나 '야고보의 유다'란 표현은 보통 '야고보의 아들 유다'를 의미한다. 그리고 유다서의 저자는 자기 자신을 사도라 부르지 않고 사도들과 구별하고 있다(17절).[782]

어떤 사람들은 실라와 함께 예루살렘 회의의 결정을 전달하러 파송받은 '바사바라 하는 유다'로 보기도 한다(Fournier, Du Plessis, Ellis).[783] 그러면 왜 그가 자신을 그의 별명인 '바사바'라 부르지 않고 '야고보의 형제'라 했는지 이해하기 어렵다.[784]

따라서 대부분의 주석가들이 취하는 바와 같이 '예수의 형제 유다'로 보는 것이 가장 적합해 보인다. 자신을 간단하게 '야고보의 형제'라고 말하고 있는 것으로 보아 이 '야고보'는 당시에 잘 알려진 야고보 곧 예수의 동생 야고보였을 것이다. 따라서 '야고보의 형제'란 말로써 유다는 자신이 예수의 동생임을 또한 간접적으로 나타낸다. 그러나 자신을 직접 '주의 동생'이라고 하지 않은 것은 자신을 내세우려 하지 않는 겸손과 관련된다.[785] 유다는 자기 자신을

---

779) Calvin, *Commentary on Jude,* "Introduction."

780) Keulers, *De brieven van Paulus,* II, 63.

781) Keulers, *De brieven van Paulus,* II, 63.

782) P. H. R. van Houwelingen, *2 Petrus en Judas (CNT-3)* (Kampen: Kok, 1993), 110.

783) Van Houwelingen, *2 Petrus en Judas,* 110.

784) Van Houwelingen, *2 Petrus en Judas,* 110.

785) Greijdanus, *Bizondere Canoniek,* II, 355.

야고보와 마찬가지로 '예수 그리스도의 종'('Ιησοῦ Χριστοῦ δοῦλος)으로 소개한다. 이처럼 육신적인 혈육 관계를 앞세우지 않고 영적인 관계를 우선시하는 것이 올바른 신앙인의 태도이다. 하지만 육신적으로 보면 야고보와 유다는 같은 마리아에게서 난, 예수님의 친동생들이다(마 13:55; 막 6:3). 이들은 예수님의 열두 제자에 속하지 않았으며 따라서 좁은 의미에서의 '사도'는 아니었지만, 예수님의 부활 후에 예수님을 믿고 회심하여(고전 15:7) 예루살렘 다락방 기도회에 참석하였으며(행 1:12-14), 후에 예루살렘 교회의 지도자들이 되었다. 유다의 행적에 대해서는 특별히 알려진 것이 없다.

2) 수신자

유다서의 수신자는 "부르심을 입은 자 곧 하나님 아버지 안에서 사랑을 얻고 예수 그리스도를 위하여 지키심을 입은 자들"이라고 말하고 있다(1절). 여기서 '지키심을 입은 자들'(τετηρημένοι)이란 표현이 특별한데, 이것은 아마도 예수 그리스도에 의해 이단들의 미혹과 공격으로부터 지키심을 입었다는 사실을 말하는 것으로 생각된다(cf. 요 17:11, 15; 눅 22:32).

3절의 '일반으로 받은 구원'(일반적인, 공통의 구원)이란 말은 베드로후서에서와 마찬가지로 수신자가 이방인 그리스도인임을 말해 준다(cf. 벧후 1:1). 즉, 이들은 유대인 그리스도인들과 마찬가지로 동일한 구원에 참여하게 되었다.[786] 더 이상 수신자를 특정하게 해 주는 것은 없다. 그것은 소아시아가 될 수도 있고 그리스나 다른 곳이 될 수도 있다. 그러나 17-18절은 베드로후서와 베드로전서와 관련하여 볼 때 소아시아를 가리킨다고 생각된다.[787] 그들은 사도들의 복음 전파에 의해 믿게 되었다. 그렇지만 가만히 들어온 이단들

---

786) Greijdanus, *Petrus, Johannes en Judas,* 504.

787) Greijdanus, *Petrus, Johannes en Judas,* 504.

때문에 유다는 그들에게 편지를 써서 경계할 필요성을 느끼게 되었다(3절). 17-18절의 말씀을 볼 때 이 사도들은 더 이상 생존해 있지 않은 것으로 생각된다.[788)]

그러나 껄러르스는 유다서의 이단이 베드로후서의 이단과 동일하다고 해서 유다서의 수신자가 동일하게 소아시아의 그리스도인이라고 결론 내릴 수 없다고 말한다. 왜냐하면 그런 이단들은 한 나라에만 제한되지 않은 영적 흐름이기 때문이라고 한다.[789)] 그리고 유다서의 수신자는 구약도 잘 알고 있고 심지어 외경까지도 알고 있는 것으로 전제되기 때문에 유대인 그리스도인들로 본다. '야고보의 형제'란 말도 이들에게 잘 어울린다고 본다. 따라서 껄러르스는 이들은 '예루살렘과 팔레스타인의 유대인 그리스도인들'로 본다.[790)] 판 하우얼링언도 마찬가지로 팔레스타인 지역의 '유대인 그리스도인들'로 본다. 수신자들은 유대의 전승과 문학을 잘 알고 있었으며, 소돔과 고모라 도시들에 대해서도 수신자들이 눈으로 본 것처럼 말한다고 한다. 그리고 '야고보의 형제'란 말도 야고보의 죽음 이후의 유다의 활동을 말한다고 본다.[791)]

그러나 베드로후서와 유다서의 이단들이 동일한 것임을 고려할 때, 그리고 유다서 3절의 '일반적인 구원'이란 표현을 볼 때, 흐레이다너스의 견해처럼 소아시아의 이방인 그리스도인들로 보는 것이 옳다고 생각된다. 이들은 이방인으로서 사도들의 전도에 의해 예수를 믿은 자들이었으며, 방탕한 생활을 합리화하는 반(反)율법주의 계통 이단들의 도전을 받고 있었다. 유다서에 소돔과 고모라, 모세의 시체 이야기, 에녹 이야기 등이 나오는 것은 저자인 유다와 관계된 것이지 수신자의 상황과 관련된 것이 아니다. 이방 지역의 그리스도인

788) Greijdanus, *Petrus, Johannes en Judas,* 504.

789) Keulers, *Katholieke brieven en Openbaring,* 5.

790) Keulers, *Katholieke brieven en Openbaring,* 5.

791) Van Houwelingen, *2 Petrus en Judas,* 116.

들도 구약 성경을 읽고 들어서 알고 있었을 것이다. 이방인 그리스도인이라고 해서 유다서에 나오는 소돔과 고모라 사건, 에녹에 대해 전혀 몰랐다고 말할 수 없다. 구약의 특정 사건들이 많이 언급된 것은 저자가 평소에 이런 사건들에 관심을 가지고 있었다는 것을 나타낸다. 예를 들어, 한국의 설교자가 필리핀에 가서 설교를 한다면 신약뿐만 아니라 구약의 사건들도 자유롭게 말할 수 있으며, 또한 틈틈이 한국 사회와 한국 교회의 상황과 또는 경우에 따라 주기철 목사, 손양원 목사 이야기도 할 수 있는 것이다. 설교 중에 이런 이야기가 나오는 것은 필리핀의 그리스도인들이 이들에 대해 잘 알고 있었기 때문이 아니라 설교자가 한국 사람이기 때문이다. 이와 마찬가지로 유다서에 구약 성경의 사건 또는 인물과 관련된 이야기가 나오는 것은 그 저자인 유다가 구약 성경과 유대 역사에 정통한 유대인이라는 것을 나타내 준다. 소돔과 고모라 이야기와 에녹 이야기는 유다가 팔레스타인 지역에서 복음을 전할 때에 즐겨 사용하던 소재였을 것이다. 이런 것들을 종합적으로 생각해 볼 때, 유다서의 수신자는 베드로전후서의 수신자들과 동일한 자들이었다고 생각된다.

3) 기록 시기와 장소

유다서의 기록 시기는 정확히 알 수 없으나 베드로후서 기록 후로 생각된다(4절; cf. 벧후 2:1). 왜냐하면 베드로후서에서는 "민간에 거짓 선지자들이 많이 일어났으니 너희 중에도 있으리라."(2:1)고 미래의 일로 예언된 것이 유다서에서는 "가만히 들어온 사람 몇이 있음이라."고 이미 일어난 일로 말해지고 있기 때문이다(4절). 따라서 베드로후서가 먼저 기록되고 나서 유다서가 기록되었다고 볼 수 있다.

그러나 많은 학자들은 유다서의 본문이 베드로후서의 것보다 더 자세하고 구체적인 것들을 많이 포함하고 있다는 이유로 유다서가 먼저 기록되었다고 본다. 그래서 베드로후서는 이미 존재하는 유다서를 가지고 작업했다고 본다.[792] 그러나 오히려 반대로, 유다서가 이단들에 대해 좀 더 분명하게 묘사하고 있다는 사실은 유다서가 베드로후서 이후에 쓰여졌다는 것을 나타낸다고 할 수도 있다. 후에 쓰는 사람이 전에 분명하게 쓰여진 것을 불분명하게 만들었다고 생각하는 것은 자연스럽지 않기 때문이다.[793] 17절의 "사도들이 미리 한 말을 기억하라."는 말도 유다서의 저자가 사도들보다 늦은 시대에 활동하고 있음을 시사한다.

앞에서 우리가 베드로후서의 기록 연대를 64년 상반기 또는 여름으로 보았기 때문에 유다서의 기록 연대는 이보다 늦게 보아야 한다. 그러나 얼마나 늦게 보아야 할지는 판단하기 어렵다. 아마도 베드로의 죽음 이후로 생각된다 (cf. 17절). 베드로와 바울이 세상을 떠나고 없기 때문에 이제 유다가 나서서 이단들을 경계하는 책임을 떠맡게 되었다. 그래서 흐레이다너스는 유다서가 70년경에, 이보다 조금 이르거나 또는 70년과 80년 사이에 기록되었을 것으로 본다.[794] 판 하우얼링언은 유다서는 그의 형제 야고보의 죽음(62년) 이후에 기록되었는데 대략 70년대에 기록된 것으로 본다.[795] 이처럼 유다서의 기록 연대를 정확하게 추정하는 것은 불가능하지만 바울의 순교(66/67) 이후에, 그러나 베드로후서(64)와의 관련성 때문에 너무 늦지 않은 67-70년경으로 보는 것이 좋을 듯하다.

유다서의 기록 장소에 대해서도 우리는 알 수 없다. 껄러르스는 예루살렘과 팔레스타인의 유대인 그리스도인들을 이 편지의 수신자로 보는 입장에서, 그리고 가만히 들어온 이단들의 위험에 대해 들은 것으로 보아(3절) 팔레스타

792) Keulers, *Katholieke brieven en Openbaring,* 67.

793) Greijdanus, *Bizondere Canoniek,* II, 359.

794) Greijdanus, *Bizondere Canoniek,* II, 360.

795) Van Houwelingen, *2 Petrus en Judas,* 117.

인 밖 아마도 이웃 수리아 지역에서 기록한 것으로 본다.[796] 그러나 우리는 유다서의 수신자가 베드로전후서에서와 같이 소아시아 지역의 이방인 그리스도인들로 보기 때문에, 그리고 팔레스타인이 유다의 주된 활동 무대였다는 옛 전승[797]을 고려할 때, 팔레스타인 또는 수리아 지역에서 기록했다고 보는 것이 자연스러워 보인다.

4) 기록 계기

유다서의 기록 계기에 대해서는 저자가 직접 밝히고 있다. 그는 평소에 구원에 도리에 대해 편지하고자 하던 뜻이 간절하였는데(3절), 가만히 들어온 이단들 때문에 더 이상 미루지 못하고 편지를 써서 수신자들을 권면하여야 할 필요를 느꼈다고 한다(4절).

이 이단들은 내용상 베드로후서 2장에 나오는 이단과 같은 무리들이다. 이들은 불경건하며 도덕적으로 방탕하고 예수 그리스도를 부인하는 자들이다(4절). 이들은 음란하고 색욕적이며, 거침없이 하나님을 모독하고 비방하는 자들이었다(7-8절). 이들은 원망하는 자이며 불만을 토하는 자이며 정욕대로 행하는 자들이다(16절). 이들은 또한 분열을 일으키는 자이며, 육에 속한 자이며, 성령은 없는 자들이다(19절).

이처럼 이들은 불경건하고 방탕하였기 때문에 이들에 대한 유다의 반응도 격렬하다(10-13절). 이것은 유다의 성격이 거칠어서 그런 것이 아니라 이 이단들이 거칠고 악독하기 때문에 단호한 어조로 비판한 것이다. 뿐만 아니라 아담의 7대손 에녹 이야기를 하면서 그들에 대한 하나님의 심판을 말한다(14-15절).

---

796) Keulers, *Katholieke brieven en Openbaring*, 65.

797) Cf. Keulers, *Katholieke brieven en Openbaring*, 65.

그러나 하나님의 택하심을 입은 성도들을 향하여서는 "너희는 너희의 지극히 거룩한 믿음 위에 자신을 세우며 성령으로 기도하며 하나님의 사랑 안에서 자신을 지키며 영생에 이르도록 우리 주 예수 그리스도의 긍휼을 기다리라." 고 권면한다(20-21절). 우리 성도들은 이런 악한 자들에게서 '지키심을 받은 자들'이며(1절), 하나님께서 우리를 '능히 지키실 것'이다(24절). 하지만 우리도 힘써 '하나님의 사랑 안에서 자신을 지켜야' 한다(21절). 이런 맥락에서 하나님의 '긍휼(矜恤)'이 특별히 말해지며(2절, 21절), 우리도 다른 사람을 긍휼히 여겨야 한다(22절, 23절).

5) 에녹서 인용 문제

예로부터 유다는 '에녹서'와 '모세의 승천'이란 외경(外經)을 사용하였다고 주장하였다. 알렉산드리아의 클레멘트와 오리겐은 '모세의 승천'이 유다서의 자료라고 말하였다. 그러나 이들 사이에 내용상 유사성은 발견되지만 유다가 이 책들에서 인용했다는 것을 증명할 수는 없다.[798] 유다서 6절과 에녹서의 내용은 사실 많이 다르다. 천사가 하늘에서 내려와서 여자와 성적 관계를 가진 것에 대해 유다서 6절은 아무것도 말하지 않는다. 유다는 여기서 인간이 타락하기 전에 이미 천사가 타락했다고 말한다.[799] 모세의 시체를 두고 미가엘이 마귀와 다툰 것에 대해서는 유대 백성들 사이에 전승이 존재했을 것이며, 이 전승을 유다서나 모세의 승천이 다른 것에 의존함이 없이 각각 사용했을 것이다(cf. 딤후 3:8).[800]

따라서 우리는 유다서가 에녹서나 모세의 승천 같은 외경을 인정했다거나

798) Greijdanus, *Bizondere Canoniek*, II, 361.

799) Greijdanus, *Bizondere Canoniek*, II, 361.

800) Greijdanus, *Bizondere Canoniek*, II, 361.

사용했다고 볼 필요는 없다. 성경에 기록된 것 외에 에녹과 모세에 대한 전승들이 유대 백성들 사이에 전해 내려오고 있었는데, 그 중에는 참된 것도 있었을 것이고 참되지 않은 것도 있었을 것이다. 그것들 중에서 성경에 기록된 것은 참된 것으로 인정된다. 그것은 그 외경이 권위 있기 때문이 아니라 그 내용이 담긴 '성경'이 권위 있기 때문이다. 따라서 유다서에 기록된 에녹과 모세에 대한 사건들은 유다서의 권위에 의해 그 진실성이 인정받지만, 그렇다고 해서 에녹서와 모세의 승천과 같은 외경들의 권위가 인정받은 것은 아니다.

6) 내용 분해

① 저자(1절)
② 수신자(1절)
③ 축원(2절)
④ 편지를 쓰게 된 동기(3-4상)
⑤ 이 이단들의 정체(4절)
⑥ 패역한 자들에 대한 하나님의 심판의 예(5-7절)
⑦ 그 당시 이단들의 죄악상(8-10절)
⑧ 이들의 패역상(11-13절)
⑨ 이 사람들에 대한 에녹의 예언(14-16절)
⑩ 사도들의 미리 한 말(17-19절)
⑪ 성도들에 대한 권면(20-23절)
⑫ 송영(24-25절)

7) 참고 문헌

박윤선,『성경주석 히브리서 공동서신』, 서울: 영음사, 1987.

이상근,『신약성서 주해 공동서신』, 대한예수교장로회 총회교육부, 1963.

목회와신학 편집부 엮음,『야고보서 벧전후 유다 어떻게 설교할 것인가』(두란노 HOW 주석), 서울: 두란노아카데미, 2007.

Ch. Bigg, *A Critical and Exegetical Commentary on the Epistles of St. Peter and St. Jude (ICC),* Edinburgh: T. & T. Clark, 1978.

R. J. Bauckham, *Jude, 2 Peter (WBC),* Waco: Word Books, 1983.

Th. R. Schreiner, *1, 2 Peter, Jude (NAC),* Nashville: Broadman & Holman Publishers, 2003.

B. Reicke, *The Epistles of James, Peter, and Jude (The Anchor Bible),* New York: Doubleday & Co., 1964.

G. Wohlenberg, *Der erste und zweite Petrusbrief und der Judasbrief,* 1. und 2. Aufl., Leipzig: A. Deichert, 1915.

S. Greijdanus, *De brieven van de apostelen Petrus en Johannes, en de brief van Judas (KNT),* Amsterdam: H. A. van Bottenburg, 1929.

P. H. R. van Houwelingen, *2 Petrus en Judas. Testament in tweevoud (CNT-3),* Kampen: Kok, 1993.

J. Keulers, *De katholieke brieven en het boek der Openbaring (De boeken van het Nieuwe Testament),* Roermond en Maaseik: J. J. Romen & Zonen, 1956.

E. 계시록

27. 요한계시록

1) 저자

요한계시록은 이 책의 저자를 '요한'이라고 말한다(1:1, 4, 9; 22:8). 그는 '하나님의 종'(1:1)이며, 수신자들의 '형제'이며 '예수 안에서 환난과 나라와 참음에 동참하는 자'이다(1:9). 그는 하나님의 말씀과 예수를 증거함으로 말미암아 밧모라 하는 섬에 유배되었다(1:9). 그곳에서 그는 성령에 감동되어 예수 그리스도로부터 계시를 받았다(1:10; 22:8). 그리고 아시아의 일곱 교회에 편지를 보낸 것으로 보아(1:4, 11; 2-3장), 그는 아시아 지역에서 오랫동안 머물면서 활동하였으며 이 지역 교회들에 대해 권위를 가지고 있었음을 알 수 있다.

고대 교회의 전승은 사도 요한이 이 계시록의 저자라고 거의 일치하게 증거하고 있다. 순교자 저스틴(Justin Martyr)은 사도 요한이 계시록을 기록했다고 말한다. "다음으로 우리 가운데 한 사람 곧 그리스도의 사도들 중 하나인 요한이 그에게 주어진 계시에 의해, 우리의 그리스도를 믿는 자들은 예루살렘에서 천년을 보낼 것이라고 예언하였다."[801] 이레네우스는 계시록을 여러 번 인용하면서 '주의 제자 요한'의 작품으로 보았다.[802] 알렉산드리아의 클레멘트도 계시록을 여러 번 인용하면서 사도 요한의 작품으로 여겼다.[803] 터툴리안은 계시록의 대부분의 장(章)을 인용하면서 그것을 사도 요한의 작품으로 보았

801) Justin Martyr, *Dialogus cum Tryphone* 81,4.

802) Irenaeus, *Adv. Haer.* IV,14,1; V,26,1.

803) Clement of Alexandria, *Paed.* 2,119; *Quis Div. Salv.* 42; *Strom.* 6,106-7.

다.[804] 그 외에도 오리겐, 히폴리투스 등이 사도 요한 저작설을 증거한다.[805]

따라서 요한계시록의 저자는 요한복음과 요한 서신들의 저자와 동일한 사도 요한이다.[806] 그는 에베소를 중심으로 한 아시아에서 복음을 전하다가 핍박을 받아 밧모 섬에 유배되어 있을 때에 성령에 감동되어 보고 들은 것을 기록하였다(계 1:9-11).

그러면 사도 요한은 언제 팔레스타인을 떠났을까? 사도행전에 보면 베드로와 함께 사마리아를 방문한(8장) 후에 그의 이름이 더 이상 나타나지 않는다. 그러나 행 15장의 예루살렘 회의에 요한도 분명히 참석했을 것이다(cf. 갈 2:9). 흐레이다너스(S. Greijdanus)는 사도 요한은 유대인의 전쟁 (발발) 후에 아시아에 왔다고 말한다. "예루살렘 멸망으로 귀착된 유대인의 전쟁 후에, 전승에 의하면 사도 요한과 다른 사람들이 아시아에 왔다. Cf. 예를 들어 Polycrates, in Eusebius, *Hist. Eccl.* III,31."[807] 그러나 언제 팔레스타인을 떠났는가에 대해서는 언급이 없다.

유세비우스는 그의 『교회사』 제3권 5장에서 다음과 같이 말한다. "한편, 그 전쟁이 발발하기 전에 예루살렘 교회의 성도들은 합당한 자들에게 계시로 주어진 말씀에 의해 그 도시를 떠나 펠라(Pella)라 불리는 페레아(Perea)의 도시에 거주하도록 지시받았다."[808] 테오돌 찬(Th. Zahn)은 다음과 같이 말한다. "66년과 69년 사이에 사도들과 예수의 다른 제자들이 아시아에 온 시기에 대해서는 야고보의 죽음 후와 유대인의 전쟁 발발 직전에 사도들이 팔레스타인과 예루살렘 모교회를 떠

804) Tertullian, *Adv. Marc.* 3,14; 3,24.

805) 계시록의 저자에 대한 고대 저술가들의 증거에 대해서는 Mounce, *Revelation,* 11 (또한 각주 54)을 보라.

806) Cf. Greijdanus, *Bizondere Canoniek,* II, 364f.; Van Houwelingen, *Johannes,* 25f.

807) Greijdanus, *Openbaring,* 53.

808) Eusebius, *Hist. Eccl.* III,5,3.

났다고 하는 전승이 또한 증거한다."[809] 그래서 주의 동생 야고보의 순교(62년)와 유대인의 전쟁 발발(66년) 사이에 떠났다고 보는데, 유대인의 전쟁 발발 직전에 초점이 있는 것 같다. Zahn의 *Einleitung*, Teil II, S.656의 연대표(Zeittafel)에 보면, 사도 요한과 그 외 제자들(Philippus, Aristion 등)이 아시아 주(州)로 이주한 시기를 68년경으로 표시하고 있다. 따라서 사도 요한은 66년경 유대인의 전쟁 발발 직전에 팔레스타인을 떠나서 68년경(66-69 사이)에 아시아에 와서 30년 정도 체류하였다고 볼 수 있다.

사도 요한이 66년 이전에 아시아에 왔다고 보기는 어렵다. 왜냐하면 그때는 사도 바울의 제자인 디모데가 에베소에서 목회하고 있었기 때문이다(딤전 1:3; cf. 딤후 4:9; 딛 3:12). 따라서 디모데가 에베소를 떠난 후에, 아마도 바울이 순교하고(66/67년경) 난 후에 요한이 에베소에 왔다고 보는 것이 제일 자연스러워 보인다.[810]

2) 기록 시기와 장소

요한계시록을 기록한 시기는 이 책에 구체적으로 나와 있지는 않으나, 그 시기를 가늠케 하는 간접적인 증거들은 많이 있다. 1:9-10은 요한이 복음 증거를 인하여 밧모 섬에 유배되어 있을 때에 '주의 날'에 성령에 감동되어 계시를 받았다고 말한다. 사도 요한은 아시아(에베소)에서 복음을 전하다가 도미

809) Zahn, *Einleitung*³, II, 463. 그는 이 책 472쪽에 있는 각주(A. 23)에서 유세비우스를 비롯한 여러 전거(典據)들을 제시한다: Eus. *h. e.* III,5,2f.; *demonstr. ev.* VI,18,14. Epiph. *de mens.* 15; *haer.* 29,7; 30,2 (oben S. 314f. A 3). cf. Theod. Mop. ed. Swete I,115f.

810) 껄러르스(Keulers) 박사도 요한이 67년 이전에는 에베소에서 사도적 활동을 시작할 수 없었다고 한다. 왜냐하면 바울 서신과 사도행전에 그(요한)에 대해 아무런 언급이 없기 때문이라고 한다. Cf. Keulers, *Katholieke brieven en Openbaring,* 240f.

티아누스 황제 통치(주후 81-96년) 말기에 밧모 섬으로 추방되었다.[811] 그러다가 도미티아누스 황제가 사망하고 네르바 황제(96. 9. 18 ~ 98. 1. 25)가 취임하자 사면(赦免)되어 에베소로 돌아왔다고 한다.[812] 이레네우스는 "그것[요한계시록]은 과히 오래지 않은, 거의 우리 세대인 도미티아누스 통치 말년에 이를 때 즈음에 나타났다."고 말한다(*Adv. Haer.* V,30,3). 따라서 사도 요한이 밧모 섬에 유배되어 있던 95-96년경에 이 책을 기록한 것으로 볼 수 있다.[813]

고대 교부들 가운데 에피파니우스(Epiphanius)는 요한계시록이 클라우디우스(Claudius) 통치 때(41-54) 기록되었다고 말한다. 그러나 이때는 요한이 편지를 보내는 대상인 아시아 일곱 교회가 아직 존재하지도 않았기 때문에 이 주장이 잘못임은 분명하다.[814] 또 어떤 학자들은 이 책이 트라야누스(Trajanus) 통치 때(98-117) 기록되었다고 주장하는데, 이것은 이레네우스의 말을 오해한 데서 비롯된 것이다.[815] 이레네우스는 "바울이 기초를 세웠고 요한이 거기서 트라야누스까지 시무했던 에베소 교회는 사도들의 전통에 대한 참된 증인이다."고 말하는데(*Adv.*

811) Eusebius, *Hist. Eccl.* III,18,1-3. Victorinus는 "Domitianus는 요한을 밧모로 추방한 황제이다."고 말한다(*In Apoc.* 10:11; 17:10). Hieronymus도 이와 같이 말한다(*Vir. ill.* 9). 그리고 Origen은 "요한은 로마의 황제에 의해 밧모로 추방되었다."고 말한다(*In Matt.* 20:20). Cf. Van de Kamp, *Openbaring,* 34f. 또한 Tertullian, *De praescr.* 36도 요한의 밧모 추방에 대해 말한다. Cf. Greijdanus, *Openbaring,* 27.

812) Clement of Alexandria는 요한은 "폭군의 사망 후에 밧모 섬에서 에베소로 돌아왔다."고 말한다(*Quis dives salv.* 42,1-15). Eusebius는 "사도 요한은 그때(네르바 황제 때) 그 섬의 유배지에서 에베소의 거주지로 돌아왔다."고 말한다(*His. Eccl.* III,20,8-9). 또한 Plinius도 Domitianus의 후임인 Nerva가 그 전임자의 추방령을 96년에 취소하였다고 한다(*Ep.* 1,5,10; 9,13,5). Cf. Van de Kamp, *Openbaring,* 72.

813) 박윤선 박사는 95년경에 기록했다고 본다. Cf. 박윤선, 『성경주석 요한계시록』(서울: 영음사, 1981), 18. Beale도 95년경에 기록했다고 본다(*Revelation,* 4).

814) Greijdanus, *Bizondere Canoniek,* II, 380f. Keulers도 Epiphanius의 주장은 스스로 모순된다고 말한다. Cf. Keulers, *Katholieke brieven en Openbaring,* 240.

815) Greijdanus, *Bizondere Canoniek,* II, 381.

Haer. II,22,5), 이 말은 사도 요한이 트라야누스 통치 때까지 살아서 활동했다는 것이지 계시록이 그때 기록되었다는 것은 아니다.

뿐만 아니라 계시록 자체의 내용도 이 견해를 지지해 준다. 도미티아누스 황제 때에 '황제 숭배' 문제로 인하여 소아시아 일대에 큰 핍박이 있었는데, 계시록 전체는 이런 핍박을 배경으로 하고 있다.[816] 특히 서머나 교회(2:10)와 버가모 교회(2:13), 빌라델비아 교회(3:8)가 이런 핍박을 배경으로 하고 있다. 뿐만 아니라 50년대 초에 사도 바울에 의해 설립된 에베소 교회(행 18:18-21)가 '처음 사랑'을 잃어버렸다는 것은 설립 후 40년 정도 경과한 90년대 상황에 잘 들어맞는다. 또 네로 통치 시대에 지진(60-61년)으로 파괴되었던 라오디게아는 재건되어 풍요를 과시하고 있었다(3:17). 따라서 이런 외적, 내적 증거들을 살펴볼 때 도미티아누스 통치 말기인 95년 또는 96년경에 기록되었다는 견해는 거의 확실하다고 할 수 있다.[817]

소수의 학자들은 계시록 11장에서 예루살렘 성전에 대해 말하고 있다는 것을 근거로 요한계시록이 예루살렘 멸망 이전에 기록되었다고 주장한다(Robinson, Wilson). 그러나 계시록 11장은 요한이 본 '환상'에 속하며, 실제로 예루살렘에 성전이 존재한다는 것을 말하는 것은 아니다. 계시록 전체가 그러하지만 특히 11장은 상징적으로 이해해야 하며 문자적으로 이해하면 안 된다.[818] 계시록 11장은 10장부터 시작되는 요한이 '보았다'(εἶδον)고 하는 '환상'(vision)에 속한다. '환상'은

---

816) 초대 교회의 '황제 숭배' 의식에 대해서는 Van de Kamp, *Openbaring,* 27-31; Beale, *Revelation,* 5-12를 보라.

817) 박윤선, Hendriksen, Beale, Greijdanus, Van de Kamp 등 대다수 학자들. Caird도 95년경으로 본다. Cf. G. B. Caird, *The Revelation of St. John the Divine* (London: Adam & Charles Black, 1966), 6.

818) Beale, *Revelation,* 20f.; Van de Kamp, *Openbaring,* 35; Greijdanus, *Bizondere Canoniek,* II, 381 등.

어떤 영적 진리나 교훈을 가르쳐 주는 데 목적이 있으며, 반드시 어떤 구체적인 역사적 사실을 알려 주고자 하는 것은 아니다. 에스겔 선지자는 예루살렘에 더 이상 성전이 존재하지 않던 시대에 '성전 환상'을 보고 예언하였다(겔 40-48장). 뿐만 아니라 그리스도인들에게는 돌로 된 '성전'이 더 이상 중요한 것이 못 되었다. 그리스도인들에게는 그들의 '몸'이 곧 성령이 거하시는 성전이다(고전 3:16; 6:19). 유대인들에게는 돌로 된 성전이 중요했겠지만, 그리스도인들에게 돌로 된 성전의 존재 유무는 더 이상 큰 의미가 없었다(히 9, 10장).

따라서 요한계시록의 기록 시기를 이른 시기로 보는 견해에 대한 논거들은 이레네우스 이후의 강한 전승을 변경할 정도로 충분하지는 않다.[819] 우리는 많은 교부들의 전승과 계시록 자체 내의 증거들을 볼 때, 이 계시록이 도미티아누스 황제 통치 말기에 기록되었다는 것은 거의 확실하다고 말할 수 있다.

기록 장소는 계시록 1:9이 말하는 대로 '밧모 섬'이라고 할 수 있다. 물론 밧모 섬에서 계시를 받았지만 후에 석방되어 에베소로 돌아와서 에베소 또는 아시아에서 기록했다고 볼 수도 있겠지만,[820] 계시를 받았을 때 바로 그리고 유

---

819) Van de Kamp, *Openbaring,* 36; Beale, *Revelation,* 4-27.

820) S. Greijdanus는 계 1:9의 "밧모 섬에 있었다"는 말은 요한이 이 책을 기록할 때에 그 섬에 없었다는 인상을 준다고 한다. 그래서 그는 사도 요한이 밧모 섬에 있을 때에 그가 보고 들은 모든 것을 적어 놓았다가 소아시아에 돌아왔을 때에, 아마도 에베소에서 이 책을 기록해서 출판하여 교회들에 보내었다고 본다. 그렇다면 요한계시록의 기록 시기는 96-100년 사이가 될 것이라고 본다(*Bizondere Canoniek,* II, 380). 그러나 Greijdanus는 이 견해를 강하게 주장하지는 않았다. 1925년에 출판된 계시록 주석에서 그는 요한계시록이 도미티아누스 황제 통치(81-96) 말년에 기록되었다는 오래된 교회 전승을 떠날 아무런 이유도 없다고 한다(*Openbaring,* Inleiding xxiv-xxv). 1938년에 출판된 *Korte Verklaring* 계시록 주석에서 그는 요한계시록은 도미티아누스 황제 통치 말년 곧 95년경에 기록되었다고 말한다. Cf. S. Greijdanus, *De Openbaring des Heeren aan Johannes (Korte Verklaring),* 2e dr. (Kampen: J. H. Kok, 1938), 11. 계 1:9의 "밧모 섬에 있었다"는 표현을 위의 Greijdanus처럼 이해하는 것도 가능하지만 꼭 그런 것은 아니다. 아오리스트 ἐγενόμην(있었다, 되었다)은 요한이 밧모 섬에 머물고 있었을 때에도 사용할 수 있다. 아오리스트 사용 그 자체는 어느 견해도 지지하지 않는다. Cf. D. E. Aune, *Revelation 1-5 (WBC)* (Nashville:

배지에서 시간적 여유가 있을 때에 기록해서 아시아 일곱 교회에 보내었다고 보는 것이 더 타당해 보인다. 이렇게 보는 것은 위에서 살펴본 것처럼, 요한계시록은 "도미티아누스 통치의 말년에 이를 때 즈음에 나타났다"고 하는 이레네우스의 증거와 잘 부합한다. 왜냐하면 석방되어 에베소에 돌아왔을 때는 황제가 바뀌어 네르바 시대가 되기 때문이다.

3) 기록 목적과 주제

계시록을 기록한 목적은 1:1에 나와 있다. "이는 하나님이 그에게 주사 반드시 속히 일어날 일들을 그 종들에게 보이시려고 그의 천사를 그 종 요한에게 보내어 알게 하신 것이라."(cf. 계 22:6) '반드시 속히 일어날 일들'(ἃ δεῖ γενέσθαι ἐν τάχει)은 계시록에 기록된 내용을 가리킨다(cf. 계 1:19). 이것을 그의 종들(성도들)에게 보여 주신 목적은 황제 숭배와 악한 세상에 의해 핍박당하는 그리스도인들을 위로하고 격려하기 위함이었다. 헨드릭슨의 표현을 빌리자면 "악의 세력과 대항하여 싸우는 전투적 교회를 위로하는 것"이라고 말할 수 있다.[821] 계시록은 물론 당시에 환난당하고 있던 아시아 일곱 교회에 주신 말씀이지만 또한 오늘날 우리에게도 해당되는 말씀이다. 모든 시대에 다 해당되는 말씀인데, 특별히 1세기 말의 아시아 교회들을 염두에 두고 주신 말씀이라고 할 수 있다.

따라서 우리는 계시록의 말씀을 한낱 말세의 신비한 일들을 가르쳐 주는 비밀스런 책으로 보면 안 된다. 계시록은 그저 인간의 호기심을 만족시켜 주기 위해 주어진 책이 아니다. 계시록은 악한 세상에서 힘들게 살고 있는 성도들에게 끝까지 믿음을 지키고 세상의 죄에 참여하지 말라고 격려하기 위해 주신

Th. Nelson, 1997), 77.

821) 헨드릭슨, 『요한계시록』, 7.

위로와 격려의 책이다.

이를 위해 하나님은 요한에게 이 세상의 현실을 뛰어넘는 영적 실재와 세상 역사의 진행을 보여 주신다. 이 세상 세력의 배후에는 '용' 곧 마귀가 있지만, 교회의 배후에는 '어린양' 예수 그리스도가 있다. 현 세상에서는 마귀가 권세를 부리고 있지만, 결국에는 어린양 예수 그리스도가 마귀를 이기고 승리하실 것이다. 따라서 그를 따르는 교회도 반드시 승리하게 될 것이다. "그들이 어린양으로 더불어 싸우려니와 어린양은 만주의 주시요 만왕의 왕이시므로 그들을 이기실 터이요 또 그와 함께 있는 자들 곧 부르심을 받고 택하심을 받은 진실한 자들도 이기리로다."(계 17:14) 이런 승리의 확신을 가진 교회는 현재 닥치는 고난과 어려움을 잘 견뎌내어야 한다.

4) 황제 숭배와 기독교 핍박

요한계시록의 중요한 배경은 황제 숭배와 이로 인한 기독교 핍박이다. 이 배경을 잘 이해하는 것은 계시록 해석에 매우 중요한 기초가 된다. 따라서 여기서는 주후 1세기 전후의 황제 숭배 역사와 현황에 대해, 그리고 그로 말미암은 기독교 핍박에 대해 간단히 살펴보고자 한다.

① 황제 숭배

요한계시록에 보면 기독교인들은 황제 숭배 의식에 참여하도록 강요되었음을 알 수 있다(예를 들면, 13:4-8, 15-16; 14:9-11; 15:2; 16:2; 19:20; 20:4).[822] 로마 제국에서 황제 숭배의 역사는 율리우스 카이사르(Julius

822) Beale, *Revelation*, 5.

Caesar) 사후(死後)에 시작되었다. 카이사르는 주전 44년에 피살된 후에 로마 원로원에 의해 국신(國神)으로 추대되었다. 옥타비아누스(Octavianus)는 주전 27년에 원로원에서 '아우구스투스'(Augustus)라는 칭호를 부여받았다. 이 단어는 '높임받은 자'(the Exalted)라는 뜻으로 신적(神的)으로 들리는 칭호였다. 그렇지만 그의 생전에 그에 대한 제사(祭祀)는 없었다. 티베리우스(Tiberius, 14-37)는 아우구스투스 숭배를 촉진하였다. 그러나 자기 자신은 신적 칭호를 거절하였다. 칼리굴라(Caligula, 37-41)는 자신의 신격화를 시도하였다. 제단들과 신전들이 그를 위해 세워졌다. 그러나 클라우디우스(Claudius, 41-54)는 티베리우스의 신중한 노선을 따랐다. 네로(Nero, 54-68)는 신성(神性)이 자기 안에 현현(顯現)하였다고 주장하였다. 베스파시아누스(Vespasianus, 69-79)는 옛 로마인들의 회의주의적 경향을 따랐다. 그러다가 도미티아누스(Domitianus, 81-96) 때 황제 숭배 의식이 공적인 국가종교로 발전하였다. 로마 제국 곳곳에 황제의 동상이 세워졌다. 처음에는 황제 사후(死後)에 신격화하던 것이 점차 살아 있는 황제 숭배 의식으로 발전한 것이다.[823)]

이런 황제 숭배에 있어서 아시아(Asia)는 그 중심지였다. 아우구스투스 황제와 티베리우스 황제 때 이미 버가모와 서머나에 여신 '로마'(Roma)와 '아우구스투스'(Augustus)를 위한 신전이 있었다. 클라우디우스 황제 때 에베소에 황제를 위한 신전이 세워졌다. 그리고 도미티아누스를 위한 거대한 입상(立像)이 에베소 항구에 세워졌다. 올림픽 경기는 새로운 종교적 지위를 기념하여 행해졌으며, 도미티아누스 황제를 위한 기념주화가 발행되었다. 에베소와 버가모와 라오디게아와 두아디라에서 발견된 비문들은 황제 숭배를 증거하고 있다. 요한계시록은 그리스도인들이 이러한 황제 숭배 의식에 참여할 것을

---

823) 이상은 Van de Kamp, *Openbaring*, 27f.에서 많이 참조하였다.

강요당하고 있었음을 전제하고 있다(2:12-17, 18-29; 13:4-8, 15-16; 14:9-11; 15:2; 16:2; 19:20; 20:4).[824]

이상의 고찰을 통해 판 드 캄프(Van de Kamp)는 다음과 같이 결론 내린다. 도미티아누스 시대에 집단적인 핍박은 아니었지만 선별적인 핍박이 있었다.[825] 빌(Beale)의 결론도 동일하다.[826] 즉, 이런 증거들은 '도미티아누스 치하 때 선별적이긴 하지만 의미 있는 핍박'(selective yet significant persecution under Domitian)이 있었다는 가능성을 가리킨다.[827] 그렇지만 네로 황제 때 소아시아에 그에 의한 핍박이 있었다는 증거는 없다고 한다.[828] 오스본(Osborne)도 마찬가지로 "네로의 핍박은 자료들이 우리에게 말해 주는 바에 의하면 로마에 국한되었으며, 그것이 그 당시에 아시아 주에까지 확장되었다는 증거는 없다."고 한다.[829]

② 기독교인 핍박

황제 숭배를 거절하는 그리스도인들을 핍박했다는 분명한 증거는 트라야누스 황제 때인 주후 113년에 비두니아의 총독 플리니우스(Pliny the Younger)가 트라야누스에게 쓴 편지와 트라야누스의 답신에서 나타난다. 황제 숭배를 거부하는 그리스도인들을 어떻게 처결할 것인가를 묻는 플리니우스의 편지에 대해 트라야누스는 그들을 수색하지는 말고, 만일 고소가 들어와

---

824) Van de Kamp, *Openbaring,* 28.

825) Van de Kamp, *Openbaring,* 29.

826) 사실은 Van de Kamp가 Beale의 결론을 따른 것이라 할 수 있다.

827) Beale, *Revelation,* 13.

828) Beale, *Revelation,* 12: "There is no evidence that Nero's persecution of Christians in Rome extended also to Asia Minor, where the churches addressed in the Apocalypse are located."

829) G. R. Osborne, *Revelation* (Grand Rapids: Baker Academic, 2002), 8.

서 유죄 판결이 나면 다루라고 하였다.[830] 이런 맥락에서 유세비우스는 “도미티아누스는 그리스도인들이 정치적으로 위험하지 않다는 이유로 그들에 대한 핍박을 중지하도록 명령을 내렸다.”고 한다.[831] 물론 이것은 당시에 핍박이 전혀 없었다는 말이 아니라 기독교인들을 표적으로 한 특별한 핍박에 대해 말했을 것이다.[832] 따라서 그리스도인 핍박은 황제 자신에 의해서라기보다 황제의 총애를 받으려는 지방 총독들의 열심에 의해 많이 좌우되었음을 알 수 있다.[833]

플리니우스의 편지 중에는 ‘수 년’(many years) 전에 배교한 사람들을 언급하는데, 심지어 ‘25년 전’에 곧 도미티아누스 때 배교한 몇몇 사람들에 대해 말한다. 그러한 배교는 ‘산발적이긴 하지만 심각한 핍박’(significant though sporadic persecution)이 이전에 이미 있었다는 것을 강력하게 시사한다.[834]

플리니우스는 어떤 사람이 그리스도인인지 아닌지를 알기 위해 다음과 같이 명령했다고 한다. 1) 로마의 신들의 이름을 부를 것; 2) 황제의 동상 앞에서 향과 포도주를 가지고 기도할 것; 3) 그리스도를 저주할 것.[835] 황제를 숭배하기 위한 ‘행진들’이 행해졌으며, 시민 각자는 그 행렬이 자기 집을 지나갈 때에 향을 피워야 했다고 한다.[836] 그리스도인에 대한 재판 절차에 대해 플리니우스는 다음과 같이 행하였다고 한다. 그는 먼저 각자에게 그리스도인인지 여부를 물었다. 동시에 만일 그가 ‘예’라고 대답하면 처형될 것이라고 경고했다.

830) Cf. R. L. Wilken, *The Christians as the Romans saw them* (New Haven and London: Yale University Press, 1984), 28.

831) Eusebius, *Hist. Eccl.* III,20,5.

832) Van de Kamp, *Openbaring,* 32.

833) Van de Kamp, *Openbaring,* 32.

834) Beale, *Revelation,* 5.

835) Van de Kamp, *Openbaring,* 32.

836) Van de Kamp, *Openbaring,* 31.

첫 번째 질문을 한 후, 두 번째에 같은 질문을 하고, 그 다음에 세 번째로 같은 질문을 했다. 그래서 그들에게서 분명하게 '예'라는 대답을 들으면 그들을 처형하도록 내보내었다고 한다.[837]

흐레이다너스는 다음과 같이 말한다. "가이사는 주이시다"(κύριος καῖσαρ)라고 말하는 것을 거절하거나 황제의 동상 앞에 분향하는 것을 거절하는 것은 로마 제국에 대한 '배신자'와 '반란자'로 여겨질 위험성이 있었다.[838] 그러나 그리스도인들에게 있어서 황제를 신격화하고 경배하는 것은 그리스도에 대한 불충이며 그의 영원한 나라를 빼앗기는 것을 의미했다.[839] 그래서 당시의 그리스도인들은 황제 숭배로 말미암아 큰 어려움을 겪었으며, 일상생활과 사업에 있어서 신앙상 갈등이 많았음을 알 수 있다.

5) 요한계시록의 해석 원리

요한계시록은 어떻게 해석해야 하는가? 많은 사람들이 다양하게 해석하고 있는데, 우선 그 해석 유형을 정리하면 다음과 같다.[840]

① 역사주의적 해석(Historicist Interpretation)

이 해석 방법은 12세기의 요아킴 피오레(Joachim Fiore)로부터 시작되었는데, 그는 계시록의 1,260일은 사도 시대부터 현재까지의 서양 역사의 사건들을 예언한 것이라는 것을 환상을 통해 들었다고 주장했다. 프란시스칸들

---

837) Wilken, *The Christians,* 23. 이런 간단한 재판 절차를 "*cognitio extra ordinem*" (특별심리)라고 불렀다고 한다.

838) Greijdanus, *Openbaring,* 71.

839) Greijdanus, *Openbaring,* 71f.

840) 여기의 해석 유형은 Osborne, *Revelation,* 18-22에서 많이 참조하였다.

(Franciscans)이 그를 따라 계시록은 이교적 로마와 교황 제도에 대해 말한다고 보았다. 전통적인 세대주의자들도 일곱 교회에 보낸 편지는 교회 시대의 일곱 시기를 예언했다고 믿는 점에서 이 접근 방법을 따랐다. 이런 해석 방법에 의하면 계시록의 '짐승'은 교황이나 나폴레옹 또는 무솔리니, 히틀러 등으로 본다.[841)]

그러나 이 방법의 문제점은 1) 오직 서양 교회 역사만 생각한다는 것; 2) 세상 역사 속의 병행 사건들을 찾는 데 있어서의 사변적 노력들; 3) 세상 역사의 새 시대마다 새로 작업해야 한다는 점; 4) 사도 요한과 그의 원(原) 독자들과의 관련성을 완전히 무시한다는 것 등이 있다. 그래서 오늘날 이 방법을 따르는 학자들은 거의 없다.[842)]

② 과거주의적 해석(Preterist Interpretation)

이것은 계시록의 내용은 미래의 일이 아니라 요한이 살았던 시대 상황에 관련된다고 보는 해석 방법이다. 그래서 계시록의 상징들은 원 독자들이 경험했던 1세기 세상의 사건들과 관련된다고 본다. 여기에는 크게 세 가지 유형의 견해들이 있다.[843)]

i) 계시록은 로마의 압제와 로마 제국의 멸망에 대해 기록한 것으로 보는 견해 (R. H. Charles, Sweet, Roloff 등). 짐승은 로마 제국 또는 로마 황제로 본다.

ii) 당시에 핍박이 거의 없었다고 보는 견해(Yarbo Collins, L. Thompson, Krodel, Barr 등). 계시록이 말하는 것은 외적 핍박이 아니라 '내적 영적 위기'(an

---

841) Osborne, *Revelation,* 18f.

842) Osborne, *Revelation,* 19. 이에 대해서는 또한 Beale, *Revelation,* 46을 보라.

843) Osborne, *Revelation,* 19f.

internal spiritual crisis)이다. 독자들은 '이 세상'에서 나와야 하며 '다른 세상'을 택해야 한다.

iii) 계시록은 70년대 이전에 기록되었으며, 배교한 이스라엘에 대한 하나님의 심판으로서 예루살렘 멸망을 예언한다고 보는 견해(Gentry, Chilton 등). 짐승은 로마로 보고 동방에서 오는 왕들은 예루살렘을 파괴하러 온 로마 장군들로 본다. 아마겟돈은 문자적인 예루살렘 포위로 본다. 그러나 이 세 번째 견해는 이른 시기의 문제점뿐만 아니라 온 세계적인 언어(민족들, 방언들, 부족들, 나라들)를 유대 민족에게만 한정시키고 있기 때문에 가장 설득력이 떨어진다.[844] 앞의 두 견해들도 문제가 많은데, 왜냐하면 마지막 심판과 세상 종말은 로마 제국의 멸망과 함께 오지 않았기 때문이다.[845]

③ 이상주의적 해석(Idealist Interpretation)

계시록의 상징들은 역사적 사건들을 가리키지 않고 무시간적 영적 진리들을 가리킨다고 본다(Hendriksen, Hoekema, P. Hughes 등). 계시록은 주로 그리스도의 초림과 재림 사이의 교회에 대해 말하는 것으로 본다. 교회 시대에 항상 있는 하나님과 악 사이의 전쟁, 교회와 세상 사이의 전쟁에 관한 것이다. 인들과 나팔들과 대접들은 모든 시대의 죄인들에 대한 하나님의 심판을 묘사한다. 짐승은 역사 속에 있는 모든 적그리스도적 제국들과 통치자들을 가리킨다. 따라서 계시록은 그리스도와 그의 백성의 승리를 묘사한다. 천년왕국은 미래의 사건이 아니라 교회 시대를 묘사한다.[846]

이런 해석에 대해 오스본(Osborne)은 1) 역사적 연관성의 부재; 2) 많은 예

---

844) Osborne, *Revelation*, 20.

845) Osborne, *Revelation*, 20.

846) Osborne, *Revelation*, 20.

언들의 미래적 성격을 보는 데 있어서의 실패 또는 어쨌든 역사와 연결시키는 데 있어서의 실패를 지적한다.[847)]

필자는 오스본의 이런 지적에 대해 다음과 같이 평하고자 한다.

1) 우선 '이상주의적 해석'(idealist interpretation)이란 용어는 적절하지 않다고 본다. 이 해석은 세상 역사를 무시하고 이상주의(idealism)에 빠지는 것이 아니다. 차라리 '교회 시대 해석'이라 함이 더 나은 용어라고 생각된다.

2) 이 해석은 역사적 관련성을 부정하는 것이 아니라 세상 역사에 대한 예언임을 인정하고 강조하고 있다. 다만 계시록의 많은 상징들이 역사 속의 어떤 특정한 사건에 관련시키는 것이 부당하다고 보며, 교회 시대 전체에 일어나는 사건들을 통칭하여 보여 주거나 또는 그 원리를 보여 준다고 본다. 그리고 이 해석에서도 어떤 본문들은 역사 속의 특정 사건을 가리킨다고 본다. 예를 들면 2, 3장의 많은 구절들, 그리고 마지막 심판, 그리스도의 재림, 의인과 악인의 부활 등을 가리키는 구절들은 분명히 역사 속의 특정 사건을 가리킨다고 본다. 그 이유는 그렇게 해석하는 것이 문맥상 옳기 때문이다.

3) 오스본이 소위 '이상주의적 해석'이 어떤 예언들이 미래를 가리키는 것을 보지 못한다고 비판하는 것은 결국 자기가 그런 예언들에 대해 미래를 가리키는 것이라고 본다는 것을 나타낼 따름이다. 그런데 그 예언들이 정말로 미래의 사건을 가리키는지, 아니면 교회 시대에 있을 일들을 가리키는지 또는 다른 무엇을 가리키는지는 우리가 본문에서 자세히 살펴보고 해석해야 할 문제이다. 따라서 올바른 해석이 어느 견해가 옳은지를 드러낼 것이다.

847) Osborne, *Revelation,* 20.

④ 미래주의적 해석(Futurist Interpretation)

이것은 몇몇 초기 교부들(Justin, Irenaeus, Hippolytus 등)에 의해 취해진 해석인데, 16세기 말에 프란시스쿠스 리베이라(Franciscus Ribeira)가 종교개혁에 대한 반동으로 계시록을 문자적으로 해석했다. 미래주의는 계시록 4-22장은 일차적으로 역사의 끝에 일어날 사건들을 가리킨다고 본다. 여기에는 두 종류가 있다.

i) 세대주의(Dispensationalism)

세대주의자들은 하나님은 각 단계의 세대마다 구원의 계획을 가지고 실행하신다고 본다. 이스라엘의 선택이 그 중심에 있다. 따라서 교회 시대는 그 계획에 있어서 하나의 '괄호'(parenthesis)에 해당한다. 유대 백성이 민족적으로 회개하고 돌아올 때까지 하나님은 이방인들에게로 향하셨다고 본다(롬 11:25-32). 그 시대 끝에 교회는 휴거될 것이며 7년 환난기가 시작될 것이다. 그 환난 기간 중에 적그리스도가 자신을 드러낼 것이며(계 13장), 대환난을 일으킬 것이다. 곧, 144,000과 이스라엘 가운데서 그리스도인이 된 다른 사람들에 대한 대핍박을 일으킬 것이다. 그 기간 끝에 그리스도의 재림과 심판이 있고, 문자적인 천년왕국(20:1-10)과 백보좌 심판(20:11-15)이 있을 것이며, 영원한 천국 복락이 시작될 것이다(21:1-22:5).[848]

---

848) Osborne, *Revelation,* 21.

ii) 전통적 전천년주의(Classical Premillennialism)

이는 세대주의와 비슷하지만 세대들(dispensations)을 주장하지는 않는다. 환난기 후에 단 한 번의 그리스도 재림이 있다고 믿으며(마 24:29-31; cf. 계 19:11-21), 환난을 통과하는 것은 이스라엘 민족만이 아니라 온 교회라고 본다. 세대주의자들이 계시록의 상징들을 문자적으로 보는 반면에, 이들은 계시록의 많은 부분을 상징적으로 본다.[849)]

그러나 이들 전천년주의자들은 다음과 같은 약점을 가지고 있다. 1) 1세기 그리스도인들에 대한 적용을 제거하는 해석을 발전시킬 수 있다. 2) 종종 1세기 배경에서 유리된, 순전히 사변적인 것으로 전락할 수 있다. 3) 계시록에서 상징적/신학적 의미를 인정하지 않는다면 이 책의 많은 부분은 능력을 잃어버릴 것이다.[850)]

이러한 오스본의 지적에 덧붙여 필자는 중요한 것 하나를 더 추가하고자 한다. 세대주의와 전통적 전천년주의에 의하면, 그리스도의 재림 후에 세상의 종말이 오지 않고 소위 '천년왕국'(Millennium)이 온다고 주장한다. 그런데 예수님이 재림하셨는데도 불구하고 불신자들이 남아 있고 악을 행하는 것은 어찌된 것인가? 죽은 성도들이 부활했는데도 그들을 보고 믿지 않는 사람들이 여전히 많으며, 부활 성도들과 변화된 성도들과 불신자들이 함께 계속 살아간다는 것은 이상하다. 그렇다면 예수님의 재림은 무슨 의미가 있단 말인가? 예수님에게 능력이 부족하단 말인가?

---

849) Osborne, *Revelation,* 21.

850) Osborne, *Revelation,* 21.

⑤ 절충주의적 해석(Eclectic Interpretation)

근래의 많은 학자들은 위 견해들의 몇 개를 조합한다(Morris, Johnson, Giesen, Mounce, Beale 등). 이 방법은 과거론적 해석과 이상주의적 해석과 미래주의적 해석이 상호작용하여 각 방법의 장점은 극대화되고 약점은 최소화되도록 한다. 예를 들면, 빌(Beale)은 그의 방법을 '구속사적 형태의 수정된 이상주의'(a redemptive-historical form of modified idealism)라고 부른다(1999: 48). 그는 상징들에 대해 현재부터 미래까지의 교회 시대를 묘사한다고 본다. 예를 들어, 계시록 13:1-8의 짐승은 교회사를 통해 반복적으로 나타나는 '많은 적그리스도들'을 가리키는 동시에 또한 종말의 마지막 적그리스도를 가리킨다고 본다(1999: 680-81).[851]

오스본 자신의 방법은 이와 비슷하지만 이상주의적 견해보다는 미래주의적 견해에 가깝다고 한다. 요한의 환상(특히 4-22장)은 주로 세상 역사의 종말 사건들을 묘사한다고 본다. 이 장들의 성도들은 이 마지막 시기에 살아 있는 신자들을 가리킨다. 짐승은 하나님의 모든 백성을 대적하는 마지막 학살 때의 '땅에 거하는 자들/불신자들'을 인도할 적그리스도이다. 인들, 나팔들, 대접들은 마지막 심판 시리즈를 상징한다. 짐승은 마지막 때의 네로와 같은 인물이다. 3년 반 대환난은 역사상 (반복적으로) 일어나는 유사한 환난들에 대한 모델을 제공한다. 따라서 이 주석은 미래주의적 접근의 중요한 부분들을 제외하고는 빌의 것과 아주 유사하다고 한다. 이 주석은 또한 래드(Ladd), 비슬리-머리(Beasley-Murray), 마이클즈(Michaels), 마운스(Mounce)의 해석 방법과 유사하다고 한다.[852]

---

851) Osborne, *Revelation*, 21.

852) Osborne, *Revelation*, 22.

⑥ 우리의 입장

요한계시록에 대한 우리의 입장은 성경이 말하는 대로 해석해야 한다는 것이다. 성경은 성경 자신의 해석자이다(*Sacra Scriptura sui ipsius interpres est*). 우리는 성경을 하나님의 말씀으로 믿는 가운데 문맥을 고려하면서 성경이 말하는 바를 최대한 올바르게 드러내려고 노력해야 한다. 우리는 이 입장을 '개혁주의적 해석 방법'이라고 부를 수 있을 것이다.

여기서 '개혁주의'라 함은 특정한 어떤 사람을 따른다는 의미가 아니라, 성경이 말하는 바를 성경을 따라 바르게 해석하려는 입장을 말한다. 우리의 입장은 소위 '이상주의'에 가깝다고 말할 수 있겠지만 이 용어의 부적절성에 대해 이미 지적하였다. 우리는 어떤 입장이나 주의를 따르는 것이 아니라 성경이 말하는 대로 따라가려고 한다. 따라서 '사전에'(*a priori*) 어떤 해석 원리나 주의를 가지고 접근할 것이 아니라, 계시록의 각 구절들을 한 절 한 절 해석함으로써 전체적인 방향을 잡아나가야 할 것이다.

따라서 우리는 어떤 구절이 1세기의 교회나 그 시대의 사건이나 상황을 말하면 그렇게 해석하고, 전(全) 교회 시대를 말하면 그렇게 해석할 것이며, 또 마지막 종말 때를 말하면 그렇게 해석하고, 종말 직전에 있을 마지막 때의 모습을 말하면 그렇게 해석할 것이다. 나아가서 마지막 심판 이후에 있을 일들에 대해 말하면 또 그렇게 해석할 것이다. 따라서 우리는 어떤 하나의 원리에 얽매이지 아니하고 오직 성경이 말하는 대로 따라가야 할 것이며, 성경이 가르치는 바가 우리의 기존 견해와 다르면 기존 견해를 수정해야 할 것이다.

어떤 표현이나 구절을 '문자적'으로 해석할 것이냐 '상징적'으로 해석해야 할 것이냐 하는 질문에 대해서도 마찬가지로 대답할 수 있다. 우리는 어떤 원리를 미리 가지고 있지 않으며, 그 구절이 그것을 문자적으로 보는 것이 타당하다고 판단되면 문자적 의미로 볼 것이며, 상징적으로 보는 것이 타당하다고 판단되면 상징적으로 볼 것이다. 문자적 의미냐 상징적 의미냐 하는 것은 오직 그 문맥에서, 그리고 계시록 전체에서, 나아가서 성경 전체에서 종합적으로 살펴보아 결정할 성질의 것이다.

따라서 성경 각 구절과 단어와 표현들을 어떻게 해석하느냐 하는 것이 중요하다. 이를 위해 우리는 개혁주의 성경 해석 원리를 따라 성경 원어에 입각하여 문맥과 계시록 전체의 성격과 조망과 표현들을 고려하면서, 또한 성경 전체의 조망과 내용을 따라서 한 구절 한 구절 해석해 나갈 것이다. 이것이 계시록 해석에 대한 우리의 입장이다.

6) 내용 분해[853)]

① 서론(1장)
② 일곱 교회에 보낸 편지(2, 3장)
③ 하늘의 보좌(4장)
④ 죽임당한 어린양(5장)
⑤ 일곱 인 계시(6장)
⑥ 이마에 인 맞은 자들(7:1-8:5)
⑦ 일곱 나팔 재앙(8:6-9장)
⑧ 작은 책을 가진 천사(10장)
⑨ 복음을 증거하는 두 증인(11장)
⑩ 여자와 용(12장)
⑪ 두 짐승과 666(13장)
⑫ 144,000과 세상 끝 날의 추수(14장)

853) 아래 내용 분해는 필자의 『요한계시록 주석』, 차례 부분을 토대로 하여 박윤선, 『요한계시록』, 40-41을 약간 참조하여 만들었다.

⑬ 어린양의 노래와 하늘의 성전(15장)

⑭ 진노의 일곱 대접(16장)

⑮ 큰 음녀의 받을 심판(17장)

⑯ 바벨론의 멸망(18장)

⑰ 하늘의 찬송과 그리스도의 심판(19장)

⑱ 사탄의 결박과 최후 심판(20장)

⑲ 새 하늘과 새 땅, 새 예루살렘(21장)

⑳ 생명수의 강과 마지막 권면들(22:1-15)

⑯ 결어(22:16-21)

7) 참고 문헌

박윤선, 『성경주석 요한계시록』, 서울: 영음사, 1981(17판).

이상근, 『신약성서 주해 요한계시록』, 대한예수교장로회 총회교육부, 1980(10판).

고려신학대학원 교수회, 『요한계시록 주석』, 서울: 총회출판국, 2009.

변종길, 『요한계시록 주석』, 대구: 말씀사, 2017, 2018(2쇄).

윌렴 헨드릭슨, 『요한계시록』, 서울: 아가페, 1981.

필립 E. 휴즈, 『요한계시록 주석』, 서울: 여수룬, 1994.

번 S. 포이쓰레스, 『요한계시록 맥잡기』, 유상섭 옮김, 서울: 크리스챤 출판사, 2002. [원저: V. S. Poythress, *The Returning King. A Guide to the Book of Revelation*]

송영목, 『요한계시록』, 서울: SFC 출판부, 2003.

이필찬, 『요한계시록을 어떻게 읽을 것인가?』, 서울: 성서유니온선교회, 2009(개정6쇄).

이필찬, 『내가 속히 오리라』, 서울: 이레서원, 2012.

김추성, 『요한계시록 1-9장』, 경기도 용인시: 킹덤북스, 2018.

변종길, "요한계시록에서 무엇을 설교할 것인가?", 『그말씀』 64 (1997. 11), 76-87.

변종길, "복음을 증거하는 교회", 『그말씀』 65 (1997. 12), 97-107.

변종길, "아시아 일곱 교회", 『교회와 교육』 130호-136호 (1997. 5-1997. 12).

변종길, "이단들의 계시록 오용 비판과 요한계시록 주해: 12-22장", 『한국 이단들의 요한계시록 오용의 역사에 대한 비판과 정통 견해 제시』 (한국장로교총연합회이단대책위원회, 2008), 73-91.

변종길, "이단들은 요한계시록을 어떻게 해석하는가?", 『개혁신학과 교회』 26 (2012), 67-112.

W. Hendriksen, *More than Conquerors. An Interpretation of the Book of Revelation,* Grand Rapids: Baker, 1982. (원래 Tyndale Press에 의해 1962년에 출판).

R. H. Mounce, *The Book of Revelation (NICNT),* Grand Rapids: Eerdmans, 1977(rev. ed., 1998).

G. K. Beale, *The Book of Revelation (NIGTC),* Grand Rapids: Eerdmans, 1999.

L. Morris, *Revelation of St. John (Tyndale New Testament Commentary),* Grand Rapids: Eerdmans, 1973.

R. H. Charles, *A Critical and Exegetical Commentary on the Revelation of St. John (ICC),* 2 Vols., Edinburgh: T. & T. Clark, 1920

D. E. Aune, *Revelation 1-5 (WBC),* Nashville: Th. Nelson, 1997.

D. E. Aune, *Revelation 6-16 (WBC),* Nashville: Th. Nelson, 1998.

D. E. Aune, *Revelation 17-22 (WBC),* Nashville: Th. Nelson, 1998.

G. R. Osborne, *Revelation (BECNT),* Grand Rapids: Baker Academic, 2002.

S. Greijdanus, *De Openbaring des Heeren aan Johannes (KNT),* Amsterdam: Van Bottenburg, 1925.

S. Greijdanus, *De Openbaring des Heeren aan Johannes (Korte Verklaring),* 2e dr., Kampen: J. H. Kok, 1938.

J. de Vuyst, *De Openbaring van Johannes,* Kampen: J. H. Kok, 1987.

H. R. van de Kamp, *Israël in Openbaring. Een onderzoek naar de plaats van het joodse volk in het toekomstbeeld van de Openbaring aan Johannes,* Kampen: J. H. Kok, 1990.

H. R. van de Kamp, *Openbaring. Profetie vanaf Patmos (CNT-3),* 2e dr., Kampen: Kok, 2002 (초판: 2000).

J. Keulers, *De katholieke brieven en het boek der Openbaring (De boeken van het Nieuwe Testament),* Roermond en Maaseik: J. J. Romen & Zonen, 1956.

A. A. Hoekema, *The Bible and the Future,* Grand Rapids: Eerdmans, 1979.

H. Hoeksema, *Behold He Cometh. An Exposition of the Book of Revelation,* Grand Rapids: Reformed Free Publishing Association, 1969.

부록

부 록

[1] 예수님 당시 팔레스타인의 종교적 상황

[2] 신약에 나타난 하나님의 나라

[3] 복음서 상호간의 차이점

[4] 누가복음 개관

[5] 요한복음의 상황성

[6] 요한복음에 나타난 비유

[7] 성령이 너희에게 임하시면

[8] 신약 시대 갈라디아의 위치

[9] 데살로니가전후서의 구조와 중심 주제

[10] 히브리서 난해 구절 해설

[11] 행함으로 나타나는 믿음

[12] 베드로의 비전

[13] 요한 서신의 기록 계기와 배경

[14] 요한계시록의 중심 사상

[1] 예수님 당시 팔레스타인의 종교적 상황

복음서에 보면 예수님 당시 팔레스타인에는 여러 종파들이 있었음을 알 수 있다. 대표적인 것으로는 사두개인들과 바리새인들, 그리고 서기관들이 있다. 또한 열심당원인 셀롯인도 등장한다. 이들 중에는 예수님의 말씀을 듣고 제자가 된 사람도 있고, 예수님을 초청하여 함께 식사하며 어울린 사람들도 있다. 그러나 대개는 예수님을 대적하고 방해하는 무리들로 나타나며, 때로는 심하게 충돌하기도 하였다. 그래서 이들 중 상당수는 결국 예수님을 십자가에 못 박는 일에 앞장서고 말았다. 그렇다면 이들 종파의 사람들은 언제 어떻게 생겨났으며, 그들 종파의 특징은 무엇일까? 그들은 왜 예수님과 충돌하고 배척하게 되었을까? 이런 것들을 좀 더 잘 이해하기 위해 예수님 당시의 여러 종파들에 대해 간단히 살펴보기로 하자.

1. 사두개인들

'사두개인'이란 이름은 대개 다윗 시대의 제사장 '사독'에게서 유래한 것으로 보고 있다. 이 파의 중심 세력은 대제사장들과 제사장들인데, 세습 귀족들과 신흥 부자들이 합세하였다. 이들은 예루살렘 성전을 중심으로 권력을 행사했으며 서기관들, 장로들과 함께 산헤드린 의회를 장악하고 있었다. 예루살렘의 산헤드린 의회는 의장을 포함하여 71명으로 구성되어 있었는데, 대제사장이 의장을 맡았다. 예수님 당시에 권력을 장악하고 있었던 대제사장은 안나스였다. 그는 주후 6년부터 15년까지 공적인 대제사장직을 수행하였다. 그러나 그는 퇴임 후에도 사위 가야바를 대제사장에 앉혀서 35년에 죽을 때까지 계속 배후에서 산헤드린을 조종하고 있었다. 또한 그는 산헤드린에서 제일 먼저 의견을 발표할 권리를 가지고 있었다. 로마의 군병들과 대제사장의 하속들이 예수님을 잡아서 제일 먼저 안나스에게로 끌고 갔는데(요 18:13), 이것도 바로 이런 이유 때문이다.

사두개인들은 로마의 권력과 밀착되어 있었다. 대제사장으로 임명되기 위해서는 로마의 권력을 등에 업어야 했을 뿐만 아니라, 로마 쪽에서도 사두개파 사람들을 이용하였다. 산헤드린은 유대의 내부 행정기관으로서 율법 문제에 있어서 자치권을 가질 뿐만 아니라 그 외의 많은 부분에 있어서도 영향력을 행사하였다. 특히 로마 총독이 다스리고 있는 유대 지역에서는 직접세에 관한 한 산헤드린이 그 징수 책임을 맡아 그 업무를 수행하였다. 따라서 로마 총독 편에서도 산헤드린의 요구를 쉽사리 무시할 수 있는 입장이 되지 못했다. 뿐만 아니라 유대의 총독은 수리아 사절의 통제를 받고 있었기 때문에 충분한 병력을 소유하고 있지도 못했다. 이러한 권력 관계는 곧 복음서에서 빌라도의 유약한 태도를 이해하는 데 도움이 된다. 빌라도는 자신은 원치 않았지만 대제사장들과 무리들의 압력에 밀려서 예수님을 십자가에 못 박도록 내어주고 말았던 것이다(눅 23:13-25). 뿐만 아니라 예수님께서 부활하신 후에도 대제사장들이 로마 군병들을 꾀어 “제자들이 와서 그 시체를 도적질하여 갔다”고 말하라고 시키면서, “혹 이 말이 총독에게 들리거든 우리가 권하여 너희로 근심되지 않게 하리라”고 한 것은(마 28:13-14), 그들이 얼마나 로마의 권력과 밀착되어 있었는가 하는 것을 보여 준다.

사두개인들의 사상은 한 마디로 ‘정의(正義)’라고 할 수 있다. 그들은 전통의 권위를 부인하고 오직 문서화된 율법만을 유일한 표준으로 삼았다. 왜냐하면 그들의 주된 일은 재판하고 율법의 규정을 따라 엄격히 시행하는 일이었기 때문이었다. 따라서 그들은 바리새인들과는 달리 부차적인 전승(傳承)이나 인간의 가르침의 권위는 인정하지 않았다. 사두개인들은 또한 사후의 영의 존속이나 부활을 믿지 않았다(행 28:3 참조). 그래서 그들은 사람은 자신의 과

오에 대해 이 지상에서 책임을 져야 한다는 입장을 취했다. 이들은 현세에서의 부귀와 영화를 추구하고 권력을 유지하기 위해서는 수단 방법을 가리지 않는 자들이었다. 예수님께서 잡혀서 죽으신 것도 인간적 측면에서 보면 결국 이들 사두개인들의 권력에 도전했기 때문이었다. 곧, 예루살렘 성전을 중심으로 하여 막대한 이권(利權)을 누리고 있던 대제사장들 세력에 대해 정면으로 도전할 뿐만 아니라(마 21:12-17), 많은 무리들이 예수님을 따름으로 말미암아 사두개파 사람들의 지위가 위태롭게 되었기 때문이다(요 11:47-53).

2. 바리새인들

바리새인들은 복음서에 자주 등장하는 사람들이다. '바리새인'이란 원래 '분리하다, 구별하다'라는 뜻을 가진 단어에서 온 것으로서 '분리된 자'를 뜻한다. 그러나 이것은 '분리주의자'란 뜻은 아니고 이방인들의 부정하고 가증스러운 것들로부터 자신을 분리하고 구별하고 정결하게 살고자 하는 무리라는 것을 뜻한다. 이런 점에서 바리새인들은 일종의 '청교도들'이라고 볼 수도 있다. 이 바리새인들은 주전 167년에 수리아의 안티오쿠스 4세의 헬레니즘화 정책에 반대하여 일어난 마카비 일가의 저항운동을 따르는 '하시딤'(경건한 자들)에게서 기원하였다.

이들의 사상의 핵심은 한 마디로 '정결(淨潔)'이라고 할 수 있다. 하나님과 언약을 맺은 백성들은 하나님이 주신 계명들과 규례들을 철저히 지킴으로 정결 이념을 실천할 수 있다고 보았다. 그래서 그들은 성경을 기본적인 법규범으로 보고 이를 해석하고 연구하였다. 이러한 해석 전승은 '조상들의 유전'을 형성하게 되었는데(마 15:2; 막 7:5), 이에는 율법의 법규들을 해석한 전승인 '할라카'(Halakah)와 성경과 관련한 민담들 또는 교훈적인 예화 전승인 '학가다'(Haggadah)가 있다.

이들은 언약의 백성으로서 율법을 엄격하게 지키려고 하였다. 특히 정결 의식들을 엄격히 준수하였다. 그들은 왼쪽 팔소매에 기도문 조각들을 매고 다녔으며, 옷단의 사방 구석에 성구 넣는 갑을 만들어 매달고 다녔다(마 23:5). 그들은 십일조를 철저히 하였으며(마 23:23), 일주일에 이틀씩 금식하였다. 그리고 특별한 안식일 식사를 하였고(눅 14:1), 자선 베푸는 것과 가문의 경조사에 참여하는 것 등을 열심히 하였다. 이들은 또한 영혼 불멸과 죽은 자들의 부활과 마지막 심판을 믿었다(행 23:8).

그리하여 바리새인들은 백성들 사이에 존경을 받았으며, 서민들 가운데 매우 큰 영향력을 행사하였다. 예수님 당시에 실제로 백성들의 마음을 움직이고 지배한 그룹은 바로 이 바리새인들과 서기관들이었다고 볼 수 있다. 그럼에도 불구하고 예수님은 종종 이들을 '외식(外飾)하는 자들'이라고 심하게 꾸짖으셨다. 왜냐하면 시작 당시의 율법을 위한 순수함과 열정은 세월이 지나는 동안에 차츰 쇠퇴하고 타락하여, 예수님 당시에는 주로 외양적 모습만 남아서 형식적으로 하나님을 섬기고 있었기 때문이다. 예를 들어 그들은 바깥에 나갔다가 들어오면 부지런히 손을 씻는 것이라든가, 정확하게 십일조를 떼는 것, 그리고 기도와 금식을 많이 하는 표를 내는 것 등 외적이고 형식적인 일들에 집착하고 있었다. 그래서 그들은 구제할 때에 길거리에서 나팔을 불었으며(마 6:2-4), 기도할 때에 많은 사람이 다니는 길거리에서 기도하기를 좋아하였다(마 6:5). 그래서 예수님께서는 그들을 가리켜 "잔과 대접의 겉은 깨끗이 하되 그 안에는 탐욕과 방탕으로 가득하게 하는도다."고 하셨고(마 23:25), "겉으로는 사람에게 옳게 보이되 안으로는 외식과 불법이 가득하도다."라고 책망하셨다(마 23:28). 중심에 진실함을 원하시는 예수님의 참 종교와 사람에게 보이기 위해 겉만 꾸미는 바리새 종교는 도무지 어울릴 수 없었으며, 따라서 예수님과 바리새인들은 곳곳에서 충돌을 하게 되었다.

바리새 종파의 큰 잘못은 세월이 지나는 동안에 점점 성경 말씀에서 멀어져서 그 성경을 해석한 인간의 가르침을 더 따르게 되었다는 것이다. 그래서 그들은 하나님의 말씀을 따르기보다는 '장로들의 유전'을 더 따르고 있었다. 그 일례로 '고르반'이라고 하는 것이 있었다. 제5 계명을 충실히 지키기 위해서는 밭에서 나오는 식물 중의 얼마를 부모에게 드려야 했다. 그러나 종교 지도자들은 가르치기를, 만일 그 밭이 하나님께 드린 바 되었으면(즉 고르반) 그 밭에서 나는 것으로 부모를 섬기지 않아도 된다고 하였다. 그러자 많은 사람들이 자기가 소유하고 있는 밭을 '고르반'이라고 선언하게 되었다. 그러나 언제부터 드린다는 기한 표시가 없다는 것이 이 제도의 묘미였다. 그래서 실제로는 그 밭에서 나는 것을 자기가 다 차지하면서 종교적으로는 거룩한 것처럼 보이게 된 것이다. 그래서 예수님은 이런 바리새인들을 향하여 "너희의 전한 유전으로 하나님의 말씀을 폐한다"고 하셨다(막 7:13). 그들은 그들의 교묘한 인간의 가르침을 통해 실제로는 하나님의 말씀인 제5 계명을 폐하고 말았던 것이다.

3. 서기관들

바리새인들과 밀접하게 관련되어 나타나는 사람들로서 서기관들이 있다. 서기관들은 대부분 바리새파 출신이지만, 이 둘 사이에는 약간의 구별이 있다. 바리새인이란 바리새파의 가르침을 따르는 일반 대중들을 뜻하지만, 서기관은 오랜 기간 동안 엄격한 훈련을 받은 율법학자이며 종교 지도자를 뜻한다. 즉, 바리새인들이 평신도라면 서기관은 교역자이다. 서기관은 율법을 해석하고 그것을 생활 가운데 적용하고 가르치며, 또한 대제사장과 장로들과 함께 산헤드린의 회원이 될 수 있었다. 서기관의 기원은 바벨론 포로에서 돌아온 제사장 겸 학사인 에스라(에 7:11)에게까지 거슬러 올라간다. 서기관이 되는 데에는 출생이나 혈통과는 무관하였으며, 엄격한 공부를 통해 일정 조건을 갖추면 누구나 서기관이 될 수 있었다. 그러나 그 공부와 훈련은 대단히 힘든 과정이었다.

저명한 서기관들 주위에는 학생들이 몰려들었는데, 학생들은 수업료를 내고 공동생활을 하면서 율법 공부와 함께 엄격한 생활 훈련을 받았다. 서기관식 교육에 의하면, 선생은 앉아서 가르치고 학생들은 바닥에 쪼그리고 앉아서 공부했다. 그래서 바울은 나중에 자기의 학창 생활을 회고하며 말할 때에, "가말리엘의 발아래에서" 배웠다고 한다(행 22:3). 공부가 다 끝나면 장엄한 임직식을 통해 서기관으로서 활동하게 되었다. 서기관은 보통 '랍비'라고 불리우며 백성들로부터 존경을 받았다. '랍비'라는 말은 원래 '나의 큰 자'란 뜻인데, 나중에 서기관에 대한 일반적인 칭호가 되었기 때문에 사도 요한은 이것을 단순히 '선생'으로 번역하고 있다(요 1:38).

서기관들은 바리새인들과 마찬가지로 하나님께서 주신 율법 자체를 따르기보다도 인간의 해석과 유전을 더 따랐으며, 사람에게 칭찬받는 것을 좋아했으며, 모든 것을 사람에게 보이기 위해 행하였다. 그래서 예수님은 서기관들과 바리새인들을 함께 묶어서 "외식하는 서기관들과 바리새인들이여"라고 책망하셨다. 또한 바리새인들은 돈을 좋아했으며(눅 16:14), 서기관들도 마찬가지로 예물과 금을 중요시 여겼다(마 23:16-22). 서기관들과 바리새인들이 이렇게 백성들을 가르치고 지도했으니 그 당시 유대의 종교적 상황이 어떠했겠는가? 그래서 예수님께서는 그들을 가리켜 '소경된 인도자'라고 불렀다(마 23:16).

4. 에센인들

에센인들은 신약 성경에 구체적으로 나오지는 않지만 이스라엘의 한 종파로서 특별한 위치를 차지하고 있는 집단이다. '에센인'이란 말은 원래 '거룩한 자들'이라는 아람어에서 왔는데, 사독 계열의 제사장들이 이끈 공동체라고 한다. 이들은 오니아스 3세 이후의 대제사장인 야손(주전 174-171년)과 그 후계자들을 부당한 찬탈자로 간주하고, 예루살렘을 떠나 팔레스타인의 마을들과 도시에 따로 모여 살면서, 수도원과 비슷한 공동체 생활을 통해 '제의적(祭儀的) 거룩성'을 실천하려고 하였다. 이 중에서 대표적인 것이 사해 부근에서 생활했던 쿰란 공동체이다. 1947년에 사해 부근 광야의 동굴에서 여러 항아리들을 발견하였는데, 그 속에는 구약 성경과 또한 그 공동체의 규칙과 사상을 두루마리들이 많이 들어 있었다. 오늘날 학자들이 이 문서들을 연구함으로써 그 당시 쿰란 공동체의 생활과 사상이 많이 알려지게 되었다.

이 공동체에 가입하는 사람은 가지고 있는 재산을 다 헌납하였으며 재산은 공동소유로 하였다. 그리고 이 공동체에 속한 사람들은 약간의 예외를 제외하고는 결혼을 하지 않았다. 그 이유는 자신을 부정(不淨)하게 만들지 않기 위해서였다. 가입 지원자는 1년간의 시험 기간을 거쳐야 하는데, 이 기간을 무사히 통과하면 '결례'를 할 수 있는 자격이 주어졌다. 여기서 '결례'란 매일 정오쯤 공동 식사 전에 함께 목욕하는 의식을 뜻한다. 그 후 다시 2년이 경과해야만 완전한 회원으로 받아들여졌으며 그제서야 비로소 '공동 식사'에 참여할 수 있었다. 공동 식사에의 참여를 허락하기 전에 엄숙한 맹세를 하였는데 이 중의 하나는 불의한 자를 미워할 것이었다. 이들의 공동체 생활은 엄격하였다. 만일 어떤 사람이 재정을 허위 보고하면 1년간의 추방과 식사량 4분의 1 감축의 벌이 내려졌다. 회집 중에 졸면 30일간 벌을 받았으며 큰 소리로 웃어도 30일간 벌을 받았다. 안식일을 엄수했으며 안식일에는 헛소리를 금하고 1,000 규빗 (약 500m) 이상의 통행을 금지하였으며, 긴급 처방도 금지했다.

그래서 어떤 학자들은 결혼하지 아니하고 독신으로 지낸 세례 요한과 예수님이 혹시 이 에센파 출신이 아닌가 하는 의문을 제기하기도 하였다. 그러나 그들과 에센인들 사이에는 많은 차이가 있음이 분명하다. 예를 들어, 쿰란 공동체의 '결례'는 매일 점심 식사 전에 하는 반복적인 목욕이었던 반면에 요한이 베푼 세례는 단 한 번만 베푸는 단회적인 회개의 세례였다. 또한 에센인들은 "불의한 자를 미워하라"고 가르쳤지만 예수님께서는 "너희 원수를 사랑하며 너희를 핍박하는 자를 위하여 기도하라"고 하셨다(마 5:44). 뿐만 아니라 안식일 문제에 대해서도 예수님께서는 안식일에 선한 일을 하는 것, 생명을 구하는 것은 하실 수 있다고 하셨다(눅 6:19). 뿐만 아니라 예수님은 우리가 어떤 집단을 이루어 따로 살 것을 명령하신 것이 아니라, 우리를 세상 한 가운데 두셔서 '세상의 빛'으로서 이 세상을 비추게 하셨다.

5. 셀롯인들

셀롯인은 다르게는 '열심당원'이라고도 번역하는데, 원래는 바리새인들이었다. 주후 6년에 아켈라오(Archelaus)가 물러난 후 로마가 유다를 직접 통치하게 되었을 때 로마 정부는 효과적인 세금 징수를 위해 이스라엘 백성들을 등록하게 하였다. 그러자 바리새인들 가운데서 일부가 떨어져 나가서 로마 정부에 항거하였다. 그들은 로마 황제를 '주'(Kyrios)로 부르기를 거부하며, 무력으로 로마 정부에 저항하고자 하였다. 그들은 인내심을 가지고 메시야를 기다리기보다도 스스로 역사의 흐름을 결정하려고 하였다. 갈릴리 유다가 그 중한 지도자였다(행 5:37). 이들 중에는 나중에 예수님의 제자가 된 사람도 있는데, 곧 셀롯인 시몬이다(눅 6:15).

그러나 셀롯인들은 계속되는 로마의 압제 가운데서도 소멸되지 않았다. 주후 66년에 유대와 이두매와 갈릴리가 로마에 대항하여 반란을 일으켰을 때에 셀롯인들이 중심이 되어 이 반란을 주도해 나갔다. 결국 주후 70년에 디도 장군이 이끄는 로마 군대에 의해 예루살렘은 함락되고 예루살렘 성전은 완전히 파괴되고 말았다. 2년여 동안의 예루살렘 포위 기간 동안에 죽은 자가 약 120

만명이며, 그 반군의 지도자인 요한과 시몬은 포로로 잡혀 로마에 끌려가서 죽임을 당했다. 그러나 그럼에도 불구하고 셀롯인들은 계속적인 저항을 벌여 제2차, 제3차 유대인의 전쟁을 일으켰으나(115-117년, 132-135년) 다 실패로 끝나고 말았다.

여기서 우리는 "검을 가지는 자는 다 검으로 망하느니라."(마 26:52)고 하신 예수님의 말씀을 생각하게 된다. 예수님은 하나님의 아들의 권세로서 열두 영(營)도 더 되는 천사를 보내게 하여서 그를 잡으러 온 무리들을 물리칠 수도 있었지만, 그런 무력의 방법을 사용하지 않으셨다. 만일 그렇게 하셨더라면 우리의 구원은 어떻게 되었겠는가? 우리는 여전히 죄 가운데 살다가 죽을 수밖에 없었을 것이다. 그래서 예수님은 묵묵히 십자가를 지셨다. 수욕과 멸시와 고통의 십자가를 지셨다. 우리의 죄를 속하시기 위해서였다. 예수님께서 채찍에 맞음으로 우리가 나음을 얻었고, 예수님께서 십자가를 지심으로 우리가 참 생명을 얻었다. 오늘날도 이 세상은 무력과 권력으로 인간의 뜻을 이루려 하고 있지만, 우리 그리스도인들은 "우리의 싸우는 병기는 육체에 속한 것이 아니요 오직 하나님 앞에서 견고한 진을 파하는 강력이라."(고후 10:4)고 한 말씀을 따라 성령의 검인 하나님의 말씀을 가지고 성령 안에서 기도로 나아가는 영적 군사들인 것이다. (『교회와 교육』 131호 (1997. 6), 20-27에 게재된 원고)

참고 문헌

B. Reicke, *Neutestamentliche Zeitgeschichte*, Berlin: W. de Gruyter, 1982.

보 라이케, 『신약성서 시대사』, 서울: 한국신학연구소, 1986.

H. 야거스마, 『신약 배경사』, 배용덕 옮김, 서울: 솔로몬, 1994.

찰즈 F. 파이퍼, 『신구약 중간사』, 조병수 역, 서울: 한국기독교교육연구원,

1988.

E. M. Smallwood, *The Jews under Roman Rule*, Leiden: E. J. Brill, 1981.

E. Schürer, *Geschichte des jüdischen Volkes im Zeitalter Jesu Christi*, 3. und 4. Aufl., Leipzig: J. C. Hinrich, 1901-1909.

[2] 신약에 나타난 하나님의 나라

'하나님의 나라'[1)]는 신약 성경의 중요한 주제 중의 하나로서 자주 나타나는 개념이다. 세례 요한이 전파한 메시지의 핵심은 "회개하라. 천국이 가까왔느니라."[2)]이며(마 3:2), 예수님이 전파한 메시지도 똑같이 "회개하라. 천국이 가까왔느니라."이다(마 4:17; 막 1:15 참조). 그리고 예수님의 제자들이 나가서 복음을 전할 때에도 "천국이 가까왔다."고 전파하였다(마 10:7; 눅 10:9). 이를 보면 세례 요한과 예수님과 그의 제자들이 전한 메시지의 중심은 한결같이 '하나님의 나라'였음을 알 수 있다. 뿐만 아니라 사도 바울이 로마의 감옥에서 복음을 전하며 활동한 것을 누가는 사도행전 마지막에서 "담대히 하나님 나라를 전파하며 주 예수 그리스도에 관한 것을 가르쳤다."고 요약하고 있다(행 28:31). 따라서 바울이 전한 복음의 내용은 주 예수 그리스도에 관한 것, 곧 하나님의 나라였다고 볼 수 있다. 그러나 바울 서신과 기타 서신서에서는 '하나님의 나라'라는 단어가 많이 사용되지 아니한다. 이것은 아마도 하나님 나라의 왕이신 예수께서 이미 오셔서 죽으시고 부활, 승천하시고 교회의 머리가 되셔서 주관하고 계시기 때문에 '예수 그리스도' 자신과 그의 몸된 '교회'에 더 많은 관심이 기울여졌기 때문이라고 생각된다.

그러면 우리는 하나님 나라에 대해 생각할 때 무엇을 생각해야 할 것인가? 즉 하나님 나라의 개념은 무엇인가? 하나님의 나라는 어떻게 오는 것일까? 하

---

* 이 글은 원래 『성경과 신학』(한국복음주의신학회 논문집) 제14권 (1993), 5-26에 기고했던 논문인데 후에 많이 보완되었다.)

1) ἡ βασιλεία τοῦ Θεοῦ. 다르게는 '하늘 나라, 천국'(ἡ βασιλεία τῶν οὐρανῶν)으로 불리며, 또는 '그 나라'(ἡ βασιλεία), '아버지의 나라'(ἡ βασιλεία τοῦ Πατρός), '그리스도의 나라'(ἡ βασιλεία τοῦ Χριστοῦ), '아들의 나라'(ἡ βασιλεία τοῦ Υἱοῦ) 등으로 불리기도 한다.

2) "Μετανοεῖτε, ἤγγικεν γὰρ ἡ βασιλεία τῶν οὐρανῶν."

나님 나라의 주요 특징은 무엇일까? 이런 것들에 대한 논의에 들어가기에 앞서 먼저 한국 교회가 그 동안 하나님 나라에 대해 어떻게 이해해 왔는가를 살펴보자.

I. 한국 교회의 하나님 나라 이해

우리나라 교회의 초창기에는 천국 하면 대개 '내세 천국'을 생각했다. 소위 '천당(天堂)'이라고 하는 것이 우리 한국 교회 성도들이 생각하는 일반적 천국 개념이었다. 이는 최봉석 목사의 '예수 천당'이라는 전도 메시지에 무엇보다 잘 표현되어 있다. "예수 믿으면 천당 간다." - 이것이 우리 한국 교회가 그 동안 가졌던 천국관이요 복음 이해였으며, 이런 이해는 대략 1970년대 말까지 계속되었다고 볼 수 있다.

그러나 1970/80년대에 들어와서 이러한 천국 이해에 약간의 변화가 일기 시작했다. 정확하게 언제부터인지, 어떤 연유에서인지는 알지 못하나 일부 교회의 식견 있는 목사와 성도들을 중심으로 여태까지 너무 내세 천국만을 강조해 왔던 것에 대한 반성과 반작용으로 '현세 천국'을 이야기하는 소리들이 조용히 퍼져 나갔다. 그래서 어떤 사람들은 성도 각 개인의 마음이 천국이라는 '심령 천국론'에서부터 성도의 가정을 중요시 여기는 '가정 천국론', 나아가서 '교회 천국론'에 이르기까지 다양한 주장들이 교회에서 고개를 들었으며, 이는 상당히 빠른 속도로 반응을 얻어 갔다.

이러한 와중에 상당히 중요한 역할을 한 것은 개혁주의 또는 보수주의 신학에서 하나님 나라를 더 이상 '장소적' 개념으로 보지 않고 '하나님의 통치'(reign of God) 또는 '하나님의 주권'(sovereignty of God)으로 보려고 한 시도들이다(G. Vos, G. E. Ladd, H. N. Ridderbos 등). 이 중에서도 미국의 게

할더스 보스의 『하나님의 나라』라는 책[3]이 큰 영향을 끼쳤다고 생각된다.

G. Vos는 그의 책 *The Kingdom and the Church*, p.21에서 다음과 같이 말한다: "... (In the Old Testament) God's kingdom is always his reign, his rule, never his domain." 그는 또한 다음과 같이 말한다: "In so far it is undoubtedly correct when modern writers insist that in interpreting our Lord's saying the meaning 'reign,' 'kingship,' shall be our point of departure, and warn against the misleading associations of the English word 'kingdom,' which in modern usage practically always means the territory or realm."(p.22) 물론 그는 모든 곳에서 항상 "sovereignty of God"으로 번역하는 것은 부적절하다고 바로 지적하고 있기는 하지만(p.23), 전체적으로 볼 때 그의 강조점은 역시 "reign, rule" 또는 "sovereignty"에 있는 것이 사실이다. G. E. Ladd도 마찬가지로, '하나님의 나라'라고 할 때 그것은 '영역'(realm), '유산'(inheritance)을 뜻할 수도 있다고 한편으로는 인정하지만, 다른 한편으로는 그래도 *malkuth* 또는 βασιλεία의 primary meaning은 여전히 "rank, authority and sovereignty exercised by a king"이라고 말한다.[4] 또한 그는 다른 곳에서, 히브리어 단어 *malkuth*의 개념은 "reign," "rule" 또는 "dominion"이라고 말하며, 신약에서도 마찬가지로 basileiva의 개념은 "reign" 또는 "rule"이라고 말한다.[5] 또한 Herman Ridderbos는 구약에서의 하나님 나라의 개념을 하나님의 '왕 되심'(koningschap) 또

3) G. Vos, *The Kingdom and the Church*, 1903 (reissued by Grand Rapids: Eerdmans, 1951). 이 책은 1971년에 정정숙 씨에 의해 "하나님의 나라"라는 제목으로 번역되었다. 우리나라에 영향을 많이 끼친 것은 원본보다 이 번역본으로 생각되는데, 특히 박윤선 박사가 이 책의 '머리말'을 쓰면서 Vos의 천국 개념을 '그 이상 정확할 수 없는' 올바른 것이라고 추천함으로써 더욱 무게가 실린 것으로 생각된다.

4) G. E. Ladd, *The Gospel of the Kingdom* (Grand Rapids: Eerdmans, 1959), 16-23.

5) G. E. Ladd, *A Theology of the New Testament*, rev. ed. (Grand Rapids: Eerdmans, 1993), 60f.

는 '주권'(heerschappij)으로 본다.[6] 이러한 배경에서 그는 신약의 "회개하라. 하나님 나라가 가까웠느니라."라는 메시지를 '모든 것을 포괄하는 구속사적 사실의 선포'(de aankondiging van een allesomvattende, heilshistorische werkelijkheid)로 본다.[7]

이처럼 하나님 나라의 주된 개념을 '주권' 또는 '통치'로 보는 것은 장점과 아울러 단점을 가지고 있다. 먼저 장점으로는 1) 하나님 나라의 여러 측면들 중에서 영적, 비가시적 측면을 잘 설명해 준다(마 12:28; 눅 17:20-21 등). 2) 따라서 이것은 현재의 하나님 나라의 성격을 설명하는 데 큰 도움이 된다. 그러나 하나님 나라의 개념을 '주권' 또는 '통치'로 볼 때 또한 단점도 있다. 1) 이렇게 될 경우 하나님의 나라가 추상화되고 구체성이 결여되는 단점이 있다. 2) 따라서 하나님 나라에 대한 소망과 갈망이 약화될 위험성이 있다. 예를 들어 병상에 누워서 죽어 가는 자에게 "하나님의 나라는 장소가 아니라 하나님의 주권, 통치를 뜻합니다."라고 말한다면, 이것이 그 사람에게 과연 위로가 되겠는가? 3) 이것은 또한 저 세상(낙원)과 미래의 하나님 나라(새 하늘과 새 땅)의 장소성을 설명하지 못하고 있다. '주권' 또는 '통치' 개념은 **현재 이 세상**에서의 하나님의 나라를 설명하는 데만 유용할 따름이다. 즉, 하나님의 나라 전체를 설명하는 데는 부족한 '좁은 개념'이다. 4) 더욱 중요한 것으로서 하나님의 '통치'는 꼭 천국에만 있는 것이 아니라 '지옥'에도 있다는 사실이다(시 139:7-10). 만일 지옥에 하나님의 통치가 미치지 아니한다면, 그곳은 벌 받는

---

6) H. Ridderbos, *De komst van het koninkrijk* (Kampen: J. H. Kok, 1950), 25, 28.

7) Ridderbos, *De komst,* 33. 이러한 Ridderbos의 견해는 그에게 있어 특징적인 '구속사적 해석'(heilshistorische uitlegging)에서 나온 것으로 '성취'(vervulling)의 측면과 '집합적 인간'(corporate personality)을 강조하는 해석이다. 이에 대해서는 그의 *Paulus. Ontwerp van zijn theologie,* 5e dr. (Kampen: J. H. Kok, 1978), 34-39를 보라. 또한 변종길, "헤르만 리덜보스의 『바울 신학』에 나타난 주요 문제점", 『개혁신학과 교회』 5 (1995), 39-70을 보라.

> '형벌의 장소'가 아니라 제멋대로 놀고 있는 '난장판'이 되고 말 것이다. 따라서 단순히 하나님의 통치가 있다는 사실로는 천국이 되기에 부족하고 하나님의 '의의 통치', '축복의 통치'가 있는 곳, 그리고 '하나님의 백성들'이 있는 곳이라야 진정한 하나님의 나라가 될 수 있다.

물론 이러한 치우친 경향을 인식하고서 하나님 나라에 대해 좀 더 균형 잡힌 이해를 하고자 하는 학자들도 있다. 이들은 대개 바실레이아(βασιλεία)에 대해 하나님의 '주권'(sovereignty, reign)뿐만 아니라 '영역, 범위'(realm, sphere)까지 인정하는 점에 있어서 옳은 방향으로 진일보하였으나,[8] 아직도 하나님 나라의 '영토'(territory) 또는 '공간'(space)적 측면을 충분히 인정하는 데까지는 나아가지 못하고 있다.[9]

이러한 맥락에서 볼 때, 1980년대 이후에 내세 천국뿐만 아니라 현세 천국도 강조하게 된 것은 여러 가지 면에서 기여한 점이 있다. 무엇보다도 너무 내세의 소망에만 치우쳐 현세 도피적 경향을 띠었던 과거의 잘못을 바로 잡고,

---

8) 예를 들어 정훈택 교수는 "하나님의 통치와 왕권이 '하나님 나라'의 본질적 의미이나 이것들은 하나님 나라의 공간적 의미를 완전히 배제하지는 않는다."고 한다(H. T. Chung, *Aan hun vruchten zult gij hen kennen,* Kampen: J. H. Kok, 1989, p.110). 그래서 그는 하나님 나라의 공간적 의미를 충분히 인정하는 것처럼 보인다. 그렇지만 그는 이것을 '영토'(territorium)로 이해하기보다는 하나님의 주권이 나타나는 '범위, 영역'(sfeer)으로 이해하는 것이 더 좋다고 한다. 그래서 그는 이러한 경우는 예수님에 의해 주로 구원의 상태와 축복을 나타내는 데 사용되었다고 한다. 이러한 이해는 물론 '현재의 하나님 나라'를 설명하는 데에는 훌륭한 역할을 하지만, 문제는 '미래의 하나님 나라'와 '현재 저 세상의 하나님 나라'(소위 낙원, 천당)를 설명하는 데에는 부족하다는 점이다. 따라서 우리가 현재의 하나님 나라뿐만 아니라 미래의 하나님 나라와 낙원까지 다 포함해서 '하나님의 나라'를 생각할 때에는 그 '나라'의 개념에 '범위'(sphere) 또는 '영역'(realm) 개념뿐만 아니라 또한 '영토'(territory) 개념까지 포함하는 것이 옳다고 본다. 우리는 '하나님의 나라'를 보는 시각을 크게 넓혀야 한다.

9) 오병세 박사도 현금의 하나님의 나라 논의에 있어서 이러한 문제점을 지적하고 있다. 그의 "新約에 나타난 하나님의 나라"(『고신대학 논문집』 제14집, 1986), 125를 보라.

현재 이 세상에서 이루어 나가야 할 그리스도인의 책임과 사명을 강조했다는 점에서 크게 기여했다고 생각된다. 그러나 다른 한편으로는, 이것이 1980년대 이후의 경제적 풍요와 함께 이 세상도 살 만하다는 '현세안주적 사고' 내지는 내세의 소망을 망각하고 현세의 안락함을 누리려는 '현세 향락적 시대 풍조'와 맞물려 있는 것이 아닌가 하는 우려도 크다.

II. 하나님 나라의 요소

그러므로 우리는 하나님 나라에 대해 생각할 때 어느 한편으로 치우치지 아니하고 하나님 나라의 여러 요소들을 고루 다 고려하는 것이 중요하다. 이렇게 함으로써 우리는 하나님 나라에 대한 성경의 여러 구절들을 무리 없이 바로 이해할 수 있게 된다. 따라서 우리는 다음 네 가지를 하나님 나라의 중요한 요소로 생각한다.

1) 왕

'하나님의 나라'라고 할 때의 '나라'(βασιλεία)는 왕(βασιλεύς)이 다스리는 '왕국'(kingdom)을 뜻한다.[10] 국민이 주권을 가지고 대표를 뽑아서 나라를 다스리게 하는 제도가 '민주공화국'이라면 왕이 주권을 가지고 다스리는 나라가 곧 '왕국'이다. 이런 점에서 하나님의 나라에서 제일 중요한 것은 역시 왕 되신 '하나님' 또는 '예수님'이라고 할 것이다. 그러므로 하나님의 나라에 관한 이야기는 늘 왕이신 하나님 또는 예수님을 중심으로 전개된다고 볼 수

---

10) βασιλεία라는 단어가 βασιλεύς라는 단어에서 파생되었으며 따라서 우선적으로 "das *Sein*, das *Wesen*, der *Zustand* des Königs"를 가리킴에 대해서는 K. L. Schmidt, "βασιλεία," in: *TWNT*, I, 579f.를 보라.

있다. 천국에 대한 비유 중에서 "천국은 ... 어떤 임금과 같으니"(마 22:2), "천국은 마치 ... 집주인과 같으니"(마 20:1) 또는 "천국은 좋은 씨를 제 밭에 뿌린 사람과 같으니"(마 13:24), "천국은 마치 밭에 감추인 보화와 같으니"(마 13:44; 골 2:3 참조) 등이 모두 하나님 나라의 주인이신 하나님 또는 예수님을 중심으로 이야기하고 있다. 또 '예수를 전파하다'와 거의 같은 의미에서 '하나님 나라를 전파하다'라고 말하고 있는 사실(행 8:12; 20:25; 28:23, 31 등)에서 이러한 면을 볼 수 있다.

2) 백성

하나님 나라에는 또한 하나님의 백성들이 있다. 만약 백성이 없으면 그 나라는 텅 빈 나라가 될 것이요, 신하와 백성이 없이 혼자서는 왕 노릇할 수도 없을 것이다. 그리고 이왕에 백성이 있을 바에야 많을수록 좋다. 그래서 옛날엔 그 나라에 아기가 태어나면 왕이 기뻐하였다. 잠언 14:28에 보면 "백성이 많은 것은 왕의 영광이요"라고 했다. 이 이치는 하나님의 나라에서도 마찬가지이다. 하나님 나라의 백성이 많아지면 무엇보다 하나님이 기뻐하신다. 하나님 나라의 백성은 성도들이며, 이는 출생함으로 되지 아니하고 오직 거듭남으로 즉 회개하고 믿음으로 된다(요 1:12-13; 3:3, 5). 그래서 하나님 나라의 확장 방법은 전도를 통해 되는 것이고 말씀 전파와 성령의 역사를 통해 이루어져 가는 것이다.

'하나님의 나라'라는 표현이 하나님 나라의 백성을 뜻하는 의미로 자연스럽게 쓰여질 수 있음은 성경의 여러 군데에서 증거하고 있다. 구약에서 중요한 구절은 출애굽기 19:6로서 여기서 '제사장 나라'(*mam*^{e}*leketh koh*^{a}*nim*)는 분명히 하나님이 택하신, 하나님을 섬기는 '백성'을 가리킨다.[11] 신약에서는 예수의 비유 중에서 "천국은 마치 ... 겨자씨 한 알 같으니 이는 모든 씨보다 작은 것이로되 자란 후에는 풀보다 커서 나무가 되매 ..."(마 13:31-32)라고 한 비유가 하나님 나라의 확장을 뜻한 것이라면, 이는 아무래도 하나님 나라 '백성'의 증가에 초점을 둔 것이라고 할 수 있다(마 13:38 참조). 또한 '그 나라의 열매 맺는 백성'(마 21:43)에서도 하나님 나라의 요소들 중 '백성'의 요소가 부각되었다고 볼 수 있다.[12]

3) 땅(영토)

그 다음으로 우리가 고려할 요소는 '영토'(territory)이다. 우리는 하나님 나라의 장소적 또는 공간적 요소를 무시할 수 없다. 만약 하나님 나라에 영토(공간, 처소)가 없다면 왕과 백성들이 거할 처소가 없게 된다. 그렇다면 우리가 믿는 신앙은 공중에 뜨게 되며 우리가 바라는 소망도 무너질 수밖에 없다. 그러나 하나님 아버지의 집에는 '거할 곳'(μοναί)이 많다고 하였으며, 예수님께서는 우리를 위하여 '처소'(τόπος)를 예비하러 간다고 하셨다(요 14:2). 그리고 베드로는 "의의 거하는 바 새 하늘과 새 땅을 바라본다."고 하였다(벧후 3:13).

게할더스 보스와 조지 엘든 래드, 헤르만 리덜보스 등이 하나님 나라의 '주

11) LXX에는 βασίλειον ἱεράτευμα로 의역되었으며, 이 표현이 벧전 2:9에도 나타난다. 어느 곳에서든 이것이 하나님 나라의 '백성'을 가리킴에는 변화가 없다. 그런데도 불구하고 많은 학자들이 이 중요한 구절을 예외로 취급하고서(예를 들면 Vos, *The Kingdom and the Church*, 21), 구약에서의 *malkuth* 또는 *mam^elakah*의 주된 개념은 '주권' 또는 '통치'라고 한 것은 편파적이다.

12) 물론 이 두 구절에서 '나라'는 '백성'보다는 넓은 개념이다. '나라'는 여러 요소들을 포함한 포괄적인 개념이다. 그 여러 요소들 가운데서 여기서는 '백성'의 요소가 좀 더 부각되고 있다는 의미이다. 그 외에 '세상 나라'에 대해서 '백성'의 개념이 부각된 예로는 마 12:25; 24:7; 눅 11:17 등이 있다.

권' 또는 '통치'를 강조한 것은 한편으로는 일리가 있으나, 그것이 가지고 있는 약점은 하나님 나라의 장소적 측면을 많이 약화시키고 말았다는 점이다.[13] 그들은 그들의 주장의 근거로 신약의 바실레이아(βασιλεία)의 배경이 되는 구약의 *malkuth, mam^elakah* 또는 *mam^elakuth*는 장소적 의미를 가지고 있지 않다고 주장하나, 그것은 지나친 단순화이며 사실이 아니다.[14]

물론 하나님 나라의 장소적 측면은 종말에 이루어질 '미래 천국'(새 하늘과 새 땅)과 지금 성도의 영혼이 안식하고 있는 '낙원' 곧 '내세 천국'(눅 23:43; 빌 1:23; 계 14:13 참조)에서는 분명하지만, 현재 이 땅에서 이루어지고 있는 ' 현세 천국'에서는 불분명한 것이 사실이다. 아마 이 사실이 많은 학자들로 하여금 '영토' 대신에 '주권'이나 '통치'라는 개념으로 하나님 나라를 이해하도록 만든 원인이라고 생각된다. 그러나 우리는 이 땅에서의 '현세 천국'에서 어떤 고정된 '장소'를 지정할 수는 없다 할지라도 '현세 천국'이 전부 다가 아니다. 우리는 이 순간에도 성도들의 영혼이 쉬고 있는 '낙원'과 의(義)의 거하는 바 '새 하늘과 새 땅'을 바라보며 살고 있다. 그리고 현재 이 세상에서도 하나님의 자녀들이 전혀 장소 없이 공중에 떠서 살고 있는 것은 아니다. 우리는 어쨌든 이 세상에서 하나님이 지으신 땅에 발을 붙이고 살고 있으며, 이 세상의 자녀들과 섞여 살고 있다(마 13:24-30 참조).

---

13) 이런 부작용을 고려해 본다면 우리 한국 교회가 전통적으로 가져왔던 내세 천국 사상도 상당한 장점을 가지고 있다고 봐야 할 것이다. 그들은 최소한 내세의 소망을 확실히 붙들고서 어려운 세상을 믿음으로 살았으며, 그 중에 어떤 성도들은 일제하의 모진 고난과 핍박에도 굴하지 않았던 것이다.

14) 단 11:4에서는 *malkuth*가 영토적 측면을 강하게 시사하고 있으며, 에 5:3, 6; 7:2은 분명히 영토로서의 나라를 가리킨다. 민 32:33의 *mam^elakah*도 분명히 영토로서의 나라를 가리킨다. 또한 삼상 15:28에서의 *mam^elakah*도 영토적 의미를 내포하고 있다고 볼 수 있다. Gesenius의 사전에는 מַלְכוּת의 영토적 의미가 별로 나타나지 않으나, F. Brown, S. R. Driver, Ch. A. Briggs가 편집한 *Hebrew and English Lexicon* (Oxford, 1952, s.v.)에는 מַלְכוּת가 영토를 나타내는 많은 성경 구절이 제시되어 있다. 또한 L. Koehler와 W. Baumgartner가 편찬한 *Lexicon in Veteris Testamenti Libros* (Leiden: E. J. Brill, 1958)에는 מַלְכוּת의 여러 다양한 의미가 잘 정리되어 있는데, 그 중에는 물론 영토적 의미도 포함되어 있으며 그런 의미로 사용된 많은 구절이 제시되어 있다.

하나님 나라가 장소적 요소를 가지고 있다는 사실은 "하나님 나라에 들어간다"(마 7:21; 19:24; 21:31; 행 14:22)[15]라든지 "하나님 나라를 빼앗긴다"(마 21:43)[16]라는 표현에서 어느 정도 알 수 있으며, 또한 "내 아버지의 나라에서 마신다."(마 26:29; 눅 22:30)라는 표현에서 분명히 알 수 있다. 나아가서 이것을 예수님의 '가라지 비유' 설명에서도 알 수 있는데, 예수님은 여기서 '**밭**은 세상'이라고 하시고(마 13:38), 이어서 "인자가 그 천사들을 보내리니 저희가 **그 나라**에서 모든 넘어지게 하는 것과 ..."(41절)라고 하심으로써 하나님 나라가 장소적 요소를 가지고 있음을 잘 나타내 주고 있다.[17] 뿐만 아니라 "당신의 나라에 임하실 때에 나를 생각하소서."(눅 23:42)[18]라는 말은 하나님 나라의 장소성을 분명히 말하고 있다.[19]

---

15) 이 표현은 '하나님 나라의 구원의 상태, 또는 축복의 영역에 들어간다'는 의미로 생각할 수도 있을 것이다. 그러나 그러한 경우라 할지라도 이 표현에서 하나님 나라의 장소적 의미를 완전히 배제할 수는 없을 것이다. 왜냐하면, 이러한 표현이 현재의 하나님 나라의 축복의 영역에 들어가는 것을 뜻한다 할지라도 그것은 또한 완전한 구원과 축복의 장소인 미래의 하나님 나라에 들어갈 것이라는 의미를 동시에 가지고 있기 때문이다. 오히려 이 후자가 예수님의 말씀에서 더 중요한 비중을 차지하고 있다고 생각된다.

16) 앞의 표현의 경우와 마찬가지로 생각할 수 있다. 특히 "나라의 본 자손들은 바깥 어두운데 쫓겨나 거기서 울며 이를 갊이 있으리라."(마 8:12. 참조: 22:13; 25:30)는 표현에서는 장소적 의미가 분명하다고 보아야 할 것이다.

17) 뿐만 아니라 마 21:43의 '하나님의 나라'는 이 비유의 문맥에서 볼 때 '포도원'으로 비유된 장소적 의미를 포함하고 있다고 생각된다.

18) 세상 나라에 대한 말에서 살펴보면, 헤롯 왕이 자기 딸에게 "내 나라의 절반까지라도 주겠노라."(마 6:23)에서 βασιλεία란 말이 일반적으로 영토적 의미도 가지고 있음을 보여 준다.

19) 제2차 세계대전 후 이스라엘 국가 건설 후 다른 각도에서 땅에 대한 새로운 관심이 기독교 신학계에 일어나고 있다. 이에 대해서는 D. E. Holwerda, *Jesus and Israel. One Covenant or Two?* (Grand Rapids: Eerdmans, 1995), 85-112를 보라. 그러나 우리의 관심은 유대주의적 또는 천년왕국적 입장에서 나온 것과는 거리가 먼 것으로서, '하나님 나라'에 대해 어느 한편으로도 치우치지 아니하고 '저 세상에서의 하나님의 나라'(낙원)와 미래에 종국적으로 이루어질 '새 하늘과 새 땅'까지 다 고려하고자 함이며 또한 성경의 모든 구절들을 만족시킬 수 있는 총괄적인 이해, 다차원적 이해를 모색하고자 함이다.

4) 주권(지배, 통치 또는 원리)

한 나라를 유지하고 다스리는 데에는 주권이 있듯이 하나님 나라에도 주권이 있으며 통치와 지배 원리가 있다. 이 통치 원리는 하나님의 말씀인데, 그 요체는 십계명에 제시되어 있으며 산상보훈에도 하나님 나라 백성의 생활 원리가 잘 나타나 있다. 따라서 이러한 하나님의 말씀이 실현되는 곳, 곧 하나님의 통치가 이루어지고 주권이 회복되는 영역이 하나님의 나라라고 말할 수 있다. 이 점은 게할더스 보스와 조지 엘든 래드, 헤르만 리덜보스 등이 잘 설명해 주고 있다.

하나님의 통치 또는 주권 개념은 현재의 하나님 나라를 설명하는 데 아주 유용하다. 현재의 하나님 나라는 '눈에 볼 수 있게 임하는 것'이 아니요, 또 '여기 있다 저기 있다'고 말할 수도 없다(눅 17:20-21). 왜냐하면 현재의 하나님 나라는 완전하지 못하고 또 가시적인 장소로 나타나는 것도 아니기 때문이다. 따라서 현재의 하나님 나라는 '유동적(流動的)'이며 '비장소적(非場所的)'이다. 그러므로 성령으로 말미암아 하나님의 통치가 이루어지는 곳, 하나님의 주권이 실현된 곳이 곧 현재의 하나님 나라이다(마 12:28). 여기서 중요한 것은 '성령의 역사'이다. 성령의 역사로 사탄의 권세가 물러가면 그곳에 하나님의 나라가 이루어진다. 이런 점에서 현재의 이 세상은 '하나님의 나라'와 '사탄의 나라'가 싸우고 있는 전투장이라고 말할 수 있다. 따라서 현재의 하나님 나라의 구체적 표현인 이 세상의 교회는 곧 '전투적 교회'(*ecclesia militans*)가 되는 것이다.

이러한 하나님 나라의 주권(통치, 원리)적 요소는 "하나님의 나라가 권능으로 임한다."(막 9:1)든지 "하나님의 나라가 이미 너희에게 임하였느니라."(마 12:28) 또는 "너희는 먼저 그의 나라와 그의 의를 구하라."(마 6:33) 하는 말씀 등에 잘 나타나 있다.

이처럼 '하나님의 나라'라는 개념은 최소한 위 네 가지 요소를 가지고 있으며 어느 하나라도 무시할 수 없다. 그러나 이것은 (하나님) '나라'라는 말이 나타나는 곳마다 이 네 가지 요소가 **항상** 나타난다는 뜻은 아니다. 성경의 그 구절에서 어느 측면을 말하고자 하느냐에 따라 어떤 요소는 부각되고 다른 요소들은 드러나지 않을 수도 있다. 예를 들어 현재의 이 세상에서의 하나님 나라에는 영토적 요소가 분명히 드러나지 아니하고 하나님의 주권, 통치적 측면이 강하게 부각된다고 말할 수 있다. 그러나 드러나지 않는다고 해서 그것(들)이 **원칙적으로** 존재하지 않는다고 생각해서는 안 된다. 왜냐하면 우리는 '하나님 나라'라고 할 때 '현재 이 세상에서의 하나님 나라'만 생각할 것이 아니라, '현재 저 세상에서의 하나님 나라'(소위 '낙원')와 '미래의 하나님 나라'인 '새 하늘과 새 땅'도 동시에 생각해야 하기 때문이다. 따라서 우리는 하나님 나라의 '개념'에 대해 말할 때 늘 위 네 가지 요소의 가능성을 생각하고서 포괄적으로 접근해야 한다. 그래서 어떤 본문에 '하나님의 나라'라는 표현이 나타날 때, 그 '나라'라는 단어가 위의 네 가지 요소 중 어느 것을 주로 의미하는 것으로 사용되었는지, 아니면 둘 이상의 요소가 복합적으로 나타나는지를 살펴보아야 하는 것이다. 이렇게 할 때 우리는 '하나님의 나라'에 대해 어느 한편으로 치우치지 않고 종합적으로, 포괄적으로 접근하게 되는 것이다.

III. 하나님 나라의 종류

우리가 하나님의 나라에 대해 생각할 때 다음 세 종류의 하나님의 나라를 생각해야 한다. '현재 이 세상에서의 하나님의 나라'(현세 천국)와 '현재 저 세상에서의 하나님의 나라'(천당, 낙원)와 미래에 종국적으로 이루어질 '새 하늘과 새 땅'(신천신지)이 그것이다. 그런데 오늘날 많은 학자들은 현재 이 세상에서의 하나님 나라만 생각하거나, 아니면 현재의 하나님 나라와 미래의 하나님 정도로 생각하고 만다. 이렇게 될 경우 '현재 저 세상에서의 하나님의 나라'(낙원)와 '새 하늘과 새 땅'(신천신지) 사이의 관계가 분명치 않으며, 성도가 죽으면 어디로 가는지 그리고 그곳에서의 상황은 어떠한지에 대해서도 모호하게 되고 만다. 이런 것들은 현대 신학이 하나님의 나라를 대개 추상적으로 다루는 데서 오는 현상들이다. 그러나 우리는 하나님의 나라에 대해 구체적인 삶의 문제로, 내 자신의 운명이 달려 있는 중대한 문제로 다루어야 한다. 이렇게 함에 있어서 우리는 철학적 사변에 의존할 것이 아니라, 오직 성경에 기초하여 성경이 말하는 대로 생각하여야 한다.

먼저 '현재 이 세상에서의 하나님의 나라' 곧 '현세 천국'에 대해 생각해 보자. 이것은 지금 이 세상에서 이루어져 가고 있는 하나님의 나라이며, 부분적이고 불완전하다. 죄와 악이 침투해 들어와서 완전한 의와 거룩함이 실현되지 못하도록 막고 있다. 그래서 현세 천국에서는 하나님의 완전한 통치가 실현되지 못하고 있으며, 성령의 완전한 충만도 불가능하다. 따라서 현세 천국에서 살아가는 성도들에게는 늘 애통함과 탄식이 있으며, 하나님의 온전한 의가 이루어지기를 늘 기도하고 있다. 다른 한편으로 현세 천국은 전도를 통해 확장되고 있으며, 삶의 전 영역에서 하나님의 뜻이 이루어지도록 적극 노력할 수 있는 기회를 제공하기도 한다. 그러므로 하나님은 하나님의 나라를 위한 성도의 노력을 귀하게 보시고 축복하신다.

그 다음으로 '현재 저 세상에서의 하나님 나라'에 대해 생각해 보자. 이것은 우리가 보통 '천당' 또는 '낙원'이라고 부르는 것인데, '내세 천국'이라고 부를 수도 있다. 그러나 '내세 천국'이라는 용어는 우리가 죽은 후에 가는 곳이라는 의미에서는 '내세(來世)' 천국이지만, 존재 측면에서는 이미 존재하고 있는 장소이다. 이 '낙원'은 구약 시대에도 존재했으며, 아브라함과 이삭과 야곱과 또한 구약 시대의 모든 성도들이 이곳에서 안식하고 있다(cf. 눅 16:19-31). 예수님께서는 십자가에 같이 달린 한 강도에게 "내가 진실로 네가 이르노니 오늘 네가 나와 함께 낙원에 있으리라."고 대답하셨다(눅 23:43). 따라서 '낙원'(ὁ παράδεισος)은 성도가 죽으면 그 영혼이 즉각 들어가는 천국임을 알 수 있다. 이곳은 예수님께서 하나님 우편에 앉아 계시는 곳이며(롬 8:34; 히 10:12-13; cf. 골 3:1), 구원받은 성도들의 영혼(ψυχή)이 쉬고 있는 곳이다(계 6:9; 14:13; 20:4). 그러나 이 영혼들이 무의식 상태로 지내는 것은 아니며, 하나님과 더불어 친밀한 교제를 누리며 즐거움으로 안식한다(빌 1:23). 이곳에는 더 이상 죄와 악이 없으며, 하나님의 의가 완전히 실현되고 있다. 그래서 하나님의 뜻이 완전히 이루어졌으며, 성령의 100% 충만한 지배가 실현되고 있다. 다른 한편으로 이곳 낙원에서는 더 이상 전도가 없으며 중생도 없다. 다만 거듭난 영혼들을 지상에서부터 영입하는 것을 통해 하나님의 나라가 확장될 따름이다. 따라서 성도의 죽음은 존재의 소멸이 아니라 남아 있는 죄들의 소멸이며, 영생에 들어가는 관문이다(하이델베르크 요리문답 제42문의 답).

마지막으로 우리 구원받은 성도들이 종국적으로 거할 곳은 '새 하늘과 새 땅' 곧 '신천신지'이다(계 21:1). 이것은 그리스도의 재림으로 말미암아 이루어질 영원한 복락의 장소이며, 모든 눈물과 저주가 사라지고 완전한 의가 실현되는 곳이다(계 21:4; 벧후 3:13). 이 점에 있어서는 현재 존재하는 낙원과 차이가 없지만, 다른 점은 낙원에는 성도들의 '영혼'이 들어가 쉬는 곳이지만 '새 하늘과 새 땅'에는 성도들의 '영혼'뿐만 아니라 부활한 '육체'도 함께 거하는 장소라는 점이다. 따라서 '새 하늘과 새 땅'에서는 이 세상에서의 죽음으로 말미암아 헤어졌던 영혼과 육체의 극적인 만남이 이루어진다. 이 만남은 단순한 옛 모습 그대로의 재회가 아니라 완전히 새롭게 성숙한 두 요소의 극적인 상봉이다. 곧, 이제는 완전히 죄에서 해방된 의롭고 거룩한 '영혼'과 다시는 병들지 않고 썩지 않고 약하지 않고 죽지 아니하는 영광스런 '육체'의 재결합이다. 이후로는 죄로 말미암은 별거가 다시 없을 것이며, 영원히 떨어지지 않고 헤어지지 않는 완전한 사랑의 결합이 마침내 실현될 것이다. 이 '신천신지'

에서는 하나님의 백성이 하나님과 더불어 영원토록 동거동락하며 하나님으로 말미암아 복락을 누릴 것이다(계 21:3).

이상의 세 종류의 하나님의 나라를 도표로 정리하면 다음과 같다.

	증감	하나님의 뜻의 성취	교회와 세상	인간 존재의 구성 요소	성령 충만의 정도
현세 천국	확장 중	불완전	혼재	영과 육 (죽을 몸)	부분적
내세 천국	영입 중	완전	분리	영/영혼 (몸은 부활을 기다림)	완전 충만
미래 천국	정지	완전	분리	영과 육 (부활의 몸)	완전 충만

IV. 하나님 나라의 현재성과 미래성

하나님의 나라는 현재적 측면과 미래적 측면을 동시에 가지고 있다. 미래에는 장소로서의 천국이 온전히 이루어질 것이다. 거기에는 눈물도 없고 고통도 없고 저주도 없으며 하나님의 통치가 온전히 이루어질 것이다(계 21:3-4). 그러나 예수님의 오심으로 말미암아 하나님의 나라는 이미 도래하였으며 계속해서 확장, 발전되어 가고 있다(마 11:12). 아직 온전한 하나님의 통치가 이루어진 것은 아니지만 그래도 현재 이 세상에서 하나님의 복음이 전파되고 하나님의 나라가 확장되어 가고 있다. 이것을 우리는 하나님 나라의 현재성과 미래성이라고 부른다. 그렇다면 이 둘 사이의 관계는 어떠한가?

신학자들 가운데는 이 둘 사이의 관계를 설명할 때 이 둘 중의 어느 한쪽 면만을 강조하고 다른 면을 무시하거나 부인한 사람들이 많다. 하나님 나라의 미래성만을 철저히 고집한 사람의 대표자는 보통 알버트 슈바이처 박사라고 알려져 있는데,[20] 그는 예수님 자신도 하나님의 나라가 곧 도래할 것이라고 믿고 살다가 오지 않자 좌절하여 결국 십자가를 지고 말았다고 주장했다.[21] 이것은 성경의 가르침과는 다른 것으로 소위 '철저종말론'(consequent or consistent eschatology)이라고 불린다. 이에 반해 하나님 나라의 현재성만을 강조하는 대표적 견해로는 루돌프 불트만(Rudolf Bultmann)의 '실존론적 해석'(existential interpretation)과 C. H. 다드(Dodd)의 '실현된 종말론'(realized eschatology)과 요아킴 예레미아스(Joachim Jeremias)의 '실현되어 가는 종말론'(sich realisierende Eschatologie) 등이 있다. 이들은 하나님 나라가 현재 실현된 것 또는 되어 가고 있는 것을 강조하기 위해 미래적 측면을 무시하거나 부인하는 오류를 범하고 만다.

그래서 위와 같은 일면적 치우침을 지양하고 양쪽 측면을 다 강조하는 견해들이 있는데 대표적인 것이 스위스의 신학자 오스카 쿨만(Oscar Cullmann)의 견해로 알려져 있다. 이는 하나님 나라의 현재적 측면 곧 '이미 [성취됨]'(schon [erfüllt])과 미래적 측면 곧 '아직 아니 [완성됨]'(noch nicht [vollendet]) 사이의 '긴장'을 강조하는 학설로서 전 세계적으로 광범위한 지지를 얻고 있으며,[22] 또한 한국에서도 대개 '(가장) 올바른 견해'로 받아들

---

20) A. Schweitzer, *Von Reimarus zu Wrede,* 1906; An English translation by W. Montgomery, *The Quest of the Historical Jesus. A Critical Study of its Progress from Reimarus to Wrede,* New York: MacMillan Publishing Co., 1968.

21) Schweitzer의 연구 결과는 역사적 예수를 부인하는 과격한 것이었다. 그에 의하면 우리에게 남는 것은 오직 예수의 영적 감화력 정도이다. 그의 다음 말들을 참조하라: "The Jesus of Nazareth who came forward publicly as the messiah, who preached the ethic of the Kingdom of God, who founded the Kingdom of Heaven upon earth, and died to give His work its final consecration, never had any existence."(위 영역, p.398); "Jesus means something to our world because a mighty spiritual force streams forth from Him and flows through our time also."(p.399); "Jesus as a concrete historical personality remains a stranger to our time, but His spirit, which lies hidden in His words, is known in simplicity, and its influence is direct."(p.401).

22) 예를 들자면 H. Ridderbos의 *Paulus* 란 책의 기본 구도도 기본적으로 O. Cullmann의 '이미'와 '아직 아니'라는 구도의 영향을 받은 바 크다. Ridderbos는 자신의 해

여지고 있는 것 같다. 물론 이 견해의 장점은 하나님 나라의 양 측면을 다 인정하고 있다는 점이라고 한다.[23] 그러나 문제는 이 둘 사이의 관계를 '긴장'(Spannung)으로 본 점이다. 쿨만 자신도 여기서 '긴장'이 이 문제에 대한 자기의 구도에서 가장 특징적임을 말하였다.[24]

그런데 하나님 나라의 현재성과 미래성은 과연 그렇게 긴장적 관계에 있는 것일까? 동일한 예수께서 '왕'으로 계시며 동일한 사람들이 '백성'으로 있으며, 동일한 '원리'에 의해 통치되며 유지되는데 '긴장'이라기보다 오히려 '조화'의 관계가 아닐까? 우리는 날마다 "나라이 임하옵시며 뜻이 하늘에서 이룬 것 같이 땅에서도 이루어지이다."[25]라고 기도하고 있지 않는가? 즉, 하나님의 뜻이 하늘에서 온전히 이루어진 것처럼 **또한**(ὡς ... καί) 땅에서도 이루어지도록 기도하고 있지 않은가?[26] 여기서 우리는 하늘과 땅 사이에 '역접'이 아니라 '순접'의 관계를 발견하게 된다. 물론 미래의 하나님 나라가 아직 임하지 않았기 때문에 **현재의** 하나님 나라 **안에**는 긴장과 갈등이 있다. 그러나 이것을 '이미 성취됨과 아직 아니 완성됨 사이의 긴장'(Spannung zwischen schon

석 방법이 '구속사적 해석'(heilshistorische uitlegging)이라 규정짓고, 이는 예를 들자면 O. Cullmann의 *Christus und die Zeit*에 '매우 대표적인 방법으로'(op een zeer representatieve wijze) 표현되어 있다고 한다. 이 방법의 장점으로는 첫째, '성취의 요소'(vervullingselement)를 강조하고 있다는 점과 둘째로, 바울 종말론의 핵심 요소인 '이미'와 '아직 아니' 사이의 '상호 의존'(wederzijdse afhankelijkheid)을 강조하고 있다는 점이라고 리덜보스가 스스로 평가하고 있다.

23) 물론 나중에 지적하겠지만, 보통 일반적으로 생각하는 것처럼 하나님 나라의 양 측면을 충분히 다 인정하고 있는 것은 아니다.

24) O. Cullmann, *Christus und die Zeit*, 3. Aufl. (Zürich: EVZ-Verlag, 1962), 12, 15, 19, 21, 특히 27과 기타 여러 곳 참조.

25) "ἐλθέτω ἡ βασιλεία σου, γενηθήτω τὸ θέλημά σου, ὡς ἐν οὐρανῷ καὶ ἐπὶ γῆς."

26) 여기서 헬라어 ἐλθέτω와 γενηθήτω가 아오리스트(aorist)로 되어 있다고 해서 미래의 종말에 갑자기 **단번에** 임할 하나님 나라를 위한 기도 곧 예수의 재림을 대망하는 기도로 이해하는 것은 문법적으로 속단이다. 왜냐하면 헬라어의 기도문에서는 기원의 '단호성', '간절성' 또는 '결의성'(決意性, definiteness)을 나타내기 위해 아오리스트가 사용되는 것이 일반적이기 때문이다. Cf. Zerwick, *Biblical Greek*, §255.

erfüllt "und noch nicht vollendet") 또는 '현재와 미래 사이의 긴장'(Spannung zwischen Gegenwart und Zukunft)[27]이라고 부르는 것은 문제가 있다고 생각된다. 왜냐하면 '현재의 하나님 나라'와 '미래의 하나님 나라' 사이에, 그리고 '현재'와 '미래' 사이에 '긴장'과 '갈등'이 존재하는 것이 아니고 그 둘 사이에 살고 있는 우리 인간에게 긴장과 갈등이 있기 때문이다. 따라서 '하나님 나라'의 두 측면 자체에는 어디까지나 '조화(調和)'와 '순연(順然)'이 존재한다고 보아야 할 것이다.[28]

뿐만 아니라 이미 실현된 구원과 앞으로 실현될 구원의 관계에 대해서도 성경은 오히려 '보증'(ἀρραβών, 고후 1:22; 엡 1:14)과 '인침'(σφραγίζομαι, 엡 1:13; 고후 1:22) 또는 '확신'(πέπεισμαι, 롬 8:38-39)의 관계로 설명하고 있지 않는가? 무엇보다도 성령이 우리 안에 계셔서 현재의 자녀 됨과 장래의 구원을 보증해 주시고 연결시켜 주시는 것이 아닌가? "그리스도 예수를 죽은 자 가운데서 살리신 이가 너희 안에 거하시는 성령으로 말미암아 너희 죽을 몸도 살리시리라."(롬 8:11) 그러므로 우리는 양자될 것 곧 몸의 구속(救贖)을 '기다린다'(ἀπεκδέχομαι)(롬 8:23). 또한 데살로니가 교회의 성도들은 하나님을 향한 '믿음'(살전 1:8)과, 하나님을 '섬기는 것'(9절)과 예수의 강림을 기다리는 '소망'(10절)으로 인하여 주위로부터 칭찬을 받았는데, 사도 바울은 이 사이의 관계를 모두 '그리고'(καί)로 연결시키고 있다.

만약 우리에게 '긴장'이 있다면 그 주된 것은 하나님 나라의 현재성과 미래성 사이의 긴장이 아니라, 현재에 있어서 하나님의 '은혜'와 인간의 '죄' 사이의 긴장일 것이다. 선하고 의롭고 완전한 '하나님의 계명'과 그것이 선한 줄 알면서도 다 지키지 못하는 인간의 '육신의 연약함' 사이의 갈등이다(롬 7장

---

27) Cullmann, *Christus und die Zeit,* 12.

28) 구약의 하나님 나라와 신약의 하나님 나라 사이에 동일성이 존재하듯이, 신약의 하나님 나라와 미래의 하나님 나라 사이에도 본질적인 동일성이 존재한다고 보는 것은 당연하다고 생각할 수 있다.

참조).

뿐만 아니라 쿨만에게 있어서는 시작과 끝, 곧 창조와 종말은 모호한 것으로 희석되고 말며 그 역사적 진실성이 의심되고 있다.[29] 그러다 보니 남는 것은 '중간'(Mitte) 곧 현재성뿐이며, 그가 말한 '아직 아니'(noch nicht)란 것도 사실은 하나님 나라의 미래적 측면을 가리키는 것이 아니라 결국은 현재의 '아직 아니'일 따름이다. 그러고 보니 그가 강조한 '긴장'이란 것도 사실은 현재의 '긴장'이며, 결국 전체적으로 하나님 나라의 미래적 측면이 상당히 약화되고 있음을 알 수 있다.[30] 따라서 쿨만의 위 구도는 성경보다는 자기 나름대로의 신학적 구도의 영향을 받은 것으로서 마땅히 재고되어야 할 것이다.[31]

---

29) Cullmann은 기원과 종말에 대한 이야기들을 '단지 예언'(*nur* Prophetie)이라고 부른다. 그것들은 객관적으로는 '단지 계시의 대상'(*nur* Gegenstand der Offenbarung) 일 따름이며, 주관적으로는 '단지 신앙의 대상(*nur* Gegenstand des Glaubens) 일 따름이다. 거기에는 '인간의 역사적 증명을 통한 확증'(Eine Bestätigung durch menschliche historische Feststellung)이 없다. 이것들은 '역사적으로 확증할 수 있는 사실들'(historisch feststellbare Tatsachen)이 아니다. Cf. Cullmann, *Christus und die Zeit,* 97. 한편 1963년에 발표한 그의 논문 "Die Verbindung von Ur- und Endgeschehen mit der neutestamentlichen Heilsgeschichte"(그의 65세 생일을 기념하여 K. Fröhlich가 편집 출판한 책, *Oscar Cullmann. Vorträge und Aufsätze 1925-1962,* Tübingen/Zürich: J. C. B. Mohr/Zwingli Verlag, 1966, pp.159-65에 수록되어 있음)에서 Cullmann은 창조 이야기는 '신화들'(Mythen)에 속한다고 말하며(p.160), 아담은 '역사적 인물'(eine historische Persönlichkeit)이 아니라고 한다(p.164). 이뿐 아니라 역사의 '중간 부분'(Mittelstück)에 있는 것들 중에도 '역사적으로 대체로 확증할 수 없는'(historisch überhaupt unfeststellbar) 부분들이 있다고 한다. 예를 들면 예수의 '동정녀 탄생' 같은 것들인데 그는 이런 것들을 "blosse Prophetie"라고 부르며, 시작과 끝의 이야기들과 마찬가지로 본다(*Christus und die Zeit,* 98). 이상에서 우리는 Cullmann이 인간의 이성으로 역사적 사실을 증명할 수 있다는 것을 신뢰하고 있음을 알 수 있으며, 아직도 서구의 역사주의, 과학주의적 사고방식에서 벗어나지 못하고 있음을 알 수 있다.

30) 박윤선 박사도 이러한 단점을 지적하고 있다. 그의 『성경 신학』(서울: 영음사, 1987, 11판), 160을 참조하라.

31) 그리고 Cullmann이 Bultmann의 양식사 비평 방법을 옹호하고 지지하였음을 Cullmann 자신이 지적하고 있다(*Christus und die Zeit,* 45). 그리고 Cullmann이 22세(1925)에 발표한 논문 "Die neuen Arbeiten zur Geschichte der Evangelientradition"(K. Fröhlich, *Oscar Cullmann,* 41-89)에서 '양식사 비평 방법'을 적극 옹호하고 있으며, 이로 인해 Bultmann으로부터 칭찬받았다(*Oscar Cullmann,* Vorwort, 9).

이상에서 살펴볼 때 우리는 하나님 나라의 현재성과 미래성을 가감 없이 그대로 다 인정하고 받아들이는 것이 중요함을 알 수 있다. 그리고 이 둘의 관계는 '긴장'의 관계라기보다는 차라리 '조화'의 관계이며, 동질성과 공통 속성을 많이 가지고 있다. 물론 이 둘 사이엔 차이가 있다. 현재의 하나님 나라에는 아직 주님의 통치가 온전히, 100% 이루어진 것이 아니며, 따라서 죄와 연약함이 있으며 이로 인한 고통과 갈등이 있다. 이에 반해 미래의 하나님 나라는 하나님의 통치가 온전히 이루어지고 주님의 뜻이 온전히 이루어졌으며 죄와 고통이 없고 갈등이 없다. 또한 현재의 하나님 나라가 미래의 하나님 나라로 넘어갈 때에 급작스러운 불연속이 존재한다. 예수께서 재림하실 때에 현 세상은 갑작스럽게 종말을 고할 것이며, 성도들은 신령한 몸을 입고 부활할 것이나 불신자들은 심판을 받을 것이고 이 세상은 불타고 말 것이다. 그러나 이러한 불연속성에도 불구하고 하나님 나라의 도래와 확장, 발전과 완성 사이에는 많은 동질성과 연속성을 가지고 있다고 말할 수 있다.[32)]

V. 하나님 나라의 임함

그러면 하나님의 나라는 어떻게 임하는가? 미래의 하나님 나라는 예수님의 재림과 함께 단번에 오는 것이 분명하지만 현재의 하나님 나라는 도대체 어떻게 오는 것일까? 이 문제는 옛날의 바리새인들에게도 궁금한 문제였다. 그래서 그들은 어느 날 예수님께 나아와 물었다. "하나님의 나라가 어느 때에 임하

---

32) Versteeg 교수도 '현재'와 '미래' 사이의 연속성에 대해 논하였다. 그는 이 연속성이 '피조물', '신자 개인', 그리고 '신자의 사역'과 관련하여 존재한다고 논증하였다. 그리고 이 연속성은 삼위일체론적 성격을 가지고 있으며, 믿음에 의해 알 수 있다고 하였다. 그러나 그는 아직 O. Cullmann의 구도의 문제점을 보지는 못하였다. Cf. J. P. Versteeg, "De continuiteit van heden en toekomst volgens het Nieuwe Testament," in: idem, *Geest, ambt en uitzicht*, Kampen: J. H. Kok, 1989.

나이까?"[33](눅 17:20상). 이 질문을 보면 바리새인들은 하나님의 나라를 상당히 가시적(可視的)인 것으로 생각했으며, 또 언젠가 단번에 오는 것으로 생각했음을 알 수 있다. 아마 이들은 이스라엘 나라가 회복되는 것을 중심으로 하나님 나라의 도래를 생각했던 것 같다.

이에 대한 예수님의 대답은 이런 바리새인들의 의중을 파악하고 정곡을 찌르는 것이었다. "하나님의 나라는 볼 수 있게 임하는 것이 아니요"[34](눅 17:20하). 하나님의 나라는 볼 수 있게, 관찰할 수 있도록 가시적(可視的)으로 임하는 것이 아니라는 말씀이다. 이어서 예수께서 말씀하시기를 "또 여기 있다 저기 있다고도 못하리니"[35]라고 하셨다(21상). 왜냐하면 볼 수 없기 때문이다. 하나님의 나라는 볼 수 있도록 임하는 것이 아니기 때문에 가시적, 장소적 영역 설정이 어렵다는 말씀이다. 그리고 이어서 "하나님의 나라는 너희 안에 있느니라."[36]고 하셨다(21하). 그런데 여기서 '너희 안에'(ἐντὸς ὑμῶν) 있다고 하신 말씀이 어렵고 문제가 된다. 왜냐하면 예수께서 어떻게 바리새인들을 향하여 '너희 안에' 있다고 말할 수 있단 말인가?

이러한 난점 때문에 어떤 학자들은 여기의 "너희 안에"란 말을 '너희 가운데'(among you, in your midst)로 해석한다.[37] 여기에 사용된 헬라어 전치사 ἐντός는 "among, in the midst of"의 뜻으로도 사용될 수 있다는 것이 그들의 주장이다. 그러면서 이 구절을 하나님 나라의 '현재적 측면'을 가리키는 것이라고 해석한다.[38] 그러나 이 해석도 문제가 많다. 첫째로, ἐντὸς ὑμῶν은 단순

---

33) "πότε ἔρχεται ἡ βασιλεία τοῦ θεοῦ"

34) "Οὐκ ἔρχεται ἡ βασιλεία τοῦ θεοῦ μετὰ παρατηρήσεως."

35) "οὐδὲ ἐροῦσιν, Ἰδοὺ ὧδε· ἤ, Ἐκεῖ·"

36) "ἰδοὺ γὰρ ἡ βασιλεία τοῦ θεοῦ ἐντὸς ὑμῶν ἐστιν."

37) W. Bauer, *Griechisch-Deutsches Wörterbuch,* 5. Aufl. 1971, s. v. ἐντός. 그리고 거기에 제시된 문헌들을 참조하라.

38) Vos, *The Kingdom and the Church,* 34; Ladd, *The Gospel of the Kingdom,* 17f. 이것

히 '현재적 측면'을 가리키는 것만이 아니라 그 이상 무엇을 말하고 있다. '현재적 측면'을 가리키는 것은 ἐστιν이며, ἐντὸς ὑμῶν은 그 이상의 구체적인 내용을 담고 있다. 둘째로, 헬라어 원어 ἐντός의 주된 뜻은 "within, inside"이지 "among"은 아니라는 점이다.[39] 물론 "among"의 뜻으로 사용되는 경우가 있기는 있지만 드물며,[40] 주로 '안에, 내부에'라는 뜻으로 사용되고 있다. 특히 신약 성경에서는 이곳과 마태복음 23:26의 단 두 곳에만 사용되고 있는데, 마태복음 23:26에서도 "... 먼저 잔의 안을 깨끗이 하라."고 해서 역시 '안에, 내부에'라는 뜻으로 사용되고 있음을 알 수 있다.[41]

그렇다면 누가복음 17:21에서 '너희 안에' 있다는 말씀은 무슨 뜻일까? 이것은 바로 앞의 예수님의 말씀과 연결하여 생각해 볼 때 아무래도 하나님 나라의 '내적 성격'을 가리킨다고 밖에 볼 수 없을 것 같다. 하나님 나라는 가시적, 외적 성격을 가진 것이 아니기 때문에 "여기 있다, 저기 있다."고 할 수 없으며 오직 '너희 안에', '너희 마음속에' 있다는 뜻이다. 그렇다면 어떻게 예수님을 믿지 않는 바리새인들의 마음속에 있다고 말할 수 있단 말인가 하는 처

이 구체적으로 무엇을 뜻하는가에 대해서는 분명한 대답이 없다. G. Vos는 같은 곳에서 주님께서 "... instead of a future thing to be fixed by apocalyptic speculation, the coming of the kingdom is a present thing, present in the very midst of those who are curious about the day and the hour of its sometime appearance"를 뜻하셨다고 하면서, 이것이 "miraculous works as one form of the manifestation of God's royal power" 또는 "the establishment of God's rule in the midst of Israel through the spiritual results of his labors"를 뜻할 수도 있겠다고 한다. 그리고 W. Bauer는 "그것이 현재 이미 도래했든, 어느 날 갑자기 올 것이든 간에"(sei es jetzt schon, sei es plötzlich einmal) '너희 가운데에'(in eurer Mitte)를 뜻한다고 한다(*loc. cit.*).

39) Liddell-Scott의 *A Greek-English Lexicon* (1968)에 보면 ἐντός의 뜻으로 "within, inside"만 제시하고 있으며 "among"은 전혀 나타나지 않는다. 그리고 눅 17:21의 ἐντὸς ὑμῶν을 "in your hearts"로 번역하고 있다.

40) Bauer, *Wörterbuch*, s. v.에서 제시하고 있는 몇몇 예들 참조.

41) 같은 이유로 W. Hendriksen도 여기서 ἐντός를 "among"으로 번역하는 것은 정당화될 수 없다고 일축한다(그의 *The Gospel of Luke*, Edinburgh: The Banner of Truth Trust, 1979, p.810을 보라).

음 질문으로 다시 돌아오게 된다. 그러나 여기에 많은 학자들의 오류가 있다. 예수께서는 하나님의 나라가 바리새인들 안에 있다는 뜻으로 결코 말씀하시지 않았다. 예수께서 여기서 말한 '너희'는 일반적 의미에서의 '너희'인 것이다. 비록 바리새인들이 이 질문을 하기는 했지만 예수님 둘레에는 많은 제자들이 둘러 있으며 또 섬기는 여자들과 따르는 사람들, 많은 무리들이 있었을 것이다. 그래서 예수께서는 이런 질문을 계기로 무리들에게 하나님 나라에 대하여 가르치면서 하나님의 나라는 일반적 의미에서 '너희 안에' 있다고 말씀하신 것이다. 즉 여기서 중요한 말은 '너희'가 아니라 '안에'이며, '너희'란 말은 그냥 따라오는 말로서 일반적인 의미에서의 '너희'(따지자면 '(믿는) 너희')를 뜻하는 것으로 봐야 할 것이다.[42)]

따라서 예수님의 이 말씀은 하나님 나라의 내적 성격, 곧 영적 성격을 가리킨 것이다. 물론 이 말씀은 하나님 나라의 외적, 물적 요소를 부인하는 것은 아니다. 하나님 나라에 그런 요소가 물론 있다. 앞에서 살펴본 것처럼, 하나님의 나라에는 '백성'의 요소와 또한 내세/미래 천국에서는 '영토적' 요소도 분명히 있다. 따라서 온전한 하나님의 나라에서는 '영적 측면'뿐만 아니라 '물적 측면'에서도 하나님의 나라가 온전히 이루어질 것이다. 하지만 이 세상에서는 하나님의 나라가 우리의 죄와 연약함으로 인하여 부분적으로밖에 실현되지 않으며, 게다가 실현되는 부분에서조차 불완전하다. 특히 인간 생활의 외적 부분, 사회적 부분에서는 하나님의 뜻의 실현이 매우 부진하며, 온갖 악이

---

42) G. Vos도 1948년에 출판된 *Biblical Theology. Old and New Testaments* (Grand Rapids: Eerdmans, 1948), 382에서 종전의 자기 견해를 바꿔 눅 17:21에서는 천국의 '내면성'(inwardness)이 표현된 것으로 본다. 한 걸음 더 나아가서 누가가 "in the midst of"를 나타내고자 할 때에는 항상 ἐν μέσῳ라는 표현을 사용한다고 지적하면서, 누가와 70인역에서는 interiority의 개념을 나타낼 때에는 항상 ἐντός를 사용한다고 말한다. 뿐만 아니라 "in the midst of"의 의미를 지지하기 위해 인용된 본문들은 모두 고대 헬라어에서 취한 것이며 Hellenistic 시대의 것이 아니라고 지적하고 있다. G. Vos가 그의 견해를 바꾼 것에 대하여는 박형용 박사의 "하나님 나라의 실현", 『신학정론』 1 (1983. 3), 132 주38을 보라.

횡행하고 있다. 그러나 그럼에도 불구하고 우리는 하나님의 나라가 구체적으로 우리의 현실 속에 실현되도록 여러 방면으로 노력하여야 한다. 즉, 할 수 있는 대로 하나님의 의가 우리의 정치, 경제, 사회, 문화, 학문 등 전 영역에서 실현되도록 노력하여야 한다. 그러나 현재의 하나님 나라의 중요한 성격은 역시 내적인 것, 영적인 것이라 하지 아니할 수 없다. 현세에서는 하나님의 자녀들과 세상의 자식들이 서로 섞여 있으며 세상 사람들에게 하나님 나라는 감추어져 있으며 비밀이다. 그리고 하나님의 자녀들에게 있어서도 '하나님의 나라는 먹는 것과 마시는 것이 아니요 오직 성령 안에서 의와 평강과 희락'이다 (롬 14:17).

그러므로 우리가 이 땅에서 하나님 나라의 확장과 건설을 위해 주력해야 할 것은 다른 무엇보다도 하나님의 주권을 회복하는 것이다. 이는 주로 복음 전파를 통해 이루어지는 것이며 성령의 역사로 진행하는 것이다. 물론 우리에게 하나님의 주권과 통치가 회복되고 실현되면 그것은 단지 내적인 것에만 머물지 아니하고 바깥으로 나타나며 우리 가정에서, 교회에서 그리고 우리 주위에서 구체적 모습을 드러내게 될 것이다. 그러나 이 모든 일 가운데서 여전히 그 모든 추진의 원동력은 성령의 감동, 감화와 역사이다. 이것은 우리 마음에서부터 시작하며 하나님의 말씀을 주된 은혜의 방편으로 삼으며, 우리의 기도와 회개와 순종을 통해 역사한다. 따라서 오늘날 우리에게 중요한 것은 하나님의 뜻이 하늘에서 이루어진 것같이 땅에서도 이루어지도록 기도하며, 하나님의 말씀을 올바르게 전파하며, 또한 그 말씀을 따라 순종하며 하나님의 사랑을 우리 삶 속에 실천하는 것이다.

참고 문헌

박윤선, 『성경 신학』, 서울: 영음사, 1987 (11판; 초판은 1971년).

박형용, "하나님 나라의 실현", 『신학정론』 제1집 (1983. 3), 106-35.

오병세, "신약에 나타난 하나님의 나라", 『고신대학 논문집』 제14집 (1986. 10), 123-41.

Bauer, W., *Griechisch-Deutsches Wörterbuch,* 5. Aufl., Berlin: W. de Gruyter, 1971.

Brown, F.- Driver, S. R.- Briggs, Ch. A., *Hebrew and English Lexicon,* Oxford, 1952.

Chung, H. T., *Aan hun vruchten zult gij hen kennen,* Kampen: J. H. Kok, 1989.

Cullmann, O., *Christus und die Zeit,* 3. Aufl., Zürich: EVZ-Verlag, 1962.

Cullmann, O., "Die neuen Arbeiten zur Geschichte der Evangelientradition", in: K. Fröhlich (hrsg.), *Oscar Cullmann. Vorträge und Aufsätze 1925-1962* (Tübingen: J. C. B. Mohr (Zürich: Zwingli Verlag), 1966), 41-89.

Cullmann, O., "Die Verbindung von Ur- und Endgeschehen mit der neutestamentlichen Heilsgeschichte", in: K. Fröhlich (hrsg.), *Oscar Cullmann. Vorträge und Aufsätze 1925-1962* (Tübingen: J. C. B. Mohr; Zürich: Zwingli Verlag, 1966), 159-65.

Hendriksen, W., *The Gospel of Luke (NTC),* Edinburgh: Banner of Truth, 1979.

Holwerda, D. E., *Jesus and Israel. One Covenant or Two?,* Grand Rapids: Eerdmans, 1995

Koehler, L.- Baumgartner, W., *Lexicon in Veteris Testamenti Libros,* Leiden: E. J. Brill, 1958.

Ladd, G. E., *The Gospel of the Kingdom,* Grand Rapids: Eerdmans, 1959.

Ladd, G. E., *A Theology of the New Testament,* rev. ed. Grand Rapids: Eerdmans, 1993.

Liddell, H. G.- Scott, R., *A Greek-English Lexicon,* revised and augmented by H. G. Jones and R. McKenzie, with a Supplement, Oxford: Clarendon Press, 1968.

Ridderbos, H. N., *De komst van het koninkrijk,* Kampen: J. H. Kok, 1950.

Ridderbos, H. N., *Paulus. Ontwerp van zijn theologie,* 5e dr., Kampen: J. H. Kok, 1978 (초판: 1966).

Schmidt, K. L., "βασιλεία," in: *Theologisches Wörterbuch zum Neuen Testament,* I, hrsg. von G. Kittel, Stuttgart: W. Kohlhammer, 579-92.

Schweitzer, A., *Von Reimarus zu Wrede,* 1906; English translation by W. Montgomery, *The Quest of the Historical Jesus. A Critical Study of its Progress from Reimarus to Wrede,* with an introduction by J. M. Robinson, New York: MacMillan, 1961.

Versteeg, J. P., "De continuiteit van heden en toekomst volgens het Nieuwe Testament," in: idem, *Geest, ambt en uitzicht,* Kampen: J. H. Kok, 1989.

Vos, G., *Biblical Theology. Old and New Testaments,* Grand Rapids: Eerdmans, 1948.

Vos, G., *The Kingdom and the Church,* 1903 (reissued by Grand Rapids: Eerdmans, 1951).

Vos, G., 『하나님의 나라』, 정정숙 역, 서울: 개혁주의신행협회, 1971.

Zerwick, M., *Biblical Greek,* English edition by J. Smith, Rome: Pontificio Istituto Biblico, 1963.

[3] 복음서 상호간의 차이점을 어떻게 이해할 것 인가?

시작하는 말

우리가 가지고 있는 신약 성경에는 마태, 마가, 누가, 요한 복음 이렇게 네 권의 복음서가 들어 있다. 우리는 이것을 사복음서라 부르며 함께 사용하고 있다. 그런데 우리가 복음서를 읽다 보면, 네 복음서 상호간에 유사성(similarities)과 차이점(differences)이 있음을 발견하게 된다. 서로 일치하는 것들은 문제가 되지 않지만 서로 상이한 것들에 대해서는 여러 가지 의문을 가지게 된다. 만일 같은 사건을 기록한 것이라면 왜 다르게 되어 있는 것일까? 단지 사소한 표현상의 차이라면 큰 문제가 아니겠지만, 실질적인 차이점을 제공해 주는 경우는 어떻게 설명해야 할 것인가?

이런 문제들에 대해 평신도들은 가능한 한 신경 쓰지 않으려 한다. '그런 복잡한 문제는 목사나 신학자들에게 맡기고 우리는 그저 은혜만 받으면 되지 뭐, 성경 중에 모르는 게 어디 한 둘인가?' 이렇게 생각한다. 이런 사람들은 매사에 편하게 생각하고 편하게 산다. 그러나 이런 문제들에 대해 답을 찾지 못하면 참지 못하는 사람들도 있다. 이들은 어떤 문제에 대해 의문을 품으면 끈질기게 물고 늘어진다. 그래서 주위 사람들의 눈총을 받기도 하고 목사님께 야단을 맞기도 하지만, 궁금증은 계속 남아 있어서 그를 괴롭힌다. 이런 사람은 진리에 대한 열정이 있는 사람이며, 세상과 쉽사리 타협하지 않는 순수한 사람이다. 그렇지만 한 가지 안타까운 것은 이들 중에는 나름대로 이런 저런 책을 사서 읽다가 종종 이상한 결론에 빠지고, 결국 신앙을 잃어버리는 사람들도 있다는 사실이다.

이렇게 되는 주된 이유는 시중에 나와 있는 많은 신학 책들이 성경 말씀에 대해 잘못된 시각으로 접근하고 있으며, 그들이 제시하는 해결책은 우리의 신앙을 근본적으로 무너뜨리는 불신앙적인 것들이기 때문이다. 곧, 그들은 성경을 한낱 인간 저자의 책들로 보고 있으며, 여러 가지 문서들(예를 들면 Q 또는 Logia)로 구성된 혼합물이며 후대 교회의 산물로 본다. 그래서 곳곳에 원래 말씀에 대한 후대의 첨가, 삭제, 수정, 변경이 있었다고 보며, 또한 실수와 오류들도 많이 있다고 본다. 이런 시각에서 볼 때 네 복음서가 각각 다르게 기록된 것은 당연하며, 심지어 네 개의 다른 신학을 말하기도 한다(마태신학, 마가신학 등). 이것은 일면 편리한 해결책인 것처럼 보이지만, 성경은 '하나님의 말씀'이라는 사실이 처음부터 무시되고 있다. 이처럼 불신앙적 시각을 가진 비평학자들의 견해가 공관복음 문제에 대한 견해의 주류를 이루고 있기 때문에, 우리는 이 문제를 다룰 때 긴장하지 않을 수 없고 조심하지 않을 수 없다.

그러나 우리는 여기서 이런 복잡한 신학적인 문제를 다루려고 하는 것은 아니다. 그런 것들은 목회자와 일반 성도들에게 별 도움이 되지 않을 뿐만 아니라, 기본 전제가 다르기 때문에 논의해 봐야 별 의미가 없다. 우리는 여기서 성경을 하나님의 말씀으로 믿는 한국 교회의 성도들에게 목회자들과 교사들이 어떻게 설명하고 가르쳐야 할 것인가를 염두에 두고서 복음서 상호간의 차이점과 그 해결책에 대해 생각해 보고자 한다.

I. 각 복음서의 기록 배경을 생각해야 한다.

먼저 우리는 각 복음서의 기록 배경을 생각해야 한다. 기록 배경이란 각 복음서의 저자와 수신자, 기록 시기와 장소, 기록 계기와 목적 등을 말한다. 물론 이런 것들을 집중적으로 살펴보는 것이 비평학의 출발점이긴 하지만, 그들이 복음서를 단지 인간적인 책으로 보고서 '순수하게 역사적으로' 살피는 데에 그들의 잘못이 있다. 즉 그들은 사람들의 활동만 보고 하나님의 섭리와 성령의 역사를 보지 않는 잘못을 범하고 있다. 그러나 우리는 각 복음서가 성령의 감동과 섭리로 된 것임을 믿지만, 우리는 또한 그 복음서들이 하늘에서 떨어진 것이 아니라 인간 저자들을 사용하셔서 구체적인 상황과 배경 가운데서 기록하게 하셨음을 믿는다. 따라서 각 복음서가 각각 어떠한 상황에서 어떻게 기록되었는가를 이해하는 것은 각 복음서 사이에 존재하는 미묘한 차이점들을 이해하는 데 도움이 될 수 있다.

예를 들면, 우리는 베드로의 신앙고백에 대해 잘 알고 있다. 그런데 마태복음 16장 16절에는 베드로가 "주는 그리스도시요 살아 계신 하나님의 아들이시니이다."라고 고백하였다고 되어 있는데, 마가복음 8장 29절에는 간단하게 "주는 그리스도시니이다."라고 되어 있다. 그리고 누가복음 9장 20절에는 "하나님의 그리스도시니이다."라고 되어 있다. 각각 다른 이 차이점들에 대해 우리는 어떻게 이해해야 할 것인가? 비평학자들은 이런 것들은 각각 다른 전승(傳乘)이나 삶의 정황(Sitz im Leben)에 기인하는 것이라고 생각하지만, 그러한 것은 성경의 통일성을 파괴하고 성경을 한낱 인간적인 문서로 보는 것이다. 따라서 우리는 그런 설명에 만족할 수 없으며 다른 해결책을 찾아야 한다.

여기서 우리는 각 복음서가 어떠한 상황에서 기록되었는가를 살펴볼 필요가 있다. 먼저 마태복음은 마태가 팔레스타인 지역에서 유대인들에게 복음을 전하다가 다른 지역으로 떠나게 되었을 때, 자기가 떠난 후의 공백을 메우기 위해 기록한 복음서이다(Eusebius, *Hist. Eccl.* III,24,6). 이에 비해 마가복음은 베드로가 로마에서 복음을 전하다가 로마를 떠나게 되었을 때에, 베드로를 따라다니다가 로마에 남게 된 마가가 베드로의 설교를 듣고 기억한 대로 기록한 복음서이다(Irenaeus, *Adv. Haer.* III,1,1). 마가는 예수님을 따라다닌 직접 제자가 아니라 베드로를 따라다닌 제자이기 때문에 사건의 순서대로 정확하게 기록하지는 않았으며, 베드로가 상황에 따라 이것저것을 설교한 것을 그 들은 대로 기록하였다(*Hist. Eccl.* III,39,15). 따라서 마가가 "주는 그리스도시니이다."라고 짤막하게 기록한 것은 베드로가 로마에서 설교할 때 이렇게 간단하게 말했기 때문일 수 있다. 또는 베드로가 이 사건에 대해 여러 번 설교했는데 자기의 신앙고백에 대해 어떤 때는 "주는 그리스도시니이다."라고 짤막하게 말하고 어떤 때는 "주는 그리스도시요 하나님의 아들이시니이다."라고 길게 말했는데(이런 것은 구체적인 설교에서 흔히 일어나는 현상이다), 마가는 이 중에서 베드로가 여러 번 설교한 것 중에서 짧은 고백이 더 많았다고 판단했거나 또는 짧은 고백을 주로 기억했거나 또는 짧은 고백을 기록하는 것으로 충분하다고 판단했기 때문에 짧은 이것을 기록했다고 생각할 수도 있다.

그렇다면 누가복음의 "하나님의 그리스도시니이다."라는 기록은 어떻게 이해할 수 있을까? 이것은 어려운 문제이고 정확히 알기 어렵다. 그러나 누가가 그의 서문(1:1-4)에서 밝힌 대로, 누가는 자기 앞에 여러 기록들 또는 이야기들이 있었음을 알고 있었으며 그 모든 일을 근원부터 자세히 미루어 살폈다고 한다. 따라서 누가는 '역사가'의 관점에서 예수 그리스도에 대한 사실을 '차례대로' 서술해 나갔다고 볼 수 있다. 따라서 우리는 여기서 누가는 "주는 그리스도시요 하나님의 아들이니이다."라는 마태의 기록을 "하나님의 그리스도(기름 부음 받은 자)시니이다."로 압축했다고 볼 수 있다. 물론 이것은 하나의 추측에 불과하며, 누가는 우리가 알지 못하는 다른 관점에서 그렇게 표현했을 수도 있다.

이처럼 각 복음서의 기록 배경을 고려하는 것은 바로 이어서 나오는 예수님의 칭찬에 대한 기록을 이해하는 데에도 빛을 던져 준다. 곧, 마태는 "바요나 시몬아 네가 복이 있도다. 이를 네게 알게 한 이는 혈육이 아니요 하늘에 계신 내 아버지시니라."는 예수님의 칭찬을 기록해 주고 있다. 그런데 이상하게도 마가복음과 누가복음에는 이 부분이 생략되어 있다. 누가가 생략한 것에 대해서는 앞에서 말한 것처럼 역사가의 관점에서 압축했다고 볼 수 있지만, 마가가 생략한 것은 좀 특별하다고 생각된다. 이에 대한 하나의 가능한 설명은 자기를 내세우기 꺼려하는 베드로의 성격상, 그가 로마에서 설교할 때 자기 혼자서 칭찬받은 이 부분의 말씀은 말하지 않았을 가능성이 크다. 따라서 마가는 예수님의 이 칭찬에 대해서는 듣지 못했을 것이고, 그래서 자연히 기록하지 못했을 것이다. 그러나 마태는 현장에 함께 있었으므로 당연히 이 부분을 듣고 기록했을 것이다.

II. 표현상의 차이를 고려해야 한다.

복음서 상호간의 차이점들을 생각할 때 우리는 많은 경우에 각 저자들 사이의 표현상의 차이를 고려해야 한다. 사실상 대부분의 차이들은 동일한 뜻을 가진 각각 다른 단어들의 선택이거나 순서상의 차이, 시상(時相)의 차이, 문장 구조의 차이 등에 해당한다. 이러한 사소한 차이들 외에도 우리의 주목을 끄는 의미 있는 차이들이 간혹 있다.

예를 들면 산상보훈의 말씀 중에서, 마태는 "또 너를 송사하여 속옷을 가지고자 하는 자에게 겉옷까지도 가지게 하라."(5:40)고 하였는데 비해, 누가는 "네 겉옷을 빼앗는 자에게 속옷도 금하지 말라."(6:29)고 하였다. 왜 이처럼 '속옷'과 '겉옷'의 순서가 서로 바뀌어 있는 것일까? 그 이유에 대해서는 성경이 침묵하고 있기 때문에 우리가 정확히 알 수 없지만, 다음과 같이 한번 생각해 볼 수 있다. 우선 마태는 옷의 값이 '싼 것'에서부터 '비싼 것'의 순서로 말하고 있다. '속옷'은 하찮은 것이고 값이 얼마 되지 않은 것이다. 만일 어떤 사람이 이처럼 하찮은 '속옷'을 교묘한 방법으로 빼앗아 가려고 하거든 그보다 훨씬 비싸고 좋은 '겉옷'(유대인들이 속옷 위에 걸치는 외투)까지도 아까워하지 말고 주라는 것이다. 유대인들은 '외투'의 가치와 중요성을 잘 알고 있었기 때문에 마태가 기록한 이 말씀의 의미를 충분히 파악했을 것이다. 그리고 예수님께서 하신 말씀도 아마 이러한 순서였을 것이다. 왜냐하면 예수님은 유대인으로서 유대 지역에서 유대인들에게 말씀하셨기 때문이다. 그러나 누가가 기록할 때에는 사정이 달랐다. 그는 '데오빌로 각하'에게 복음서와 사도행전을 써서 바쳤는데, 데오빌로는 대개 유대 지역 바깥에 살았던 이방인 회심자로 생각되고 있다. 그래서 그런 이방인에게는 이러한 '겉옷'의 중요성과 가치가 빨리 이해되기 어려웠을 것이다. 그래서 누가는 예수님의 말씀의 '의미'를 유지하면서 독자가 잘 이해할 수 있도록 속옷과 겉옷의 '순서'를 바꾼 것으로 생각할 수 있다. 곧, '겉옷'을 달라고 하는 자에게는 네 몸에 밀착되어 있는 은밀한 '속옷'까지도 기꺼이 벗어 주라는 것이다. 곧, 누가는 마태가 말하는 '가치상의 심화'를 '감정상의 심화'로 바꾸어서 말하고 있다. 이 둘이 말하고자 하는 내용은 동일하나 단지 독자에 따라 그 표현하는 방식이 다르다고 할 수 있다. 하나님은 복음서의 저자들에게 이 정도의 표현의 자유는 허락하셨으며, 이를 통해 복음의 내용이 다른 문화권의 사람들에게 더 잘 전달되도록 하셨다고 생각된다.

그 외에도 단순한 표현상의 자유로 볼 수 있는 것들은 많다. 예를 들어 씨 뿌리는 자의 비유 중 가시떨기에 뿌려진 경우를 설명할 때, 마태는 '세상의 염려와 재리의 유혹'(13:22)이라고 말하고, 마가는 '세상의 염려와 재리의 유혹과 기타 욕심'(4:19)이라고 말하며, 누가는 '이 생의 염려와 재리와 일락'(8:14)이라고 말하고 있다. 원어로 살펴볼 때 마태와 마가의 기록은 마가가 '기타 욕심'을 더 가지고 있는 것을 제외하고는 거의 동일하나, 누가의 기록은 단어 선택과 문장 구성에 있어서 제법 차이가 난다. 그러나 전체적인 의미를 살펴볼 때 이 셋은 다 동일한 내용을 표현하고 있다. 즉, 예수님이 전달하고자 하신 의도를 나타냄에는 아무런 문제가 없다. 따라서 하나님께서는 이 세 저자들로 하여금 예수님께서 하신 말씀의 의도를 각각 조금씩 다르게 표현하시도록 성령의 인도 하에 허락하셨다고 볼 수 있다. 왜냐하면 이러한 다양한 표현을 통해 예수님의 의도가 더욱 풍부하게 나타날 수 있기 때문이다.

물론 이 문제에 대해 다르게 접근할 수 있는 길도 있다. 그것은 예수님께서 씨 뿌리는 자의 비유를 여러 번 말씀하셨다고 보는 것이다. 그래서 상황에 따라 예수님 자신이 씨 뿌리는 자의 비유에 대해 조금씩 다르게 설명하셨다고 볼 수도 있다. 우리는 이 가능성을 충분히 인정하지만, 이 설명보다는 앞의 설명을 더 선호한다. 왜냐하면 복음서에는 단 한 번 있었던 사건에 대해서도 각 복음서 사이에 조금씩 다르게 표현되어 있는 경우를 많이 보기 때문이다. 예를 들어 갈릴리 바다에서 큰 풍랑을 만났을 때 제자들이 예수님께 찾아가서 한 말을 기록함에 있어서, 마태는 "주여, 구원하소서. 우리가 죽겠나이다."(8:25)라고 한 반면, 마가는 "선생님이여, 우리의 죽게 된 것을 돌아보지 아니하시나이까?"(4:38)라고 말하고 있다. 이런 경우에 우리는 제자들이 두 번 말했다고 볼 수는 없다. 따라서 우리는 성령 하나님께서 각 저자들에게 표현의 다양성을 허락하셨다고 보아야 할 것이다. 제자들이 그때 '정확하게' 어떻게 말했는가 하는 것은 우리가 알 수 없지만, 그것을 '내용의 동일성'의 범위 내에서 '다양하게 표현'하는 것은 살아 있는 하나님의 말씀의 성격에 부합한다. 성경은 의미 없는 것들을 기계적으로 정확하게 수록하는 것을 목적으로 하는 것이 아니라, 동일한 내용을 다양하게 표현하게 하심으로 우리의 이해의 폭을 넓히며 생각을 풍부하게 한다고 볼 수 있다.

III. 생략과 자세한 설명의 차이를 고려해야 한다.

백부장의 믿음에 대해 말해 주고 있는 본문을 읽어 보면, 마태의 기록과 누가의 기록 사이에 차이가 있음을 발견하게 된다. 단순한 어휘나 표현상의 차이가 아니라 예수님을 찾아간 사람이 누구냐에 대해 실질적인 차이가 있다. 마태복음 8장에서는 '백부장'이 예수님께 나아와 간구한 것으로 되어 있지만

(5, 8절), 누가복음 7장에서는 백부장이 '유대의 장로' 몇 명을 보내어 간구하게 하고(3절), 또 예수님께서 가까이 오셨을 때에는 백부장이 '그의 친구들'을 보내어 자기 집에 들어오지 말아 달라고 탄원한 것으로 되어 있다(6절). 그러면 이 두 상이한 기록 중에 어느 것이 옳은 것일까? 그러나 우리는 이 두 기록 중에서 어느 것이 옳고 어느 것이 그르다는 식의 양자택일을 하면 안 된다. 그렇게 하는 것은 결국 성경의 한 부분을 부정하는 결과가 되고 말기 때문이다.

그러나 이 백부장 사건은 조금만 생각해 보면 그 해결이 어렵지 않다. 예수님께 직접 나아간 사람은 누가가 말해 주고 있는 대로 '유대의 장로들'과 '그의 친구들'이었다. 누가는 경우에 따라 사건의 경과를 '자세히' 말해 주기도 한다. 그러나 마태는 여기서 누가 나아갔든지 간에 백부장이 보내어서 간 것이니만큼 '백부장'이 나아갔다고 말한 것이다. 다른 사람을 시켜서 보내었을 때에는 자기 자신이 간 것과 동일하다는 것은 우리가 익히 잘 알고 있는 바이다. 이처럼 우리는 중간 과정을 생략하고 간단히 말하는 경우와 그 과정을 자세히 설명하고 있는 경우를 생각해야 한다.

다른 예를 하나 더 들어보자. 세례 요한이 무리들에게 행한 설교를 기록함에 있어서도 사복음서는 각각 다르게 기록해 주고 있다. 우선 마가는 간단하게 중심 메시지만 기록하고 있다(1:7-8). 마태는 '회개에 합당한 열매'를 맺어야 한다는 것을 포함해서 좀 더 기록해 주고 있다(3:7-12). 이에 비해 누가는 각각의 사람들이 어떻게 해야 할 것인가를 더욱 자세하게 기록해 주고 있다(3:7-17). 한편 사도 요한은 공관복음에 기록되지 않은 것들에 대해 보충적으로 자세히 기록해 주고 있다(1:19-34). 이처럼 각 복음서 저자는 그 기록 목적과 자신의 판단에 따라 어떤 부분은 과감하게 생략하고 어떤 부분은 자세하게 설명해 주고 있는데, 이에 따라 복음서들 상호간에 차이점이 발생하는 경우가 더러 있다.

IV. 강조점의 차이를 생각해야 한다.

그러나 우리는 좀 더 어려운 경우에 직면하기도 한다. 예를 들어 거라사(또는 가다라)의 군대 귀신 들린 자의 경우 마가복음(5:1-20)에는 '한 사람'으로 되어 있고 마태복음(8:28-34)에는 '두 사람'으로 되어 있다. 한 사람이냐 두 사람이냐 하는 것은 표면상 분명히 모순되는 것이며 상호배제하는 성격의 것이기 때문에 독자들로 하여금 어리둥절하게 만든다. 이런 경우에 대해 우리는 어떻게 설명하여야 할 것인가?

우선 우리는 거라사(가다라)의 군대 귀신 들린 사람의 숫자를 따진다면 마태가 기록한 대로 '두 사람'이 맞다고 봐야 한다. 왜냐하면 원래 '두 사람'이었는데 경우에 따라 '한 사람'인 것처럼 기록된 것은 설명 가능한 것이지만, 원래 '한 사람'뿐이었는데 '두 사람'으로 기록되었다는 것은 설명 불가능한 것이기 때문이다. 마태는 예수님의 열두 제자 중의 한 사람으로 그 사건 현장에 있었으며 그 모든 상황을 목격하였다. 따라서 그가 귀신 들린 자는 '두 사람'이었다고 말했을 때 그것은 정확한 것이며 조금의 오류도 없다. 그러나 마가복음의 경우는 다르다. 물론 기록의 진실성과 정확성에 대해서는 의심하지 않지만, 그 기록 과정에 대해서는 좀 생각해 보아야 한다. 앞에서 말한 바와 같이 마가는 베드로의 설교를 듣고 그 들은 대로 기록하였다. 그런데 베드로가 이 사건에 대해 설교할 때, 물론 베드로 자신은 그 귀신 들린 자가 '두 사람'이었다는 것은 분명히 알고 있었지만, 그 숫자가 중요한 것이 아닐 뿐만 아니라 또한 예수님과 대화한 사람은 그 둘 중 '한 사람'이었기 때문에 그 한 사람에 초점을 두고 이야기했을 가능성이 있다. 그래서 마가는 그 들은 대로 기록할 때에 거라사의 귀신 들린 자가 '한 사람'인 것처럼 기록했을 수 있다. 물론 우리는, 베드로는 분명히 '두 사람'이라고 설교했고 마가도 그렇게 들었지만, 마가가 이 사건을 기록할 때 그 숫자는 중요하지 않다고 보고 그 중에서 중심 되는 역할을 한 '한 사람'을 중심으로 기록했다고 볼 수도 있을 것이다.

이러한 경우는 예수님의 무덤에 나타난 천사가 '한 명'인가 '두 명'인가 하는 문제에도 해당된다. 마태복음(28:2, 5)은 '한 천사'가 나타나 무덤 앞의 돌을 굴렸다고 한다. 그리고 마가복음(16:5)도 여자들이 무덤 안에 들어갔을 때 "흰 옷을 입은 한 청년이 우편에 앉은 것을 보았다"고 한다. 그러나 누가복음(24:4)과 요한복음(20:12)은 천사 '두 명'이 나타났다고 한다. 도대체 어떻게 된 것인가? 이 두 기록 사이의 명백한 차이를 우리는 어떻게 조화시킬 수 있을 것인가? 얼핏 보기에 그것은 불가능한 것처럼 보이며, 그래서 어떤 사람들은 여기에 명백한 불일치가 존재한다고 말하기도 한다. 그러나 우리는 성급한 판단을 내리기 전에 본문을 자세히 읽어 볼 필요가 있다.

이 경우에도 예수님의 무덤에 나타난 천사의 숫자는 '두 명'이 맞다고 보아야 한다. 우선 요한은 무덤 안에 나타난 두 천사가 하나는 머리 편에, 하나는 발 편에 앉았다고 말한다(20:12). 그러나 마태는 그 나타난 천사의 수가 한 명이냐 두 명이냐에 대해 초점을 맞추지 아니하고 무덤 입구의 돌을 굴려 낸 자가 '사람'이 아니라 '천사'라는 것을 강조하기 위해 그냥 '주의 천사'가 돌을 굴려 내었다고 말한다(28:2). 그리고 여자들에게 말한 천사에 대해서도 몇 명이냐에 대해 초점을 두지 않고 '천사'라는 존재가 말했다는 사실에 초점을 두기 위해 그냥 '그 천사'가 말했다고 한다(28:5). 따라서 마태복음에서의 단수는 하나, 둘을 나타내는 '수적(數的, numerical) 단수'가 아니라 천사라는 존재를 나타내는 '종적(種的, generic) 단수'라고 보아야 할 것이다.

역사가의 입장에서 자기 앞의 여러 기록들(또는 이야기들)을 살핀 누가는 이에 대해 "찬란한 옷을 입은 두 사람이 (여자들) 곁에 섰다"고 기록해 준다(24:4). 그런데 마가는 여자들이 무덤에 들어가서 "흰 옷을 입은 한 청년이 우편에 앉은 것을 보았다"고 한다(16:5). 이것은 누가나 요한의 기록과 또다시 충돌되는 것처럼 보인다. 그러나 그렇지 않다. 마가는 여자들이 무덤에 들어

가서 본 청년들(천사들)의 총 수가 한 명이라고 말하는 것이 아니라 '우편에' 앉은 한 천사를 보았다고 말한다. 이것은 곧 다른 편에 또 한 천사가 앉아 있었는데, 여자들이 무덤에 들어가서 처음에 본 천사는 우편에 앉은 천사라는 의미이다. 베드로는 여자들의 말을 듣고 요한과 함께 달려가서 무덤에 들어가 보았기 때문에 무덤 안의 상황을 생생하게 기억했을 것이며, 그래서 예수님의 부활에 대해 설교할 때에도 무덤 안의 상황에 대해 자세한 설명을 덧붙였을 것이다. 이 때문에 베드로의 설교를 듣고 기록한 마가는 무덤 안의 상황에 대해 비교적 자세하게 묘사할 수 있었을 것이다.

V. 한 사건을 다른 관점에서 설명한 경우도 있다.

복음서들에 기록된 사건들 가운데에는 동일한 사건을 각각 다른 관점에서 기록한 것들도 있다. 그래서 얼핏 보면 각각 다른 사건들인 것처럼 보이기도 하지만, 사실은 동일한 사건에 대한 서로 다른 기록들인 경우도 있다.

예를 들면 예수님께서 베드로와 안드레 그리고 야고보와 요한을 부르신 사건은 마태복음 4장(18-22절)과 마가복음 1장(16-20절)과 누가복음 5장(1-11절)에 각각 기록되어 있다. 마태복음과 마가복음의 기록은 거의 같기 때문에 동일한 사건임을 금방 알 수 있다. 그러나 누가복음의 기록은 비슷한 것 같으면서도 상당히 다르게 기록되어 있다. 즉, 마태와 마가에는 나타나지 않는 "깊은 데로 가서 그물을 내려 고기를 잡으라."는 예수님의 말씀과, 베드로가 주의 말씀에 의지하여 순종하였더니 심히 많은 고기를 잡게 되었다는 것과, 이에 베드로가 예수님 앞에 엎드려 "주여, 나를 떠나소서. 나는 죄인이로소이다."라고 고백한 것 등이 누가복음에는 기록되어 있다. 하지만 다른 한편으로 두 사건 다 갈릴리 바닷가에서 일어난 사건이며, 베드로와 안드레와 야고보와 요한을 제자로 부르신 사건이며(누가복음에는 안드레의 이름이 나타나 있지 않지만 베드로와 함께 고기를 잡고 있었을 가능성은 매우 높다. 9절 참조), "내가 너희로 사람을 낚는 어부가 되게 하겠다."(누가의 "이제 후로는 네가 사람을 취하리라."는 말씀은 동일한 말씀으로 생각된다)는 말씀 등에 비추어 볼 때, 이 두 사건은 동일한 사건으로 생각된다. 물론 주석가들 중에는 이것을 각각 다른 사건으로 보는 사람들도 있으며 또 그렇게 생각할 수도 있다. 그렇지만 동일한 장소에서 "사람 낚는 어부가 되게 하겠다"는 예수님의 부르심이 두 번 있었다고 보는 것은 아무래도 부자연스러워 보인다.

그래서 우리는 이 기록들을 동일한 사건에 대한 각각 다른 기록으로 보는 것이 더 옳다고 생각한다. 곧, 마태와 마가는 네 제자들을 부르셨다는 '사실 자체'에 초점을 두고 간단히 기록한 반면, 누가는 그 부르심의 '과정'을 자세히 기록해 주고 있다. 이처럼 각 기록자의 '기록 관점'에 따라 동일한 사건에 대해서도 약간씩 다른 기록이 가능하게 되는 것이다.

이와 관련하여 많은 사람들은, 그러면 요한복음 1장 35-42절의 기록은 어떻게 이해해야 하는가 하는 질문을 제기하곤 한다. 그러나 이것은 그리 어려운 문제가 아니다. 요한복음 1장에서 안드레와 베드로가 예수님을 만난 사건은 그들이 예수님을 만난 '첫 만남'을 기록한 것이며 아직 '제자'로 부르신 것은 아니다. 곧, 예수님께서 베드로와 안드레를 제자로 부르시기 전에 그들은 예수님을 만나서 함께 지내는 시간을 가졌던 것이다. 이처럼 사전 준비가 있은 후에 예수님께서 다시 그들을 부르셨을 때에 그들은 모든 것을 버리고 예수님을 좇았던 것이다.

VI. 다른 관습이나 방식을 따른 경우도 있다.

또 우리가 많이 접하는 문제 중의 하나는 왜 마태복음의 족보(1:1-17)와 누가복음의 족보(3:23-38)가 서로 다른가 하는 것이다. 물론 마태복음은 아브라함에서부터 시작하여 예수님에게로 내려오는 방식을 취하고 있고, 누가복음은 이와 반대로 예수님의 아버지 요셉으로부터 시작하여 아담을 거쳐 하나님에게까지 거슬러 올라가는 방식을 취한다는 뚜렷한 차이가 있음을 우리는 잘 알고 있다. 그러나 이러한 분명한 방식의 차이 외에 그 족보의 이름들 중에 서로 다른 이름들이 상당히 많이 나오고 있다는 문제에 직면하게 된다. 예를 들어 마태복음에서는 "다윗 -> 솔로몬 -> 르호보암" 등의 계보로 이어지지만, 누가복음에서는 "맛다다 -> 나단 -> 다윗"으로 이어진다. 내려오는 방식이냐 올라가는 방식이냐의 차이 외에도 "다윗 -> 솔로몬"이냐 "나단 -> 다윗(즉, 다윗 -> 나단)"이냐의 뚜렷한 차이가 있다. 뿐만 아니라 예수님의 바로 위 조상들 가운데에도 차이가 있다. 마태복음에서는 "엘르아살 -> 맛단 -> 야곱 -> 요셉 -> 예수"로 이어지는 반면, 누가복음에서는 "예수 -> 요셉 -> 헬리 -> 맛닷 -> 레위"로 이어진다. 곧, 마태복음에는 요셉의 아버지가 '야곱'으로 되어 있는 반면 누가복음에는 '헬리'로 되어 있다.

이러한 어려운 문제점에 대해서는 예로부터 여러 가지 해결책이 시도되어 왔다(예를 들면 Eusebius, *Hist. Eccl.* I,7에 기록되어 있는 Africanus의 설명). 이에 대해 우리가 지금 여기서 논할 여유가 없다. 일반적으로 교회 안에 많이 알려져 있는 해결책은 마태는 '요셉의 족보'를 기록하고 있고 누가는 '마리아의 족보'를 기록하고 있다는 것이다. 이 견해는 그 근거로 누가복음의 "사람들의 아는 대로는 요셉의 아들이니"라는 표현을 든다. 곧, 예수님은 '그 당시 사람들이 알고 있는 일반적인 견해로는' 요셉의 아들이었지만 '사실은' 성령으로 잉태하여 태어난 '마리아의 아들'이라는 것이다. 그래서 "요셉의 이상은 헬리요"에서 '헬리'는 마리아의 아버지라고 보는 것이다(cf. S. Greijdanus, *Heilige geschiedenis volgens de vier evangelieverhalen,* Goes, 1951, p.145f.). 이러한 견해는 물론 가능한 하나의 해결책이며 마태와 누가의 족보 사이의 차이점을 쉽게 설명해 준다는 장점을 가지고 있다. 그러나 "사람들의 아는 대로는 요셉의 아들이니 요셉의 이상은 헬리요 ..."라는 문장에서 "그[요셉의] 이상은 헬리요"라는 표현은 아무래도 요셉의 아버지를 가리킨다고 생각되며 마리아의 아버지를 가리킨다고 보기는 어렵다. 원어의 구성상 "사람들이 아는 대로는"을 요셉 한 사람에게만 제한하는 것도 어렵고 "... 사실은 누구의 아들이다"는 의미로 보는 것도 지나친 주입적 해석이라는 인상이 든다.

그래서 문제는 더욱 복잡하게 된다. 요아킴 예레미아스(Joachim Jeremias)와 같은 비평학자들은 누가복음의 족보가 옳고 마태복음의 족보는 틀렸다는 식으로 쉽게 말하지만, 우리는 그렇게 볼 수 없다. 우리는 두 족보가 다 옳다고 본다. 그러면 왜 이러한 차이점들이 생기게 되었는가? 여기에는 여러 가지 요인들이 영향을 미쳤다고 생각된다. 그 중요한 한 예는 소위 '형사취수혼(兄死娶嫂婚)'의 경우이다. 이것은 구약 시대에 어떤 가정에 형(또는 동생)이 아내를 취하였으나 아들이 없이 죽었을 때에 그의 동생이 형수를 취하여 아들을 낳아 그 형의 가계를 잇도록 하는 제도를 말한다(신 25:5-10). 따라서 이러한 경우가 발생하면 동생과 형수 사이에 태어나는 첫 아들은 '자연적으로는' 동생의 아들이지만 '법적으로는' 형의 아들이 된다. 이 경우에 족보 기록자가 어느 방식을 따르느냐에 따라 형의 아들로 기록할 수도 있고 동생의 아들로 기록할 수도 있다.

그 외에도 족보 기록에는 여러 가지 복잡한 문제가 뒤따른다. 예를 들어 구약의 족장들 중에서 야곱의 열 두 아들 중 장자는 르우벤이었지만, 그는 장자의 자격을 상실하게 되었다. 이런 경우에 족보 기록에 어려운 문제가 있음을 역대기 저자도 인식하고서 다음과 같이 말하고 있다. "르우벤은 장자라도 그 아비의 침상을 더럽게 하였으므로 장자의 명분이 이스라엘의 아들 요셉에게로 돌아갔으나 족보에는 장자의 명분대로 기록할 것이 아니니라. 유다는 형제보다 뛰어나고 주권자가 유다로 말미암아 났을지라도 장자의 명분은 요셉에게 있느니라."(대상 5:1-2) 그러나 마태와 누가는 모두 '유다'의 이름을 기록하고 있는 것을 보아 그들은 역대기 기자처럼 '장자의 족보'를 기록하는 것이 아니라 '메시야의 족보'를 기록하고 있음을 알 수 있다. 이 외에도 족보 기록에는 여러 가지 복잡한 요인들이 영향을 미치는데, 너무 복잡하므로 여기서 중단해야만 하겠다. 단지 우리가 여기서 강조하고 싶은 것은 이처럼 '기록 방식' 또는 '기록 원리'의 차이에 따라 차이가 생길 수 있다는 점이다(마태와 누가의 족보 사이의 복잡한 관계에 대한 하나의 가능한 해결책으로는 J. van Bruggen 교수의 *Christus op aarde,* Kampen, 1987, p.103에 있는 도표를 참조하라).

VII. 서로 다른 사건인 경우도 있다.

복음서에는 동일한 사건인 것처럼 보이지만 사실은 서로 다른 사건인 경우가 있다. 그 대표적인 예는 오병이어의 이적과 칠병이어의 이적이다. 오병이어의 이적은 사복음서 모두에 기록되어 있는데(마 14:13-21; 막 6:30-44; 눅 9:10-17; 요 6:1-15), 마태복음(15:32-39)과 마가복음(8:1-10)에는 떡 일곱 개와 작은 생선 두어 마리로 사천 명의 무리를 먹이신 사건이 또 기록되어 있다. 그래서 어떤 사람들은 왜 비슷한 사건이 두 번 기록되어 있을까? 혹시 와전된 것은 아닐까 하는 의심을 가진다.

그러나 본문을 자세히 읽어 보면 이 두 사건은 서로 다른 사건임을 알 수 있다. 먹은 사람의 숫자도 (성인 남자만 쳐서) 각각 '오천 명'과 '사천 명'으로 다르며, 배불리 남은 것을 거둔 양도 '열두 바구니'와 '일곱 광주리'로 서로 다르다. '광주리'(*spuris*)는 '바구니'(*kophinos*)보다 큰 것으로 아마도 일곱 광주리의 양이 열두 바구니의 양보다 더 많았을 것이다. 그리고 이적에 사용된 '떡'도 다섯 개와 일곱 개로 다르며, 또한 '물고기'(*ichthus*) 두 마리와 '작은 생선'(*ichthudion*) 두어 마리(원어: 몇 마리)로 서로 다르다. 뿐만 아니라 이적을 행하고 나서 떠나가신 장소도 다르다. 오병이어의 이적을 행하신 후에 예수님께서는 '게네사렛' 땅으로 가셨으나(마 14:34), 칠병이어의 이적을 행하신 후에는 '마가단' 지방(마 15:39)으로 가셨다. 마가복음(8:10)에는 '달마누다' 지방으로 가셨다고 했는데, 이 두 지역은 같은 곳을 일컫는 것으로 생각된다(오병이어 이적과 칠병이어 이적의 차이점에 대해서는 필자가 『그말씀』 2001년 4월호, p.20f.에서 설명한 것을 참조하라).

이 두 사건이 서로 다른 사건이라는 것은 그 후에 예수님과 제자들이 주고받은 다음 대화에도 분명히 나타나 있다. "내가 떡 다섯 개를 오천 명에게 떼어 줄 때에 조각 몇 바구니를 거두었더냐? 가로되 열둘이니이다. 또 일곱 개를 사천 명에게 떼어 줄 때에 조각 몇 광주리를 거두었더냐? 가로되 일곱이니이다."(막 8:19-20) 따라서 예수님께서 비슷한 이적을 두 번 행하신 것이 분명하다. 이처럼 비슷한 이적을 반복하신 것은 예수님께서 물질의 문제에 대한 해답을 가지고 계시다는 것을 강조하기 위한 것이라고 볼 수 있다. 그리고 제자들은 (우리도 마찬가지다) 믿음이 없어서 예수님의 이적을 보고도 잘 잊어버리기 때문에 반복적인 교육이 필요했을 것이다.

이와 비슷한 성격의 것으로 '성전 청결 사건'을 들 수 있다. 공관복음에는 이 사건이 예수님의 공생애 말기에 위치하고 있는데(마 21:12-13; 막 11:15-18; 눅 19:45-46) 비해, 요한복음에는 공생애 초기에 나타난다(요 2:13-22). 그래서 많은 사람들은 요한복음의 성전 청결 사건 기록은 제 자리를 찾지 못하고 너무 빨리 나온 것이 아닌가 생각하고 있다. 그러나 본문을 자세히 읽어보면 이 두 사건은 서로 다른 사건임을 알 수 있다. 두 사건 모두 예수님께서 성전 안에서 매매하는 자들을 내어 쫓으시고 돈 바꾸는 사람들의 상을 엎으신 행동에서는 일치하지만, 이때 하신 예수님의 말씀에는 상당한 차이가 있다. 공관복음에서는 모두 다 "내 집은 기도하는 집이라 일컬음을 받으리라 하였거늘 너희는 강도의 굴혈을 만들었도다."라는 말씀을 중심으로 기록되어 있지만, 요한복음에는 그런 말씀이 없다. 요한복음에서는 단지 "내 아버지의 집으로 장사하는 집을 만들지 말라."고 하셨다. 물론 이 말씀의 배후에는 성전은 만민의 기도하는 집이라는 생각이 들어 있다고 할 수 있지만, 예수님의 이 말씀에 대한 제자들의 반응은 "성경 말씀에 주의 전을 사모하는 열심이 나를 삼키리라 한 것을 기억하였다"(요 2:17)는 것이었다. 그래서 공관복음에서는 이사야 56장 7절이 그 배후에 있지만, 요한복음에서는 시편 69편 9절이 그 배후에 있다. 즉, 공생애 초기에 행하신 성전 청결 사건에서는 '주의 전을 사모하는 예수님의 열심'이 중심 주제이지만, 공생애 마지막에 행하신 성전 청결 사건에서는 주의 전을 강도의 굴혈로 만든 '대제사장들과 서기관들에 대한 격렬한 분노'가 나타나 있다. 그래서 이 사건은 곧 그들로 하여금 예수님 죽이기를 도모하는 것으로 이어지게 되었다(막 11:18).

그러나 공생애 초기에 행하신 성전 청결 사건에서는 아직 이러한 단계로 이어지지는 아니하였다. 그때에는 유대인들이 예수님에게 "네가 이런 일을 행하니 무슨 표적을 우리에게 보이겠느냐?"고 묻는 정도였다(요 2:18). 이것은 요한복음의 이 사건이 아직 공생애 초기의 사건임을 말해 준다. 뿐만 아니라 요한복음 2장에 기록된 성전 청결 사건에서는 공관복음에는 나타나지 않는 "너희가 이 성전을 헐라. 내가 사흘 동안에 일으키리라."고 하신 예수님의 말씀에 더 큰 무게가 실려 있다. 곧, 예수님은 돌로 지은 헤롯 성전을 가리켜 말씀하신 것이 아니라 '성전된 자기 육체'를 가리켜 말씀하신 것인데(21절), 이로써 예수님은 자기의 죽음과 부활을 예언하셨던 것이다. 그래서 예수님의 부활 후에야 제자들이 이 말씀을 기억하고 믿었다는 사실에 강조점이 있다(22절).

하나 더 지적하자면, 무리들이 예수님을 고소하여 증거할 때에 그가 이 성전을 헐고 사흘만에 다시 짓겠다고 하더라고 하였으나 이 증거도 서로 합하지 아니하였다고 한다(막 14:57-59). 이 사실은 예수님께서 이 말씀을 하신 지 제법 시간이 흘렀음을 시사한다. 만일 이 말씀이 공생애의 마지막 때에 하신 것이라면 그것을 분명히 기억하는 사람들이 많이 있었을 것이다. 따라서 이상의 여러 사실들을 종합해 볼 때, 공관복음의 성전 청결 사건과 요한복음의 성전 청결 사건은 서로 다른 사건임이 분명하며 성전 청결은 적어도 두 번 이상 있었음을 알 수 있다.

VIII. 각각 다르게 요약한 경우도 있다.

다음으로 우리가 생각할 수 있는 것은 각 복음서 저자들이 어떤 사건이나 말씀을 각각 다르게 요약한 경우이다. 예를 들면 예수님이 전파한 메시지에 대해 마태와 마가는 조금씩 다르게 기록하고 있다. 곧, 마태는 "회개하라. 천국이 가까웠느니라."(마 4:17)고 기록하고 있으나, 마가는 "때가 찼고 하나님의 나라가 가까웠으니 회개하고 복음을 믿으라."(막 1:15)고 기록하고 있다. 이처럼 두 기록 사이에 차이가 나는 이유는 마태와 마가는 예수님의 메시지의 핵심을 각각 다르게 요약하고 있기 때문이다. 예수님은 많은 말씀을 하시고 많은 교훈으로 가르치셨는데, 그것을 이렇게 요약할 수도 있고 저렇게 요약할 수도 있다.

이와 비슷한 경우로 우리는 예수님의 '산상보훈'을 생각할 수 있다. 우리는 이에 대한 마태복음의 기록(마 5-7장)과 누가복음의 기록(눅 6:20-49) 사이에 제법 차이가 있음을 알고 있다. 그래서 많은 사람들은 쉽사리 '산상설교'와 '평지설교'로 나누어서 말한다. 그래서 '산상설교'에서는 이러하지만 '평지설교'에서는 저러하다는 식으로 이원화해서 설명한다. 예를 들면 산상설교에서는 '영적으로 가난한 자'가 복이 있다고 말씀하셨지만, 평지설교에서는 '문자적으로 가난한 자'가 복이 있다고 말씀하셨다는 식이다. 그러나 이러한 것은 성경의 통일성을 파괴하고 예수님께서 한 입으로 정반대되는 두 말을 하셨다고 주장하는 것이 되고 만다.

그래서 어떤 사람들은 이러한 해결을 반대하고 마태복음의 산상보훈과 누가복음의 산상보훈은 예수님께서 각각 다른 기회에 하신 다른 말씀이라고 보기도 한다. 즉, 비슷한 내용의 말씀을 두 번 하셨다는 것이다. 물론 이러한 것은 있을 수 있는 일이며 가능한 해결책 중의 하나이다. 그러나 두 본문을 자세히 살펴볼 때 이것들은 각각 다른 기회에 하신 말씀이라고 보기에 주저되는 점들이 많이 있음을 느끼게 된다. 둘 다 "복이 있나니"로 시작하고 있으며, 받을 것을 생각하지 않고 주라는 절대적인 사랑의 강조와, 마지막으로 형식적인 믿음이 아니라 행하는 믿음에 대한 강조와 홍수 비유로 끝나는 점 등에서 상당한 일치점이 있다.

따라서 우리는 제3의 해결책을 찾아야 한다고 생각한다. 그것은 이 두 기록은 동일한 사건에 대한 각각 다른 기록으로 이해하는 것이다. 즉, 마태와 누가는 예수님의 산상설교를 각각 나름대로 요약해 주고 있다는 것이다. 먼저 우리는 마태복음의 산상보훈 기록도 예수님이 하신 산상설교를 하나도 빠짐없이 그대로 다 기록한 것은 아니라는 점을 생각해야 한다. 만일 예수님께서 마태복음 5-7장에 기록된 그대로, 토씨 하나도 다르지 않게 설교하셨다면 그 소요된 시간은 20분도 채 걸리지 않았을 것이다. 그러나 우리는 산상설교가 여러 가지 정황으로 보아 제법 긴 시간 동안 행해졌을 것이라고 생각한다. 아마 두 시간 이상은 되지 않았을까 추측해 본다. 아무리 짧게 잡아도 한 시간은 더 걸리지 않았을까 생각된다. 그렇다면 마태복음에 기록된 것은 그 설교에 대한 요약이라고 볼 수 있다. 요약의 방법에는 생략과 압축, 유사한 것들의 병합, 재배치 등 여러 방법이 있었을 것이다.

그런데 누가는 그 자신이 서두에서 밝힌 것처럼 여러 기록 또는 이야기들을 자세히 살펴서 알고 있었다. 따라서 그는 마태복음 5-7장에 기록되지 아니한 내용들도 많이 알고 있었을 것이며, 그 모든 것들을 가지고 기록할 때 자기 나름대로 압축하고 요약하였을 것이다. 그 결과 우리는 동일한 산상설교에 대해

서로 다른 두 기록을 가지게 된 것이다. 그러나 이 두 기록은 동일한 예수님의 설교에 대한 요약들이기 때문에 그 내용에 있어서 완전한 일치성을 가지고 있다. 비록 표현과 배치와 강조점에 있어서 차이가 있을지라도 그 내용과 사상에 있어서는 동일성을 가지고 있다. 왜냐하면 그 둘은 다 한 예수님에게서 나온 진리의 말씀들이기 때문이다.

IX. 사본상의 차이인 경우도 있다.

여태까지 설명한 것들 외에 사본상의 차이로 인하여 문제가 발생하는 경우도 있다. 그 대표적인 예로 우리는 '주기도문'을 들 수 있다. 우리가 사용하고 있는 마태복음의 주기도문(6:9-13)에 비해 누가복음의 주기도문(11:2-4)이 짧다는 것을 우리는 익히 알고 있다. 이 사실에 대해 사람들은 대개 한편으로는 의아해 하면서도 다른 한편으로는 그냥 그러려니 하고 받아들이고 있다. 물론 누가가 꼭 마태복음의 주기도문과 똑같이 기록할 필요는 없으며 나름대로 요약할 수도 있고 다르게 표현할 수도 있었을 것이다. 우리는 이 가능성을 충분히 인정한다. 그러나 주기도문은 제자들이 기도할 때 늘 사용하라고 주신 '의식문'(formula)인데, 이것마저 이렇게 상당한 차이가 나야 하는 것일까 하는 의구심이 들기도 한다.

그러나 이 문제에 대한 해답은 의외로 사본상의 문제에서 찾을 수 있다. 곧, 누가도 사실은 마태의 주기도문과 거의 같은 주기도문을 가지고 있는데, 현재의 사본학자들이 성경(헬라어 신약)을 편집할 때에 누가복음에서 그런 일치하는 본문을 가진 사본들의 증거를 채택하지 아니하고, 아주 짧은 본문을 가지고 있는 지극히 적은 숫자의 사본들의 증거를 채택했기 때문에 마태와 누가의 본문 사이에 차이가 발생하게 된 것이다. 예를 들어보자. 마태복음에서는 "하늘에 계신 우리 아버지여"라고 시작하고 있다. 그런데 개역한글판 및 개역개정판 성경의 누가복음에는 그냥 "아버지여"라고 되어 있다. 그러나 우리가 사본들을 잘 살펴볼 것 같으면 압도적인 대다수 사본들이 누가복음에서도 마태복음에서와 똑같이 "하늘에 계신 우리 아버지여"를 본문으로 가지고 있음을 알 수 있다. 총 5,400여 개의 헬라어 사본들 중에서 "아버지여"를 가지고 있는 것은 여섯 개밖에 없으며, "우리 아버지여"를 가지고 있는 것은 단 하나밖에 없다. 나머지들은 모두 다 "하늘에 계신 우리 아버지여"를 가지고 있다. 뿐만 아니라 이 긴 본문은 대부분의 고대 역본들에 의해서도 광범위하게 지지받고 있다.

그러면 왜 현재의 사본학자들(네슬레-알란트 26/27판 편집자들과 UBS 3/4판 편집자들)이 대다수 사본들의 증거를 배척하고 그런 극소수 사본들의 증거를 본문으로 채택했을까? 시내산 사본과 바티칸 사본이 극히 우수하다고 판단했기 때문일까? 그러나 그러한 판단은 19세기말의 웨스트코트-홀트(Westcott-Hort)의 주관적인 편견에 불과하며 아무런 외적 증거도 없다. 이들 사본들에 대해서는 전부터 많은 의문과 문제점이 제기되어 왔다. 그러나 웨스트코트-홀트가 이들 사본들, 그 중에서도 특히 바티칸 사본(B)을 편애하도록 만든 더 중요하고 핵심적인 이유는 소위 그들이 '내적 증거'(internal evidence)라고 부른 증명되지 않은 원리에 있다. 곧, 어떤 구절에 서로 다른 사본상의 독법들(readings)이 발견될 때에, 다른 곳에서 발견되는 독법과 동일한 독법은 후대의 필사자들이 서로 조화시키기 위해 수정한 것(conflation 또는 assimilation이라고 부른다)이기 때문에 원본의 본문이 아니라고 배제하는 원리를 말한다. 이 원리에 따르면 누가복음의 "하늘에 계신 우리 아버지여"는 마태복음의 그것과 동일하게 만들기 위해 후대의 필사자들이 수정한 것으로 판단되기 때문에 원본의 것으로 볼 수 없다고 하여 배격하게 된다. 따라서 비록 극소수 사본들의 지지를 받고 있기는 하지만 마태복음의 그것과 다른 "아버지여"를 원본의 본문으로 보는 것이다. 이러한 '어려운 독법'(*lectio difficilior*) 우선의 원칙은 현대 사본학계를 지배하는 원리로서 현재 널리 보급되고 있는 네슬레-알란트 판과 UBS 판의 주요 편집 원리이기도 하다.

그렇다면 이러한 원리에 의해 편집된 원어 성경은 어떠한 모습을 띠게 될까? 복음서 사이에 서로 조화되는 본문들은 후대의 수정으로 배제해 버리고, 가능한 한 서로 다르고 충돌되는 본문들을 가진 것들만 원본의 것으로 인정받아 본문으로 채택되게 된다. 그 결과 우리는 가능한 한 서로 다르고 충돌되는 본문들을 가진 원어 성경을 가지게 되었는데, 그 대표적인 것이 바로 네슬레-알란트 판이다(UBS 판도 동일하다). 그 결과로 우리는 오늘날 서로 다른 주기도문을 가지게 된 것이다. 거의 모든 사본들은 (거의) 동일한 주기도문을 가지고 있는데도 말이다.

그러나 이러한 현대 사본학의 원리는 원본은 가능한 한 서로 조화되지 않다고 보는 소위 '원본부조화가설(原本不調和假說)'에 기인한다. 예를 들면 웨스트코트-홀트의 사본학 이론에 중요한 근거를 제공한 그리스바흐(J. J. Griesbach, 1745-1812)는 어떤 독법이 "불확실하고 거칠고 부연설명하고 이상하고 역설적이고 불경건하게 들리고 오류적일 경우"에는 그 독법을 원본의 것으로 채택하여야 한다고 주장하였다. 이러한 주장은 결국 성경 원본에 오류가 있을 수 있다는 것으로 성경 영감의 사실에 정면으로 배치된다. 이처럼 현대 사본학의 원리는 성경 영감을 믿지 않는 비평학자들이 만든 것으로서 가능한 한 본문들을 서로 충돌시키는 결과를 가져오고 만다.

물론 우리는 복음서들 사이에 무조건 문자적으로 일치해야 한다고 주장하는 것은 아니다. 앞에서 이미 말한 바와 같이 복음서 저자들은 각각 다르게 요약할 수도 있고 서로 다르게 표현할 수도 있다. 그래서 다양성과 차이점이 발생할 수 있다. 우리는 이것을 충분히 인정한다. 그렇지만 우리는 여기서 현대 사본학자들의 비평적인 편집 원리에 의해 불필요하게 서로 다르거나 충돌되도록 편집된 본문들도 있다는 것을 지적하고자 하는 것이다. 주기도문 외에도 마가복음 13장 33절에서 거의 모든 사본이 가지고 있는 "깨어 있어 기도하라" 대신에 불과 세 개의 헬라어 사본만 지지하는 "깨어 있으라"를 택한 것이라든지(cf. 눅 21:36), 마태복음 19장 29절에서 단 하나의 헬라어 사본(바티칸 사본)을 따라 '부모나' 다음에 '아내나'를 빼버린 것 등, 그러한 예는 매우 많다(현대 사본학의 문제점에 대해서는 필자가 고려신학대학원 교수논문집『개혁신학과 교회』제6호(1996년)와 제4호(1994년)에 각각 기고한 "성경 사본학의 현재와 미래"와 "UBS 4판과 NA 27판에 나타난 현대 사본학의 동향"을 참조하라).

X. 우리가 풀기 어려운 문제도 있다.

이상에서 우리는 몇 가지 경우들에 대한 해결책을 생각해 보았다. 그러나 이 외에도 우리가 생각할 수 있는 경우들은 많이 있으며, 그 중에는 우리가 풀기 어려운 문제들도 있을 수 있다.

예를 들어 마태복음 27장에는 스가랴서에서 취했다고 생각되는 인용이 나온다. "이에 예레미야로 하신 말씀이 이루었나니 일렀으되, 저희가 그 정가(定價)된 자 곧 이스라엘 자손 중에서 정가한 자의 가격 곧 은 삼십을 가지고 토기장이의 밭 값으로 주었으니 이는 주께서 내게 명하신 바와 같으니라."(마 27:9-10) 이 인용 본문은 구약의 스가랴서(11:13)에 나온다고 생각되는데, 마태는 예레미야가 말했다고 한다. 어떻게 된 것일까? 이런 경우에 사람들은 '마태의 실수'라고 말하기 쉽다. 마태는 스가랴서에 나오는 본문을 예레미야의 것으로 착각했으며, 따라서 이것은 '명백한 실수'에 해당한다고 말하기 쉽다. 그러나 우리는 이렇게 말하면 안 된다. 왜냐하면 그렇다면 이것은 단지 '마태의 실수'로 끝나는 것이 아니라 '하나님의 말씀의 오류'로 귀착되기 때문이다. 우리는 성경은 영감된 하나님의 말씀이라고 믿기 때문에 그러한 견해를 받아들일 수 없다. 성령께서는 마태로 하여금 그러한 실수를 하도록 허락하시지 않았을 것이며, 그러한 것이 성경에 들어오도록 역사하셨다고 볼 수도 없다.

그렇다면 우리는 이 문제를 어떻게 보아야 할 것인가? 몇 가지 가능성을 생각할 수 있다. 첫째로, 옛날 이스라엘 사람들의 정경들 중에는 선지서들의 제일 앞에 예레미야서가 나오는 것이 있었으며, 그래서 그 선지서들은 '예레미야'로 불리었다는 것이다. 마치 시편에는 여러 저자들의 시편이 들어 있지만 그 대표자인 '다윗'의 시편으로 불리는 것과 같은 이치이다. 그리고 구약 성경은 '율법'과 '선지자'와 '시편'으로 구성되어 있지만 종종 '율법'으로써 전체를 지칭하는 경우가 있는 것과 마찬가지다. 둘째로, 마태는 지금 여기서 정경이 아닌 외경 예레미야서를 인용하고 있다고 보는 견해이다. 외경 예레미야서에 이러한 구절이 나오는 것은 사실이다. 그러나 마태가 정경을 두고서 외경을 인용했다는 것도 믿기 어렵거니와, 그 외경의 기록이 오히려 마태의 이 부분을 사용했을 가능성이 더 크다고 볼 수도 있다. 셋째로, 마태는 머릿속에 예레미야서의 여러 구절들(18:2-15; 19:1-15; 32:6-9)을 생각하고 있었는데, 이 구절들에서 시작하여 실제로 쓸 때에는 스가랴의 말들을 가지고 적었다고 보는 견해이다. 흐로쉐이드는 이 마지막 견해가 제일 가능성이 높다고 본다(F. W. Grosheide, *Mattheus,* Amsterdam, 1922, p.339f.). 왜냐하면 마태는 다른 곳에서도 여러 예언들을 종합하는 경우가 있을 뿐만 아니라(마 11:5), 마태복음 27장의 인용은 스가랴 11장의 말씀과 상당히 다르기 때문이다. 이것은 히브리어 본문과도 다르고 칠십인역과도 상당한 차이가 난다. 따라서 꼭 스가랴서에서 인용했다고 보기는 어렵다. 마태는 다른 곳에서는 히브리어 본문과 칠십인역 본문을 잘 알고 있으며 매우 주의 깊게 구약을 인용하고 있다는 점을 생각해 볼 때, 여기서 상당한 차이가 난다는 것은 아무래도 스가랴서의 본문을 인용하고 있다고 보기는 어려운 것이다. 그렇다면 마태는 아마도 '토기장이'에 대해 많이 말하고 있는 예레미야서의 여러 본문들과 스가랴의 본문을 종합적으로 인용하고 있으며, 그래서 그 대표자의 이름인 예레미야를 언급하고 있다고 생각할 수 있다.

우리는 이 마지막 해결책이 가능성이 높다고 보지만 다른 가능성도 배제할 수는 없다고 생각한다. 어쩌면 우리가 알지 못하는 다른 해결책이 있는지도 모른다. 우리는 단지 그것을 알지 못할 따름이다. 또는 그것을 알 수 있는 자료들을 오늘날 우리가 가지고 있지 않을 따름이다. 그러나 분명한 것은 성경은 성령의 감동으로 기록된 하나님의 말씀이며 조금의 오류와 실수도 없다는 것이다. 그리고 고대 교회가 마태의 이 기록에 대해 아무런 이의도 제기하지 않고 그대로 다 받아들였다는 사실도 중요하다. 만일 문제가 있었다면 고대 교회가 이에 대해 분명히 이의를 제기하였을 것이다. 특히 고대의 필사자들이 이 부분의 말씀을 필사할 때에 뭔가 코멘트를 옆에 기록해 두었을 것이다. 그러나 그러한 것들이 전혀 없다는 사실을 생각해 볼 때 고대 교회는 마태의 '예레미야'라는 말에 대해 전혀 의문을 가지지 않았다는 것을 말해 준다. 뿐만 아니라 오늘날 비평적 사본학자들이 편집한 UBS 4판까지도 마태복음의 이 부분은 스가랴서와 예레미야서 두 곳의 인용이라고 표기하고 있는 것으로 보아도 마태의 이 기록은 오류가 아님을 알 수 있다.

맺는 말

이상에서 우리는 복음서 상호간에 존재하는 차이점들에 대한 몇 가지 해결책들을 생각해 보았다. 그러나 우리는 성경의 어려운 구절들에 억지로 모든 문제를 다 풀려고 해서는 안 된다. 오래 전에 베드로가 경고한 것처럼 "그 중에 알기 어려운 것이 더러 있다."(벧후 3:16)고 고백하는 자세가 필요하다. 우리는 비평학자들처럼 억지로 성경을 풀려고 하다가 하나님의 말씀을 파괴하고 스스로 멸망에 이르는 어리석음에 빠져서는 안 될 것이다. 그들은 쉽사리 하나님의 말씀이 잘못되었다고 비판하지만, 사실은 하나님의 말씀을 판단하는 그들의 교만한 생각이 잘못된 것이다. 하나님의 말씀은 인간의 생각을 초월하여 높이 있으면서 과연 인간이 그 말씀 앞에 굴복하는가 굴복하지 않는가를 시험하고 계신다. 그래서 교만한 사람은 그 말씀에 걸려서 넘어지며 오직 겸손한 사람만이 그 '시험 돌'(test stone)을 통과하도록 하신다.

우리는 네 복음서에 기록된 것들이 다 옳은 것임을 믿는다. 한 '실체'에 대해 각각 다른 '기록들'이 있지만 각 기록은 나름대로 옳고 진리이다. 그러나 우리는 그것이 왜 옳은지 다 이해하지 못할 때도 있다. 그것은 우리의 '이성(理性)'의 한계이지 '하나님의 말씀'의 한계는 아니다. 그 알 수 없는 것들 중에는 앞으로 이해 가능한 것도 있을 것이고 영원히 이해할 수 없는 것도 있을 것이다. 이런 것들에 대해서는 우리의 무지를 고백하면서 남겨 두는 자세가 필요하다. 우리가 천국에 가면 그 모르는 것들을 다 알게 될 것이다. 어차피 지금은 우리가 부분적으로 알며 거울을 보는 것처럼 희미하게 안다(고전 13:12). 그러나 우리가 확실히 아는 것은 하나님께서 우리의 구원과 신앙생활에 필요한 모든 것을 충분하게, 분명하게 계시해 주셨다는 사실이다. 그러므로 우리는 이 모든 사실에 대해 감사하며 믿음으로 받아들여야 할 것이다.

나아가서 우리는 복음서들 상호간의 차이점에 대해 교인들에게 일일이 다 설명할 필요도 없다. 성도들은 복음서 상호간의 차이점에 대한 해결을 들으러 교회에 오는 것이 아니라 예수 그리스도의 복음을 들으러 교회에 온다. 그러므로 설교자는 복음서들에서 이 복음을 증거해야지 복음서들의 상호 차이점과 그 해결책을 설교해야 하는 것은 아니다. 그런 것들은 성경공부 시간이나 또는 개인적인 질문이 들어왔을 때에 잠깐 다룰 성질의 것이지 설교자가 전파해야 할 복음의 주된 내용은 아니다.

우리는 예수님께서 언제 어디서 정확하게 어떤 말씀들을 하셨는지 '실체 자체'를 다 알 수는 없다. 우리에게 주어진 것은 실체에 대한 '기록들'이며, 전체

실체에 대한 '부분들'이다. 그러나 그 부분은 또한 진리이다. 전체가 진리이듯이 부분도 또한 진리이다. 각 부분 사이의 관계를 아는 것은 차후의 문제이며, 또 반드시 알아야 하는 것도 아니다. 물론 알 수 있으면 좋고 말씀 이해에 도움이 될 수도 있겠지만, 우리가 다 알 수 없는 경우도 있으며 또 다 아는 것이 요구되는 것도 아니다. 우리는 어차피 '실체'를 다 알지 못하고 진리들 사이의 '관계'도 다 알지 못한다. 그런 것은 우리가 천국에 가면 알게 될 것이다. 천국에 가면 아마도 알고자 하는 궁금증 자체가 사라질지도 모른다. 왜냐하면 진리 되신 예수님이 바로 눈앞에 계시기 때문이다.

따라서 중요한 것은 우리에게 주어진 기록들이 진리임을 믿고 받아들이는 것이다. 설교자는 이 진리를 전하고 설명해야 한다. 그 진리들 사이의 상호관계나 다른 복잡한 문제들에 대해서는 조용한 시간에 따로 설명할 수 있을 것이다. 그러나 우리는 모든 것을 다 알 수는 없다는 것을 늘 생각하여야 한다. "그 중에 알기 어려운 것이 더러 있다."는 베드로의 고백은 오늘날 우리에게도 여전히 중요하다. 이 고백이 "주는 그리스도시요 살아 계신 하나님의 아들이니이다."라는 고백과 함께 할 때, 우리의 신앙은 반석 위에 지은 집과 같이 흔들리지 아니하고 영원히 굳게 설 것이다. (원래 『목회와 신학』 146호 (2001. 8), 82-97에 게재된 원고)

[4] 누가복음 개관

※ 이 글은 원래 2014년 7월 6일에 대전 새하늘시민교회에서 개최된 〈복있는 사람 큐티 세미나〉에서 "누가복음을 어떻게 읽을 것인가?"라는 제목으로 필자가 강의한 원고임.

I. 저자

누가복음은 바울의 동반자였던 누가가 기록하였다. 그는 사랑을 받는 의원이었으며(골 4:14), 아마도 2차 선교여행 때 드로아에서부터 바울과 동행한 것으로 생각된다(행 16:10 이하; 20:5-21:18; 27:1-28:16). 누가복음의 서두(1:1-4)와 사도행전의 서두(1:1-2)에 보면, 이 두 책은 동일한 저자가 기록했으며 누가복음은 전편이고 사도행전은 후편임을 알 수 있다. 2세기의 교부 이레네우스(Irenaeus)도 누가복음과 사도행전은 의원이며 바울의 동행자인 누가에 의해 기록되었다고 한다(*Adv. Haer.* III,14,1).

한편, 유세비우스(Eusebius)는 누가는 안디옥 출신이라고 말한다(*His. Eccl.* III,4,6). 제롬(Hieronymus)도 그와 같이 말한다. 안디옥 출신설은 확실하지는 않지만 가능성이 있다고 생각된다. 그렇다면 누가는 이방인으로서 회심한 사람이었으며 공부를 많이 한 의사였다. 그래서 누가복음과 사도행전의 헬라어 문장은 상당히 수준이 있으며 어려운 단어들이 많이 나타난다. 누가복음 서두에서 스스로 밝힌 바와 같이 누가복음은 역사가의 입장에서 차례대로, 체계적으로 서술하였다. 물론 이 책의 '제일 저자'(primary author)는 하나님이시다. 하나님께서 누가를 준비하시고 섭리하셔서 때가 되매 성령으로 감동하셔서 그를 통해 하나님 자신의 말씀을 우리에게 주신 것이다(딤후 3:16; 벧후

1:21). 누가는 이 일에 사용된 '인간 저자'(제2 저자)였다.

II. 수신자

누가복음과 사도행전의 수신자는 '데오빌로'이다(눅 1:3; 행 1:1). 데오빌로가 누구인지는 알 수 없으나 '각하'(*kratistos,* 매우 존귀한)란 말로 보아 사회적 지위가 높은 사람이었다고 생각된다. 아마도 당시의 관습을 따라 누가가 저술한 이 두 권의 출판 비용을 부담했을 것이다. 그가 안디옥 사람이었는지 여부는 알 수 없으나 이방인으로서 예수 그리스도를 믿은 사람으로 생각된다. 그래서 누가복음은 그가 알고 있는 것을 더욱 확실하게 하려는 목적으로 이 책을 저술하였다고 말한다(눅 1:4).

III. 기록 연대와 장소

누가복음이 언제 기록되었는지 우리는 알 수 없다. 사도행전의 끝부분을 보면 바울이 로마에서 죄수로 갇혀 있는 상태에서 복음을 전하는 것으로 끝난다. 이 사실에서 사도행전과 누가복음이 사도 바울의 순교 이전에 기록되었다고 추정할 수도 있지만, 꼭 그렇다고 단정할 수는 없다. 왜냐하면 사도행전이 바울의 생애를 기록한 것은 아니기 때문이다. 사도행전에서 비록 사도 바울의 역할이 매우 중요한 비중을 차지하고 있다고 할지라도 누가의 목적은 바울의 전기를 기록하는 것이 아니라 하나님 나라의 전파를 기록하는 것이었다(행 28:31; 1:1-3; 눅 24:46-47). 따라서 사도 바울이 로마의 첫 번째 투옥에서 풀려난 후에 많은 시일이 지났다 할지라도 누가가 그것들을 의도적으로 기록하지 않았을 수 있다.

옛 전승에 의하면 누가복음과 사도행전의 기록 시기에 대해 두 가지의 서로 다른 견해가 전해 내려온다. 하나는 63-64년경에 로마에서 기록되었다는 전승이고(Hieronymus, *De vir. illust.* 7), 다른 하나는 75-80년경에 그리스(아가야와 뵈오티아)에서 기록되었다고 하는 것이다(Hieronymus, *Commentarius in Matthaeum,* Praef.). 이처럼 같은 한 저자에게서 서로 다른 전승이 전해 내려오기 때문에 우리는 어느 것이 옳은지 판단하기 어렵다. 따라서 기록 장소도 정확히 알 수 없다.

그러나 누가복음과 사도행전이 언제 어디서 기록되었는지 모른다는 사실이 이 책을 이해하는 데 큰 장애가 되지는 않는다. 중요한 것은 그 안에 무엇이 기록되어 있는가를 아는 것과 또한 그것이 참임을 믿는 것이다. 이것은 하나님과 그리스도에 대한 우리의 태도에 달려 있다.[1)]

IV. 누가복음의 기록 목적과 주제

누가는 그의 복음서 서두에서 직접 기록 목적을 밝히고 있다. 그것은 데오빌로 각하가 "알고 있는 바를 더 확실하게 하려 함"이라고 말한다(1:4). 이 부분을 직역하면 "가르침 받은 것들에 대해 확실한 것을 알게 하기 위함"이 된다. 데오빌로는 이미 예수 그리스도를 믿고 또 복음에 대해 배운 사람인데, 그 배운 것들을 확실하게, 견고하게 하기 위해 이 복음서를 기록했다는 의미이다. 그렇다면 누가복음은 이미 믿은 성도의 믿음을 더욱 견고하게 하기 위한 책이 될 것이다.

물론 누가의 이 말은 아마도 이 책의 출판 비용을 부담한 데오빌로에 대한 헌정사(獻呈辭)이기 때문에, 수신자를 데오빌로 한 사람에게만 한정할 필요는 없다. 누구든지 데오빌로와 같은 위치에 있는 사람 곧 예수 그리스도를 믿

1) Cf. S. Greijdanus, *Bizondere Canoniek* (Kampen: J. H. Kok, 1947), I, 155.

는 사람은 이 책을 통해 자신의 믿음이 더욱 견고해지고 확실해지는 유익을 얻을 수 있을 것이다. 뿐만 아니라 아직 믿음이 없는 사람이라 할지라도 이 책을 통해 믿음을 가질 수 있다면 그것은 매우 기뻐할 일이다. 따라서 불신자라도 수신자의 범위에서 제외할 필요는 없다. 하지만 누가복음은 일차적으로 데오빌로처럼 예수 그리스도를 믿는 사람, 곧 복음을 들어서 배운 사람을 위해 기록된 책이라고 할 수 있다.

누가복음의 주제는 사도행전의 주제와 함께 생각할 수 있다. 사도행전 서두에서 누가는 그 전편인 복음서에 대해 간략히 소개해 준다. "내가 먼저 쓴 글에는 무릇 예수께서 행하시며 가르치시기를 시작하심부터 그가 택하신 사도들에게 성령으로 명하시고 승천하신 날까지의 일을 기록하였노라."(행 1:1-2) 이것을 보면 누가복음은 예수 그리스도의 행하심과 가르치심을 기록한 것임을 알 수 있다. 그렇다면 사도행전은 예수님의 승천 이후의 사역에 대해 기록하고 있다고 할 수 있다.

이것을 보면 누가복음과 사도행전은 예수 그리스도의 복음 전파에 대해 기록해 주고 있음을 알 수 있는데, 누가복음에서는 특히 그 복음의 주인공이 되는 예수 그리스도의 사역에 대해 기록해 주고 있다. 예수 그리스도의 탄생에서부터 죽음, 부활, 승천에 이르기까지의 과정을 기록하는데, 물론 모든 사건을 다 기록한 것은 아니고 중요한 사건들과 가르침들을 선택적으로 기록해 주고 있다. 그것은 결국 우리의 구원의 주체이며 대상이신 예수 그리스도가 누구인지, 무슨 사역을 어떻게 하셨는지에 초점을 맞춘 것이다. 곧, 하나님의 아들로서 이 땅에 오신 예수 그리스도를 통해 구원이 어떻게 우리에게 오게 되었는가를 설명한다.

그런 점에서, 부활하신 예수께서 제자들에게 찾아오셔서 하신 말씀이 이 주제를 잘 설명하고 있다. "이같이 그리스도가 고난을 받고 제삼일에 죽은 자 가운데서 살아날 것과 또 그의 이름으로 죄 사함을 받게 하는 회개가 예루살렘에서 시작하여 모든 족속에게 전파될 것이 기록되었으니"(눅 24:46-47). 곧, 그리스도의 고난과 부활 그리고 우리의 회개가 그 중심 주제이다. 이 회개는 우리에게 죄 사함 곧 구원을 가져온다. 따라서 우리는 누가복음의 중심 주제를 다음과 정리할 수 있을 것이다: 예수 그리스도의 고난과 부활, 그리고 그를 믿음으로 말미암는 구원. 한 마디로 말하면 예수 그리스도의 복음 전파이다.

V. 누가복음의 특징

누가복음은 다른 세 복음서와 다른 특징을 가지고 있다. 이레네우스와 어거스틴과 제롬은 누가복음을 '송아지'에 비유하였다. 대표적으로 어거스틴의 견해를 보면 마태복음은 사자, 마가복음은 사람, 누가복음은 송아지, 요한복음은 독수리에 비교하였다. 물론 이런 비유는 절대적이 아니며 다르게 볼 수도 있다. 이레네우스는 마태복음을 사람, 마가복음을 독수리, 누가복음을 송아지, 요한복음을 사자로 보았다. 제롬은 마태복음은 사람, 마가복음은 사자, 누가복음은 송아지, 요한복음은 독수리로 보았다. 이처럼 보는 관점에 따라 다르게 볼 수도 있지만, 누가복음에 대해 '송아지'로 본 점에 있어서 일치한다.

이처럼 사복음서는 각각 특징과 다른 관점과 기록 목적을 가지고 있지만 그 내용과 사상은 동일하다. 곧, 이 땅에 오신 하나님의 아들 예수 그리스도의 복음을 전하고 설명하는 것이다. 그러나 하나님은 서로 다른 네 사람을 통해 각각 다른 관점에서 기록하게 하심으로 우리에게 풍부한 내용을 전해 준다. 이처럼 각 복음서 기자는 그들이 가장 좋다고 생각하는 방법을 따라 기록했으며, 이로 인하여 '다양성'(diversity)이 생겨나게 되었다. 그러나 이것은 우연히 된 것이 아니라 하나님의 섭리에 의하여 그렇게 되었다. 따라서 이러한 기록 방식의 다양성 하에서도 성령께서는 '놀랄만한 조화'(astonishing harmony)를 허락하여 주셨다(Calvin). 누가복음은 이런 '조화'와 '일치성' 가운데서도 다음과 같은 '특징들'을 가진다.[2)]

1. 넓은 범위와 많은 자료

누가복음은 다른 복음서들에 비해 시간적으로 넓은 범위를 다루고 있다. 마태복음은 예수 그리스도의 족보와 탄생으로부터 시작하며, 마가복음은 세례 요한의 사역으로부터 시작하지만, 누가복음은 세례 요한의 탄생에 대해 먼저 자세히 말한다(1장). 예수 그리스도의 수태와 탄생 과정에 대해서도 다른 복음서들보다 자세히 기록해 주고 있다. 뿐만 아니라 누가복음은 예수님의 성장 과정에 대해서도 조금 기록해 주고 있다. 다른 복음서들이 예수님의 어린 시절과 성장 과정에 대해 아예 침묵하고 있는 반면에, 누가복음은 예수님이 열두 살 때에 있었던 일에 기록해 준다(2:41-51). 또한 "아기가 자라며 강하여지고 지혜가 충만하며 하나님의 은혜가 그의 위에 있더라."고 말한다(2:40; cf. 52절). 이것은 예수님의 성장 과정에 대해 말해 주는 귀한 구절이다. 곧, 예수님의 성장은 '신체적 성장'과 '지적 성장'뿐만 아니라 '영적 성장'이 함께 있었음을 보여 준다. 오늘날 부모들은 자녀들의 '신체적 성장'과 '지적 성장'에만 몰두하고 '영적 성장'에 대해서는 무시하고 있지만, 예수님의 성장은 3개의 성장이 함께 하는 '균형 잡힌 성장'이었다.

나아가서 누가복음은 예수님의 승천을 기록해 주고 있다. 다른 복음서들은 예수님의 부활로서 끝나만, 누가복음은 부활에 이어 승천도 기록해 주고 있다(눅 24:50-53). 이것은 누가의 관심은 단지 예수님의 부활로 끝나는 것이 아

2) 누가복음의 특징에 대해서는 D. Guthrie, *New Testament Introduction*, 4th ed. (Leicester: Apollos, 1990), 102-105; Greijdanus, *Bizondere Canoniek*, I, 147-50; 김경희 외, 『신약성서 개론』 (서울: 대한기독교서회, 2002), 264-68을 참조하라.

니라 성령 강림으로 말미암은 사도들의 복음 전파에까지 이어지기 때문에 그러한 것으로 생각된다.

그 외에도 누가복음은 70명의 제자 파송(10:1-20), 선한 사마리아인 비유(10:25-37), 어리석은 부자 비유(12:13-21), 잃은 양과 잃은 드라크마 및 탕자 비유(15장), 불의한 청지기 비유(16:1-13), 부자와 나사로 비유(16:19-31), 돌아온 사마리아인 사건(17:11-19), 불의한 재판관 비유(18:1-8), 삭개오 이야기(19:1-10) 등 다른 복음서에는 없는 자료들이 많이 있다. 누가가 서두에서 밝힌 대로 누가는 "그 모든 일을 근원부터 자세히 미루어 살폈다"는 것을 알 수 있다.

2. 전 세계적 구원

누가복음에는 예수님의 구원이 유대 민족만 아니라 온 세계에 미친다는 점이 다른 복음서들에 비해 상대적으로 많이 드러난다. 예수님이 탄생하셨을 때 베들레헴 주변의 목자들에게 천사가 나타나서 말하기를 "내가 온 백성에게 미칠 큰 기쁨의 좋은 소식을 너희에게 전하노라."고 하였다(2:10). 세례 요한에 대한 이사야의 예언(사 40:3-5)을 인용할 때에 마태와 마가와 달리 누가는 "모든 육체가 하나님의 구원을 보리라."는 구절까지 인용한다(눅 3:4-6). 또 누가복음에는 사마리아인들에 대한 관심이 많으며(9:52-56; 10:33-35; 17:15-19), 시돈 땅 사렙다의 과부와 수리아 사람 나아만에 대한 언급이 나온다(4:26-27). 이방인이었던 누가의 입장에서 볼 때, 예수의 복음이 단지 유대인들만 위한 것이 아니라 온 세상 사람들을 위한 것이라는 사실이 중요하게 다가왔을 것이다. 그래서 마태와 마가에 비해 상대적으로 누가복음에 이런 보편적, 전(全) 세계적 관점이 더 부각되어 있다고 볼 수 있다.

이러한 것은 예수님의 탄생을 설명할 때 분명히 드러난다. 누가는 예수님의 탄생을 단지 유대 나라만이 아니라 로마 제국 전체의 넓은 맥락에서 이해한다. 그래서 "가이사 아구스도가 영을 내려 천하로 다 호적하라"고 했을 때, 그리고 "구레뇨가 수리아 총독이 되었을 때" 예수님이 탄생하셨다고 한다(2:1-2). 뿐만 아니라 세례 요한이 활동을 시작한 시점에 대해 누가는 "디베료 황제가 통치한 지 열다섯 해 곧 본디오 빌라도가 유대의 총독으로, 헤롯이 갈릴리의 분봉왕으로, 그 동생 빌립이 이두래와 드라고닛 지방의 분봉왕으로, 루사니아가 아빌레네의 분봉왕으로, 안나스와 가야바가 대제사장으로 있을 때에"라고 말한다(3:1-2). 이처럼 누가는 로마 제국의 큰 틀 안에서, 그리고 수리아 지역의 한 부분으로서 유대 땅을 이해하고 있다. 이것은 누가가 수리아 안디옥 출신의 이방인이라는 전승이 사실이라면 쉽게 이해될 수 있는 일이기도 하다. 뿐만 아니라 누가는 공부를 많이 한 의원으로서 역사가의 관점에서 사실을 객관적으로 기술하고 있다는 점을 보여 주기도 한다.

3. 병자에 대한 관심

누가는 의사로서 병자들에 특별한 관심을 기울이고 있다. 베드로의 장모의 병에 대해 마태와 마가는 그냥 '열이 나서 누워 있다'고 말한 데 비해(마 8:14; 막 1:30), 누가는 '중한 열병에 붙들려 있다'고 좀 더 자세하게 기술한다(눅 4:38). 그리고 마태와 마가가 단순히 '나병환자'라고 말하는 데 비해(마 8:2; 막 1:40), 누가는 '온 몸에 나병 들린 사람'이라고 자세하게 진단한다(눅 5:12). 뿐만 아니라 열두 해를 혈루증으로 앓고 있던 여인에 대해 마가는 "많은 의사에게 많을 괴로움을 받았고 가진 것도 다 허비하였으되 아무 효험이 없고 도리어 더 중하여졌던 차에"라고 말하는데(5:26), 누가는 그냥 "아무에게도 고침을 받지 못하였다"고 말한다(눅 8:43). 의사인 누가는 의사를 비난하는 표현을 생략했다고 볼 수 있다. 그러나 이 점을 너무 강하게 내세울 수 없는 것은 마태복음에도 이런 표현이 없으며 단순히 '열두 해 동안이나 혈루증으로 앓는 여자'라고만 말하기 때문이다(마 9:20).

이와 관련하여 누가복음에는 의학 용어가 많이 사용되었다는 주장이 이미 오래 전에 제기되었다(Hobart, 1882). 그러나 호바트(Hobart)가 누가복음과 사도행전에서 의학적인 용어라고 주장했던 단어들의 80%가 구약의 헬라어 번역에도 나타난다는 것을 발견하였다(Plummer). 뿐만 아니라 캐드베리(Cadbury)는 누가의 소위 '의학적' 용어라고 주장되었던 것들의 거의 전부가 의사가 아닌 요세푸스(Josephus)와 플루타르크(Plutarch)에게서도 발견된다는 것을 보여 주었다. 따라서 누가에게서 '특별한' 의학 용어를 지적하는 것은 어렵게 되었다고 할 수 있다.[3]

4. 사회적 약자에 대한 관심

누가복음에는 사회적 약자인 여인과 과부에 대한 관심이 많다. 예수님을 따라다니며 자기 소유로 섬긴 여인들에 대해 따로 언급해 주고 있으며(8:1-3), 갈릴리에서 예수님의 발에 향유를 부은 죄인인 한 여인에 대한 사건을 기록해 준다(7:36-50). 특히 독자를 잃고 슬퍼하는 나인성 과부를 위로하신 사건(7:11-17), 불의한 재판관 앞에 호소하는 과부 이야기(18:1-8), 골고다 언덕을 향해 가는 길에 가슴을 치며 슬피 우는 여자들(23:28)에 대한 기록들이 있다.

가난한 자들에 대한 언급도 우리의 주목을 끈다. 부자와 나사로 이야기에서 이 세상에서 부귀영화를 누린 부자는 죽어서 음부(陰府)에서 고통을 당하지만, 거지 나사로는 아브라함의 품에 들어간다(16:19-31). 그러나 우리는 이

---

3) 이에 대해서는 J. van Bruggen, *Lucas* (Kampen: Kok, 1993), 22를 보라.

것을 단순히 '부자'와 '가난한 자' 사이의 문제로만 보면 안 된다. 즉, 부자는 음부에 들어가고 가난한 자는 천국에 들어간다고 보면 안 된다. 이 부자는 살아 있을 때에 모세와 선지자들을 듣지 않았으며(29-31절 참조), 따라서 하나님을 믿지 않는 자였다. 음부(지옥)의 존재도 믿지 않다가 음부에 가서야 그곳이 고통 받는 곳임을 알고 후회하였다. 이에 반해 거지 나사로는 가난하고 멸시받으며 살았지만 모세와 선지자들의 말을 듣고 하나님을 믿는 자였다고 보아야 한다. 그래서 그는 죽어서 아브라함의 품에 안긴 것이다. 하지만 이 이야기의 핵심은 하나님을 믿지 않고 이 세상에서 부귀영화를 누리며, 가난한 자들을 학대한 사람에게는 엄중한 심판이 따른다는 것이다. 반면에 이 세상에서 하나님을 믿는 가운데서 학대와 무시와 고통을 당한 사람에게는 죽어서 하나님의 위로가 있다는 것을 말해 준다.

이와 함께 산상설교의 내용도 우리의 주의를 끈다. 마태복음에서는 "심령이 가난한 자는 복이 있나니"(마 5:3)라고 하였으나 누가복음에서는 "가난한 자는 복이 있나니"(눅 6:20)라고 말한다. 그래서 많은 사람들은, 마태는 '영적인 가난'을 말했지만 누가는 '경제적 가난'을 말했다고 본다. 아예 '산상설교'와 '평지설교'로 나누면서 서로 다르다고 말한다.[4] 그러나 이런 구분은 옳지 않다. 왜냐하면 한 예수님께서 전혀 다른 두 가지 말을 동시에 하실 수는 없기 때문이다. 물론 동일한 내용에 대해 각 복음서 기자가 조금씩 표현을 달리하거나 강조점을 달리해서 기록할 수는 있지만, 상반되는 두 내용을 예수님이 동시에 말씀하셨다고 볼 수는 없는 것이다. 따라서 예수님께서 "가난한 자는 복이 있다"고 하셨을 때, 그 의미는 마태복음에서와 마찬가지로 '영적인 의미

---

4) 예수님께서 산상설교를 말씀하신 곳은 가버나움 뒤쪽의 언덕으로서 '산'이라고 볼 수도 있고 '평지'라고 볼 수도 있다. 예수님은 먼저 제자들을 데리고 '산'으로 올라가셔서 열두 제자를 사도로 세우신 후에 함께 내려오셔서 '평지'에 서서 많은 무리에게 말씀을 전하셨다. 이 '평지'는 산 중턱에 있는 곳으로 많은 사람에게 가르칠 수 있는 좋은 장소였다.

에서 가난한 자'가 복이 있다는 것으로 보아야 한다. 개역한글판의 '심령이 가난한 자'는 모호한 번역인데, 정확하게 번역하면 '영에 있어서 가난한 자'이다. 곧 '영적인 의미에서의 가난한 자'란 의미이다. 이것은 물질적 의미에서 곧 경제적인 의미에서가 아니라 영적인 의미에서, 종교적 의미에서 가난한 자란 말이다. 이는 곧 시편에서 많이 나타나는 '가난한 자'(**아나윔**)인데, 하나님을 믿는 믿음 때문에 주위 사람들로부터 조롱과 핍박을 당하여 괴로움을 당하는 자 그래서 오직 하나님만 바라보고 기도하는 자이다. 히브리어 '**아나윔**'은 이런 종교적 의미로만 사용되었으며, 사회 경제적 의미의 가난한 자에 대해서는 다른 단어들(**달**, **에브욘**, **라쉬** 등)이 사용되었다. 따라서 예수님은 단순히 사회 계층적으로 가난한 자가 복이 있다고 말씀하신 것은 아니다.

이것은 문맥에 의해서도 알 수 있다. 21절에서 "지금 주린 자는 복이 있나니"라고 하셨을 때, 이것은 그저 문자적으로 '주린 자'를 의미하는 것은 아니다. 그렇다면 지금 굶주린 북한 사람들이 제일 복이 있다고 해야 할 것이다. 따라서 여기의 '주린 자'는 비유적 의미 곧 영적인 의미에서 '주린 자'라고 보아야 할 것이다. "지금 우는 자는 복이 있나니"라고 할 때도 그것은 문자적 의미에서 '우는 자'는 아니다. 문자적으로 '우는 자'는 슬픈 자이고 복이 없는 자이다. 그런데도 복이 있다고 한 것은 그것이 비유적 의미임을 말해 준다. 곧, 예수님 때문에 핍박을 당하여 슬퍼하고 애통하는 자이다. 이런 이해가 옳은 것은 이어서 나오는 22절이 잘 보여 주고 있다. "인자로 말미암아 사람들이 너희를 미워하며 멀리하고 욕하고 너희 이름을 악하다 하여 버릴 때에는 너희에게 복이 있도다." 따라서 20-22절의 전체 문맥에서 볼 때, 여기서 '가난한 자'는 그냥 문자적 의미에서 가난한 자가 아니라 영적 의미에서 가난한 자 곧 예수님 때문에 핍박당하는 자, 고난당하는 자임을 알 수 있다.

물론 사회경제적 의미의 '가난한 자'에 대해 누가가 관심을 가지는 것은 분명하다. 이것은 마태와 마가도 마찬가지며, 무엇보다도 예수님 자신이 관심을 가지신 것이다. 누가복음 7:22에 보면 "너희가 가서 보고 들은 것을 요한에게 알리되 맹인이 보며 못 걷는 사람이 걸으며 나병환자가 깨끗함을 받으며 귀먹은 사람이 들으며 죽은 자가 살아나며 가난한 자에게 복음이 전파된다 하라." 고 한다. 여기서 '가난한 자'는 앞의 '맹인', '못 걷는 사람', '나병환자', '귀먹은 사람'이 다 문자적 의미인 것을 보아 문자적 의미 곧 경제적으로 가난한 자임이 분명하다. 그렇다면 누가복음 4:18의 '가난한 자'는 어떤 의미일까? "주의 성령이 내게 임하셨으니 이는 가난한 자에게 복음을 전하게 하시려고 내게 기름을 부으시고 나를 보내사 포로된 자에게 자유를, 눈 먼 자에게 다시 보게 함을 전파하며 눌린 자를 자유롭게 하고". 여기서 '포로된 자'와 '눈 먼 자', '눌린 자'가 다 영적 의미인 것으로 보아 '가난한 자'도 영적 의미로 보아야 할 것이다. 특히 그 인용구절인 이사야 61:1에 사용된 '가난한 자'의 원어가 '**아나윔**'인 것을 생각해 보면 더욱 그러하다.

그렇다면 누가복음에서 "가난한 자에게 복음을 전하다"고 할 때의 '가난한 자'는 어떤 때에는 문자적 의미로, 어떤 때에는 영적 의미로 사용되었음을 보게 된다. 이것은 예수님이 주로 사역하신 갈릴리 지역에 가난한 자들이 많았다는 사실과 연관해서 이해할 수 있다. 예수님은 갈릴리의 '가난한 자들'에게 복음을 많이 전하셨으며(물론 부자들도 있었지만), 그런 가난한 자들의 눌리고 힘든 상태를 긍휼히 여기셨다고 볼 수 있다. 그러나 참으로 복음을 받아들이고 은혜를 입는 사람은 영적으로 '가난한 자들'(**아나윔**)이다. 예수님은 문자적 의미의 가난한 자들과 영적 의미의 가난한 자들 사이에 관련성을 보셨다고 생각할 수 있다. 그러나 "복음이 전파된다"는 것과 "복이 있다"는 것은 다른 문제이다. 사회 계층적으로 가난한 자들에게 주로 '복음이 전파'되었지만, '복이 있는' 사람은 영적 의미에서 가난한 자들이다. 왜냐하면 이들만이 예수님을 받아들이고 하나님을 의지하기 때문이다.

5. 기도에 대한 강조

누가복음에 보면 기도에 대한 강조가 많이 나타난다. 밤중에 찾아온 벗 때문에 밤중에 친구에게 가서 떡을 빌려 달라고 간청하는 기도의 비유(11:5-8)와, 불의한 재판관에게 찾아가서 밤낮으로 부르짖는 과부의 비유(18:1-8)는 오직 누가복음에만 나온다. 뿐만 아니라 열두 제자를 사도로 세우실 때 누가복음만이 예수께서 '밤이 도록 기도하시고' 나서 세우셨다고 한다(6:12).

또 예수께서 요한에게 세례를 받으시고 물에서 올라오실 때 하늘이 열리고 하늘에서 소리가 났는데, 누가복음만이 그때 예수께서 '기도하실 때에' 하늘이 열렸다고 말한다(3:21). 이런 경우에 우리는 이렇게 생각해야 한다. 예수님은 세례 받으실 때와 세례 받으시고 난 후에 계속 기도하고 계셨는데, 그때 하늘이 열리며 성령이 강림하시는 것이 세례 요한에게 보였다. 그런데 마태와 마가, 요한은 '성령이 강림한 사건'에 초점을 맞추어 기록한 데 반해, 누가는 그때 '예수님이 기도하셨다'는 사실에도 관심을 가지고 기록해 주었다. 이것은 누가 자신이 평소에 '기도'에 대해 관심이 많았으며 중요하게 생각했었다는 것을 보여 준다. 자기가 평소에 관심을 가지고 있는 것은 잘 보이고 크게 보이는 법이다. 물론 다른 복음서 기자들도 이 사실을 알고 있었겠지만 기록하지 않은 반면에, 누가는 이 사실을 기록했다는 점에서 차이가 있다.

예수님이 잡히시기 전날 밤에 겟세마네 동산에서 기도하실 때의 모습을 구체적으로 묘사하고 있는 것도 누가복음의 특징이다. 곧 "예수께서 애써 더욱 간절히 기도하시니 땀이 땅에 떨어지는 핏방울 같이 되더라."고 한다(22:43). 이런 것은 누가가 얼마나 기도에 대해 관심을 가지고 있었는가를 반영해 준다. 뿐만 아니라 예수께서 변화산에 올라가셨을 때에 그 모습이 변형된 사건을 기록할 때, 마태와 마가는 그냥 예수께서 높은 산에 올라가셨을 때에 그의 모습이 변형되었다고 기록하고 있는 반면에, 누가는 예수께서 '기도하시러'

산에 올라가셨다고 말하며 또 '기도하실 때에' 변화되셨다고 말한다(9:28-29). 이런 것은 누가가 자기 생각을 임의로 적어 넣었다고 생각하면 안 된다. 즉, 예수님은 그때 기도하지 않으셨는데 누가가 자기 신학(소위 '누가신학')의 구도에 맞추기 위해 첨가해 넣었다고 보면 안 된다. 그렇게 보는 것은 사실에 대한 왜곡이며 거짓말하는 것이다. 예수님은 실제로 그때 기도하셨는데, 마태와 마가는 그 사실에 대해 침묵한 반면 누가는 그것을 기록한 것이다. 그 이유는 누가가 '기도'에 대해 특별한 관심을 가지고 중요하게 여겼기 때문일 것이다. 아마도 누가는 바울과 동행하면서 '기도'의 중요성을 깊이 깨달았을 것이며, 개인적으로도 '기도'를 많이 하고 '기도'를 통해 은혜를 많이 받았을 것이라고 생각할 수 있다.

6. 성령에 대한 강조

누가복음에는 또한 '성령'에 대한 언급이 많다. 물론 요한복음에 '성령' 또는 '보혜사'에 대한 언급이 많지만, 누가복음에도 상대적으로 많이 나타난다. '성령'이란 단어만 살펴보면 마태복음에 11번, 마가복음에 6번, 누가복음에 16번, 요한복음에 10번('보혜사'를 보태면 14번) 나타난다(개역개정판 기준). 누가복음에 보면 특히 '성령의 충만'이란 표현이 많이 나타난다. 세례 요한은 모태에서부터 '성령의 충만'을 입을 것이라고 예언되었으며(1:15), 그의 어머니 엘리사벳이 '성령의 충만함'을 입었다고 한다(1:41). 또 그의 아버지 사가랴가 '성령의 충만함'을 입어 예언하였다고 한다(1:67). 예수님은 세례를 받으신 후 '성령의 충만함'을 입어 돌아오셨다고 한다(4:10).

예수님은 시험을 받으신 후에 '성령의 능력'으로 갈릴리에 돌아가셨다(4:14). 또 예수님은 '성령으로' 기뻐하셨다(10:21). 무엇보다 중요한 것은 기도에 관한 교훈 중에서, 마태는 "하물며 하늘에 계신 너희 아버지께서 구하는 자에게 좋은 것으로 주시지 않겠느냐?"(7:11)고 한 데 비해, 누가는 '성령'을 주시지 않겠느냐고 하였다(11:13). 왜 '좋은 것'이 '성령'으로 대체되었는지 또는 (가능성은 적지만) 그 역으로 '성령'이 '좋은 것'으로 대체되었는지 우리는 모른다. 예수님이 원래 하신 단어가 어느 것인지도 우리는 알 수 없다(원래 단어는 아람어였을 것이다). 다만 확실한 것은 둘 다 옳고 둘 다 성령의 감동으로 기록되었다는 사실이다. 그렇다면 우리는 '좋은 것'이나 '성령'이나 내용상 동의어로 보아야 한다. 이런 동의어 사용을 통해 성경은 그 의미를 풍성하게 드러낸다고 할 수 있다.

누가는 아마도 이렇게 생각했을 것이다. 하나님 아버지께서 우리에게 주시는 '좋은 것'이 무엇이겠는가? 그것은 물질적인 것이나 세상적인 것이 아니라 무엇보다도 '성령'이 아니겠는가? 하나님의 은혜와 모든 좋은 것들은 다 '성령의 역사'를 통해 우리에게 주어진다. 따라서 '성령'이 곧 '좋은 것'이라고 할 수 있다. 성령은 '좋은 것'의 주체이면서 수여자이시고, 또한 우리 인간에게 최고의 선물이다. 따라서 여기에 '좋은 것' 대신에 '성령'으로 기록하였다고 생각할 수 있다. 물론 이런 기록은 임의적인 것이 아니라 성령의 감동 하에 된 것이다. 또 하나 생각할 것은 여기에 사용된 '좋은 것'의 원어는 '**아가타**'(*agatha*)로서 중성 복수이다. 그래서 정확하게 번역하면 '좋은 것들'이 된다. 그렇다면 누가복음 11:13의 '성령'도 중생 시에 처음 받는 성령이 아니라, 믿는 자가 계속 받게 되는 '성령의 각종 은혜들, 은사들, 선물들'로 이해하여야 할 것이다. 물론 '성령 자신'과 '성령의 각종 은혜, 은사, 선물'은 서로 밀접하게 관련되어 있다.

누가의 이러한 '성령' 강조는 누가복음의 후속편인 사도행전이 본격적으로 성령의 역사로 말미암아 진행되는 복음 전파를 말하는 것과 관련되어 있을 것이다. 예수님이 약속하신 '성령'이 오순절 날에 오심으로 말미암아 복음이 힘있게 전파되어 갔으며 신약 교회는 확장, 발전되어 갔다. 이런 맥락에서 그 전편인 누가복음에 '성령'에 대한 관심이 많은 것은 충분히 이해될 수 있다.

VI. 누가복음의 구조

누가복음의 구조는 여러 관점에서 분석할 수 있다. 먼저 연대기적 관점에서 이해할 수 있는데, 그럴 경우 다음과 같이 구분할 수 있다. 1) 탄생 및 유년 시절(1-2장); 2) 갈릴리 사역(3:1-9:50); 3) 예루살렘으로 가는 길의 사역(9:51-19:27); 4) 예루살렘에서의 사역, 수난과 죽음, 부활과 승천(19:28-24:53)이다. 그러나 누가가 모든 사건을 다 '시간적 순서'를 따라 배열했는지는 의문이다. 각 사건들 사이의 시간적 순서에 대해서는 알기 어려운 것들이 많다. 하지만 누가는 역사가의 입장에서 예수님의 생애와 활동에 대해 '대체로' 시간적 순서를 따라 배열했다고 생각된다(1:3 참조). 이것은 사도행전 초두에서 누가 자신이 말하고 있는 것에서도 알 수 있다. "데오빌로여, 내가 먼저 쓴 글에는 무릇 예수께서 행하시며 가르치시기를 시작하심부터 그가 택하신 사도들에게 성령으로 명하시고 승천하신 날까지의 일을 기록하였노라."(행 1:1-2)

다른 한편으로, 우리는 누가복음의 구조를 지리적 요소에 초점을 맞추어서 이해할 수도 있다. 이럴 경우 우리는 다음 세 부분으로 나누어 이해할 수 있다. 1) 갈릴리 사역(1:1-9:50); 2) 예루살렘으로의 여행 중의 사역(9:51-19:27); 3) 예루살렘 사역(19:28-24:53). 물론 이 경우에 예수님의 탄생과 유년시절 사건은 갈릴리에 속하지 않는다는 문제점이 있다.

그러나 어떻게 보든 간에 누가복음 9:51-19:27을 '중앙 단락'으로 보는 점에서는 일치한다. 누가는 예수께서 예루살렘으로 올라가시는 길에 있었던 많은 사역들을 기록하고 있다. 그렇다면 9:51이 누가복음 전체에서 중요한 전환점이 되고 있음을 알 수 있다. "예수께서 승천하실 기약이 차가매 예루살렘을 향하여 올라가기로 굳게 결심하시고". 이것은 13:33에도 나타나 있다. "그러나 오늘과 내일과 모레는 내가 갈 길을 가야 하리니 선지자가 예루살렘 밖에서는 죽는 법이 없느니라." 예루살렘으로 가신다는 것은 17:11에도 나온다.[5)]

우리는 누가복음의 구조를 누가복음과 사도행전 전체의 구도에서 이해할 수 있다. 누가가 마음속에 가지고 있었던 큰 구도는 사도행전 1:8에서 알 수 있다. "오직 성령이 너희에게 임하시면 너희가 권능을 받고 예루살렘과 온 유대와 사마리아와 땅 끝까지 이르러 내 증인이 되리라." 여기서 '온 유대와 사마리아'는 한 전치사로 연결되어 있어서 한 묶음으로 이해해야 한다. '온 유대'만 해도 될 것을 굳이 '사마리아'를 넣은 것은 당시에 이방시 되던 사마리아도 복음 전파 대상에서 제외되지 않는다는 것을 강조한 것이다. 따라서 '온 유대와 사마리아'는 말하자면 '사마리아를 포함한 온 유대'란 의미가 된다. 여기서 '온 유대'는 '좁은 의미의 유대'(예루살렘을 중심한 지역)와 '이두매'(유대 남쪽 지역)와 '사마리아'와 '갈릴리와 베레아', 나아가서 '트란스 요르단' 지역을 다 포함한 '넓은 의미의 유대'로 이해해야 할 것이다. 그렇다면 사도행전 1:8이 말하고 있는 복음 전파의 구도는 1) 예루살렘; 2) 온 유대(사마리아 포함); 3) 땅 끝(로마 제국을 포함한 온 세상)이 된다.

여기서 주목해야 할 것은 이러한 복음 전파의 시발점은 '예루살렘'이라는 사실이다. 그래서 제자들은 '예루살렘'을 떠나지 말고 아버지의 약속하신 것을 기다려야 했다(행 1:4). 이 말씀을 따라 120명쯤 되는 제자들이 '예루살렘'에서 간절히 기도하고 있을 때에, 오순절 날에 '예루살렘'에 성령이 강림하였으며 그 성령의 능력으로 '예루살렘'에서 복음이 전파되고 신약 교회가 탄생하였다(행 2장). 초대 교회는 이 '예루살렘 교회'를 중심으로 발전하였으며, 후에도 온 이방 교회의 모체가 되었다(행 15장; 살전 1:14; 갈 2:1-10). 이것

5) 이상 누가복음의 구조에 대해서는 양용의, "누가복음의 장르, 신학, 구조", 『누가복음 어떻게 설교할 것인가』(서울: 두란노아카데미, 2007), 21-22를 많이 참조하였다.

은 부활하신 예수님께서 직접 말씀하신 것이기도 하다. "또 그의 이름으로 죄 사함을 받게 하는 회개가 예루살렘에서 시작하여 모든 족속에게 전파될 것이 기록되었으니"(눅 24:47). 이러한 '예루살렘 시발성(始發性)'은 다른 복음서에는 기록되어 있지 않고 누가복음에만 기록되어 있다. 뿐만 아니라 누가복음은 "큰 기쁨으로 예루살렘에 돌아가 늘 성전에서 하나님을 찬송하니라."는 문장으로 끝맺고 있다.

이처럼 '예루살렘'에서 시작된 복음 전파는 그 전에 '갈릴리'에서 예수님에 의해 시작된 것이다. 따라서 후편인 사도행전의 구도가 "**예루살렘 --〉 온 유대와 사마리아 --〉 땅 끝**"이라면, 전편인 누가복음의 구도는 "**갈릴리 --〉 예루살렘**"이다. 그래서 누가의 머릿속에는 이 전편에서는 어떻게 복음 전파가 갈릴리에서부터 시작되어 예루살렘에까지 이르게 되었는가를 설명하는 것이 중요하게 자리잡고 있었을 것이다. 그래서 그는 누가복음을 크게 보아, 1) **갈릴리 사역**; 2) **예루살렘으로 올라가는 도중의 사역**; 3) **예루살렘에서의 사역**으로 나누어서 기술하였을 것이다. 이러한 구도가 아마도 누가가 서두에서 '차례대로' 써 보낸다고 했을 때의 의미였을 것으로 짐작된다.

VII. 내용 분해

이러한 구조 이해를 바탕으로 누가복음의 내용을 분해하면 다음과 같다.[6)]

1. 서두(1:1-4)
2. 탄생과 유년 시절(2:40-52)
   1) 세례 요한의 탄생과 예수님 탄생 예고(1:5-80)

---

6) 이 내용 분해는 Van Bruggen, *Lucas,* 31-32과 Guthrie, *New Testament Introduction,* 132-35를 참조하여 필자가 적절히 조정하였다.

2) 예수님의 탄생과 유년 시절(2장)

3. 공생애 사역 준비(3:1-4:13)

1) 세례 요한의 사역(3:1-20)

2) 예수님의 세례 받으심과 족보(3:21-38)

3) 마귀에게 시험 받음(4:1-13)

4. 갈릴리 사역(4:14-9:50)

1) 사역의 시작(4:14-44)

2) 제자들을 부르심(5:1-6:16)

3) 산상설교(6:17-49)

4) 가버나움과 주변 지역에서의 사역(7:1-8:56)

5) 열두 제자를 중심한 사건들(9:1-50)

5. 예루살렘으로 가는 길의 사역(9:51-19:27)

1) 예수님과 사마리아 사람들(9:51-10:37)

2) 말씀과 기도에 관한 교훈(10:38-11:13)

3) 예수님과 바리새인들(11:14-54)

4) 제자들에 대한 교훈(12:1-53)

5) 여러 교훈들과 사건들(12:54-19:27)

6. 예루살렘 입성과 수난(19:28-23장)

7. 예수님의 부활과 승천(24장)

[5] 요한복음의 상황성

1. 들어가는 말

요한복음은 1세기말경에 사도 요한에 의해 기록되었다. 그가 소아시아의 에베소에서 목회하고 있을 때 주위의 사람들에게 복음을 전하기 위해 이 복음서를 기록했다. 즉, 사도 요한은 그 당시의 구체적인 독자들을 위하여 복음을 기록한 것이다. 따라서 요한복음은 그 당시 사람들이 이해할 수 있는 언어로 기록되었으며, 그 당시 사람들의 상황을 어느 정도 고려하였을 것이다.

그러나 요한복음은 단지 그 당시의 수신자들에게만 주어진 인간적인 책은 아니다. 오히려 이 책은 그 후에 오는 모든 시대의 사람들과 온 세계에 흩어져 있는 사람들이 읽고 생명을 얻도록 하기 위해 쓰여진 책이다. 왜냐하면 이 책은 단지 하나의 인간 역사를 다루는 책이 아니라 하나님의 아들의 복음을 기록한 책이기 때문이다. 이를 위해 하나님은 창세전에 이 복음서를 주시기로 예정하셨으며, 이를 위해 사도 요한을 준비시키셨고, 때가 되매 그를 통해 이 복음서를 기록하도록 하신 것이다. 따라서 이 요한복음은 엄밀한 의미에서 '하나님의' 복음이며 사도 요한은 그 하나님의 복음을 기록하는 데 '도구'로 사용된 것이다. 즉, 이 복음서의 '제1 저자'(*auctor primarius*)는 하나님이시며 사도 요한은 '제2 저자'(*auctor secundarius*)이다. 오늘날의 신학이 '제1 저자'를 무시하고 이에 대해 거의 이야기하지 않는 경향이 있지만, 우리는 성경의 '제1 저자'가 하나님이심을 잊어서는 안 된다. 이 사실을 무시할 때 우리는 성경을 그저 호머의 일리아드나 오딧세이처럼 또는 셰익스피어의 햄릿이나 오델로처럼 한낱 인간의 작품으로 읽게 되는 오류에 빠지고 만다.

따라서 우리는 요한복음이 요한 당시의 '일차적 수신자들'에게만 주어진 것이 아니라 또한 '오늘날 우리들'에게도 주어진 말씀이라는 사실을 생각해야 한다. 이것을 무시하면 성경은 하나님의 말씀이 아니라 하나의 고문서나 역사서가 되고 만다. 그러나 성경은 오늘날 우리를 위한 교훈으로 주어진 책이며(롬 15:4), 책망과 바르게 함과 의로 교육하기에 유익하다(딤후 3:16). 이것은 성경이 역사 속에 주어졌지만 역사에 얽매이지 않았기 때문이다. 하나님의 말씀은 구체적인 역사 속에서 그 당시의 언어와 관습과 문화 가운데 주어졌지만 또한 모든 시대에 적용되는 의미와 교훈을 가지고 있는 것이다.

따라서 우리가 요한복음을 읽을 때에도 그 당시(1세기말)의 언어와 사상, 배경을 생각하면서 그것이 오늘날 우리에게 어떤 의미를 가지고 있으며 적용될 수 있는지를 살펴보기로 하자. 어떤 면에서, 하나님의 말씀은 그 자체로서 명료한 성격을 가지고 있기 때문에 대부분의 경우 믿음으로 읽을 때 바로 이해되며 따로 설명이 필요 없다. 그런 점에서 꼭 그 당시의 시대 배경을 다 알고 난 연후에라야 성경 말씀을 이해할 수 있다는 주장은 잘못이다. 그런 주장은 신자들의 일상 경험에도 반(反)한다. 사실, 대다수의 신자들은 구약이나 신약의 역사나 문화에 대한 별다른 이해가 없는 상황에서도 성경을 읽고 은혜를 받으며, 또 그 안에서 하나님의 뜻을 발견하고 살아간다. 따라서 하나님의 말씀인 성경을 학자들의 연구의 결과로써만 이해할 수 있다고 주장하는 것은 일종의 엘리트주의이며 학적 권위주의이다. 그것은 평신도들로부터 하나님의 말씀을 빼앗아 가는 결과를 초래하고 만다.

그렇지만 우리가 성경의 언어나 배경을 살펴보는 것은 성경의 의미를 올바르게 이해하고 오늘날 적용하는 데 큰 도움이 된다. 특별히 성경을 가르치는 입장에 있는 자들에게는 성경이 기록된 그 당시의 배경이나 사상을 아는 것은 큰 도움이 될 것이다.

2. 요한복음의 기록 배경

요한복음의 저자 곧 제2 저자가 사도 요한임은 잘 알려진 사실이다. 비록 오늘날의 수많은 학자들이 사도 요한의 저작자 됨을 의심하고 여러 가지로 다르게 말하고 있지만, 요한복음 자체의 증거(20:2-3; 19:15-16; 21:20; 21:22-24 등)와 고대 교회 저술가들의 증거로 볼 때 사도 요한이 저작자임은 분명하다. 그래서 우리는 요한복음의 저자 문제에 대해서는 따로 논하지 아니하고 요한복음 기록 당시의 상황과 기록 목적을 알 수 있게 해 주는 몇몇 고대 교회의 증거들을 살펴보고자 한다.

2세기 후반에 살았던 이레네우스(Irenaeus)는 그의 유명한 『이단 논박』(*Adv. Haer.* III,1,1)에서 다음과 같이 말하고 있다. "그 후에 주의 품에 의지하여 있던 주의 제자 요한은, 그가 아시아의 에베소에 머물고 있을 때에, 자신이 직접 복음서를 출판하였다." 또한 폴리크라테스(Polycrates)도 "주의 품에 의지하던 요한이 ... 에베소에 잠들어 있다"고 증거한다(Eusebius, *Hist. Eccl.* V,24,3). 따라서 요한복음은 1세기말에 소아시아의 에베소에 있을 때에 쓰여진 것이 거의 확실시된다.

그러면 요한복음은 어떤 의도로 쓰여졌을까? 이에 대해 우선 요한복음 자체가 분명히 밝히고 있다. "오직 이것을 기록함은 너희로 예수께서 하나님의 아들 그리스도이심을 믿게 하려 함이요 또 너희로 믿고 그 이름을 힘입어 생명을 얻게 하려 함이니라"(20:31). 곧, 독자들이 이 복음서를 읽고 예수께서 하나님의 아들 그리스도이심을 믿고 또 그로 말미암아 생명을 얻게 하기 위함이었다. 여기서 '믿다'의 의미가 무엇인가 하는 것이 문제가 된다. 이것은 아직 예수님을 믿지 않는 사람들이 처음으로 믿게 되는 것(영접, 회심)을 말하는 것인가? 아니면 이미 믿고 있는 사람이 계속적으로 잘 믿는 것(의지, 신뢰)을 말하는 것인가? 전자의 경우라면 이 복음서는 불신자들을 위한 것이요, 후자라면 신자들을 위한 것이 된다. 원어상으로 살펴볼 때 '믿다'라는 동사의 시상(時相)이 아오리스트(aorist)로 되어 있으면 전자의 것을 지지하고, 현재 시상이라면 후자의 것을 지지하게 된다. 그런데 사본상으로 전자의 독법(reading)을 가지고 있는 것도 있고 후자의 독법을 가지고 있는 것도 있다. 그렇지만 사본의 수나 비중을 따져볼 때 전자 곧 아오리스트 시상을 가지고 있는 것이 압도적으로 우세하다. 따라서 요한복음은 우선적으로 아직 예수님을 믿지 않는 불신자들에게 복음을 전하고 그들로 하여금 "믿어서 생명을 얻게 하려고" 기록되었다고 볼 수 있다. 이것은 물론 이미 믿고 있는 사람은 이 복음서를 읽을 수 없다거나 읽을 필요가 없다는 것은 아니다. 이미 예수님을 믿고 있는 사람도 이 복음서를 읽으면 그 믿은 바 예수님에 대해 더욱 분명히 알게 될 것이고 그 믿음이 견고하게 될 것임은 두말할 필요도 없다.

그러나 요한복음의 일차적 기록 목적이 소아시아 주변의 믿지 않는 자들에게 복음을 전하는 것이었다면, 그 당시 소아시아 사람들의 상황을 어느 정도 고려하고서 이 복음서를 기록했을 것이라고 생각된다. 하나님의 아들의 복음 자체가 모든 시대와 모든 상황에 통용되는 보편적 성격을 가지고 있다고 할지라도 사도 요한이 어느 정도 그 시대 독자들의 상황을 고려했을 것으로 생각된다. 이런 점에서 요한복음에 나타나는 주요한 개념들 중에서 대표적인 것 두 가지만 골라서 그 당시 주변의 배경과 관련하여 살펴보기로 하자.

3. 요한복음에 나타난 주요 개념들

1) 말씀(로고스)

요한복음은 "태초에 말씀이 계시니라."고 시작하고 있다. 그리고 "이 말씀은 곧 하나님이셨으며 만물이 그로 말미암아 지은 바 되었다."고 말한다(1:1-

3). 이처럼 예수님을 '말씀'(로고스)으로 부르고 있는 점이 특이하다. 왜냐하면 '로고스'란 말은 그 당시 독자들에게는 상당히 폭넓은 의미를 가지고 있는 친숙한 개념이었기 때문이다. 여기에는 영지주의 사상, 스토아 철학, 필로의 사상, 유대교와 구약 성경 등 그 당시의 여러 배경과 사상들이 영향을 끼치고 있었을 것이다. 그러나 사도 요한은 과연 여기서 어떤 의미로 '로고스'란 단어를 사용하였을까? 이 단어의 배경은 무엇일까?

먼저 요한복음 서론(1:1-18)의 로고스는 구약 성경의 '다바르'(말씀) 또는 '토라'(율법)일 것이라는 가정을 생각해 보자. 구약에는 여호와의 말씀으로 천지를 창조하셨다고 말하는 곳이 여러 곳 있다. "여호와의 말씀으로 하늘이 지음이 되었으며 그 입 기운으로 이루었도다"(시 33:6; cf. 창 1:3, 6; 히 11:2). 이것은 요한복음 1:3에 "만물이 그로 말미암아 지은 바 되었으니"를 잘 설명할 수 있다. 또한 4-5절에서 '생명'과 '빛'에 대해 말하고 있는데, 이것도 구약에서 증거된다. "주의 말씀은 내 발에 등이요 내 길에 빛이니이다."(시 119:105)

그러나 C. H. 다드에 의하면, 요한복음 서론에서 로고스의 개념을 구약 성경의 '말씀'이나 '율법'으로 이해할 때 두 가지 난점이 있다고 한다(C. H. Dodd, *The Interpretation of the Fourth Gospel,* 1968, p.273). 그것은 "그 말씀이 곧 하나님이셨다"는 구절(1절)과 "말씀이 육신이 되셨다"는 구절(14절)이라고 한다. 하나님에 의해 말해진 '말씀'이 하나님이라는 사상은 구약 성경에서는 찾기 어렵다는 것이 그의 주장이다.

그래서 다드는 지혜 문학에서 그 배경을 찾아보고자 한다. 여기서 우리는 먼저 다드의 성경관을 지적하지 아니할 수 없다. 그가 말하는 지혜 문학이란 잠언과 솔로몬의 지혜서, 그리고 시락의 지혜서 등을 가리킨다. 그렇다면 잠언은 구약 성경이 아니란 말인가? 왜 잠언은 따로 떼어서 외경과 같은 부류에 집어넣었는가? 오늘날의 현대 신학자들에게서 종종 볼 수 있는 바와 같이 다드에게도 뚜렷한 정경관이 없으며, 구약 성경도 그저 하나의 인간의 작품 곧 유대인들의 작품으로 보고 있다. 그래서 그는 구약 성경에서 배경을 찾을 때도 사실은 구약과 유대 문헌 사이를 자유로이 드나들었던 것이다. 어쨌든 다드의 견해를 계속 살펴보기로 하자. 위의 지혜 문학들에 보면 지혜가 인격화되어서 나타나는 것을 볼 수 있다(잠 8:22, 30, 35; 지혜서 9:2; 7:20, 26; 시락 24:6, 8 등). 따라서 요한복음의 서론은 소위 '지혜' 학파의 사상과 유사하다고 한다(Dodd, p.275).

그러나 다드는 "그 말씀(로고스)은 하나님이셨다"는 진술에 대한 좀 더 분명한 배경은 알렉산드리아의 필로(Philo of Alexandria)의 로고스 사상에서 발견할 수 있다고 본다. 예수님 직전에 살았던 필로는 스토아 철학을 따라 이 로고스를 둘로 나누어 이해했다. 곧, 사람에게는 '내재적 로고스'(*logos endiathetos*)와 '표출된 로고스'(*logos prophorikos*)가 있다고 보았다. '내재적 로고스'는 마음속에 있는 이성적 생각(the rational thought in the mind)을 말하고, '표출된 로고스'는 그것이 구체적으로 표현된 말(the thought uttered as a word)을 뜻한다. 이와 마찬가지로 신적 로고스에도 두 가지가 있다. 먼저 로고스는 하나님의 생각, 그의 영원한 지혜를 뜻한다. 이것이 후에 형태가 없는 비실재적인 물질로 발출되었고, 그것으로부터 실재적이고 합리적인 우주를 만들었다고 보았다(Dodd, p.66).

물론 필로는 경건한 유대인이었기 때문에 유대교의 신관을 물려받았다. 그래서 그는 하나님은 천지를 지으신 창조주로서 이 세상을 초월하신 분이시다. 그래서 그는 이 세상이나 그것의 일부를 신으로 보는 스토아 철학에 반대하였다. 필로는 로고스를 하나님과 동일시하지 않았으며, 로고스는 하나님에게서 나온다고 보았다(p.66). 우주의 질서와 의미는 초월하신 창조주의 생각을 나타낸다. 그러나 필로에게서 로고스는 단지 우주에 나타난 의미나 계획만이 아니라 그것은 또한 창조적 능력이었다. 이 창조적 능력(로고스)을 통해 우주가 생겨나고 유지되고 있다. 그것은 사도 바울이 말한 것처럼 '하나님의 지혜'일 뿐 아니라 또한 '하나님의 능력'이다. 그것은 하나님의 생각일 뿐 아니라 또한 행동하는 하나님의 능력이다. 이 점이 바로 필로에게 있는 히브리적 요소라고 말할 수 있다(p.277). 이러한 로고스는 또한 신적 통치의 매개자였다(p.68). 로고스는 '만물의 통치자이며 운행자'이며(*De Cher.* 36), 세상에 주시는 하나님의 '선물들의 사환'이다(*Quod Deus* 57). 로고스는 또한 세상이 하나님께 나아갈 때에도 매개자가 된다(*De Vit. Mos.* II,134).

다드는 이러한 사상적 배경에서 요한복음의 서론을 이해하려고 한다. 그런데 로고스란 단어가 요한복음의 서론 외에서는 이런 의미로 사용되지 않았다는 중요한 문제점이 있다. 그러나 다드는 그럼에도 불구하고 이러한 필로적 의미를 유지할 수 있다고 주장한다. 그래서 그는 필로의 로고스 사상과 유사한 로고스 교리의 실체가 요한복음 전체에 걸쳐 나타나 있다고 결론짓는다(p.279). 따라서 요한복음의 서론에 나오는 로고스는 스토아 철학에 나오는 바와 유사한, 그러나 필로에 의해 조정된, 그리고 또한 다른 유대인 저술가들에 나타나는 지혜 개념과 유사한 개념을 가지고 있다고 한다. "그것은 우주 속에 있는 이성적 원리이다. 그것의 의미와 계획과 목적은 신적인 인격으로 생각되어졌으며, 그 인격 안에서 영원한 하나님이 계시되고 활동하셨다."(p.280)

그러나 우리는 다드처럼 필로의 로고스 개념이 요한복음 서론의 '말씀'(로고스)의 배경이라고 보는 것은 무리라고 생각한다. 왜냐하면 요한이 말하는 '말씀'과 스토아 철학 또는 필로가 말하는 '로고스 사상' 사이에는 큰 차이가 있기 때문이다. 비록 그 당시 요한복음의 독자들이 스토아 철학에 익숙해 있었으며, 그리고 혹 필로의 사상을 접해 알고 있었다 할지라도, 사도 요한이 그러한 스토아적, 필로적 개념에서 '로고스'라는 단어를 사용했다고 보는 데는 무리가 따른다. 이러한 무리는 다드가 요한복음 1:1에서 '관사 없는 하나님'(*theos*)과 '관사 있는 하나님'(*ho theos*)을 구별할 때 분명히 드러난다. 그는 여기서 전자(*theos*)는 필로의 '로고스'(*logos*)를 가리키고, 후자(*ho theos*)는 '신성의 원천'(*Fons deitatis*)을 가리킨다고 주장한다. 관사가 있고 없고에 따라 이렇게 구별하는 것은 옛날에 오리겐이 범한 바와 같은 실수를 다시 범하는 것으로서(오리겐은 그의 『요한복음 주석』에서 관사 있는 하나님은 성부를, 관사 없는 하나님은 성자를 가리킨다고 보았다), 문법적으로 오류임이 이미 밝혀졌다. 여기 1절에서 "그 말씀은 하나님이셨다"(θεὸς ἦν ὁ λόγος)에서 '하나님'(θεός)에 관사가 붙지 않은 것은 이 단어가 그 문장에서 술어(predicate)로 사용되었기 때문이다(E. C. Colwell의 법칙).

C. H. 다드나 그와 유사한 주장을 하는 오늘날 많은 신학자들의 주장의 근본적인 잘못은 요한복음의 '말씀'(로고스)을 기본적으로 스토아-필로의 사상의 관점에서 설명하려고 한 데 있다. 그들은 스토아-필로의 사상 배경에서 '로고스' 개념을 먼저 설정해 놓고서 이 개념이 어떻게 '예수'에 들어맞는가를 설명하려고 한다. 그러기 위해 그들은 갖가지 어려운 설명을 시도한다. 그러나 우리는 이러한 시도가 성공할 수 없다고 본다. 왜냐하면 스토아 철학의 비인격 로고스가 결코 인격체 예수님이 될 수 없기 때문이다. 필로의 경우는 스토아적 로고스 개념이 구약의 배경을 거치면서 많이 수정되기는 했지만, 그 기본 구도에는 여전히 스토아적 한계가 남아 있다고 본다.

따라서 우리는 요한복음 서론의 '말씀'(로고스)을 바로 이해하려고 하면, 우리의 사고의 틀을 바꾸어서 인격체이신 '예수님'에게서 출발하여야 한다고 생각한다. 사도 요한은 지금 여기서 어떤 신적 원리를 가리켜 '말씀'이라고 부르는 것이 아니라 '선재하신 그리스도'(pre-existent Christ)를 가리켜 '말씀'이라고 부르고 있는 것이다. 요한은 여기서 어떤 추상적 원리나 개념을 가지고서 출발하는 것이 아니라 역사상에 나타나시고 그와 함께 계셨으며 직접 눈으로 보고 귀로 들었으며 손으로 만져 보았던 인격적 예수님을 토대로 하여 그의 복음서를 쓰고 있는 것이다. 그들 가운데 오셔서 증거하시고 역사하셨던 예수님에 대해 이야기하기에 앞서 이 예수님은 이 땅에 오시기 전에 하나님과 함께 계셨으며 또한 그 자신이 하나님이셨음을 말하고 있는 것이다. 그래서 태초부터 계셨으며 하나님 아버지와 함께 하셨던 예수님, 곧 선재하신 그리스도를 여기서 '말씀'이라고 부르고 있는 것이다.

따라서 사도 요한이 (선재하신) 그리스도를 '말씀'이라고 부른 것에 대해 우리는 요한복음에 많이 나타나는 비유와 상징의 사용 관점에서 이해해야 한다고 본다. 예수님을 가리켜 '빛'이라고 했을 때(요 1:4-5; 3:19; 8:12 등) 이것은 상징이다. 이것은 '빛'의 속성 중 어떤 것이 예수님의 어떤 속성을 나타내기에 합당하기 때문에 그런 의미 범주 내에서 그렇게 불리는 것이다. 따라서 '빛'이라는 물체를 가지고서, 예를 들어 광양자(光量子)가 어떻게 예수님이 되는가를 설명하려고 시도한다면 그것은 가능하지도 않을 뿐만 아니라 어리석은 일이다. 또 예수님께서 "나는 포도나무요"라고 했을 때에도(요 15장), 어떤 사람이 포도나무를 보고서 그것이 예수님이라고 믿고 그 앞에 절하고 숭배한다면 그것은 미신이요 우상숭배이다. 예수님은 자신과 우리의 관계를 포도나무와 가지의 관계로 설명하시면서, 가지가 나무에 붙어 있어야만 영양을 공급받아 과실을 맺는 것처럼 우리도 예수님께 붙어 있어야만 풍성한 과실을 맺을 수 있다는 것을 이 비유를 통해 말씀하시는 것이다.

이와 같은 맥락에서 사도 요한은 예수님을 '말씀' 곧 '태초부터 계셨으며 하나님 아버지와 함께 계신 말씀'이라고 표현하고 있는 것이다. 그러므로 요한복음 서론에 나타나는 '말씀'(로고스)에 대해 우리는 처음부터 인격적인 예수님 곧 선재하신 그리스도를 생각해야 한다. 3절에서 "만물이 그로 말미암아 지은 바 되었다."고 할 때에도 무슨 스토아적인 '표출'(*prophorikos*) 사상을 생각할 것이 아니라, 인격적인 예수 그리스도에 의한 천지창조를 생각해야 한다. 그리고 14절의 "말씀이 육신이 되었다"는 것도 하나님의 생각이 이제 '표출'되고 '구현'되었다는 식으로 설명할 것이 아니라 선재하신 그리스도 곧 성자 하나님이 인간이 되셔서 이 땅에 오셨다는 의미로 받아들여야 할 것이다.

그렇다면 왜 선재하신 그리스도를 요한이 '말씀'으로 불렀는가 하는 것에 대해서는 좀 생각해 볼 수 있을 것이다. 다른 단어들이 많이 있었지만 '말씀'으로 비유한 데는 나름대로 이유가 있었다고 생각할 수 있다. 이에 대해서는 사도 요한이 밝히고 있지 않기 때문에 우리가 확신 있게 말하기는 어렵다. 그러나 신약 성경과 그 가운데 있는 요한복음도 하나님의 말씀이며 하나님이 제1 저자이심을 생각할 때 그 배경은 아무래도 구약 성경이라고 생각된다. 다드처럼 잠언을 제외한 구약이 아니라 잠언을 포함한 구약 성경이 그 배경에 있다고 생각할 수 있다. 곧, 창세기 1장과 시편 33장에 나타나 있는 바와 같이 하나님께서 '말씀으로' 천지를 지으셨다는 구절들과 잠언 8장에 있는 바와 같이 '인격화된 말씀/지혜'가 중요한 배경을 이루고 있다고 할 수 있다. '말씀'은 한 인격체의 뜻과 사상을 전달하는 도구 곧 계시의 매개체가 된다. 그런데 예수님은 하나님 아버지의 뜻을 전달하는 계시자로서 이 땅에 오셔서 보이지 않는 하나님을 나타내셨기 때문에(요 1:18; 12:45; 14:9 등), 보이지 않는 하나님의 '계시자'(Revealer) 되시는 예수님을 비유로 지칭하는 데 있어서 '말씀'은 좋은 단어가 되었으리라고 생각해 볼 수 있다.

어쨌든 요한복음 서론의 '말씀'의 배후에는 이미 이 세상에서 오셔서 하나님 아버지를 나타내셨고 우리 죄인들을 위해 죽으셨다가 사흘만에 부활하신 하나님의 아들 예수 그리스도가 계신다. 이러한 구속사적 사실들이 요한복음의 배후에 놓여 있으며, 사도들에게 직접 생명의 말씀을 증거해 주신 그리스도가 그들 앞에 계시는 것이다. 이것을 요한은 그의 서신에서 이렇게 표현했다. "태초부터 있는 생명의 말씀에 관하여는 우리가 들은 바요 눈으로 본 바요 주목하고 우리 손으로 만진 바라. 이 생명이 나타내신 바 된지라. 이 영원한 생명을 우리가 보았고 증거하여 너희에게 전하노니 이는 아버지와 함께 계시다가 우리에게 나타내신 바 된 자니라."(요일 1:1-2) 요한복음은 예수님의 열두 제자 중 하나였던 요한이 이 땅에 오신 생명의 주 예수 그리스도를 친히 경험하였으며, 또한 그를 이 세상에 증거하다가 나이 많아서 이 세상을 떠날 때가 가까워 오던 1세기말에 기록한 것이라는 역사적 사실을 생각해야 한다. 다시 말하자면, 요한복음은 어떤 철학자처럼 책상 앞에서 '로고스' 철학을 전개한 것이 아니라 예수님의 제자요 복음 전도자였던 사도 요한이 이미 오신 예수 그리스도를 전하고자 하는 목적에서 기록한 책이라는 사실을 우리가 잊어서는 안 된다.

2) 영생

다음으로 요한복음에서 빈번히 나타나고 있는 '영생'에 대해 살펴보기로 하자. '영생'은 곧 '영원한 생명'인데, 간단히 줄여서 '생명'이라고 말하기도 한다. 사도 요한이 그의 복음서를 기록한 목적도 우리로 "믿고 생명을 얻게 하려 함"이라고 했다(요 20:31). 또한 예수님께서 이 세상에 오신 목적도 "양으로 생명을 얻게 하고 더 풍성히 얻게 하려는 것"이라고 했다(요 10:10). 그렇다면 요한복음에서 말하고 있는 '생명' 또는 '영생'의 개념은 무엇일까?

먼저 유대교에서 '영생'의 개념은 크게 세 가지로 나누어서 생각할 수 있다(Dodd, pp.144-146). 첫째로, '무한히 연장되는 이 세상에서의 삶'의 의미로 사용되기도 한다(에녹 10:10). 둘째로, 좀 더 보편적으로 사용되는 개념으로는 '죽음 후의 삶'으로서 무한히 지속되는 것으로 이해되었다(열두 족장의 증언, 솔로몬의 시편 등). 셋째로, '이 세대'와 대비되는 '오는 세대에서의 삶'의 개념이다. 오는 세대에서의 삶은 단지 무한한 시간의 지속에만 있는 것이 아니라 질적인 면도 있는 것으로 이해되기도 했다(4에즈라 7:12-13; 8:52-54). 그러나 이러한 개념들은 구약 성경에 있는 개념이라기보다는 주로 외경에 나타난 유대인들의 개념이며, 그 문헌들 중에는 신약 성경보다 늦은 것들도 많이 있다. 따라서 경우에 따라서 어떤 것이 도리어 신약 성경과 기독교인들에 의해 영향받았을 가능성도 배제할 수 없다.

그러면 헬라주의 사상(헬레니즘)에서는 '영생'을 어떻게 이해했을까? 플라톤은 '영원'을 무시간적인 것(無時間性)으로 이해했다. 피조된 세계에는 시간성이 작용한다. 그러나 영존하는 본질에는 시간이 없다. '였다'와 '일 것이다'는 것은 시간의 양태이고 영원한 본질에게는 '이다'만이 해당된다. 이러한 플라톤의 영생 개념을 필로가 그대로 받아들였다. 그래서 그는 하나님의 생명은 시간이 아니라 영원이라고 말한다. 영원은 시간의 원형(原型, archetype)이며, 영원에는 과거나 미래도 없고 오직 현재뿐이다(*Qoud Deus* 32). 이런 맥락에서 그는 신명기 4:4의 "오직 너희의 하나님 여호와께 붙어 떠나지 않은 너희는 오늘까지 다 생존하였느니라."는 말씀을 주석한다. 필로는 여기서 '오늘'이란 '끝이 없고 다함이 없는 영원'을 뜻한다고 말한다(*De Fuga* 57).

그러나 요한복음에서 '영생'은 이러한 무시간성을 뜻하지는 않는다. 영생은 시간적인 영속성을 배제하지는 않으나(예를 들어 4:14; 6:35, 49-51; 11:25-26 등), 단순히 양적으로 무한히 지속되는 것만을 뜻하지는 않는다. 오히려 요한복음에서 영생은 하나님께서 주시는 은사와 축복으로서의 질적인 면을 강조하고 있다. 하나님의 아들을 믿는 자는 멸망치 않고 영생을 얻는다(요 3:16, 36 등). 이 영생은 꼭 미래에, 사후(死後)에라야 얻는 것이 아니라 하나님의 아들을 믿으면 바로 그 순간부터 영생을 가지고 있다. 요한복음에는 이러한 영생의 현재성이 많이 나타나 있다. 예를 들어 5:24에는 "내 말을 듣고 또 나 보내신 이를 믿는 자는 영생을 얻었고 심판에 이르지 아니하나니 사망에서 생명으로 옮겼느니라."고 말한다. 여기서 '영생을 얻었고'라고 되어 있는 부분은 원어상으로는 현재형이다. 곧, 현재 '영생을 가지고 있다'는 뜻이다.

이런 맥락에서 '영생'이 무엇이냐에 대해 예수님께서 친히 답변해 주셨다. "

영생은 곧 유일하신 참 하나님과 그의 보내신 자 예수 그리스도를 아는 것이니이다."(요 17:3) 영생은 '시간이 없는 것'(Plato, Philo)도 아니요 '시간이 무한정 연장되는 것'만도 아니다. 하나님 없이 육신적으로 오래 산다고 행복이 되는 것은 아니다. 식물 인간의 상태에서 영원히 산다는 것은 오히려 고통이요 저주가 될 것이다. 따라서 참된 생명 곧 영생은 "유일하신 참 하나님과 그의 보내신 자 예수 그리스도를 아는 것"에 있다. 여기서 '안다'는 것은 단순한 기계적 지식을 뜻하는 것이 아니라 인격적인 앎, 곧 그분을 마음에 모셔 들이고 신뢰하고 살아가는 것을 말한다. 따라서 유일하신 참 하나님과 관계를 맺는 것, 그리고 그의 보내신 자 예수 그리스도와 관계를 맺는 것이 곧 영생을 얻는 길이다. 왜냐하면 영생은 살아 계신 하나님과 그의 아들 예수 그리스도 안에 있기 때문이다(요 1:4; 14:6 등). 그래서 예수 그리스도를 믿는 사람은 지금 '영생'을 가지고 있고, 그렇지 않은 자는 영생을 보지 못하고 도리어 하나님의 진노가 그 위에 머물러 있다(요 3:36).

이런 맥락에서 우리는 마르다에게 하신 예수님의 말씀을 이해할 수 있다. 마르다는 예수님께 "마지막 날 부활에는 다시 살 줄을 내가 아나이다."라고 대답했다(요 11:24). 이것은 마르다가 그 당시 유대인들의 일반적 생각을 따라 영생을 종말론적으로 생각했음을 보여 주고 있다. 그러나 예수님께서는 "나는 부활이요 생명이니 나를 믿는 자는 죽어도 살겠고 나를 믿는 자는 영원히 죽지 아니하리니 이것을 네가 믿느냐?"고 말씀하셨다. 이것은 곧 부활에 대해, 그리고 영생에 대해 교리적으로만 생각지 말고 곧 머릿속에 있는 지식으로만 생각지 말고, 지금 인격체로서 자기 앞에 다가와 계시는 예수님을 믿으라는 말씀이다. 예수님 자신이 곧 부활이요 생명이시기 때문에, 영생이란 멀리 있는 어떤 것이 아니라 그를 믿는 자에게 곧바로 주어지는 것임을 말씀하신 것이다.

그를 믿는 자는 "죽어도 살 것"이라고 하셨다. 예수님을 믿는 자에게는 죽음이 더 이상 문제되지 않는다. 그에게 있어 부활은 이미 확보되어 있다. 그리고 무릇 살아서 그를 믿는 자는 "영원히 죽지 아니하리라"고 하셨다. 이것은 무슨 뜻일까? 예수님을 믿는 자는 이미 자기 안에 영생을 가지고 있기 때문에 죽음이 더 이상 멸망이 되지 못하며 하나님과의 교제를 단절시키지도 못한다는 뜻이다. 즉, 하나님을 믿는 자의 영혼은 하나님과의 교제로 인하여 영생을 누리고 있으며, 비록 그의 몸이 죽는다 해도 그의 영혼은 죽지 아니하며 오히려 천국에 가서 주님과 더불어 더욱 풍성한 생명을 누리게 될 것이다. 그러므로 예수님을 믿는 자에게는 육신의 죽음이 별로 문제가 되지 않으며 사실상 죽음의 문제가 해결되었다고 볼 수 있다. 왜냐하면 주님께서 곧 '부활이요 생명'이시며 믿는 자 안에는 이 주님의 '부활과 생명'이 이미 들어와 있기 때문이다.

4. 끝맺는 말

우리는 이상에서 요한복음이 그 당시의 여러 철학과 사상들이 뒤섞여 있는 1세기말의 독자들 가운데 어떻게 쓰여졌는가를 간단히 살펴보았다. 1세기말에 살았던 요한은 그 시대, 그 상황 가운데서 그 당시 사람들이 사용하던 용어들을 사용하였지만, 그 내용은 그 당시 철학이나 사상에서 채우지 아니하고 하나님의 아들의 복음으로 채우고 있음을 살펴보았다. 왜냐하면 사도 요한은 스스로 무슨 사상을 만들어낸 것이 아니라 이 땅에 오신 하나님의 아들의 복음을 전하였기 때문이다. 그래서 그는 그 당시 사람들로 하여금 "예수께서 하나님의 아들 그리스도이심을 믿게 하고 또 그들로 믿고 그 이름을 힘입어 생명을 얻게 하려고" 하였다. 이런 점에서 20세기말을 살아가는 우리들도 비록 다른 시대와 상이한 문화 가운데 살아가고 있지만, 그래서 다른 언어들과 다른 표현들을 사용하고 있지만, 그 전하는 내용은 여전히 이 땅에 오신 하나님의 아들의 복음으로 채워야 하는 것이다. (원래 『그말씀』 1998년 1월호, pp.110-18에 게재되었던 글임)

[6] 요한복음에 나타난 비유

1. '파라볼레'와 '파로이미아'

요한복음에는 비유(譬喩)가 없다. 대신에 생수, 생명의 떡, 참 포도나무, 선한 목자 등과 같은 상징들이 많이 사용되고 있다. 이 점에 있어서 요한복음은 공관복음서와 구별된다. 물론 요한복음에 비유(譬喩)와 유사한 단어가 나타나지 않는 것은 아니다. 요한복음 10장 6절에 보면 비유(比喩)란 단어가 나온다. 한글 성경으로 보면 공관복음서에 나오는 '비유'와 동일하지만, 한자로는 서로 다르다. 국어사전에 보면 이 두 한자어는 동일한 의미로 설명되어 있다(한글학회 편, 『우리말 큰 사전』, 1991 및 이희승 편저, 『국어대사전』, 1994 참조). 그러나 원어상으로는 구별된다. 공관복음에 나오는 비유(譬喩)는 헬라어로 '파라볼레'(παραβολή)인 반면, 요한복음 10장 6절의 비유는 '파로이미아'(παροιμία)이다. 이것이 요한복음 16장 25절과 29절에서는 비사(比辭)로 번역되어 있다.

그렇다면 '파라볼레'와 '파로이미아'의 차이는 무엇일까? '파라볼레'란 단어는 원래 넓은 의미에서 '짝을 이루는 모형, 유형, 상징'(Gegenbild, Typus, Sinnbild)을 뜻하는데, 신약의 공관복음에서는 예수님의 가르침의 고유한 형태인 '비유'(Gleichnis, Bildrede)를 가리킨다. 이에 비해 '파로이미아'는 원래 '격언, 잠언'(Sprichwort)을 가리키는 단어인데, 요한복음에서는 '숨겨진 말'(die verhüllte Rede)이라는 의미로 사용되었다(W. Bauer, *Griechisch-Deutsches Wörterbuch,* 1971). 따라서 '파라볼레'이든 '파로이미아'이든 원래부터 명확히 구별된 다른 뜻을 가지고 있다기보다도, 성경에서 어떤 것을 가리키는 데 사용되느냐에 따라 구별된다고 볼 수 있다. 그렇다면 요한복음에 사용된 '파로이미아'는 편의상 오늘날 일반적으로 사용되고 있는 '상징'(symbol)으로 이해할 수 있겠다. 이 단어의 어원인 헬라어 '심볼론'(σύμβολον)은 주로 넓은 의미에서의 '표'(token)라는 의미로 사용되었다. 이것이 언어 사용에 있어서 '은유'(metaphor) 또는 '풍유'(allegory)라는 의미로도 사용되게 된 것이다(Liddell-Scott, *Greek-Englisch Lexicon,* 1968). 따라서 우리는 혼동을 피하기 위해 공관복음에 사용된 '파라볼레'에 대해서는 '비유'라는 말을, 요한복음에 나타난 '파로이미아'에 대해서는 '상징'이란 말을 사용할 수 있다. 그러나 '상징'이란 것도 넓은 의미에서는 '비유(比喩)'로 부를 수 있다.

2. 비유와 상징의 차이

그러면 '비유'(파라볼레)와 '상징'(파로이미아)의 차이는 무엇일까? '비유'는 청중들이 이해할 수 있는 상황을 제시하는 가운데 주어지는 실제 삶에 대한 묘사나 이야기이다(C. H. Dodd, *The Interpretation of the Fourth Gospel,* 1968, p.134). 그래서 비유는 하나의 이야기(story) 형태로 말해지며, 그 이야기가 다 끝난 후에 청중들이 스스로 판단하고 교훈을 끌어내도록 유도한다. 그 교훈은 대개 하나의 주제를 가지고 있다. 물론 경우에 따라 둘, 셋의 의미를 가지는 것이 불가능한 것은 아니지만 그 핵심 되는 중심 교훈은 역시 하나이다. 따라서 그 비유의 각 부분마다 오늘날 우리에게 적용되는 어떤 의미를 가지고 있는 것은 아니다. 이에 비해 '상징'은 그런 이야기가 없이 어떤 진리를 곧바로 어떤 사물에 빗대어(은유적으로) 설명해 내려간다. 따라서 '상징'에는 비유에서와 같은 하나의 완결된 이야기가 필요치 않으며 한 단어, 한 단어가 바로 그에 대응하는 의미를 가지고 있다.

이것을 '잃어버린 양' 비유(눅 15:4-7; cf. 마 18:12-14)와 '선한 목자' 상징

(요 10:1-18)을 들어 생각해 보자. '잃어버린 양' 비유에서는 일백 마리의 양들 중에서 잃어버린 한 마리의 양을 찾아 나서는 목자의 모습을 묘사하고 있다. 이것을 마태복음은 누가복음과는 약간 다르게 묘사하고 있지만, 이런 조그만 차이는 중요치 않다. 잃어버린 한 마리의 양에 대한 목자의 관심과 사랑이 이 비유가 말하고자 하는 주제이다. 그래서 이 비유는 청중(독자)들에게 '이스라엘의 잃어버린 자' 곧 죄인들을 구원하시기 위해 애쓰시는 주님의 열정과 사랑을 깨닫기 원하고 있다.

이에 비해 요한복음 10장에 나오는 '선한 목자'에 대한 말씀은 어떤 구체적인 시간과 장소에서 일어나는 이야기가 따로 없다. 1, 2절에서 "양의 우리에 문으로 들어가지 아니하고 다른 데로 넘어가는 자는 절도며 강도요, 문으로 들어가는 이가 양의 목자라"고 곧장 진리를 서술하고 있다. 여기서 독자들은 '양의 목자'는 예수님임을 알아야 한다. 이어서 3절의 "문지기는 그를 위하여 문을 열고 양은 그의 음성을 듣나니, 그가 자기 양의 이름을 각각 불러 인도하여 내느니라."는 말씀에서 목자와 양 곧 예수님과 그의 백성들 사이의 관계가 설명되어 있다. 그래서 10절의 "나는 선한 목자라. 선한 목자는 양들을 위하여 목숨을 버리거니와"에서는 예수님께서 양들 곧 그의 백성들을 위해 어떤 일을 할 것인가가 분명히 말씀되어 있다. 이처럼 상징에서는 한 단어, 한 단어 그리고 한 문장, 한 문장이 독립적인 의미를 가지고 있으며, 그 사용된 상징어가 무엇을 뜻하는지를 바로 파악할 것이 요구되며, 그렇지 못할 경우에 그 전체 문장의 의미는 모호한 채로 남게 된다.

상징의 이러한 성격 때문에 한 상징어에서 다른 상징어로 전환되는 것이 가능하다. 전체적으로 선한 목자에 대해 말하고 있는 문맥(1-18절)에서 예수님은 갑자기 "나는 양의 문이라"고 말씀하신다(7-9절). 왜 이런 전환이 갑자기 일어나는지 이상하게 생각될 수도 있다. 그러나 상징의 성격이 하나의 연속된 이야기가 아니라 각각의 독립된 단어와 문장으로서 별개의 의미를 가진다는 것을 생각하면 전혀 이상하지 않다. 예수님은 자기 자신에 대해 계속해서 다른 상징어들을 사용하여 표현하실 수 있는 것이다. 중요한 것은 그 상징어가 무엇 또는 누구를 가리키며 그 문장으로써 나타내고자 하는 바가 무엇인가를 깨닫는 것이다.

이상의 구별과 사전 지식을 토대로 요한복음에 나타나 있는 상징들에 대해 주요한 것 몇 가지를 살펴보기로 하자.

3. 참 포도나무

예수님께서는 요한복음 15장에서 자신을 '참 포도나무'로 비유하셨다. "내가 참 포도나무요 내 아버지는 그 농부라. 무릇 내게 있어 과실을 맺지 아니하는 가지는 아버지께서 이를 제해 버리시고 무릇 과실을 맺는 가지는 더 과실을 맺게 하려 하여 이를 깨끗케 하시느니라."(1-2절) 여기서 '참 포도나무'는 예수님 자신을 가리키며, '농부'는 하나님 아버지를, 그리고 '가지'는 예수님의 제자들을 가리키는 것이 처음부터 분명하다. 농부의 바람은 가지가 과실을 많이 맺는 것이다. "너희가 과실을 많이 맺으면 내 아버지께서 영광을 받으실 것이요."(8절) 그런데 이 과실은 곧 예수님의 계명을 따라 우리가 '서로 사랑하는 것'이라고 말하고 있다(9-12절).

그러나 과실을 맺지 아니하는 가지는 아버지께서 이를 제해 버리시고 무릇 과실을 맺는 가지는 더 과실을 맺게 하려 하여 이를 깨끗케 하신다고 했다(2절). 여기서 '깨끗케 한다'(καθαίρω)는 단어는 필로(Philo)에 의해 '가지치기를 한다'는 의미로 사용된 적이 있지만(*De Somn.* II,64), 포도 재배와 관련하여 일반적으로 사용된 용어는 아닌 듯하다(Dodd, p.136). 왜냐하면 우리는 이 헬라어 단어가 '가지치기를 한다'는 의미로 사용된 예를 다른 곳에서 찾아볼 수 없기 때문이다. 따라서 우리는 여기 2절의 '깨끗케 한다'는 단어는 3절의 "너희는 내가 일러 준 말로 이미 깨끗하니라(καθαροί)."는 말씀과 관련하여 의도적으로 사용된 것이라고 생각할 수 있다.

구약 성경에 보면 이스라엘 백성이 포도원에 비유되고 있다. 이사야 5장 1-7절에 보면 만군의 여호와 하나님께서 포도원을 만들고 "좋은 포도 맺히기를 바랐더니 들포도를 맺힘은 어찜이뇨?"라고 탄식하고 있다(cf. 시 80:8-14; 렘 2:21). 이러한 것들이 요한복음 15장에 나오는 예수님의 '참 포도나무' 비유의 배경이 되고 있다.

이처럼 하나님을 '포도원 주인'(γεωργός)이라고 보는 것은 헬라 사람들에게도 친숙한 것이었을 것이다. 주후 2세기의 철학자였던 누메니우스(Numenius)는 다음과 같이 말하였다. "제일신(First God)과 조물주(Demiurge)의 관계는 포도원 주인(γεωργός)과 심는 자(planter)의 관계와 같다. 왜냐하면 제일신이 영혼의 씨 전체를 그 해당되는 목적물에다 뿌리면, 조물주가 우리 개개인을 향해 돋아 나오는 씨들을 심고 나눠주고 이식하기 때문이다." 이것은 당시의 플라톤 철학으로 강하게 채색된 사상을 보여 주고 있다. 그리고 헤르메틱 문헌에서는 비유가 이보다 단순하여 포도원 주인과 심는 자 사이의 구별이 없다. "땅에 씨를 뿌리는 γεωργός를 보라. 여기에는 밀을, 저기에는 보리를, 또 저쪽에는 다른 씨를 뿌린다. 그리고 포도나무와 사과나무와 다른 나무들을 심는 그를 보라. 이처럼 신은 하늘에 불멸(immortality)을 심고, 땅에는 가변성(mutability)을 심는데 모든 곳에 생명과 운동을 심는다."(*C. H.* xiv.10)

그러나 이방인들의 이러한 상징 사용은 예수님께서 사용하신 포도나무 비유와 내용상 큰 차이가 있다. 그들은 그 당시 헬라 철학의 영향을 받아서 '제일신'과 '데미우르고스'(제일신에 의해 피조된 신으로 이 세상의 모든 것을 창조했다고 하는 조물주) 사이의 구별을 설명하거나, 또는 영지주의의 이원론의 배경에서 하늘과 땅 사이의 차이를 말하고 있을 따름이다. 그러나 예수님께서 말씀하신 '포도원 주인'은 자기 백성을 사랑하시는 인격적 하나님이신 만군의 여호와 하나님이시며(사 5:1, 7), '포도나무'는 자기 백성을 죄에서 구원하기 위해 이 땅에 오신 하나님의 아들 예수님이시다. 그리고 예수님의 '포도나무와 가지' 비유(상징)에서는 무엇보다도 가지인 우리가 포도나무 되시는 예수님께 붙어 있어야만 과실을 많이 맺을 수 있다는 영적 진리를 말해 주고 있다. 곧 '그리스도와의 연합'이 있어야 우리가 의와 사랑의 열매를 많이 맺을 수 있으며, 그리할 때 포도원 주인 되시는 하나님 아버지께서 기뻐하신다는 것이다. 이러한 '그리스도와의 연합'은 '믿음으로'(by faith), '성령 안에서'(in the Spirit) 맺어지는 연합이요, 구체적으로 '사랑을 통해'(through love) 두터워지는 연합이다.

4. 생수

물은 성경뿐만 아니라 일반 문헌에서도 흔히 사용되는 상징이다. 물은 크게 두 가지 상징적 의미를 가지고 있는데, 곧 '정결'(cleansing)과 '생명'(life)의 의미이다. 물은 무엇보다도 더러운 것을 씻는 역할을 하기 때문에 자연스럽게 인간의 죄와 허물을 '씻는 것'을 나타내는 상징으로 사용되었다(레위기의 결례와 관련된 많은 구절들; 겔 36:25; 히 10:22 등). 물은 또한 모든 생물이 생명을 유지하는 데 필요불가결한 요소로서 '생명'의 상징으로도 많이 사용되었다(렘 2:13; 겔 47:1-12; 사 12:3; 요 4:14 등). 유대인들은 이런 '정결'과 '생명'의 의미에서 토라(Torah)를 종종 물에 비유하였다(신 11:22에 대한 *Siphre* §48). "물이 부정(不淨)한 자를 그의 부정에서 끌어올리듯이 토라의 말씀은 사람을 악한 길에서 선한 길로 인도한다." 그리고 "물이 세상에 대해 생명이 되는 것과 마찬가지로 토라의 말씀은 세상을 위한 생명이다." 이처럼 유대의 랍비 문학에서는 '토라'(율법)가 강조되고 있음을 볼 수 있다.

요한복음 3장 5절에서 예수님은 "사람이 물과 성령으로 나지 아니하면 하나님 나라에 들어갈 수 없느니라."고 말씀하셨는데, 여기서 '물'은 우리의 죄를 씻어서 정결(淨潔)케 하는 성령의 사역을 상징한 것으로 생각된다(겔 36:25 참조). 그러나 4장 10절, 14절의 '생수'(ὕδωρ ζῶν)는 이 단어 자체가 말하듯이 '생명'을 주는 물을 뜻하고 있다. 생수는 원래 '흐르는 물'(running water)을 뜻하지만 요한복음에서는 '영생을 주는 물'(요 4:14)의 의미로 사용되고 있다(Dodd, p.311f.). 그래서 이것은 간단히 '생명을 중개하는 물'(Leben vermittelndes Wasser) 곧 '생명의 물'(Wasser des Lebens)로 불릴 수 있다(L. Goppelt, art. ὕδωρ, in: *TWNT*, VIII, 325f.). 그런데 이 생수는 요한복음 7장 39절에 의하면 오순절 후에 그리스도인들이 받을 '성령'을 가리킨다고 설명하고 있다.

5. 생명의 떡

요한복음 6장에 보면 예수님은 자신을 '생명의 떡'(35절) 또는 '하늘에서 내려온 산 떡'(51절)이라고 말씀하셨다. '떡'(ἄρτος)은 사람에게 육적 생명을 주는 것이기 때문에 자연스럽게 영적 생명에 대한 상징으로 사용되었다. 유대의 랍비 베레키야(R. Berechiah)는 잠언 25장 21절을 다음과 같이 주석했다. "네 원수가 배고파하거든 떡 곧 토라의 떡으로 먹이라. 그가 목말라하거든 마실 물 곧 토라의 물로 먹이라." 그리하여 유대인들은 토라를 '모세의 떡'으로 생각하게 된 것은 자연스런 진행이었다(Dodd, p.83). 그래서 예수님 당시의 유대인들은 '만나'(manna)에 대해서도 모세가 하늘에서 내려준 것이라고 생각하게 되었다.

이에 대해 예수님은 그들의 잘못된 생각을 지적하시면서, 하나님 아버지께서 그들에게 지금도 생명의 떡을 주신다고 말씀하셨다. "하늘에서 내린 떡은 모세가 준 것이 아니라 오직 내 아버지께서 하늘에서 내린 참 떡을 너희에게 주시나니, 하나님의 떡은 하늘에서 내려 세상에게 생명을 주는 것이니라."(요 6:32-33) 여기서 '하나님의 떡'은 다름 아닌 예수님 자신임을 예수께서 분명히 밝히셨다. "나의 줄 떡은 곧 세상의 생명을 위한 내 살이로라"고 하셨다(35, 51절).

여기서 우리는 '생명의 떡' 되시는 예수님에 대해 두 가지로 생각할 수 있다(33절). 첫째로, 이 떡은 '하늘에서' 내려온 떡이라는 사실이다. 이 세상의 다른 모든 종교 지도자나 도덕가나 철학자들은 다 '땅에서' 왔다. 아무리 고상하고 지혜로운 가르침을 주었다고 할지라도 그들은 다 땅에서 났으며 땅에 속한 인간의 교훈으로 가르치다가 죽었다. 그래서 그들에게는 무덤이 있다. 그러나 예수님은 근본적으로 하늘에 속한 자로서(고전 15:47), 이 땅에 내려오셔서 천국 복음을 전하셨다(빌 2:6-8). 둘째로, 예수님은 '세상에 생명을 주시는 분'이라는 사실이다. 이 세상에는 참 생명이 없다. 아무리 좋은 음식을 먹고 좋은 보약을 먹는다고 할지라도 영원히 살지 못하고 조만간 다 죽고 만다. 왜냐하면 모든 사람은 다 죄를 지었기 때문에 죽을 수밖에 없는 것이다. 이 세상의 다른 종교 지도자들이 영생을 준다고 하였을지라도 그들 자신도 다 죽고 말았다. 그러나 예수님은 자기 자신이 살아 있는 생명의 떡이실 뿐만 아니라, 또한 다른 사람을 살게 하는 생명의 떡이 되신다. 왜냐하면 자기 스스로 사망의 권세를 정복하셨으며, 또한 우리를 살리실 권세를 가지고 계시기 때문이다. 그러므로 이제 세상 사람들에게 중요한 것은 그를 믿는 일이다. 그래서 예수님께서는 "나는 하늘로서 내려온 산 떡이니 사람이 이 떡을 먹으면 영생하리라"고 하셨으며(51절), "내 살을 먹고 내 피를 마시는 자는 영생을 가졌고 마지막 날에 내가 그를 다시 살리리라"고 하셨던 것이다(54절).

6. 세상의 빛

빛을 소재로 한 상징이 요한복음에 많이 나타난다. 먼저 예수님께서는 스스로를 '빛'(φῶς)이라고 말씀하신다. "나는 세상의 빛이니 나를 따르는 자는 어두움에 다니지 아니하고 생명의 빛을 얻으리라"(요 8:12; cf. 12:46). "내가 세상에 있는 동안에는 세상의 빛이로라."(요 9:5) 그리고 사도 요한은 예수 그리스도를 '참 빛 곧 세상에 와서 각 사람에게 비취는 빛'이라고 소개하고 있다(요 1:4-9). 그러나 세상 사람들은 빛보다 어두움을 더 사랑하여 빛으로 오지 아니하였다고 한다(요 3:19-20).

이처럼 요한복음에서 예수님을 '빛'으로 상징하고 빛과 어두움의 대립에 대해 많이 말하고 있는 것은 왜 그럴까? 어떤 이는 이에 대해 빛과 어두움의 이원론을 가르치는 조로아스터교의 영향으로 설명하기도 한다. 그러나 예수님이나 사도 요한이 조로아스터교의 영향을 받았다고 보아야 할 이유가 없다. '빛'은 하나님 또는 신적인 것을 나타내는 자연스런 상징으로 보아야 할 것이다. 왜냐하면 사람은 누구나 날마다 빛을 보고 누리며 빛의 고마움 가운데 살고 있기 때문에, 빛이 생명과 의로움을 상징하며 나아가서 그런 좋은 것들의 원천이 되는 하나님을 상징하는 것은 지극히 자연스럽기 때문이다. 그래서 사도 요한은 그의 서신에서 "하나님은 빛이시라. 그에게는 어두움이 조금도 없으시니라"고 하였으며(요일 1:5), 시편 기자는 "주의 말씀은 내 발에 등이요 내 길에 빛이니이다."라고 노래한 것이다(시 119:105).

그러나 성경에서 하나님 또는 예수님, 나아가서 그를 믿는 천국 백성들을(마 5:14) 빛이라고 부른 것은 헬라 철학자들이 이해한 빛 개념과는 다른 것이었다. 플라톤은 태양을 '선의 이데아'(Idea of Good)의 상징으로 보기도 하였는데, 이것은 동시에 우주의 '존재 이성'(*ratio essendi*) 또는 '인식 이성'(*ratio cognoscendi*)이었다. 이러한 플라톤의 영향으로 인해 헬라 세계에서는 빛을 대개 철학적으로 또는 인식론적으로 이해하였다(Dodd, 201f.). 그러나 요한복음에서 사용하는 빛의 상징은 헬라 철학에서의 빛 개념과는 다르다. 예수님은 자신이 빛으로서 그 안에 어두움 즉 죄나 악이 조금도 없으시며(요일 1:5), 생명으로 충만하였다(요 1:4). 빛과 어두움이란 단어가 요한복음에서 '영적-윤리적' 의미로 사용되었다는 것은 다음 문장에서 잘 알 수 있다. "악을 행하는 자마다 빛을 미워하여 빛으로 오지 아니하나니 이는 그 행위가 드러날까 함이요, 진리를 좇는 자는 빛으로 오나니 이는 그 행위가 하나님 안에서 행한 것임을 나타내려 함이라."(요 3:20-21)

그리고 빛은 그 속성상 주위의 사물을 비추어 밝히는 성질이 있기 때문에 '빛이 어두움에 비췬다'는 것은 하나님의 아들이 세상에 증거되고 있다는 의미가 된다(요 1:4, 9). 그래서 그는 '세상의 빛'이라고 불린다(요 8:12; 9:5; 11:9). 나아가서 사도 바울은 하나님을 알 수 있도록 우리 마음에 비춰 주시는 빛에 대해서도 말한다. "어두운데서 빛이 비취리라 하시던 그 하나님께서 예수 그리스도의 얼굴에 있는 하나님의 영광을 아는 빛을 우리 마음에 비취셨느니라."(고후 4:6) 곧, 하나님께서 자연계에 빛을 두셔서 비취게 하셨을 뿐 아니라 또한 우리에게 그 빛을 받아들일 수 있는 눈을 주신 것처럼, 우리에게 참 빛 되신 그리스도를 이 땅에 보내셔서 이 세상에 비취게 하셨을 뿐 아니라 또한 우리 마음에 그 빛을 알 수 있는 성령의 조명(照明)을 허락하셔서 참 빛을 받아들이게 하신 것이다. 즉, 하나님은 '객관적 은혜'인 그리스도를 허락하셨을 뿐만 아니라 또한 성령을 통해 그 은혜를 각 개개인에게 적용하는 '주관적 은혜'를 주신 것이다. 따라서 우리는 하나님의 은혜를 깨달을 수 있는 은혜를 받아서 하나님의 은혜가 참 은혜가 된 것이다. 이처럼 자연계에 비취는 '물리적 빛'에 비교해서 예수님은 자신을 영적 의미에서 우리 인간에게 참 생명과 깨우침을 주는 '참 빛'이라고 말하고 있는 것이다.

그럼에도 불구하고 요한복음에 사용된 '참 빛'을 헬라 철학의 맥락에서 이해하는 것은 잘못이다. 헬라 철학에서 '참 빛'은 '원형적(原型的) 빛'(archetypal light) 곧 '빛 자체'(αὐτὸ τὸ φῶς)이며, 이 세상의 모든 보이는 빛은 '모형(模型)' 또는 '상징'(symbol)이라고 보았다. 이러한 것은 '보이지 않는 세계'(이데아의 세계)와 '보이는 세계'(감각적 경험의 세계) 사이를 구별하는 이원론으로서 '참 빛', '참 포도나무' 또는 '참 떡'을 이러한 헬라 철학의 '이데아적 원형(原型)'으로 이해하는 것은 옳지 못하다.

7. 맺는 말

신약 성경의 사상은 당시 주위 철학의 영향을 받은 것이 아니라 이 세상에 주어진 하나님의 계시로서 하나님 자신의 사상을 전달하는 것이다. 이 점에 있어서 요한복음에 사용된 상징도 '하나님의 계시의 수단'이라는 차원에서 접근해야 할 것이다. 요한복음에 있는 상징들은 복음서 기자의 세계관을 나타내기 위해 사용된 것이 아니라 하나님 자신의 뜻을 나타내기 위한 수단으로 사용된 것이다. 이 점에 있어서 C. H. 다드의 접근은(pp.133-143), 비록 그의 진지한 연구와 조심스런 표현은 높이 평가하지만, 근본적으로 방향이 잘못된 것이라고 하지 않을 수 없다. 그는 오늘날의 거의 모든 신학자들과 마찬가지로, 사도 요한(Dodd에 의하면 '복음서 기자')의 배후에 하나님께서 역사하고 계셨다는 사실을 충분히 고려하지 못하고 있다. 요한은 비록 유대인으로 태어나고 '유대주의' 배경에서 자랐으며 말년에는 '헬레니즘'이 지배하는 소아시아에서 복음을 전하며 목회를 했었지만, 그가 전한 것은 유대주의적인 것도 아니고 헬레니즘적인 것도 아니며 하나님의 아들 예수 그리스도께 받은 '복음'이었다.

이 복음은 구약의 율법과 선지자들로부터 미리 증거를 받은 것이었다(롬 3:21). 구약 성경은 비록 유대인들에게 주어졌지만 그것은 유대인들의 사상이 아니라 하나님의 말씀이었기 때문에, 신약 시대에 사도들을 통해 주시는 하나님의 계시와 일맥상통할 수밖에 없다. 그것은 둘 다 살아 계신 하나님의 말씀이기 때문이다. 이런 점에서 우리는 '구약 성경'과 '유대주의'를 분명히 구별해야 하며, '신약'의 배경을 '유대주의'에서가 아니라 '구약'에서 찾아야 한다. 따라서 요한복음에 사용된 상징들의 근본적 의미도 에덴동산에서부터 나타내 주신 하나님의 계시에서 찾을 수 있는데, 그것은 타락한 세상에 하나님의 사랑과 구원과 생명을 전하는 복음인 것이다. 이것은 하나님의 아들 예수 그리스도를 통하여 그를 믿는 자에게 주어지는 축복이다.

그런데 여기에 하나의 의문이 있다. 사도 요한은 어떻게 유대주의와 헬라 철학과 온갖 이방 사상들이 난무하는 세상에 살면서 그런 것에 오염되지 않은 순수한 복음을 기록할 수가 있었을까? 비록 사도라 할지라도 '사람'으로서 그것이 가능하단 말인가? 이에 대한 답은 인간적으로서는 불가능하다는 것이다. 실제로 예수님 직전에 살았던 알렉산드리아의 필로의 경우, 그 자신은 매우 경건하고 신앙심이 깊은 유대인이었음에도 불구하고 그의 작품은 플라톤적-스토아적 철학의 영향을 많이 보여 준다. 그는 구약 성경의 초월적이고 유일하신 하나님을 이방인들에게 전하고자 하는 열망에서 이방의 철학을 빌어 사용했지만, 그의 사상은 곳곳에서 플라톤적-스토아적 구도에 강하게 끌려 들어가고 말았음을 부인할 수 없다. 또한 사도들 직후인 2세기 전반의 속사도들의 문헌에 보면 그 당시의 '금욕주의'의 영향이 곳곳에 나타나고 있음을 볼 수 있다. 아무리 경건한 기독교 작가라 할지라도 그 시대정신의 영향을 받지 않은 사람은 없다.

이런 것을 생각해 보면 1세기의 신약 성경도 그 시대 철학이나 사상의 영향을 받지 않았을까 하는 의문이 든다. 그러나 헬라 시대와 헬레니즘 시대의 철학을 개관하고 그것을 신약 성경의 사상과 비교한 보 라이케(Bo Reicke)는 다음과 같이 결론 내렸다. "위의 어떤 철학도 신약 성경에서 적극적인 역할을 하지 않았다. 사도 바울은 아테네에서 에피큐레안들, 스토익들과 논쟁하였고(행 17:18), 고린도에서는 지혜와 지식을 전파하는 자들에 대항하였다(고전 1:18-2:9). 그리스도는 골로새에 있던, 유대 의식들과 관련된 철학보다 우월하였다(골 2:8)"(*Neutestamentliche Zeitgeschichte,* 3판, 1982, p.48).

이것은 신비한 일이다. 2세기 이후의 신학이 곧장 헬라 철학에 적응하여 스토아 철학적 경향을 띠게 된 사실을 생각해 보면 놀라운 일이다. 이것은 성경이 우리에게 가르쳐 주는 대로, 하나님께서 특별히 간섭하시고 역사하신 결과이다(딤후 3:16; 벧후 1:21). 하나님은 자신의 계시의 말씀을 주시기 위해 사도들과 그의 종들을 택하시고 성령으로 감동하셔서, 그 시대 가운데 살면서도 그 시대사상의 영향을 받지 않고 하나님의 계시를 기록하도록 특별히 간섭하시고 역사하신 결과라고 고백하지 아니할 수 없다. 그래서 신약 성경도 구약 성경과 마찬가지로 진정한 의미에서 '하나님'의 말씀이며, 이 기본적 사실이 요한복음의 상징을 이해하는 데에도 결정적인 역할을 하는 것이다. (원래『그 말씀』1998년 7월호, pp.79-82에 "요한복음에 나타난 비유의 핵심은 무엇인가?"라는 제목으로 게재된 원고임)

[7] 성령이 너희에게 임하시면

사도행전 1장의 주해와 적용

사도행전의 명칭

오순절 날에 예수님께서 약속하신 성령이 강림하셨다. 이로 말미암아 예수님의 제자들은 권능을 받아 예루살렘과 온 유대와 사마리아와 땅 끝까지 이르러 증인이 되었다. 이러한 복음 전파에 있어서 성령께서 주도적이고 주권적인 역할을 하셨기 때문에 많은 사람들은 사도행전을 '성령행전'으로 부르기도 한다. 하지만 이러한 명칭에는 문제가 있는데, 그 이유는 다음과 같다.

첫째로, 성령은 자기 자신을 증거하지 않고 예수 그리스도를 증거하시기 때문이다(요 15:26; 16:13-14). 그래서 사도행전에서 증거되는 분은 성령 자신이 아니라 예수 그리스도이시다. 둘째로, 성령은 사도행전에서만 역사하신 것이 아니라 그 이전의 복음서에서도 역사하셨고 구약 시대에도 역사하셨다. 따라서 성령의 역사를 어느 한 시대로만 한정하는 것은 불가능하다. 삼위일체 하나님께서 태초부터 세말까지, 아니 영원 전부터 영원까지 늘 함께 하시고 함께 역사하신다. 따라서 오순절 이후를 특별히 '성령의 시대'라고 부르는 것도 합당치 않다고 생각된다. 셋째로, 사람이 하는 모든 일의 배후에는 하나님이 계신다. 따라서 복음을 전하는 것뿐만 아니라 공부하고 일하는 것, 노래 부르고 그림 그리는 것 등 인간의 모든 활동의 배후에는 삼위일체 하나님이 계셔서 힘주시고 인도해 주셔서 가능케 된 것이다. 그래서 전통적인 교의학에서는 인간의 활동들을 '제2 원인들'(*causae secundae*)이라고 부르고, 하나님을 '제일 원인'(*causa prima*)라고 불렀다. 그런데 만일 우리가 성령의 능력으로 말미암아 일어난 활동들을 가리켜 '성령행전'이라고 부른다면, 다른 것들도 다 '

성령행전'이라고 불러야 할 것이다. 곧, 복음서들과 구약 성경들도 다 '성령행전'이라고 불러야 할 것이다. 뿐만 아니라 인간의 모든 활동도 다 '성령의 일들' 또는 '하나님의 일들'이라고 불러야 할 것이다. 이러한 지칭은 물론 틀린 말은 아니지만, 우리의 일상적인 언어 사용에 맞지 않는다. 우리는 어떤 일들에 대해 말할 때 대개 '제2 원인'을 가지고 말한다. 따라서 사도행전에 대해 말할 때에도, 물론 성령께서 주도적으로 역사하시고 많은 능력과 은혜로 역사하신 것을 고백하고 강조하지만, '제2 원인'을 따라 '사도행전'이라고 부르는 것이 합당하다고 생각된다.

I. 서문(1-3절)

다른 한편으로 사도행전은 누가가 데오빌로 각하에게 써 보낸 글의 후편에 해당된다. 따라서 사도행전은 누가복음의 속편으로서 계속 이어지는 역사이다. 이 역사의 주인공은 물론 예수 그리스도이시다. 이 사실을 누가는 사도행전 서문에서 밝히고 있다. "데오빌로여, 내가 먼저 쓴 글에는 무릇 예수의 행하시며 가르치시기를 시작하심부터 그의 택하신 사도들에게 성령으로 명하시고 승천하신 날까지의 일을 기록하였노라."(1-2절) 곧, 전편(누가복음)에서는 예수님의 공사역의 시작부터 승천까지의 일을 기록하였다고 한다. 그렇다면 후편(사도행전)에서는 예수님께서 승천 후에 행하신 일들을 기록한 것이라는 의미로 볼 수 있다.

이어서 누가는 예수님께서 부활하신 후에 40일 동안 사도들에게 자신의 사심을 나타내시며 가르치셨다고 말한다. "해(害) 받으신 후에 또한 저희에게 확실한 많은 증거로 친히 사심을 나타내사 사십일 동안 저희에게 보이시며 하나님 나라의 일을 말씀하시니라."(3절) 이 구절의 중심은 예수님의 부활의 확실성을 말하는 것이다. 예수님은 자신의 살아 계심을 많은 확실한 증거로 보여 주셨다. 아울러 40일 동안 제자들의 눈에 보이시며 또한 하나님 나라에 관한 것들을 말씀하셨다. 예수님의 부활 후 승천까지의 교육은 여태까지 가르치신 모든 것들에 대한 '총복습'과 '총정리'라고 볼 수 있다. 곧, 오순절 성령 강림 후의 복음 전파를 앞두고 여태까지의 교육 내용의 핵심을 다시 요약, 정리하신 것이라고 할 수 있다. 이로써 사도들은 오순절 후에 복음을 전할 만반의 준비를 갖추게 되었다. 오늘날 한국 교회에는 이러한 준비 과정을 소홀히 여기는 사람들이 많다. 그저 성령만 받으면 능력 있는 증인이 될 줄로 생각하는 사람들이 많다. 그러나 예수님의 제자들은 그렇지 않았다. 그들은, 물론 가룟 유다를 제외하고는, 3년 동안 훌륭한 스승으로부터 현장 실습을 겸한 우수한 교육 과정을 성실히 이수했을 뿐만 아니라 마지막 40일 동안에 또 다시 총정리 및 복습 교육을 받았다. 이렇게 철저한 교육과 준비 과정을 거친 후에 성령을 받음으로 그들은 능력 있는 전도자가 되었던 것이다.

II. 성령의 약속(4-8절)

예수님은 제자들에게 예루살렘을 떠나지 말고 하나님 아버지의 약속을 기다리라고 명령하셨다(4절). '아버지의 약속'이란 예수님께서 말씀하신 바 하나님 아버지께서 보내 주시겠다고 하신 성령의 약속을 가리킨다(요 14:16, 26; 15:26; 16:7). 성령을 보내 주시는 것은 예수님께서 승천하신 후에 행하신 첫 사역인데, 이를 통해 그의 객관적인 구속 사역을 개개인들에게 적용하는 복음 전파가 본격적으로 전개되게 되었다(요 7:39; 행 2:33).

이와 관련하여 예수님은 사도들에게 '성령 세례'의 약속을 다시 상기시키신다. 곧 "요한은 물로 세례를 베풀었으나 너희는 몇 날이 못 되어 성령으로 세례를 받으리라."(5절) 이것은 전에 세례 요한이 증거한 것인데(마 3:11 및 병행절), 지금은 예수님께서 제자들에게 말씀하신다. 요한의 세례와 그리스도의 세례 사이의 주요한 차이는 '물로' 세례 주느냐, '성령으로' 세례 주느냐 하는 것에 있었다. 그렇다면 이러한 '물세례'와 '성령 세례'의 차이는 무엇을 의미하는 것일까? 요한이 베푼 물세례는 하나의 '의식'이요 '상징'이었다. 곧, 사람들에게 '죄 사함을 받게 하는 회개'의 표로 물로 세례 준 것이었다(막 1:4; 눅 3:3; 마 3:11). 따라서 '물세례' 그 자체는 결코 죄 사함을 얻게 할 수 없으며 단지 '상징'에 불과했다. 사람들로 하여금 참으로 죄 사함을 받게 하는 것은 '성령'이었다. 성령만이 사람들의 마음을 회개케 하며 죄 사함을 얻게 하실 수 있다. 따라서 요한이 베푼 세례(물세례)가 하나의 '의식'이요 '상징'이었다면, 그리스도께서 베푸시는 세례(성령 세례)는 그 의식의 '내용'이며 그 상징이 가리키는 '실체'이었다. 이런 맥락에서 요한은 세례의 '수종자'(*minister*)에 불과했지만, 그리스도는 세례의 '주인'(*auctor*)이었다(Augustine, Calvin). 따라서 "몇 날이 못 되어 성령으로 세례를 받으리라"는 것은 요한이 베푼 세례 의식의 '실체적 내용'이 실현될 날이 임박했다는 것을 말하며, 죄 사함을 얻게 하는 회개의 역사가 곧 일어나게 될 것을 의미한다.

'성령 세례'와 관련하여 이 구절에서 우리는 다음 두 가지 사실을 지적하고자 한다. 첫째로, '세례 주다'의 헬라어 원어 '밥티조'(βαπτίζω)는 원래 '물에 푹 잠그다'는 뜻을 가지고 있다. 그래서 그 수동태인 '밥티조마이'(βαπτίζομαι)는 '배가 침몰하다' 또는 '물에 빠져 죽다'는 의미로 사용되기도 했다. 이 단어는 또한 비유적으로 '어떤 일에 몰두하다, 전념하다'는 의미로도 사용되었다. 예를 들어 '술에 잠기다, 취하다'고 할 때와 '잠에 빠지다'고 할 때에도 '밥티조마이'라는 동사가 사용되었다(cf. Liddell-Scott, *A Greek-English Lexicon,* s. v. βαπτίζω). 따라서 '세례 주다' 또는 '세례 받다'라고 할 때 이 단어 자체에 '풍성함'(abundance)의 의미가 들어 있음을 알 수 있다. 둘째로, '성령으로 세례 주다 또는 받다'는 표현은 요한의 물세례에서 차용(借用)되어 비유적으로 사용된 표현이라는 사실이다. 곧, 어떤 사람이 물에 푹 잠기둣이 성령으로 충만하게 지배받는 것이 '성령 세례'라는 것이다. 즉, 성령께서 그 사람을 온전히 지배하시고 다스리시는 것이 '성령 세례'라는 의미이다. 이러한 원어적 의미를 살펴볼 때 '성령 세례'에도 충만함, 풍성함의 의미가 들어 있음을 알 수 있다. 이 말은 '성령 세례'와 '성령 충만'이 동의어라는 말은 아니다(성령 세례는 단회적이고 성령 충만은 반복적이다). 그러나 '성령 세례'라는 개념 안에 벌써 '풍성함'의 의미가 있음은 분명하며, 이것은 신약 시대의 성령 주심의 특징이기도 하다. 따라서 '성령의로 세례 주다/받다'는 표현은 세례 요한의 물세례와 연관되어 있으면서 오순절 이후의 성령 주심의 '풍성한 성격'을 나타내는 데 적합하였기 때문에 신약 성경에 자주 사용되었다(마 3:11; 막 1:8; 눅 3:16; 요 1:33; 행 1:5; 11:16; 고전 12:13). 따라서 이러한 맥락을 무시하고서 '성령 세례'라는 단어가 마치 마력적인, 특별한 체험을 가리키는 말인 양 생각하는 것은 잘못임을 알 수 있다(좀 더 자세한 것은 필자의 "성령 세례와 중생의 관계", 『개혁신학과 교회』 2호(1992), p.9 이하를 보라).

그러나 예수님의 제자들은 아직도 세상적인 일에 매여 있었다. 그들의 주된 관심은 로마의 압제 하에 있는 이스라엘 국가가 '언제' 해방되며, '언제' 주위 나라들을 굴복시킬 것인가 하는 것이었다. 그래서 예수님께 물었다. "주께서 이스라엘 나라를 회복하심이 이때니이까?"(6절) 예수님은 '하나님 나라'의 일을 말씀하셨지만, 그들은 아직도 '이스라엘 나라'에 더 관심이 많았다. 이처럼 오늘날에도 예수님을 믿기는 하지만 여전히 육적인 세상 나라에 얽매여 헤어나지 못하고 있는 사람들이 많다. 많은 그리스도인들이 육적인 이스라엘에 무슨 특별한 의미가 있는 양 생각하며, 팔레스타인에 있는 이스라엘 국가를 돕는 것이 마치 하나님 나라를 돕는 것인 양 생각하는 사람들이 많다. 그래서 아랍 사람 수천, 수만 명이 죽는 것은 별로 개의치 않으면서도 이스라엘 사람 한 두 명만 죽어도 '하나님의 백성'이 죽는다고 아우성을 친다. 그들은 온 세계에 흩어져 있는 그리스도인들이 곧 '이스라엘'이요(롬 9:6-8; 갈

6:16; 3:7, 29; 요 1:47 등) '하나님의 백성'이며(고후 6:16; 엡 2:19; 딛 2:14; 벧전 2:9 등), 또 예수 그리스도의 신부인 성도들이 '거룩한 성 예루살렘'임을(계 21:19-20) 깨닫지 못하고 있다. '교회당 건물'이 성전(聖殿)이 아니라 '성도들의 몸'이 곧 성령이 거하시는 하나님의 전이라고 성경이 분명히 말하고 있는데도 불구하고(고전 3:16; 6:19; 고후 6:16 등), 여전히 많은 사람들이 교회당 건물을 가리켜 성전이라고 부르고 있다. 많은 사람들이 하나님을 믿는다고 하지만, 아직도 얼마나 육적이고 세상적인가 하는 것을 알 수 있다. 이처럼 예수님의 제자들도 3년간의 충분한 교육과 마지막 40일 동안의 재교육에도 불구하고 마지막 순간까지 육적인 문제에서 벗어나지 못하고 있었던 것이다.

이에 대해 예수님은 "때와 기한은 아버지께서 자기의 권한에 두셨으니 너희의 알 바 아니요 오직 성령이 너희에게 임하시면 너희가 권능을 받고 예루살렘과 온 유대와 사마리아와 땅 끝까지 이르러 내 증인이 되리라."고 말씀하셨다(7-8절). 여기서 '때'와 '기한'이라고 한 것은 원어로 '크로노이'와 '카이로이'인데, 앞의 것은 '일정한 기간'을 가리키고 뒤의 것은 '특정한 때'를 가리킨다고 볼 수 있다(J. A. Alexander, *Acts,* Edinburgh, 1963, p.10). 앞의 것은 '시간' 또는 '기간'으로, 뒤의 것은 '때' 또는 '기회'로 번역할 수 있을 것이다. 그러나 여기서는 별다른 구별 없이 거의 같은 의미로 사용된 것 같다(cf. J. B. Polhill, *Acts,* Nashville, 1992, p.84 n.24). 어쨌든 이스라엘의 회복 시기에 관한 문제나 종말의 문제 같은 것은 하나님 아버지의 고유 권한에 속하며 우리 인간의 알 바 아니다(마 24:36). 우리 인간은 모든 것을 다 알 수 없으며 또 알아서도 안 된다. "오묘한 일은 우리 하나님 여호와께 속하였거니와 나타난 일은 영구히 우리와 우리 자손에게 속하였나니 이는 우리로 이 율법의 모든 말씀을 행하게 하심이니라."(신 29:29)

그래서 예수님은 '때'와 '기한' 대신에 제자들이 해야 할 '사명(使命)'을 말씀하셨다. 그것은 곧 예수님의 증인이 되는 일이었다(8절). 이를 위해 그들은 성령의 능력을 받아야만 했다. 물론 그들에게 이미 성령이 함께 하시고 역사하고 계셨지만, 그들은 또한 예수님께서 약속하신 보혜사 성령을 받아야만 했다. '이미 계신 성령'과 '앞으로 오실 성령' 사이의 관계가 어떻게 되는지, 이 둘이 어떻게 조화될 수 있는지는 우리가 알 수 없지만, 하여튼 그들은 예수님께서 약속하신 성령을 받아야만 했다. 성령이 오시면 그가 예수님을 증거하실 것이라고 했는데(요 15:26), 이것은 제자들을 통해서 이루어질 일이었다(행 1:8). 성령이 오시면 그가 '직접' 예수님을 증거하는 것이 아니라 '인간'이라는 수단을 통해 증거하신다.

"예루살렘과 온 유대와 사마리아와 땅 끝까지"에서 우리는 '예루살렘'과 '온 유대와 사마리아'와 '땅 끝', 이렇게 세 부분으로 나누어 생각할 수 있다. 여기서 '온 유대'는 넓은 의미에서의 유대 지역을 가리키는 것으로 생각된다. 곧, 갈릴리와 베레아, 트란스요르단 지역까지 다 포함한다고 보아야 할 것이다. 여기에 '사마리아'가 따로 언급된 것은 사마리아는 이방인들이 많이 들어와 사는 특수한 지역이었기 때문이다. 곧, 유대인들에 의해 이방시되는 사마리아도 제외하지 않고 포함해서 '온 유대'에 복음을 전하게 될 것이라는 의미이다. 이러한 세 지역 구분은 사도행전의 전체 구도와 대략 일치한다. 곧 '예루살렘'(1-7장)과 '온 유대와 사마리아'(8-12장)와 '땅 끝'(13-28장)이다(Polhill, *Acts,* 85f.). 사도행전은 성령으로 말미암아 예수 그리스도의 복음이 예루살렘과 온 유대와 사마리아, 그리고 땅 끝까지 전파되는 과정을 서술해 주고 있다.

III. 예수님의 승천(9-11절)

이어서 누가는 예수님의 승천에 대해 기록하고 있다. 이것은 단순히 시간적인 순서상, 예수님의 부활 다음에 승천이 와야 하기 때문에 기록한 것은 아니다. 좀 더 중요한 이유가 있으니 그것은 앞에서 말한 바와 같이, 예수님의 승천이 있어야만 약속하신 성령을 보내 주실 수 있었기 때문이다(행 2:33). 따라서 예수님의 승천은 성령 강림의 전제 조건이며 없어서는 안 될 필수 과정이라고 할 수 있다.

예수님의 승천은 비밀리에 이루어지지 않고 '제자들이 보는 가운데서' 공개적으로 이루어졌다(9절). 여기에 '승천'에 해당되는 동사로 '올리어 갔다'가 사용되었다. 좀 더 정확하게 번역하자면 '위로 취하여졌다, 끌어올리었다'(was taken up, lifted)가 될 것이다. 이것은 예수님께서 다른 어떤 힘에 의해 위로 끌어올리었음을 의미한다. 그 힘의 주체는 하나님이시다. 예수님은 하나님께서 끌어올리심으로 말미암아 중력(重力)의 힘을 이기시고 또는 초월하시고 또는 우리가 알지 못하는 다른 방법으로, 위로 올라가시게 된 것이다. 그렇다고 무한정 '위로' 계속 올라가셔서 우주의 어느 한 공간으로 가신 것은 아니다. 예수님은 이 지상에서 '하늘나라'로 가신 것이며, 이 피조 세계에서 하나님 아버지가 계시는 '천상 세계'로 가신 것이다. 따라서 예수님은 이 우주 공간의 한 곳에서 다른 곳으로 이동하신 것이 아니라 이 우주 공간에서 천상의 공간으로 이동하신 것이다. 그리고 "구름이 저를 가리워 보이지 않게 하더라."에서 '구름'은 문자적 의미에서의 구름을 의미하며 이것을 영해하면 안 된다(물론 성경에서 '구름'은 하나님의 임재와 관련되어 자주 나타나기는 하지만 그 '구름' 역시 눈에 보이는 구름이었다). 왜냐하면 이 구름으로 인하여 제자들의 눈이 예수님을 볼 수 없게 되었기 때문이다(행 1:9). 이때의 눈은 영적인 눈이 아니라 육체의 눈을 가리킨다.

제자들이 하늘로 올리우시는 예수님을 자세히 쳐다보고 있을 때 흰 옷 입은 천사 두 사람이 그들 곁에 서서 말하였다. "갈릴리 사람들아, 어찌하여 서서 하늘을 쳐다보느냐? 너희 가운데서 하늘로 올리우신 이 예수는 하늘로 가심을 본 그대로 오시리라."(11절) 천사들의 이 책망은 자기들이 해야 할 사명을 잊고 이적(異蹟) 현상 자체에 마음을 빼앗기고 있는 제자들에 대한 경계요 깨우침이었다(마 17:4 참조). 우리는 항상 우리가 해야 할 사명이 무엇인가를 생각해야 하며, 인간적인 호기심이나 사변 때문에 시간을 소비해서는 안 된다. 여기서 또 중요한 것은 예수님은 '하늘로 가심을 본 그대로' 다시 오실 것이라는 사실이다. 이것은 다음과 같은 몇 가지 의미를 가지고 있다고 생각할 수 있다. 첫째는, 예수님은 '하늘로부터' 다시 오실 것이라는 사실이다(살전 1:10; 4:16; 살후 1:7; 빌 3:20 등). 둘째는, '구름을 타고' 오신다는 사실이다(마 24:30; 26:64; 막 13:26; 14:62; 계 1:7 등). 셋째로, 예수님은 '사람들이 볼 수 있게' 오신다는 것이다(계 1:7; 마 24:30; 26:64 등). 그러므로 예수님의 재림은 초자연적이고 공개적이며 범세계적인 사건이 될 것이다. 따라서 지상의 어느 한 구석에서 비밀리에 온 사람은 재림 예수가 될 수 없음은 자명하다.

IV. 예루살렘 다락방에서의 기도(12-14절)

그러자 제자들은 예루살렘으로 돌아와 그들이 머물던 다락방으로 올라갔다. 이 다락방은 마가 요한의 어머니 마리아의 집으로 보기도 하지만(행 12:12 참조), 확실하지는 않다. 어쨌든 이 다락방은 위층에 있는 넓은 방인데, 유대인들이 손님을 위해 예비해 두는 방이었다. 여기에 모인 사람들은 열한 사도들과 여자들과 예수님의 어머니와 동생들을 포함해서 약 120명쯤 되었다. 여기에 예수님의 제자들의 명단이 다시 기록되고 있다는 사실에 주목할 필요가 있다. 복음서에 이미 기록되어 있는데(눅 6:14-16; 마 10:2-4; 막 3:16-19), 또 다시 기록할 필요가 있을까 하는 생각이 들기도 한다. 그러나 이 둘은 성격이 다르다. 복음서의 제자들 명단은 사도로 불러 세우신 자들의 명단이라면, 사도행전 1장의 명단은 3년간의 훈련을 성공적으로 마친 사도들의 명단이다. 말하자면 앞의 것이 '입학생 명단'이라면 뒤의 것은 '졸업생 명단'

이다. 따라서 이 둘 사이에 차이가 있는데, 사도행전 1장에는 가룟 유다의 이름이 빠져 있다. 뿐만 아니라 그 이름들의 순서에도 약간의 차이가 있다. 세 복음서에 나타난 명단의 순서를 보면 복음서 간에 약간씩 차이는 있지만 베드로가 제일 먼저 나온다는 것과 세배대의 아들들의 경우 야고보 다음에 요한이 나온다는 것은 다 일치하고 있다. 그러나 사도행전 1장에서는 베드로 다음에 요한이 나오고 그 다음에 야고보가 나온다. 이처럼 야고보가 요한 뒤로 밀린 것은 초대교회에서 그가 차지한 비중이 요한에 비해 크지 않았기 때문일 것이다. 그 이유는 야고보가 헤롯 아그립바 왕에 의해 일찍 순교했기 때문이다(행 12:1-2). 물론 순교도 귀하고 의미 있는 일이지만, 사도행전은 사도들에 의한 복음 전파를 기록하고 있기 때문에 이 일에 있어서 주도적인 역할을 한 베드로와 요한을 앞세운 것으로 생각된다. 뿐만 아니라 예수님의 아우들도 언급되어 있는데, 이것은 앞으로 주의 동생 야고보의 등장을 예고하는 것이라고 생각된다.

예루살렘의 다락방에 모인 제자들과 성도들은 "마음을 같이 하여 전혀 기도에 힘썼다."고 한다(14절). 이들의 기도는 곧 있을 오순절 성령 강림을 준비하고 대비하는 것이었다. 우리는 여기서 이들의 기도 '때문에' 오순절 날에 성령이 오셨다고 생각해서는 안 된다. 우리가 아무리 힘써 기도하고 애쓸지라도 오순절 날에 보내주시기로 예정된 성령 강림을 앞당길 수 없으며 더 강력하게 할 수도 없다. 오순절 성령 강림은 구약 시대 때부터 예언되고 약속되어 오던 하나님의 구속 사역의 일부이며 하나님의 정하신 뜻에 따라 이루어진 것이다. 그러나 이러한 하나님의 일에 사람들이 사용되었으며 또한 인간의 기도가 있었다는 사실에 주목할 필요가 있다(겔 36:36-37).

예루살렘 다락방에서 행한 기도의 형태를 보면, 첫째로 이것은 여러 사람들이 모여서 한 '단체 기도'였다. 즉 '기도회' 형태의 기도였다. 서양 사람들은 기도를 하더라도 개인 기도를 주로 하며 단체 기도의 중요성을 잘 모르고 있다. 하지만 한국 교회는 초창기부터 교회당에 모여서 함께 기도하는 '기도회'를 많이 가졌는데, 이를 통해 하나님의 큰 은혜를 경험하게 되었다. 이것은 한국 교회의 아름다운 전통이며 초대 교회의 기도 형태를 이어받은 것이다. 오늘날 한국 교회는 서양에서 들어온 '큐티'니 '묵상'이니 하는 것을 많이 시도하고 있지만, 그런 것으로는 부족하며 한계가 있다. 오히려 우리는 하나님께서 우리 한국 교회에 허락해 주신 '기도회' 전통을 자랑스럽게 여기며 온 세계로 수출하도록 하여야 할 것이다. 둘째로, 예루살렘의 다락방 기도는 한 마음 한 뜻으로 기도한 '합심 기도'였다. 예수님은 "너희 중에 두 사람이 땅에서 합심하여 무엇이든지 구하면 하늘에 계신 내 아버지께서 저희를 위하여 이루게 하시리라"고 하셨는데(마 18:19), 이처럼 마음을 모아서 드리는 기도는 하나님이 기뻐하시고 즐겨 응답해 주신다. 이를 위해서는 무엇보다도 동기의 순수성이 요구되며 서로 사랑하는 마음이 필요하다. 서로간의 허물과 죄를 피차 용서하고 오직 하나님의 나라와 그의 영광을 바라보며 기도해야 한다. 이를 위해서는 세상의 욕심과 이기적인 생각을 다 버려야 한다. 마지막 셋째로, 이들의 기도는 전혀 기도에 힘쓴 '전심 기도'였다. 여기에 사용된 동사 '프로스카르테레오'(προσκαρτερέω)는 '어떤 일에 전념하다, 몰두하다, 헌신하다'는 의미를 가지고 있다. 즉, 그들은 오직 기도에 전심전력하였으며 딴 생각을 하지 않았다. 기도할 때 마음이 나뉘면 기도에 전념할 수 없다. 따라서 기도할 때에는 세상에 속한 마음을 다 버리고 오로지 하나님과 하나님의 일들을 생각하며 기도에 전심전력하여야 한다. 이런 점에서 예루살렘의 다락방 기도는 온 세계 교회의 기도 생활에 귀한 모범이 된다고 할 수 있다.

V. 맛디아 선출(15-26절)

이어서 가룟 유다 자리 대신에 맛디아를 사도로 선출한 일이 기록되어 있다

(15-26절). 결원된 사도 자리를 보충하는 것은 오순절 성령 강림 이전에 완수되어야 할 중요한 과제였다. 아마 베드로를 비롯한 사도들이 다락방에서 기도하는 가운데 성령의 감동과 인도로 이 필요성을 느끼게 되었을 것이다. 어쩌면 성령의 직접적인 지시가 있었는지도 모른다. 어쨌든 열두 사도의 단체가 복원됨으로써 하나님의 구원 사역은 차질 없이 진행될 수 있었다.

120명쯤 되는 무리들이 모여 있을 때 그 대표격인 베드로가 일어나 말하였다(15절). 그의 연설의 요지는 가룟 유다가 예수님을 배반한 것은 하나님의 말씀을 따라 이루어진 것이며(16-20절), 따라서 그 대신에 한 사람을 택하여 복음을 증거하는 사도의 직무를 맡겨야 한다는 것이다(21-22절). 베드로가 일어나서 말할 때 그는 자신의 사도적 권위를 주장하지 않았다. 예수님을 3년 동안이나 가까이서 모셨다는 자신의 경험도 주장하지 않았다. 그는 오직 성경 말씀이 성취되었음을 말하고 논증하였다. "형제들아, 성령이 다윗의 입을 의탁하사 예수 잡는 자들을 지로한 유다를 가리켜 미리 말씀하신 성경이 응하였으니 마땅하도다."(16절) 원문을 직역하면 "... 미리 말씀하신 성경이 어루어져야만 했다"가 된다. 성경 말씀은 일점일획도 남김이 없이 다 이루어져야만 한다(마 5:18). 이것은 어떤 일이 있더라도 변할 수 없는 진리이다(마 24:35).

여기서 '다윗의 입을 의탁하사'라는 것은 '다윗의 입을 통하여(διά)'란 뜻이다. 곧, 다윗은 수단이며 성령이 주체이시다. 성경 말씀은 성령께서 사람들의 도구를 통해 주신 것이며 그래서 하나님의 말씀인 것이다. 그러나 오늘날의 비평학자들은 성경을 고대 문헌 중의 하나로 보며, 기껏해야 고대인들의 신앙 역사 또는 하나님에 대한 고백 역사로 본다. 즉, 인간들이 하나님에 대해 쓴 인간의 작품으로 본다. 소위 복음주의 진영의 학자들 중에도, 성경은 인간이 쓴 책인데 또한 동시에 하나님의 말씀이 되었다고 말하는 사람들도 있다. 곧, 인간의 글이 하나님의 말씀이 되었다고 말한다. 그러면서 실제로는 인간 저자의 말의 특성을 연구하는 데 온갖 정열을 다 바친다. 그러나 성경은 그렇게 말하지 아니한다. 성경의 주체는 '하나님' 또는 '성령'이시며, 거기에 동원된 사람들은 '도구'나 '수단'이라고 말한다(헬라어 전치사 διά 사용; 행 1:16; 2:16; 4:25[대다수 사본]; 28:25). 따라서 성경은 인간의 말이 나중에 하나님의 말씀이 된 것이 아니라 처음부터 진정한 의미에서 '하나님의 말씀'인데, 인간의 '수단'을 통해 우리에게 주어졌다. 이런 맥락에서 옛날의 개혁주의 신학자들은, 성경이 기록되기 이전에 이미 완성된 형태의 성경이 예정되어 있었다고 말했던 것이다(cf. A. Kuyper, *Dictaten Dogmatiek,* II, Locus de Sacra Scriptura, 2e dr., Kampen, 1910, pp.92-96).

그리고 '예수 잡는 자들을 지로한 유다'란 표현에서 '지로(指路)하다'는 것은 '길잡이가 되다'는 뜻이다. 곧, 예수 잡는 자들에게 예수님이 계신 곳을 가르쳐 준 길 안내자, 길잡이가 되었다는 뜻이다. 그리고 나서 베드로는 이 유다에 대해 간단히 요약적으로 설명한다(17-19절). 그는 원래 사도 중의 한 사람이었으나 예수님을 배반하였으며, 후에 비참하게 죽어 배가 터져 창자가 다 흘러나왔다(마 27:3-8 참조). 그러면서 이 일은 시편에 기록되어 있기 때문에 그렇게 될 수밖에 없었다고 한다(20절). 여기서 베드로는 시편 69편 25절과 109편 8절을 인용하는데, 앞의 것은 유다에 대한 심판과 저주에 관한 것이며 후자는 그의 직분을 다른 사람이 취하여야 한다는 것이다.

그래서 베드로는 유다 대신에 한 사람을 선출하여 사도의 직무를 수행하게 할 것을 제안하였다(21-22절). 베드로는 먼저 사도 후보자의 조건을 말한다. 그것은 곧 "요한의 세례로부터 우리 가운데서 올리워 가신 날까지 주 예수께서 우리 가운데 출입하실 때에 항상 우리와 함께 다니던 사람"이라야 한다는 것이다. 여기서 강조점은 사도들과 '항상 함께 다니던 사람'이어야 한다는 것이다. 그래야만 예수님의 가르침과 행하심에 대한 증인이 될 수 있으며, 사도들과 협력이 잘 될 수 있을 것이기 때문이었다. "요한의 세례로부터 우리 가운데서 올리워 가신 날까지"는 예수님의 지상에서의 공사역 기간 전체를 의미한다. 여기서 '요한의 세례'가 정확하게 무엇을 가리키는지는 분명하지 않다. 예수님께서 요한에 의해 세례 받으신 것을 가리킨다고 보기는 어렵다. 그럴 경우에는 '요한의 세례' 대신에 다른 표현을 사용했을 것이다. '요한의 세례'라는 표현은 요한이 세례 주던 모든 활동을 가리킨다고 보아야 할 것이다. 그렇다면 이 표현은 요한의 세례 주던 활동 전 기간을 가리키는 표현이라고 보아야 할 것이다(cf. Alexander, *Acts,* 32). 구체적으로는 요한의 세례 활동의 마지막 시기까지 예수님께 와서 사도들과 함께 하는 것으로 족했을 것이다. 그리고 이렇게 해서 선출될 사도의 직무에 대해 '예수의 부활하심을 증거할 사람이 되게 하는 것'이라고 말한다. 예수의 부활하심을 증거하는 것 안에는 물론 그 이전의 예수님의 모든 행적과 가르침이 포함되어 있다고 봐야 할 것이다.

베드로의 제안을 들은 제자들은 두 사람을 추천하였다(23절). 한 사람은 '바사바'라고 하는 '요셉'이었는데 별명은 '유스도'였다. 다른 한 사람은 '맛디아'였다. 이 두 사람은 위의 전제 조건을 충족하는 사람이었다. 따라서 이 둘 중에 누가 선출되더라도 사도의 직무를 감당할 수 있었다. 이처럼 추첨에 의해 선출할 경우에도 후보 자격 기준을 정하고 엄격히 심사하여 내세우는 것이 중요하다. 추첨이라고 하여 아무나 후보로 내세우는 것은 무책임하며 인간의 의무를 포기하는 것이다.

이에 제자들이 이 두 사람을 두고 하나님께 기도하였다(24-25절). 기도의 내용은 이 두 사람 중에서 주께서 택하신 자가 누구인지 보여 달라는 것이었다. 이처럼 추첨하기 전에 하나님께 기도하는 것은 하나님의 주권을 인정하고, 추첨 과정을 통하여 하나님의 원하시는 사람이 선출되게 해 달라는 것이다. 여기서 중요한 것은 추첨에 관계된 모든 사람들이 '진심으로' 기도하는 것이다. 그저 형식적으로, 하나의 순서로 기도하는 것으로는 하나님의 올바른 인도를 기대할 수 없다. 뿐만 아니라 추첨하기 전의 모든 과정이 하나님 앞에서 올바르고 공정하게 진행되도록 하는 것도 중요하다. 모든 것을 인간적으로

다 작업해 놓고서 하나님께 택해 달라고 기도하는 것은 위선적이며 하나님을 우롱하는 것이다.

기도한 후에 그들이 제비를 뽑으니 맛디아가 당첨되었다(26절). 제비를 뽑는 것은 고대 사회와 이스라엘 백성들이 어떤 중요한 일을 결정할 때 행하던 관습이었다(대상 26:13-16; 잠 16:33; 레 16:9-10; 욘 1:7; 느 11:1; 수 15:1; 16:1 등). 이스라엘 백성들의 경우에 이것은 중요한 일에 있어서 하나님의 간섭과 인도를 받기 위한 한 방법이었다. 솔로몬은 "사람이 제비는 뽑으나 일을 작정하기는 여호와께 있느니라."고 하였다(잠 16:33). 또한 "제비 뽑는 것은 다툼을 그치게 하여 강한 자 사이에 해결케 하느니라."고도 하였다(잠 18:18). 물론 여기서 사도들 사이에 다툼이 있은 것은 아니고 자격 있는 두 사람 중에서 하나님의 선택을 의뢰하는 것이었다.

그런데 제비 뽑는 행위가 구체적으로 어떻게 행해졌는지에 대해서는 성경에 나타나 있지 않다. 고대의 문헌 중 『일리아드』 제3권에 보면, 제비들을 헬멧 안에 집어던진 후 그것들을 흔들어서 제일 먼저 튀어나오는 것을 택하였다고 한다(cf. Alexander, *Acts,* 37). 그래서 오늘날의 학자들은 대개, 두 후보자의 이름을 나무 조각이나 가죽 헝겊 같은 것에 적어서 그것을 항아리에 넣은 다음, 그것을 흔들어서 제일 먼저 튀어나오는 것을 택하였다고 본다(J. Keulers, *De handelingen der apostelen,* Roermond en Maaseik, 1952, p.46; Polhill, *Acts,* 95; Th. Zahn, *Die Apostelgeschichte des Lucas,* Leipzig, 1919, p.65 등). 그리고 26절의 "제비가 맛디아 위에 떨어졌다(ἔπεσεν)"는 표현도 이러한 방식의 추첨을 시사하고 있다. 하지만 후보자 두 사람이 흔들었는지, 아니면 열한 사도들이 흔들었는지, 아니면 사도들을 포함한 모든 제자들이 흔들었는지는 분명치 않다. 그러나 23절의 '추천하였다'의 주어 및 24절의 '말하였다'의 주어와 26절의 '뽑았다'의 주어가 서로 다르다고 볼 이유가 없기 때문에, 26절의 제비뽑기의 주어도 역시 '그들 전체'로 보는 것이 문법적으로 더 타당해 보인다

(cf. F. W. Grosheide, *De handelingen der apostelen,* I, Amsterdam, 1942, p.42 n.1).

어쨌든 이러한 추첨 방식을 통하여 하나님은 맛디아를 사도로 선택해 주셨다. 그리하여 유다의 이탈로 말미암은 결원은 보충되었으며 '열두 사도'가 회복되었다. 그렇다면 열두 사도의 회복이 왜 중요한 것이었을까? 여기에는 아무래도 상징적인 의미가 있는 것 같다. 열두 사도는 이스라엘 열두 지파를 상징한다(마 19:28; 계 21:12). '이스라엘'이 열두 지파로 이루어져 있듯이, 이제 시작될 '새 이스라엘'도 열두 사도의 토대 위에 세워져야 했다(엡 2:20; 마 16:18). 이것은 오순절 성령 강림 후에 '열두 사도'가 복음을 전한 사실에서도 알 수 있다(행 2:14). 그래서 성령의 능력으로 출발하는 '새 이스라엘'의 시작에 '열두 사도'의 역할은 참된 '이스라엘의 회복'이라는 차원에서도 의미가 있다고 생각된다(왕상 18:30-31; 요 1:47, 49 참조).

맺는 말

예수님의 제자들은 오순절 날에 오실 성령을 맞이할 모든 준비를 갖추었다. 3년간의 철저한 교육과 훈련, 승천 직전의 반복 학습, 전심으로 드린 기도와 열두 사도단의 회복 등 만반의 준비를 다 갖추었다. 이처럼 인간으로서 할 수 있는 준비를 다 갖추었을 때 약속된 성령이 임하셨다. 앞에서도 말한 바와 같이 인간의 준비가 성령을 오시게 할 수 있는 것은 아니지만 또한 인간의 준비 없이 성령이 오신다고 할 수도 없다. 하나님께서 주권적으로 모든 일을 행하시되, 우리 인간 편에서의 준비를 요구하시는 경우가 많다. 따라서 우리는 우리 인간 편에서 할 수 있는 최대한의 준비를 잘 갖추는 것이 하나님에 의해 쓰임 받는 길이라는 것을 알아야 한다.

하나님의 주권과 인간의 책임이라는 관점에서 추첨 제도에 대해 좀 더 생각해 보기로 하자. 추첨 제도는 하나님의 주권을 인정하며 하나님의 인도를 받는 좋은 방법임에 틀림없다. 그러나 앞에서 말한 바와 같이 후보자 선정에 대한 엄격한 기준이나 심사 없이 무턱대고 추첨에 의지하는 것은 위험하며 미신적이 될 수도 있다. 마치 복술가들이 점을 치듯이 타락할 위험성이 있다. 아무리 좋은 제도라 하더라도 잘못 사용될 때에는 미신처럼 타락할 수 있는 것이다. 하지만 요즈음 한국 교계에서처럼 선거열이 지나치며 많은 부작용을 낳고 있는 시점에서는 추첨 제도도 좋은 대안이 될 수 있다고 생각된다.

그러나 추첨 방식만이 성경적이라고 주장하는 것은 지나치며 옳지 않다. 사도행전 14장 23절에 보면, 사도 바울과 그 동역자들은 각 교회에서 장로들을 '택하여' 세웠다고 한다. 여기서 '택하다(케이로토네오)'는 말은 원래 '손을 들어 투표하다'는 의미이다. 이것은 교회 회중들이 '투표로' 장로들을 선출하였다는 의미이다. 따라서 투표에 의한 선출 방법도 교회의 직분자들을 세우는 훌륭한 방법임을 알 수 있다. 그러므로 우리는 교회나 교회 단체에서 직분자들을 선출할 때 '추첨'과 '투표'의 두 가지 방식을 다 사용할 수 있으며, 형편에 따라 합당한 방식을 선택하면 된다. 모든 것이 정상적이며 별 문제가 없을 때에는 '추첨 방식'과 아울러 기도 가운데 행하는 '투표 방식'이 하나님의 뜻에 합당한 사람을 세우는 좋은 방법이 될 것이다. 그러나 선거 운동이 과열되고 부작용이 많이 나타날 때에는 '추첨 방식'이 좋은 대안이 될 수 있을 것이다. 이 경우에도 적절한 기준을 정해 놓고서 엄격히 심사하여 자격 있는 후보자들을 선정하는 것이 중요함은 앞에서 말한 바 있다.

어떤 방법을 사용하든 인간의 뜻이 아니라 하나님의 뜻이 반영되도록 하는 것이 중요하다. 교회는 인간의 뜻을 이루기 위해 인간적인 방법으로 운영하는 인간 단체가 아니다. 교회는 하나님의 뜻을 이루기 위해 하나님을 섬기는 사람들이 모인 거룩한 단체이다. 따라서 인간의 욕심을 버리는 것이 선행되어야 하며, 집단 이기주의나 붕당 정치가 지배해서는 안 될 것이다. 그리하여 하나님께서 성도들 각자의 마음을 주장하시고 인도하셔서 하나님의 뜻이 바로 나타나도록 해야 할 것이다. (원래 『그말씀』 2002년 4월호, pp.74-85에 게재된 원고임)

[8] 신약 시대 갈라디아의 위치

서 론

사도행전에 보면 사도 바울은 '갈라디아'를 두 번 방문한 것으로 나온다. 첫 번째 방문은 2차 선교여행 때인데 "성령이 아시아에서 말씀을 전하지 못하게 하시거늘 브루기아와 갈라디아 땅으로 다녀갔다."고 말한다(행 16:6). 두 번째 방문은 3차 선교여행 때인데 "얼마 있다가 떠나 갈라디아와 브루기아 땅을 차례로 다니며 모든 제자들을 굳게 하니라."고 한다(행 18:23). 사도행전에 '갈라디아'에 대한 더 이상의 기록은 없다.

그런데 갈라디아서에 보면 바울은 '갈라디아의 여러 교회들'에게 편지를 보내고 있다(갈 1:2). 그리고 "내가 처음에 육체의 약함을 인하여 너희에게 복음을 전한 것을 너희가 아는 바라."고 말한다(갈 4:13). 그런데도 불구하고 갈라디아 사람들은 바울을 업신여기지 아니하고 도리어 '하나님의 천사'와 같이 또는 '그리스도 예수'와 같이 영접하였다고 한다(갈 4:14). 그랬던 갈라디아 사람들이 이제는 바울이 전해 준 복음을 속히 떠나 '다른 복음'을 좇고 있다(갈 1:6). 그래서 바울은 놀라움과 탄식으로 그들에게 편지를 쓰고 있다.

그러면 사도 바울이 가서 복음을 전한 '갈라디아'는 어디인가? 전통적으로는 아나톨리아 중부 내륙에 있는 '갈라디아 지역'(Region Galatia)을 생각해 왔다. 그러나 18세기 중반부터 로마의 행정 구역인 '갈라디아 주'(Province Galatia)를 가리킨다는 주장이 제기되었다. 곧, 전통적으로 생각해 왔던 '갈라디아 지역'의 남쪽에 있는 비시디아(Pisidia)와 이사우리아(Isauria)와 루가오니아(Lycaonia)와 동부 브루기아를 포함하는 '로마 속주 갈라디아'를 생각하게 된 것이다. 그래서 바울이 방문한 '갈라디아'는 중부 내륙 지역이 아니라 그 남쪽에 있는 비시디아 안디옥과 이고니온과 루스드라와 더베를 가리킨다고 보았다. 이렇게 보는 중요한 이유는 사도행전에 사도 바울이 아나톨리아 중부 내륙 지역 방문에 대한 구체적인 기록이 없다는 것 때문이다. 따라서 바울이 방문했던 남부 도시들을 가리켜 '갈라디아'라고 불렀다는 것이다.

갈라디아의 위치에 관한 이런 새로운 견해를 '남갈라디아설'(South Galatian hypothesis)이라고 부른다. 이에 반해 전통적인 견해를 '북갈라디아설'(North Galatian hypothesis)이라고 부른다. 물론 이 명칭은 정확한 것이 아니다. 로마의 행정구역으로서의 '갈라디아 주'는 전통적인 갈라디아 지역의 남쪽뿐만 아니라 북쪽 지역도 포함하는 넓은 지역이다. 그리고 전통적인 지역 명칭으로서의 '갈라디아 지역'은 중부 내륙 지역에 위치해 있다. 따라서 '남갈라디아'와 '북갈라디아'라는 명칭이 정확한 것은 아니지만, 두 지역의 위치를 구별하기 위해 편의상 '남갈라디아설'과 '북갈라디아설'이라는 용어를 오늘날 많이 사용하고 있다.

18세기 전반까지는 '남갈라디아설'이 전혀 알려지지 않았으나 1748년에 요하네스 슈미트(J. J. Schmidt)에 의해 처음 제기되었으며,[1] 1825년에 J. P. 뮌스터(J. P. Mynster)에 의해 뒤따랐다고 한다.[2] 그러나 이들의 견해는 '남갈라디아설'이라고 부르기보다 '범갈라디아설'(Pan-Galatian position)[3] 또는 '속주가설'(Provinzhypothese)[4] 이라고 부르는 것이 더 옳을 것이다.

그러다가 윌리엄 램지(W. M. Ramsay)[5] 가 1892년에 사도 바울이 방문한

---

1) Cf. W. G. Kümmel, *Einleitung in das Neue Testament,* 21. Aufl. (Heidelberg: Quelle & Meyer, 1983), 258.

2) Cf. J. Keulers, *De boeken van Paulus,* I (Roermond en Maaseik: J. J. Romen & Zonen, 1953), 88.

3) F. F. Bruce, *The Epistle to the Galatians* (Grand Rapids: Eerdmans, 1990), 7.

4) Kümmel, *Einleitung,* 258.

5) W. M. Ramsay, *The Church in the Roman Empire* (New York/London: G. P. Putnam's Sons, 1893), 13-15, 97-102.

'갈라디아'는 로마 행정구역상의 명칭인 '갈라디아 속주'로서의 비시디아 안디옥과 루스드라와 더베 지역을 가리킨다고 주장한 이후로 '남갈라디아설'은 많은 지지자들을 얻게 되었다. 20세기에 들어와서는 테오돌 찬(Th. Zahn), 거쓰리(D. Guthrie), 브루스(F. F. Bruce), 펑(R. K. Fung) 등이 남갈라디아설을 따른다. 개혁주의 진영에서는 윌리엄 헨드릭슨(W. Hendriksen)과 흐로쉐이드(F. W. Grosheide) 등이 이를 지지하고 있다.

하지만 전통적으로는 '갈라디아'라 하면 당연히 '갈라디아 지역'을 생각해 왔다. 예를 들면 조셉 바버 라이트푸트(J. B. Lightfoot), 제임스 모팻(James Moffatt) 등이 '갈라디아 지역' 곧 '북갈라디아설'을 강력하게 주장했으며, 또한 에두아르트 쉬러(E. Sch rer), 슈타인만(A. Steinmann), 리츠만(H. Lietzmann), 프리츠 바르트(F. Barth), 파울 파이네(P. Feine) 등이 이 견해를 따랐다. 근래에는 큄멜(Kümmel), 마륵센(Marxen), 베츠(Betz), 그랜트(Grant) 등이 북갈라디아설을 지지하며, 개혁주의 주석가들 중에는 흐레이다너스(S. Greijdanus)와 판 브루헌(J. van Bruggen) 등이 지지하며, 화란의 가톨릭 주석가인 꺨러르스(J. Keulers)도 전통적인 견해를 지지한다.

따라서 본 논문에서는 오늘날 다수를 차지하는 남갈라디아설의 주장의 근거가 무엇인지를 살펴보고 나서, 그 논거의 문제점을 비판적으로 검토하도록 하겠다. 본 논문에서는 고고학적인 자료들을 자세히 검토하지는 못하고, 성경을 중심으로 주요한 논점 몇 가지만 간단히 살펴보도록 하겠다.

본 론

I. 전통적인 견해

전통적으로 '갈라디아'에 대해 가졌던 견해를 알기 위해 먼저 '갈라디아'란 명칭과 그 역사, 그리고 갈라디아의 위치와 민족적 특징에 대해 살펴보고자 한다.

1. 갈라디아에 대한 명칭

'갈라디아'(Galatia)란 말은 라틴어 '갈로그라이키아'(*Gallograecia*) 또는 헬라어 '헬레노갈라티아'(Ἑλληνογαλατία)에서 왔다. 이것은 서쪽에 있는 '켈트족'(Celts = *Galli*)이 사는 지역과 구별하기 위해 '그리스 쪽의 갈리족의 땅' 또는 '헬라의 갈리족의 땅'으로 부른 것이다.[6] 따라서 '갈라디아인들'은 켈트(갈리)족의 한 분파로서 동방에 거주하던 켈트족을 가리킨다.

켈트족(Celts)은 고대 저술가들에 의해 '켈타이'(Celtae), '갈라타이'(*Galatae*) 또는 '갈리'(*Galli*)로 불렸다.[7] 이 중에서 '켈타이'가 가장 오래된 이름이며, 아마도 처음으로 이 민족과 접촉하게 된 마르세이유(Marseilles)의 식민자들에 의해 헬라어에 들어온 것으로 생각된다.[8] '갈라타이'(*Galatae*)는 후대의 명칭으로서 주전 3세기에 처음으로 나타난다. 이에 반해 로마인들은 이 민족을 대개 '갈리'(*Galli*)라고 불렀다. 로마인들이 가끔 '갈라타이'라는 용어를 사용할 때도 있었는데, 그럴 때에는 항상 소아시아의 켈트족을 가리킬 때 사용되었다. 이에 반해 그리스인들은 '갈라타이'라는 용어를 넓은 의미로, 곧 갈리아의 사람들을 가리키거나 또는 아시아의 사람들을 가리킬 때에도 사용하였다. '켈타이'라는 단어는 '갈라타이'와 '갈리'라는 단어와 함께 계속 사용되었다.[9]

---

6) Cf. S. Greijdanus, *De brief van den apostel Paulus aan de gemeenten in Galatië* (Amsterdam: H. A. van Bottenburg, 1936), 22.

7) Cf. J. B. Lightfoot, *The Epistle of St. Paul to the Galatians* (Grand Rapids: Zondervan, 1957), 2.

8) Lightfoot, *Galatians,* 2.

9) 이상은 Lightfoot, *Galatians,* 2-4를 보라.

2. 갈라디아의 역사

켈트족은 원래 중앙아시아에서 기원했다고 보는데,[10] 유럽 대륙의 서쪽 끝까지 갔다가 대양에 막혀서 다시 동쪽으로 이주한 것으로 보인다. 주전 4세기 초에는 이탈리아 반도로 휩쓸고 들어왔으며, 3~4 세대 후에 또다른 이주의 물결이 있어서 마게도냐(Macedonia)와 데살리아(Thessaly)로 밀려 들어왔다.[11]

주전 280년경에는 약 2만명의 켈트족이 마게도냐와 데살리아 지역에서 소아시아로 건너왔다. 이 중 절반은 싸울 수 있는 남자들이고, 나머지 절반은 여자와 아이들이었다. 이들이 건너온 이유는 당시 형제간의 분쟁을 겪고 있던 비두니아(Bithynia)의 왕 니코메데스(Nicomedes)가 도움을 요청했기 때문이다.[12] 그러나 그들은 전쟁 후에도 소아시아에 계속 눌러 살았다. 그러다가 버가모(Pergamus)의 아탈루스(Attalus) I세(주전 241~197년)에 의해 여러 차례의 전투 끝에 정복되었으며, 브루기아(Phrygia)의 한 지역을 정착지로 배정받아 거기에 거주하였다.

그 후 로마인들과의 만남은 주전 190년의 마그네시아(Magnesia) 전투에서였다. 그때 갈라디아인들의 부대가 안티오쿠스(Antiochus) 편에 서서 로마 군대와 싸웠으나 패하였다. 그 이듬해에 로마의 집정관(Consul) 만리우스(Gnaeus Manlius)가 갈라디아 전체를 복종시켰으며, 그 후로 갈라디아인들은 평온하게 살았다. 그들은 로마 치하에서 독립을 유지했으며 자치권을 얻었다. 주전 25년에 그들의 통치자인 아민타스(Amyntas)가 죽자, 갈라디아는 아우

---

10) Lightfoot, *Galatians,* 4. 그러나 필자의 견해로는 '중앙아시아 가설'보다는 성경을 따라 홍수 후에 '아라랏 산'에서부터 퍼져 나갔다고 보는 것이 옳다고 생각된다. 이에 대해서는 앞으로 더 많은 연구가 있어야 할 것이다.

11) Lightfoot, *Galatians,* 4f.

12) Greijdanus, *Galaten,* 21f.

구스투스(Augustus)에 의해 로마의 속주(a Roman Province)로 편입되었다.[13)]

로마 속주로서의 갈라디아는 원래의 갈라디아 외에 루가오니아(Lycaonia)와 이사우리아(Isauria)와 브루기아의 남동쪽 지역(the south-eastern district of Phrygia)과 비시디아의 한 부분(a portion of Pisidia)을 포함하였다.[14)] 루가오니아는 갈라디아 주에 속하는 것으로 분명히 언급되었으며, 더베(Derbe)와 루스드라(Lystra)도 이에 포함되었다는 증거가 있다.[15)]

3. 갈라디아의 지리

갈라디아인들이 지정받은 땅은 아나톨리아(Anatolia)의 중부 내륙 지역인데, 동서로 길게 뻗은 직사각형 형태이다. 브루기아 동쪽에 위치했으며 가로 약 300여km, 세로 약 150km가 되었다.[16)] 이 갈라디아 지역은 그들의 부족의 이름을 따라 다음 세 지역으로 나뉘었다.[17)]

1) 트로크미(Trocmi) 지역: 제일 동쪽 지역에 위치해 있었으며 타비움(Tavium)이 그 중심지였다. 동쪽으로는 갑바도기아(Cappadocia), 북쪽으로는 본도(Pontus)와 경계를 이루고 있었다.

2) 톨리스토보이(Tolistoboi) 지역: 남서부에 위치해 있으며, 퀴벨레(Cybele) 신전이 있는 페시누스(Pessinus)가 그 중심지였다. 서쪽으로 비두니아와 브루기아와 경계를 이루고 있었다.

3) 텍토사게스(Tectosages) 지역: 다른 두 부족의 중앙에 위치해 있으며 앙

---

13) Lightfoot, *Galatians,* 7.

14) Lightfoot, *Galatians,* 7.

15) Lightfoot, *Galatians,* 7.

16) Greijdanus, *Galatians,* 21.

17) Lightfoot, *Galatians,* 6; Greijdanus, *Galaten,* 22.

키라(Ancyra)가 그 중심지였다. 앙키라는 갈라디아 전체의 중심 도시로 여겨졌다.

4. 갈라디아인들의 특징

이들은 주위의 동양계 계통의 사람들 사이에 둘러싸여서 일종의 인종의 섬을 이루고 있었다.[18] 4세기 말에 제롬(Hieronymus)이 앙키라(Ancyra)에서 헬라어 외에 트리어(Trier)에서 들었던 말과 거의 다르지 않은 말을 들었다고 한다.[19] 서쪽의 갈리아와 소아시아의 갈라디아를 다 방문했던 제롬은 이 두 지역의 언어의 관계를 페니키아인들의 언어와 그들의 아프리카 식민지 사람들의 언어의 관계로, 또는 라틴어의 다른 방언들 사이의 관계로 설명하였다.[20] 이 사실은 최초의 정착 후 600여년이 지난 후에도 갈라디아 사람들이 자기 민족의 정체성을 잃어버리지 않고 유지하고 있었음을 나타내 준다.

『갈리아 전쟁기』를 쓴 율리우스 카이사르(Julius Caesar)는 유럽의 켈트족에 대해 "켈트족의 모든 나라는 온통 종교적인 일들에 몰두하였다"(*natio est omnia Gallorum admodum dedita religionibus*)고 기록하였다.[21] 이와 마찬가

---

18) Greijdanus, *Galaten,* 21.

19) Greijdanus, *Galaten,* 22.

20) Lightfoot, *Galatians,* 12.

21) Julius Caesar, *Bell. Gal.* VI,16 (Greijdanus, *Galaten,* 22에서 재인용). 박광순 씨가 번역한 『갈리아 戰記』 (서울: 범우사, 1998)에는 다음과 같이 되어 있다. "갈리아의 부족은 모두 종교에 깊이 젖어 있었고, 그 때문에 중병에 걸린 사람이나 전쟁 또는 위험에 직면한 사람들은 제물로 산 사람을 바치거나 바치기로 맹세하고, 그 승려가 이것을 집행했다. 생사가 걸린 일에는 사람의 생명을 바쳐야만 불멸의 신들이 소원을 들어준다고 믿었기 때문에 부족의 이익을 위해 희생물을 공공연히 정해 놓았다. 큰 상(像)을 만들고, 살아 있는 사람의 사지를 가는 가지로 묶은 후 불을 댕겨 그 불길에 휩싸인 채 죽게 했다. 도둑질이나 강탈, 그 밖의 다른 죄로 잡힌 자의 형벌을 불멸의 신들이 특히 기뻐한다고 생각하였다. 그러나 그런 범죄자가 없는 경우에는 죄 없는 자까지 희생물로 삼았다."(p.212)

지로 아시아의 켈트족(갈라디아인들)은 브루기아인들의 정열적인 '퀴벨레 종교 의식'(the cult of Cybele)을 받아들였다. 이 종교는 기묘한 음악과 역동적인 춤과 같은 매우 정열적이고 관능적인 의식을 가지고 있었다. 그래서 단순한 갈라디아 사람들은 이런 종교 의식에 매료되었으며, 그들의 지도자들도 이내 페시누스(Pessinus)에 있는 큰 신전에 원주민 지도자들과 함께 나타나게 되었다.[22]

켈트족은 이처럼 쉽게 받아들이고 즉흥적으로 행동하고 감수성이 크고 무언가 알기를 사모하는 성격을 가지고 있었는데, 이것은 긍정적인 측면이다. 반면에 불안정하고 싸우기를 잘하고 거래할 때 배반을 잘 하고 지속적인 노력이 부족하고 실패하면 쉽사리 낙심하는 것 등은 어두운 부분이다.[23] 카이사르의 책에 의하면, 어떤 상인이나 여행자가 오면 갈리아인들이 모여들어서 그를 붙들고 억지로 무슨 소식을 받아내려 했다고 한다.[24] 또 후대의 어떤 그리스의 수사가는 갈라디아인들에 대해, 순수한 헬라인들보다도 받아들이기를 더 열심히 하고 빨리 하였다고 칭찬하면서 다음과 같이 말한다. 그들이 어떤 철학자를 보는 순간, 마치 쇠가 자석에 달라붙듯이 그의 외투자락에 달라붙었다.[25] 그러나 변덕스러움(fickleness)과 불안정(instability)은 그들 성격의 큰 특징이었다. 율리우스 카이사르는, 갈리아인들이 새로운 것 좇기를 좋아한다고 불평한다.[26]

이러한 갈리아인들(켈트족)의 성격은 바울이 쓴 갈라디아서의 전체적 분위기와 잘 맞다. 그들은 처음에 사도 바울을 열렬히 환영하고 복음을 받아들였

---

22) Greijdanus, *Galaten,* 22.

23) Lightfoot, *Galatians,* 14.

24) Julius Caesar, *Bell. Gall.* iv. 5 (Lightfoot, *Galatians,* 15에서 재인용).

25) Cf. Lightfoot, *Galatians,* 15.

26) Cf. Lightfoot, *Galatians,* 15.

다. 바울을 마치 '하나님의 사자(使者)'와 같이 또는 '그리스도 예수'와 같이 영접하였다고 한다(갈 4:13). 할 수만 있었더라면, 그들은 바울을 위해 눈이라도 빼어서 주었을 것이라고 한다(갈 4:15). 그러나 얼마 지나지 않아 갈라디아 사람들은 바울이 전해 준 복음을 떠나 다른 복음을 좇고 있었다. 그래서 바울은 "그리스도 예수의 은혜로 너희를 부르신 이를 이같이 속히 떠나 다른 복음 좇는 것을 내가 이상히 여기노라."고 말하였다(갈 1:6). 감정적인 사람들은 이처럼 쉽게 받아들였다가 쉽게 떠나며 안정성이 없다. 이것이 갈라디아 사람들의 문제였으며, 이 점에 대해 바울이 놀라고 있는 것이다.

II. 남갈라디아설의 주장

윌리엄 램지(William Ramsay)는 그의 책 『로마 제국 안의 교회』에서 남갈라디아설에 대한 논거 열 가지를 제시하였다.[27] 램지는 여기서 립시우스(Lipsius)가 제시한 논거들을 간단히 요약하는 형태로 제시하는데, 이 중에는 근거가 부족하거나 중요하지 않다고 스스로 말하는 것들도 더러 있다. 이 열 가지 논거를 여기에 다 열거하는 것은 불필요하다고 생각된다. 그 중의 여섯 개를 F. F. 브루스(F. F. Bruce)가 그의 『갈라디아서 주석』에서 요약해 주고 있다.[28] 그는 요약과 함께 간단한 반대논거를 덧붙이고 있다. 이 여섯 가지 논거를 반대논거와 함께 소개하면 다음과 같다.

1) 바울은 대개 로마 제국의 명칭을 사용하고 있다. 〈반론〉 그러나 그렇다면 갈라디아 주의 주민이라면 어느 누구라도, 민족적 갈라디아인들을 포함해서, 바울에게는 '갈라디아인들'이었을 것이다.

---

27) Ramsay, *The Church in the Roman Empire,* 97-102.

28) Bruce, *Galatians,* 9.

2) 바울은 갈라디아인들에게 헬라어로 편지를 쓴다. 〈반론〉 그러나 헬라어는 적어도 앙키라와 페시누스에서는 친숙했을 것이다.
3) 바울은 바나바에 대해 말하는데(갈 2:11ff.), 그는 남갈라디아 사람들에게는 개인적으로 알려졌지만, 북갈라디아 사람들에게는 (우리가 아는 한) 알려지지 않았다. 〈반론〉 그러나 바울은 바나바를 고후 9:6에서도 말하는데, 바나바가 고린도인들에게 개인적으로 알려졌다는 어떠한 증거도 없다.
4) 행 20:4에 나오는 바울의 여행 동료들은, 아마도 그들은 교회 헌금을 예루살렘 구제를 위해 가지고 가는데, 남갈라디아 사람들(더베의 가이오와 루스드라의 디모데)을 포함하고 있지만 북갈라디아 사람들은 없다. 〈반론〉 그러나 그러한 침묵으로부터의 논증은 믿을 수 없다(고린도의 대표 이름도 없다).
5) 유대인 사절들의 존재는 북갈라디아보다 남갈라디아에서 더 그럴 듯하다. 〈반론〉 그러나 그들은 바울이 교회를 설립한 곳이라면 어느 도시든 방문하는 것을 그들의 임무로 삼았을 것이다.
6) 갈라디아 사람들은 바울을 '하나님의 천사처럼' 영접하였다(갈 4:14). 이것은 루스드라 사람들이 그를 헤르메스(Hermes)와 동일시한 사건과 주목할 만한 일치를 보여 준다(행 14:11ff.). 〈반론〉 그러나 그러한 일치는 루스드라 사람들이 후에 바울을 죽이려고 공격한 사실(행 14:19)에 의해 좀 망가지고 말았다.

물론 브루스 자신도 조심스럽게 남갈라디아설을 지지하고 있긴 하지만,[29] 램지가 제시한 논거들은 다 허술하며 반박될 수 있는 것임을 스스로 보여 주

29) Bruce, *Galatians,* 11-13.

고 있다. 브루스 자신의 근거에 대해서는 나중에 살펴볼 것이다.

독일의 베르너 게오르크 큄멜(W. G. Kümmel)은 윌리엄 램지와 테오돌 찬에 의해 주도된 남갈라디아설의 주요 논거들을 다음 네 가지로 소개해 준다.[30)]

1) 바울은 그가 여행한 지역들을 지칭할 때 지역명이 아니라 '로마의 속주명'을 사용하는 경향이 있다. 루가오니아와 비시디아도 갈라디아 주에 속하였다.
2) 갈라디아 교회들에는 거기에 태어난 유대인들이 있었다. 이것은 갈라디아 주에서만 해당된다. 왜냐하면 갈라디아 지역의 유대인들에 대해서는 거의 알려진 것이 없기 때문이다.
3) 바울은 행 20:4에 의하면 갈라디아 주 출신의 그리스도인들(더베의 가이오, 루스드라의 디모데)을 헌금을 가져가는 자들 중에 포함시키고 있지만, 갈라디아 지역출신의 대표들은 없다. 그런데 고전 16:1에 의하면, 갈라디아에서도 헌금을 모았다.
4) 예루살렘에서 파송된 사람들의 활동은 접근하기 어려운 소아시아 내륙 지역보다도 타우루스 산맥의 남쪽이 더 그럴듯할 것이다.

그러고 나서 큄멜은 "이 논거들 중의 어느 것도 실제로 결정적이지는 않다."(Aber keines dieser Argumente ist wirklich durchschlagend)고 말한다.[31)] 그러면서 위 네 가지 논거에 대해 각각 반대논거를 제시하고 있다.[32)]

---

30) Kümmel, *Einleitung*, 258f.

31) Kümmel, *Einleitung*, 259.

32) Kümmel, *Einleitung*, 259.

1) 바울이 단지 공식적인 속주명만 사용했다는 주장은 유지될 수 없다. 왜냐하면 갈 1:21에서 바울은 '수리아'에 대해 로마 속주의 공식적 의미(이 경우엔 예루살렘도 포함)로 사용하지 않고 지역명을 사용한다. 살전 2:14에서 유대에 있는 교회를 말할 때 고후 1:16에서와 마찬가지로 지역명을 사용한다. 바울이 갈 1:17에서 아라비아라고 말할 때 그것은 나바태아 왕국을 가리키는 공식정 명칭이 아니었다.
2) 갈라디아 교회들 안에 있는 유대인 그리스도인들을 가리킨다고 생각될 수도 있는 구절들(갈 3:2f., 13f., 23f.; 4:2,5; 5:1)은 사실은 거기에 있는 그리스도인들 일반에 대해 말한다. 4:8, 5:2f.; 6:12f.에 보면 갈라디아인들은 이방인들이었음이 분명하다.
3) 행 20:4에 보면 고전 16:1ff.에 의해 기대되는 아가야의 대표들이 모금위원들에 빠져 있다. 그 외에도 가이오는 (사본상) 마게도냐 사람이 아니었는가 하는 의문이 있다.
4) 갈라디아의 대적자들이 실제로 예루살렘에서 온 파송단을 가리킨다고 보더라도, 이들의 여행 경로에 대해서는 사실상 아무것도 모른다. 따라서 이 논거는 완전히 소용없다.

그러고 나서 큄멜은 갈라디아서가 '갈라디아 지역'(Landschaft Galatien)의 교회들에 보내졌다고 보는 근거를 두 개 들고 있다.[33)]

1) 만일 갈라디아서가 1차 선교여행 때 세워진 교회들에게 주어진 것이라면, 바울은 1:21에서 "그 후에 내가 수리아와 길리기아 지방에 이르렀다"고 말하기 어려웠을 것이다. 그랬다면 아마 대략 다음과 같이 말했을 것

---

33) Kümmel, *Einleitung,* 259f.

이다. “그 후에 내가 수리아와 길리기아로 가서 너희에게 이르렀다.”

2) 바울은 루가오니아 사람들이나 비시디아 사람들에 대해 갈 3:1에서 “오 너희 갈라디아 사람들아”라고 부를 수 없었을 것이다. 왜냐하면 이런 언어 사용은 당시에 알려지지 않았기 때문이다.

그 외에도 앞에서 말했듯이 독일의 테오돌 찬(Theodor Zahn)은 남갈라디아설을 강력하게 주장하였다.[34] 화란의 흐레이다너스(S. Greijdanus)는 이것을 9개의 논거로 정리하면서 다른 사람들이 주장하는 논거 논거를 더 보태어 총 11개의 논거를 소개하면서, 이에 대해 일일이 반대논거를 제시하면서 조목조목 비판하고 있다.[35] 이것들을 여기에 소개하지는 않고, 다만 그의 결론만 소개하고자 한다. “제시된 이 모든 논거들은, 이 편지에서 말하는 갈라디아의 교회들이 바울과 바나바가 1차 선교여행 때 소아시아에 세운 교회들이라는 것과 남갈라디아설이 옳다는 것을 증명할 수 없다.”[36]

III. 남갈라디아설의 주요 문제점

위에서 남갈라디아설의 주요 논거와 또 그에 대한 반대논거들을 조금 소개하였다. 여기서 그런 논거들과 반대논거들을 다시 소개하지는 않겠다. 다만 남갈라디아설이 가지고 있는 중요한 문제점 몇 가지를 지적하고자 한다.

1. 사도행전 16:6-8에 보면, 사도 바울은 “브루기아와 갈라디아 땅으로 다

---

34) Th. Zahn, *Einleitung in das Neue Testament* (Wuppertal/Zürich: R. Brockhaus, 1994; Nachdruck der 3. Aufl., Leipzig, 1906/1907), 123-38.

35) Greijdanus, *Galaten,* 12-19.

36) Greijdanus, *Galaten,* 19.

녀가 무시아 앞에 이르러 비두니아로 가고자 애썼다."고 한다. 그러나 예수의 영이 허락지 아니하므로 "무시아를 지나 드로아로 내려갔다."고 한다. 그런데 '갈라디아'를 남부의 비시디아 지역으로 본다면, 거기서 '무시아'[37]로 바로 갈 수는 없다. 그러기 위해서는 다시금 '브루기아'와 '아시아'를 지나가든지, 아니면 비행기를 타고 중간의 땅을 넘어가야 한다. 그러나 당시에는 비행기가 없었으며, 중간에는 '브루기아'와 '아시아'가 가로막고 있다. 따라서 '남갈라디아'에서 '무시아'로 바로 가는 것은 불가능하다. 대신에 '갈라디아'를 전통적으로 이해해 오던 대로 중부내륙 지역(갈라디아 지역)을 가리킨다고 보면, 거기서 '무시아'로 가는 것은 자연스럽게 연결된다.[38]

2. 사도행전 19:1에 보면 바울은 "윗 지방으로 다녀 에베소에 왔다."고 한다. 그런데 바로 앞의 18:23에 보면, 바울은 "갈라디아와 브루기아 땅을 차례로 다니며 모든 제자를 굳게 하였다."고 한다. 그런데 만일 '갈라디아'가 남부 지역을 가리킨다면 '윗 지방'을 다녀왔다고 말하기가 어렵게 된다. '동쪽에서' 왔다고 말해야 할 것이다(이 경우엔 아마도 라오디게아를 거쳐서 왔을 것이다). 그러나 '갈라디아'가 아나톨리아 중부 내륙 지역을 가리킨다면 '윗 지방'을 다녀왔다고 말하는 것이 합당하게 된다.

3. 남부 지역은 '밤빌리아', '비시디아', '이고니온', '루스드라', '더베' 등의 지명을 가지고 있었으며, 사도행전에서 그렇게 불리고 있다(행 13:13, 14;

---

37) '무시아'(Mysia)는 전통적인 '갈라디아'에서 북서쪽 방향의 해안 지역에 있으며 '드로아'가 중심 도시이다.

38) Kirsopp Lake는, 처음에는 Ramsay의 견해를 따르다가 나중에 자기의 견해를 수정하였는데, 다음과 같은 루트를 제안한다. 사도 바울은 이고니온에서 북쪽으로 가서 브루기아를 통하여 갈라디아인들이 살고 있는 땅으로 갔다. Laodicea -> Amorion -> Orkistos(분명히 갈라디아인들의 마을이다) -> Nakoleia -> Dorylaeum (-> Troas). Cf. Bruce, *Galatians,* 11f.

14:24). 그런데 이런 지명을 두고서 이들 지역을 '갈라디아'라고 불렀다면 수신자들에게 혼란이 생겼을 것이다.[39]

4. 베드로전서 1:1에 보면 베드로는 수신자들을 열거할 때 "본도, 갈라디아, 갑바도기아, 아시아와 비두니아에 흩어진 나그네"라고 말한다. 아나톨리아 지도를 펼쳐 놓고 보면, 본도(Pontus) 바로 밑이 전통적인 갈라디아 지역이다. 그리고 그 갈라디아 동쪽이 갑바도기아이다. 따라서 베드로는 '본도' 바로 남쪽에 '갈라디아'가 있었다고 본 것으로 생각된다. 만일 '갈라디아'가 현대 신학자들의 주장처럼 남쪽 지역을 뜻했다면,[40] 북쪽 해안 지역인 '본도'에서 남쪽 지역인 '갈라디아'로 뛰어넘게 된다. 이것은 자연스럽지 않다. 그렇다면 차라리 본도 -> 갑바도기아 -> 갈라디아 -> 아시아 -> 비두니아의 순서가 더 자연스러웠을 것이다(그러면 하나의 원을 그리는 구조가 된다).

물론 베드로가 꼭 지리적 위치를 따라서 말하는 것은 아니다. 그래서 "본도, 갈라디아, 갑바도기아"를 말한 다음에 뛰어 넘어서 "아시아, 비두니아"를 말하고 있다. 그렇지만 '본도'에서 중부 내륙 지역을 뛰어넘어서 '남쪽 갈라디아'를 말하고, 그러고 나서 다시 동북쪽으로 올라가서 '갑바도기아'를 말하는 식으로 말하지는 않았을 것이다. 뿐만 아니라 램지의 연구에 의하면, '본도'(Pontus)의 상당한 부분이 주후 2-35년경에 로마의 '갈라디아 주'로 편입되었다고 한다. 그래서 갈라디아 주에 편입된 본도 지역을 '갈라티쿠

39) Cf. J. van Bruggen, *Galaten* (Kampen: J. H. Kok, 2004), 15.

40) 물론 로마의 행정구역상의 '로마 주'로 보면 중부내륙 지방을 포함하여 남북으로 걸쳐 있는 넓은 지역이 되겠으나, 남갈라디아설 주장자들은 사도 바울이 북쪽 갈라디아에는 간 적이 없다고 한다. 물론 갈라디아서 기록 후에 베드로전서가 기록될 때까지의 사이에(약 10여년?) 교회들에 의해 전도가 되었다고 볼 수는 있다. 그래서 만일 여기의 '갈라디아'를 로마의 속주 갈라디아로 보면, 중부내륙을 포함하여 남북으로 긴 지역을 가리킴으로 소아시아의 상당 부분을 포함하게 된다.

스'(Galaticus)로 불렀다고 한다.[41] 그렇다면 '본도'도 대부분은 행정구역상으로 '갈라디아'인데, '본도'를 별도로 말했다는 것은 이해하기 어렵다. 뿐만 아니라 '본도'와 '비두니아'는 당시에 행정구역상으로 하나를 이루고 있었는데,[42] 여기에는 따로 언급되어 있다. 따라서 '본도' 다음에 나오는 '갈라디아'는 행정구역이 아니라 지역으로서의 '갈라디아'(중부 내륙 지역)로 보아야 하는 것이다.

5. 남쪽 지역 사람들은 인종적으로 '갈라디아 사람들'이 아니다. 갈라디아인들은 머리가 노랗고 눈이 파란 '켈트족'이다. 그런 켈트족들이 원래 마게도냐와 데살리아 지역에 살다가 아나톨리아에 들어와서 브루기아 지역에 살고 있다가, 후에 버가모의 아탈루스(Attalus) 왕에 의해 중부 내륙의 갈라디아 지역으로 밀려나서 그곳에 살게 된 것이다. 남쪽 지역에는 인종적으로 갈라디아 사람들이 살지 않았다. 따라서 비시디아 안디옥과 이고니온, 루스드라, 더베의 사람들을 인종적으로 '갈라디아 사람들'이라고 부를 수는 없는 것이다(cf. 갈 3:1).

6. 갈라디아인들의 성격은 정열적이고 감정적이었다. 이들은 쉽게 마음을 열고 환대하다가 쉽게 떠나서 이단들의 미혹에 빠지고 마는 성격을 가지고 있었다. 이처럼 쉽게 마음을 열었다가 쉽게 떠나는 갈라디아인들의 성격은 페시누스(Pessinus)를 중심으로 하여 퀴벨레(Cybele) 신을 섬기던 중부 내륙 지역의 갈라디아 사람들에게 잘 어울리며, 남부 지역 사람들의 경우에는 맞지 않다. 남갈라디아설에 의하면 갈라디아서의 중요한 특징들을 바로 이해할 수 있

---

41) Ramsay, *The Church in the Roman Empire,* 14.

42) S. Greijdanus, *De brieven van de apostelen Petrus en Johannes, en de brief van Judas* (Amsterdam: H. A. van Bottenburg, 1929), 11.

는 열쇠들을 놓치게 된다(특히 1:6; 3:1-4; 4:13-15 등).

7. 그 외에도 판 브루헌(Van Bruggen) 교수에 의하면, 남갈라디아설을 취하면 연대와 관련하여서 중대한 문제에 봉착하게 된다고 한다.[43] 갈라디아서 4:13에서 바울은 "내가 처음에 육체의 약함을 인하여 너희에게 복음을 전한 것을 너희가 아는 바라."고 말한다. 여기서 '처음에'(τὸ πρότερον)라고 한 것을 보면, 바울은 갈라디아를 적어도 두 번 방문하였다고 한다. 그러면 갈라디아서 2:1의 "그리고 나서 14년 후에"라는 표현과 관련하여 바울의 연대에 피할 수 없는 어려움이 발생한다고 한다. 그러나 여기의 '토 프로테론'을 '전에'라는 의미로 볼 수도 있기 때문에, 이것은 좀 복잡한 문제이다.[44]

8. 마지막으로 램지의 논거들에 대해서는 반대논거들을 제시하면서 신뢰성이 없다고 본 F. F. 브루스가 '움직일 수 없는 사실들'(hard facts)이라고 제시한 논거를 살펴보면, 그 핵심 주장에 심각한 오류가 있음을 발견할 수 있다. 곧, 바울의 2차 선교여행의 목적이 사도행전 15:36에 있는 대로 "주의 말씀을 전한 각 성으로 다시 가서 형제들이 어떠한가 방문"하는 것이었는데, 브루스는 이

---

43) Van Bruggen, *Galaten,* 15f.

44) Greijdanus는 '토 프로테론'은 단순히 '전에'라는 의미로 이해할 수도 있지만 문맥상 여기서는 맞지 않다고 한다. Cf. Greijdanus, *Galaten,* 4. Van Bruggen 교수는 이 Greijdanus의 견해를 이어받아 여기서 자기 주장을 전개하고 있다. 그러나 Greijdanus의 이 견해는 쉽게 이해되지 않는 점이 있다. Greijdanus는 '첫 번째에는' 육신의 약함을 인하여 복음을 전했지만 '두 번째'에는 그렇지 않았다는 의미로 이해한다. 이 두 번째의 복음 전파에 대해서는 갈라디아서가 말하지 않는다고 한다. 여기서 자세히 논하기는 어렵지만, 필자의 견해로는 Greijdanus는 여기서 갈 4:13-15에 대해 잘못된 이해를 하고 있는 것 같다. 사도 바울은 13-14절에서 그가 '처음에' 육체의 약함을 인하여(약함에도 불구하고) 복음을 전하였지만 갈라디아 사람들이 그를 뜨겁게 환영하였음을 말한다. 15절에서는 갈라디아 사람들의 '지금의 상황'에 대해 말한다. "너희의 복이 어디 있느냐?" 따라서 바울은 여기서 그의 '이전'의 복음 전파 때의 갈라디아 사람들의 열렬한 반응과 '지금'의 냉랭한 상황을 비교하고 있는 것이다. 바울의 첫 번째 복음 전파와 두 번째 복음 전파를 비교하고 있는 것이 아니다. 그렇다면 바울이 갈라디아서를 쓸 때 갈라디아 교회들을 꼭 두 번 방문하였다고 볼 필요는 없으며 한 번 방문했다고 볼 수 있다.

목적을 따라 사도 바울이 '루스드라'에서 서쪽으로 '이고니온'과 '비시디아 안디옥'으로 갔다고 봐야 한다고 주장한다. 따라서 사도행전 16:6의 '브루기아와 갈라디아 땅'은 바울과 그의 동료들이 '루스드라'를 떠난 후에 통과한 지역 곧 '이고니온'과 '비시디아 안디옥'이 위치한 땅을 의미한다고 본다.[45)]

그러나 브루스의 이러한 추론은 옳지 않다. 왜냐하면 성경은 사도 바울과 그 일행이 '루스드라'에서 '브루기아와 갈라디아 땅'으로 갔다고 말하지 않기 때문이다.[46)] 성경 어디에도 그렇게 되어 있지 않다. 오히려 누가는 바울이 '더베'와 '루스드라'에 이르러 디모데를 제자로 삼은 후에 "여러 성으로 다녀갔다"고 말한다(행 16:4). "여러 성으로 다녀갈 때에 예루살렘에 있는 사도와 장로들의 작정한 규례를 저희에게 주어 지키게 하니 이에 여러 교회가 믿음이 더 굳어지고 수가 날마다 더하니라."고 말한다(4-5절). 따라서 바울은 '루스드라'를 떠난 후에 '여러 도시들'(τὰς πολεῖς)을 다니며 복음을 전한 것을 알 수 있다. 이 '여러 도시들' 가운데에는 물론 '이고니온'과 '비시디아 안디옥'도 포함되었을 것이다.

그리고 나서 6절에서 "성령이 아시아에서 말씀을 전하지 못하게 하시거늘 브루기아와 갈라디아 땅으로 다녀가"라고 말한다. 따라서 바울 일행은 '루스드라'를 떠나 '이고니온'과 '비시디아 안디옥'을 거쳐 '아시아의 경계'까지 갔으나, 장애물이 있어서 다시 동북쪽으로 방향을 틀었다는 것을 말해 준다.[47)] 그래서 그들은 '브루기아'를 거쳐 '갈라디아'로 갔다.[48)] 그리고 그들은 '갈라

45) Bruce, *Galatians,* 12.

46) 그런데도 불구하고 Ronald Fung은 그의 갈라디아서 주석에서 '남갈라디아설'을 주장할 때 핵심 논거 중의 하나로, F. F. Bruce의 주장을 그대로 이어받아, 바울이 북갈라디아에 가서 복음을 전하려 했다면 '루스드라'에서 출발하지는 않았을 것이라고 한다. Cf. R. Y. K. Fung, *The Epistle to the Galatians* (Grand Rapids: Eerdmans, 1988), 2.

47) Van Bruggen, *Galaten,* 21.

48) Van Bruggen, *Galaten,* 21.

디아 지역'을 지나 '무시아' 앞에 이르러 '비두니아'로 가려고 하였으나, 성령이 허락지 않아서 '드로아'로 내려간 것이다(7-8절).[49]

결 론

따라서 윌리엄 램지 이후로 오늘날 널리 퍼져 있는 '남갈라디아설'은 근거가 약한 가설임을 알 수 있다. 그것은 사도행전 자체의 증거에도 맞지 않을 뿐만 아니라 갈라디아서의 성격에도 맞지 않다. 갈라디아서에 나타난 갈라디아 사람들의 열정적이고 변덕스러운 성격은 켈트족(갈라디아 사람들)의 성격에 잘 부합하는 것이며, 비시디아나 남쪽의 다른 민족에게는 어울리지 않는다. 이 점에 대해서는 램지의 스승이었던 J. B. 라이트푸트가 잘 설명하였다고 생각된다.

우리는 사도행전에 자세한 기록이 없다고 해서 바울이 '갈라디아 땅'으로 갔다고 분명히 말하고 있는 구절들(행 16:6; 18:23)을 무시하거나 다르게 해석하면 안 된다. 사도행전은 바울의 모든 여정을 다 기록하고 있는 것은 아니다. 중요한 사건들을 중심으로 간단히 기록하고 있으며, 중간의 수많은 사건들과 활동들이 생략되고 있다. 예를 들어 3차 선교여행 때 사도 바울이 헬라에 이르러 석 달을 머물렀는데(행 20:2-3), 이 기간의 활동에 대해서는 아무런 기록이 없다. 그 후의 빌립보 방문에 대해서도 마찬가지다(6절). 따라서 구체적인 기록이 없다고 해서 사실 자체를 무시하면 안 되는 것이다. 누가는 바울의 소아시아 중부 내륙 지역에서의 복음 전파 활동에 대해 간단히 "브루기아와 갈라디아 땅으로 다녀가 무시아 앞에 이르렀다"고 말하였다(행 16:6-7). 이것은 누가의 사도행전 기록에서 이상한 것이 아니며 극히 자연스러운

49) 독일성서공회에서 나온 지도를 참조하라(*The Greek New Testament*, UBS 4판 뒤쪽에 첨부되어 있다).

것이다.

우리는 사도 바울의 '갈라디아' 방문과 관련하여 중요한 논점 몇 가지를 살펴보았다. 300년 전에만 해도 전혀 이름이 없었던 '남갈라디아설'이 윌리엄 램지 이후 불과 100여년만에 마치 정설(定說)처럼 통용되고 있는 실정이다. 새로운 주장의 빠른 전파도 놀랍지만, 더 이상 그런 주장의 논거를 따져 보지도 않고 무비판적으로 받아들이고 있는 것도 놀랍다. 우리는 어떤 주장이 널리 퍼져 있고 인정을 받고 있다고 할지라도 그 논거가 든든한지, 확실한 기초 위에 서 있는지를 검토해 보아야 한다. 그래서 그 논거가 빈약하고 유지될 수 없다면 과감하게 그 주장을 버리고 다시금 성경에 합당한 견해를 찾아야 할 것이다. (원래 『개혁신학과 교회』 27호(2013), pp.32-50에 게재된 원고임).

[9] 데살로니가전후서의 구조와 중심 주제

I. 데살로니가전후서의 성격

데살로니가 전서와 후서는 사도 바울이 은혜와 성령이 충만한 가운데 쓴 편지이다. 특히 데살로니가 전서에서 우리는 아직도 진정되지 않은 바울의 감격과 흥분을 읽어볼 수 있다. 그 이유는 사도 바울이 데살로니가에서 복음을 증거하다가 핍박을 받아 아쉽게도 데살로니가를 떠나야만 했기 때문이다. 바울이 데살로니가로 들어가게 된 것도 그가 빌립보에서 핍박을 받아 감옥에 갇혔다가 하나님의 특별한 간섭으로 풀려나서 그 도시를 떠나게 된 사실에 연유한다(행 16:19-40; 살전 2:2). 그래서 사도 바울과 그 일행인 디모데와 실라는 암비볼리와 아볼로니아를 거쳐 데살로니가에 들어가게 되었다. 따라서 이들이 데살로니가에 들어가서 복음을 전할 때에는 그야말로 은혜와 성령이 충만하였으며, 하나님의 함께 하심을 확신하고서 담대히 복음을 전하게 되었다. 왜냐하면 그리스도와 복음을 인하여 핍박을 받는 자에게는 하나님의 영이 강력하게 함께 하시기 때문이다(벧전 4:14). 그래서 바울이 데살로니가에서 복음을 전할 때에는, 물론 다른 곳에서도 그러하였지만, 특별히 성령의 능력과 확신으로 담대히 증거하였던 것이다. 이것을 바울은 이렇게 말한다. "이는 우리 복음이 말로만 너희에게 이른 것이 아니라 오직 능력과 성령과 큰 확신으로 된 것이니"(살전 1:5).

뿐만 아니라 데살로니가의 사람들이 복음을 받을 때에도 순수하게 그대로 받아들임으로 말미암아 바울에게 큰 위로와 기쁨이 되었다. 이것을 바울은 그의 편지 여러 곳에서 표현하고 있다. "또 너희는 많은 환난 가운데서 성령의 기쁨으로 도를 받아 우리와 주를 본받은 자 되었으니"(살전 1:6). "이러므로 우리가 하나님께 쉬지 않고 감사함은 너희가 우리에게 들은 바 하나님의 말씀을 받을 때에 사람의 말로 아니하고 하나님의 말씀으로 받음이니 진실로 그러하다."(살전 2:13) 이것은 사도행전에 기록된 대로, 바울이 데살로니가에서 복음을 전할 때에 "그 중에 어떤 사람 곧 경건한 헬라인의 큰 무리와 적지 않은 귀부인도 권함을 받고 바울과 실라를 좇았다."(행 17:4)고 한 기록과 일치한다. 바울이 비록 3주 남짓한 짧은 기간 동안(조금 더 길 수도 있음) 복음을 전하다가 핍박을 인하여 그곳에서 쫓겨나게 되었지만(행 17:2), 데살로니가인들이 어찌나 순수하게 복음을 받아들이고 따랐던지 그 믿음의 소문이 온 마게도냐와 아가야 지방과 다른 곳에까지 퍼지게 되었다(살전 1:8).

특히 데살로니가 성도들의 신앙은 믿음과 사랑과 소망이 겸비한 균형 잡힌 신앙이었다(살전 1:3; 살후 1:3-4). 물론 그들 중에는 소망에 있어서 좀 지나친 생각을 가진 자들도 있어서 문제가 되기도 하였지만, 전체적으로 보면 데살로니가 교회는 믿음과 사랑과 소망에 있어서 균형 잡힌 모범적인 신앙이었다고 할 수 있다. 그래서 데살로니가전후서에 보면 이들의 신앙에 대한 감사와 칭찬이 많이 나타나고 있음을 알 수 있다(살전 1:2, 7-10; 2:19-20; 3:9; 살후 1:3-4). 바울과 그의 일행이 데살로니가에서 은혜 가운데 복음을 전하다가 유대인들의 핍박을 인하여 너무나 빨리 그곳을 떠나게 된 사실에 대해 바울은 늘 마음에 아쉬움과 염려가 있었다. 그래서 베뢰아를 거쳐 아덴에 도착했을 때 바울은 더 이상 참지 못하고 디모데를 보내어 데살로니가 교회의 사정을 알아보도록 하였다(살전 3:1-3). 이는 혹 미혹하는 자가 들어와서 데살로니가의 어린 성도들의 믿음을 해치고 유혹할까 염려하였기 때문이다(살전 3:5). 그러나 디모데가 다녀와서 바울에게(이때 바울은 고린도에 있었다), 그들의 믿음과 사랑의 기쁜 소식을 전하므로 바울이 크게 안도하고 위로를 받고 기뻐하게 되었다. 이것을 바울은 이렇게 표현하고 있다. "이러므로 형제들아, 우리가 모든 궁핍과 환난 가운데서 너희 믿음으로 말미암아 너희에게 위로를

받았노라. 그러므로 너희가 주 안에 굳게 선즉 우리가 이제는 살리라."(살전 3:7-8)

따라서 이때의 기쁨과 감사함의 마음으로 쓴 편지가 바로 데살로니가전서이다. 물론 이 편지를 쓰면서 데살로니가 교회 성도들에 대한 권면과 경계도 들어 있지만, 전반적으로 볼 때 데살로니가 교회에 대한 기쁨과 칭찬, 감사와 애정의 표현이 주된 것이라고 볼 수 있다. 그래서 데살로니가전서는 전형적인 편지의 형태를 보여 준다. 곧, 어떤 주제를 가지고 논리적으로 전개해 나가는 논문이나 교리서가 아니라, 일정한 형식에 얽매이지 않고 자유롭게 수신자를 향해 따뜻한 마음을 주고받는 편지의 성격을 가지고 있다는 것이다. 따라서 우리가 데살로니가전서를 대할 때 이러한 서신적 성격을 잊어버리면 안 된다. 이에 비해 데살로니가후서는 바울의 흥분과 감격이 어느 정도 진정된 후에 기록된 것이며, 이 두 번째 편지를 쓰게 된 것은 첫 번째 편지와는 달리 그 교회를 향해 뚜렷한 경계를 할 필요성이 있었기 때문이다. 그것은 데살로니가 교회 안에 그리스도의 재림에 대한 지나친 열망으로 말미암아 동요되거나, 아예 일을 하지 않고 소란을 피우며 돌아다니는 사람들이 있었기 때문인 것으로 추정된다. 물론 이러한 경향에 대한 경계는 첫 번째 편지에서도 어느 정도 언급하였지만, 두 번째 편지에서는 이에 대해 좀 더 분명히 지적하고 경계해야 할 필요성을 느꼈을 것으로 생각된다.

II. 데살로니가전후서 내용 분해

데살로니가전후서의 내용을 쉽게 이해하기 위해 그 내용을 분해해 보면 다음과 같다.

1. 데살로니가전서

1) 인사말(1:1)

2) 감사와 칭찬(1:2-10)

3) 바울의 사역 회고(2:1-12)

4) 유대인들에게 고난을 받음(2:13-16)

5) 데살로니가에 가기를 애썼음(2:17-20)

6) 디모데가 돌아와서 보고함(3:1-10)

7) 바울의 기도(3:11-13)

8) 바울의 권면(4:1-5:22)

① 거룩함(3-8절)

② 형제 사랑(9-10절)

③ 자기 손으로 일하라(11-12절)

④ 그리스도의 재림(13-18절)

⑤ 재림의 때와 시기(5:1-11)

⑥ 교회 지도자들에 대한 태도(5:12-13)

⑦ 기타 권면들(5:14-22)

9) 바울의 기원(5:23-24)

10) 마지막 당부와 축원(5:25-28)

2. 데살로니가후서

1) 인사말(1:1,2)

2) 감사와 위로(1:3-10)

3) 바울의 기도(1:11-12)

4) 재림에 관한 미혹을 경계함(2:1-12)

5) 바울의 권면과 기원(2:13-17)

6) 기도 부탁과 기원(3:1-5)

7) 규모 없이 행하는 자들에 대한 경계(3:6-12)

8) 몇 가지 권면(3:13-15)

9) 평강 기원(3:16)

10) 문안과 축원(3:17,18)

III. 데살로니가전후서의 주요 주제

위의 내용 분해에서 볼 수 있는 바와 같이, 데살로니가전후서는 어떤 특별한 주제를 위해 체계적으로 서술한 논문이나 교리서가 아니라 서신 형태이기 때문에 신학적 주제가 뚜렷이 부각되지는 않는다. 그렇기는 하지만 이 두 편지에는 예수 그리스도의 재림과 관련한 주제들이 중요하게 다루어지고 있음을 알 수 있다. 따라서 여기서는 다른 사소한 것들은 생략하고 재림과 관련된 주제들만 몇 가지 살펴보기로 하겠다.

1. 그리스도의 재림과 성도의 부활

데살로니가전후서의 거의 매장마다 빠지지 않고 나타나는 주제는 그리스도의 재림에 관한 것이다. 이것은 데살로니가인들이 바울이 전해 준 그리스도의 재림에 관한 복음을 그대로 믿고 받아들였기 때문이며, 또한 그들이 그리스도에 대한 신앙 때문에 당하고 있는 환난으로 인하여 더욱 더 그의 재림을 소망하고 기다리게 했을 것이다.

첫 번째 편지에서는 4장 13절 이하에서 5장 11절까지 재림에 관한 교리를 구체적으로 다루고 있다. 먼저 4장에서는 그리스도의 재림 시에 있을 성도들의 부활에 대해 말하고 있다. 바울은 여기서 그리스도 안에서 죽은 자들이 재림 시에 어떻게 될 것인가 하는 문제에 대해 답하고 있다. 이는 아마도 데살로니가 교회의 성도들 중에 어떤 이들이 이미 죽은 신자들은 그리스도께서 오실 때에 어떻게 될 것인가에 대해 불안해하고 염려하고 있었기 때문인 듯하다. 그래서 바울은 이들에 대해 염려하지 말고 슬퍼하지 말라고 한다. 왜냐하면 그리스도 안에서 '자는 자들'을 하나님께서 '예수로 말미암아'(διὰ τοῦ Ἰησοῦ) 그와 함께 데리고 오실 것이기 때문이다(살전 4:14). 이는 예수께서 강림하실 때에 주 안에서 죽은 자들의 '영혼'을 함께 데리고 오신다는 뜻이다. 이것은 같은 편지의 3장 13절에 있는 "우리 주 예수께서 그의 모든 성도와 함께 강림하실 때에"라는 말씀과 같은 의미이다. 물론 여기서 '그의 모든 성도와 함께'(μετὰ πάντων τῶν ἁγίων αὐτους)란 말을 직역하면 '그의 모든 거룩한 자들과 함께'가 된다. 따라서 여기의 '거룩한 자들'은 혹 '천사들'을 뜻하는 것이 아닌가고 생각할 수도 있다. 왜냐하면 그리스도께서 강림하실 때에는 "주께서 호령과 천사장의 소리와 하나님의 나팔로 친히 하늘로 좇아" 강림하신다고 했으며(살전 4:16), 또한 주 예수께서 "저의 능력의 천사들과 함께 하늘로부터 불꽃 중에" 나타나신다(살후 1:7)고 하시지 않았던가? 그래서 사람들은 이 구절에서도 주 예수께서 '천사들'과 함께 오신다고 생각하기가 쉽다. 그러나 바울 서신에 있어서 '거룩한 자들'(οἱ ἅγιοι)이 천사들을 뜻하는 의미로 사용된 예가 없으며 이들은 항상 '그리스도 안에서 거룩하게 된 자들'을 가리킨다(cf. Van Leeuwen, *I Thessalonicensen,* Amsterdam, 1926, p.350). 그리고 이 구절을 같은 서신의 4장 14절의 말씀과 함께 생각해 볼 때, 이는 주 안에서 죽어서 '천국에 가 있는 영혼들'을 가리킴이 분명하다. 왜냐하면 예수께서 강림하실 때에 '죽은 자들'을 함께 데리고 오신다고 했는데, 이는 죽은 자들의

'영혼'이 아니고 또 무엇이란 말인가?

한편 죽은 자들의 '육체'는 그리스도께서 강림하실 때에 먼저 부활한다(살전 4:16). 그래서 그리스도와 함께 천국에서 온 '영혼'과 땅에서 일어난 '육체'가 다시 만나 결합하게 된다. 이것은 죽음으로 말미암아 이별하였던 인간의 영혼과 육체가 이 세상 마지막 날에 그리스도 안에서 다시 만나는 '극적인 재회'요, 다시는 분리도 없고 이별도 없는 '영원한 결합'이요, 다시는 죄 짓지 아니하고 아프지도 아니하고 죽지도 아니하는 영화롭게 변한 '신령한 몸'과 그리고 모든 죄와 불의에서 벗어나 온전히 성결케 된 '순수한 영혼'과의 '거룩한 만남'이다. 따라서 그리스도인이 이 세상에서 맞이하는 죽음의 의미는 하이델베르크 요리문답이 가르치는 대로 '죄로부터의 완전한 자유'와 '영생으로 들어가는 관문'일 뿐 아니라(제 42문의 답), 또한 마지막 날에 완전한 모습으로 새롭게 만나기 위해 잠시 헤어지는 '잠정적 이별'이기도 하다(제 57문의 답에 이 사실이 간접적으로 표현되어 있다).

그리스도께서 강림하실 때에 살아 있는 성도들은 산 채로 그 몸이 '영화로운 몸'으로 변화한다(고전 15:42-44). 그래서 먼저 부활한 성도들과 함께 구름 속으로 끌어올리어져 공중에서 그리스도를 영접하게 된다(살전 4:17). 어떤 사람들은 이 구절을 어렵게 생각하지만, 그러나 그럴 필요가 없다. 이 구절을 상징적으로 해석하거나 영해할 근거는 없다. '구름 속으로 끌어 올리울 것'(ἁρπαγησόμεθα ἐν νεφέλαις)이란 말은 문자 그대로 부활한 성도들이(이때는 이미 영과 육이 결합한 상태이다) 구름 속으로 끌어 올리운다는 뜻이다. 재림 시에는 이 우주의 물리법칙이 바뀔지도 모른다. 아마 물리법칙에도 근본적인 변화가 일어날 것이다(벧후 3:10 참조). 아니면 부활한 육체는 중력법칙을 초월할 것이다. 어쨌든 '신령한 몸'을 입은 새로운 인간은 우주 공간의 제약을 받지 않고 자유롭게 다닐 수 있을 것이다. 부활하신 예수님께서 문이 닫혀 있는데도 그냥 들어오시고 또한 갑자기 사라지시기도 하고 나타나시기도 하신 것처럼, 우리 부활한 몸들도 공간의 제약을 받지 않고 자유롭게 공중으로 올라갈 수 있을 것이다. 그런데 본 구절에 보면 수동태로 '끌어 올리울 것이다', '낚아채이듯이 잡아당기울 것이다'라고 되어 있는 것을 보면, 하나님의 능력에 의해 곧 성령에 의해 끌어당기어 올라가게 될 것을 암시하고 있다. 어쨌든 이 모든 것은 다 하나님의 능력에 의한 것이고 성령의 사역에 의한 것이다.

그리고 "공중에서 주를 영접한다"는 것은 문자 그대로 공중에서 재림하신 예수 그리스도를 영접한다는 의미이다. 여기서 '영접하다'는 말의 원어 '아판테시스'(ἀπάντησις)는 왕을 맞이하기 하여 나가서 모시는 것을 나타내는 전문용어이다(J. Keulers, *De brieven van Paulus,* I, Roermond en Maaseik, 1953, p.48). 따라서 우리말로 '마중'이라고 번역할 수 있겠다. 왕이신 예수님께서 이 세상에 오시는데 그의 백성된 우리들이 그냥 앉아서 맞이할 수는 없는 것이다. 따라서 우리는 왕이신 예수님을 맞이하기 위해 공중으로 끌어 올리어 간다(마 25장의 신랑을 맞으러 나간 열 처녀 비유 참조). 그런데 어떤 사람들은 이 구절들을 가지고 '공중 휴거'를 주장하며 '7년 대환난'을 주장하는데 이것은 잘못이다. 7년 동안 공중에 거하면서 대환난을 피한다는 것은 성경에 없는 사상이다. 우리가 공중으로 올라가는 것은 왕이신 예수님을 마중하기 위해서이며, 만주의 주로 오시는 예수님을 영접하고 찬송하기 위해서이다. 세상에서의 환난을 피하기 위한 도피가 아니다. 심지어 어떤 사람들은 예수님의 '공중 재림'과 '지상 재림'을 구분하기도 하는데, 이러한 구분은 사도 바울이 여기서 말하는 것과는 상관이 없다. '공중'은 부활한 성도들이 재림하시는 예수님을 마중하며 영접하는 장소이며, 영원히 거할 장소를 의미하는 것은 아니다(Keulers, p.48). 우리가 영원히 거할 장소는 '새 하늘과 새 땅'이며(벧후 3:13; 계 21:1), 구체적으로 어디인지 어떤 형태로 살아가는지는 알 수 없다. 다만 중요한 것은 우리가 영원토록 그리스도와 및 하나님과 함께 살며, 거기에는 죄와 눈물과 고통과 저주가 다시 없으며 영원토록 의가 지배하는 곳이라는 사실이다. 그렇지만 우리는 이러한 '새 하늘과 새 땅'이 분명히 장소로서 존재하며, 그곳에서 우리가 예수님과 더불어 영원복락을 누리며 살 것을 믿고 소망한다.

2. 재림의 때와 시기

앞의 것과 밀접히 관계된 것으로 데살로니가전서 5장과 데살로니가후서에서는 재림의 시기와 때에 대해 좀 더 자세히 설명해 주고 있다. 예수께서 언제 강림하실 것인가에 대해서는 "주의 날이 밤에 도적같이 이른다"고 말하고 있다(살전 5:2, 4). 이 말의 뜻은 주께서 언제 오실지 알지 못한다는 것과 사람들이 예기치 않은 때에 오신다는 뜻이다(마 24:36-44 참조). 따라서 사람들이 평안하게 지낼 때에, 곧 하나님을 믿지 아니하고 방탕하게 지낼 때에 홀연히 임하신다는 뜻이다(살전 5:3). 그러나 다른 한편으로, 믿는 형제들에게는 그 날이 도적 같이 임하지 못할 것이라고 말한다(4절). 이 말은 우리 믿는 자들은 주님의 재림 날짜를 알 수 있다는 뜻이 아니라, 깨어 근신하고 있는 우리에게는 주의 임하심이 그렇게 갑작스럽거나 당황할 일이 아니라는 뜻이다(5-8절). 따라서 예수님의 재림 날짜를 알려고 하거나 계산하려고 하는 시도는 잘못된 것이며 하나님 앞에 옳지 않은 것이다.

데살로니가 교회에 보낸 두 번째 편지에서는 재림에 대한 바울의 강조점이 약간 달라진다. 여기서는 언제 오실지 모르는 예수님을 생각하지 아니하고 게으르고 방탕하게 지내는 것이 문제가 아니라, 오히려 지나치게 주님의 재림을 생각함으로 들뜨거나 두려워하는 것이 문제이다. 이것을 우리는 바울의 다음 말에서 알 수 있다. "형제들아, 우리가 너희에게 구하는 것은 우리 주 예수 그리스도의 강림하심과 우리가 그 앞에 모임에 관하여 혹 영으로나 혹 말로나 혹 우리에게서 받았다 하는 편지로나 주의 날이 이르렀다고 쉬 동심하거나 두려워하거나 하지 아니할 그것이라."(살후 2:1-2) 여기서 '쉬 동심(動心)한다'는 것은 마음이 쉽사리 요동하는 것을 말한다. 그리고 여기서 '두려워한다'는 것은 깜짝 놀라는 것을 말한다. 즉, 예수님의 재림이 가까웠다고 소란을 피우거나 놀라거나 떠드는 것은 다 잘못임을 말한다. 예수님의 재림이 다가올수록 우리는 더욱 더 근신하여 우리에게 주어진 임무를 잘 감당해야 할 것이며, 두려워하거나 야단을 피울 것은 아니다.

그리고 나서 바울은 주님의 재림이 있기 전에 먼저 '배도(背道)하는 일'(ἡ ἀποστασία)이 있을 것과 '불법의 사람'(ὁ ἄνθρωπος τῆς ἀνομίας) 곧 '멸망의 아들'(ὁ υἱος τῆς ἀπωλείας)이 나타날 것을 말한다(살후 2:3-4). 여기서 이것들이 각각 무엇을 뜻하는지는 알기 어렵다. '배도하는 일'은 교회가 전체적으로 또는 부분적으로 하나님을 버리고 타락하는 것을 말하는데, 구체적으로 어떤 '사건'을 가리키는지 아니면 어떤 '일반적 상황'을 가리키는지는 판단하기 어렵다. 그리고 '불법의 사람' 곧 '멸망의 아들'이 누구 또는 무엇을 가리키는지에 대해서도 의견이 분분하며 판단하기 어렵다. 먼저 이것이 '어떤 한 개인'을 가리키는지, 아니면 '집단적 세력'을 가리키는지가 문제이다. 그러나 3절 이하를 읽어 보면 이것은 한 특별한 개인을 가리킨다고 생각되지만, 어떤 악한 세력을 의인화해서 표현했는지도 모른다. 따라서 여전히 알기 어렵다(전 9:1 참조).

하지만 이 '불법의 사람'은 범사에 하나님을 '대적하는 자'로서 하나님의 성전에 앉아 자기를 하나님이라고 나타내는 자이다(살후 2:4). 따라서 이 인물은 '적그리스도'(Anti-Christ)임이 분명한데, 요한일서에서 말하는 일반적인 '적그리스도들' 중의 하나가 아니라 이 세상의 (거의) 마지막 때에 나타날 최후의 '적그리스도'이다. 왜냐하면 이 '적그리스도'가 나타나면 예수께서 곧 그 입의 기운(πνεῦμα)으로 죽이시고 강림하실 것이기 때문이다(8절). 따라서 데살로니가후서에서 말하는 '적그리스도'는 예수님의 재림 직전에 나타나서 극악무도한 패역을 행할 사탄의 하수인(개인? 집단?)으로 볼 수 있을 것이다('적그리스도'에 대해서는 J. Keulers의 앞의 주석 pp.75-80에 있는 "De Antichrist"와 거기 있는 참고 문헌을 참조하라).

3. 규모 없이 행하는 자들

데살로니가 교회의 중요한 문제 중의 하나는 위의 재림 대망과 관련된 것으로, 주의 날이 가까웠다는 것을 이유로 생업을 포기하고 일을 하지 않는 자들이 있었다는 것이다. 이들은 한편으로 매우 경건하고 열심 있는 것처럼 보이기도 했지만 다른 한편으로는 뭔가 문제 있는 사람들이었다. 기독교 역사상 이런 현상을 처음 맞이하는 데살로니가 교회로서는 이런 태도에 대해 어떻게 생각해야 할지 분명한 판단이 서지 않았을 것이다. 사도 바울은 이런 자들을 가리켜 '규모 없이 행하는 자들'이라고 지칭하면서, 이들을 강하게 경계하고 있다(살전 5:14; 살후 3:6-12). 아마도 바울이 데살로니가에 편지를 보내게 된 이유 중의 하나는 바로 이들을 경계하기 위함이었을 것이다. 최소한 데살로니가후서를 보낸 직접적인 계기는 바로 이들을 경계하고 책망하기 위함이었다고 생각된다.

여기서 '규모 없이 행하는 자들'(οἱ ἀτάκτοι)이란 '질서 없는 자들, 자기 자리를 지키지 않는 자들'이라는 의미인데(cf. Liddell-Scott, s.v.), 자기에게 주어진 일들을 하지 않고 이리 저리 돌아다니면서 일을 만드는 자들을 가리킨다(살후 3:11). 바울은 이들을 향하여 "누구든지 일하기 싫어하거든 먹지도 말라."고 단호하게 명하였다(살후 3:10). 이 말은 '노동의 신성함'을 말한 것이라기보다도 각자 하나님께서 주신 일을 성실하게 수행하는 것이 사람의 의무라는 의미로 이해해야 할 것이다. 이 둘은 결국 같은 말처럼 들릴지 모르지만,

전자는 노동 자체에 절대적 의미를 두는 것인 반면 후자는 하나님 앞에서 받은 우리의 사명을 강조하고 있다. 곧, 우리가 일을 해야 하는 이유는 우리가 일을 함으로써 하나님께서 우리에게 주신 사명을 이루며(창 1:28; 3:15), 다른 사람에게 폐를 끼치지 않고 도리어 남을 도울 수 있기 때문이다(엡 4:28). 따라서 "누구든지 일하기 싫어하거든 먹지도 말라"는 것은 노동 절대주의를 말하는 것이 아니라, 하나님 앞에서 인간이 올바르게 살아가는 모습들 중의 하나로써 말하고 있다. 그러므로 이것은 어린이들이나 노인들, 그리고 병약자들에게까지 무차별적으로 노동을 강요하는 것은 아니며, 일할 수 있는 능력을 가진 자들에게 합당한 것이 무엇인가를 말하는 것이다. 사도 바울은 이것을 가르쳐 주기 위해 자기는 비록 일하지 아니할 권리를 가지고 있었지만(고전 9:9-12), 그들에게 본을 보이기 위해 밤과 낮으로 일하면서 복음을 전하였던 것이다(살전 2:9; 살후 3:8-9). 이것은 오늘날의 교역자들도 바울을 본받아 세속 직업에 종사하면서 복음을 전해야 한다는 것이 아니다(물론 그렇게 할 수도 있다). 바울이 이렇게 한 것은 복음을 처음 전할 그 당시에 교회 성도들에게 노동의 필요성을 가르쳐 주고 불필요한 오해를 막고 복음 전파에 방해가 되지 않도록 하기 위해서였다. 그래서 그는 권리가 있음에도 불구하고 자비량하며 복음을 전했던 것이다. 따라서 이것은 특별한 경우이며, 오늘날의 '교역자들'에게 그대로 적용되는 규칙은 아니다. 바울이 말하고자 한 바는 오히려 '일반 성도들'이 주어진 일을 성실히 감당하며 살아야 한다는 것이다. 이것은 예수님의 재림을 믿는다고 해서 소홀히 할 것이 아니라, 오히려 더욱 더 자기에게 주어진 일들을 성실히 감당해야 할 것을 말하는 것이다.

오늘날에도 우리 주위에는 예수님의 재림을 바라보며 오로지 천국에 가는 것만을 삶의 목표로 삼고 살아가는 사람들이 있다. 한편으로는 대단히 믿음이 좋고 열심히 특출하다고 생각되지만, 다른 한편으로는 뭔가 잘못된 믿음이라고 말하지 않을 수 없다. 왜냐하면 예수님께서 다시 오시는 것은 정해진 사실로서 때가 되면 당연히 오실 것이며, 우리가 관여할 사항이 아니다. 뿐만 아니라 우리가 천국에 가는 것도 때가 되면 갈 것인데 늘 그것만 바라보고 사모하는 것은 옳지 않다. 물론 우리는 천국에 대한 소망은 확실히 가지고 있어야 하며 늘 그것을 바라보며 살아야 하지만, 그것도 지나치면 문제인 것이다. 하나님께서 우리를 이 세상에 태어나게 하시고 살게 하신 것은 우리로 하여금 오로지 천국에 가게 하기 위함만이 아니라, 이 세상에 살면서 우리의 삶을 통해 하나님의 이름을 높이고 하나님의 영광을 드러내며 하나님을 증거하게 하기 위함이다. 좁은 의미에서의 전도만이 우리의 삶의 목적이 아니라, 우리의 삶 전체를 통해 하나님을 영화롭게 하는 것이다. 곧, 하나님을 믿는 사람이 의롭게 살며 열심히 살아서 형통하게 되는 것을 통해 하나님을 믿는 자의 삶이 불신자의 삶보다 더 우수한 삶임을 보여 줌으로써 하나님께 영광을 돌리는 것이다. 따라서 우리 그리스도인들이 힘쓰고 애써야 할 현장은 바로 이 세상이다. 천국은 죄가 없고 고통이 없는 좋은 곳이지만, 다른 한편으로 거기서는 우리가 더 이상 전도할 수도 없으며 하나님의 나라를 위해 일할 수도 없다. 따라서 이 세상은 비록 문제가 많고 갈등이 많은 고통스러운 곳이긴 하지만, 우리가 하나님을 위해 일할 수 있는 일터이기 때문에 더욱 더 의미 있고 값진 것이다. 그러므로 우리는 예수님께서 다시 오시기 전에 더욱 힘써 주님이 주신 일을 해야 할 것이다. 그리하면 주님이 다시 오실 때 하나님께는 영광이 되며 우리에게는 큰 상이 있게 될 것이다. (원래 『그말씀』 2000년 8월호, pp.10-19에 게재된 원고임)

[10] 히브리서 난해 구절 해설

I. 이같이 큰 구원(2:3)

이것은 우리가 받는 구원에 크고 작은 것이 있다는 뜻이 아니라, 예수님께서 말씀하시고 사도들이 전해 준 구원이 지극히 크고 영광스럽다는 것을 뜻한다. 이는 곧 신약 시대의 성도들은 구약 시대의 성도들에 비해 크고 영광스러운 구원의 복음을 듣고 그 구원에 참여하였음을 뜻한다. 이처럼 신약 시대의 구원이 크고 영광스러운 것은 하나님의 아들 예수 그리스도께서 선지자들이나 천사들보다 월등히 뛰어나시기 때문이다(1장). 여기서 우리는, 동일한 하나님과 동일한 구원이지만 구속사의 진전에 따라 신약 시대의 구원이 더 영광스러움을 말하고 있음을 보게 된다.

이 신약 시대의 구원은 하나님께서 여러 표적(表蹟)들과 기사(奇事)들과 능력(能力)들과 또한 성령의 나눠 주신 것들로 증거하신 것이다(4절). 여기서 '표적'(σημεῖα)은 어떤 것을 가리키는 이적을 말하며, '기사'(τέρατα)란 일상적인 것을 넘어서는 이적을 말하며, '능력'(δυνάμεις)은 말 그대로 하나님의 큰 능력이 나타난 사건을 말한다(F. W. Grosheide, *De brief aan de Hebreeën*, 1955, p.78 참조). 이 셋은 사실상 같은 하나님의 초자연적 역사를 가리키는데, 다만 그 이적이 어떤 기능을 하고 있는가 또는 말하는 사람이 어떤 관점에서 말하는가에 따라 용어 선택이 달라진다고 할 수 있다. 그리고 '성령의 나눠 주신 것'은 하나님께서 초대 교회에 풍성하게 나눠 주신 성령의 여러 은사들을 가리킨다(행 2장, 고전 12, 14장 참조). 이러한 것들은 다 하나님의 아들이 이 땅에 오셔서 말씀하시고 사도들이 전해 준 구원의 확실함과 영광스러움을 증거하기 위해 주어진, 복음에 수반하는 현상들이다.

II. 마귀를 없이 하심(2:14)

여기서 '마귀를 없이 한다'는 것이 무엇을 뜻하는가 하는 것이 문제이다. '마귀'(ὁ διάβολος)란 원래 '적대적 의도를 가지고 고소하다, 참소하다'(bring charges with hostile intent)라는 뜻을 가진 '디아발로'(διαβάλλω)에서 온 단어로서, 그 뜻은 '참소자, 중상모략자'(slanderer)이다(W. Bauer, *A Greek-English Lexicon,* s.v.). 그래서 요한계시록 12장 10절에서는 마귀를 가리켜 '참소하는 자'(ὁ κατήγωρ, ὁ κατηγορῶν)라고 부르고 있다.

그런데 여기 '마귀'란 단어가 단수로 사용된 것은 모든 귀신들(마귀들, 더러운 영들)의 우두머리인 '사탄'을 가리킨다. 여기서 '마귀'가 단수로 사용된 것은 마귀들 모두가 '한 몸'(*corpus unum*)을 이루고 있기 때문이라는 칼빈의 설명은 옳지 않다. 왜냐하면 신약 성경에서 '디아볼로스'란 단어가 '참소하는' 이라는 뜻의 형용사로 사용된 경우(딤전 3:11; 딤후 3:11; 딛 2:3)를 제외하고는 모두 다 단수로 사용되어서 '마귀'를 뜻하고 있으며, '귀신들'이라는 의미의 복수로 사용된 예가 없기 때문이다. 뿐만 아니라 계시록에서 '큰 용' 또는 '옛 뱀'이라고 불리는 '마귀'는 곧 '사탄'이라고 분명히 말하고 있다(계 12:9; 20:2).

그 다음에 여기에 사용된 '카타르게오'(καταργέω) 동사가 우리말 개역한글판에는 '없이 하다'로 번역되었는데, 이것은 문제 있는 번역이다. 왜냐하면 예수님의 부활로 말미암아 마귀가 없어진 것이 아니기 때문이다. 마귀는 존재론적으로 없어지거나 소멸되지 아니하며, 이것은 예수님이 재림하신 후에도 마찬가지이다. 마귀는 불못에 던지워 영원토록 형벌 받을 것이지만(계 20:10), 그 존재 자체가 없어지는 것은 아니다.

그렇다면 '카타르게오'의 뜻은 무엇인가? 리델-스코트 사전에 의하면, 이 단어는 대개 다음과 같은 뜻을 가진다. 첫째, 어떤 사람을 '할 일 없이 그냥 버려 두다'(leave unemployed or idle), 기회를 '놓치다'(miss); 둘째, 땅을 '버리다, 쓸모없이 만들다'(make useless, cumber, 눅 13:7); 셋째, '효력이 없게 만들다'(make of no effect, 롬 3:3, 31). 그리고 수동태로서는 죄의 몸이 '멸하다'(be abolished, 롬 6:6), 남편의 법에서 '해방되다'(be set free, 롬 7:2) 등. 이상에서 이 단어가 성경에 사용된 예들을 살펴볼 때, 어느 것도 어떤 존재 자체를 '없이 하다, 멸하다'는 의미로 사용되지는 않았으며, '효력이 없게 하다, 쓸모없게 만들다, 해방시키다'는 의미로 사용되었음을 알 수 있다. 물론 로마서 6장 6절의 우리말 번역이 '멸하여'로 되어 있기는 하지만, 이 경우에도 우리의 몸 자체가 없어지는 것은 아니며 실제로는 우리를 지배하는 죄의 영향력이 결정적으로 타격을 입었으며 죄가 더 이상 우리를 주관하지 못한다는 것을 뜻한다(H. Ridderbos, *Romeinen,* 1959, p.130 참조)

따라서 '마귀를 없이 한다'는 것은 마귀의 권세와 영향력을 결정적으로 약화시키고 무력화시키는 것을 뜻한다. 이것은 예수 그리스도의 죽음과 부활을 통해 이루신 것이다. 왜냐하면 마귀는 사망의 권세를 가지고 사람들을 위협하였으나, 예수님께서 우리의 죄를 위해 죽으심으로 우리의 죗값을 다 지불하셨으며 또한 사흘만에 부활하심으로 사망의 권세를 완전히 깨뜨리셨기 때문이다. 따라서 마귀는 이제 우리를 위협할 수 없으며, 죄와 사망이 우리를 지배할 수 없게 되었다. 이 모든 것은 하나님의 아들이신 예수님께서 우리 죄를 위해 죽으심으로 가능하게 된 것이다. 그런데도 불구하고 어떤 사람들이 오늘날 '우리'가 마귀를 결박해야 한다고 하는 것은 예수님이 이루신 공로를 무시하는 것이다. 우리는 마귀를 결박할 수도 없고 스스로의 힘으로는 싸워서 이길 수도 없다. 오직 하나님의 아들만이 이기실 수 있으며, 이미 이기시고 결박하셨다(마 12:29). 그러므로 우리는 그를 믿으므로 그 안에서 사탄을 이기는 것이다. "세상을 이긴 이김은 이것이니 우리의 믿음이니라."(요일 5:4)

III. 우리 연약함을 체휼하시는 대제사장(4:15)

히브리서 4장 15절은 "우리에게 있는 대제사장은 우리 연약함을 체휼하지 아니하는 자가 아니요 모든 일에 우리와 한결같이 시험을 받은 자로되 죄는 없으시니라."고 말한다. 여기서 대제사장은 예수 그리스도를 가리키는데, 우리 주 예수님은 우리의 연약함을 체휼할 수 없는 분이 아니라는 뜻이다. '체휼'(συμπαθέω)이란 단어는 '동정(同情)을 느끼다'(feel sympathy with)는 뜻이다. 즉, 우리의 연약함과 고통에 대해 함께 느끼고 동정하신다는 뜻이다. 그리고 우리말 번역에는 그냥 "체휼하지 아니하는 자가 아니요"라고 되어 있지만, 원문에는 "체휼할 수 없는 분이 아니요"라고 되어 있다. 즉, 예수님은 지금 우리가 당하는 어려운 상황과 고통에 대해 '체휼하실 수 있다'고 말하고 있다.

그 근거로 예수님은 "우리와 한결같이 시험을 받았다"는 사실을 들고 있다. 예수님은 그 근본에 있어서 하나님의 아들이시지만 우리와 동일한 사람이 되셨기 때문에 우리와 동일하게 모든 일에 있어서 시험을 받으셨다. 따라서 우리가 고통을 당하고 슬퍼할 때에 함께 고통을 느끼고 위로하실 수 있는 분이시다. 이런 점에서 예수님은 신적인 존재이기 때문에 우리와 동일한 사람이 아니라고 하는 '가현설주의자들'(Docetists)이나 '아폴리나리스주의자들'(Apollinarians)의 주장은 잘못이다. 만일 예수님이 우리와 동일한 사람이 아니었다면, 그는 우리를 온전히 구원하실 수 없었을 것이며 또한 연약함에 싸여 있는 우리를 동정하지도 못하셨을 것이다.

다른 한편으로, 예수님은 이처럼 우리와 동일하게 시험을 받으셨지만 죄가 없으시다는 사실이 중요하다. 요즈음 예수님의 인성을 강조하는 영화나 소설 등에서 예수님의 인간적인 측면을 강조하다 보니 예수님은 우리와 마찬가지로 유혹을 받아 죄에 빠졌다고 말하기도 하는데, 이것은 잘못이다. 성경은 한결같이 예수님께 죄가 없으시다고 말한다(벧전 2:22; 요일 3:5; 고후 5:21). 그렇기 때문에 예수님은 우리를 구원하시는 구세주가 되실 수 있는 것이다.

IV. 다시 회개할 수 없는 죄(6:4-6)

여기서는 어떤 경우의 사람들은 다시 회개할 수 없다고 말하고 있다. 곧 "한 번 비췸을 얻고 하늘의 은사를 맛보고 성령에 참여한 바 되고 하나님의 선한 말씀과 내세의 능력을 맛보고 타락한 자들은 다시 새롭게 하여 회개케 할 수 없다."고 말한다. 이 말씀은 우리에게 큰 두려움과 불안감을 준다. 다시 회개할 수 없는 죄란 어떤 죄를 가리키는가? 거듭난 자가 다시 타락할 수 있단 말인가? 그렇다면 '성도의 견인'(perseverance of the saints) 교리와 어떻게 조화되는가? 하는 질문이 제기된다.

고대 교회의 노바티안들(Novatians)은 이 구절에 근거해서 타락한 자들은 다시 용서받을 수 없다는 주장을 하였다. 이 때문에 서방 교부들 중에는 히브리서의 정경성을 의심하는 경향이 있었으며, 어떤 자들은 여기 6절의 '(회개케) 할 수 없다'를 '어렵다'로 설명하기도 하였다. 다른 한편, 오늘날의 어떤 주석가는 히브리서의 이 본문은 성도의 견인에 대해 말하는 것이 아니라 "견인하는 자가 참 성도들이라고 주장하고 있다"고 한다(F. F. Bruce, *The Epistle to the Hebrews,* 1964, p.118). 물론 이 구절들이 성도의 견인 교리를 가르치는 것은 아니지만, 여기서 말하는 '타락한 자들'은 이미 중생한 자로서 타락한 자를 가리킨다고 볼 수는 없다. 그 이유는 다음과 같다(이하의 논거에 대해서는 Grosheide, 145-46을 주로 참조하였다).

1) 중생의 은혜는 잃어버릴 수 없다는 것이 성경의 가르침이다(눅 22:32; 요 6:39-40; 10:28- 29; 17:2, 6, 11, 12; 롬 8:30; 11:29; 빌 1:6; 살전 5:23; 살후 3:3; 벧전 1:4-5; 요일 3:9). 뿐만 아니라 히브리서 자체가 여러 곳에서 하

나님의 맹세와 약속, 언약은 영원히 변치 않는다고 말한다(6:17; 7:20; 9:15-17; 13:20-21).

2) 여기 사용된 분사들(φωτισθέντας, γευσαμένους, γενηθέντας 등)은 모두 아오리스트 시상으로 되어 있다(히브리서 10:29에서도 마찬가지). 이는 '단회적 동작'이나 또는 '과거의 일시적인 체험'을 가리킨다(흐로쉐이드는 여기의 아오리스트 시상이 '동작의 시작'을 가리킨다고 보았는데 필자가 위에서 말한 것처럼 보는 것이 더 정확하다고 생각된다). 이에 반해 지속적인 결과를 가리킬 때에는 히브리서에 완료가 사용되고 있다.

3) 여기에는 '믿는 자'가 타락했다고 되어 있지 아니하고 '타락한 자'가 다시 회개하는 것이 불가능하다고 말하고 있다. 이에 좀 더 첨가하자면 이 구절들에는 '거듭난 자'나 '성도'란 말이 전혀 사용되지 않았다.

4) 여기에는 10장에서와 마찬가지로 '이성적 조명(理性的 照明)'으로 이해될 수 있는 단어들이 사용되고 있다. 흐로쉐이드의 이 논거에 대해서는 약간의 보충이 필요하다. '한 번 비췸을 얻고'와 '하나님의 선한 말씀을 맛보고'라는 표현은 '이성적 조명'을 가리킨다고 볼 수 있지만, '하늘의 은사를 맛보고'와 '성령에 참여한 바 되고'와 '내세의 능력을 맛보고'에 대해서는 곤란하다고 생각된다. 따라서 이 구절들에는 '이성적 조명'과 '일시적인 능력의 체험'으로 이해될 수 있는 단어들이 사용되고 있다고 말하는 것이 더 정확할 것이다.

5) 믿지 않는 자들에게서도 이런 은혜의 표시들이 나타날 수 있다. 일반적으로 그리스도를 배척한 유대인들에게서 이런 표시들을 볼 수 있다. 또한 거짓 선지자 발람의 경우(민 22-24장)에서 이런 현상들을 볼 수 있으며, 예수님의 제자 중 가룟 유다와 사마리아의 마술쟁이 시몬(행 8장) 등에서도 이런 표적들을 볼 수 있다. 그 외에도 구원받지 못한 자들에게서도 이런 은혜의 표시들이 나타날 수 있다는 것을 말하는 성경 구절들은 많다(요 11:49 이하; 마 12:31 이하; 벧후 2:20; 눅 8:13; 요 2:23 이하; 롬 9:4; 3:2; 마 7:21 이하 등).

우리는 이상의 논거들에 하나를 더 추가하고자 한다. 이어서 나오는 9절에 보면 "사랑하는 자들아, 우리가 이같이 말하나 너희에게는 이보다 더 나은 것과 구원에 가까운 것을 확신하노라."고 말하고 있다. 이것을 보면 히브리서 기자는 4-6절의 무서운 말씀이 이 편지를 받아서 읽게 될 수신자 성도들을 가리켜 말한 것이 아님을 알 수 있다. 따라서 이 경고의 말씀은 그 당시의 이단들이나 또는 특별한 죄를 짓는 악한 자들을 가리켜 말한 것임을 알 수 있다(6절의 '하나님의 아들을 다시 십자가에 못 박아 현저히 욕을 보인다'는 말 참조).

이들은 하나님의 말씀도 제법 알고 성령의 능력도 체험하였으나 참된 믿음에는 이르지 못한 가운데 형식적인 신앙생활을 하다가, 어떤 계기로 미혹을 받아 배교하여 하나님의 아들을 욕하고 비방하는 참람한 죄들을 거침없이 행하는 자들이라고 볼 수 있다. 이런 자들은 그 마음이 완악하여져서 회개하지 않을 뿐만 아니라, 하나님께서도 이런 자들에게는 회개의 역사를 허락하지 않으신다. 왜냐하면 이들은 하나님의 아들을 짓밟고 또 회개케 하는 영이신 성령을 모독하였기 때문이다. 이런 점에서 이들은 예수님께서 말씀하신 바 '성령을 훼방하는 죄'를 범한 자들과 성격상 동일한 자들이라고 할 수 있다(마 12:31-32).

V. 멜기세덱(7:1-3)

멜기세덱에 대해서는 히브리서에 이미 나온 바 있다(5:6, 10, 11; 6:20). 그리스도의 대제사장 되심을 논할 때에 히브리서 기자는 시편 110편 4절의 말씀을 인용하면서 그리스도께서 '멜기세덱의 반차'를 좇아 영원한 제사장이 되셨음을 간단히 언급하였다. 이제 7장에서는 멜기세덱에 대해 본격적으로 논하고 있다. 그 이유는 아마도 유대인들 중 어떤 이들이, 제사장은 레위 지파에서 나오게 되어 있는데 예수님은 유다 지파 출신이므로 대제사장이 될 수 없다고 주장하였기 때문일 것이다. 이에 대해 히브리서 기자는 예수님은 레위 지파를 좇은 것이 아니라 그 이전의 멜기세덱의 반차를 좇아 영원한 대제사장이 되셨음을 논증하고 있다.

이 멜기세덱에 대해서는 옛날부터 여러 가지 사변적인 해석들이 있었다. 창세기에 나오는 멜기세덱에 대해 오리겐은 '로고스'나 '성령' 또는 '천사'로 생각했으며, 멜기세덱파 사람들은 '하늘의 큰 능력'으로 생각했지만, 히브리서 기자는 창세기 14장의 자료에 근거해서 논하고 있다는 것이 다른 점이다(J. Keulers, *De brieven van Paulus,* II, 1954, p.315 참조).

우선 '멜기세덱'이란 이름은 '나의 왕은 의'라는 뜻이다. 그래서 히브리서 기자는 '의의 왕'이라고 번역(해석)하고 있다(2절). 그리고 그는 '살렘 왕'이었는데(창 14:18), 이는 '평강의 왕'이란 뜻이다(2절). 여기서 '살렘'은 예루살렘을 가리키는데, 그 이유는 다음과 같다(Grosheide, 160 참조). 첫째, '아마르나 서신들'에서 볼 수 있는 바와 같이 예루살렘은 아브라함 때에 이미 존재하고 있었다(Amarna 서신에 대해서는 G. 허버트 리빙스턴의 『모세오경의 문화적 배경』, 김의원 역, 407-410을 보라). 둘째로, 여호수아서 10장 1절과 3절에 보면 예루살렘 왕 '아도니세덱'의 이름이 기록되어 있다. 이를 보건대 예루살렘 왕들의 이름은 '세덱'으로 끝나고 있다고 생각할 수 있다. 셋째, 결정적인 것으로 시편 76편 2절에 보면 '살렘'은 '시온'과 같은 지명으로 나타나 있음을 알 수 있다.

이 멜기세덱은 '왕'인 동시에 '제사장'이었다. 이것은 고대 사회에 흔히 있는 일이었다. 그런데 멜기세덱은 '지극히 높으신 하나님의 제사장'(ἱερεὺς τοῦ θεοῦ τοῦ ὑψίστου)이었다고 말하고 있다. 여기서 '지극히 높으신 하나님'은 이방신이 아니라 유일한 참 하나님을 가리키는 것이 분명하다. 왜냐하면 이 표현을 아브라함이 하나님을 부를 때에도 그대로 사용하였기 때문이다(창 14:22; cf. 신 32:8; 눅 1:32).

그러면 어떻게 아브라함 당시에 이방인들 중에 참 하나님의 제사장이 존재할 수 있었는가 하는 것이 의문으로 남는다. 칼빈은 단지, 주위의 이방 미신으로 가득 찬 나라들 가운데서 하나님을 참으로 경배하는 사람이 발견되었다는 것은 평범한 일은 아니라고 지적할 따름이다(히브리서 7:1 주석 중). 유대의 하가다(Haggada)에 의하면 이 멜기세덱은 노아의 아들 셈과 동일시되었다고 하나(Strack-Billerbeck, *Kommentar zum Neuen Testament aus Talmud und Midrasch,* III, 1926, p.692), 추측일 따름이다. 흐로쉐이드는 이 문제에 대해 다음과 같이 설명하고 있다. 하나님께서 아브라함을 불러 그로부터 이스라엘 민족을 세우시기 전에, 즉 아론 계통의 제사장들을 일으키시기 전에 다른 어떤 사람이 등장하도록 역사하셨다. 그런데 멜기세덱 안에는 낙원에 존재했었던, 사람의 원래의 영광이 아직도 좀 남아 있었다. 그렇다면 멜기세덱은 옛 영광의 무엇을 보여 주는 마지막 사람이었는데, 이 영광은 그리스도 안에서 다시 충만히 나타날 것이다(*Hebreeën,* 164).

이러한 흐로쉐이드의 설명에 대해 필자는 약간의 보충 설명을 하고자 한다. 낙원에서 아담과 하와에게 주어졌던 참 하나님에 대한 지식과 참 제사는 셋과 그의 후손을 통해 전수되었다(창 4:26). 그 후에 사람들이 타락하여 이것이 거의 끊어지게 되었으나 노아의 후손을 통해 다시금 전수되어 내려 왔다(창 8:20). 대를 거듭하여 내려오면서 참 하나님에 대한 지식과 제사가 희미해지고 소홀히 되며 점점 타락하게 되었으나, 그 가운데서 원래의 참 지식과 참 제사를 유지하고 있는 자들이 소수 있었으니 이들 중의 한 사람이 곧 멜기세덱이라고 할 수 있다. 우리는 이러한 하나님에 대한 참 지식이 이스라엘 민족 밖에서도 극히 일부의 사람들에게 전수되어 내려오고 있었다는 흔적을 발견할 수 있으니, 곧 모세 시대의 거짓 선지자 발람이다. 그는 하란 근처의 브돌 사람으로서 돈을 받고 예언을 해 주는 거짓 선지자였지만, 여호와 하나님의 이름을 알고 있었으며(이 이름은 들어서 알았을 것이다) 여호와 하나님을 섬긴다고 자처하고 있었다(민 22:19; 23:3). 그러나 그는 물론 타락한 거짓 선지자였다. 그렇지만 아브라함 시대에 아직도 예루살렘에 참 하나님을 섬기는 제사장 겸 왕이 잔존해 있었다고 볼 수 있을 것이다. 어쨌든 창세기와 히브리서에서 멜기세덱은 참 하나님을 섬기는 제사장이었다고 말하고 있는 것은 분명하다.

그런데 이 멜기세덱은 "아비도 없고 어미도 없고 족보도 없고 시작한 날도 없고 생명의 끝도 없어 하나님의 아들과 방불하다."고 말하고 있다(3절). 이 말은 멜기세덱이 마치 신적인 존재인 것처럼 들리지만 창세기 14장에 나타나는 멜기세덱은 역사상 실제로 존재했던 사람이었다. 그렇다면 "아비도 없고 어미도 없고 족보도 없다"(ἀπάτωρ ἀμήτωρ ἀγενεαλόγητος)는 말은 무슨 뜻일까? 이에 대해 흐로쉐이드는 다음과 같이 설명한다. 레위족의 제사장들은 혈통에 의해 제사장이 되었다. 그러나 멜기세덱의 경우는 그렇지 않았다. 이 말은 물론 그의 아버지가 제사장이 아니었다는 말이 아니라 멜기세덱은 혈통에 의해 제사장이 된 것은 아니라는 뜻이다(Grosheide, 162). 물론 이 말 자체는 맞는 말이지만 이에 대해 보충적 설명이 필요하다고 생각된다. 여기서 히브리서 기자가 "아비도 없고 어미도 없고 족보도 없다"고 한 것은 창세기에 보니 멜기세덱에 대해 그 부모나 족보가 기록되어 있지 않고 갑자기 등장한다는 뜻으로 말했다고 생각된다. 왜냐하면 히브리서 기자는 이 서신 전체에서 구약 성경을 가지고 논증하고 있기 때문이다.

나아가서 "시작한 날도 없고 생명의 끝도 없어"란 말도 멜기세덱이 '신적인 존재'라는 의미가 아니라 창세기에 그의 출생과 죽음에 대한 기록이 전혀 없다는 사실에서 이렇게 말하고 있다고 보아야 할 것이다. 그 다음에 나오는 "하나님의 아들과 방불하다"는 말도 우리는 비유적인 의미로 받아들여야 한다. 곧, 그가 신적인 존재나 천사와 같은 존재라는 뜻이 아니라 그의 부모나 출생, 사망 기록이 없는 것을 보니 마치 신적인 존재인 것처럼 보인다는 것이다. 이것은 실제로 그렇다는 의미가 아니라 멜기세덱에 대해 창세기에 기록된 방식을 보니 마치 그런 것 같은 생각이 든다는 '비유적인' 표현이며 '일상적인' 언어 사용으로 보아야 한다. 어쨌든 히브리서 기자는 이 사실에서 멜기세덱은 레위가 태어나기 전에 혈통을 따르지 않은 제사장임을 말하고 있으며, 예수님은 이 멜기세덱의 반차를 따라 영원한 제사장이 되었음을 논하고 있다(시 110:4 참조).

VI. 자기 조상의 허리에 있음(7:9-10)

이어서 히브리서 기자는 멜기세덱이 레위보다 뛰어나다는 것을 십일조 문제와 관련하여 다음과 같이 설명하고 있다. "또한 십분의 일을 받는 레위도 아브라함으로 말미암아 십분의 일을 바쳤다 할 수 있나니, 이는 멜기세덱이 아브라함을 만났을 때에 레위는 아직 자기 조상의 허리에 있었음이니라."(9-10절) 우리말의 이 번역에는 잘 드러나 있지 않지만, 원문에는 9절 초두에 '말하자면'(ὡς ἔπος εἰπεῖν)이라는 표현이 들어 있다. 이 표현은 일반 희랍어 문헌에는 많이 나타나지만 신약 성경에는 히브리서의 이 구절에서만 나타난다. 이 표현의 뜻은 "...라고 말할 수도 있을 것이다"(one might even say that ...) 또는 "다음과 같이 말하는 표현이 허용된다면"(if I may be allowed the expression ...)으로 볼 수 있다(G. W. Buchanan, *The Anchor Bible. To the Hebrews,* 1981, p.122). 간단히 말해서 '말하자면'(so to speak)으로 번역할 수 있다(Keulers, 319).

따라서 이 표현은 말하고자 하는 내용을 부드럽게 완화시키는 역할을 한다. 여기서는 히브리서 기자가 말하는 내용이 비유적인 표현임을 나타낸다. 즉, 레위가 정말로 멜기세덱에게 십일조를 바쳤다고 말하는 것은 아니다. 왜냐하면 그때에 레위는 아직 태어나지도 않았기 때문이다. 그러나 '말하자면' 곧 '비유적으로 말하자면' 그때에 레위도 멜기세덱에게 십일조를 바쳤다고 할 수 있는데, 그 이유는 그 때에 레위는 아브라함의 허리에 있었기 때문이라는 것이다.

여기서 레위가 아브라함의 허리에 있었다는 표현도 생물학적으로, 실체적으로 이해하면 안 된다. 아브라함이 멜기세덱에게 십일조를 바칠 때에 레위는 아직 존재하지도 않았기 때문이다. 생물학적으로나 영혼적인 측면에서나 전혀 존재하지 않았다. 그러나 레위는 아브라함에게서 났으니(이삭과 야곱을 통해) 혈통적, 유전적으로 연결된다고 말할 수 있다. 따라서 여기에 레위가 아브라함의 허리에 있었다는 것은 혈통적으로 연결된다는 의미인데 이것을 평범한 일상적인 표현으로 말한 것이다(Grosheide, 168 참조). 성경은 과학적인 언어로 기록된 것이 아니라 그 당시의 평범한 일상적인 언어로 기록된 것임을 생각해야 한다.

이런 것을 통해 히브리서 기자가 여기서 말하고자 하는 것은 십일조를 받는 레위보다도 멜기세덱이 더 우월한 지위에 있다는 것이다. 따라서 예수님은 레위 지파가 아닌 유다 지파 출신이지만 멜기세덱의 반차를 따라 대제사장이 되셨으니, 레위 지파를 따른 제사장들보다 훨씬 높은 지위에 있다는 것이다.

VII. 언약궤 위의 속죄소(9:5)

히브리서 9장 초두에서는 성소와 지성소에 대해 설명하고 있다. 둘째 휘장 뒤에 있는 지성소 안에는 사면이 금으로 둘러싸인 언약궤가 있으며, 그 안에는 만나를 담은 금 항아리와 아론의 싹 난 지팡이와 십계명 돌비 두 짝이 들어 있다(3-4절). 그런데 이 언약궤 위에 '속죄소(贖罪所)'가 있다고 말한다(5절). 그런데 이 속죄소가 무엇인지, 그리고 어디에 있는지 하는 것이 궁금하다. 우리말 번역에 의하면 마치 성전 안의 어떤 독립된 장소인 것처럼 생각되는데, 사실은 그렇지 아니하다.

헬라어 원어로 '속죄소'는 '힐라스테리온'(ἱλαστήριον)이라고 하는데, 이 것은 언약궤의 뚜껑 부분을 말한다. 곧, 가로가 1.5 규빗, 세로가 2.5 규빗, 높이가 1.5 규빗 되는 조그만 직육면체인 '언약궤'의 윗부분 뚜껑을 가리켜 '힐라스테리온'이라고 부른다. 구약의 레위기 16장 13-14절에 보면 '속죄소'란 말이 나오는데, 이 말의 히브리어 원어는 '캅포렛'(*kapporeth*)으로 '덮개, 뚜껑'이란 뜻이다. 좀 더 설명하자면, 이 히브리어 단어는 동사 '카파르'(*kafar*)에서 온 명사인데, 이 동사는 영어 '카버'(cover, 덮다)의 근원이 된다. 그래서 '캅포렛'은 언약궤의 뚜껑 부분을 가리키는데, 이것이 헬라어 '칠십인역'에 '힐라스테리온'으로 번역된 것이다. 따라서 히브리서 9장 5절에 나오는 '힐라스테리온'은 언약궤의 '뚜껑' 또는 '덮개' 부분을 가리킨다. 대제사장이 일년에 한 차례 들어가 바로 이 자리 곧 언약궤의 윗뚜껑 표면에 수송아지와 염소의 피를 뿌렸기 때문에 루터 성경에서는 '은혜의 자리'(施恩座, Gnadenstuhl)로, 영어 '흠정역'에서는 '자비의 자리'(mercy-seat)로 번역하였다. 우리 개역한글판 성경에는 '속죄소'로 번역되었는데 '속죄단(贖罪壇)'으로 번역했더라면 더 좋았을 것이다.

로마서 3장 25절에서는 하나님께서 예수님을 이 '속죄단'으로 삼으셨다고 말하고 있다. 우리말 번역에는 '화목 제물'로 되어 있지만 히브리서 9장 5절에 사용된 바와 똑같은 '힐라스테리온'이란 단어가 사용되었다. 어떤 주석가는 로마서의 이 단어에 관사가 붙어 있지 않다는 이유로 여기의 이것을 '속죄단'으로 보는 것을 반대하기도 하지만(cf. F. Godet, *Commentary on the Epistle to the Romans,* 1956, p.151), 히브리서 9장 5절과 레위기 16장 13-14절과의 관련성 때문에, 관사 하나의 유무 때문에 그렇게 주장하는 것은 무리라고 생각된다. 따라서 사도 바울이 여기 로마서 3장 25절에서 말하는 바는 하나님께서 자기 아들을 언약궤의 덮개인 '속죄단'으로 세우시고 그 위에 그 아들의 피를 뿌리심으로 말미암아 율법의 정죄가 하나님께 상달되는 것을 막으시고 우리를 의롭다고 여겨 주셨다는 의미이다.

VIII. 짐짓 범하는 죄(10:26-29)

이 부분의 말씀은 앞에서 논한 6장 4-6절의 말씀과 연결된다. 여기서 "우리가 진리를 아는 지식을 받은 후 짐짓 죄를 범한즉 다시 속죄하는 제사가 없다"(26절)는 말씀에서 '짐짓 죄를 범하는 것'이 무엇인가 하는 것이 문제의 초점이다. 여기에 '짐짓'이라고 번역된 말의 원어는 '헤쿠시오스'(ἑκουσίως)이다. 이 단어의 뜻은 '의도적으로'(willingly), '고의적으로'(deliberately)이다. 즉, 알면서도 고의로 죄를 짓는 것을 말한다. 이럴 경우엔 다시 속죄하는 제사가 없다는 것이다. 그러나 문제는, 믿는 자는 연약함과 실수에 의해서만 죄를 짓고 고의로 죄를 짓는 경우는 없는가 하는 것이다. 신자들이라 할지라도 고의로 죄를 짓는 경우도 있는 것이 사실이다. 그렇다면 히브리서의 이 구절은 어떻게 되는가 하는 문제에 봉착하게 된다.

그래서 문제의 해결은 '죄를 범한다'는 동사(여기서는 분사 형태)가 현재 시상으로 되어 있다는 것에서 찾아야 할 것이다. 헬라어에서 현재 시상은 지속적, 반복적, 상습적, 일상적 동작을 가리킨다. 따라서 여기의 '죄를 범한다'는 것은 한 번, 두 번 죄를 범하는 것을 뜻하는 것을 가리키는 것이 아니라 일상적으로, 상습적으로 죄를 짓는 것을 가리킨다. 이런 식의 상습적 범죄는 중생한 자로서는 행할 수 없는 것이다. 이런 맥락에서 사도 요한은 "그 안에 거하는 자마다 범죄하지 아니하나니"라고 하였으며(요일 3:6), "하나님께로서 난 자마다 죄를 짓지 아니한다"고 하였다(요일 3:9). 이는 곧 하나님께로서 난 자는 "상습적으로 죄인이 될 수 없다는 것 곧 그의 중생 전에 그러했던 바와 같은 죄악된 생활을 계속할 수는 없다"는 뜻이다(M. Zerwick, *Biblical Greek,* 1963, §251). 이와 같은 맥락에서 히브리서의 이 구절도 일상적인, 상습적인 죄를 계속 짓는 자에게는 다시 속죄하는 제사가 없다는 의미로 받아들여야 할 것이다.

물론 상습적인 죄라 할지라도 우리의 연약함과 실수에 의한 죄가 아니라 '고의로', '의도적으로' 짓는 죄가 여기에 해당된다. 그리고 이 구절 때문에 자신의 행동에 대해 지나치게 민감하거나 자학적인 태도를 가질 필요는 없다. 왜냐하면 히브리서 기자가 여기서 말하고 있는 바의 범죄는 29절에서 말하고 있는 바와 같이 "하나님의 아들을 밟고 자기를 거룩하게 한 언약의 피를 부정한 것으로 여기고 은혜의 성령을 욕되게 하는" 류의 범죄를 말하고 있기 때문이다. 이러한 범죄를 고의적으로, 그리고 상습적으로 행하는 자들은 바로 이단들이거나 그에 준하는 악한 자들이라고 볼 수 있다(칼빈과 박윤선 박사는 이들을 '배교자'로 보는데, 같은 맥락이다).

IX. 바라는 것들의 실상과 보지 못하는 것들의 증거(11:1)

히브리서 11장은 '믿음 장'으로 잘 알려져 있는데, 1절은 "믿음은 바라는 것들의 실상이요 보지 못하는 것들의 증거"라고 말하고 있다. 여기서 '실상(實狀)'이란 말의 원어는 '휘포스타시스'(ὑπόστασις)인데, 히브리서 1장 3절에서는 '본체'로 번역되어 있고 3장 14절에서는 '확실한 것'으로 번역되어 있다.

이 단어가 헬레니즘 시대에 어떤 의미로 사용되었는가를 살펴보면 다음과 같다(Grosheide, 107). 첫째, '기초, 근본'이란 뜻(시 68:3); 둘째, '기초(근본)를 가지고 있는 것, 즉 견고한 것'이란 뜻. 이 두 번째 것을 세분하면 다음과 같이 나눌 수 있다. 1) 실제로 존재하는 것; 재산, 소유(신 11:6; 삼상 13:23); 2) 본성, 본질(히 1:3); 3) 견고한 것, 신뢰, 확실한 기대(고후 9:4; 11:17; 히 3:14). 히브리서 11장 1절에서는 '기초, 근본' 또는 '기초를 가지고 있는 것'이란 뜻으로 사용되었는데, 믿음은 '확실한 것'이며 바라는 것들에 대한 '보증'

이란 뜻이다. 곧, 믿음이란 현재 이루어지지 않은 것을 바라고 마음에 확신하는 것인데 그 바라는 바가 확실히 이루어진다는 것을 뜻한다.

또한 믿음은 '보지 못하는 것들의 증거'라고 했는데, 여기서 '증거'라고 번역된 '엘렝코스'(ἔλεγχος)란 단어는 우리말 번역 그대로 '증거' 또는 '확신'을 가리킨다. 이것도 앞의 '휘포스타시스'와 같은 의미로 지금은 보지 못하는 것들이 장차 확실히 이루어질 것에 대한 증거라는 뜻이다. 따라서 여기서 히브리서 기자가 말하는 바는 믿음이란 아무런 결과가 없는 공수표가 아니라 그 바라는 바가 확실하게 이루어진다는 뜻이다. 곧, 시간이 지나면 그 바라는 바가 이루어지는 객관적 실체가 있는 것이란 의미이다. 이런 점에서 성경에서 말하는 '믿음'은 세상 사람들이 말하는 주관적인 '신념'과는 다른 것이다.

X. 외국인과 나그네(히 11:13)

히브리서 기자는 믿음으로 살았던 믿음의 조상들을 가리켜 '외국인과 나그네'라고 말한다. 이 말은 원래 아브라함이 헷 족속에게 한 말에서 유래하였다. 그때 아브라함이 말하기를 "나는 당신들 중에 나그네와 우거한 자니 ..."라고 하면서 매장지를 팔라고 청하였는데(창 23:4), 여기에 사용된 '나그네와 우거한 자'가 곧 히브리서에 나타나는 '외국인과 나그네'이다.

'외국인'(ξένοι)이란 '낯선 사람' 곧 '외지인'(foreigners)을 뜻한다. 그리고 '나그네'(παρεπίδημοι)란 정주(定住)하는 사람이 아닌 자 곧 '우거(寓居)하는 자'를 뜻한다. 흠정역(KJV)에는 이것을 '순례자'(pilgrims)라고 번역하였는데, 이 번역은 오늘날 오해의 소지가 있다. 왜냐하면 본문에 사용된 '나그네'란 말은 이리 저리 다니며 구경하는 순례자란 뜻이 아니라, 세상 사람들 틈에 끼어서 '임시적으로 머무는 자'란 뜻이기 때문이다.

따라서 히브리서 본문이 말하고자 하는 바는 우리 성도의 본향은 이 세상이 아니며, 우리는 이 세상에서 주위의 믿지 않는 자들 때문에 많은 어려움과 고통을 당하고 있다는 것이다. 그래서 하늘에 있는 본향을 바라보며 하나님의 역속을 붙들고 믿음으로 살아가는 존재가 곧 우리 그리스도인들의 본질이라는 것이다. (원래 『그말씀』 2000년 2월호, pp.80-90에 "히브리서 난해구절 연구"라는 제목으로 게재된 원고임).

[11] 행함으로 나타나는 믿음
야고보서 2장의 주해와 적용

I. 야고보서 2장의 주제

야고보서는 교리보다는 성도들의 실생활에 관한 교훈을 많이 주고 있다. 특히 야고보서 2장은 행함을 강조하는 장(章)으로 잘 알려져 있다. 그래서 믿음을 강조하는 로마서나 다른 바울 서신들과 어떤 관계에 있는가 하는 것이 자주 거론되기도 한다. 실제로 마르틴 루터는 야고보서가 '이신칭의(以信稱義)'를 가르치지 않는다는 이유로 이를 못마땅하게 여겼으며 '지푸라기 서신'(eyn rechte stroern Epistel)으로 부르기도 했다. 물론 이것은 야고보서를 제대로 이해하지 못한 데서 온 오해이기는 하지만 야고보서가 성도의 행함을 강조하고 있다는 것은 사실이다.

그러나 야고보서 2장을 단지 '행함'을 강조하는 장으로 보는 것보다는 오히려 '참된 믿음'을 강조하는 장으로 보는 것이 더 낫다고 생각한다. 왜냐하면 야고보는 2장에서 행함 그 자체보다도 참된 믿음은 어떤 것인가, 참된 믿음은 구체적인 생활에서 어떤 모습으로 나타나야 하는가에 대해 말하고 있기 때문이다. 우리는 이것을 우선 1절에서 볼 수 있다. "내 형제들아, 영광의 주 곧 우리 주 예수 그리스도를 믿는 믿음을 너희가 받았으니 사람을 외모로 취하지 말라." 곧, 예수 그리스도를 믿는 '믿음'을 가진 성도들이 어떻게 행해야 할 것인가를 말하고 있다. 그 구체적인 내용으로 우선 사람을 외모(外貌)로 취하면 안 된다는 것이다. 그리고 14절에서는 "내 형제들아, 만일 믿음이 있노라 하고 행함이 없으면 무슨 이익이 있으리요? 그 믿음이 능히 자기를 구원하겠느냐?"고 말한다. 여기서도 야고보가 말하는 바는 올바른 믿음은 행함으로 나타나야 한다는 것이다. 야고보는 여기서 믿음이 있다고 말만 하고서 실제로는 행함이 없는 '잘못된 믿음'을 책망하고 있으며 '믿음 그 자체'를 책망하는 것은 아니다. 따라서 '믿음'은 행함과 함께 일하며 행함으로 '믿음'이 온전케 된다고 말하는 것이다(22절).

그러므로 야고보서 2장의 전체 주제를 '참 믿음'으로 보고, 그 믿음이 어떻게 구체적으로 나타나야 할 것인가를 다룬 것으로 보는 것이 타당해 보인다. 이런 맥락에서 남아공화국의 플로어 교수가 야고보서 2장에 대해 전반부(1-13절)는 '...이 없는 믿음'(geloof *zonder* ...)에 대해, 후반부(14-26절)는 '...이 있는 믿음'(geloof *met* …)에 대해 말하는 것으로 본 것은 타당하다고 생각된다(L. Floor, *Jakobus,* J. H. Kok, Kampen, 1992, p.102). 참 믿음은 첫째로 '외모로 취함이 없는 믿음'이어야 하며(1-13절), 또한 '행함이 있는 믿음'(14-26절)이어야 한다는 것이다. 이렇게 봄으로써 우리는 야고보가 말하고자 하는 진정한 의도를 바로 이해할 수 있으며, 또한 믿음과 행함에 대한 바울의 입장과 야고보의 입장을 불필요하게 대립적으로 보는 잘못을 많이 교정할 수 있을 것이다. 우리가 나중에 자세히 살펴보겠지만, 야고보와 바울은 믿음과 행함에 대해 근본적으로 다른 이해를 하는 것이 아니다. 그들은 단지 다른 각도에서 접근하고 각각 다른 측면들을 말하고 있을 따름이며, 그리고 그것들을 표현하는 방식이 다를 뿐이다. 어쨌든 우리는 야고보 2장의 전체 주제를 '참 믿음'으로 보고, 그것이 어떻게 나타나야 하는가에 대해 차례대로 살펴보기로 하자.

II. 외모로 취함이 없는 믿음(1-13절)

먼저 1-13절에서 야고보는 성도들 상호간에 "외모로 취하지 말 것"을 강조한다. '외모로 취한다는 것'(προσωπολημψία)은 히브리적 표현으로서(*nasa' panim*, 레 19:15; 시 82:2), 사람의 얼굴을 보고 판단하는 것 곧 사람의 외적인 지위나 상태에 따라 판단하는 것을 뜻한다(F. W. Grosheide, *De brief aan de Hebreen en de brief van Jakobus*, 452). 이는 사람을 그 본질을 따라 공의롭게 판단하지 아니하고 신분이나 지위를 따라 차별하는 것을 말한다.

1. 빈부에 의한 차별(2-7절)

야고보는 구체적으로 회당 안에서 빈부에 따라 사람을 차별하는 것을 강하게 책망하고 있다. 그는 먼저 한 예를 들어 설명한다. 두 사람이 회당에 들어오는데, 한 사람은 '금가락지를 끼고 아름다운 옷을 입은 사람'이며 다른 한 사람은 '더러운 옷을 입은 가난한 사람'이다(2절). '금가락지를 끼고 아름다운 옷을 입은 사람'이라고 하면 우리나라 사람들은 대개 귀부인을 생각하게 될 것이다. 그러나 원문에 의하면 이 사람은 여자가 아니라 남자이다(또는 대표 성(性)으로서의 남자이다). 그리고 '아름다운 옷을 입은 사람'도 정확하게는 '찬란한(lamprav) 옷을 입은 사람'이라고 해야 옳다. 로마 제국에서 가락지를 끼는 것은 공화정(共和政) 시대에는 '기사 계급'에 속한 부유한 사람들에게만 한정되었으나, 제정(帝政) 이후로는 일반 부자들에게로 일반화되었다(Grosheide, 453). 따라서 '손에 금가락지를 끼고 찬란한 옷을 입은 사람'은 당시의 권세 있는 공무원이거나 유력한 부자를 가리킨다. 이에 비해 가난한 사람은 '더러운 옷'을 입고 회당에 들어온다. 여기서 '더러운'(ῥυπαρά)이란 말의 뜻은 '먼지가 묻은', '정결치 못한'이란 뜻이라기보다 '누덕누덕한', '누추한'의 의미이다. 이는 곧 가난한 사람의 초라하고 보잘것없는 모습을 가리킨다. 그런데 만일 교회에서 서로 구별하여 부자는 환영하여 좋은 자리에 앉게 하고 가난한 자는 멸시하여 아무데나 앉게 하거나 그냥 구석에 서 있으라고 한다면, 이것은 성도들끼리 서로 구별하며 판단하는 것이 되고 만다(4절).

이러한 차별은 악한 것으로서 하나님의 구원의 원리와는 정반대가 되는 것이다. 왜냐하면 하나님은 세상에서 '가난한 자들'을 택하여 믿음에 부요하게 하시며 하나님의 나라를 유업으로 주셨기 때문이다(5절; cf. 고전 1:26-29). 하나님께서 택하시고 복 주신 자들을 교회가 멸시하고 천대한다는 것은 하나님의 뜻을 거스르는 악한 것이며 교회의 본질에 위배되는 행동이다. 이러한 죄악에 대해 야고보는 강한 목소리로 책망한다. "너희는 도리어 가난한 자를 괄시하였도다. 부자는 너희를 압제하며 법정으로 끌고 가지 아니하느냐? 저희는 너희에게 일컫는 바 그 아름다운 이름을 훼방하지 아니하느냐?"(6-7절) 부자에 대한 날카로운 비판은 5장에도 나타난다. "들으라. 부한 자들아, 너희에게 임할 고생을 인하여 울고 통곡하라. 너희 재물은 썩었고 너희 옷은 좀 먹었으며, 너희 금과 은은 녹이 슬었으니 이 녹이 너희에게 증거가 되며 불같이 너희 살을 먹으리라. 너희가 말세에 재물을 쌓았도다."(1-3절) 여기서 야고보가 비판하는 부자(富者)는 교회 안의 부자 성도들을 가리키는 것이 아니라 일반 사회에서의 부자들을 가리킨다. 곧, 그 당시에 일반적으로 행해지고 있던 부자들의 사회 경제적 압제를 상기시키면서 교회 안에서조차 부자들을 우대하고 가난한 자들을 멸시해서는 안 된다는 것을 말하는 것이다.

그러면 오늘날 우리 한국 교회는 어떠한가? 교회 안에서도 여전히 부자들을 우대하고 힘 있는 자를 존중하고 있지 않은가? 대개는 재력 있는 자가 교회에서 인정받고 장로로 선출되는 것이 아닌가? 돈 없고 가난한 자는 교회 다니기가 어렵다고 하는 말이 공공연하게 나돌고 있지 아니한가? 전에는 가난한 자와 힘없는 자들이 교회의 주구성원이 되었지만, 이제는 교회에서 밀려나는 신세가 되고 말았다. 이러한 현상은 한국 교회가 지난 수십 년 동안 너무 물질을 중시하고 재정 중심으로 운영해 온 결과이다. 그 결과 교회는 영적인 힘을 잃어버렸고 참된 사랑을 잃어버렸다. 이러한 한국 교회는 야고보가 책망하고 있는 1세기 교회의 모습과 흡사하다고 할 수 있다. 어쩌면 더 심하다고 할 수 있다. 그런데 진짜 문제는 오늘날 한국 교회에는 야고보와 같은 선지자적 설교가 희소하다는 데 있다. 따라서 오늘날의 한국 교회를 위해 야고보의 설교와 가르침은 더욱 의미 있다고 하겠다.

2. 최고한 법으로서의 이웃 사랑(8-13절)

야고보는 이처럼 사람을 외모로 취하는 행동이 율법을 어기는 죄임을 말한다. 여기서 야고보는 "네 이웃 사랑하기를 네 몸과 같이 하라"고 하신 계명을 인용한다(8절; 레 19:18). 야고보는 이 계명을 '최고한 법'(νόμος βασιλικός) 이라고 부른다(8절). 우리는 여기서 '이웃 사랑'의 계명을 또한 '법'이라고 부르고 있다는 사실에 주목할 필요가 있다. 오늘날 어떤 사람들이 생각하는 바와 같이 율법과 사랑 사이의 대립은 여기서 찾아볼 수 없다. '사랑하라'는 것도 계명이며 율법이다(요 13:34; 15:12; 요일 2:7; 3:23; 요이 1:5). 야고보는 이 사랑의 계명을 단지 '최고한 법'이라고 부르고 있을 따름이다. 여기서 '최고한'이라고 번역된 말의 원어(βασιλκός)는 '왕적인, 왕 같은, 고상한, 숭고한'이란 뜻이다. 이는 이 계명(법)이 다른 모든 계명들을 포함하는 계명이기 때문에 그 지고한 성격을 인하여 이렇게 불린 것이다(cf. Grosheide, 456). 이는 또한 하나님 사랑과 이웃 사랑이 율법과 선지자의 강령이라고 하신 예수님의 말씀(마 22:40)과 상통한다.

이에 반해 플로어 교수는 여기의 '노모스 바실리코스'를 '왕 예수의 법'(de wet van Koning Jezus)으로 이해한다. 곧, 야고보는 하나님의 나라와 관련하여 예수께서 율법을 해석하신 것의 배경에서 율법을 보고 있다고 한다(Floor, *Jakobus,* 96). 그러나 우리는, 비록 이 말 자체는 맞다고 할지라도, 이러한 해석을 받아들일 수 없다. 왜냐하면 8절의 "네 이웃 사랑하기를 네 몸과 같이 하라"는 계명은 바로 그 앞에 있는 "경에 기록한 대로"라는 말을 보아 구약의 레위기 19장 18절의 인용임이 분명하기 때문이다. 야고보 당시에 '경(經)'이라 함은 구약을 가리킨다. 따라서 야고보는 구약의 레위기에 나오는 "이웃 사랑하기를 네 몸과 같이 하라"는 계명을 '왕 같은 법'이라고 불렀다. 이것을 '왕 예수의 법'이라고 보는 것은 무리다. 물론 교의학적으로는 구약의 모든 법은 다 삼위일체 하나님이 주신 것이고 따라서 예수의 법이라 해도 무방하지만, 여기서는 그런 의미에서 말하는 것은 아니다. 야고보는 지금 구약의 율법에 대해, 그것이 신약 시대에 연속성을 가진다는 점에 대해 별다른 유보나 이의 없이 자연스럽게 말하고 있다. "... 최고한 법을 지키면 잘 하는 것이거니와 만일 너희가 외모로 사람을 취하면 죄를 짓는 것이니 율법이 너희를 범죄자로 정하리라."(8-9절) 곧, 우리가 구약의 율법을 지켜야 할 것과 그것을 어기면 범죄자가 된다는 것이다. 따라서 8절의 '최고한 법'이란 구약의 모든 계명들을 포괄하는 '왕과 같은 권위를 가진 고상한, 최고의'의 의미로 받아들여야 하는 것이다(cf. J. Keulers, *De boeken van het Nieuwe Testament,* VII, Roermond en Maaseik, 1956, p.32).

이어서 야고보는 우리가 율법의 모든 계명을 다 지켜야 할 것을 말한다(10-11절). 율법 중에서 하나만 어겨도 전체 율법을 어긴 것이 되기 때문에, 율법 중에서 어느 한 계명도 우리가 소홀히 할 수 없다. 이것은 마치 엄격한 율법주의인 것처럼 보이지만, 야고보는 그리스도 없는 율법주의를 말하는 것은 아니다. 야고보가 말하는 것은 예수 그리스도를 믿는 믿음을 가진 성도들은 하나님이 주신 율법을 '삶의 표준'으로서 지켜야 한다는 것이다. 그리고 그리스도인들이 지키는 율법은 유대주의자들이 주장하는 할례와 절기와 같은 의식법들이 아니라, "네 이웃을 네 몸과 같이 사랑하라"고 하신 사랑의 계명을 중심으로 한 구약의 율법(도덕법)을 말한다. 십계명을 중심으로 한 구약의 율법들은 예수님께서도 더욱 강조하신 바이며(마 5:17-20), 사도 바울도 굳게 세우려 한 바이다(롬 3:31). 야고보도 이러한 맥락에서 율법의 참 정신이 되며 근본 의도가 되는 '사랑'의 관점에서 율법을 이해하고 있으며, 이것은 또한 '예수 그리스도'께서 강조하시고 몸소 보여 주신 것이라는 차원에서 율법을 대하고 있다. 따라서 야고보가 말하고자 하는 바는 율법의 세세한 것들을 다 지켜야 한다는 것에 있다기보다, 교회 안에서 가난한 자를 멸시하고 천대하는 것이 율법을 어기는 큰 죄임을 상기시키려는 것이다. 곧, 율법들을 다 잘 지키고 있다고 자부하는 유대인 그리스도인들을 향하여 비록 다른 계명들은 다 지켰다 할지라도 가난한 자들을 괄시하면 이는 곧 율법 전체를 어긴 범법자가 됨을 강조하는 것이다. 따라서 야고보의 강조점은 어디까지나 이웃 사랑의 구체적 표현으로서의 가난한 자에 대한 관심과 돌봄이다.

이어서 나오는 12, 13절은 앞에서 말한 것들의 결론 역할을 하고 있다. "너희는 자유의 율법대로 심판을 받을 자처럼 말도 하고 행하기도 하라. 긍휼을 행하지 아니하는 자에게는 긍휼 없는 심판이 있으리라. 긍휼은 심판을 이기고 자랑하느니라." 이 구절들에서 핵심 단어는 '긍휼(矜恤)'이다. 이는 가난한 자, 힘없는 자를 불쌍히 여기는 것을 말한다. 긍휼은 율법의 근본정신이며 내용이다. 이는 하나님께서 우리 인간들에게 원하시는 것이며, 또한 예수님께서 우리에게 원하시는 바이다(마 9:13). 이 긍휼은 구체적으로 가난한 자들을 불쌍히 여기는 것으로 나타나야 한다. 교회 안에서 가난한 자들을 돌봐 주고 구체적인 관심을 기울여야 한다. 그리고 여기서 '자유의 율법'(νόμος ἐλευθερίας)이라 한 것은 1장 25절의 '자유케 하는 온전한 율법'과 같은 의미이다. 이는 그리스도인이 지켜야 할 법인데 강제나 두려움에 의해서가 아니라 자유와 사랑에 의해 지키는 법이다(cf. Keulers, 34). 이는 우리가 구원 얻기 위한 수단으로 지키는 율법이 아니라, 구원받은 성도가 감사함으로 지키는 '감사의 규칙'으로서의 율법이다(『하이델베르크 요리문답』 참조). 따라서 이 율법은 그리스도인들에게 이제 더 이상 '정죄'의 기능을 하는 율법(율법의 제2 효용)이 아니라 '삶의 표준'이 되는 율법이다(율법의 제3 효용).

그럼에도 불구하고 모든 사람에게는 마지막 심판이 기다리고 있다. "긍휼을 행하지 아니하는 자에게는 긍휼 없는 심판이 있으리라. 긍휼은 심판을 이기고 자랑하느니라."(13절) 예수님께서 다시 오실 때에는 각 사람의 행한 대로 갚으신다(마 16:27; 25:31-46; 롬 2:6; 고후 5:10 등). 하나님은 우리의 모든 행위와 삶을 보시고 종합평가하시는 분이시다. 그러나 하나님께서 우리를 긍휼히 여기시고 우리의 모든 죄를 용서해 주셨으므로 우리도 다른 사람을 긍휼히 여기는 것이 마땅하다.

III. 행함이 있는 믿음(14-26절)

이어서 야고보는 후반부(14-26절)에서 참된 믿음은 구체적인 행함으로 나타나야 함을 말하고 있다. 이 후반부는 전반부와 밀접히 연결되는데, 둘 다 가난한 자에 대한 관심과 돌봄을 주요 배경으로 하고 있으며, 또한 참 믿음은 어떤 것이어야 하는가 하는 점에서 말하고 있다. 이 후반부에서는 믿음과 행함의 관계에 대해 좀 더 직접적으로 설명하고 있는 점이 전반부와 약간 다른 점이라고 할 수 있다.

1. 행함이 없는 믿음(14-20절)

야고보는 먼저 행함이 없는 믿음의 헛됨에 대해 말하고 있다. "내 형제들아, 만일 사람이 믿음이 있노라 하고 행함이 없으면 무슨 이익이 있으리요?"(14절) 여기서 "무슨 이익이 있으리요?"라는 것은 아무 유익이 없다는 것을 강조하기 위한 수사적 표현이다(cf. 전 1:3; 2:22; 5:11, 16 등). 곧, 어떤 사람이 믿음이 있다고 말만 하고서 행함이 없다면 아무런 유익이 없다는 것이다. 여기서 주의할 것은, 여기 이 사람의 경우 믿음은 있는데 행함이 없다는 것이 아니라 스스로 믿음이 있다고 '말할 뿐' 행함이 없다는 것이다. 따라서 이런 사람의 소위 믿음은 "아무 유익이 없으며"(14, 16절), "그 자체가 죽은 것이다."(17절)

야고보는 이것을 가상적 예를 들어 설명한다. "만일 형제나 자매가 헐벗고 일용할 양식이 없는데, 너희 중에 누구든지 그에게 이르되 평안히 가라, 더웁게 하라, 배부르게 하라 하며 그 몸에 쓸 것을 주지 아니하면 무슨 이익이 있으리요?"(15-16절) 여기서도 앞에서와 마찬가지로 '믿음'과 '행함'의 대비가 아니라 '말뿐인 것'과 '행함' 사이의 대비이다. 이 사실을 바로 아는 것이 중요하다. 말뿐인 것은 '믿음'이 아니라 '빈 말'이며 그 자체로서 '죽은 것'이다. 따라서 야고보는 여기서 '믿음은 있지만 아직 행함이 없는 믿음'과 '행함이 있는 믿음'을 비교하는 것이 아니라, '완전히 잘못된 믿음 곧 처음부터 없는 믿음'과 '올바른 믿음 곧 참된 믿음'을 비교하고 있다. 야고보에 의하면, 믿음은 만일 그것이 참된 것이라면 반드시 행함으로 나타나게 되어 있다는 것이다. 그렇지 못하다면 그것은 처음부터 잘못된 것이고 아예 믿음이 없었다고 결론지을 수밖에 없다. 이것을 그는 17절에서 이렇게 말하고 있다. "이와 같이 행함이 없는 믿음은 그 자체가 죽은 것이라."

2. 믿음과 행함의 불가분리성(18-19절)

그러면서 야고보는 믿음과 행함의 불가분리성(不可分離性)을 예를 들어 설명한다. 이 가상적인 두 사람의 대화는 평이하게 들리지만 따져 보면 복잡한 문제들이 자리 잡고 있다. 우선 사본상의 문제만 살펴보더라도 복잡하다. UBS 판과 우리말 성경(개역한글판)은 아예 아무런 사본상의 문제가 없는 것처럼 18절에서 그냥 "행함이 없는(χωρίς) 네 믿음을 내게 보이라"고 되어 있지만, 네슬레-알란트 판에 보면 여기에 사본상의 차이가 있음을 알 수 있다. 곧, 여기서 대다수의 사본들은 "너의 행함으로(ἐκ) 네 믿음을 내게 보이라"고 되어 있다. 바바라 알란트(Barbara Aland) 여사는 이것을 대다수 본문(Majority text)의 열등성을 나타내는 하나의 전형적인 예로 본다(『목회와 신학』 2000년 10월호에 실린 인터뷰 기사 참조). 왜냐하면 대다수 본문을 따를 경우 여기 나오는 두 사람은 결국 같은 말을 하고 있기 때문이라는 것이다. 즉, 둘 다 "너의 행함으로 믿음을 보이라"는 것이 된다고 한다. 그러나 여기 나오는 두 사람이 동일한 주장을 하고 있다는 것은 도무지 말이 안 되기 때문에 이러한 독법(reading)을 가지고 있는 대다수 본문은 열등하다는 것이다.

그러나 우리는 문제가 그렇게 간단하지 않다고 본다. 알란트가 옳다고 여긴 본문(개역한글판도 이를 따름)도 자세히 살펴보면 여전히 이상하고 이해할 수 없다. 우선 "행함이 없는 네 믿음을 내게 보이라"는 것과 "나는 행함으로 내 믿음을 네게 보이리라"는 것은 서로 대비가 되지 않는다. 특히 "행함이 없는 네 믿음을 내게 보이라"는 것이 이상하다. 그런 믿음은 처음부터 잘못된 것이 뻔하지 않는가? 만일 이 본문이 옳다면 앞의 '행함이 없는 믿음'을 주장하는 사람의 말은 처음부터 잘못된 것임이 분명하기 때문에 처음부터 논쟁거리가 되지 않는다. 이것은 마치 '잘못'과 '옳음'을 서로 비교하는 것과 같아서 처음부터 서로 비교 거리가 되지도 않는다. 더 쉽게 말하자면 '곱표(x)'와 '공표(o)' 중에서 어느 것이 '공표'인가라고 묻는 것과 같은 어리석은 질문이 되고 만다. 따라서 알란트가 옳다고 본 본문은 그야말로 말이 통하지 않는 이상한 것이라고 할 수 있다.

이에 반해 알란트가 말이 되지 않는다고 본문은 깊이 생각해 보면 오히려 말이 되는 것임을 알 수 있다. 우선 대다수 본문을 정확히 번역해 보면 다음과 같다. "혹이 가로되 너는 믿음이 있고 나는 행함이 있으니, 너는 너의 행함으로 네 믿음을 내게 보이라. 그리하면 나도 나의 행함으로 내 믿음을 네게 보이리라." 여기서 '나'라는 사람이 요구하는 바는, '네'가 믿음을 가지고 있다고 주장하는데 그렇다면 '네'가 가지고 있는 보이지 않는 믿음을 보이는 행함을 통해 내게 보여(증명해) 달라는 것이다. 그러면 행함이 있다고 주장하는 '나'도 나의 행함을 통해 나의 믿음을 증명해 보이겠다는 것이다. 여기에 나오는 두 사람의 주장하는 바는 내용에 차이가 있는 것이 아니라 상대방에게 먼저 "네 믿음을 증명해 보이라"는 것이다. "그러면 나도 내 믿음을 증명해 보이겠다"는 것이다. 따라서 문제의 핵심은 상대방에게 '먼저' 무엇을 요구하고, 상대방이 그렇게 할 경우에 '그러면 나도' 그렇게 하겠다는 것이다. 즉, 서로 다른 두 주장의 '병렬적 대비'가 아니라 '시간적 선후'가 문제의 핵심이다. 본문이 이것을 분명히 말하고 있다. 곧 "그러면 나도"(καγώ)라는 것이 이것을 말해 준다. 그러나 불행하게도 바바라 알란트를 비롯한 많은 사본학자들이 이 단어의 의미를 제대로 파악하지 못하고 말았다. 참고로 우리말 성경에는 이것이 제대로 번역되지 않고 그냥 "나는"이라고 되어 있어서 아예 문제의 핵심을 보지 못하게 만들고 있다.

우리는 야고보서의 이것과 비슷한 한 예를 요한의 세례에 대한 질문에서 찾을 수 있다. 대제사장들과 장로들이 예수님께 나아와 "네가 무슨 권세로 이런 일을 하느뇨?"라고 물었을 때, 예수님은 이에 대해 바로 대답하지 않으시고 다음과 같이 되물으셨다. "나도 한 말을 너희에게 물으리니 너희가 대답하면 나도 무슨 권세로 이런 일을 하는지 이르리라. 요한의 세례가 어디로서 왔느냐? 하늘로서냐 사람에게로서냐?"(마 21:24-25) 요약하면 "너희가 먼저 대답하라. 그러면 나도(καγώ) 대답하리라."는 것이다. 따라서 여기 이 구절에서는 서로 다른 두 주장의 대비가 문제의 핵심이 아니라 시간의 선후가 문제의 핵심이다. 곧 "먼저 대답하라. 그러면 나도 대답하겠다"는 것이다. 야고보서 2장 18절의 말도 바로 이와 같은 맥락에서 이해해야만 한다. 이것이 바로 대다수의 사본들과 파피루스 54가 가지고 있는 독법이다. 필자가 복잡한 이 문제를 제법 길게 논한 이유는 오늘날 온 세계를 지배하고 있는 네슬레-알란트 원어 성경이 몇몇 현대 사본학자들의 주관적인 판단(그것도 종종 잘못된 판단)에 의해 수많은 사본상의 외적 증거들을 무시해 버리고 있으며, 그 결과 하나님의 말씀을 왜곡하고 있는 현실의 한 단면을 보여 주기 위함이다(이러한 사본상의 문제에 대해서는 고려신학대학원 교수논문집 『개혁신학과 교회』 6 (1996), 67-94에 발표된 필자의 논문 "현대 사본학의 현재와 미래"를 참조하라).

하여튼 이 구절에서 야고보가 말하고자 하는 바는 믿음과 행함은 나눌 수 없다는 것이다. 야고보는 이것을 당연시하면서 도리어 책망조의 질문을 던진다. "네가 하나님은 한 분이신 줄을 믿느냐? 잘하는도다. 귀신들도 믿고 떠느니라."(19절) 하나님을 둘로 나눌 수 없듯이 믿음과 행함을 이원론적으로 나누어서 생각할 수 없다는 것이 이 구절이 말하고자 하는 것이다. 여기서 야고보는 귀신들의 믿음을 예로 드는데, 그 이유는 단순히 지적으로 아는 것(*notitia*)은 우리가 말하는 '믿음'이라고 할 수 없다는 것이다. 그것은 아무 소용도 없고 효력도 없고 의미도 없기 때문이다.

3. 구약에서의 논증(20-25절)

그리고 나서 야고보는 다시금 행함이 없는 믿음이 헛되다는 것을 논증하기 위해 구약의 사건을 예로 든다. 여기 20절의 '헛되다'(ἀργή)는 단어의 사전적 의미는 '할 일 없는, 고용되지 않은, 게으른; 조심성 없는, 효력 없는, 소용없는' 등이다. 여기서는 앞에서 나온 바와 같이 '효력 없는, 소용없는'의 의미로 사용되고 있다.

1) 아브라함의 예(21-24절)

행함이 없는 믿음이 헛되다는 것을 말하기 위해 야고보는 먼저 아브라함을 예로 들어 설명한다. 사도 바울도 그의 '이신칭의' 교리를 뒷받침하기 위해 아브라함을 예로 들었는데(롬 4장, 갈 3장), 야고보도 그의 주장을 뒷받침하기 위해 아브라함을 예로 든다는 사실이 우리의 흥미를 끈다. 그러나 그는 창세기 15장이 아니라 22장에서 자신의 주장을 뒷받침하는 사건을 발견하였다. 곧 "우리 조상 아브라함이 그 아들 이삭을 제단에 드릴 때에 행함으로 의롭다 함을 받은 것이 아니냐?"(21절)고 한다. 여기서 야고보는 대담하게도 아브라함이 '행함으로'(ἐξ ἔργων) 의롭다 함을 받았다고 선언한다. 이것은 바울의 주장 곧 사람이 의롭다 함을 받는 것은 율법의 행위에 있지 않고 '믿음으로'(πίστει, ἐκ πίστεως) 된다는 것(롬 3:28; 5:1)과 정면으로 충돌하는 것이 아닌가? 야고보는 어떻게 이렇게 바울과 정반대되는 주장을 할 수 있단 말인가?

이 문제와 관련하여 많은 논의들이 있어 왔고 지금도 진행되고 있다(이에 대해서는 Floor, 111-15; Keulers, 39-41을 참조하라). 그러나 우리는 복잡한 논쟁에 빠지기에 앞서 먼저 두 사람이 사용하고 있는 용어의 개념이 서로 다르다는 사실에 주목해야 한다. 첫째로, '의롭다 함을 받다'(δικαιόομαι)는 단어의 개념이 서로 다르다. 바울과 야고보가 동일한 이 단어를 사용하지만 각자가 이 단어로써 의미하는 바는 서로 다르다. 그러면 그 개념의 차이란 무엇인가? 먼저 바울에게 있어서 '의롭다 함을 받다'는 것은 하나님을 믿지 않는 사람이 예수 그리스도를 믿음으로 말미암아 그의 모든 죄를 사함 받고 하나님 앞에 받아들여진다는 의미이다. 곧, 전에는 죄로 말미암아 하나님과 원수되었던 자가 이제 하나님과 화목되고 사랑받는 자가 된다는 의미이다. 그러나 야고보는 이 용어를, 어떤 사람이 참된 믿음을 가지고 있다는 것이 하나님에 의해 인정된다는 의미로 곧, 참 믿음을 가지고 있다는 것이 분명하게 드러난다는 의미로 사용하고 있다. 그래서 아브라함이 그의 아들 이삭을 제단에 드릴 때에 '의롭다 함을 받았다'는 것은 그가 그때 비로소 처음으로 의롭다 함을 받았다는 의미(바울적 의미)가 아니라, 그가 하나님을 믿고 있는 믿음이 그의 이 행동을 통해 분명히 드러나고 하나님에 의해 인정되었다는 의미이다. 이처럼 두 사람에게 있어서 '의롭다 함을 받다'는 말의 개념이 서로 다르다는 사실을 파악하는 것이 문제 해결의 핵심이다.

뿐만 아니라 '행함'(ἔργα)의 개념도 서로 다르다. 바울이 "율법의 행위로는 의롭다 함을 얻지 못한다"고 할 때의 '행위' 또는 '행함'은 하나님 앞에서 스스로 의롭다 함을 받으려고 하는 노력으로서의 행위를 가리킨다. 곧, 인간 스스로의 노력으로 구원받으려고 하는 노력들을 가리키는데, 이런 것들은 하나님에게 의롭다 함을 받는 데 아무런 공로가 될 수 없다는 것이다. 이에 비해 야고보가 말하는 '행함'은 어떤 사람이 그리스도를 믿고 난 후에 행하는, 믿음에서 나오는 모든 행위들을 가리킨다. 이것은 믿음의 열매로서의 행함이며, 이것이 있어야만 참 믿음이 있다고 할 수 있다. 이로 보건대, 바울과 야고보가 동일한 '행함'이라는 단어를 사용할지라도 그 담고 있는 '내용'이 서로 다름을 알 수 있다. 뿐만 아니라 행함의 '시점(時點)'도 서로 다르다. 바울이 '율법의 행위'라고 말할 때의 '행위'는 사람이 하나님 앞에 의롭다 함을 받기 전(前)에 행하는 모든 인간적인 노력들을 가리키지만, 야고보가 말하는 '행함'은 사람이 그리스도를 믿고 난 후(後)에 믿음으로 행하는 모든 행위들을 가리키는 것이다.

야고보는 창세기 22장에 나오는 아브라함의 이 사건에서 다음과 같이 결론짓는다. "네가 보거니와 믿음이 그의 행함과 함께 일하고 행함으로 믿음이 온전케 되었느니라."(22절) 이 결론 문장은 다시 두 부분으로 구성되어 있다. 첫째로 "믿음이 그의 행함과 함께 일하였다"는 것이다. 여기서 '함께 일하였다'

는 말은 마치 '신행합력설'(synergism)처럼 들린다. 그러나 그렇지 않다. 만일 처음 믿을 때에 칭의의 근거로서 믿음과 행함이 함께 역사했다면 그것은 신행합력설이 될 것이다. 그러나 이 구절은 그런 것이 아니라 참 믿음은 행함으로 나타나야 한다는 것을 말한다. 우리는 여기서 '함께 일하였다'(συνήργει)는 동사의 시상(時相)에 주목할 필요가 있다. 그 시상은 '미완료'로서 지속적인 동작을 나타낸다. 곧, 믿은 순간부터 그 후로 계속 역사하고 있다는 것을 이 시상은 말하고 있다. 따라서 '시간의 경과'가 요구된다. 이에 비해 바울이 '율법의 행위'로 의롭다 함 받지 못한다고 할 때의 '행위'는 인간의 공로로서의 행위를 말하며, 하나님 앞에 설 때 그 순간에 사람이 가지고 있는 행위들을 가리킨다. 따라서 이 경우에는 시간의 경과가 없으며 '시간'(time)이라는 변수가 없다.

그리고 두 번째로 살펴볼 것은 "행함으로 믿음이 온전케 되었다"는 부분이다. 여기서 '온전케 되었다'(ἐτελειώθη)는 단어의 의미가 무엇인가 하는 것이 문제이다. 이에 대해 플로어 교수는 '충만한 발전에 이르렀다'(kwam tot volle ontplooiing)고 해설하였다(Floor, 110). 곧, 전에도 아브라함에게 믿음은 있었지만 아직 초보적인, 유아적인 믿음에 불과했는데 이제 이러한 순종을 통하여 그의 믿음이 성숙한 단계, 견고한 상태에 이르렀다는 의미로 이해할 수 있다. 이처럼 야고보는 하나님을 처음 믿는 그 순간의 관점에서 말하는 것이 아니라, 어떤 사람이 하나님을 믿고 나서 그 믿음이 성장하는 전(全) 과정을 염두에 두고 말하고 있다.

이것을 23절에서 다시 말하고 있다. "이에 경에 이른 바 아브라함이 하나님을 믿으니 이것을 의로 여기셨다는 말씀이 응하였고 그는 하나님의 벗이라 칭함을 받았느니라."(23절) 여기서 우리는 야고보가 창세기 15장 6절의 말씀 곧 "아브라함이 여호와를 믿으니 여호와께서 이를 그의 의로 여기셨다"는 말씀을 알고 있었다 하는 것을 알 수 있다. 이 구절은 바울이 그의 이신칭의 교리를 위해 즐겨 사용하던 것인데, 야고보도 이 사실을 잘 알고 있었음을 말해 준다. 따라서 야고보가 바울의 '이신칭의' 교리를 몰라서 '행함으로 의롭다 함을 받는다'고 주장한 것이 아니라, 자기 나름대로 이유와 근거를 가지고 그렇게 주장하고 있음을 우리는 생각해야 한다. 이것을 우리는 23절에서 또한 엿볼 수 있는데, 야고보는 여기서 창세기 15장 6절의 말씀이 창세기 22장의 사건에서 '응하였다'고 말하고 있다. 여기서 '응하였다'(ἐπληρώθη)는 말은 원래 '충만해졌다'는 의미로 앞의 '온전케 되었다'(ἐτελειώθη)는 말과 같은 의미로 이해될 수 있다. 곧, 창세기 15장 6절의 '의롭다 함 받은 것'이 창세기 22장의 순종으로 충분히 드러나고 하나님에 의해 인정되었다는 것이다. 이런 맥락에서 볼 때 야고보에게 있어서 중요하게 부각된 구절은 창세기 22장 12절이라고 생각된다. 곧 "네가 네 아들 네 독자라도 내게 아끼지 아니하였으니 내가 이제야 네가 하나님을 경외하는 줄을 아노라"는 말씀이다. 이 중에서도 특히 "내가 아노라"(*yadatti*)라는 단어를 가지고 야고보가 오랫동안 묵상하지 않았을까 생각해 본다. 곧, 야고보는 어떤 사람에게 믿음이 있다는 것을 무엇으로 알 수 있는가, 어떻게 알 수 있는가에 대해 심사숙고하는 가운데, 아브라함이 자기 아들을 아끼지 않고 드리는 이 사건을 통해 하나님께 인정받았다는 이 구절에 근거하여 자신의 주장을 펼치고 있다고 생각된다. 어쨌든 창세기 15장 6절에 근거하여 '믿음으로 의롭다 함을 받는다'는 교리를 전개한 바울의 주장이나 창세기 22장 12절에 근거하여 '행함으로 의롭다 함을 받는다'고 한 야고보의 주장이나 둘 다 근거가 있고 옳은 것이며, 각각 나름대로 진리의 측면을 우리에게 제공해 주고 있다. 이런 점에서 우리는 바울과 야고보 모두에게 감사해야 하며, 이 두 사람을 통하여 하나님의 진리가 더욱 풍부하게 드러났다고 말할 수 있다.

우리는 23절 하반절을 통해 야고보의 이해를 좀 더 분명히 알 수 있다. "그는 하나님의 벗이라 칭함을 받았나니". 여기서 '하나님의 벗'이란 칭호(대하

20:7; 사 41:8)는 구약 시대의 모든 성도들에게 다 적용되는 일반적인 칭호가 아니라 하나님과의 친밀한 관계를 나타내는 특별한 칭호이다. 따라서 이것은 바울적 의미에서의 단순한 '칭의' 이상의 것이며, 온전히 순종한 아브라함에 대한 칭찬과 특별한 사랑이 담긴 칭호이다. 이로 보건대 야고보는 창세기 22장 12절에 와서 아브라함이 비로소 구원에 이르는 칭의(바울적 의미에서의 칭의)에 이르렀다고 보는 것이 아님을 알 수 있다. 그것은 창세기 15장에서 이미 일어났음을 야고보도 알고 있었을 것이다. 따라서 창세기 22장에서의 '인정'은 창세기 15장의 '믿음'이 행함을 통해 분명히 드러나며 하나님에 의해 특별히 인정받은 것이라는 의미이다. 그러나 야고보가 말하고자 하는 핵심은 이러한 미묘한 구별보다도 참 믿음은 행함으로 나타나야 한다는 사실이다. 아브라함이 자기 아들까지도 아끼지 아니하고 순종하는 행위를 통해 그가 참 믿음을 가지고 있다는 것을 분명히 나타내었다는 사실이 야고보가 말하고자 하는 의도이다.

야고보는 24절에서 앞서 논한 것의 결론을 내리고 있다. "이로 보건대 사람이 행함으로 의롭다 하심을 받고 믿음으로만 아니니라." 이 당돌한 야고보의 선언에 대해 많은 사람들은 당혹감을 느껴 왔다. 왜냐하면 앞에서도 말했듯이 이것은 사도 바울의 이신칭의 교리에 정면으로 충돌되는 것처럼 보이기 때문이다. 특히 마르틴 루터가 로마서 3장 28절을 번역하면서 사람이 의롭다 하심을 받는 것은 율법의 행위에 있지 않고 '오직 믿음으로만'(allein durch den Glauben) 된다고 하였기 때문에, 야고보의 "믿음으로만 아니니라"와 표면상 정면충돌하고 있다. 그래서 루터와 그 후의 독일 신학자들은 바울 편에 서서 야고보를 좋지 않게 여기는 경향이 있어 왔다. 그러나 우리는 그렇게 생각할 필요가 없으며 또 그렇게 생각해서도 안 된다. 왜냐하면 우리가 앞에서 말한 바와 같이 바울과 야고보가 사용하는 용어의 '개념'에 차이가 있을 따름이지 주장하는 '내용'에 차이가 있는 것은 아니기 때문이다. 곧, 바울과 야고보는 '의롭다 함을 받는다'(δικαιόομαι)는 용어와 '행함'(ἔργα)이라는 용어를 각각 다른 의미로 사용하고 있는 것이다. 따라서 야고보가 여기서 "믿음으로만 아니니라"고 할 때의 '믿음'은 바울이 "믿음으로 의롭다 함을 받는다"고 할 때의 믿음이 아니라, 행함이 없는 순전히 형식적인 믿음이며, 이는 곧 그 자체로서 죽은 믿음이며 사실상 믿음이라고 할 수 없는 헛된 믿음이다.

2) 라합의 예(25절)

그리고 나서 야고보는 기생 라합을 예로 든다. 앞에서 예로 든 아브라함이 모범적인 믿음의 조상이었다면, 라합은 이방인 여자요 신분이 천한 기생이었다. 그래서 사람이 하나님에 의해 '의롭다 함을 받는 것'(야고보적 의미)에는 믿음뿐만 아니라 행함이 있어야 한다는 사실은 아브라함만 증거하는 것이 아니라 라합도 증거한다는 것을 보여 준다. 곧, 야고보는 이를 통해 "행함으로 의롭다 함을 받는다"는 원리는 특별한 경우에만 해당되는 진리가 아니라 보편적인 진리임을 말하고자 하는 것이다.

기생 라합은 이스라엘의 사자(使者)를 접대하여 다른 길로 가게 할 때에 '행함'으로 의롭다 함을 받았다고 한다(수 2장). 라합은 물론 이스라엘의 사자들이 오기 전에 이스라엘의 소식을 듣고서 여호와 하나님이 가나안 땅을 이스라엘 백성에게 주신 줄을 알았다고 고백하였다(수 2:9). 그래서 라합은 그 사자들에게 "너희 하나님 여호와는 상천하지(上天下地)에 하나님이시니라." 고 고백하였다(11절). 이 고백만 보아도 우리는 라합에게 구원받을 만한 믿음이 있었다고 생각할 수 있다. 그러나 만일 라합이 입으로는 이렇게 고백하고서 실제 행동으로는 이스라엘의 사자들을 숨겨 주지 아니하고 도리어 당국에 신고해서 죽게 만들었다면, 과연 그에게 참 믿음이 있었다고 말할 수 있겠는가? 그가 고백한 것은 결국 거짓 고백이요 그의 믿음은 거짓 믿음이었다고 볼 수밖에 없지 않겠는가? 따라서 라합의 경우를 통해서도 우리는 참 믿음에는 그에 상응하는 행함이 따라야 한다는 것을 알 수 있다(히 11:31 참조).

4. 결론(26절)

26절은 여태까지 논의한 믿음과 행함의 관계에 대한 총결론이다. 야고보는 여기서 믿음과 행함의 관계를 사람의 영혼과 몸의 관계로 비유하여 설명하고 있다. "영혼 없는 몸이 죽은 것 같이 행함이 없는 믿음은 죽은 것이니라." 이 비유는 너무나 분명하여 더 이상의 설명을 필요로 하지 않는다. 여기서 '죽은 것'(νεκρόν)이란 말은 소멸이나 활동 중지보다는 아무 소용없음, 의미 없음, 유기적 관계 상실을 뜻한다(17절 참조). 물론 이러한 것은 조만간 몸의 기능 정지와 부패와 소멸로 이어진다. 영혼 없는 몸이 아무런 소용이 없고 의미가 없으며 그래서 곧 죽고 말듯이, 행함이 없는 믿음은 그 자체로서 죽은 것이며 효력이 없는 것이며 의미 없는 것이다.

IV. 한국 교회와 야고보서

이상에서 살펴본 바와 같이 야고보는 당시 팔레스타인 주위의 유대인 그리스도인들을 향하여 형식적인 믿음을 강하게 비판하고 행함이 있는 참 믿음을 강조하였다. 물론 야고보는 여기서 어떤 사람이 구원받는가 하는 문제에 대해 책상 앞에서 구원론을 전개한 것은 아니다. 그의 관심은 어디까지나 그의 편지를 받을 교회 성도들을 향하여, 영광의 주 곧 예수 그리스도를 믿는 믿음을 받은 자들로서 거기에 합당한 행함을 나타내어야 한다는 것이었다. 따라서 우리는 이런 관점에서 야고보서 2장을 읽어야 하며, 지나치게 교리적인 관점에서 접근할 때에는 야고보가 의도치 않았던 엉뚱한 결론에 이를 위험성이 있다. 야고보서는 전체적으로 성도들의 실생활에 대한 권면과 지침을 주는 실제적인 서신이라는 점을 우리는 잊지 말아야 한다. 이런 점에서 그는 일관성 있고 논리적인 용어 사용에 얽매여 있지 않으며, 때로는 동일한 용어에 대해 서로 다른 의미로 사용하기도 한다. 이러한 것의 대표적인 예는 1장에 나오는 '시험'(πειρασμός)이라는 단어이다(13절에서 의미 전환이 일어남). 그 외에도 1장 9절, 10절에서 '낮은'(ταπεινός)과 '낮아짐'(ταπείνωσις)이란 단어의 의미가 문자적 의미에서 비유적 의미로 이동하고 있다. 이러한 것들은 야고보가 여기서 논리적인 논문을 쓰는 것이 아니라 성도들의 실생활에 대한 교훈을 주는 편지를 쓰고 있다는 것을 보여 준다.

어쨌든 야고보서는 우리의 실생활에 귀중한 교훈을 주고 있다. 특히 오늘날 한국 교회에 대해 중요한 메시지를 주고 있다. 한국 교회는 과거 2, 30년 동안 양적으로 크게 성장했으며 유달리 '믿음'을 강조해 왔다. 그래서 교회마다 예배와 기도회, 성경공부와 제자훈련에 치중하며 개개인의 '믿음'을 증진시키기 위해 노력해 왔다. 물론 이것은 대단히 중요하며 필요한 일이다. 그러나 이에 비해 상대적으로 성도들의 '행함'은 소홀히 하고 등한시하는 경향이 있었던 것도 사실이다. 특히 경제적인 빈부에 따른 차별 문제라든가 가난한 자에 대한 관심과 배려 등에 있어서 많이 부족했다고 생각된다. 따라서 우리는 교회 안과 바깥의 가난한 자와 소외된 자들에 대한 관심과 배려에 좀 더 신경을 쓸 필요가 있다. 교회의 본질적 사명인 '이웃 사랑'에 대해 우리는 좀 더 구체적인 노력을 기울여야 한다. 곧, 가난한 자와 노약자와 소외된 자에 대한 관심과 도움이 필요하다. 나아가서 교회는 교회 주위의 지역 사회에 대해 다양한 '봉사 활동'을 통해 지역 사회를 섬겨야 한다. 예를 들어 독서실 개방, 어린이 한자 교실, 주부 컴퓨터 교실, 경로잔치, 장학금 제공, 무료 진료 등 교회의 역량이 닿는 범위 내에서 최대한의 봉사 활동을 펼쳐야 한다. 이렇게 함으로써 교회는 지역 사회에서 빛과 소금의 역할을 할 수 있으며, 또한 이를 통해 효과적인 전도를 할 수 있을 것이다.

이제 우리는 믿음이냐 행함이냐는 이원론적 도식을 벗어나 성도의 신앙생활 속에 '믿음에서 나오는 행함'이 있도록 노력하여야 할 것이다. 믿음에서 나오는 행함이라야 '참 행함'이 되며, 행함이 있을 때 그 믿음은 '참 믿음'이 된다. 이는 곧 사도 바울이 말한 바 '사랑으로써 역사하는 믿음'이다(갈 5:6). 참 믿음은 뜨거운 체험이나 자기만족으로 역사하는 것이 아니라 '사랑'으로 역사한다. 곧, 형제와 이웃을 돌보는 사랑으로 역사하는 믿음이 성경이 가르치는 참 믿음이다. 이런 참 믿음이 있을 때 한국 교회는 새로운 모습으로 발전하게 될 것이다. (원래 『그말씀』 2001년 1월호, pp.74-86에 "행함으로 나타나는 올바른 믿음"이라는 제목으로 게재된 원고임)

[12] 베드로의 비전

베드로는 갈릴리 호숫가의 한 작은 마을인 벳새다에서 태어나 동생 안드레와 함께 어린 시절을 보냈다(요 1:44). 그러다가 베드로와 안드레는 가버나움으로 이사하여 고기잡이를 하였다. 이사하게 된 계기는 베드로의 결혼으로 생각된다. 그는 가버나움에 있는 한 부잣집 딸과 결혼하여 장모와 함께 살게 되었다(마 8:14; 눅 4:38). 안드레도 같이 산 것으로 생각된다. 그래서 '베드로와 안드레의 집'으로 불리기도 한다(막 1:29).

베드로와 안드레는 세배대의 아들들인 야고보와 요한과 함께 가버나움에서 고기잡이를 하였다. 가버나움에서 고기잡이를 하면 벳새다에서 하는 것보다 여러 모로 유리하였다. 첫째로, 세금 문제가 있었다. 벳새다에서 고기를 잡으면 가버나움으로 넘어올 때 관세를 물어야만 했다. 왜냐하면 벳새다는 분봉왕 빌립이 다스리는 영토에 속했기 때문이었다. 또 다른 이유로는 가버나움 옆에 막달라가 있는데 거기에는 훈제공장이 있었다고 한다. 그래서 가버나움에서 잡은 고기는 그곳에서 훈제를 해서 예루살렘과 다른 도시로 보낼 수 있었다.

I. 베드로의 부르심

이렇게 고기를 잡으며 소박하게 살고 있던 베드로에게 일대 전환점이 찾아왔다. 베드로 자신뿐만 아니라 인류 역사상 엄청난 의미를 가지는 사건이었다. 그것은 예수님을 만난 일이었다. 나사렛에서 온 청년 예수와의 만남은 베드로의 삶 전체를 흔들어 놓았다. 베드로는 예수님의 제자가 되어 3년 동안 따라다니다가 나중에 예루살렘 교회의 탄생과 성장에 중추적인 역할을 하였다(행 2장). 또 최초로 이방인들에게 복음을 전하고 세례를 베풀었으며(행 10장), 후에는 로마에 가서 복음을 전하다가 순교하였다.

베드로가 예수님의 제자로 부르심을 받은 것은 보통 생각하듯이 단 한 번에 일어난 사건은 아니었다. 사전에 많은 준비가 있은 후 때가 되었을 때에 예수님이 부르셨다. 베드로는 먼저 안식일마다 회당에 가서 예배드리며 율법을 듣고 배웠다. 안식일에는 고기잡이와 모든 일을 쉬었다. 다른 유대인들과 마찬가지로 그는 하나님이 약속하신 메시야를 기다리며 경건하게 살고 있었다. 그러다가 세례 요한의 외치는 소리를 듣고서 요한에게 가서 세례를 받았을 것이다. 안드레는 요한의 제자라고 분명히 나오는데(요 1:35-40), 동생과 늘 같이 다니는 베드로의 모습을 볼 때 그도 같이 세례 받았을 가능성이 크다.

그러던 어느 날 안드레가 세례 요한의 증거를 듣고 예수님을 따랐다. 그 때 그는 제일 먼저 형 베드로를 찾았다. 베드로의 본명은 '시몬'(시므온)이며, '베드로'는 예수님이 지어 주신 '게바'(아람어로 바위란 뜻)의 헬라어 이름이다. 안드레는 제일 먼저 형 베드로를 찾아 "우리가 메시야를 만났다."고 말하면서 예수께로 인도하였다(요 1:42). 이 만남 후에도 베드로는 안드레와 함께 고기잡이를 하고 있었다. 그러면서 천국 복음을 전하시는 예수님의 말씀을 많이 들었다. 특히 그물을 씻고 손질하고 있는 동안에 예수님의 말씀을 듣고 배웠다(눅 5:1-2).

그러던 어느 날 결정적인 순간이 찾아왔다. 동생과 함께 밤새도록 고기를 잡았으나 한 마리도 잡지 못하고 그냥 해변에 나와서 그물을 씻고 있었다. 그때 예수님이 하나님의 말씀을 가르치셨는데 엄청 많은 무리가 몰려와서 발 디딜 틈도 없게 되었다. 그러자 예수님은 베드로의 배에 올라 앉아 육지에서 조금 떨어져서 말씀을 가르치셨다. 그리고 나서 베드로에게 "깊은 데로 가서 그물을 내려 고기를 잡으라."고 하셨다(눅 5:4). 이것은 상식을 깨는 것이었다. 고기를 잡으려면 물이 얕은 데로 가야 하는데 깊은 데로 가라고 하신 것이다.

게다가 베드로는 지난밤에 헛수고를 하지 않았던가? 그러나 베드로는 예수님의 말씀에 순종하였다. "선생님, 우리들이 밤이 새도록 수고하였으되 잡은 것이 없지마는 말씀에 의지하여 내가 그물을 내리리이다."(눅 5:5) 이 말을 보면 베드로가 예수님의 말씀을 줄곧 들어서 그분의 말씀에 대한 신뢰가 생겼다는 것을 알 수 있다. 그렇게 예수님의 말씀대로 순종했더니 고기가 심히 많이 잡혀 그물이 찢어질 듯하였다.

이때 베드로는 어떤 반응을 보였는가? 보통 사람들 같으면 "할렐루야! 감사합니다."라고 했을 것이지만, 베드로는 오히려 "주여, 나를 떠나소서. 나는 죄인이로소이다."라고 고백했다(눅 5:8). 이것은 하나님의 능력을 체험한 사람의 고백이다. 전능하신 하나님, 거룩하신 하나님이 자기 앞에 계시다는 사실을 깨달았을 때 자신의 모든 죄와 허물이 드러나게 되어서 죽을 것 같은 심정이 되는 것이다. 거룩하신 하나님의 보좌를 본 이사야가 "화로다 나여 망하게 되었도다."고 말한 것과 같다(사 6:5).

그러나 예수님은 그런 베드로를 제자로 부르셨다. "이제 후로는 네가 사람을 취하리라."(눅 5:10; 마 4:19; 막 1:17) 그러자 베드로와 안드레는 모든 것을 버려두고 예수님을 따랐다. 아내와 의논하지 않고 부모의 허락을 받지도 않고 즉각 부르심에 응답한 것이다. 이것은 예수님의 능력 곧 거역할 수 없는 신적 능력을 나타내 준다. 그래서 베드로와 안드레, 그리고 같이 고기잡이하던 야고보와 요한은 같은 날에 예수님의 제자가 되었다.

II. 베드로의 정직성과 겸손함

3년 동안 예수님을 따라다니면서 베드로는 예수님의 제자로서 두각을 나타내었다. 이것은 공부를 잘했다거나 모범생이었다는 의미가 아니라 그의 성격에 기인하는 바 크다. '수제자(首弟子)'란 표현은 성경에도 없고 신학적으로도 맞지 않는 것이기 때문에 사용하지 않겠지만, 베드로는 자연스럽게 '반장' 역할을 하였다. 그것은 예수님이 물으실 때 스스럼없이 나서서 대답하는 모습에 잘 나타난다. 다른 제자들은 "틀리면 어떡하나? 야단맞으면 어쩌나?"면서 두려워하여 눈치 보고 있을 때에 베드로는 용감하게 나서서 대답하였다. 이것은 숨기지 않고 자기 자신을 내어 놓은 소박함과 순진함, 야단맞는 것을 두려워하지 않는 수용성과 개방성 때문이었다. 그래서 베드로는 자연스럽게 예수님의 말상대가 되면서 꾸중도 많이 들었지만 칭찬도 가끔 받았다.

베드로가 칭찬받은 대표적인 것은 그의 신앙고백이었다. 가이사랴 빌립보에서 예수님은 제자들에게 "너희는 나를 누구라 생각하느냐?"고 물었다. 그러자 베드로가 나서서 "주는 그리스도시요 살아 계신 하나님의 아들이시니이다."라고 고백하였다(마 16:16). 이 고백은 역사에 길이 남을 위대한 고백이다. 예수님에 대해 간결하게 핵심 내용을 잘 고백한 것이다. '그리스도'와 '하나님의 아들', 이 둘은 기독론의 핵심이요 뼈대이다. 이 고백은 바울이 전한 복음의 핵심이기도 하고(롬 1:3-4; 행 9:20, 22; 딤후 2:8), 오늘날 기독교회의 기초이기도 하다. 그래서 예수님은 "바요나 시몬아, 네가 복이 있도다."고 칭찬하셨으며(마 16:17), 또 "내가 이 반석 위에 내 교회를 세우리니 음부의 권세가 이기지 못하리라."고 하셨다(마 16:18).

그러면 이런 칭찬을 들은 베드로는 어떤 반응을 보였을까? 직접적으로 알 수 있는 것은 없지만, 마가복음을 통해 간접적으로 추정할 수 있다. 마가복음은 베드로의 설교를 마가가 듣고 기록한 것이다. 2세기 전반의 파피아스(Papias)는 말하기를, 베드로를 따라다녔던 마가는 베드로의 설교를 듣고서 주님의 행적들을 기록하였는데 아무것도 빠뜨리거나 거짓말하지 않았다고 한다(Eusebius, *Hist. Eccl.* III,39,15). 따라서 마가복음은 베드로의 설교를 기록한 것인데, 거기에는 이상하게도 베드로가 칭찬받은 내용이 빠져 있다. 마가복음 8장 30절에 보면, 베드로의 신앙고백에 대해 예수님이 칭찬하신 내용은 나오지 않고 그냥 "이에 자기의 일을 아무에게도 말하지 말라 경고하시고"로 이어진다.

왜 그랬을까? "바요나 시몬아, 네가 복이 있도다."고 하신 주님의 칭찬을 마가가 알고 있었다면 그것을 생략했을 이유가 없다. 베드로와 좋은 관계를 맺고 있던 마가(벧전 5:13)가 그것을 기록하지 않을 이유가 없는 것이다. 그렇다면 이유는 단 하나, 베드로가 이 부분을 말하지 않았기 때문일 것이다. 베드로는 이 사건에 대해 설교할 때마다 자기가 칭찬받은 부분은 쏙 빼고 말했을 것이다. 그래서 마가가 이 부분을 듣지 못해서 기록하지 않았을 것이다.

이러한 추론을 강화시켜 주는 또 하나의 사건이 있다. 그것은 베드로가 물 위로 걸은 사건이다. 오병이어의 이적 후에 예수님은 산으로 가시고 제자들은 배를 타고 바다를 건너가게 되었다. 그러나 풍랑을 인하여 고난을 당하고 있을 때, 밤 4경(오전 3시~6시)에 예수님이 바다 위로 걸어 오셨다. 그 모습을 보고 제자들이 무서워하여 소리 질렀지만, 베드로는 용감하게 나서서 "주여, 만일 주님이시거든 나를 명하사 물 위로 오라 하소서." 하였다. 예수께서 "오라." 하시니, 베드로가 배에서 내려 물 위로 걸어서 예수께로 갔다(마 14:29). 이것은 예수님 외에는 어느 누구도, 어떤 사도도 경험하지 못한 놀라운 사건이다. 그런데 이상하게도 마가복음에는 이 사건이 기록되어 있지 않다. 마가복음에 보면 베드로가 물 위로 걸은 사건은 없고 그냥 예수께서 "배에 올라 그들에게 가시니 바람이 그치는지라."고 되어 있다(막 6:51). 왜 그랬을까? 마가가 알았다면 일부러 빼지는 않았을 것이다. 이유는 오직 하나, 베드로가 이 부분을 한 번도 설교하지 않았기 때문일 것이다. 자기 자신이 드러나고 영광 받을 수 있는 부분은 베드로가 의도적으로 말하지 않았을 것이다. 그래서 마가는 이 부분을 기록하지 않았던 것이다.

얼마나 놀라운 일인가? 우리 같으면 물 위로 걸은 놀라운 사건에 대해 말하고 싶어 견딜 수 없었을 것이다. 입이 가려워서 결국 말하고 말 것이다. "자랑은 아닙니다만 ..." 하면서 길게 늘어놓았을 것이다. 한국의 목사들 같으면 가는 곳마다 간증한다면서 이 이야기를 부풀려서 말했을 것이다. 심지어 "물 위로 걸은 능력의 사자 로마에 오다"라고 포스터를 만들어 대대적으로 광고했을 것이다. 가는 곳곳마다 '능력의 사자(使者)'로 추앙을 받고 영광 받았을 것이다. 그러나 베드로는 그런 이야기를 일절 하지 않았다.

반면에 베드로는 자기가 책망 받은 것은 숨기지 않고 다 말하였다. 예수님이 예루살렘에 올라가시는 것을 만류했다가 "사탄아, 내 뒤로 물러가라." 고 하는 엄청난 책망을 들은 것은 숨기지 않고 말하였다(막 8:33). 뿐만 아니라 예수님을 세 번 부인한 수치스런 사건도 다 말하였다(막 14:66-72). 또 베드로가 자기 자신을 믿고 교만하게 말한 것도 숨기지 않고 다 말하였다(막 14:29-31). 이것은 베드로의 정직성과 겸손을 나타내 준다. 이에 대해 개혁주의 신학자 흐레이다너스는 다음과 같이 말한다. "여기서 우리는 베드로의 정직성과 겸손이 나타나는 것을 본다. 그는 그의 설교에서 자신의 잘못을 미화하지도 않고 침묵하지도 않았으며, 자신의 잘한 것을 드러내지도 않았다."(S. Greijdanus, *Bizondere Canoniek,* I, Kampen: J. H. Kok, 1947, p.111) 이런 점에서 볼 때 베드로는, 설교자는 자기 자신을 드러내면 안 되며 오직 주님만 드러내어야 한다는 것에 대한 좋은 모범이 된다.

III. 사랑과 포용의 리더십

뿐만 아니라 베드로는 넓은 마음으로 다른 사람을 품었다. 대표적으로 마가를 생각할 수 있다. 마가 요한은 예루살렘의 부유한 집에서 자랐다. 그 어머니 마리아는 예루살렘에 넓은 집을 소유하고 있었다(행 12:12). 그는 예수님을 따라다닌 제자는 아니었으나, 아마도 예루살렘에서 예수님을 보고 설교를 들었을 것이다. 어쩌면 최후의 만찬을 가진 집이 마가의 어머니 집이었을 수도 있다(막 14:13-16; cf. 행 1:14).

마가는 또한 바나바의 '사촌'이었다(개역개정판의 '생질'은 오역임). 바나바와 바울이 예루살렘에 가서 구제하는 일을 마치고 안디옥으로 돌아올 때 마가 요한을 데리고 왔다(행 12:25). 그러다가 바나바와 바울이 선교여행을 떠날 때에 마가를 '수종자'로 데리고 갔다(행 13:5). 정식 선교사가 아니라 그냥 도우미 정도였다. 그러나 밤빌리아 버가에 이르렀을 때에 마가는 예루살렘으로 돌아가고 말았다(행 13:13). 아마도 선교여행이 생각했던 것보다 힘들고 어려웠던 것 같다. 부잣집에서 곱게 자란 청년 마가로서는 감당하기 어려웠을 것이다.

그 후에 제2차 선교여행을 떠날 때에 바나바는 마가를 데리고 가자고 하였으나 바울은 반대하였다. 바나바가 볼 때, 마가가 이제 자기의 잘못을 뉘우치고 있으니 한 번 더 기회를 주는 것이 옳다고 생각하였다. 그러나 바울이 볼 때, 마가는 선교 도중에 제 마음대로 돌아갔으니 영적 군대의 탈영병으로서 있을 수 없는 일이라고 생각하였다. 그래서 바나바와 바울은 심히 다투어 헤어지고 말았다(행 15:36-41). 마가는 바울에게 퇴짜를 맞은 것이다. 그래서 마가는 바나바를 따라 구브로(Cyprus)에 가서 전도하였다.

그 후의 마가의 행적에 대해서는 알 수 없다. 그러나 베드로전서에 보면 '내 아들 마가'란 표현이 나온다(5:13). 여기서 '아들'은 육적 의미가 아니라 영적 의미이다. 유대 사회에서 제자가 스승을 '아버지'로 부르는 것은 일반적이었다. 엘리사는 그의 스승 엘리야를 향해 "내 아버지여"라고 불렀다(왕하 2:12). 그리고 이스라엘 왕 여호람(요람)은 엘리사를 가리켜 "내 아버지여"라고 불렀다(왕하 6:21). 예수님 당시에 유대인들은 랍비 또는 선생을 가리켜 '아버지'라고 많이 불렀다(마 23:9). 이런 맥락에서 베드로가 제자 마가를 '내 아들'이라 부른 것은 자연스럽다고 하겠다.

베드로가 마가를 '내 아들'이라고 부른 것은 담임교역자와 부교역자 사이의 올바른 관계를 제시해 준다. '아버지'와 '아들'은 성경에서 사랑의 관계, 기쁨의 관계를 나타낸다(마 3:17; 17:5; 벧후 1:17 등). 베드로는 마가를 따뜻하게 사랑으로 감싸고 돌보았다. 그래서 마가는 베드로를 따라다니면서 시중들었으며, 무엇보다도 역사에 길이 남을 마가복음을 기록해 주었다. 바울에게 퇴짜 받은 마가를 베드로가 따뜻하게 품어서 훌륭한 일꾼으로 만든 것이다. 여기에 베드로의 위대한 리더십이 있다.

베드로의 리더십은 머리가 뛰어나거나 행정력이 뛰어난 데 있는 것이 아니다. 그는 바울처럼 총명하지도 못했고, 마태처럼 문서 정리를 잘한 것도 아니다. 헬라어가 부족해서 편지를 쓸 땐 실루아노의 도움을 받았다(벧전 5:12). 그렇지만 베드로는 따뜻한 마음으로 사람을 품을 줄 아는 지도자였다. 한 번 실패한 마가도 따뜻하게 품고 아들처럼 사랑으로 대하여서 마침내 마가복음을 저술하게 해 주었다. 베드로의 이런 따뜻함과 포용력이 없었다면 불가능한 일이었다.

그러면 오늘날 한국 교회에서 담임교역자와 부교역자 사이의 관계는 어떠한가? 마치 기업체의 회장과 비서의 관계처럼 되어 있지는 않은가? 명령과 보수에 의해 움직이는 관계가 아닌가? 아버지와 아들의 관계가 아니라 주인과 종의 관계가 아닌가? 이런 관계가 효율적일지는 몰라도 우리 주님께서 원하시는 관계는 아니다. 우리는 담임목사에게서 CEO의 모습이 아니라 베드로와 같은 참 목자의 모습을 보기 원한다. 사랑과 포용으로 감싸고 돌보는 아버지와 아들 같은 관계를 원한다.

IV. 넓은 마음으로 포용한 베드로

베드로의 따뜻한 마음은 여기에서 끝나지 않는다. 그는 그의 동료들도 넓은 마음으로 끌어안았다. 먼저 바울과의 관계를 생각해 보자. 베드로는 안디옥에서 바울에게 공개적으로 책망 받았다. 다른 사람들이 있는 자리에서 면전에서 책망 받았다(갈 2:11). "네가 유대인으로서 이방인을 따르고 유대인답게 살지 아니하면서 어찌하여 억지로 이방인을 유대인답게 살게 하려느냐?"(갈 2:14). 이것은 베드로의 위선(僞善)을 지적한 것이다. 복음의 진리대로 바로 행하지 않은 것을 질책한 것이다. 곧, 베드로가 이방인들과 함께 식사하다가 야고보에게서 어떤 사람들이 온다는 말을 듣고 그들을 두려워하여 식탁에서 떠나 뒤로 물러간 것이다. '말'로는 복음 안에서 유대인과 이방인의 차별이 없다고 해 놓고서 '실제 행동'으로는 차별한 것이다. 그러나 이것은 베드로가 고의로 행한 것은 아니고 엉겁결에 저지른 실수였다고 생각된다.

그런데 바울이 사람들 앞에서 베드로를 공개 책망한 것은 자칫 심한 갈등을 불러일으킬 수 있는 일이었다. 아무리 베드로가 잘못했다손 치더라도 공개적으로 무안을 주면 어떻게 되겠는가? 나중에 따로 조용히 만나서 권면할 수도 있지 않겠는가? 물론 같이 있던 바나바와 다른 사람들도 베드로의 외식(外飾)에 미혹되었기 때문에 바울로서는 그냥 지나칠 수 없는 일이었다. 복음의 핵심이 걸린 중차대한 문제였기 때문에 공개적으로 책망하지 않을 수 없었다는 것은 충분히 이해된다.

그러나 만일 이런 일이 한국에서 일어났다면 어떻게 되었을까? 교단의 지도자들이 앉아 있는 자리에서 어떤 지도자가 다른 지도자를 공개적으로 책망했다면 어떻게 되었을까? 그 사람은 심한 모욕감을 느끼고 앙심을 품게 될 것이다. 결국에는 교단이 나뉘는 사태로까지 발전하게 될 수도 있을 것이다. 그러나 베드로는 그렇게 하지 않았다. 그의 편지 어디에도 바울에 대한 원망이나 섭섭함을 나타내는 구절은 없다. 오히려 베드로는 바울에 대해 "우리가 사랑하는 형제 바울도 그 받은 지혜대로 너희에게 이같이 썼고"라고 말한다(벧후 3:15). 자기를 공개 책망한 바울을 가리켜 '우리가 사랑하는 형제'라고 말한다. 얼마나 넓은 마음인가? 베드로는 바울에 대한 어떤 원망이나 앙심도 품지 않았다. 도리어 바울이 쓴 글에 대해 존경을 표하고 있을 뿐만 아니라 "그 중에 알기 어려운 것이 더러 있다."(16절)고 오히려 자신의 무지를 말하고 있다.

어떻게 이런 일이 가능한가? 베드로는 안디옥 사건에 대해 바울을 원망하지 않고 도리어 자신의 잘못과 실수를 다 인정한 것으로 보인다. 자신은 허물이 많고 부족한 사람임을 뼈저리게 느끼고 있었다. 그는 총명하지도 못했고 배운 것도 없었고 그저 고기잡이하던 어부에 불과했다. 그렇지만 스승에 대한 의리(義理) 하나만은 굳게 믿고 있었는데 그 자부심마저도 여지없이 무너지고 말았다. 자기의 스승을 세 번이나 연거푸 부인하는 대죄를 지은 것이다. 그래서 베드로는 자기에게 아무것도 내세울 것이 없음을 깊이 깨달았다. 전적으로 주님의 용서와 은혜에 의해 세움 받은 존재임을 알고 있었다. 부활하신 후 디베랴 바닷가에 찾아오신 예수님은 베드로에게 "네가 왜 나를 부인하였느냐?"고 묻지 않으시고 "네가 나를 사랑하느냐?"고 물으셨다(요 21:15-17). 과거를 묻지 아니하시고 현재의 사랑을 물으시는 주님 앞에 베드로는 겸손히 "주님, 그러하나이다. 내가 주님을 사랑하는 줄 주님께서 아시나이다."고 고백하였다. 그런 베드로이기에 안디옥에서 공개 책망을 받았을 때에 그는 조금도 변명하거나 항변하지 아니하였으며 바울에 대해 앙심을 품지도 않았다. 베드로의 이런 넓은 마음이 있었기에 초대 교회는 분열됨이 없이 하나로 나아갈 수 있었던 것이다.

V. 온유한 리더십

베드로는 오순절 성령 강림 후 예루살렘 교회에서 중추적 역할을 감당하였다. 오순절 날 성령 강림 때 무리 앞에 나서서 설교한 사도는 베드로였다. 그의 설교로 말미암아 그 날에 3천명이 회개하고 세례 받는 역사가 있었다(행 2장). 뿐만 아니라 성전 미문(美門) 앞에서 구걸하던 앉은뱅이가 일어나서 걷는 이적도 일어났다(행 3장). 산헤드린 앞에 잡혀 가서도 성령의 충만을 받아 담대하게 말하였다(행 4장). 아나니아와 삽비라 사건 때에도 베드로가 중심적 역할을 하였다(행 5장).

뿐만 아니라 최초로 이방인에게 복음을 전한 사람도 베드로였다. 그는 하나님의 명령을 받고 가이사랴에 내려가 로마의 백부장 고넬료의 가정에 복음을 전하고 세례를 주었다(행 10장). 이 소식을 들은 유대인들이 베드로를 향하여 그가 무할례자의 집에 들어가 함께 먹었다고 비난하였을 때, 베드로는 화를 내지도 않고 다투지도 않고 그 일을 차례대로 설명하였다. 그러자 그들이 이 말을 듣고 잠잠하여 하나님께 영광을 돌렸다고 한다(행 11:18). 베드로의 부드러운 리더십이 효과를 발한 것이다.

헤롯 아그립바 1세에 의해 베드로가 옥에 갇혔을 때에 주의 천사가 내려와서 그를 풀어 주었다(행 12장). 베드로가 옥에서 나와 마가 요한의 어머니 마리아의 집에 찾아갔는데, 그때 성도들은 베드로를 위해 간절히 기도하고 있었다. 그때 베드로는 그들에게 야고보와 형제들에게 이 말을 전하라고 말하고 나서 떠나 다른 곳으로 갔다(행 12:17). 이때부터 예루살렘 교회의 지도권은 주의 동생 야고보에게 넘어간 것으로 보인다. 베드로가 더 이상 예루살렘에 머물 수 없게 되었음을 알게 되었을 때, 그는 자연스럽게 야고보에게 지도권을 넘겼다. 그리고 후에 예루살렘 회의에서 베드로와 야고보는 화합하여 좋은 결론을 끌어내는 것을 보게 된다(행 15장). 갈라디아서 2장에 보면, 야고보와 게바(베드로)와 요한은 바울과 바나바에게 친교의 악수를 하였다고 한다(9절). 이처럼 베드로는 온유함과 겸손함으로 다른 사도들과 원만한 관계를 유지하였으며, 하나님의 나라와 복음 전파를 위해 협력하는 모습을 보여 주었다.

VI. 로마에서의 복음 전파

언제부터인가는 모르지만 베드로는 말년에 로마에 와서 복음을 전하였다. 이레네우스가 쓴 『이단 논박』(*Adv. Haer.* III,1,1)에 보면 "베드로와 바울이 로마에서 복음을 전하고 교회의 기초를 놓고 있을 때에, 마태가 히브리인들 가운데서 그들 자신의 언어로 복음서를 출판하였다."고 한다. 알렉산드리아의 클레멘트는 "베드로가 로마에 가서 기사 계급에 속한 가이사 집의 사람들 앞에서 공개적으로 복음을 전하고 그리스도에 대해 많은 증언을 하였다."고 한다(cf. Th. Zahn, *Einleitung*[3], II, 218 Anm. 9).

그러나 로마에 핍박이 일어났을 때에 베드로와 바울은 로마를 떠나게 되었는데, 그때 사람들이 마가에게 와서 베드로가 전했던 것을 기록해 달라고 끈질기게 요청하여 허락을 받았다. 그래서 기록한 것이 마가복음이다. 그런데 나중에 베드로가 이 사실을 알게 되었을 때, 그는 그것을 금하지도 않았고 추천하지도 않았다고 한다(Eusebius, *Hist. Eccl.* VI,14,7). 여기서 우리는 베드로의 태도에 대해 생각할 것이 있다. 베드로는 우선 그 책을 금하지 않았다. 만일 금했다면, 그의 제자 마가를 꾸짖는 것이 되었을 것이다. "왜 쓸데없이 이런 것을 적었나?"라는 의미가 될 것이다. 그러나 베드로는 그렇게 하지 않았다. 다른 한편으로, 그는 추천하지도 않았다. "이 책은 참 잘 썼다. 좋은 책이다." 라고 추천하지도 않았다. 만일 그랬다면 베드로는 그 책을 선전하는 것이 되었을 것이다. 요즘 얼마나 많은 사람들이 자기 책을 선전하며 유명한 사람들의 추천을 받아서 홍보하고 있는가? 그러나 베드로는 일체 그런 일을 하지 않았다. 그의 제자를 무안하게 하지도 않았고 홍보하지도 않았다. 그저 침묵할 뿐이었다. 얼마나 올바르고 고상한 태도인가? 우리 같으면 도무지 참지 못하고 뭔가 말했을 것 같은데, 베드로는 그저 묵묵부답이었다. 자신을 다 내려놓고 주님의 영광만 바라보는 삶이었기 때문에 가능한 일이었을 것이다.

VII. 베드로의 순교

베드로는 네로 황제 치하 때 십자가에 달려 순교하였다고 한다. 로마의 대화재(64년 7월 18일)가 있고 나서 그리스도인들에 대한 핍박이 일어났는데, 베드로는 그 해 가을에 순교했다고 전해진다(cf. Zahn, *Einleitung*[3], II, 18). 전승에 의하면 베드로는 십자가에 달릴 때 거꾸로 달려 순교했다고 한다(외경 베드로행전). 베드로의 순교에 대해서는 예수님이 이미 예언하셨다. "네가 젊어서는 스스로 띠 띠고 원하는 곳으로 다녔거니와 늙어서는 네 팔을 벌리리니 남이 네게 띠 띠우고 원하지 아니하는 곳으로 데려가리라."(요 21:18)

베드로는 십자가에 달려 죽을 때에 아마도 자신은 예수님처럼 바로 달려 죽기에 합당하지 않다고 느꼈을 것이다. 자신은 철저하게 무가치하고 부족한 죄인임을 느꼈을 것이다. 그래서 거꾸로 달려 죽기를 자청한 것이 아닐까? 이것은 남에게 보이기 위해서 하는 쇼가 아니었다. 소위 퍼포먼스가 아니었다. 요즘은 쇼와 퍼포먼스가 너무 많다. 요즈음 한국 교회가 타락했다고 해서 말들이 많은데, 이런 와중에 인터뷰하고 비판해서 뜨는 사람들이 있다. 전에 한국교회가 회개해야 한다고 하니까 '회개위원회'를 조직한 적이 있었다. 회개마저도 감투가 된 세상이다. 이런 것은 참된 회개가 아니며 참된 겸손이 아니다.

베드로의 겸손은 진정으로 자신의 무자격을 고백한 것이었다. 자기의 허물과 죄를 용서하신 예수님 앞에 감히 설 수 없다는 고백이었다. 스승을 세 번이나 부인한 그를 다시 일으키시고 복음 전파의 사명을 맡기신 주님, 디베랴 바닷가에서 말없이 생선구이를 대접해 주시던 주님을 생각하면 도무지 그 앞에 설 수 없는 죄인임을 통감했던 것이다. 그래서 그는 로마에서 붙잡혀 죽을 때에도 "내가 순교한다"는 생각은 감히 엄두도 못 내고 모든 것을 다 내려놓고서 그를 사랑하신 주님께로 간 것이다.

베드로는 머리가 좋거나 많이 배운 사람은 아니었다. 계산이 빠르지도 않았고 글을 잘 쓰지도 않았다. 그러나 그는 참된 겸손과 넓은 마음으로 사람들을 품었다. 그를 공개 책망한 바울도 품었으며 앙심을 품지 않았다. '우리가 사랑하는 형제 바울'이라고 말하면서 그의 지혜에 대해 존경의 마음을 표현하였다. 바울에게 퇴짜 맞은 마가도 넓은 아량으로 품어서 훌륭한 제자로 만들었다. 주의 동생 야고보에 대해서도 경쟁의식을 가지지 않고 기꺼이 예루살렘 교회를 부탁하고 떠나갔다. 마지막에는 로마 제국의 중심인 로마에서 복음을 전하다가 순교하였다.

베드로는 겸손함과 따뜻한 마음으로 온 세상을 품었다. 그에겐 못 품을 사람이 없었다. 유대인들도 품었고 이방인들도 품었으며 로마인들도 품었다. 동역자들도 품고 제자들도 품었다. 이렇게 온 세상을 품을 수 있었던 비결이 따로 있는 것은 아니었다. 그에게 비법은 없었다. 오직 마음을 비운 것뿐이었다. 그것은 유교적 '겸양(謙讓)'도 아니며 도교적 '허(虛)'도 아니었다. 그런 것들은 자기가 높아지기 위한 처세술에 불과하다. 베드로의 겸손은 예수님의 낮아지심을 본받아 자기 자신을 비운 것이었다. 그것은 자신의 죄와 주님의 사랑을 깨달은 것에서 온 것이었다. 주님 앞에서 낮아지고 자기를 비운 마음에 온 세상을 품을 수 있는 여유가 생기는 것이다.

오늘날 우리에게 필요한 것도 이런 마음이다. 허례허식과 외적 치장, 각종 종교의식과 거짓 지식의 허울을 벗어버려야 한다. 또한 겸손을 가장한 교만, 윤리를 가장한 위선, 복음을 이용한 자기 영광을 벗어버려야 한다. 베드로처럼 참되게 주님 앞에 나아와 자기의 무능과 무자격을 고백하는 자세가 필요하다. 그래서 온 세상을 주님의 사랑으로 품는 사람들이 되어야 하겠다. (원래 『그말씀』 2014년 3월호, pp.34-47에 "겸손과 따뜻한 마음으로 온 세상을 품은 베드로의 비전"이란 제목으로 게재된 원고임)

[13] 요한 서신의 기록 계기와 배경

요한 서신이라 하면 대개 사람들은 먼저 '사랑'을 생각한다. 사랑의 사도 요한이 교회 성도들에게 서로 사랑하라고 권면한 서신이 곧 요한 1, 2, 3서라는 것이다. 요한 서신은 쉬우면서도 간결한 문장으로 사랑을 강조한 아름다운 서신임에는 틀림없다. 쉽고 평이한 단어들로써 하나님의 사랑과 형제 사랑에 대해 이처럼 아름답게 서술할 수 있다는 것은 분명히 하나님께서 사도 요한에게 주신 특별한 달란트이었을 것이다.

그러나 요한 서신은 막연하게 책상 앞에서 사랑을 노래한 것은 아니다. 또는 교회가 평안하고 은혜 충만할 때 기쁨에 넘쳐 읊은 시도 아니다. 오히려 사도 요한이 관할하고 있던 소아시아 지역의 교회가 큰 어려움을 겪고 난 후에 그들을 위로하고 권면하기 위해 쓰여진 편지이다. 즉, 요한 1, 2, 3서 모두 고통과 갈등 가운데 쓰여진 것이다. 얼핏 읽어서는 이러한 사정을 알기 어렵지만 자세히 살펴보면 이러한 복잡한 사정이 있었음을 알게 된다. 이러한 사정을 알고 나서 요한 서신을 읽으면 그것들이 새롭게 우리 앞에 다가옴을 느낄 수 있다. 전에는 막연하게 좋고 아름답고 은혜롭다고만 느껴졌던 말씀들이 구체적인 갈등과 고통 가운데 쓰여진 것을 알게 될 때, 그 말씀에 대한 우리의 생각은 더욱 깊어지고 한 단계 높은 차원에서 하나님의 말씀을 이해하게 될 것이다. 그래서 우리는 요한 서신에 대해 각각 그 쓰여지게 된 계기와 배경을 살펴봄으로 이 서신들에 대한 이해를 돕고자 한다.

I. 요한일서

1. 기록 계기

요한일서는 사도 요한이 말년에 소아시아에 머물고 있을 때(cf. Irenaeus, *Adv. Haer.* III,1,1), 그 지역의 교회(들)가 큰 시련을 겪고 난 후에 기록한 편지이다. 우리는 이에 대한 단서를 요한일서 2장 19절에서 찾을 수 있다. "저희가 우리에게서 나갔으나 우리에게 속하지 아니하였나니, 만일 우리에게 속하였더면 우리와 함께 거하였으려니와 저희가 나간 것은 다 우리에게 속하지 아니함을 나타내려 함이니라." 여기서 "저희가 우리에게서 나갔다"고 한 것은, 어떤 이단적 무리들이 교회 안에 들어와서 발을 붙이고 있다가 또는 붙이려고 하다가 교회의 반대와 저항을 받아서 물러난 것을 말한다. 즉, 이 교회는 이단의 침입으로 말미암아 처음에는 어려움을 겪었으나 결국 이 이단을 물리치고 승리하였다. 그래서 요한은 4장 4절에서 "자녀들아, 너희는 하나님께 속하였고 또 저희를 이기었나니 이는 너희 안에 계신 이가 세상에 있는 이보다 크심이라."고 말한다. 곧, 그들이 이단들을 물리칠 수 있었던 것은 하나님의 말씀이 그들 안에 거하였기 때문이며, 그들 안에 계신 이(예수 그리스도)가 세상에 있는 이(마귀)보다 크기 때문이라고 말한다.

부활하신 예수님께서 에베소 교회의 사자에게 보낸 편지에도 보면, "내가 네 행위와 수고와 네 인내를 알고 또 악한 자들을 용납지 아니한 것과 자칭 사도라 하되 아닌 자들을 시험하여 그 거짓된 것을 네가 드러낸 것과 ..."라고 말하고 있다(계 2:2). 에베소 교회는 소아시아의 중심 교회로 아마도 요한일서의 수신자 교회이거나 또는 비슷한 상황에 있는 교회로 생각된다. 그런데 이 에베소 교회는 그 교회에 들어온 '악한 자들'을 용납지 아니하고 물리쳤다고 한다. 곧, 자칭 사도라 하되 아닌 자들을 시험하여 그 거짓된 것을 드러내었다고 한다.

이런 점에서 에베소 교회는 모범적인 교회였으며 칭찬받을 만한 교회였다. 그래서 사도 요한은 이들의 진리를 위한 수고와 노력을 칭찬하고 위로할 필요성을 느꼈을 것이다. 뿐만 아니라 교회 안에는 아직도 이단들의 영향이 여러 모로 남아 있었을 것이다. 그래서 사도 요한은 그들의 잘못된 것을 다시 분명히 지적하고 경계하는 것이 필요하다고 느꼈을 것이다. 왜냐하면 이들이 교회에서 물러가기는 하였지만 언제 다시 교회에 들어와서 성도들을 미혹할지 모르는 상황에 있었다. 그래서 요한은 이들에 대해 경계하고 성도들을 믿음에 견고히 서게 할 필요를 느꼈다(5:13). 나아가서 교회 성도들에게 형제 사랑을 강조할 필요성을 느꼈을 것이다. 왜냐하면 이단과의 투쟁으로 말미암아 교회 안에는 의심과 투쟁의 분위기가 조성되고 있었으며, 걸핏하면 상대방의 잘못을 꼬집고 드러내는 차가운 분위기가 형성되고 있었을 것이기 때문이다. 이로 인하여 에베소 교회는 주님으로부터 "처음 사랑을 버렸다"고 책망받았던 것이다(계 2:4). 따라서 사도 요한은 그의 첫째 편지에서 서로 사랑할 것을 강조하고 있으며(요일 2:10; 3:11; 4:7, 16, 21 등), 형제를 사랑하는 것을 통해 우리가 하나님을 사랑하는 줄을 알게 된다고 말하고 있다(3:14; 4:20).

2. 요한일서에 나타난 이단

그렇다면 소아시아의 교회에 들어온 이 이단적 무리들은 누구였을까? 사도 요한은 이들이 누구인지 구체적으로 이름을 밝히고 있지는 않지만 2장 18절에 보면 이들을 '적그리스도들'(ἀντίχριστοι)이라고 말하고 있다. '적그리스도'란 것은 말 그대로 '그리스도를 대적하는 자'를 가리킨다. 4장 1절에서는 이들이 '거짓 선지자들'(ψευδοπροφῆται)이라고 불리고 있다. 그들의 가르침이 거짓이고 사람들을 미혹한다는 점에서 그들은 '거짓 선지자'이며, 그들이 결국 그리스도를 부인하고 대적한다는 점에서 '적그리스도'인 것이다.

요한일서는 이들의 주장이 무엇인지에 대해 좀 더 말해 주고 있다. 그들은 무엇보다도 예수께서 그리스도이심을 부인하였으며(2:22; 5:1), 예수께서 하나님의 아들이심을 부인하였다(4:3, 15; 5:5). 또한 그들은 하나님의 아들 예수 그리스도께서 육체로 오신 것을 부인하였다(4:2). 이처럼 요한일서에서 말하고 있는 이단은 주로 기독론과 관련하여 잘못된 이단이었다. 이와 더불어 그들은 또한 죄와 구원에 대해서도 잘못되게 가르친 것으로 생각된다(1:5-2:6). 그들은 하나님을 아는 지식은 중요시하면서도 실제 생활의 죄 문제는 가볍게 여기고 등한시하였다. 그래서 그들은 하나님을 안다고 하였지만, 실제로는 어두운 데 거하였으며 형제를 미워하고 죄 짓는 생활을 예사로 하였던 것이다.

3. 고대 교회의 증거

그러면 이 이단들은 도대체 어떤 무리들이었을까? 이들이 주장한 것을 구체적으로 좀 더 알 수는 없을까? 다행히 고대 교회의 교부들 중에 이에 대해 증거해 주고 있는 것이 몇 개 있다. 이 증거들은 신실한 교부들의 증거이기 때문에 신뢰할 만하며 요한일서를 이해하는 데 큰 도움이 된다.

1) 이레네우스의 증거

2 세기 중후반에 활동했던 이레네우스(Irenaeus)에 의하면, 사도 요한은 1 세기말에 에베소에서 활동하고 있던 케린투스(Cerinthus)의 가르침에 대항하였다고 한다. 케린투스라는 이름은 다른 사람들에 의해 증거되고 있으며, 그는 예수와 그리스도는 다르다고 주장한 이단이었다. 이레네우스의 증거를 옮

기면 다음과 같다.

> "그[케린투스]는 예수는 동정녀에게서 탄생하지 않고 다른 사람들과 마찬가지로 요셉과 마리아의 아들로 태어났으며, 그는 (다른 사람들보다) 더 의롭고 더 거룩하였다고 주장하였다. 그리고 세례받은 후 만물 위의 지극히 높은 권세로부터 그리스도가 비둘기의 모양으로 강림하였으며, 그때 그는 알려지지 않은 아버지를 전파하고 이적들을 행하였다. 그러나 마지막에 그리스도는 예수로부터 떠나갔으며, 예수는 고난받고 부활하였다. 그러나 그리스도는 영적 존재였기 때문에 고난으로부터 자유로웠다고 주장하였다."(*Adv. Haer.* I,26,1)

이처럼 케린투스는 예수와 그리스도를 체계적으로 분리한 이단이었다. 예수는 보통 사람과 같은 인간에 불과했으며, 그리스도는 세례 시에 강림한 신적 존재로 보았다. 그러나 신적 존재는 고난받을 수 없다는 당시의 철학 사상을 따라 그리스도는 예수께서 고난받기 직전에 떠나갔다고 주장한 것이다. 따라서 고난받은 것은 인간 예수뿐이었으며, 또한 세례받기 전까지의 존재도 인간 예수뿐이었다. 그리하여 케린투스는 하나님의 아들의 성육신을 부인하였을 뿐만 아니라 하나님의 아들이 우리를 위해 고난받으신 것도 부인하게 되었다. 이것은 곧 우리를 위한 하나님의 크신 사랑을 부인하는 것이었다(요일 3:1 참조). 또 하나 우리가 생각할 것은 케린투스는 예수님의 세례 시에 비둘기 형상으로 임한 성령을 그리스도라고 봄으로써 '그리스도'와 '성령'을 혼동하였다는 사실이다. 구약에 예언된 그리스도는 이스라엘 땅에 오셔서 자기 백성을 구원할, 하나님에 의해 기름 부음 받은 특별한 인물이었는데 비해, 케린투스는 이를 '성령'으로 오해하고 혼동하였던 것이다.

2) 히폴리투스의 증거

히폴리투스(Hippolytus)는 3세기 초반에 로마에서 활동한 교부인데, 그도 케린투스에 대해 다음과 같이 증거해 주고 있다.

> "이집트의 학문을 배운 케린투스는, 세상은 첫째 하나님에 의해 창조되지 않았으며, 원능력(原能力)과 구별되며 만물 위에 뛰어난 하나님을 한 번도 안 적이 없는 능력(能力)에 의해 창조되었다고 주장하였다. 예수는 동정녀에게서 탄생하지 않았으며, 다른 모든 사람들과 마찬가지로 출생하였다. 곧, 요셉과 마리아에게서 났으며 단지 다른 사람들보다 더 의롭고 더 지혜로웠다. 세례 후에 그리스도는 원능력에게서 나와 그의 위에 비둘기 모양으로 강림하였다. 그 후에 그는 알려지지 않은 아버지를 전파하였으며 이적을 행하였다. 그러나 마지막에 그리스도는 예수를 떠났다. 예수는 고난받고 부활하였으나, 그리스도는 영적이므로 고난을 받지 않았다고 주장하였다."(*Refutatio omnium Haeresium* VII,33)

여기서도 우리는 케린투스는 예수와 그리스도를 날카롭게 분리한 이단임을 알 수 있다. 뿐만 아니라 그의 주장의 뿌리는 결국 이집트에서 배운 철학에 있음을 알게 해 준다. 곧, 당시 철학의 체계에 따라 물질인 세상은 악하다고 보고, 이 악한 세상은 하나님이 창조한 것이 아니라 그 밑의 존재인 '능력'에 의해 창조되었다고 본 것이다. 예수는 한낱 인간에 불과하였다고 보았으며 동정녀 탄생을 부인하였다. 그리고 세례 시에 임한 그리스도는 영적 존재이므로 고난받지 않고 다시 떠나갔다고 주장하였다. 이처럼 케린투스 이단은 기독교 복음을 그 당시의 철학 구도에 끼워 맞춰서 사람들을 미혹한 이단이었음을 알 수 있다.

3) 에피파니우스의 증거

4세기 후반에 동방에서 활동한 에피파니우스(Epiphanius)도 케린투스에 대해 다음과 같이 증거해 주고 있다.

> "[2]그[케린투스]는 그리스도에 대해 카르포크라테스(Carpocrates)와 마찬가지로 참소(讒訴)하는 설명을 한다. 즉, 그는 마리아와 요셉의 씨에서 생겨났으며, 또한 세상은 천사들에 의해 만들어졌다고 한다. [3]그의 가르침의 시작에 있어서 케린투스는, 이 한 가지 곧 유대교에 대한 그의 부분적인 지지를 제외하고는, 그 전에 있던 카르포크라테스와 다르지 않았다. 그러나 그는 율법과 선지서들이, 비록 율법의 수여자는 세상을 만든 천사들 중 하나이긴 하지만, 천사들에 의해 주어졌다고 주장한다. [4]케린투스는 아시아로 옮겨가서 거기서 그의 가르침을 시작하였다. [5]내가 이미 말한 바와 같이, 그 또한 세상은 첫 번째의 천상의 능력에 의해 창조되지 않았다고 가르쳤다. 그는 또한, 마리아와 요셉의 씨의 산물인 '예수'가 성장했을 때, 비둘기 형상의 성령을 의미하는 '그리스도'가 높이 계신 하나님께로부터 요단강에서 그에게 내려와 알 수 없는 아버지를 그에게와 또한 그를 통해 그의 동료들에게 계시해 주었다고 가르쳤다. [6]그리고 이것이 그가 능력의 일들을 행한 이유이다. 즉, 능력이 높은 곳에서부터 그에게로 왔다. 그러나 그의 수난 시 위로부터 온 것이 예수에게서 나와 높은 곳에 있는 영역으로 날아갔다. [7]예수는 고난을 받고 다시 일으킴을 받았다. 그러나 위로부터 그에게 온 그리스도는 고난받지 않고 날아갔다. 즉, 비둘기의 형상으로 강림했던 것이 날아갔다. 예수는 그리스도가 아니다."(*Panarion cata haereseoon* XXVIII,1,2-7)

여기서도 우리는 케린투스의 가르침이 잘못된 창조론에 기초한 잘못된 기독론임을 알 수 있다. 예수와 그리스도를 구분한 것이 그의 주장의 핵심인데, 그 배경에는 신적인 존재인 '그리스도'가 악한 존재인 인간이 될 수 없고 또한 고난받을 수 없다는 당대의 '이원론'이 자리 잡고 있다. 또한 이러한 당대의 철학적 구도에 맞추기 위해 세례 시에 강림한 '성령'을 '그리스도'로 보는 잘못을 범하고 있는 것이다.

이러한 케린투스의 가르침이 요한일서의 배경이 되고 있다. 그러나 사도 요한이 케린투스 한 사람만을 겨냥하고 있는 것은 아니다. 왜냐하면 요한은 "많은 적그리스도들이 일어났다"고 말하고 있으며(2:18), 또한 "많은 거짓 선지자가 세상에 나왔다"고 말하고 있기 때문이다(4:1). 따라서 주님의 교회를 미혹하는 모든 사람들이 다 사도 요한이 대항하고 있는 대적들이라고 할 수 있다. 그러나 그 중심에는 케린투스의 가르침이 자리 잡고 있었음은 분명하다.

4. 사도 요한의 대응

이러한 잘못된 가르침에 대해 사도 요한은 무엇보다도 예수는 그리스도이심을 강조하고 있으며(2:22; 5:1), 또한 예수는 하나님의 아들이심을 강조하고 있다(4:15; 5:5). 예수와 그리스도, 예수와 하나님의 아들은 서로 나눌 수 있는 존재가 아니다. 그리고 이 하나님의 아들 예수 그리스도께서 육체로 오신 사실을 강조하고 있다(4:3; 요이 7). 왜냐하면 케린투스 이단들은 신적인 존재는 악한 물질(육체)이 될 수 없다고 주장했기 때문이다. 이러한 이단들의 주장은 곧 우리를 사랑하사 우리를 건지시기 위해 이 땅에 오신 하나님의 크신 사랑을 부인하는 것이었다. 그래서 요한은 하나님께서는 우리를 사랑하셔서 독생자를 보내어 주셨다는 사실을 강조하고 있다(4:9). 예수 그리스도는 우리 죄를 위한 화목제물이 되셨으며(2:2; 3:16; 4:10), 하나님의 아들 예수의 피가 우리를 모든 죄에서 깨끗케 하신다(1:7).

이 이단들은 또한 스스로 하나님에 대한 깊은 지식을 가지고 있다고 주장하지만 형제 사랑을 소홀히 하였다(2:9; 3:13-19; 4:20). 이에 대해 사도 요한은 형제 사랑을 반복해서 강조한다(2:7-11; 3:11; 4:7-21). "그 형제를 사랑치 아니하는 자는 하나님께 속하지 아니하며"(3:11), "보는 바 형제를 사랑치 아니하는 자가 보지 못하는 바 하나님을 사랑할 수가 없다"(4:20)고 말한다. 그러나 이단들은 하나님에 대한 지식을 강조하고 하나님의 계명에 주의를 기울이지 않았으며(2:4), 성결한 생활을 소홀히 하고(3:3), 죄를 경시하였다(1:6, 8, 10). 그러나 사도 요한은 우리가 하나님의 계명을 지켜야 함을 누누이 강조하였다(2:3, 5, 7-11; 3:22-24; 4:21; 5:3). "우리가 그의 계명을 지키면 우리가 그를 안(ἐγνώκαμεν, 완료 시상) 줄로 안다(γινώσκομεν, 현재 시상)."(2:3) 그러나 하나님과 사귐이 있다고 '말하고' 어두운 가운데 '행하면' 그는 거짓말하는 자요(1:6), 진리가 그 속에 없으며(2:4), 지금까지 어두운 데 있는 자요(2:8), 마귀에게 속한 자이다(3:8).

따라서 하나님을 믿는 성도들은 단지 믿는다고 '말하는 것'만으로는 부족하며, 실제 생활 가운데 '행하는 것'으로 나타나야 한다. 이 행함의 중심은 형제 사랑이다. 물론 성도들이 모든 생활에서 완벽한 것은 아니지만, 최소한 이단들이 주장하고 행하는 것과 같은 '지식'과 '행함'의 이원론은 벗어나야 하며, 생활면에 있어서 그들보다 나은 것이 있어야 하는 것이다. 이런 맥락에서 사도 요한은 "그 안에 거하는 자마다 범죄하지 아니하나니"라고 말하고 있다(3:6, 9). 여기서 '범죄하지 아니한다'(οὐχ ἁμαρτάνει, 현재 시상)는 것은 죄를 전혀 범하지 않는다는 것이 아니라, 세상에 속한 자들이 일상적으로 범하는 바와 같은 그런 죄들을 범하지 않는다는 뜻이다(cf. M. Zerwick, *Biblical Greek,* Rome, 1963, §251; S. Greijdanus, *De brieven van de apostelen Petrus en Johannes, en de brief van Judas,* Amsterdam, 1929, p.466f.). 따라서 하나님을 믿는 사람들은 그 생활에 있어서 세상 사람들과 분명히 구별되며 또한 구별되어야 하는 것이다.

II. 요한이서

요한이서와 삼서는 전형적인 편지 형태를 띠고 있다. 발신자와 수신자가 첫머리에 언급되어 있고, 각각 구체적인 문제들을 다루고 있으며, 마지막에는 문안이 나와 있다. 요한이서와 삼서는 헬라어 알파벳으로 각각 1,126 글자와 1,105 글자로, 그 길이에 있어서도 파피루스 한 장을 채울 정도의 분량에 해당한다(R. Schnackenburg, *Die Johannesbriefe,* 6. Aufl., Freiburg, 1979, p.295).

1. 발신자

요한이서와 삼서는 그 발신자를 '장로'(ὁ πρεσβύτερος)라 부르고 있다. 이 '장로'가 누구를 가리키느냐에 대해서는 논란이 있다. 전통적으로는 대개 사도 요한을 가리키는 것으로 보아 왔으나, 근래에는 사도 요한이 아닌 다른 사람으로 보는 학자들도 많다. 예를 들어 여기의 '장로'는 사도 요한이 아닌 '장로 요한'이라고 보는 견해가 있다. 그러나 이런 '장로 요한'이라는 인물의 존재에 대해서는 유세비우스의 『교회사』에 나오는 '파피아스 본문'(III,39,4) 외에는 아무런 증거가 없다(cf. Schnackenburg, 296). 그 당시 아시아에 사도 요한이 아닌 다른 요한이 있었다는 가정은, 알렉산드리아의 디오니시우스(Dionysius of Alexandria)가 말했다는 '소문'과 함께 이 파피아스 본문에 대한 유세비우스와 제롬의 '해석'에 근거하고 있을 따름이다(Eusebius, *Hist. Eccl.* III,39,3-4; Hieronymus, *De vir. ill.* 18). 디오니시우스는 에베소에 '요한'이라는 이름의 무덤이 둘 있다는 소문을 언급하면서(*Hist. Eccl.* VII,25,16), 요한계시록을 쓴 요한은 사도 요한이 아닌 다른 요한이라고 주장하였다(*Hist. Eccl.* VII,25,1-27). 그러나 요한복음과 요한 서신들에 대해서는 디오니시우스도 사도 요한이 썼다고 분명히 말한다(*Hist. Eccl.* VII,25,7). 디오니시우스가 의심한 것은 요한복음이나 요한 서신들의 저자가 아니라 요한계시록의 저자였던 것이다. 그렇다면, 디오니시우스의 언급에 근거해서 요한 서신의 저자를 사도 요한이 아닌 다른 요한으로 보려는 시도는 그만큼 약화되고 만다. 뿐만 아니라 제롬의 주장은, 사도 요한은 나이 많도록 아시아에 살지 않았으며 그의 형 야고보와 함께 일찍이 유대인에 의해 죽임 당했다(cf. 행 12:2)고 주장함으로써, 더욱 그 신빙성이 약화되고 만다(cf. S. Greijdanus, *Bizondere Canoniek,* II, Kampen, 1949, p.348f.).

이에 반해 2세기 중후반의 교부 이레네우스는 사도 요한을 요한이서의 저자로 분명히 말한다. 그는 요한이서 11절을 인용하면서 '주의 제자 요한'이 말했다고 한다. "주의 제자 요한은 (말한다) ... 그들에게 인사하는 자는 그들의 악한 일들에 참여함이라."(*Adv. Haer.* I,16,3). 그는 또한 "예수 그리스도께서 육체로 오심을 부인하는 미혹하는 자들이 세상에 많이 나왔으니 이가 곧 미혹하는 자요 적그리스도이니라"는 요한이서 7절의 말씀을 인용하면서 주의 제자 요한이 말했다고 한다(*Adv. Haer.* III,16,8).

2. 수신자

요한이서의 수신자는 '택하심을 입은 부녀와 그의 자녀'라고 되어 있다(1절). 이들이 누군가에 대해서는 논란이 있다. 문제는 이 표현을 문자적으로 이해할 것인가 아니면 상징적인 표현으로 이해할 것인가 하는 것이다.

우선 이 표현을 문자적으로 이해하여, 요한이서는 어떤 개인 가정에 보낸 편지라고 보는 견해가 있다. 왜냐하면 개인적인 편지에서 상징적인 표현을 사용했다고 보기 어렵기 때문이라고 한다(예를 들면 S. D. F. Salmond). 한편 테오도르 찬(Theodor Zahn) 같은 학자는 여기에 우리말로 '부녀'라고 번역된 '퀴리아'(κυρία)를 고유명사로 보면서, 요한이서는 '퀴리아'(Kyria)라는 이름의 여자와 그의 자녀들에게 보낸 편지라고 한다.

그러나 우리는 여기의 '택하심을 입은 부녀와 그의 자녀'(ἐκλεκτὴ κυρία καὶ τὰ τέκνα αὐτῆς)라는 표현은 예수 그리스도의 교회를 나타내는 상징적 표현이라고 보는 것이 옳다고 생각한다. 우선 우리말 성경에 '부녀'라고 번역된 헬라어 단어 '퀴리아'는 원래 '주님의 것'을 뜻하는 여성형 명사이다. '교회'(에클레시아)는 헬라어 문법상 여성형으로 표현되는데, 여기서도 '퀴리아'라는 여성형으로 되어 있다. 베드로전서 5장 13절에서도 이와 비슷한 표현이 사용되었다. 우리말 성경에는 '함께 택하심을 받은 바벨론에 있는 교회'라고 되어 있지만, 원어를 그대로 직역하면 '바벨론에 있는 함께 택함받은 여자'가 된다. 즉, 바벨론에 있는 교회를 '함께 택함받은 여자'(συνεκλεκτή)라고 여성형으로 표현하고 있는 것이다. 따라서 요한이서에 있는 '택함받은 부녀(주님의 여자)'이라는 표현도 '택함받은 주님의 교회'를 나타내는 것으로 보는 것이 자연스럽다고 생각된다. 그렇다면 여기의 '택함받은 부녀'라는 표현은 어떤 지역에 있는 개교회를 전체적으로 부르는 명칭이요, '그의 자녀'란 표현은 그 교회 구성원 개개인을 부르는 명칭으로 이해할 수 있다(그 외에 요한이서 본문 안에서의 논증에 대해서는 Greijdanus, *Bizondere Canoniek,* II, 350f.를 보라).

3. 기록 계기

사도 요한은 이 편지에서 서로 사랑할 것을 권면하고 있으며(4-6절), 자신의 임박한 방문을 예고하고 있다(12절). 그러나 요한이서를 쓰게 된 주된 동기는 당시의 미혹하는 자를 경계하기 위함이었다. 7절에 보면 "미혹하는 자가 세상에 많이 나왔나니 이는 예수 그리스도께서 육체로 임하심을 부인하는 자라. 이들이 미혹하는 자요 적그리스도니"라고 말하고 있다. 여기의 미혹하는 자는 '예수 그리스도께서 육체로 임하심을 부인하는 자'란 표현을 볼 때 요한일서의 이단과 동일한 것으로 생각된다(cf. 요일 4:2).

그런데 여기에 '육체로 임하심'이란 표현에서 '임하신다, 오신다'(ἐρχόμενον)는 단어가 현재 분사로 되어 있다. 이 분사의 시상이 '현재'인 것에 대해 학자들은 여러 가지로 해석한다. 흐레이다너스는 이것을 예수님의 마지막 날의 재림(再臨)을 가리키는 것으로 이해한다. 곧, 마지막 심판 날에 예수께서 육체로 나타나실 것을 말한 것으로 본다(Greijdanus, *De brieven etc.,* 569). 그러나 여기서 갑자기 예수님의 재림을 말한 것으로 보는 것은 납득하기 어렵다. 왜냐하면 요한일서에서 말하는 이단은 예수님의 성육신에 대해 잘못 가르친 이단이기 때문이다(요일 4:2; 5:6; cf. I. H. Marshall, *The Epistles of John,* Grand Rapids, 1978, p.70 n.6). 그러나 이에 대한 하워드 마샬 자신의 설명 곧 "예수 그리스도께서 육체로 오셨고 아직도 존재하셨다"(Jesus Christ had come *and still existed* 'in flesh')는 것(p.70) 또한 받아들이기 어렵다. 이것은 요한일서 4장 2절의 '완료 시상'에 대한 설명은 될 수 있어도 요한이서 7절의 '현재 시상'에 대한 설명은 될 수 없다.

여기서 우리는 헬라어의 시상(時相)에 대해 약간의 설명을 할 필요를 느낀다. 이것은 조금 복잡할지 모르지만 신약 성경 이해에 대단히 중요할 뿐만 아니라 많은 주석가들이 아직도 분명히 인식하지 못하고 있는 실정이기 때문이다. 헬라어의 '현재 시상'(present aspect)은 영어나 독일어와 같은 서구 언어에서처럼 현재 시점에 일어나는 동작 곧 '현재 시제'를 가리키는 것이 아니라 '지속적인 동작'을 가리킨다는 것은 이제 웬만한 목회자들은 다 알고 있을 것이다. 물론 반복적인 동작, 습관적인 동작도 이 지속적인 동작의 범주에 포함된다. 그러나 현재 시상은 이뿐만 아니라 또한 '그러한 류의 동작 또는 어떤 주어진 목적을 지향하는 동작'(this *kind* of activity or activity tending to a given end)을 가리킬 때에도 사용된다(cf. Zerwick, *Biblical Greek,* §241). 달리 말하자면, 현재 시상은 어떤 동작이 꼭 지속적이냐 단회적이냐를 따지지 아니하고 어떤 부류의 동작을 가리킬 때에도 사용된다는 것이다. 이것은 특히 분사가 관사와 함께 사용될 때에는 더욱 분명해진다. 즉 〈관사 + 현재 분사〉는 꼭 지속적인, 반복적인 동작을 하는 자라고 볼 필요가 없이, 그런 류의 동작을 하는 사람을 가리킨다. 예를 들어 ὁ ἐρχόμενος라는 표현은 현재에 또는 지속적으로, 반복적으로 오는 사람을 가리키는 것이 아니라 그냥 '오는 사람', '오시는 이'를 가리키는 것이다. 그래서 이것은 복음서에서 어떤 특정한 사람(메시야)을 가리키는 하나의 관용적 표현이 되었다(요 1:15, 27; 3:31; 6:14; 11:27). 하나 더 설명하자면, '세례 요한'을 가리키는 명칭으로는 '세례자 요한'(Ἰωάννης ὁ βαπτιστής)과 더불어 '세례 주는 자 요한'(Ἰωάννης ὁ βαπτίζων)이 많이 사용되고 있다. 여기서 〈관사 + 현재 분사〉로 표현된 '세례 주는 자'란 표현은 세례 요한을 가리키는 '일종의 준고유명사'(a sort of quasi-proper name) 역할을 하고 있다(cf. Zerwick, *Biblical Greek,* §371). 그래서 심지어 세례 요한이 죽고 난 후에도 헤롯왕은 '세례 주는 자 요한'이 다시 살아났다고 말하고 있는 것이다(막 6:14). 여기서 '세례 주는'이라는 현재 분사를 '지금도 주고 있는'이라는 의미로 이해하거나 또는 '지속적으로 주고 있는'이라는 의미로 이해해서는 안 되며, 세례 요한을 가리키는 하나의 고착화된 표현으로 이해해야 하는 것이다. 이와 비슷한 맥락에서 현재 시상은 또한 어떤 '일반적인 원리'나 '진리'를 나타낼 때 사용되기도 한다. 이 경우의 현재 시상은 시간과는 관계없고 시간을 초월해서 적용되는 진리를 나타낸다(cf. 롬 7:14).

이러한 이해를 바탕으로 요한이서 7절의 '예수 그리스도께서 육체로 오심을 부인하는 자'란 문장에서 '오심'이 현재 분사로 되어 있는 것은 '현재 오신다'거나 '지속적으로 오신다'는 의미가 아니라, 예수 그리스도께서 '육체로 오심'의 사실(事實) 또는 진리(眞理)를 강조하는 것이다. 곧, 예수 그리스도께서 '어떤 역사적 시점에' 성육신 하셨다는 것보다는 '성육신 사실 자체'에 더 큰 초점을 두고 말하는 것이다. 즉, 이들은 예수 그리스도의 '성육신 사실'을 부인하는 이단들이었던 것이다. 슈나켄부르크가 요한이서 7절의 '육체로 오심'(Kommen im Fleisch)은 '항상 의미 있는 표현'(eine für immer bedeutsame Aussage)이라고 한 것도(*Die Johannesbriefe,* 313 n.2) 필자가 설명한 것과 동일한 내용을 표현한 것이다.

사도 요한은 이처럼 예수 그리스도께서 육체로 오심을 부인하는 이단이 찾아오거든 "그를 집에 들이지도 말고 인사도 말라."고 한다(10절). 왜냐하면 "그에게 인사하는 자는 그 악한 일에 참여하는 자이기" 때문이다(11절). 이것은 오늘날도 마찬가지다. 예수 그리스도를 부인하는 이단들이 찾아와서 같이 이야기를 좀 하자고 할 때 우리의 최선의 대책은 문도 열어 주지 말고 인사도 하지 않는 것이다. 왜냐하면 그들과 함께 이야기하고 논쟁하다 보면, 그들의 교묘한 말에 현혹될 위험성이 크기 때문이다. 그들과 토론해서 이기겠다거나 잘 설득해서 돌이키겠다고 하는 것은 순진하고 어리석은 생각이다. 이단들은 마귀의 직접적인 하수인이 되어서 고의적으로 예수 그리스도를 부인하고 복음을 왜곡하는 자들이기 때문에 그들이 회개하고 돌이킨다는 것은 극히 어려운 일이다. 따라서 사도 요한이 가르쳐 준 대로, 그들을 집에 들이지도 말고 인사도 하지 않는 것이 이들에 대한 최선의 대책이 되는 것이다.

III. 요한삼서

요한이서가 어떤 한 교회에 보낸 편지라면 요한삼서는 어떤 개인에게 보낸 편지이다. 곧, '장로'가 '사랑하는 가이오'에게 보낸 편지이다. 신약 성경에는 여러 명의 가이오가 나타난다. 마게도냐 사람 가이오도 있고(행 19:29), 더베 사람 가이오도 있고(행 20:4), 고린도 사람 가이오도 있다(롬 16:23; cf. 고전 1:14). 요한삼서에 나타나는 가이오는 이들 중의 한 사람인지 아니면 또 다른 가이오인지는 알 수 없다. 지리적으로 보아 요한삼서의 가이오는 소아시아에 있는 어느 교회의 신실한 성도로 생각된다. 그는 진리 안에서 행하는 자(3절), 곧 순회 전도하는 형제들을 영접하고 그들에게 사랑을 실천한 자였다(5-8절). 그래서 사도 요한이 '진리 안에서' 사랑한다고 말한 자였다(1절).

1. 기록 계기

그런데 사도 요한이 그에게 편지를 쓰게 된 직접적인 계기는 '디오드레베'라는 사람 때문이었다. 그는 으뜸 되기를 좋아하여 사도 요한과 그의 사람들을 접대하지 아니하였다(9절). 뿐만 아니라 또한 그들을 망령되이 폄론(貶論)하였으며, 그것도 부족하여 형제들을 접대하고자 하는 자를 금하여 교회에서 내쫓았다(10절). 사도 요한은 디오드레베의 이런 악한 행위를 경계하고 본받지 말도록 권면하기 위해 가이오에게 이 편지를 쓰게 되었다. 한편 '데메드리오'는 착한 사람이라고 증거하고(12절), 또한 자신이 속히 방문할 것을 예고하고 있다(13-14절).

2. 장로와 디오드레베 사이의 갈등

그러면 요한삼서에 나타나는 '장로'와 '디오드레베' 사이의 갈등은 어떤 성격의 것이었을까? 어떤 이유로 그들이 대립하였던 것일까? 이에 대해서는 여러 이론들이 제시되었는데, 간단히 살펴보면 다음과 같다(자세한 설명을 위해서는 조병수, 『신약신학 열두 논문』, 합동신학교 출판부, 1999, pp.191-

220; M. de Jonge, *De brieven van Johannes,* Nijkerk, 1968, pp.264-67; E. Haenchen, "Neuere Literatur zu den Johannesbriefen," *Theol. Rundschau,* N. F. 26 (1960), pp.267-91을 참조하라).

1) 교회정치적 갈등으로 보는 견해

아돌프 폰 하르낙(Adolf von Harnack)은 이 문제에 대해 일종의 교회정치적 해석을 시도하였다("Über den Dritten Johannesbrief," *Texte und Untersuchungen* XV/3b, Leipzig, 1897, pp.1-27). 그는 요한삼서의 '장로'를 파피아스가 말하는 '장로 요한'으로 보면서, 이 장로가 소아시아 지방 전체를 하나의 교회로 묶으려는 시도를 했다는 것이다. 이를 위해 장로는 중앙집권적인(patriarchalische) 강력한 선교조직체를 만들었다고 한다. 그러자 소아시아에 있던 한 개교회가 반발하여 독립적인(monarchische) 감독직을 주장하였는데, 그 첫 번째 감독이 디오드레베라는 것이다.

그러나 그 당시에 중앙집권적인 선교조직체가 존재했다는 어떠한 증거도 없다. 그리고 이 편지의 저자인 '장로'(전통적인 견해로는 사도 요한)가 자신의 세력을 확장할 목적으로 선교 활동을 했다는 것은 사도의 순수성을 훼손하는 것이요 선교를 자신의 이기적인 목적을 위한 수단으로 전락시키는 것이 된다. 뿐만 아니라 디오드레베가 감독이었다는 것도 본문에는 전혀 나타나 있지 않다.

2) 교리적 마찰로 보는 견해

한편, 장로와 디오드레베 사이의 갈등을 정통과 이단 사이의 마찰로 보는 견해들이 있다. 발터 바우어(Walter Bauer)는 1934년에 출판된 그의 학위 논문 중에서 이러한 견해를 피력하였다(*Rechtgläubigkeit und Ketzerei im ältesten Christentum,* 2. Aufl., Tübingen, 1964, pp.97-98). 그는 요한이서와 요한삼서의 저자는 동일하다고 보면서 요한이서의 이단의 대표적 인물이 디오드레베라고 주장하였다. 그리고 요한삼서의 '진리'는 이단 논쟁과 관련된 것이라고 보았다.

그러나 이 견해 또한 많은 문제점을 가지고 있다. 요한삼서는 이단에 대해 말하고 있지 않다. 디오드레베의 잘못된 가르침에 대해서는 한 마디도 없고 오직 그의 잘못된 행동에 대해 말하고 있을 따름이다. 요한삼서에서의 '진리'란 용어는 이단 논쟁과 관련하여 사용된 것이 아니라 나그네를 접대하며 형제를 사랑하는 것을 가리켜 '진리 안에서' 행한다고 말하고 있다. 또는 가이오에 대해서도 '진리 안에서' 사랑한다고 말하고 있다. 따라서 요한삼서의 배경을 요한이서와 같은 것으로 보기는 어려운 것이다.

다른 한편, 에른스트 케제만(Ernst Käsemann)은 대담하게도 디오드레베가 정통이고 장로는 이단이라고 주장하였다("Ketzer und Zeuge: Zum johanneischen Verfasserproblem," *Zeitschrift für Theologie und Kirche* 48 (1951), 292-311). 그는 방어적 입장에 있는 사람은 '장로'이며 그는 영지주의적 견해를 가지고 있었으며 이로 인해 장로직에서 해임되었을 것이라고 주장하였다. 요한삼서의 저자는 사도가 아니며 디오드레베가 속해 있던 교회의 한 장로였다고 주장하였다.

이러한 케제만의 주장을 우리가 받아들일 수 없음은 분명하다(cf. Schnackenburg, *Die Johannesbriefe,* 299f.). 여기의 장로가 해임되었다는 증거는 어디에도 없다. 또한 장로의 견해가 이단적이었다는 주장은 성립될 수 없다. 만약 그랬다면 어떻게 요한삼서가 정경에 포함될 수 있었겠는가? 우리는 요한삼서에서 장로의 견해가 잘못이라는 어떠한 증거도 찾을 수 없다. 또한 요한삼서에는 교리적 차이에 대한 증거도 찾을 수 없다. 그리고 디오드레베가

장로를 출교했다는 말도 본문에는 없다.

3) 공동체내적 마찰로 보는 견해

독일 뮌스터의 옌스 태거(Jens-W. Taeger)는 장로와 디오드레베 사이의 갈등은 교리적 마찰이 아니라 요한 공동체 안의 마찰이라고 보았다("Der konservative Rebell: Zum Widerstand des Diotrephes gegen den Presbyter," *ZNW* 78 (1987), 267-87). 장로는 디오드레베보다 늦게 들어온 신입자였으며, 따라서 약한 위치에 있었다. 그는 사도 요한을 추종하는 사람이었으며, 요한 공동체의 정통성을 유지하기 위해 그의 영향력을 확대하려고 하였다. 그러자 요한 공동체 안의 또다른 추종자인 디오드레베의 저항을 받게 되었다고 주장하였다.

그러나 이러한 견해도 케제만의 견해와 마찬가지로 본문의 상황을 뒤집는 것이다. 장로가 디오드레베보다 늦게 들어온 신입자라는 증거는 본문 어디에도 없다. 그리고 장로는 약한 위치에 있었고 디오드레베가 강한 위치에 있었다는 것도 받아들이기 어렵다. 오히려 장로는 당당한 권위를 가지고 말하고 있다(10절). 뿐만 아니라 여기의 '장로'를 사도 요한이 아닌 요한 공동체 안의 한 추종자로 보는 것은 고대 교회의 일반적 입장과 상치된다. 요한삼서가 정경으로 인정되고 정경에 포함되었다는 사실은 곧 장로의 입장이 옳으며 디오드레베가 잘못되었다는 것을 증거하는 것이다.

4) 선교정책상의 갈등으로 보는 견해

어떤 사람들은 장로와 디오드레베 사이의 갈등을 선교정책상의 갈등으로 보려고 한다. 그 이유로 먼저 장로와 디오드레베 둘 다 강한 성격의 소유자라고 말한다. 요한삼서의 저자는 자신을 '장로'라고 말하고 있으며, 디오드레베는 '으뜸 되기를 좋아하는 자'였다. 이들은 교회의 선교 노선에 대한 의견에 있어서 서로 달랐다. 장로는 이방인 선교를 지향하였으나(7절), 디오드레베는 이방인 선교를 반대하였다. 이로 보건대 디오드레베는 유대인이었을 가능성이 높다고 한다. '디오드레베'라는 이름은 히브리어 이름인 '그달랴'의 헬라식 이름이었을 가능성이 있다고 한다. 으뜸 되기를 좋아하는 디오드레베는 수직적 선교 방식 곧 정착 선교를 주장했을 가능성이 있다고 본다. 그는 유대주의적 신앙에 붙잡혀 있었으며 지역성을 강조했다고 한다.

위 견해는 비록 재미있기는 하나 문제점이 많다. 이 견해는 먼저 장로와 디오드레베를 양비론적(兩非論的)으로 본다. 둘 다 강한 성격의 소유자라고 한다. 그러나 '장로'라는 칭호를 사용한 것이 곧 장로의 성격이 강하다는 것을 나타낸다는 해석은 문제가 있다. 뿐만 아니라 이 견해에 의하면 디오드레베의 잘못이 미화되고 희석되고 있다. 두 사람 사이의 갈등은 단지 선교 정책 또는 선교 노선의 차이에서 비롯된 것에 불과하다. 뿐만 아니라 디오드레베를 유대인으로 보는 것도 하나의 추측에 불과하며 증거가 없다. '디오드레베'란 이름에서 '디오'는 제우스 신을 가리키는데, 이방신의 이름을 자기 이름에 갖다 붙인다는 것은 유대인으로서는 쉽지 않은 것이었다고 봐야 할 것이다. 어쨌든 디오드레베가 유대인이었다거나 정착 선교를 주장했다는 것은 추측에 불과하며 증거가 없다.

5) 올바른 견해

요한삼서의 장로와 디오드레베 사이의 갈등의 핵심은 본문이 말하는 대로 윤리적인 성격의 것으로 보는 것이 옳다고 생각된다. 즉, 디오드레베의 윤리에 문제가 있었다는 것이다. 여기서 '윤리'라 함은 그의 행함 전체를 두고 말하는 것인데 이것은 그의 내면적 상태와도 밀접히 관련되어 있다.

먼저 디오드레베는 '으뜸 되기를 좋아하는'(φιλοπρωτεύων) 자라고 한다(9절). 으뜸 되기를 좋아하는 것은 인간이 빠지기 쉬운 죄악된 욕구이다(cf. 막 10:44). 그는 장로의 지도와 간섭을 싫어하였으며, 자기가 교회에서 으뜸이 되어 주관하기를 좋아했다. 이것이 요한삼서의 문제의 근본이며 핵심이다. 이러한 잘못된 내면적 동기로 말미암아 디오드레베는 형제에 대한 '사랑'을 실천하지 아니하였다. 즉, 그는 사도 요한이 보낸 자들을 접대하지 않았다(9절). 형제 사랑은 제일 중요한 기독교 윤리에 속한다. 초대 교회가 이해한 사랑은 주로 가난한 자를 구제하는 것과 손님을 접대하는 것이었다(갈 2:10; 롬 12:13; 히 13:1-2; 약 2:14-17; 요일 3:17-18 등). 특히 복음을 전하는 나그네를 접대하는 것은 기독교인의 가장 기본적인 의무에 속하는 것이었다. 요한삼서는 이러한 맥락에서 형제를 접대하고 나그네를 영접하는 것이 옳음을 말하며(5-8절), 이렇게 행하는 것을 가리켜 '진리 안에서 행한다'고 말하고 있는 것이다(3절).

따라서 장로와 디오드레베 사이의 차이는 교리의 차이나 선교 노선의 차이가 아니라, 사랑을 실천하느냐 실천하지 않느냐 하는 것 곧 진리 안에서 행하느냐 행하지 않느냐의 차이였던 것이다. 뿐만 아니라 디오드레베는 장로와 그의 동료들을 악한 말로 폄론하였으며, 형제들을 접대치도 아니하고 도리어 접대하려던 자들을 내어 쫓았다(10절). 이것은 디오드레베의 행위가 악하였음을 말해 준다. 그의 교리는 비록 정통이었을지라도 그의 행동, 그의 윤리는 잘못되고 악한 것이었다. 그래서 장로는 이러한 "악한 것을 본받지 말라"고 말한다(11절).

맺는 말

이상에서 우리는 요한 서신이 1세기말의 구체적인 상황 가운데 쓰여진 편지들임을 살펴보았다. 요한 1, 2, 3서는 그 당시 소아시아 지역의 교회들이 처해 있던 구체적인 어려움과 갈등들 가운데서 쓰여진 것이다. 그러므로 이 편지들이 주고 있는 교훈은 그저 책상 앞에서 적은 좋은 말들이 아니다. 형제를 서로 사랑하라는 교훈은 그저 좋은 말이니까 하는 것이 아니라, 진리를 소유하고 있다고 주장하는 이단들이 실제 생활에서는 사랑이 없고 죄 가운데 살아가는 모습을 바라보는 가운데서 준 교훈이다. 따라서 형제를 사랑하는 것은 해도 좋고 하지 않아도 좋은 선택 사항이 아니라 우리 성도들을 이단과 구별 짓는 주요한 특징이요 시금석이었던 것이다.

그러면 오늘날 우리 한국 교회는 형제 사랑에 대해 어떻게 생각하고 있는가? 막연히 좋은 말로 생각하고 가끔 한 번씩 기타 반주에 맞추어 사랑 노래만 부르면 다 된 줄로 생각하고 있지는 않는가? 또는 옆 사람에게 “사랑합니다”라고 말만 하면 의무를 다 한 줄로 생각하고 있지는 않는가? 그러나 사도 요한은 “우리가 말과 혀로 사랑하지 말고 오직 행함과 진실함으로 하자”고 말한다(요일 3:18). 행함과 진실함으로 나타나는 사랑이 우리 가운데 얼마나 있는가 하는 것이 한국 교회의 진짜 문제이다. 교회 안의 많은 갈등과 분열이 사실은 형제를 사랑하지 못하기 때문에 발생하고 있다. 물론 이단이나 이단적 가르침은 우리가 단호히 배격해야 하지만, 그런 것이 아닌 경우에 우리는 형제를 용납하고 사랑할 것이 요구되고 있다. 교회 안에서 ‘으뜸 되기를 좋아하는’ 한두 사람 때문에 고통받는 교회가 얼마나 많은가? 그러므로 우리는 자신의 이기적 욕구를 자제하고 공동체의 유익을 앞세우는 자세가 필요하다. 그리고 형제 사랑은 하면 좋은 ‘선택 사항’이 아니라 반드시 해야만 하는 ‘의무 사항’임을 기억해야만 하겠다. 그러나 이것은 말처럼 쉬운 것이 아니기 때문에 우리는 주님 앞에 나와서 도움을 청할 수밖에 없다. 내 자신의 이기적인 욕구와 부패한 본성을 주님 앞에 내려놓고 십자가에 못 박을 때에야 비로소 우리는 진정한 사랑을 실천할 수 있기 때문이다. (『그말씀』 2001년 7월호, pp.22-35에 "요한 서신의 기록 동기와 배경"이란 제목으로 게재된 원고임)

[14] 요한계시록의 중심 사상

계시록을 읽는 태도

요한계시록은 일반 성도들에겐 신비하고 두려운 책으로 여겨진다. 그래서 이 책을 읽을 때 어떤 사람들은 두려움과 공포에 떨기도 하고 막연한 불안감에 휩싸이기도 한다. 또 어떤 사람들은 미래에 대한 열쇠를 찾기 위해 수수께끼를 풀듯이 연구하기도 한다. 마치 신비한 암호가 이 책에 들어 있는 것처럼, 미래 사건들에 대한 시나리오가 들어 있기나 한 것처럼 이 책을 대하기도 한다.

그러면 우리는 계시록을 어떻게 대하여야 할 것인가? 그저 무서운 책, 알기 어려운 책으로만 생각하고 덮어 버려야 할 것인가? 종교개혁 시대에 칼빈이 요한계시록은 주석하지 않고 남겨 두었듯이 우리도 그냥 덮어두는 것이 경건하고 옳은 태도일까? 아니다. 요한계시록 1장 1절은 '예수 그리스도의 계시'라고 했다. 여기서 '계시'(ἀποκάλυψις)는 '베일을 벗겨서 드러낸 것'이란 뜻이다. 예수 그리스도께서 우리에게 알리려고 나타내 주신 것이다. 이어서 "이는 하나님이 그에게 주사 반드시 속히 될 일을 그 종들에게 보이시려고 그 천사를 그 종 요한에게 보내어 지시하신 것이라."고 한다. 따라서 요한계시록은 우리 성도들에게 '보이시려고' 주신 것이지 '덮으라고' 주신 것은 아니다.

그렇다고 해서 요한계시록을 너무 쉽게 생각하여 함부로 해석해도 좋다는 뜻은 아니다. 사실 계시록에는 신비하고 알기 어려운 것들이 많이 있다. 고도의 상징으로 표현된 환상들, 예언적 언어들, 상징적인 숫자들 등 성경 전체의 조명하에 조심스럽게 풀지 아니하면 자칫 이상한 곳으로 빠져 버릴 수 있는 것들이 많이 있다. 특히 한낱 미래에 대한 호기심을 충족시키기 위해 접근할 때에는 이상한 방향으로 빠져 버릴 위험성이 크다.

따라서 우리는 요한계시록을 우리가 읽고 지키라고 주신 말씀이라고 믿고 접근하되, 그 해석에는 상당한 주의를 기울여야 할 것이다. 시중에 나와 있는 소위 통속적인 책들을 보는 것은 위험하며 차라리 보지 않는 것이 더 낫다. 계시록을 올바르게 이해하기 위해서는 성경 원어에 대한 지식과 성경 전체에 대한 깊이 있고 균형 잡힌 이해가 선행되어야 하며, 그 위에 해석자 개인의 경건한 삶이 뒷받침되어야 한다. 이를 위해서는 자신의 사사로운 해석을 고집하지 말고, 올바른 신학 전통에 서 있는 경건한 개혁주의 신학자들의 주석을 참고하는 것이 필요하다. 본 글에서는 미국 칼빈신학교의 교수를 지냈던 윌리엄 헨드릭슨(William Hendriksen)의 『요한계시록』(서울: 아가페, 1981; 원제: *More than Conquerors*)과 네덜란드 캄펀의 개혁신학대학의 교수를 지냈던 S. 흐레이다너스(Seakle Greijdanus)의 『요한계시록』(*Openbaring,* Amsterdam: H. A. van Bottenburg, 1925), 캄펀의 개혁신학대학에서 박사 학위를 한 H. R. van de Kamp의 『요한계시록』(*Openbaring,* 2e dr., Kampen: Kok, 2002), 그리고 미국의 웨스트민스터 신학교 교수인 G. K. Beale의 『요한계시록』(*The Book of Revelation,* Grand Rapids: Eerdmans, 1999) 등을 많이 참고하였다.

I. 요한계시록의 중심 사상

1. 이제 있는 일과 장차 있을 일

요한계시록은 하나님이 '반드시 속히 될 일들'(ἃ δεῖ γενέσθαι ἐν τάχει)을 그의 종들에게 보이시려고 주신 것이다(1:1). 따라서 계시록은 지나간 일이나 역사를 다루는 것은 아니다. '속히 될 일들'은 앞으로 있을 일들을 말하는데, 여기에는 '이제 있는 일들'(ἃ εἰσίν)과 '장차 있을 일'(ἃ μέλλει γενέσθαι)을 포함한다(1:19). '이제 있는 일들'은 2-3장에 있는 일곱 교회에 대한 말씀이

요, '장차 있을 일들'은 4장 이후에 나오는 말씀을 가리킨다(Greijdanus). 그러나 '장차 있을 일들'이라고 해서 특별히 마지막 종말 때에 있을 일련의 사건들을 가리킨다고 보면 안 된다. '장차 있을 일들'은 말 그대로 사도 요한의 때로부터 이 세상 마지막 날까지, 곧 새 하늘과 새 땅이 이루어질 때까지 있을 일들을 가리킨다고 봐야 한다. 이것은 다르게 말하자면 전(全) 교회 시대의 일들을 기록한 것이라고 봐야 한다. 나아가서 교회 시대의 일들이라고 해도 마치 몇 년도에 무슨 일이 일어나고 또 몇 년도에는 무슨 일이 일어나고 하는 식의 연대기적 사건들을 기록한 것이라고 생각하면 안 된다. 성경은 그런 미래에 대한 인간의 호기심을 충족시키기 위해 주어진 책이 아니다. 하나님은 "사람으로 그 장래 일을 능히 헤아려 알지 못하게 하셨느니라."고 하였다(전 7:15). "일을 숨기는 것은 하나님의 영화이다."(잠 25:2)

물론 하나님은 성령을 통하여 우리에게 '장래 일'을 알려주셨다(요 16:13). 사도 바울은 벨릭스에게 '의와 절제와 장차 오는 심판'을 강론하였다. 그러나 이러한 것들은 미래 사건들에 대한 자세한 연대기적 시나리오를 말하는 것이 아니라 세상의 종말에 있을 예수 그리스도의 재림과 부활과 심판을 말한다. 그리고 이것은 미래에 대한 인간의 호기심을 충족시키기 위한 것이 아니라 현재 이 세상을 살아가고 있는 사람들이 하나님 앞에서 어떻게 살아야 할 것인가를 가르쳐 주는 데 그 목적이 있다.

2. 교회와 세상의 싸움

따라서 계시록의 주제는 미래의 사건들에 대한 비밀을 찾도록 하는 것이 아니라, 이 세상에 있는 교회가 어떠한 영적 싸움을 싸우는가를 보여 주는 것이다. 교회는 이 세상에서 많은 환난과 핍박을 당한다. 이단들의 온갖 미혹과 세상의 유혹, 그리고 박해자들의 탄압과 박해를 받으며, 또한 사회 활동과 경제

활동에도 많은 어려움을 당하며 경우에 따라서는 많은 순교자를 내기도 한다.

이러한 세상의 배후에는 용 곧 사탄이 있다. 사탄은 세상의 권력들과 거짓 선지자들을 통해 교회를 핍박하고 미혹한다. 사탄은 자기가 할 수 있는 모든 수단을 다 동원해서 복음을 전하지 못하게 하며 하나님의 교회를 핍박한다. 그래서 교회는 마치 죽임을 당하여 그 존재가 끊어지는 듯이 보이기도 한다. 즉, 사탄이 승리한 것처럼 보인다. "무저갱으로부터 올라오는 짐승이 저희로 더불어 전쟁을 일으켜 저희를 이기고 저희를 죽일 터인즉 저희 시체가 큰 성 길에 있으리니 그 성은 영적으로 하면 소돔이라고도 하고 애굽이라고도 하니 곧 저희 주께서 십자가에 못 박히신 곳이니라."(11:7-8) 그래서 이 세상은 기뻐하여 서로 예물을 보내며 즐거워한다(11:10).

그러나 이러한 기쁨은 시기상조이다. 왜냐하면 마지막에 하나님께서 개입하셔서 사태를 역전시키시기 때문이다. "삼일 반 후에 하나님께로부터 생기가 저희 속에 들어가매 저희가 발로 일어서니 구경하는 자들이 크게 두려워하더라. 하늘로부터 큰 음성이 있어 이리로 올라오라 함을 저희가 듣고 구름을 타고 하늘로 올라가니 저희 원수들도 구경하더라."(11:11-12) 그래서 세상과의 싸움에서 결국 교회가 승리한다. 왜냐하면 교회의 배후에는 그리스도께서 계시고, 그리스도께서 사탄을 이기셨기 때문이다. 그래서 이 세상은 궁극적으로 하나님과 그의 기름 부으신 자의 나라가 되어 그가 세세토록 왕노릇하실 것이다(11:15).

3. 그리스도와 교회의 승리

따라서 요한계시록에는 그리스도께서 승리자가 되심을 반복적으로 말하고 있다. 그는 처음이요 나중이며 죽었다가 살아나신 이이며, 세세토록 살아 있어 사망과 음부의 열쇠를 가지고 계신다(1:18-19). 또한 "유대 지파 다윗의 뿌리가 이기었다."고 한다(5:5). 그리고 "흰 말이 있는데 그 탄 자가 활을 가졌고 면류관을 받고 나가서 이기고 또 이기려고 하더라."고 한다(6:2). 그리스도는 사망과 음부의 권세를 이기시고, 또한 용과 짐승과 그에게 경배하는 무리들을 이기신다(12:10; 19:16; 20:2, 10, 14; 22:3 등).

그러면 승리한 듯이 보이는 용(12:3), 짐승(13:1), 거짓 선지자(13:11), 그리고 큰 음녀(17:1) 곧 바벨론(14:8)은 어떻게 되는가? 그들은 결국 멸망한다. 용 곧 온 천하를 꾀던 마귀는 결국 불과 유황 못에 던지우며, 그를 따르던 짐승과 거짓 선지자도 영원한 불못에 던지운다(20:10). 사치와 권세를 자랑하며 음행으로 만국을 미혹하던 큰 성 바벨론도 일순간에 무너진다(18:2, 3, 19). "무너졌도다 무너졌도다 큰 성 바벨론이여, 귀신의 처소와 각종 더러운 영의 모이는 곳과 각종 더럽고 가증한 새의 모이는 곳이 되었도다."(18:2) '음녀' 또는 '바벨론'으로 비유된 세상은 무엇보다도 '크다'는 것을 자랑하고 뽐낸다. 거대주의, 물량주의를 내세우며 부귀와 사치를 누리던 세상, 그리고 온갖 더러운 것들이 다 모여서 하나를 이룬 혼합주의, 통합주의의 세상, 그래서 그 앞에 무릎을 꿇지 아니하는 성도들을 탄압하고 핍박하던 '큰 성 바벨론'은 결국 한 순간에 무너지고 만다. 그러자 하늘과 땅의 성도들은 기뻐하며 즐거워한다. "하늘과 성도들과 사도들과 선지자들아, 그를 인하여 즐거워하라. 하나님이 너희를 신원(伸寃)하시는 심판을 그에게 하셨음이라."(18:20)

그래서 요한계시록의 주제는 다음 말에 잘 나타나 있다. "저희가 어린 양으로 더불어 싸우려니와 어린양은 만주의 주시요 만왕의 왕이시므로 저희를 이기실 터이요 또 그와 함께 있는 자들 곧 부르심을 입고 빼내심을 얻고 진실한 자들은 이기리로다."(17:14)

4. 믿음과 인내

이러한 승리의 확신을 가진 교회는 어떻게 살아야 할 것인가? 무엇보다도 이 세상의 죄에 참여하지 말아야 한다. "내 백성아, 거기서 나와 그의 죄에 참여하지 말고 그의 받을 재앙들을 받지 말라."(18:4) 여기서 "거기서 나오라"는 말씀은 이 세상의 삶을 포기하라는 말이 아니다. 이것은 이 세상의 죄에 참여하지 말고 그 죄에서 나오라는 의미이다(요 17:15 참조). 이 세상은 비록 권세가 크고 부요하고 유혹하는 것이 많다고 할지라도 성도들은 거기에 같이 참여하면 안 된다는 말이다. 그 좋아 보이는 것들은 유혹이요 미혹이며 실상은 온갖 더러운 것들과 부정한 것들로 가득 차 있으며 그 배후에는 사단의 조종을 받는 더러운 영들이 역사하고 있다. 그러므로 그러한 세상의 죄에 빠져 살다가는 하나님의 무서운 재앙을 받아 일순간에 멸망케 될 것이니 하나님의 백성들은 그러한 세상에서 나와서 거룩하게 살아야 한다는 것이다.

그러므로 그리스도의 피로 구속함을 받은 성도들은 무엇보다도 이 세상의 죄로 자신을 더럽히지 않고 주님을 믿는 정절을 지켜야 한다. "이 사람들은 여자로 더불어 더럽히지 아니하고 정절이 있는 자라. 어린양이 어디로 인도하든지 따라가는 자며 사람 가운데서 구속(救贖)을 받아 처음 익은 열매로 하나님과 어린양께 속한 자들이니 그 입에 거짓말이 없고 흠이 없는 자들이더라."(14:4-5) 여기서 이들이란 곧 땅에서 구속함을 받은 '14만 4천' 성도들을 말한다. 따라서 '14만 4천'(14:1, 3; 7:4)은 문자 그대로 14만 4천 명만을 뜻하거나 유대인들 가운데서 구속받은 자들만을 가리키는 것이 아니다. 이들은 이 세상에서 어린양의 피로 구속받은 자들로서 하나님과 어린양에게 속한 자들이다. 곧, 이 세상에서 구속받은 모든 성도들을 가리킨다. 따라서 계시록을 유대주의적 관점에서 유대인들을 위한 특별한 책으로 보는 것은 잘못이다(이에 대해서는 R. van de Kamp, *Israël in Openbaring* (Kampen: J. H. Kok, 1990)을 참조하라).

이 세상에서 죄와 타협하지 아니하고 정절을 지키는 것은 대단히 힘들고 어려운 일이다. 그렇지만 예수님은 끝까지 주님의 이름을 배반하지 말고 충성할 것을 요구하신다. 서머나 교회에 보낸 편지에서 예수님은 "죽도록 충성하라. 그리하면 생명의 면류관을 얻으리라."고 하셨다(2:10). 여기서 "죽도록 충성하라"(γίνου πιστὸς ἄχρι θανάτου)란 말은 오늘날 한국 교회 성도들이 일반적으로 이해하고 있는 것처럼 "열심히 봉사하라. 있는 힘을 다해 재물을 바치고 몸이 피곤하고 병들 때까지 주님의 교회를 섬기라."는 뜻이 아니다. 이 말씀은 "비록 죽음이 온다고 할지라도 주님께 대한 믿음을 저버리지 말라."는 뜻이다. 곧, 옛날에 신하가 임금을 섬길 때 어떤 일이 있어도 그 임금께 대한 절개를 변치 않고 끝까지 충성하는 것을 뜻한다. 우리 성도들은 하나님의 백성들로서 끝까지, 죽음에 이르기까지 하나님 한 분께만 충성해야 한다. 곧, 어떠한 환난이 닥쳐와도 믿음의 정절을 지켜야 함을 말하는 것이다.

그러므로 계시록에서는 '계명을 지킬 것'과 '인내'가 강조되고 있다. 빌라델비아 교회는 "적은 능력을 가지고도 주님의 말씀을 지킨" 연고로 칭찬을 받았다(3:8). 그들은 주님의 '인내의 말씀'을 지켰다. 주님의 말씀은 인내가 있어야만 지킬 수 있는 말씀이며 인내가 있어야만 결실할 수 있는 말씀이기에 '인내의 말씀'이라고 불린다. 인내가 없이는 세상의 권세와 핍박과 위협을 이겨낼 수 없다. 그러나 끝까지 인내하고 견디면 마침내 하나님의 심판으로 말미암아 세상과 마귀의 권세는 끝이 나고 하나님과 그리스도의 나라가 이루어진다. "성도들의 인내가 여기 있나니 저희는 하나님의 계명들과 예수 믿음을 지키는 자들이니라."(14:12; 13:10)

II. 계시록의 각 단락별 내용

요한계시록은 우선 크게 네 부분으로 구분할 수 있다. 첫째 부분은 '요한에게 나타나신 주님'을 다루고 있으며(제 1장), 둘째 부분은 '아시아 일곱 교회에 주시는 주님의 말씀'을 말하고 있으며(2-3장), 셋째 부분은 인류와 세상 역사에 대한 하나님의 작정이 실현되는 것이 보여지고 있다(4:1-22:5). 그리고 마지막으로 결론 부분에서는 이 계시의 확실성과 신적 성격이 말해지고 있다(22:6-21). 이 아래의 글은 흐레이다너스의 계시록 주석을 많이 참조하였다.

1. 요한에게 나타나신 주님(1장)

첫째 부분에서 요한은 서두(1-3절)와 축복(4-6절) 후에 주님의 재림에 대해 말한다(7절). 이것은 계시록의 중심 사상이며 주제이다. 그리고 나서 그는 하나님이 누구신지에 대해 말한다(8절).

그리고 나서 요한은 그는 하나님의 말씀을 인하여 밧모 섬에 있게 되었음을 말한다(9절). 거기서 그는 주의 날에 성령에 감동하여 나팔 소리 같은 큰 소리가 나는 것을 들었는데 말하기를, 그가 보는 것을 아시아에 있는 일곱 교회에 편지하라고 하였다(10-11절). 그러자 요한이 그 음성을 알아보려고 몸을 돌이킬 때에 '일곱 금 촛대'를 보았으며, 그 촛대 사이에 '인자 같은 이'가 서 있는 것을 보았다(12-16절). 요한이 그 '인자 같은 이'의 모습을 보고서 그 발 앞에 엎드러져 죽은 자 같이 되었을 때에 그가 요한을 위로하며 "두려워 말라. 나는 처음이요 나중이니 곧 산 자라."고 하셨다(17-18절). 그리고는 요한에게 "네 본 것과 이제 있는 일과 장차 될 일을 기록하라."고 하셨다(19절).

2. 아시아 일곱 교회에 보낸 편지(2-3장)

계시록의 두 번째 부분은 아시아의 일곱 교회의 사자에게 보낸 편지를 담고 있다. 곧, 에베소 교회(2:1-7), 서머나 교회(2:8-11), 버가모 교회(2:12-17), 두아디라 교회(2:18-29), 사데 교회(3:1-6), 빌라델비아 교회(3:7-13), 라오디게아 교회(3:14-22)의 사자에게 보낸 주님의 편지이다. 이 일곱 교회는 그 당시 '아시아' 지역에 실제로 존재했던 교회들이다. 밧모 섬으로 귀양 가기 전에 요한은 아시아의 에베소에서 목회했었는데(Irenaeus), 그 주위의 교회들도 같이 돌아보고 있었다. 그래서 그가 밧모 섬에 있을 때에 주님께서는 요한과 직 간접으로 관계된 교회들에게 편지를 써서 보내게 하셨던 것이다.

따라서 소아시아의 일곱 교회에게 보낸 편지는 그 당시 실제로 존재했던 교회들에 주신 말씀으로 받아들여야 한다. 이것을 역사상 나타나는 일곱 시대에 관한 예언의 말씀으로 보거나 또는 교회 역사상 존재하는 일곱 유형의 교회에 주시는 말씀으로 보는 것은 근거가 없다. 왜냐하면 일곱 교회의 상황에 대한 묘사와 그들의 죄에 대한 책망 등은 그 당시의 지리적, 역사적 상황에 비춰 볼 때 매우 현실적이고 구체적이기 때문이다. 또한 그 당시 이단들의 미혹의 내용들도 그 당시에 만연했던 이단들의 것과 상통한다(구체적인 것은 R. H. Mounce, *The Book of Revelation,* rev. ed. (Grand Rapids: Eerdmans, 1998), 64-115를 참조하라). 따라서 계시록 2-3장에 나타나는 말씀을 그 당시 역사상 실재했던 교회에 주시는 말씀으로 보지 않을 이유가 없다.

그러나 그 당시 교회에 주어진 말씀은 물론 또한 그 후에 오는 모든 교회 성도들이 읽어서 유익되며 교훈이 되는 말씀이다. 이것은 계시록 2-3장에 나오는 말씀만 그런 것이 아니라, 성경의 모든 부분의 말씀은 비록 일차적으로는 그 당시 사람들을 위해 쓰여진 말씀이라 할지라도 또한 오늘날 우리를 위한 하나님의 말씀으로 읽어야 한다(롬 15:4 참조). 따라서 계시록 2-3장의 말씀은 그 당시 소아시아 일곱 교회에만 해당되는 말씀이 아니라 모든 시대의 교회가 읽고서 교훈을 받아야 하는 하나님의 말씀이다. 예나 지금이나 주님의 교회는 세상의 유혹과 위협을 받고 있으며 때때로 큰 시험과 환난을 받기도 한다. 그러므로 이러한 상황에 처한 교회들에게 주시는 위로와 격려의 말씀 그리고 책망과 권면의 말씀들은 오늘날에도 여전히 유효한 말씀이 된다(헨드릭슨, 『요한계시록』, 9-11 참조).

3. 교회와 세상의 싸움(4:1-22:5)

1) 하늘 보좌와 봉인된 책(4-5장)

계시록의 세 번째 부분은 '하늘의 보좌에 대한 환상'에서 시작한다(4장). 다시금 주님의 음성이 들려 와서 요한에게 "이 후에 마땅히 될 일을 내가 네게 보이리라."고 하였다(1절). 따라서 여기서 중요한 것은 요한계시록은 하나님께서 그에게 '보여 준 환상'(vision)이라는 사실이다. 그 환상은 '실제 사실'과 일치할 수도 있지만 일치하지 않을 수도 있다. 왜냐하면 사도 요한은 미래에 있을 '실제 사실' 자체를 보았다기보다도 인간의 역사에 대해 하나님께서 어떻게 운영하시고 섭리하시는가를 가르쳐 주시기 위해 보여 주신 '환상'을 보았기 때문이다. 예를 들어 6장에 나오는바 '흰 말', '붉은 말', '검은 말', '청황색 말'의 환상도 꼭 그런 말(馬)들이 역사상 그대로 나타난다는 뜻이 아니라, 그런 말들을 통해 우리에게 어떤 영적 진리를 가르쳐 주시려 한 것이다. 따라서 우리는 계시록을 읽을 때 그러한 '환상들'을 통해 무엇을 가르쳐 주시려고 하는가를 생각해야 하며, 그 '환상들'이 역사상 문자 그대로 일어날 실제 사실인 것처럼 생각하는 것은 잘못이다. 이것은 계시록에서 단지 어떤 단어들을 상징적으로 해석해야 한다는 차원을 넘어서는 것이다. 이것은 근본적으로 계시록의 상당한 부분이 사도 요한이 성령에 감동되어 본 '환상'이라는 사실, 곧 주님께서 그 종 요한에게 속히 될 일을 환상의 형태로 '보여 주신 것'이라는 사실을 지적하는 것이다. 물론 이렇게 보여 주신 환상들 가운데는 변할 수 없는 사실들도 그대로 포함되어 있을 것이다. 예를 들면, 하나님 자신의 존재와 그리스도의 위엄과 통치, 천국과 불못의 존재 등에서는 '사실 자체'를 보여 주셨거나 또는 사실 자체와 일치하는 것들도 있을 것이다. 그러나 어떠한 경우이든 요한이 성령에 감동하여 본 것은 근본적으로 하나님이 보여 주신 '환상'에 속한다는 사실을 부정할 수 없다.

다시 4장으로 돌아와서 요한이 여기서 본 것은 하늘의 보좌와 그 위에 앉으신 이(2-3절), 그리고 보좌 주위에 둘러 있는 24 보좌들과 그 위의 장로들이었다(4절). 또한 보좌 가운데와 보좌 주위에 있는 네 생물도 보았는데, 그 앞뒤에는 눈이 가득하였으며 여섯 날개를 가지고 있었다(6절). 이 네 생물과 24 장로들이 하나님을 찬송하며 영광과 존귀와 감사를 하나님께 돌렸다(8-11절).

5장에서는 인류와 세상 역사에 대한 하나님의 작정을 담은 책을 보여 준다(1절). 이 책은 인봉되어 있었는데, 아무도 열 사람이 없기로 요한이 울었더니 장로 중의 하나가 다가와서 말하였다. "울지 말라. 유대 지파의 사자 다윗의 뿌리가 이기었으니 이 책과 그 일곱 인을 떼시리라."고 하였다(2-5절). 이에 어린양이 나아 와서 그 책을 취하매 네 생물과 24 장로들이 어린양을 찬양하였다(6-10절). 그러자 또한 천군 천사들의 합창(11-12절)과 온 피조물의 찬송이 들려 왔다(13절).

2) 일곱 인 재앙(6-7장)

6장에서는 어린양이 일곱 인 중의 하나를 떼실 때의 일을 요한이 본 것이 기록되어 있다(1절). 곧 '흰 말'과 '붉은 말'과 '검은 말'과 '청황색 말'을 통해 상징적으로 표현된 이 환상은 '세상을 달리는 복음의 승리'를 나타내 주고 있다.

7장에서는 먼저 '인 맞은 자 14만 4천'에 대해 말한다(1-7절). 여기서 우리는 이 숫자를 문자적으로 이해하면 안 된다. 왜냐하면 14장에서 이들은 "땅에서 구속함을 받아 처음 익은 열매로 하나님과 어린양에게 속한 자들'이라고 말하고 있기 때문이다(3-5절). 뿐만 아니라 각 지파의 인 맞은 수를 말하고 있는 부분(7:5-7)에 보면 단 지파가 빠져 있다. 그리고 여기서 말하고 있는 유대 지파들의 순서도 구약에서 일반적으로 말하는 순서와 다르다. 뿐만 아니라 매 지파에서 인 맞은 자의 수가 똑같이 '1만 2천'이라는 것도 이 수가 상징적임을 시사한다. 곧 '1만 2천'은 12 x 1,000이니 이것은 온전한 수(12)에다 많다는 개념(1,000)이 들어 있는 수이다. 따라서 1만 2천 x 12인 14만 4천은 하나님의 택함 받은 백성들의 충만한 수를 가리킨다. 이들은 '영적 이스라엘', '참 이스라엘'을 말하며, 주 예수 그리스도에 의해 구속받은 하나님의 백성들을 말한다(cf. 계 14:3).

이어서 요한은 '각 나라와 족속과 백성과 방언에서 아무라도 능히 셀 수 없는 큰 무리'가 흰 옷을 입고 하나님의 보좌 앞에서 찬양하는 모습을 보았다(7:9-17). 이들 큰 무리는 유대인들을 제외한 이방인들 중에서 구속함을 받은 성도들을 가리키는 것이 아니라 유대인들을 포함하여 이 세상 모든 나라들 가운데서 구속함을 받은 하나님의 백성을 가리킨다. 따라서 '14만 4천'과 '셀 수 없는 큰 무리'는 서로 다른 두 집단을 가리키는 것이 아니다. 곧, 먼저 것은 유대인들 중에서 구속함을 받은 자들이고 나중 것은 이방인들 중에서 구속함을 받은 성도들을 가리키는 것이 아니라, 동일하게 예수 그리스도의 피로 구속함을 받은 하나님의 백성을 가리킨다. 그런데 흐레이다너스는 이 두 집단이 근본적으로 같은 성격이라고 하면서도 나중 것이 먼저 것보다 더 넓은 집단이라고 한다. 곧, 먼저 본 '14만 4천'은 하나님을 위해 특별히 수고하거나 고난 받은 자들로서 특별한 은혜를 입은 성도들로서, 나중에 본 '셀 수 없는 큰 무리'

는 이 '14만 4천'을 포함하고 있다고 한다(*Openbaring*, 170, 286). 그러나 이런 해석은 곤란하다. 14장 3절에서 '14만 4천'은 분명히 '땅에서 구속함을 얻은 자들'이라고 말하고 있다(이 둘은 문법적으로 동격임). 그리고 이어서 나오는 4-5절의 내용이 모든 (참된) 그리스도인들에게 다 해당되는 말씀이지 특별한 부류의 그리스도인들을 가리키는 것이 아니다. 따라서 '14만 14천'은 '모든 시대의 하나님의 종들(성도들)의 총수'(Van de Kamp) 곧 '하나님의 백성의 총수'(Beale)로 보아야 한다.

3) 일곱 나팔 재앙(8–10장)

8-10장에서는 '복음을 배척하는 세상에 임할 심판'을 일곱 나팔의 재앙을 통해 상징적으로 보여 주고 있다. 첫째, 둘째, 셋째 나팔의 재앙은 '자연에 임하는 그리고 자연을 통한 재앙'이다(8:7-12). 네 번째 나팔의 재앙은 이보다 더 심한 재앙이다(8:13). 그 다음 다섯 번째 나팔의 재앙은 영적이고 사탄적인 핍박과 환난을 말한다(9:1-11). 여섯째 나팔의 재앙은 두렵고 무서운 전쟁을 말한다(9:12-21). 10장에서는 요한이 힘센 천사가 하늘에서 내려오는 것을 보았는데, 그의 손에는 작은 책이 펴 놓여 있었다(1-2절). 요한이 이 작은 책을 받아서 먹으니 입에는 꿀같이 다나 배에는 쓰게 되었다(9-10절). 이것은 복음이 세상에서 어떻게 역사하는가를 상징적으로 보여 주는 것이다. 복음은 구원을 주는 것으로서 달다. 그러나 세상은 그것으로 인하여 소동하게 되고 대항하게 된다. 그러나 요한은 이 복음을 계속 전파하여야 한다(11절).

4) 복음 증거와 세상의 저항(11–14장)

11장에서는 교회가 이 복음을 어떻게 세상에 전파하는가를 보여 준다. 이들

증인들은 세상으로부터 엄청난 저항을 받아 결국 죽임을 당한다(1-10절). 그러나 심판 날이 이를 때에 하나님께서 이들을 다시 살리시며 하늘로 올라오게 하신다(11-12절). 그러자 세상에는 큰 심판이 임한다(13절). 그리고 일곱째 천사가 나팔을 불 때 하늘에서 하나님을 찬양하는 큰 소리가 들린다(15-18절).

12장에서는 앞장에서 말한 전쟁의 깊은 배후 곧 영적 배경을 드러내고 있다. 그것은 사탄과 그의 사자들이 주 예수 그리스도와 그의 교회들과 더불어 싸우는 싸움이다. 주님은 태어나실 때부터 용 곧 사탄의 박해를 받으며 위협을 당한다(1-4절). 그러나 예수님은 이러한 사탄의 박해를 이기시고 하늘로 올라가신다(5절). 그러나 그의 교회는 광야로 쫓겨나 어려움을 당한다(6절). 이어서 사탄과 교회와의 싸움이 좀 더 깊은 차원에서 보여진다(7-12절). 곧, 하늘에서 전쟁이 있었음을 보여 주고 있다. 천사장 미가엘과 그의 사자들이 용(마귀)과 그의 사자들과 싸웠는데, 용이 이기지 못하여 땅으로 내어 쫓겼다(7-12절). 그래서 하늘과 그 가운데 거하는 자들은 즐거워하지만 땅과 바다에 거하는 자들은 환난을 당하게 된다. 왜냐하면 마귀가 자기 때가 얼마 남지 않은 줄을 알고 크게 분을 내기 때문이다(12절).

13장에서는 사탄의 도구들로서 '두 짐승'이 나타난다. 하나는 바다에서 나오는데, 그것은 인류를 지배하는 세상 나라들(정부 권력들)이다(1-10절). 다른 하나는 땅에서 나오는데, 그것은 거짓 예언 또는 거짓 종교, 거짓 학문과 그 수종자들을 상징한다. 이 둘째 짐승은 정부 권력과 적그리스도와 연합하여 그리스도와 그의 교회에 대항하여 싸운다(11-18절).

14장에서는 어린양과 그에게 충성하는 자들이 승리함을 보여 주고 있다. 먼저 7장에 나온 14만 4천이 다시금 어린양과 함께 시온 산에 서 있다(1-5절). 7장에 예언된 것이 14장에서는 실현된 것으로 나타난다. 사탄의 분노가 그것을 저지하지 못했다. 사탄이 온 세상의 권력과 교묘한 술수를 동원했지만 결국 주님의 교회를 이기지 못했던 것이다. 그때에 다른 천사가 큰 소리로 "하나님을 두려워하며 그에게 영광을 돌리라."고 외친다(6-7절). 그리고 또 다른 천사가 경고의 말을 계속 발한다(8-13절). 결국 마지막에는 주님께서 오셔서 두 종류의 추수를 하신다. 하나는 의인들 곧 믿는 자들의 추수이며(14-16절), 다른 하나는 불의한 자들 곧 믿지 않는 자들의 추수이다(17-20절).

5) 일곱 대접 재앙(15-16장)

15장과 16장에서는 '일곱 대접의 재앙'을 보여 주고 있다. 흐레이다너스에 의하면, 이것들은 종말 직전에 임할 재앙들 곧 종말로 인도하는 재앙들을 좀 더 자세히 묘사하는 것이라고 한다(p.xxxii). 그러나 우리는 이것을 꼭 종말 직전에 있을 사건들로 제한할 필요는 없다고 생각된다. 오히려 헨드릭슨이 말하고 있는 바와 같이 전 세대를 망라하는 것으로 보는 것이 더 좋을 듯하다(『요한계시록』, 192-94). 15장은 환난을 이기고 벗어난 자들의 찬송과(2-4절), 마지막 재앙에 대한 준비를 보여 준다(5-8절). 16장은 그 재앙이 일곱 대접의 재앙으로 묘사되어 있다.

6) 바벨론에 대한 심판(17-19장)

17장과 18장은 다시금 하나의 전체를 이루고 있다. 17장에서는 '큰 음녀' 바벨론에 대해 말하고 있고, 18장에서는 그에게 임할 심판을 말하고 있다. 그 '음녀'는 역사상 여러 다른 형태로 나타나는 세상 권력을 뜻한다. 특히 로마 황제가 다스리는 로마 제국과 또한 그 세속 도시 로마를 가리킨다. 나아가서 하나님을 떠나 우상을 숭배하고 죄악에 물든 이 세상 전체를 가리킨다(요일 2:15-17). 여기서 우리는 세상과 그리고 하나님을 경외하지 않고 섬기지 않는 모든 자들의 비극적 운명이 어떻게 될 것인가를 보게 된다.

19장은 이러한 바벨론과 불경건한 세상의 멸망에 대해 천사들과 네 생물과 장로들과 구속받은 성도들의 '할렐루야' 찬송이 기록되어 있다(1-8절). 그때에 요한이 자기에게 말하는 천사에게 경배하려고 할 때, 천사가 그를 만류하여 이르기를 "그리하지 말고 오직 하나님께 경배하라."고 하였다(9-10절). 그리고 나서 '만왕의 왕'이요 '만주의 주'이신 그리스도의 다스리심과 싸우심이 기록되어 있다(11-16절). 그 결과 적그리스도와 거짓 선지자가 불못에 던지움을 당한다(17-21절).

7) 교회의 승리와 최후 심판(20:1-22:5)

20장에서는 다시금 교회와 세상과의 관계를 묘사하고 있다(Greijdanus). 사탄은 결박되고 천년 동안 무저갱에 던지어 만국을 미혹하지 못하도록 갇히게 된다(1-3절). 하나님의 말씀을 인하여 죽은 자들은 살아서(첫째 부활) 그리스도와 함께 천년 동안 왕노릇한다(4절). 그러나 그 나머지 죽은 자들은 그 천년이 차기까지 살지 못한다(5절).

여기의 '천년'에 대해 여러 가지 해석이 있음은 잘 알려져 있다. 이 '천년'이란 숫자가 상징적인 것임은 분명하지만 어느 기간을 가리키는지에 대해서는 의견이 분분하다. 흐레이다너스는 이 '천년'이 '기독교가 인류 사회를 주도하는 시대'로 본다(p.xxxiii). 즉, 로마 제국에서 이방 종교가 물러나고 기독교가 지배하게 된 때가 곧 사탄이 결박된 때라고 본다. 곧 4세기의 콘스탄틴 황제 이래로 기독교가 인류 사회를 주도하게 되었으며, 기독교인이 모든 영역에서 주도하게 되었다고 본다(p.403). 그러나 이러한 해석은 서양 중심적이라는 생각이 들며 한쪽으로 치우친 해석이라는 생각이 든다. 오히려 윌리엄 헨드릭슨의 견해와 같이 그리스도의 초림부터 재림까지의 복음 시대를 가리킨다고 보는 것이 옳다고 생각된다. 또는 약간 수정하여 그리스도의 초림부터 재림 직전까지의 기간으로 볼 수도 있다. 예수님의 오심으로 사탄은 결박되었으며(마 12:29), 하늘에서 떨어졌다(눅 10:18). 하나님의 아들이 나타난 것은 마귀의 일을 멸하려 곧 무력하게 하려 함이다(요일 3:8). 따라서 그리스도인들은 이제 더 이상 죄에게 종노릇하지 않으며(롬 6:6), 죄가 우리를 주관하지(곧 왕노릇하지) 못한다(롬 6:14). 그리스도는 세상을 이기셨으며(요 16:33), 우리는 그를 믿음으로 또한 세상을 이겼다(요일 4:4; 5:4). 그리스도는 모든 원수를 그의 발아래 둘 때까지 불가불 왕노릇하셔야만 한다(고전 15:25). 하늘의 천군 천사들도 "할렐루야! 주 우리 하나님 곧 전능하신 이가 통치하셨도다(ἐβασίλευσεν)."라고 노래하였다(계 19:6; 11:17 참조).

다시 돌아와서 그 천년이 차매 사탄이 다시 놓임을 받고 땅의 온 백성들을 모아 기독교회를 대적하고 공격한다(20:7-8). 그러나 이때 하늘에서 불이 내려와서 저희를 소멸하고 저희를 미혹하는 마귀는 영원한 불못에 던지운다(9-10절). 그리고 나서 모든 죽은 자들이 부활하고 최후 심판이 행해진다(11-15절).

21장에서 요한은 '새 하늘과 새 땅'을 보았다(1절). '거룩한 성 새 예루살렘'이 하나님께로부터 하늘에서 내려오는 것을 또한 보았다(2절). 이 '새 예루살렘'은 현재 있는 육적 예루살렘을 뜻하는 것이 아니라 그 단어 앞에 붙어 있는 '거룩한 성'이 시사하는 바와 같이, 예수 그리스도의 피로써 깨끗케 함을 받은 구속함을 받은 성도들 곧 교회를 가리킨다. 하나님께서 이들과 함께 거하시니 이들은 하나님의 돌보시는 백성이 되어 영원한 복락을 누린다(3-7절). 그러나 믿지 않는 자들과 악한 자들은 불못에 던지움을 당한다(8절). 그 후에 요한은 거룩한 성 예루살렘을 보았는데, 그것은 지극히 아름답고 큰 성이었다. 그것은 아름다운 보석들로 꾸며진 완벽하고도 영광스러운 성이다. 이것들은 다 상징으로서 천국이 그만큼 아름답고 영화로운 곳임을 가르쳐 주는 것이다. 이러한 천국은 영원에서(곧 마지막 종말 때) 완전히 빛날 것이지만 또한 이 세상에서 이미 부분적으로나마 실현되고 있다(Greijdanus). 그것은 하나님의 영원한 작정에 그 기초를 가지고 있다. 만국이 이미 그 빛 가운데로 다니며 왕들이 자기 영광을 가지고 그리로 들어간다(24절). 이방인들은 이미 이 세대에서 생명나무의 잎으로 고침을 받고 있다(22:1-5). 여기서 거룩한 성 예루살렘은 그 '본질'을 따라 기술되고 있으며, 단지 영원에서 이루어질 '영광의 계시'를 따라서만 기술된 것은 아니다(Greijdanus). 그렇기 때문에 영원에서 완전히 빛날 것이 또한 이미 이 세대에서도 어느 정도 사실이다. 즉, 여기에 묘사된 거룩한 성 예루살렘은 영원에 가서야 비로소 실현될 것을 말하는 것이 아니라 그 예루살렘은 '어떤 것'이냐를 말하는 것이다. 그것이 어떤 것이냐 하는 것은 이 시대에 이 땅에서, 부분적이긴 하지만, 이미 보여지고 있으며 마지막 날에 충만하게 나타날 것이다.

4. 끝맺는 말(22:6-21)

마지막 부분은 계시록에 기록된 말씀이 참되다는 것을 여러 가지 방식으로 확증하며(6-9절), 그 말씀을 마음에 받아들이고 그 말씀을 따라 살 것을 다시 한 번 촉구한다(10-15절). 다시금 예수님의 자기 확증과 자기에게 나아올 것을 촉구한다(16-17절). 그리고 이 책의 말씀에 무엇을 더하거나 제하는 자들에 대해 엄중한 경고를 발한다(17-21절). 그리고 다시금 예수님의 재림을 소망하면서 요한계시록은 끝을 맺고 있다. "아멘. 주 예수여, 어서 오시옵소서."(20절) (원래 『그말씀』 1997년 11월호, pp.76-87에 "요한계시록에서 무엇을 설교할 것인가?"라는 제목으로 게재되었던 원고임)

참고 문헌

부록에 대한 참고 문헌은 여기에 포함되지 않았다. 그것은 각 부록의 각주나 끝에 있는 참고 문헌을 참고하기 바란다.

I. 성경, 사전, 문법서 등

Bauer, W., *A Greek-English Lexicon of the New Testament and other Early Christian Literature,* 3rd ed., rev. and ed. by F. W. Danker, Chicago / London, University of Chicago Press, 2000.

Concordance to the Novum Testament Graece, ed. by Institute for New Testament Textual Research and the Computer Center of Münster University, 3rd ed., Berlin / New York: W. de Gruyter, 1987.

Gesenius, W., *Hebrew and Chaldee Lexicon to the Old Testament,* tr. by S. F. Tregelles, Grand Rapids: Eerdmans, 1949.

Grosheide, F. W., *Prof. Dr. A. T. Robertsons Beknopte Grammatica op het Grieksche Nieuwe Testament,* Kampen: J. H. Kok, 1912.

Kautzsch, E., *Grammatik des Biblisch-Aramäischen. Mit einer kritischen Erörterung der Aramäischen Wörter im Neuen Testament,* Leipzig: F. C. W. Vogel, 1884.

Moulton, J. H., *A Grammar of New Testament Greek,* I, 3rd ed., Edinburgh: T. & T. Clark, 1988.

Nestle-Aland, *Novum Testamentum Graece,* ed. B. et K. Aland, J. Karavidopoulos, C. M. Martini, B. M. Metzger, 27. Aufl., Stuttgart: Deutsche Biblelgesellschaft, 1993. (28. Aufl. 2012)

The Greek New Testament, ed. by B. Aland, K. Aland, J. Karavidopoulos, C. M. Martini and B. Metzger, 5th rev. ed., Münster: Deutsche Bibelgesellschaft / American Bible Society / United Bible Societies, 2014. (4th rev. ed. 1993)

The Greek New Testament according to the Majority Text, 2nd ed., ed. by Z. C. Hodges & A. L. Farstad, Nashville etc.: Th. Nelson, 1985.

Statenvertaling: *Bijbel dat is de gansche Heilige Schrift door last van de hoogmogende Heeren Staten-Generaal der Vereenigde Nederlanden,* 3 dln., Houten:

Den Hertog, 1980. (첫 출판: 1637)

Zerwick, M., *Biblical Greek,* English ed. adapted from the fourth Latin ed. by J. Smith, Rome: Pontificio Istituto Biblico, 1963.

Zerwick, M. - Grosvenor, M., *A Grammatical Analysis of the Greek New Testament,* 5th rev. ed., Roma: Pontificio Istituto Biblico, 1996.

II. 총론서

김경희 외 12인 공저, 『신약성서 개론』, 서울: 대한기독교서회, 2002.

박형용, 『신약 개관』, 서울: 아가페 출판사, 1987.

신성종, 『신약 총론』, 서울: 기독교문서선교회, 1985.

오병세, 『신약 개설』 (교사양성총서 1), 대한예수교장로회 총회교육위원회, 부산: 고신출판사, 1990.

이상근, 『신약성서 개론』, 서울: 한국장로교출판사, 1999.

이종윤, 『신약 개론』, 서울: 개혁주의 신행협회, 2006.

정훈택, 『신약 개론』, 서울: 대한예수교장로회총회, 1998.

조병수, 『신약성경 총론』, 수원: 합동신학대학원대학교 출판부, 2006.

포웰, 마크, 『복음서 개론』, 허주 옮김, 경기도 고양시: 크리스찬 출판사, 2003.

Baarlink, H. (red.), *Inleiding tot het Nieuwe Testament,* Kampen: J. H. Kok, 1989.

Barth, F., *Einleitung in das Neue Testament,* 4. und 5. Aufl., Gütersloh: C. Bertelsmann, 1921.

Brown, R. E., *An Introduction to the New Testament,* New York etc.: Doubleday, 1997.

Carson, D. A. & Moo, D. J., *An Introduction to the New Testament,* 2nd ed., Grand Rapids: Zondervan, 2005.

Feine, P. - Behm, J., *Einleitung in das Neue Testament,* 8. Aufl., Leipzig: Quelle & Meyer, 1936.

Godet, F., *Introduction to the New Testament. The Collection of the Four Gospels and the Gospel of St. Matthew,* tr. by W. Affleck, Eugene: Wipf & Stock, 2004.

Greijdanus, S., *Bizondere Canoniek van de boeken van het Nieuwe Testament,* 2 dln., Kampen: J. H. Kok, 1947-1949 (Deel I: 1947; Deel II: 1949).

Grosheide, F. W., *Algemeene Canoniek van het Nieuwe Testament,* Amsterdam: H. A. van Bottenburg, 1935.

Guthrie, D., *New Testament Introduction,* 4th ed., Leicester: Apollos & Downers Grove: InterVarsity Press, 1990.

Harrison, E. F., *Introduction to the New Testament,* rev. ed., Grand Rapids: Eerdmans, 1977.

Jülicher, A., *Einleitung in das Neue Testament,* 5. und 6. Aufl., Tübingen: J. C. B. Mohr, 1913.

Jülicher, A. - Fascher, E., *Einleitung in das Neue Testament,* 7. Aufl., Tübingen: J. C. B. Mohr, 1931.

Klijn, A. F. J., *De wordingsgeschiedenis van het Nieuwe Testament,* 8e dr., Nijkerk: Callenbach, 1987.

Kümmel, W. G., *Einleitung in das Neue Testament,* 21. Aufl., Heidelberg: Quelle & Meyer, 1983.

Michaelis, W., *Einleitung in das Neue Testament. Die Entstehung, Sammlung und Ueberlieferung der Schriften des Neuen Testaments,* Bern: BEG-Verlag, 1946.

Robert, A. - Feuillet, A., *Introduction to the New Testament,* tr. by P. W. Skehan and others, New York etc.: Desclee Company, 1965.

Zahn, Th., *Einleitung in das Neue Testament,* 3. Aufl., Leipzig: A. Deichert, 1906/1907 (Nachdruck: 1994 Wuppertal / Zürich: Brockhaus)

Zahn, Th., *Grundriss der Einleitung in das Neue Testament,* Leipzig: A. Deichert, 1928.

III. 주석

김선운, 『성경주석 로마서』, 5권, 서울: 성광문화사, 1998 (3-5판).

박윤선, 『성경주석 고린도전후서』, 서울: 영음사, 1991.

박윤선, 『성경주석 공관복음』, 서울: 영음사, 1981.

박윤선, 『성경주석 바울 서신』, 서울: 영음사, 1989.

박윤선, 『성경주석 사도행전』, 서울: 영음사, 1981.

박윤선, 『성경주석 요한계시록』, 서울: 영음사, 1981.

박윤선, 『성경주석 요한복음』, 서울: 영음사, 1980.

박윤선, 『성경주석 히브리서 공동 서신』, 서울: 영음사, 1987.

박형용, 『히브리서 주석』, 서울: 횃불, 2003.

변종길, 『빌립보서 주석』, 대구: 말씀사, 2017.

변종길, 『요한계시록 주석』, 대구: 말씀사, 2017.

이상근, 『신약성서 주해 갈라디아 · 히브리서』, 대한예수교장로회 총회교육부, 1983.

이한수, 『복음은 구원을 주시는 하나님의 능력』, 서울: 이레서원, 2010.

Adamson, J. B., *The Epistle of James (NICNT),* Grand Rapids: Eerdmans, 1976.

Aune, D. E., *Revelation 1-5 (WBC),* Nashville: Th. Nelson, 1997.

Barrett, C. K., *The Gospel according to St. John. An Introduction with Comment and Notes on the Greek Text,* 2nd ed., Philadelphia: The Westminster Press, 1978.

Bauer, W., *Das Johannesevangelium (Handbuch zum Neuen Testament),* 3. Aufl., Tübingen: J. C. B. Mohr, 1933.

Beale, G. K., *The Book of Revelation (NIGTC),* Grand Rapids: Eerdmans, 1999.

Beasley-Murray, G. R., John (WBC), Waco: Word Books, 1987.

Bernard, J. H., *A Critical and Exegetical Commentary on the Gospel according to St. John (ICC),* I, Edinburgh: T. & T. Clark, 1928 (repr. 1985).

Bouma, C., *De brieven van den apostel Paulus aan Timotheus en Titus (KNT),* Amsterdam: H. A. van Bottenburg, 1942.

Brooke, A. E., *The Johannine Epistles (ICC),* Edinburgh: T. & T. Clark, 1912.

Bruce, F. F., *The Epistle to the Galatians (NIGTC),* Grand Rapids: Eerdmans, 1990.

Caird, G. B., *The Revelation of St. John the Divine,* London: Adam & Charles Black, 1966.

Calvin, J., *A Harmony of the Gospels Matthew, Mark and Luke,* I, tr. by A. W. Morrison, Grand Rapids: Eerdmans, 1972.

Calvin, J., *Commentary on a Harmony of the Evangelists, Matthew, Mark, and*

Luke, I, tr. by W. Pringle, Grand Rapids: Eerdmans, 1949.

Calvin, J., *Commentary on Romans,* tr. by R. McKenzie, Grand Rapids: Eerdmans, 1973.

Calvin, J., *Commentary on the Epistle to the Hebrews and the First and Second Epidstles of St Peter,* tr. by W. B. Johnston, Grand Rapids: Eerdmans, 1963.

Calvin, J., *Commentary on the Epistle of James and Jude,* tr. by A. W. Morrison, Grand Rapids: Eerdmans, 1995.

Calvini, Ioannis, *In harmoniam ex Matthaeo, Marco et Luca compositam Commentarii,* ed. Tholuck, Berolini: Guilelmum Thome, 1938.

Carson, D. A., *The Gospel according to John,* Grand Rapids: Eerdmans, 1991.

Davids, P. H., *The First Epistle of Peter (NICNT),* Grand Rapids: Eerdmans, 1990.

De Witt Burton, E., *A Critical and Exegetical Commentary on the Epistle to the Galatians (ICC),* New York: Scribner's Sons, 1928.

Dunn, J. D. G., *Romans 1-8 (WBC),* Dallas: Word Books, 1988.

Floor, L., *Jakobus. Brief van een broeder (CNT-3),* Kampen: J. H. Kok, 1992.

Fung, R. Y. K., *The Epistle to the Galatians (NICNT),* Grand Rapids: Eerdmans, 1988.

Godet, F. L., *Commentary on Romans,* Grand Rapids: Kregel Publications, 1977.

Greijdanus, S., *De brief van den apostel Paulus aan de gemeente te Rome (KNT),* I, Amsterdam: H. A. van Bottenburg, 1933.

Greijdanus, S., *De brief van den apostel Paulus aan de gemeente te Philippi (KNT),* Amsterdam: H. A. van Bottenburg, 1937.

Greijdanus, S., *De brief van den apostel Paulus aan de gemeenten in Galatië (KNT),* Amsterdam: H. A. van Bottenburg, 1936.

Greijdanus, S., *De brieven van de apostelen Petrus en Johannes, en de brief van Judas (KNT),* Amsterdam: H. A. van Bottenburg, 1929.

Greijdanus, S., *De Openbaring des Heeren aan Johannes (KNT),* Amsterdam: H. A. van Bottenburg, 1925.

Greijdanus, S., *De Openbaring des Heeren aan Johannes (Korte Verklaring),* 2e dr., Kampen: J. H. Kok, 1938.

Greijdanus, S., *Het evangelie naar de beschrijving van Lucas (KNT),* I, Amsterdam:

H. A. van Bottenburg, 1940.

Grosheide, F. W., *De brief aan de Hebreeën en de brief van Jakobus (CNT),* 2e dr., Kampen: J. H. Kok, 1955.

Grosheide, F. W., *De brief aan de Hebreen en de brief van Jakobus (KNT),* Amsterdam: H. A. van Bottenburg, 1927.

Grosheide, F. W., *De brief aan de Hebreën (Korte Verklaring),* Kampen: J. H. Kok, 1935.

Grosheide, F. W., *De eerste brief aan de kerk te Korinthe (CNT),* 2e dr., Kampen: J. H. Kok, 1957.

Grosheide, F. W., *De eerste brief van den apostel Paulus aan de kerk te Korinthe (KNT),* Amsterdam: H. A. van Bottenburg, 1932.

Grosheide, F. W., *De handelingen der apostelen (KNT),* I, Amsterdam: H. A. van Bottenburg, 1942.

Grosheide, F. W., *De handelingen der apostelen (KNT),* II, Amsterdam: H. A. van Bottenburg, 1948.

Grosheide, F. W., *De tweede brief aan de kerk te Korinthe (CNT),* 2e dr., Kampen: J. H. Kok, 1959.

Grosheide, F. W., *Het heilig evangelie volgens Johannes (KNT),* I, Amsterdam: H. A. van Bottenburg, 1950.

Gundry, R. H., *Matthew. A Commentary on His Handbook for a Mixed Church under Persecution,* 2nd ed., Grand Rapids: Eerdmans, 1994.

Hart, J. H. A., *The First Epistle General of Peter (Expositor's Greek Testament),* Grand Rapids: Eerdmans, no date.

Hawthorne, G. F., *Philippians (WBC),* Waco: Word Books, 1983.

Hendriksen, W., *Colossians & Philemon (NTC),* Edinburgh: Banner of Truth Trust, 1988.

Hendriksen, W., *Philippians (NTC),* Edinburgh: Banner of Truth Trust, 1962.

Hendriksen, W., *The Gospel of John (NTC),* Edinburgh: Banner of Truth Trust, 1959.

Jager, H. J., *Filippenzen en Filemon* (College diktaat), Kampen: Van den Berg, z. j.

Jerome, St., *Commentary on Matthew,* tr. by Th. Scheck, Washington, D. C.: The

Catholic University of America Press, 2008.

Keulers, J., *De brieven van Paulus (De boeken van het Nieuwe Testament),* I, Roermond en Maaseik: J. J. Romen & Zonen, 1953.

Keulers, J., *De brieven van Paulus (De boeken van het Nieuwe Testament),* II, Roermond en Maaseik: J. J. Romen & Zonen, 1954.

Keulers, J., *De handelingen der apostelen (De boeken van het Nieuwe Testament),* Roermond en Maaseik: J. J. Romen & Zonen, 1952.

Keulers, J., *De katholieke brieven en het boek der Openbaring (De boeken van het Nieuwe Testament),* Roermond en Maaseik: J. J. Romen & Zonen, 1956.

Keulers, J., *Het evangelie volgens Joannes (De boeken van het Nieuwe Testament),* Roermond en Maaseeik: J. J. Romen & Zonen, 1951.

Lalleman, P. J., *1, 2 en 3 Johannes. Brieven van een kroongetuige (CNT-3),* 2e dr. Kampen: J. H. Kok, 2008.

Lietzmann, H., *An die Korinther I · II,* ergänzt von W. G. Kümmel, Tübingen: J. C. B. Mohr, 1969.

Lightfoot, J. B., *Saint Paul's Epistle to the Philippians,* Grand Rapids: Zondervan, 1953.

Lightfoot, J. B., *The Epistle of St. Paul to the Galatians,* Grand Rapids: Zondervan, 1957.

Lincoln, A. T., *The Gospel according to Saint John (Black's New Testament Commentaries),* London: Continuum, 2005.

Moo, D. J., *The Letter of James (PNTC),* Grand Rapids: Eerdmans, 2000.

Morris, L., *The Gospel according to John (NICNT),* rev. ed., Grand Rapids: Eerdmans, 1995.

Mounce, R. H., *The Book of Revelation (NICNT),* rev. ed., Grand Rapids: Eerdmans, 1998 (1st ed. 1977).

O'Brien, P. T., *The Epistle to the Phillipians (NIGTC),* Grand Rapids: Eerdmans, 1991.

Oepke, A., *Der Brief des Paulus an die Galater (Theologischer Handkommentar zum Neuen Testament),* 4. Aufl., Berlin: Evangelische Verlagsanstalt, 1979.

Origène, *Commentaire sur Saint Jean,* Tome I (Livres I-IV) *(SC 120),* par C.

Blanc, Paris: Les éditions du Cerf, 1966.

Polhill, J. B., *Acts (NAC)*, Nashville: Broadman Press, 1992.

Schnackenburg, R, *Das Johannesevangelium (Herders Theologischer Kommentar zum Neuen Testament)*, I. Teil, 7. Aufl., Freiburg / Basel / Wien: Herder, 1992.

Schnackenburg, R., *Die Johannesbriefe (Herders Theologischer Kommentar zum Neuen Testament)*, 8. Aufl., Freiburg / Basel / Wien: Herder, 1984.

Strack, H. L. - Billerbeck, P., *Kommentar zum Neuen Testament aus Talmud und Midrasch*, II, München: C. H. Beck, 1924.

Van Bruggen, J., *Lucas. Het evangelie als voorgeschiedenis (CNT-3)*, Kampen: J. H. Kok, 1993.

Van Bruggen, J., *Romeinen. Christenen tussen stad en synagoge (CNT-3)*, Kampen: J. H. Kok, 2006.

Van de Kamp, H. R., *Hebreeën. Geloven is volhouden (CNT-3)*, 2e dr. Utrecht: J. H. Kok, 2012.

Van de Kamp, H. R., *Openbaring. Profetie vanaf Patmos (CNT-3)*, 2e dr., Kampen: Kok, 2002. (1e dr. 2000)

Van Eck, J., *Handelingen. De wereld in het geding (CNT-3)*, Kampen: Kok, 2003.

Van Eck, J., *Kolossensen en Filemon. Weerbaarheid en recht (CNT-3)*, Kampen: Kok, 2007.

Van Houwelingen, P. H. R., *1 Petrus. Rondzenbrief uit Babylon (CNT-3)*, Kampen: J. H. Kok, 1991.

Van Houwelingen, P. H. R., *2 Petrus en Judas. Testament in tweevoud (CNT-3)*, Kampen: Kok, 1993.

Van Houwelingen, P. H. R., *De tweede trompet. De authenticiteit van de tweede brief van Petrus (CNT-3)*, Kampen: J. H. Kok, 1988.

Van Houwelingen, P. H. R., *Johannes. Het evangelie van het Woord (CNT-3)*, 2e dr., Kampen: J. H. Kok, 2004.

Van Houwelingen, P. H. R., *Timoteüs en Titus. Pastorale instructiebrieven (CNT-3)*, Kampen: J. H. Kok, 2009.

Van Leeuwen, J. A. C., *Het heilig evangelie naar de beschrijving van Markus (KNT)*, Amsterdam: H. A. van Bottenburg, 1928.

Van Leeuwen, J. A. C., *Paulus' zendbrieven aan Efeze, Colosse, Filémon en Thessalonika (KNT),* Amsterdam: H. A. van Bottenburg, 1926.

Weiss, B., *Thessalonians to Revelation (A Commentary on the New Testament),* tr. by G. H. Schodder and E. Wilson, New York / Berlin: Funk & Wagnalls, 1906.

Wohlenberg, G., *Das Evangelium des Marcus (Kommentar zum Neuen Testament),* 1. und 2. Aufl., Leipzig: A. Deichert, 1910.

Wohlenberg, G., *Der erste und zweite Petrusbrief und der Judasbrief (Kommentar zum Neuen Testament),* 1. und 2. Aufl., Leipzig: A. Deichert, 1915.

Zahn, Th., *Die Apostelgeschichte des Lucas (Kommentar zum Neuen Testament),* Erste Hälfte, 1. und 2. Aufl., Leipzig: A. Deichert, 1919.

IV. 그 외 책들

나요섭, 『예수 그리스도는 신앙고백이다』, 대구: 나의주, 2011.

듀 토잇, A. B., 『신약 정경론』, 권성수 옮김, 서울: 엠마오, 1988.

마이어, 게르하르트, 『성경 해석학』, 송다니엘 · 장해경 옮김, 서울: 영음사, 2014.

변종길, 『로마서 연구』, 대구: 말씀사, 2017.

변종길, 『성령과 구속사』, 서울: 개혁주의신행협회, 1997.

변종길, 『신약 정경론』, 서울: 생명의 양식, 2013.

아하로니, 요하난 - 아비요나, 미카엘, 『아가페 성서지도』, 서울: 아가페출판사, 1993.

최갑종, 『1세기 문맥에서 본 주기도문 연구. 기원, 본문 그리고 해석』, 2판, 서울: 성광문화사, 1992.

카이사르, 『갈리아 戰記』, 박광순 옮김, 서울: 범우사, 1998.

크레이머, 새뮤얼 노아, 『역사는 수메르에서 시작되었다』, 박성식 옮김, 서울: 가람기획, 2009.

판 브럭헌, 야콥, 『누가 성경을 만들었는가?』, 김병국 역, 서울: 총신대학교출판부, 1997.

판 브럭헌, 야콥, 『지상의 그리스도. 역사로서의 복음서 이야기』, 박호석 역, 서울: 익투스, 2011.

Baird, W., *History of New Testament Research,* I. From Deism to Tübingen, Minneapolis: Fortress Press, 1992.

Bavinck, H., *Gereformeerde Dogmatiek,* II, 6e dr., Kampen: J. H. Kok, 1976.

Bavinck, H., *Gereformeerde Dogmatiek,* III, 4e dr., Kampen: J. H. Kok, 1929.

Berkhof, L., *Systematic Theology,* 4th ed., Grand Rapids: Eerdmans, 1977.

Bornkamm, C., *Jesus of Nazareth,* tr. by Irene and Fraser McLuckey with J. M. Robinson, Minneapolis: Fortress Press, 1995.

Bruce, F. F., *The Canon of Scripture,* Downers Grove: InterVarsity Press, 1988.

Burney, C. F., *The Aramaic Origin of the Fourth Gospel,* Oxford: Clarendon Press, 1922.

Butler, B. C., *The Originality of St. Matthew,* Cambridge: Cambridge University Press, 1951.

Corpus Christianorum. Series Latina, LXXVIII, S. Hieronymi Presbyteri Opera, Pars II. Opera Homiletica, Turnholti: Typographi Brepols Editores Pontificii, 1973.

Dodd, C. H., *The Interpretation of the Fourth Gospel,* Cambridge: Cambridge University Press, 1968.

Dungan, D. L. (ed.), *The Interrelations of the Gospels (BETL 95),* Leuven: University Press / Peeters, 1990.

Eusèbe de Césarée, *Histoire Ecclésiastique, Livres I-IV* (*SC* 31), par G. Bardy, Paris: Les éditions du Cerf, 1952.

Eusebius, *Kirchengeschichte,* hrsg. von E. Schwartz, Kleine Ausgabe, 3. Aufl., Leipzig: J. C. Hinrich, 1922.

Eusebius, *The Church History,* tr. and com. by P. L. Maier, Grand Rapids: Kregel, 2007.

Goulder, M. D., *Midrash and Lection in Matthew,* Eugene: Wipf & Stock, 2004 (prev. publ. by SPCK, 1974).

Greijdanus, S., *De toestand der eerste christelijke gemeente in zijn betekenis voor de synoptische kwestie,* Kampen: J. H. Kok, 1973.

Greijdanus, S., *Het gebruik van het Grieksch door den Heere en Zijne Apostelen in Palestina,* Kampen: J. H. Kok, 1932

Greijdanus, S., *Het Grieksch de authentieke tekst voor de exegese van het Nieuwe Testament,* Kampen: J. H. Kok, 1940.

Greijdanus, S., *Schriftbeginselen ter Schriftverklaring en historisch overzicht over theorieën en wijzen van Schriftuitlegging,* Kampen: J. H. Kok. 1945.

Greijdanus, S., *Schriftgeloof en Canoniek,* Kampen: J. H. Kok, 1927.

Haacker, K., *Neutestamentliche Wissenschaft,* 2. Aufl., Wuppertal: R. Brockhaus, 1985.

Harinck, G., *Leven en werk van prof. dr. Seakle Greijdanus,* Barneveld: De Vuurbaak, 1998.

Harinck, G. (red.), *'Niets is overbodig, niets is toevalig.' Leven en werk van Cornelius Veenhof (1902-1983),* Barneveld: De Vuurbaak, 2008.

Hengel, M., *The Johannine Question,* tr. by J. Bowden, London: SCM Press, 1989.

Hippolytus von Rom, *Widerlegung aller Haeresien (philosophumena),* uebersetzt von G. K. Preysing, München: J. Koesel & F. Pustet, 1922.

Irénée de Lyon, *Contre les Hérésies, Livre I, Tome II* (*SC* 264), ed. by A. Rousseau and L. Doutreleau, Paris: Les éditions du Cerf, 1979.

Josephus, *Jewish Antiquities Books XVII-XX,* IX (Loeb Classical Library 433), Cambridge: Harvard University Press, 1965.

Kuyper, A., *Dictaten Dogmatiek,* II, Kampen: J. H. Kok, z. j.

Kuyper, A., *Encyclopaedie der heilige Godgeleerdheid,* III, Amsterdam: J. A. Wormser, 1894.

Kümmel, W. G., *Das Neue Testament. Geschichte der Erforschung seiner Probleme,* Freiburg / München: K. Alber, 1958.

Maier, G., *Biblische Hermeneutik,* 8. Aufl., Witten: Brockhaus, 2013.

Marxsen, W., *Der Evangelist Markus. Studien zur Redaktionsgeschichte des Evangeliums,* Göttingen: Vandenhoeck & Ruprecht, 1956.

Marxsen, W., *Mark the Evangelist,* Nashville / New York: Abingdon Press, 1969.

Metzger, B. M., *The Text of the New Testament. Its Transmission, Corruption, and Restoration,* 3rd ed., New York / Oxford: Oxford University Press, 1992.

Metzger, B. M. - Ehrman, B. D., *The Text of the New Testament. Its Transmission, Corruption, and Restoration,* 4th ed., New York / Oxford: Oxford University

Press, 2005.

Neill, St., *The Interpretation of the New Testament 1861-1961,* Oxford / New York: Oxford University Press, 1983.

Praamsma, L., *De kerken van alle tijden,* III, Franeker: T. Wever, 1980.

Ramsay, W., *St. Paul the Traveller and the Roman Citizen,* New York: G. P. Putnam's Sons, 1896.

Reicke, B., *Neutestamentliche Zeitgeschichte,* 3. Aufl., Berlin: W. de Gruyter, 1982.

Ridderbos, H., *Paulus. Ontwerp van zijn theologie,* 5e dr., Kampen: J. H. Kok, 1978.

Roberts, C. H., *An Unpublished Fragment of the Fourth Gospel in the John Rylands Library,* Manchester, Manchester University Press, 1935.

Roukema, R., *Gnosis and Faith in Early Christianity. An Introduction to Gnosticism,* tr. by J. Bowden, London: SCM Press, 1999.

Roukema, R., *Gnosis en geloof in het vroege christendom. Een inleiding tot de gnostiek,* 2e dr., Zoetemeer: Meinema, 2004. (1e dr. 1998)

Sanders, E. P., *Paul and Palestinian Judaism. A Comparison of Patterns of Religion,* Minneapolis: Fortress Press, 1977.

Schaff, Ph. (ed.), *A Select Library of the Christian Church. Nicene and Post-Nicene Fathers, First Series,* VI, Peabody: Hendrickson Publishers, 2012.

Schaff, Ph. and Wace, H. (eds.), *A Select Library of Nicene and Post-Nicene Fathers of the Christian Church, Second Series,* VI, Grand Rapids: Eerdmans, 1954.

Scheepers, J. H., *Die Gees van God en die Gees van die mens in die Ou Testament* (diss. Amsterdam VU), Kampen: J. H. Kok, 1960.

Schürer, E., *Geschichte des jüdischen Volkes im Zeitalter Jesu Christi,* II, Leipzig: J. C. Hinrich, 1907,

Schweitzer, A., *Die Mystik des Apostels Paulus,* Tübingen: J. C. B. Mohr, 1930.

Schweitzer, A., *The Mysticism of Paul the Apostle,* tr. by W. Montgomery, London: A. & C. Black, 1931.

Sevenster, J. N., *Do You Know Greek? How much Greek could the first Jewish Christians have known?,* Leiden: E. J. Brill, 1968.

Smalley, S. S., *John: Evangelist and Interpreter,* Exeter: Paternoster Press, 1979.

Smallwood, M., *The Jews under Roman Rule,* Leiden: E. J. Brill, 1981.

Stendahl, K., *The School of St. Matthew and its Use of the Old Testament,* Ramey, NJ: Sigler Press, 1990.

Van Bruggen, J., *Christus op aarde. Zijn levensbeschrijving door leerlingen en tijdgenoten,* Kampen: J. H. Kok, 1987.

Van Bruggen, J., *Christ on Earth. The Gospel Narratives as History,* tr. by N. Forest-Flier, Grand Rapids: Baker Books, 1998.

Van Bruggen, J., *Die geschichtliche Einordnung der Pastoralbriefe,* Wuppertal: R. Brockhaus, 1981.

Van Bruggen, J., *"Na veertien jaren". De datering van het in Galaten 2 genoemde overleg te Jeruzalem,* Kampen: J. H. Kok, 1973.

Van Bruggen, J., *Paulus. Pionier voor de Messias van Israël,* 2e dr., Kampen: Kok, 2003.

Van Bruggen, J., *Wie maakte de bijbel? Over afsluiting en gezag van het Oude en Nieuwe Testament,* Kampen: J. H. Kok, 1986.

Van den Beukel, A., *De dingen hebben hun geheim. Gedachten over natuurkunde, mens en God,* 5e dr., Baarn: Ten Have, 1990.

Van Genderen, J. - Velema, W. H., *Beknopte Gereformeerde Dogmatiek,* Kampen: J. H. Kok, 1992.

Van Houwelingen, P. H. R. (red.), *Apostelen. Dragers van een spraakmakend evangelie,* 2e dr., Utrecht: J. H. Kok, 2012.

Wilken, R. L., *The Christians as the Romans saw them,* New Haven and London: Yale University Press, 1984.

Williams, F. (tr.), *The Panarion of Epiphanius of Salamis,* Book I (Sects 1-46), Leiden: E. J. Brill, 1987.

V. 논문 및 아티클

변종길, "가정 교회는 성경적인가?", 『개혁신학과 교회』 21 (2008), 33-69.

변종길, "갈라디아는 어디에 있는가?", 『성경과 고고학』 75 (2012-3 겨울, 한국성서고고학회), 38-55.

변종길, “겸손과 따뜻한 마음으로 온 세상을 품은 베드로의 비전”, 『그말씀』 297 (2014. 3), 34-47.

변종길, “땅 끝은 어디인가?”, 『선지동산』 69호 (천안: 고려신학대학원, 2015. 11), “신약 난제 해설”(11), 10-11.

변종길, “만물의 머리되신 그리스도. 골로새서 1:24-2:23의 주해와 적용”, 『그말씀』 126 (1999. 12), 53-61.

변종길, “복음의 눈으로 본 장로직”, 『목회와 신학』 149 (2001. 11), 82-95.

변종길, “새 관점 학파의 주장에 대한 비판적 검토”, 『기독교학술원 포럼』 제10호 (2014), 267-302.

변종길, “성경 사본학의 현재와 미래”, 『개혁신학과 교회』 6 (고신대학교 신학대학원, 1996), 67-94.

변종길, “신약 시대 갈라디아의 위치”, 『개혁신학과 교회』 27 (2013), 32-50.

변종길, “십자가 지나 은혜의 보좌로 달려가라”, 『생명의 삶』 2014년 1월호 (서울: 두란노서원), 170-71.

변종길, “예수님은 음부에 내려가셨는가?”, 『선지동산』 59호 (천안: 고려신학대학원, 2011. 3), 신약 난제 해설(1), 8-9.

변종길, “요한복음에 나타난 비유의 핵심은 무엇인가”, 『그말씀』 109 (1998. 7), 84-86.

변종길, “적그리스도는 누구인가?”, 『선지동산』 67호 (천안: 고려신학대학원, 2014. 11), 신약 난제 해설(9), 8-9.

변종길, “행함으로 나타나는 올바른 믿음. 야고보서 2장의 주해와 적용”, 『그말씀』 139 (2001. 1), 74-86.

변종길, “UBS 4판과 NA 27판에 나타난 현대 사본학의 동향”, 『개혁신학과 교회』 4 (고신대학교 신학대학원, 1994), 53-66.

심상법, “요한복음의 주제와 구조”, 『요한복음 어떻게 설교할 것인가』 (두란노 HOW 주석) (서울: 두란노아카데미, 2007), 11-21.

양용의, “누가복음의 장르, 신학, 구조”, 『누가복음 어떻게 설교할 것인가』 (두란노 HOW 주석) (서울: 두란노아카데미, 2007), 11-22.

최갑종, “로마서의 중심 주제와 그 구조”, 『로마서 어떻게 설교할 것인가』 (두란노 HOW 주석) (서울: 두란노아카데미, 2007), 25-37.

최갑종, “에베소서의 문학적 구조와 주요 신학 사상”, 『에베소서 골로새서 어떻게 설교할 것인가』 (두란노 HOW 주석), 개정판 (서울: 두란노아카데미, 2009), 13-26.

Carson, D. A., "The Purpose of the Fourth Gospel: John 20:30-31 Reconsidered," *JBL* 106/4 (1987), 639-51.

Donahue, R., "Tax Collectors and Sinners. An Attempt at Identification," *CBQ* 33 (1971), 39-61.

Farmer, W. R., "The Two-Gospel Hypothesis. The Statement of the Hypothesis," in: *The Interrelations of the Gospels,* ed. by D. L. Dungan (Leuven: University Press, 1990), 125-56.

Greijdanus, S., "De Apokryphen van het Nieuwe Testament," in: *Bijbelsch Handboek,* II, Kampen: J. H. Kok, 1935.

Greijdanus, S., "God geopenbaard in het vleesch," in: *Bijbelsch Handboek,* II, Kampen: J. H. Kok, 1935.

Herrenbrück, F., "Wer waren die 〉Zöllner〈?", *ZNW* 72 (1981), 178-94.

Klijn, A. F., "De Canon van het Nieuwe Testament," in: *Bijbels Handboek,* III (Kampen: J. H. Kok, 1987), 157-93.

Robinson, J. M., "Hermeneutic since Barth," in: *The New Hermeneutic,* ed. by J. M. Robinson and J. B. Cobb (New York: Harper & Row, 1964), 1-77.

Streete, G. P. C., "Redaction Criticism," in: S. L. McKenzie and S. R. Haynes (eds.), *To Each its Own Meaning* (Louiville: Westminster John Knox Press, 1999), 105-21.

Torrey, C. C., "The Aramaic Origin of the Gospel of John," *Harvard Theological Review* 16 (1923), 305-44.

Van Bruggen, J., "Het Nieuwe Testament," in: *Oriëntatie in de theologie. Studiegids samengesteld door de hoogleraren aan de Theologische Hogeschool van De Gereformeerde Kerken in Nederland te Kampen* (Groningen: De Vuurbaak, z. j.), 63-87.

Van der Wal, B. en Van der Woude, R, "'En zoo gaan we het isolement in. We kunnen en willen niet anders.' Veenhof en de verzorgingsstaat," in: G. Harinck (red.), *'Niets is overbodig, niets is toevalig.' Leven en werk van Cornelius Veenhof*

(1902-1983) (Barneveld: De Vuurbaak, 2008), 165-201.

Van Deursen, A., "Corinthe," in: *Bijbelse Encyclopaedie,* samengesteld door W. H. Gispen, F. W. Grosheide, F. J. Bruijel, A. van Deursen (Kampen: J. H. Kok, 1950), 107.

Van Houwelingen, P. H. R., "Fleeing Forward: The Departure of Christians from Jerusalem to Pella," *WTJ* 65 (2003), 181-200.

Van Houwelingen, P. H. R., "Vlucht naar voren. Het vertrek van de christenen uit Jeruzalem naar Pella," *Theologia Reformata* 45 (2002), 339-61.

Veenhof, C., "Prof. Dr S. Greijdanus. Dienaar van het Woord van God," in: S. Greijdanus, *Heilige geschiedenis volgens vier evangelieverhalen* (Goes: Oosterbaan & Le Cointre, 1951), 5-51.

Vorster, W. S., "'Formgeschichte' en 'Redaktionsgeschichte'", in: A. F. J. Klijn (red.), *Inleiding tot de studie van het Nieuwe Testament* (Kampen: J. H. Kok, 1982), 94-111.